法華經

下

題字　谷村憙齋

妙法蓮華經見寶塔品第十一

爾時佛前。有七寶塔。高五百由旬。縱廣二百五十由旬。從地踊(1)出。住在空中。種種寶物。而荘校之。五千欄楯。龕室千萬。無數幢幡。以為嚴飾。垂寶瓔珞。寶鈴萬億。而懸其上。四面皆出。多摩羅跋栴檀之香。充遍世界。其諸幡蓋。以金銀。琉(2)璃。車渠。馬腦。眞珠。玫瑰。七寶合成。高至四天王宮。三十三天。雨天曼陀羅華。供養寶塔。餘諸天龍夜叉。乾闥婆。阿修羅。迦樓羅。緊那羅。摩睺羅伽。人非人等。千萬億衆。以一切華香。瓔珞。幡蓋。伎樂。供養寶塔。恭敬尊重讃歎。爾時寶塔中。出大音聲。歎言善哉善哉。釋迦牟尼世尊。能以平等大慧。教菩薩法。佛所護念。妙法華經。為大衆說。如是如是。釋迦牟尼世尊。如所說者。皆是眞實。

(1)踊=涌　(2)琉=瑠

爾《そ》の時に、仏前に七宝の塔有り。高さ五百由旬《ゆじゅん》、縦広《じゅうこう》二百五十由旬なり。地より踊出《ゆじゅつ》して空中に住在す。種種の宝物《ほうもつ》をもって之《これ》を荘校《しょうきょう》せり。五千の欄楯《らんじゅん》あって龕室《がんしつ》千万なり。無数《むしゅ》の幢幡《どうばん》以《もっ》て厳飾《ごんじき》と為《な》し、宝の瓔珞《ようらく》を垂《た》れ、宝鈴《ほうりょう》万億にして、其《そ》の上に懸《か》けたり。四面に皆、多摩羅跋栴檀《たまらばっせんだん》の香《か》を出《いだ》して、世界に充遍せり。其《そ》の諸《もろもろ》の幡蓋《ばんがい》は、金《こん》・銀《ごん》・琉璃《るり》・車渠《しゃこ》・馬脳《めのう》・真珠・玫瑰《まいえ》の七宝を以《もっ》て合成《ごうじょう》し、高く四天王宮《してんのうぐう》に至る。三十三天は、天の曼陀羅華《まんだらけ》を雨《ふら》して、宝塔に供養し、余《よ》の諸天・龍・夜叉《やしゃ》・乾闥婆《けんだつば》・阿修羅《あしゅら》・迦楼羅《かるら》・緊那羅《きんなら》・摩睺羅伽《まごらが》・人《にん》・非人《ひにん》等の千万億衆《しゅ》は、一切の華《け》・香《こう》・瓔珞《ようらく》・幡蓋《ばんがい》・伎楽《ぎがく》を以《もっ》て宝塔に供養して、恭敬《くぎょう》・尊重《そんじゅう》・讃歎《さんだん》したてまつる。

爾《そ》の時に、宝塔の中《うち》より大音声《だいおんじょう》を出《いだ》して、歎《ほ》めて言《のたま》わく、「善《よ》い哉《かな》、善《よ》い哉《かな》、釈迦牟尼世尊《しゃかむにせそん》よ、能《よ》く平等大慧《びょうどうだいえ》・教菩薩法《きょうぼさつぽう》・仏所護念《ぶつしょごねん》の妙法華経を以《もっ》て、大衆《だいしゅ》の為《ため》に説きたもう。是《かく》の如し、是《かく》の如し。釈迦牟尼世尊よ、所説の如きは、皆是《こ》れ真実なり」と。

〔訳〕その時、仏の面前に七宝造りの塔が現われた。その高さは五百ヨージャナ、縦・横は二百五十ヨージャナであり、大地から出現して、空中にとどまっていた。その塔は、種々の宝物によって飾られ、五千もの欄干てすりがついており、塔の下にある小部屋は千万もあった。無数の、のぼりと旗とによっておごそかに飾られ、宝づくりの飾りが垂れ、宝の鈴は万億もあって、その上にかけられていた。あたり四面に、みなタマーラ樹の葉の香りと栴檀の香りとを放って、（その香りが）世界にくまなく満ちていた。たくさんの旗と天蓋《てんがい》は、金・銀・瑠璃・おうぎ貝・碼碯《めのう》・真珠・赤玉の七宝を合わせて造られていて、四天王の宮殿にまで届いていた。三十三天の神々は、天上の曼陀羅《まんだら》の花を雨ふらしてその宝塔に供養し、その他の天の神々・龍・夜叉《やしゃ》・乾闥婆《けんだつば》・阿修羅《あしゅら》・迦楼羅《かるら》・緊那羅《きんなら》・摩睺羅伽《まごらが》と、人間及び人間以外のものたちの千万億もの会衆は、あらゆる、花・香・装身具・旗と天蓋・音楽によって宝塔に供養して、恭しく敬い、尊重し、讃歎した。

その時に、その宝塔の中から大音声が響いて、次のように讃えた。

「すばらしい、すばらしいことよ。釈迦牟尼世尊よ。（あなたは）よくぞ、平等なる偉大な（仏の）智慧、菩薩を訓誨する法、仏に護持せられるもの、という妙法蓮華経によって、大衆に説法された。

そのとおり、そのとおりなのだ。釈迦牟尼世尊よ。（あなたが）説いたものは、みな真実である」と。

《七宝塔》七宝造りの塔。第一章の語注（上巻、六二頁）及び第十章の語注（同、五四八頁）参照。ここでの塔の原語はstūpa. なお、七宝については第二章の語注（上巻、一七二頁）参照。**《由旬》**第一章の語注（上巻、七九頁）参照。**《住在空中》**空中に塔が浮かび上がって静止していること。「住在」は、六朝訳経期の口語表現による複合動詞。「住」は、とどまる、の意。「在」は補助動詞。**《龕室》**塔の下部にある部屋。また、塔の側面に鑿った小さな仏像などを安置する部屋。**《幢幡》**のぼりと旗。**《瓔珞》**第四章の語注（上巻、三〇〇頁）参照。**《多摩羅跋栴檀之香》**第六章の語注（上巻、三七七頁）及び第七章の語注（同、四三六頁）参照。**《四天王宮》**四天王（第一章の語注参照。上巻、五二頁）たちの、須弥山の中腹にある宮殿。**《三十三天》**帝釈天を主とする三十三の神々。「忉利天」に同じ。第七章の語注「忉利諸天」を参照（上巻、三九二―三頁）。**《曼陀羅華》**第一章の語注参照（上巻、六一頁）。**《諸天……摩睺羅伽》**これを天龍八部衆といい、人間以外の仏法を守護する者たちのこと。それぞれについては第一章の語注（上巻、五二―三頁）参照。**《平等大慧……仏所護念》**妙法蓮華経の別名。このうち「教菩薩法」と「仏所護念」はすでに第一章序品に出る。なお、世親『法華論』巻上では本経の別名十七種を列挙している（大正蔵二六巻、二下―三上）。ただし「平等大慧」はそのうちに含まれていない。

本段から見宝塔品に入る。本章は、その冒頭に、釈迦牟尼世尊の前に忽然として地中から宝塔が出現した、とあるように、極めてドラマティックな構想を有している。前章の法師品が、それまでの序品から授学無学人記品までの説相と一線を画しているように、本章もまた、これまでの章とはその趣きを異にしている。法華経成立史の上からみても、本章は次章の提婆達多品とからめて種々な議論があり、問題が多い章である。後の、本経のできあがった形の上でいうと、本章は「証前」と「起後」の意義をもつという（吉蔵『法華義疏』巻九、智顗『妙法蓮華経文句』巻八下）。「証前」というのは、上来方便品より説き来った開三顕一が真実であることを多宝仏の証明によって証して、それによって大衆の疑心を除くことであり、「起後」とは、釈迦牟尼仏の分身仏を説いて、後の寿量品の久遠実成《くおんじつじょう》の義を呼び起こすことである。

分科をいうと、本章を長行部分と偈頌の部分とに分けるうち、長行部分は大きく次のように三分される。それは、㈠多宝の涌現を明かす、㈡分身の遠集を明かす、㈢釈迦の唱募を明かす、の三つである。このうち㈠の部分はさらに六段に分けられる。これを図示すると、次のようである。

- 見宝塔品
  - 長行
    - 明ニ多宝涌現ー
      - 塔現之相
      - 諸天供養
      - 多宝称歎
      - 時衆驚疑
      - 大楽説問
      - 如来為レ答
    - 明ニ分身遠集ー
    - 明ニ釈迦唱募ー
  - 偈頌

今挙げた本段は、右図の多宝の涌現を明かすうちの、塔現之相から多宝称歎の段までに相当する。

爾時四衆。見大寶塔。住在空中。又聞塔中。所出音聲。皆得法喜。怪(1)未曾有。從座而起。恭敬合掌。却住一面。爾時有菩薩摩訶薩。名大樂說。知一切世間。天人阿修羅等。心之所疑。而白佛言。世尊。以何因緣。有此寶塔。從地踊(2)出。又於其中。發是音聲。爾時佛告。大樂說菩薩。此寶塔中。有如來全身。乃往過去。東方無量千萬億。阿僧祇世界。國名寶淨。彼中有佛。號曰多寶。其佛(3)行菩薩道時。作大誓願。若我成佛。滅度之後。於十方國土。有說法華經處。我之塔廟。爲聽是經故。踊(4)現其前。爲作證明。讚言善哉。彼佛成道已。臨滅度時。於天人大衆中。告諸比丘。我滅度後。欲供養我全身者。應起一大塔。其佛以神通願力。十方世界。在在處處。若有說法華經者。彼之寶塔。皆踊(5)出其前。全身在於塔中。讚言善哉善哉。大樂說。今多寶如來塔。聞說法華經故。從地踊(6)出。讚言善哉善哉。

(1)怪＝恠　(2)(4)(5)(6)踊＝涌　(3)佛＝佛本

爾《そ》の時に、四衆《ししゅ》は大宝塔の空中に住在《じゅうざい》せるを見、又、塔の中《うち》より出《いだ》したもう所の音声《おんじょう》を聞いて、皆、法喜《ほうき》を得《え》、未曾有《みぞうう》なりと怪《あや》しみ、座より起《た》って恭敬《くぎょう》合掌《がっしょう》し、却《さ》って一面《いちめん》に住す。

爾《そ》の時に、菩薩摩訶薩《まかさつ》有り、大楽説《だいぎょうせつ》と名づく。一切世間の天・人《にん》・阿修羅《あしゅら》等の心の所疑《しょぎ》を知って、仏に白《もう》して言《もう》さく、「世尊よ、何の因縁を以《もっ》てか、此《こ》の宝塔有って地より踊出《ゆじゅつ》し、又、其《そ》の中《うち》より是《こ》の音声《おんじょう》を発《ほっ》したもう」と。

爾《そ》の時に仏、大楽説《だいぎょうせつ》菩薩に告げたまわく、「此《こ》の宝塔の中《うち》に、如来の全身有《いま》す。乃往《ないおう》過去に、東方の無量千万億阿《あ》僧祇《そうぎ》の世界に、国を宝浄《ほうじょう》と名づく。彼《か》の中に仏有《いま》す。号《な》を多宝と曰《い》う。其《そ》の仏、菩薩の道《どう》を行《ぎょう》ぜし時、大誓願を作《な》したまわく、『若《も》し我、成仏して滅度《めつど》の後《のち》、十方の国土に於いて、法華経を説く処《ところ》有らば、我が塔廟《とうみょう》、是《こ》の経を聴《き》かんが為の故に、其《そ》の前に踊現《ゆげん》して、為《ため》に証明《しょうみょう》を作《な》して、讃《ほ》めて、善《よ》い哉《かな》と言わん』と。彼《か》の仏、成道《じょうどう》し已《おわ》って、滅度《めつど》の時に臨《のぞ》んで、天・人《にん》の大衆《だいしゅ》の中に於いて、諸《もろもろ》の比丘《びく》に告げたまわく、『我が滅度の後《のち》、我が全身を供養せんと欲せん者は、応に一の大塔を起《た》つべし』と。其《そ》の仏、神通願力《じんずうがんりき》を以《もっ》て、十方世界の在在《ざいざい》処処《しょしょ》に、若《も》し法華経を説く者有らば、彼《か》の宝塔、皆、其《そ》の前に踊出《ゆじゅつ》して、全身、塔の中《うち》に在《ましま》して、讃《ほ》めて、善《よ》い哉《かな》、善《よ》い哉《かな》と言《のたも》う。大楽説《だいぎょうせつ》よ、今、多宝如来の塔、法華経を説くを聞きたまわんが故に、地より踊出《ゆじゅつ》して、讃《ほ》めて、善《よ》い哉《かな》、善《よ》い哉《かな》と言《のたも》う」と。

〔訳〕その時に、（比丘・比丘尼・信男・信女の）四衆は、大きな宝塔が空中に静止しているのを見て、また、その塔の内から発せられた声を聞いて、みな法悦につつまれ、不思議なことだと心にあやしみながら、座から起ち上がって、恭しく敬い、合掌して座の一偶に佇《たたず》んだ。

その時、大楽説《だいぎょうせつ》という名の偉大な菩薩がいた。彼は、すべての世界の天の神々や人々、阿修羅《あしゅら》たちの心の疑いを知って、仏に申し上げた。

「世尊よ、一体どのようないわれから、この宝塔が地面から出現したのでしょうか。またその塔の中から、どういうわけでこのような声が発せられたのでしょうか」と。

その時に、仏は大楽説菩薩に告げられた。「この宝塔の中には、如来の全《まった》き身体がましますのである。その昔の過去に、東方の無量千万億という無数の世界（の彼方）に、宝浄という名の国があった。その国に仏がおられ、多宝という名であった。その仏が、菩薩としての道を修行していた時に、大きな誓願をたてられた。すなわち、『もしも、私が仏となって、（そして）入滅した後に、十方の国々において（いずれの処であれ）、法華経を説く処があるならば、その経を聴聞するために、私の塔廟が、その（説法の会座《えざ》の）前に出現し、そして（その説法が真実であることの）証明をなして、称讃して、善《よ》いかな、と言おう』と。

その仏は、さとりを開いた後、入滅の時に臨んで、天の神々や人々の大勢の集まりの中で、比丘たちに告げられた。『私が入滅した後、私の全身を供養しようと思う者は、必ず一つの大きな塔を建立すべきである』と。

その仏は、不可思議な誓願の力によって、十方の世界のありとあらゆる処のどこであれ、もし法華経を説く者がいたならば、その宝塔を彼の前にあらわに出現させ、その全身を塔の中にあらしめて、称讃して、善いかな、善いかなと言われるのだ。大楽説よ、今、多宝如来の塔は、法華経が説かれるのを聴聞されようとして地面から出現し、そして称讃して、善《よ》いかな、善いかなと言われたのだ」と。

《法喜》法を聞いて生ずる喜び、が本来の意。ここでは、宝塔出現をまのあたりに見たこと、法華経が真実の教えである証明の声を聞いたこと、が「喜び」の内容。**《大楽説》**Mahāpratibhāna（偉大な弁舌の才のある、の意）。「楽説」は、こころよく法を説くことで、四無礙智《むげち》の一つ。これを菩薩の名とした。『正法華』では「大弁」という。**《踊出》**現われ出ること。「踊」は、上る、昇る、の意。「踊現」は、高くあらわれ出ること。**《如来全身》**多宝如来の身体全身をいう。塔（stūpa）は、本来遺骨を安置して供養するためのものであるが、本章では、その塔の中に、はるか昔に入滅した多宝如来の身体全身がいますといい、その如来が音声を出して讃歎するという。それゆえ、この「全身」は、荼毘に付された遺骨ではなく、如来の肉身、あたかも生命を有するひからびていないミイラの如き具体的イメージが考えられているのであろう。梵本では、asmin……mahāratnastūpe tathāgatasya ātmabhāvas tiṣṭhati ekaghanas（この大宝塔の中に如来の全身の身体が安置されている）という（p. 240, *ll.* 10―11）。**《乃往過去》**昔、昔の過去に、の意。第七章の語注（上巻、三八五頁）参照。**《東方……世界》**梵本では下方（adhastāyām diśi, p. 240. *l.* 11）という。『正法華』では、東方にあって下に去ること無量恒河沙の仏土（大正蔵九巻、一〇二頁下）という。**《宝浄》**梵本では、Ratnaviśuddha（宝によって浄らかな、の意）という。**《多宝》**梵本では、Prabhūtaratna（多くの宝、の意）という。**《証明》**真実であることのあかしをたてること。過去の多宝仏が、現在釈尊によって説かれている法華経を真実であると証明するということは、法華経が時間を超えた普遍的真理であることを示そうとするもの。**《神通願力》**神通の願力と理解して、仏の不可思議な超常的な誓願の力、の意にとる。

本段は、宝塔の出現をまのあたりに見て驚きあやしんだ四衆の人々を代表して、大楽説菩薩が、仏にこの宝塔出現と宝塔から聞こえてきた讃歎の音声のいわれを質問し、仏がそれに答えるという内容である。科文からいうと（五七二頁）、多宝の涌現を明かすうちの、第四から最後の第六までに相当し、本段で「多宝の涌現を明かす」部分を終り、次段から「分身の遠集を明かす」部分に入る。

是時大樂説菩薩。以如來神力故。白佛言。世尊。我等願欲。見此佛身。佛告大樂説菩薩摩訶薩。是多寶佛。有深重願。若我寶塔。爲聽法華經故。出於諸佛前時。其有欲以我身。示四衆者。彼佛分身諸佛。在於十方世界説法。盡還集一處。然後我身。乃出現耳。大樂説。我分身諸佛。在於十方世界説法者。今應當集。大樂説白佛言。世尊。我等亦願。欲見世尊。分身諸佛。禮拜供養。爾時佛放。白毫(1)一光。即見東方。五百萬億。那由他。恒河沙等。國土諸佛。彼諸國土。皆以頗梨爲地。寶樹寶衣。以爲莊嚴。無數千萬億菩薩。充滿其中。遍張寶幔。寶網羅上。彼國諸佛。以大妙音。而説諸法。及見無量千萬億菩薩。遍滿諸國。爲衆説法。南西北方。四維上下。白毫(2)相光。所照之處。亦復如是。爾時十方諸佛。各告衆菩薩言。善男子。我今應往。娑婆世界。釋迦牟尼佛所。幷供養多寶。如來寶塔。

(1)(2)毫＝豪

是《こ》の時に大楽説《だいぎょうせつ》菩薩、如来の神力《じんりき》を以《もっ》ての故に、仏に白《もう》して言《もう》さく、「世尊よ、我等《われら》願わくは、此《こ》の仏身を見たてまつらんと欲《ほっ》す」と。

仏、大楽説菩薩摩訶薩《まかさつ》に告げたまわく、「是《こ》の多宝仏に深重《じんじゅう》の願有《いま》す、『若《も》し、我が宝塔、法華経を聴かんが為の故に、諸仏の前《みまえ》に出《い》でん時、其《そ》れ我が身《み》を以《もっ》て、四衆《ししゅ》に示さんと欲《ほっ》すること有《あ》らば、彼《か》の仏の分身《ふんじん》の諸仏の、十方世界に在《まし》して説法したもうを、尽《ことごと》く一処《いっしょ》に還《かえ》し集めて、然《しか》して後《のち》に、我が身《み》乃《すなわ》ち出現せんのみ』と。大楽説よ、我が分身《ふんじん》の諸仏の、十方世界に在《まし》して説法する者を、今、応当《まさ》に集むべし」と。

大楽説《だいぎょうせつ》、仏に白《もう》して言《もう》さく、「世尊よ、我等、亦《また》、願わくは、世尊の分身《ふんじん》の諸仏を見たてまつり、礼拝《らいはい》し供養せんと欲《ほっ》す」と。

爾《そ》の時に、仏、白毫《びゃくごう》の一光を放《はな》ちたもうに、即ち、東方五百万億那由他《なゆた》恒河沙《ごうがしゃ》等の国土の諸仏を見たてまつる。彼《か》の諸《もろもろ》の国土は、皆、頗梨《はり》を以《もっ》て地と為《な》し、宝樹・宝衣、以《もっ》て荘厳《しょうごん》と為《な》して、無数《むしゅ》千万億の菩薩、其《そ》の中に充満せり。遍《あまね》く宝幔《ほうまん》を張って、宝網《ほうもう》を上に羅《か》けたり。彼《か》の国の諸仏、大妙音《だいみょうおん》を以て、諸法を説きたもう。及び無量千万億の菩薩の、諸国に遍満して、衆《しゅ》の為《ため》に法を説くを見る。南西北方、四維《しゆい》上下、白毫相《びゃくごうそう》の光の所照の処《ところ》も、亦復《またまた》、是《かく》の如《ごと》し。

爾《そ》の時に、十方の諸仏、各《おのおの》、衆《もろもろ》の菩薩に告げて言《のたま》わく、「善男子《ぜんなんし》よ、我、今、応《まさ》に娑婆《しゃば》世界の釈迦牟尼仏の所《みもと》に往《ゆ》き、并びに多宝如来の宝塔を供養すべし」と。

〔訳〕この時、大楽説《だいぎょうせつ》菩薩は、如来の神通力によって、仏に申し上げた。

「世尊よ、私たちは、願わくばこの仏の身体を拝見いたしたく思います」と。

仏は、偉大な大楽説菩薩に告げられた。

「この多宝仏には、重大な誓願があられたのだ。すなわち、『もし、私の宝塔が、法華経を聴聞するために、（説法している）仏たちの面前に出現する時、（その仏たちが）私の身体を（比丘・比丘尼・信男・信女の）四衆の人々に示そうと思うならば、その（説法している）仏の分身で、十方の世界にあって説法している多くの仏たちを、すべて一《ひと》ところにかえし集めて、そうして後に（はじめて）、私の身体が出現するようにさせよう』という誓願である。大楽説よ、（それ故）私の分身の多くの仏たちで、十方の世界にあって説法しているものたちを、今、集合させよう」と。

大楽説は仏に申し上げた。

「世尊よ、私たちも、また、世尊の分身である多くの仏たちを拝見し、礼拝して供養したいと思います」と。

その時に、仏は眉間の白い巻き毛から一条の光を放たれた。すると、ただちに東方の、五百万億ナユタのガンジス河の沙《すな》の数に等しいほどの多くの国土にいる仏たちが見られた。その多くの国土は、すべて大地が玻璃《はり》でできており、宝の樹、宝の衣服によっておごそかに飾られ、無数の千万億という多くの菩薩たちが、その中に充ちあふれていた。宝づくりの幔幕がくまなく張りめぐらされ、宝づくりの網がその上にかけられていた。その国土の仏たちは、大きなすぐれた音声によって、多くの教えを説法されていた。また、はかりしれない千万億という多くの菩薩たちが、多くの国々にくまなく満ちており、大勢に説法しているのが見られた。南方・西方・北方にも、東北、東南、西北、西南、上方、下方の方角にも、眉間の白い巻き毛から放たれた光が照らし出すところは、またこのようであった。

その時に、十方の（国土にいる）仏たちは、おのおの多くの菩薩たちに告げられた。

「善男子たちよ、私は、今、娑婆世界にいる釈迦牟尼仏の所へゆき、そして多宝如来の宝塔を供養しよう」と。

《以如来神力故》 本文では、大楽説菩薩が如来の神力、すなわち神通力によって、仏に申し上げた、とあるが、ここに「以如来神力故」の句が挿入されているのは唐突で不自然に思われる。梵本では、この句は大楽説が仏に申し上げた言葉の中にあって、paśyāma vayaṃ bhagavannetaṃ tathāgatavigrahaṃ bhagavato'nubhāvena/（世尊よ、私たちは、世尊の威神力によって、この如来の身体〈vigraha〉を拝したい）とあり（p. 242, *ll.* 1—2）、この方が文意が通ずる。ただし、従来の解釈では、分身の来集を説くことは、開近顕遠の大事を明かすことになるから、仏がその神力によって大楽説に問わしめたとする（智顗『法華文句』巻八下）。吉蔵の解釈も、法身の大事を説こうとする故、仏が神力によって大楽説に問わしめた、として同様の解釈を示す（『法華義疏』巻九）。《分身諸仏》仏が衆生教化のために化作によって現じた分身の仏たち。従来、多宝仏を法仏、釈尊を報仏、この分身仏を応仏に配当して解釈する（『文句』巻八下）。《白毫》仏の眉間にある白いまき毛。《五百万億那由他恒河沙等》ガンジス河の砂の数にも等しい五百万億ナユタもの多数の。「那由他」は第六章の語注参照（上巻、三六七―八頁）。《頗梨》水晶のこと。七宝の一つ。《四維》東西南北のそれぞれ中間の方角。四方と四維に上下をあわせて十方という。

この段は、大楽説《だいぎょうせつ》菩薩の、多宝如来の仏身を拝したいという請を受けた釈迦牟尼仏が、十方世界において説法中の自らの分身の仏たちをこの娑婆世界に来集させようとする段である。科文からいうと（五七二頁）、本段から、「分身の遠集を明かす」段に入る。この「分身の遠集を明かす」段は、さらに以下の七段に細分される。それは、㈠楽説、多宝を見んと請う、㈡応《まさ》に分身を集むべし、㈢楽説、集を請う、㈣光を放って遠召す、㈤諸仏、同じく来る、㈥国界を厳浄す、㈦塔を開くを与欲す、の七段である。今挙げた段は、㈠から㈤までの部分に相当する。以上を図示すると、次のようである。

明二分身遠集一
- ㈠楽説請レ見二多宝一
- ㈡応レ集二分身一
- ㈢楽説請レ集
- ㈣放レ光遠召
- ㈤諸仏同来
- ㈥厳二浄国界一
- ㈦与二欲開一レ塔

宝塔涌現*

本章に至って、釈迦牟尼仏と会衆《えしゅ》の人々の面前で、七宝づくりの大宝塔が忽然と大地から出現し、霊鷲山の空中高くとどまった。この宝塔は、高さ五百ヨージャナ、縦横二百五十ヨージャナという巨大な塔で、種々の宝玉によって飾られ、五千もの欄楯《らんじゅん》、一千万の龕室《がんしつ》がついており、七宝づくりの旗や天蓋、宝の瓔珞、宝の鈴などで壮麗に飾られ、四面からは多摩羅跋栴檀《たまらばっせんだん》香の香りを漂わせていた。天龍八部衆が、この宝塔にあらゆる花や香、瓔珞《ようらく》、旗や天蓋、音楽をもって敬いをつくして供養すると、宝塔の中から大音声が放たれて、

「善い哉、善い哉。釈迦牟尼世尊よ。能く平等大慧、教菩薩法、仏所護念の妙法華経を以て、大衆の為に説きたもう。是《かく》の如し、是の如し、釈迦牟尼世尊よ、所説の如きは、皆是《こ》れ真実なり。」

という讃歎の響きの声が聞えてきた。霊鷲山の一座会衆は、宝塔の突然の出現という奇瑞《きずい》に驚くとともに、宝塔の中から発せられた大音声に喜びながら、この宝塔は何故にここに出現し、そして、その声の主は一体いかなる仏であるのか、という疑問を懐いたのである。

この大衆の胸中の疑惑を晴らすべく、大楽説という菩薩が代表となって釈尊に問うと、仏は次のように答えられた。すなわち、この宝塔は、はるか昔に入滅された多宝如来という仏の舎利塔であり、今もこの塔の中にその仏の全身の舎利がおわしますのだ。この仏は、昔、菩薩修行の時に大誓願をおこされた。自分が入滅した後に、いつかなる所であろうとも、もし法華経が説かれることがあるな

らば、自分はこの宝塔とともに、その法華経説法の場所に趣いて、その法華経が真実の教えであることを証明し、そして讃嘆しようと。このようなわけで、今、この法華経説法の会座に、この大宝塔が出現し、多宝如来が大音声を塔中から出されて、「皆、これ真実なり」と言われ、「善い哉、善い哉」と讃められたのだ、と。

釈尊が以上のように宣べられると、大楽説菩薩は、さらに「世尊よ、我等、願わくば、この仏身を見たてまつらんと欲す」と、仏に申し上げた。仏はそれに答えて、またこのようにいわれた。この多宝如来は、また、深重の願をたてられたのだ。それは、法華経説法の会座にわが宝塔が出現した時、人々がもしわが身体を見たいと思うならば、その時法華経を説いているその仏の、十方における分身の諸仏をすべてその場所に還《かえ》し集めさせ、そうした後に、はじめてわが身体を示そう、という誓願である。だから、私も私の分身の、十方にいる仏たちをこれから来集させよう、と。

以上、これまでの概要を記した。本章は突然の宝塔の出現という、これまでにない不可思議な奇瑞から始まる。前章の法師品に続いて本章は、法華経の護持と流布をテーマとする流通分の説法に相当するが、突然の宝塔の出現と多宝如来という過去滅度の仏の登場、及びはじめて明かされた分身の諸仏、これらは、いったい本章においてどのような意味をもっているのであろうか。

多宝仏は、はるか過去に入滅した仏である。その仏は、菩薩修行の時にたてた誓願によって、今、この釈迦牟尼仏の法華経説法の会座に現われて、その説法を讃嘆し、法華経が真実の教えであることを証明した。この多宝仏の讃嘆と真実の証明は、釈迦牟尼仏の説法に対してだけでなく、過去・現在・未来の三世にわたって、法華経が説かれる時にはいついかなる所でも、なされるという。これは、この法華経が、過去・現在・未来の三世に亘って、常に真実正法であるということを証明しようとするものである。時間を超えた、永遠で普遍の真実、それがこの法華経なのだ、というのが経のいいたい点である。このことは、実は、本章に至って初めて説かれたことではない。すでに、序品において、過去の日月燈明仏《にちがっとうみょう》が法華経を説き、現在の釈迦牟尼仏もまた同じく法華経を説くといって、過去から現在の仏たちが一貫して法華経を説くことをいっているし、また化城喩品においても、大通智勝仏、十六菩薩、そして釈迦牟尼仏と、過去から現在につながって、等しくみな法華経を説くということが明かされていた。ここでもまた同じテーマが、新しく多宝仏という仏を登場させて強調されているのである。ただ、これまでと異なるところは、その多宝仏という仏が塔の中に全身不散の身体で坐し、宝塔のまま出現したといって、仏塔との結びつきで説かれている点である。本経においては、仏塔については、随所で塔供養や造塔供養が説かれており、本経の基盤に強い仏塔信仰があることをうかがわせるが、本章では、それが極めて具体的に、宝塔出現という形で説かれているわけである。

さて、多宝仏による法華経真実の証明（これを証明法華という）は、序品から次第して本章に至るという章の順序を追っていえば、形の上からは本章に至るまでになされた説法を真実であると証明することになるから、これを「証前」という。具体的には、これまで明かされた一乗真実三乗方便と二乗作仏の説法を指すことになるが、しかし、これは形の上からのことで、実際は、法華経全体の説法を真実であると証明すること、いうまでもない。

次に、多宝仏の宝塔を開くために釈尊の分身の諸仏が明かされ、その諸仏の来集が説かれるが、このことを従来「起後」と称する。それは、諸仏来集のもとに宝塔が開かれ、釈尊がその宝塔中に入って多宝仏と座を分って二仏並坐《ひょうざ》する。その後に、以下に説かれるように、釈尊が三箇《さんが》の告勅《こうちょく》（後述）によって仏滅後の流通を唱募すると、後の第十五章従地踊出品において、仏滅後の流通を荷う菩薩たちが地より出現して、これらの菩薩たちがすべて前世で釈尊の弟子であることが明かされる。すると会衆は、今の釈尊と地涌の菩薩たちとの結びつきを疑問に思い、ここで如来寿量品に至って、今のこの釈尊は、実は久遠の昔に成仏して今に至っているのであるという、本門の久遠実成が明かされることになるのである。それ故、本章の多宝仏の宝塔、釈尊の十方分身の諸仏などを端緒として、後の本門の寿量品が呼び起こされることになるので、これを「起後」というのである。それ故、先の「証前」と合して、「証前起後」といい、多宝仏の宝塔を「証前起後の宝塔」と呼んでいる。

なお、本章は、次の提婆達多品とともに、法華経成立史の上からは極めて問題の多い章である。本書の序論でもふれているが（二「法華経諸本間の異同」、上巻六一―一二頁）、すべての梵本とチベット訳とは、本章と次の提婆品とを分章していない。それ故、梵本とチベット訳とこの『妙法華』とでは、章の数が以下に一つずつずれてゆくことになる。これは形の上のことであるが、内容的にみても、前章の法師品及び次章の提婆品との接合がよくなく、連関上の必然性がうすくなっている。或る学者によれば、本章は、現在の形にまとめられるまでは、独立の経典として知られ、その内容のドラマティックなことから、同じく独立した経典として流布していた提婆品とともに、法師によって人々に広く読誦されていたのではないかという。そして、本章の宝塔品と次章の提婆品とを一つにしたような経典が、法華経の最古の形態であったという想像がなされている（以上、渡辺照宏『法華経物語』一二八―一四〇頁）。近年、法師品に始まる流通分を中心に法華経の成立史を見なおす研究がなされつつあるのは、**

昔から「法師・宝塔に事起こる」といわれてきたことと考え合わせると興味深い。

＊「涌現」の「涌」は、本書の依った大正蔵テキストでは「踊」であるが、今は一般に広まっている「涌」を使用した。なお、「踊」は「涌」に通じ（「踊、叚借為涌」『説文通訓定声』）、「のぼる」「上る」の意。「踊現」で、「高く現われる」という意味で、「涌き出る」という意味ではない（梁の簡文帝の唱導文に、「菩提妙塔、多宝踊現」という用例がある）。

＊＊ほかに、河村孝照「法華経法師品（DHARMABHĀṆAKAPARIVARTAḤ）について」『東洋学研究』第二十一号所収、一九八六年三月。

時娑婆世界。卽變清淨。(1)琉璃爲地。寶樹莊嚴。黃金爲繩。以界八道。無諸聚落。村營城邑。大海江河。山川林藪。燒大寶香。曼陀羅華。遍布其地。以寶網幔。羅覆其上。懸諸寶鈴。唯留此會衆。移諸天人。置於他土。是時諸佛。各將一大菩薩。以爲侍者。至娑婆世界。各到寶樹下。一一寶樹。高五百由旬。枝葉華菓。(2)次第莊嚴。諸寶樹下。皆有師子之座。高五由旬。亦以大寶。而校飾之。爾時諸佛。各於此座。結加(3)趺坐。如是展轉。遍滿三千大千世界。而於釋迦牟尼佛。一方所分之身。猶故未盡。時釋迦牟尼佛。欲容受所。分身諸佛故。八方各更變。二百萬億。那由他國。皆令清淨。無有地獄。餓鬼。畜生。及阿修羅。(5)又移諸天人。置於他土。所化之國。亦以(4)琉璃爲地。寶樹莊嚴。樹高五百由旬。枝葉華菓。次第嚴飾。樹下皆有。寶師子座。高五由旬。種種諸寶。以爲莊校。亦無大海江河。及目眞隣陀山。摩訶目眞隣陀山。鐵圍山。大鐵圍山。(6)須彌山等諸山王。通爲一佛國土。寶地平正。寶交露幔。

遍覆其上。懸諸幡蓋。燒大寶香。諸天寶華。遍布其地。釋迦牟尼佛。爲諸佛當來坐故。復於八方。各(7)更變二百萬億。那由他國。皆令清淨。無有地獄。餓鬼。畜生。及阿修羅。又移諸天人。置於他土。所化之國。亦以(8)琉璃爲地。寶樹莊嚴。樹高五百由旬。枝葉華(9)菓次第(10)莊嚴。樹下皆有。寶師子座。高五由旬。亦以大寶。而校飾之。亦無大海江河。及目眞隣陀山。摩訶目眞隣陀山。鐵圍山。大鐵圍山。須彌山等諸山王。通爲一佛國土。寶地平正。寶交露幔。遍覆其上。懸諸幡蓋。燒大寶香。諸天寶華。遍布其地。爾時東方。釋迦牟尼佛。所分之身。百千萬億。那由他。恒河沙等。國土中諸佛。各各說法。來集於此。如是次第。十方諸佛。皆悉來集。坐於八方。爾時一一方。四百萬億。那由他國土。諸佛如來。遍滿其中。

(1)(4)(8)琉＝瑠　(2)(5)(9)菓＝果　(3)加＝跏　(6)底本は「彌」。高麗蔵、春日本とも「須」。大正蔵の誤り。今、改む。(7)更＝春日本になし。(10)莊嚴＝嚴飾

時に娑婆世界、即ち変じて清浄なり。琉璃《るり》を地と為《な》して宝樹荘厳し、黄金を縄と為《な》して、以《もっ》て八道を界《さか》い、諸《もろもろ》の聚落《じゅらく》・村営《しゅんよう》・城邑《じょうおう》・大海・江河《ごうが》・山川《せんぜん》・林藪《りんそう》無く、大宝の香を焼《た》き、曼陀羅華《まんだらけ》遍《あまね》く其《そ》の地に布《し》き、宝の網幔を以て、其の上に羅《か》け覆《おお》い、諸《もろもろ》の宝鈴《ほうりょう》を懸《か》けたり。唯《ただ》此の会《え》の衆を留《とど》めて、諸の天人を移して他土に置く。是《こ》の時に、諸仏、各《おのおの》一《ひと》りの大菩薩を将《ひき》いて、以《もっ》て侍者と為《な》し、娑婆世界に至って各《おのおの》宝樹の下《もと》に到りたもう。一《いち》の宝樹、高さ五百由旬《ゆじゅん》、枝《し》・葉《よう》・華《け》・菓《か》、次第に荘厳《しょうごん》せり。諸《もろもろ》の宝樹の下《もと》に、皆、師子《しし》の座有り。高さ五由旬、亦《また》、大宝を以て之《これ》を校飾《きょうじき》せり。

爾《そ》の時に、諸仏、各《おのおの》此の座に於いて結加趺坐《けっかふざ》したもう。是《かく》の如く展転《てんでん》して、三千大千世界に遍満せり。而《しか》も釈迦牟尼仏の、一方所分《しょふん》の身《み》に於いて、猶《なお》故未だ尽きず。

時に釈迦牟尼仏、所分身《しよふんじん》の諸仏を容受せんと欲《ほっ》するが故に、八方に各《おのおの》、更に二百万億那由他《なゆた》の国を変じて、皆、清浄ならしめたもう。地獄・餓鬼・畜生、及び阿《あ》修羅《しゅら》有ること無し。又、諸《もろもろ》の天・人を移して他土に置く。所化《しよけ》の国、亦《また》、琉《る》璃《り》を以て地と為《な》し、宝樹荘厳《しようごん》せり。樹の高さ五百由旬、枝《し》・葉《よう》・華《け》・菓《か》、次第に厳飾《ごんじき》せり。樹下に皆《みな》、宝の師子《しし》座《ざ》有り。高さ五由旬、種種の諸宝、以て荘校《しようきよう》と為《な》す。亦《また》、大海・江河《ごうが》、及び目真隣陀山《もくしんりんだせん》・摩訶《まか》目真隣陀山・鉄囲《てつち》山《せん》・大《だい》鉄囲山・須弥《しゆみ》山《せん》等の諸山《しよせん》の王無く、通じて一仏国土と為《な》って、宝地《ほうじ》平正《びようじよう》なり。宝をもって交露《きようろ》せる幔《まん》、遍《あまね》く其の上に覆《おお》い、諸《もろもろ》の幡蓋《ばんがい》を懸《か》け、大宝の香を焼《た》き、諸天の宝華、遍く其《そ》の地に布《し》けり。

釈迦牟尼仏は、諸仏の当《まさ》に来《きた》り坐したもうべきが為の故に、復《また》、八方に於いて各《おのおの》更に二百万億那由他の国を変じて、皆清浄ならしめたもう。地獄・餓鬼・畜生、及び阿修羅有ること無し。又、諸《もろもろ》の天・人を移して他土に置く。所化《しよけ》の国、亦《また》、琉璃を以て地と為《な》し、宝樹荘厳せり。樹の高さ五百由旬、枝・葉・華・菓、次第に荘厳せり。樹下に皆、宝の師子座有り。高さ五由旬、亦《また》、大宝を以て之《これ》を校飾せり。亦《また》、大海・江河《ごうが》、及び目真隣陀山・摩訶目真隣陀山・鉄囲山・大鉄囲山・須弥山等の諸山の王無く、通じて一仏国土と為《な》って、宝地平正なり。宝をもって交露《きようろ》せる幔《まん》、遍く其《そ》の上に覆い、諸《もろもろ》の幡蓋《ばんがい》を懸《か》け、大宝の香を焼《た》き、諸天の宝華《ほうけ》、遍《あまね》く其の地に布《し》けり。

爾《そ》の時に、東方の釈迦牟尼仏の所分《しよふん》の身《み》の、百千万億那由他恒河《ごうが》沙等《しやとう》の国土の中の諸仏の、各各《かくかく》に説法したまえる、此《ここ》に来集せり。是《かく》の如く、次第に十方の諸仏、皆、悉《ことごと》く来集して、八方に坐したもう。爾の時に、一一《いちいち》の方の、四百万億那由他の国土に、諸仏如来其の中に遍満したまえり。

〔訳〕その時に、この娑婆世界は、たちまちのうちに一変して清らかになった。大地は瑠璃でできており、宝樹がおごそかに（この世界を）飾り、黄金を縄にして、それによって八つの道を境い、多くの聚落、村々・都城・大海・大河・山や川・林や草木の茂みはなく、大きな宝玉のような香をたき、曼陀羅の華は地面一面に散り敷き、宝玉づくりの網や幕が懸けられて覆われており、多くの宝の鈴がかかっていた。そして、（釈迦牟尼仏は）この説法の会座にいる人々を留めておいて、ほかの天の神々や人々を他の国土に移し置いた。

この時、（分身の）仏たちは、各々一人の偉大な菩薩を将いて侍者とし、娑婆世界にやってきて、宝樹の下に到った。一本一本の宝樹は、その高さが五百ヨージャナで、順に枝や葉、花や果実でおごそかに飾られていた。それら宝樹の樹下には、すべて獅子座があった。その高さは五ヨージャナで、大きな宝玉で装飾されていた。

その時に仏たちは、それぞれこの座に坐して結跏趺坐された。このように次々と（宝樹下に坐して）、仏たちが三千大千世界にくまなく満ちあふれた。しかし、それでも釈迦牟尼仏の、（十方にいられる）分身の仏たちの、一つの方角の分身仏たちですら（この世界に）容れることはできなかった。そこで釈迦牟尼仏は、自らの分身の仏たちを容れようとされて、八方に各々さらに二百万億ナユタの国土をみな清らかにされた。（そこには）地獄・餓鬼・畜生、それに阿修羅（の世界）もなかった。また、（仏は）多くの天の神々や人々を他の国土に移し置かれた。その（仏の神通力によって）化作された国土は、やはり大地が瑠璃でできており、宝樹によって壮麗に飾られていた。それらの宝樹の高さは五百ヨージャナで、順に枝や葉、花や果実でおごそかに飾られていた。そのすべての樹下には、宝づくりの獅子座があった。その高さは五ヨージャナで、種々の宝によって飾られていた。また、大海・大河、それに目真隣陀《もくしんりんだ》山《せん》・摩訶目真隣陀《まかもくしんりんだ》山《せん》・鉄囲《てっち》山《せん》・大鉄囲《だいてっち》山《せん》・須弥《しゅみ》山《せん》などの山々の王（のような高山）もなく、おしなべて一つの仏国土となっており、宝玉づくりの大地は平坦であった。宝玉を交叉して散りばめた幕がくまなくその上を覆い、さまざまな旗や天蓋を懸け、大きな宝玉のような香を焼《た》き、大地には、さまざまな天界の花々が、あたり一面に散り敷かれていた。

釈迦牟尼仏は、仏たちがやってきて（獅子座に）坐られるので、再び八方に、各々二百万億ナユタの国土を清らかに変えられた。地獄・餓鬼・畜生、それに阿修羅（の世界）もなかった。また、（仏は）多くの天の神々や人々を他の国土に移し置かれた。その（仏の神通力によって）化作された国土は、やはり大地が瑠璃でできており、宝樹によって壮麗に飾られていた。それら宝樹の高さは五百ヨージャナあり、順に枝や葉、花や果実でおごそかに飾られていた。そのすべての樹下には、宝づくりの獅子座があった。その高さは五ヨージャナで、また、大きな宝玉によって飾られていた。また、大海・大河、それに目真隣陀山・摩訶目真隣陀山・鉄囲山・大鉄囲山・須弥山などの山々の王（のような高山）もなく、おしなべて一つの仏国土となっており、宝玉づくりの大地は平坦であった。宝玉を交叉して散りばめた幕がくまなくその上を覆い、さまざまな旗や天蓋を懸け、大きな宝玉のような香を焼き、大地には、さまざまな天界の花々が、あたり一面に散り敷かれていた。

その時に、東方の、百千万億ナユタのガンジス河の砂の数にも等しい多数の国土の中で、各々に説法されている釈迦牟尼仏の分身の仏たちが、ここに集まって来られた。このようにして、順々に十方の諸仏が、すべて来集して、八方に坐られた。すると、その時、それぞれの方角の、四百万億ナユタの国土には、仏・如来がすみずみまで満ちあふれた。

《娑婆世界、即変清浄》釈尊は十方の分身の諸仏を迎えるために、娑婆世界を清浄な仏国土にした。しかし、それら十方の諸仏を容れることができなかったので、さらに二度にわたって二百万億ナユタの国土を拡げて、それらを一仏国土とした。都合三回にわたって国土を変じたので、これを「三変土田」という。**《黄金為縄、以界八道》**仏国土荘厳の表現の一つ。黄金を縄にして、八つの交わった道を区切る、の意。「八道」は「八交道」のこと、第三章の語注参照（上巻、二〇九頁）。**《師子座》**仏の坐す座。人中の王たる仏を、百獣の王である獅子に喩えての表現。原語は siṃhaāsana. 如来の坐り方で如来坐ともいう。**《結加趺坐》**坐法の一種。足の甲を左右のももの上に乗せて坐す坐し方。**《二百万億那由他》**『倶舎論』に出る数の単位によれば、二百万×一千万×一千億＝2×10^{24}という数になる。上巻・三六七―八頁参照。**《目真隣陀山》**「目真隣陀」（Mucilinda の音写形）は、もと龍王の名で、この龍王の名をとって、その住んでいる山を目真隣陀山という。この山名は、『勝天王般若』『大乗本生心地観経』などにみえるが、いずれの山かは不明。**《摩訶目真隣陀山》**「摩訶」は、mahā の音写で、「大」の意。大目真隣陀山のこと。**《鉄囲山》**仏教の世界観によれば、直径百二十万三千四百五十ヨージャナ、厚さ三十二万ヨージャナの金輪上にわれわれの世界が載っており、その金輪の中心に須弥山が八万ヨージャナの高さに聳えている。そのまわりを七つの山脈がとり囲んでいて、山脈と山脈の間は海になっている。それらの山脈の外側の四方の海上に四大洲があり、その四大洲のうち、南にある洲を瞻部洲（閻浮提ともいう）といい、ここがわれわれの住む世界であるという。そして、金輪の最も外側の円周上に、鉄でできた山があって、世界全体をとり囲んでいる。この山を鉄囲山（Cakravāḍa-parvata）という（『倶舎論』巻十一、分別世品）。**《須弥山》**前注及び第七章の注（上巻、三三六、四〇一―二頁）参照。

本段は、釈迦牟尼仏が十方より来集した分身の諸仏を容れるために、この娑婆世界を変じて清浄となし、さらに二度にわたって二百万億那由他の国土を変じて清浄となした三変土《さんぺんど》田《でん》を説く段である。科文からいうと（五八〇頁）、㈥の「国界を厳浄す」の段に相当する。

是時諸佛。各在寶樹下。坐師子座。皆遣侍者。問訊釋迦牟尼佛。各齎寶華滿掬。而告之言。善男子。汝往詣耆闍崛山。釋迦牟尼佛所。如我辭曰。少病少惱。氣力安樂。及菩薩聲聞衆。悉安隱(1)不。以此寶華。散佛供養。而作是言。彼某甲佛。與欲開此寶塔。諸佛遣使。亦復如是。爾時釋迦牟尼佛。見所分身佛(2)。悉已來集。各各坐於。師子之座。皆聞諸佛。與欲同開寶塔。卽從座起。住虛空中。一切四衆。起立合掌。一心觀佛。於是釋迦牟尼佛。以右指開。七寶塔戶。出大音聲。如却關鑰。開大城門。卽時一切衆會。皆見多寶如來。於寶塔中。坐師子座。全身不散。如入禪定。又聞其言。善哉善哉。釋迦牟尼佛。快說是法華經。我爲聽是經故。而來至此。爾時四衆等。見過去無量。千萬億劫。滅度佛。說如是言。歎未曾有。以天寶華聚。散多寶佛。及釋迦牟尼佛上。爾時多寶佛。於寶塔中。分半座與。釋迦牟尼佛。而作是言。釋迦牟尼佛。可就此座。卽時釋迦牟尼佛。入其塔中。坐其半座。結加(3)趺坐。爾時大衆。見二如來。在七寶塔中。師子座上。結加(4)趺坐。各作是念。佛座(5)高遠。唯願如來。以神通力。令我等輩。倶處虛空。卽時釋迦牟尼佛。以神通力。接諸大衆。皆在虛空。以大音聲。普告四衆。誰能於此。娑婆國土。廣說妙法華經。今正是時。如來不久。當入涅槃。佛欲以此。妙法華經。付囑有在。

(1)隱＝穩　(2)佛＝諸佛　(3)(4)加＝跏　(5)座＝坐

是《こ》の時に、諸仏、各宝樹下《おのおのほうじゅげ》に在《ましま》して、師子座《ししざ》に坐し、皆、侍者《じしゃ》を遣《つか》わして、釈迦牟尼仏を問訊《もんじん》したもうに、各宝華《おのおのほうけ》を齎《も》ち、掬《きく》に満《み》てて、之《これ》に告げて言《のたま》わく、

「善男子よ、汝、耆闍崛山《ぎしゃくせん》の釈迦牟尼仏の所《みもと》に往詣《おうけい》して、我《わ》が辞《ことば》の如く曰《もう》せ、『少病少悩にして、気力《けりき》安楽にましますや』及び『菩薩・声聞衆、悉《ことごと》く安隠なりや不《いな》や』と。此の宝華《ほうけ》を以て仏に散じ、供養して是《こ》の言《ことば》を作《な》せ、『彼《か》の某甲《それがし》の仏、此の宝塔を開かんと与欲す』」と。諸仏、使《つかい》を遣《つか》わしたもうこと、亦復《またまた》、是《かく》の如し。

爾《そ》の時に、釈迦牟尼仏、所分身《しょふんじん》の仏の、悉く已《すで》に来集して、各各《かくかく》に師子の座に坐したもうを見そなわし、皆、諸仏の同じく宝塔を開かんと与欲《よよく》したもうを聞こしめして、即ち座より起《た》って虚空の中に住したもう。一切の四衆、起立合掌し、一心に仏を観たてまつる。

是《ここ》に釈迦牟尼仏、右の指を以て七宝塔の戸《とぼそ》を開きたもう。大音声を出すこと、関鑰《けんやく》を却《き》けて大城の門を開くが如し。即時《そくじ》に一切の衆会、皆、多宝如来の、宝塔の中に於いて、師子座に坐したまい、全身散《さん》ぜざること禅定《ぜんじょう》に入るが如くなるを見、又、其の「善い哉《かな》、善い哉《かな》。釈迦牟尼仏よ、快く是の法華経を説きたもう。我、是の経を聴かんが為の故に、而《しか》も此《ここ》に来至せり」と言《のたも》うを聞く。

爾《そ》の時に四衆等、過去の無量千万億劫に滅度したまいし仏の、是《かく》の如き言《ことば》を説きたもうを見て、未曾有なりと歎《たん》じ、天の宝華聚《ほうけじゅ》を以て、多宝仏及び釈迦牟尼仏の上《みうえ》に散ず。

爾の時に多宝仏、宝塔の中《うち》に於いて、半座を分《わか》ち、釈迦牟尼仏に与えて、是《こ》の言《ことば》を作《な》したまわく、「釈迦牟尼仏よ、此の座に就《つ》きたもうべし」と。即時に釈迦牟尼仏、其の塔中《たっちゅう》に入《い》り、其《そ》の半座に坐して、結加趺坐《けっかふざ》したもう。

爾《そ》の時に大衆、二如来の、七宝塔中の師子座上に在《ましま》して結加趺坐したもうを見たてまつり、各《おのおの》是《こ》の念を作さく、「仏の座は高遠《こうおん》なり。唯願わくは如来よ、神通力を以て我が等輩《ともがら》をして、倶に虚空に処《しょ》せしめたまえ」

と。

即時に釈迦牟尼仏、神通力を以て、諸《もろもろ》の大衆を接して、皆虚空に在《お》きたもう。大音声《だいおんじょう》を以て、普《あまね》く四衆に告げたまわく、「誰か能く此の娑婆《しゃば》国土に於いて、広く妙法華経を説かん。今、正しく是《こ》れ時なり。如来久しからずして、当《まさ》に涅槃に入るべし。仏、此の妙法華経を以て付嘱《ふぞく》して在《あ》ること有らしめんと欲す」と。

〔訳〕その時に、（十方より来集した）仏たちは、各々宝樹の下にあって、獅子座に坐り、みなおつきの侍者を遣わして、釈迦牟尼仏の安否をうかがわせられようとして、各々の仏が宝の花を両手にすくいきれないほど盛って、侍者にこう告げられた。

「善男子よ、汝は耆闍崛山《ぎしゃくせん》（霊鷲山）の釈迦牟尼仏の所へゆき、私の言葉のとおりに言いなさい。『無病息災で、御気嫌うるわしゅうございますか』。それに、『菩薩や声聞の人々も、みな安楽でしょうか』と。そして、この宝の花を仏の上に散らして供養し、このように言いなさい。『かの誰それという仏は、この宝塔を開こうとする希望があります』と」。多くの仏たちが使いを遣わされたことは、以上のとおりであった。

その時、釈迦牟尼仏は、身を分けられた仏たちが、ことごとく集まって来て各々に獅子座に坐られたのをごらんになり、すべての仏たちが一様に宝塔を開く希望があることをお聞きになって、すぐさま座から起ち上がって空中にとどまられた。すべての（比丘・比丘尼・信男・信女の）四衆の人々は、起ち上がって合掌し、一心に仏を見つめた。

そこで、釈迦牟尼仏は、右手の指で七宝の塔の戸を開かれた。（その開くさまは）大きな音がして、門《かんぬき》と錠とを取り去って、大きな都城の門を開けるかのようであった。戸が開けられるや、そこに集まっているものすべては、多宝如来が宝塔の中で獅子座に坐られており、その肉体は全身そのままで、あたかも禅定に入っておられるかのようであるのを見、また、多宝如来が次のように言われるのを聞いた。「すばらしい、すばらしいことだ。釈迦牟尼世尊よ、よくぞ快くこの法華経を説かれた。私はこの経を聴聞しようとして、ここにやってきたのだ」と。

その時に、四衆の人々は、無量千万億劫というはるかな過去の昔に入滅された仏がこのようなことばを説かれるのを見て、不思議なことだと讃歎し、天上の宝の花をあつめたものを多宝仏と釈迦牟尼仏との上に散らした。

その時、多宝仏は、宝塔の中で、その座を半分釈迦牟尼仏に譲って、次のようにいわれた。「釈迦牟尼仏よ、この座に坐られよ」と。ただちに釈迦牟尼仏はその塔の中に入り、その半分の座席に坐られて結跏趺坐された。

その時に、大勢の会衆は、二人の如来が七宝づくりの塔の中の獅子座の上で結跏趺坐されたのを見て、各々にこのように思った。「仏のお坐りになっている所は高くて遠い。どうか、願わくは、如来よ、神通力によって私たち仲間を一緒に、空中にとどまらせ下さいますように」と。

釈迦牟尼仏は、ただちに、神通力によって大勢の集まりの者たちを迎えて、皆、空中にとどまらせられた。そして、大きな音声で、四衆の人々にくまなく告げられた。

「この娑婆世界において『妙法蓮華経』を広説することができるのは誰か。今がちょうどその（広説の）時である。如来（である私）はほどなくして入滅するであろう。仏（の私）は、この『妙法蓮華経』を付託して、（世に）存続せしめようとしているのだ」と。

《各齎宝華満掬》各々が宝の花を両手一杯にもって、の意。「齎」は、もって来る、もたらす、の意で、「掬」は、両手のひら、両手、のこと。《耆闍崛山》霊鷲山のこと。第一章の注（上巻、四二―三頁）参照。《与欲》元来、律に定められた僧団の作法の一つをいうことば。布薩や授戒などの儀式を僧団で行なう場合、僧団の構成員のある比丘がその儀式に出席できない場合、その儀式を自らも喜びあやかりたいという希望を「欲」といい、この希望を他の出席する比丘に託すことを「与欲」という。ここでは、分身の諸仏自らが宝塔を開けるのではないが、釈迦牟尼仏が開けることをともに希望するという意。《関鑰》かんぬきと錠のこと。《入其塔中、坐其半座》宝塔中に釈迦牟尼仏が入り、多宝仏が譲られた半座に坐すこと。これを二仏並坐という。《接諸大衆、皆在虚空》釈迦牟尼仏が大衆を霊鷲山から虚空に移したので、ここからは会座が虚空に移って虚空会の説法となる。この虚空会は、第二十二章嘱累品の末で「多宝仏の塔、還って故《もと》の如くしたもうべし」とあって会座が再び霊鷲山に還るまで続く。この虚空会を中心に、それ以前を「前霊山会」、それ以後を「後霊山会」といい、法華経全体で説法の場所は霊鷲山と虚空の二処、説法の会座は都合三会あることになるから、法華経の説法を「二処三会」という。《付嘱》委ね託すこと。教法を委ね託して、その宣布を委嘱すること。

前段で、釈尊の神通力によって三変土田《さんぺんどでん》して清浄な通一仏土となったこの娑婆世界に十方の分身の諸仏が来集し、各々宝樹下の獅子座上に坐した。本段では、その諸仏がみな開塔の希望を表わしたことによって、釈尊が多宝塔を開けて多宝如来の身体を大衆に示し、さらにその宝塔の中に入って多宝如来と座を分って着坐する（二仏並坐）。そして大衆の願いを容れて人々を空中に移しておいて、人々に向かって大音声を放ち、仏の入滅後に、この法華経を説く者は誰か、と問うて、この経の流通を勧募するのである。

分科からいうと（五七二、五八〇頁）、本段は、長行を三分するうちの、第二の「分身の遠集を明かす」段の第七、「開塔を与欲す」の部分と第三の「釈迦の唱募を明かす」の段に相当する。今、これを図示すると、次のようになる。

長行
- 明二多宝涌現一
- 明二分身遠集一
  - ㈠楽説請レ見二多宝一
  - ㈡応レ集二分身一
  - ㈢楽説請レ集
  - ㈣放レ光遠召
  - ㈤諸仏同来
  - ㈥厳二浄国界一
  - ㈦与二欲開塔一
    - (1)諸仏問訊与欲
    - (2)釈迦開塔
    - (3)四衆皆同見聞
    - (4)二仏分座而坐
    - (5)四衆請レ加
- 明二釈迦唱募一
  - ㈠大声唱募
  - ㈡明二付嘱時至一
  - ㈢明二付嘱有在一

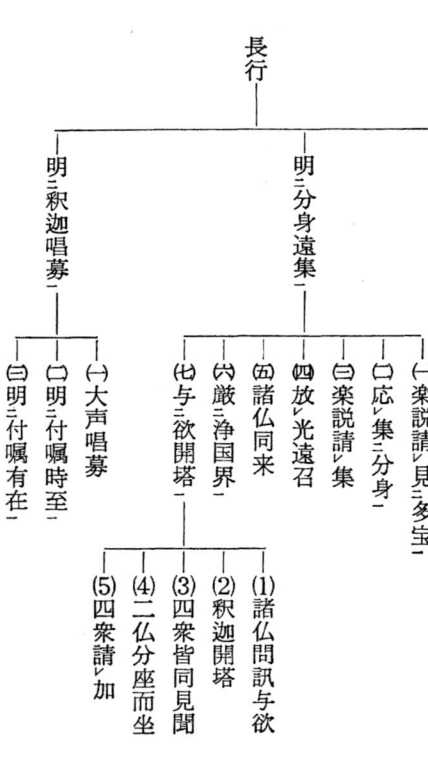

二仏並坐

さて、釈尊は、会衆《えしゅ》を代表して多宝塔の開塔を懇請した大楽説菩薩に応えて、十方分身の諸仏を来集させようとされた。釈尊は眉間の白毫相《びゃくごうそう》から一条の光を放って、まず東方五百万億ナユタ恒河沙の国土にいる諸仏を照らされ、それから次々と四方八方、上下合わせて十方の世界を照らされて、そこの仏たちとその国土とを照らされて、その仏たちを招集した。釈尊はその仏たちを容れるために、この娑婆世界を神通力によって清浄この上ないものにされ、ただこの会座にいるものを残して、他の天の神々や人々を他の国土に移された。そしてまた、さらに入りきれない諸仏を容れようとして、二度にわたって各々二百万億ナユタの国々を神力によって清浄にし、それら全部の世界をおしなべて一つの仏国土とされた（三変土田《さんぺんどでん》）。かくして十方より来集した諸仏は、今は娑婆世界が変じた清浄広大な仏国土の中の、それぞれの宝樹の下に設けられた獅子座に坐して、皆、釈尊に開塔の意を伝えたので、ここで、釈尊は霊鷲山《りょうじゅせん》から空中へ昇っていよいよ宝塔を開けられようとした。右の指によって戸を開くと、あたかも大城の門を開けるような大音声とともにその戸が開いた。すると、その中には、獅子座に坐ってあたかも禅定に入られているかのような多宝仏の全身が見え、しかも多宝仏が、私はここへ法華経を聴聞するためにやってきたのだ、といわれるのが聞こえた。そして多宝仏が、釈迦牟尼仏のために、自らの半座を分かって席を譲り塔中に招くと、釈迦牟尼仏は宝塔の中に入って、多宝仏と並んで同一の座に坐られた。これを二仏並坐という。すると、会衆の人々は、釈尊が宝塔の中に入り、多宝仏と並んで坐られたのを見て、自分たちも空中にとどまりたいという願いをもった。仏は、ただちに会衆の人々を虚空《こくう》の中に置いた。これで法華経説法の会座は、地上の霊鷲山から虚空に移ったので、以後、嘱累品で会座が再び霊鷲山に戻るまでを虚空会《え》の説法という。

さて、仏は同じ空中に住した一座の人々に向かって、大音声を放って、

誰か能《よ》く此の娑婆国土に於いて、広く妙法華経を説かん。今、正《まさ》しく是れ時なり。如来久しからずして、当《まさ》に涅槃に入るべし。仏、此の妙法華経を以て、付嘱《ふぞく》して在ること有らしめんと欲す。

と説かれ、仏の滅度の後におけるこの経の流通を勧募されたのである。

以上、こうして話の順を追ってみてみると、宝塔の涌現、十方諸仏の来集、三変土田《さんぺんどでん》、多宝塔の開塔と二仏並坐《びょうざ》、会座の虚空への移動、等々どれをとっても奇想天外で、本章は雄大壮麗な一つのドラマであるといってよい。法師たちが、人々に向かって朗々と本章を誦すると、人々はそれに熱中して一心に聴き耳を立てている姿が彷彿としてくるようである。しかし、この劇中の一つ一つのモチーフには、それぞれにそれぞれの意義が見出される。それはどのような意義か。

まず、釈尊の分身の諸仏の来集とはどういうことであろうか。中国三論宗の吉蔵の解釈では、経が分身の諸仏を説くのは、この釈迦牟尼仏が実の仏であるというとらわれを除き、応仏であることを明かさんがためであると解釈する。すなわち、十方の浄土にいる諸仏たちでさえ釈迦牟尼仏の垂迹《すいじゃく》であって本地でないのだから、まして、この現在説法の釈迦は真仏でない。それゆえ、十方の分身の諸仏を集めて釈迦牟尼仏が応仏であることを顕わすのだ、と理解するのである（『法華義疏』巻九）。

また二仏並坐については、多宝仏が滅にして不滅、不滅にして滅の相を現じているから、その多宝

仏と共に釈迦仏が坐すことによって、今の釈迦牟尼仏も実際には生滅はないが、方便の故に生滅することを顕わそうとするのである、と解釈する（同前）。これは、後の寿量品に明かされる釈尊の久遠実《じつ》成《じょう》のさきがけである。事実、この三世にわたって法華経の会座に出現するという多宝仏と現在の釈迦牟尼仏とが、塔中の同一の座に坐すことは、釈迦牟尼仏が、ただ現在の仏であるのではなくて、多宝仏と同じく、過去から未来につながる久遠の本仏であることを容易に暗示させるものがある。その意味でも、この二仏並坐は後の寿量品を呼び起こす「起後」であるということができる。今のは、吉蔵の解釈であるが、天台は、宝塔の開塔についてこれを開権《かいごん》にあてはめ、塔中の仏を見奉ることを顕実《けんじつ》になぞらえて解釈している（『法華文句』巻八下）。また、先の二仏並坐に関して、後の解釈では、境である法身《ほっしん》の多宝と、智である報身《ほうじん》の釈迦との境智妙合を顕わすものという解釈も行なわれており（湛然『法華文句記』巻二十二）、さまざまな解釈が成り立つのである。しかし、注意しなければならないのは、以上のそれぞれのモチーフが、経典の流通《るつう》という大きな目的のもとに統一づけられているということである。本章の劇的な構成も、すべてその目的に沿って企てられているもので、まことにこの経を聴く者をして、流通の大願をおこさしめるのにふさわしい筋立てであるといえよう。

なお、本章で説かれた多宝塔にまつわるさまざまなモチーフ、たとえば、宝塔の出現、宝塔中のあたかも入定しているかのような全身不散の多宝仏の身体、釈迦と多宝の二仏の並坐、これらは学者の研究によれば*、決して法華経経典製作者の突飛な空想の所産ではなく、歴とした仏教信仰の中に継承されてきた伝承に基づくものであるという。すなわち、現実の釈迦牟尼仏入滅後に、教団の長老として人々を率いて、経典の第一結集を主宰した摩訶迦葉《まかかしょう》の伝に基づき、それを継承発展させ集成させたものであるという。それは、『根本説一切《こんぽんせついっさい》有部《うぶ》毘奈耶《びなや》雑事《ぞうじ》』巻四十などには、釈尊の遺法を伝承すべき任を負った摩訶迦葉が、弥勒の下生まで塔中で入定して全身を保持して次仏の出世を待つという説話が伝えられ、また、『雑阿含《ぞうあごん》』巻四十一などには、釈尊が摩訶迦葉に、大衆の前で自らの座を半分譲って、そこに摩訶迦葉を坐せしめたという説話が載せられているという。これらの説話の内容は、本章の塔にまつわるモチーフの一々に酷似しており、たとい、本経に至るまでのそれらの説話の伝承過程が跡づけられないとしても、傾聴すべき意見である。

＊横超慧日「多宝塔思想の起源」(『法華思想の研究』五七―六七頁。平楽寺書店、昭和五十年)

爾時世尊。欲重宣此義。而說偈言

聖主世尊　雖久滅度　在寶塔中　尙爲法來　諸人云何　不勤爲法
此佛滅度　無央數劫　處處聽法　以難遇故　彼佛本願　我滅度後
在在所往　常爲聽法　又我分身　無量諸佛　如恒沙等　來欲聽法
及見滅度　多寶如來　各捨妙土　及弟子衆　天人龍神　諸供養事
令法久住　故來至此　爲坐諸佛　以神通力　移無量衆　令國淸淨
諸佛各各　詣寶樹下　如淸淨(1)池　蓮華莊嚴　其寶樹下　諸師子座
佛坐其上　光明嚴飾　如夜闇中　燃大炬火　身出妙香　遍十方國
衆生蒙薰　喜不自勝　譬如大風　吹小樹枝　以是方便　令法久住

(1)淨＝凉

爾《そ》の時に、世尊、重ねて此の義を宣べんと欲《ほっ》して、偈《げ》を説いて言《のたま》わく、

「聖主《しょうしゅ》世尊　久しく滅度したもうと雖も　宝塔の中《うち》に在《ましま》して　尚《な》お法の為に来りたまえり。　諸人《しょにん》云何《いかん》ぞ勤めて法の為にせざらん。

此の仏、滅度したまいて　無央数劫《しゅこう》なり。　処処に法を聴きたもうことは　遇い難きを以ての故なり。

彼の仏の本願は　我《われ》滅度の後　在在所往に　常に法を聴《き》かんが為《ため》なり　又、我《わ》が分身《ふんじん》　無量の諸仏　恒沙等《ごうじゃとう》の如きは　来りて法を聴き　及び滅度の多宝如来を見たてまつらんと欲して、各《おのおの》、妙土　及び弟子衆　天・人・龍神　諸の供養の事を捨《す》てて　法をして久しく住せしめんが故に　此《ここ》に来至したまえり。

諸仏を坐せしめんが為に　神通力を以て　無量の衆を移して　国をして清浄ならしむ。

諸仏各各《かくかく》に　宝樹下に詣《いた》りたもう　清浄池の　蓮華荘厳《しょうごん》せるが如し。

其《そ》の宝樹下の　諸《もろもろ》の師子座に　仏、其《そ》の上に坐したまいて　光明厳飾せること　夜の闇《やみ》の中に　大いなる炬火《こか》を燃《とも》せるが如し。

身より妙香を出して　十方の国に遍《へん》じたもう　衆生、薫《におい》を蒙《こうむ》って　喜《よろこ》び自《みずか》ら勝《た》えず。　譬《たと》えば大風《だいふう》の　小《しょう》樹《じゅ》の枝を吹くが如し　是の方便を以て　法をして久しく住せしむ。

〔訳〕その時に、世尊は、以上の意義を再び宣べようとして、詩頌を説いていわれた。

「聖者の主である世尊は、はるか昔に入滅されているけれども（それでも）　宝塔の中におられて　なお、教えの法のためにやってこられたのだ。　もろ人たちは、教えの法のために、どうして勤めないでおられよう。(1)

この仏が入滅されてから　すでに無限に永い時間が経っている。（それなのに）あちらこちらで法を聴かれているのは、（その法に）出会うことが難しいからである。(2)

かの仏の本来の誓願は、私が入滅した後に　いたるところで、つねに法を聴こうとすることのためである。(3)

また、私の分身である、はかり知れないほど多くの仏たち、ガンジス河の砂の数にも等しい数の仏たちは、（ここに）やって来て法を聴こうとして、また、入滅されている多宝如来にお会いしようとして、(4)

おのおのが、すばらしい仏国土と、弟子たちと、天の神々、人間、龍神たちと、さまざまな供養のことを捨て去って、教えの法を永くとどめようとして、ここにやって来られたのだ。(5)

（私は）仏たちを着座させるために、神通力によって、はかりしれないほどの人々を（他の国土に）移して、国土を清らかになした。(6)

仏たちは、それぞれ、宝樹の下にやってこられた。（そのさまは）清らかな池が、蓮華によっておごそかに飾られているかのようであった。(7)

宝樹の下にある、（それぞれの）多くの獅子座の、その上に仏たちは坐られており、光明が（獅子座のまわりを）おごそかに飾っていた。（そのさまは）夜の闇の中に、大きな松明《たいまつ》の火をともすかのようであった。(8)

身体から妙なる香りを放って、十方の国々に満ちわたらせられた。衆生たちは、その香りをかいで、喜びをおさえることができなかった。それは、たとえば、大風が、小さな樹木の枝を吹

くかのようであった。(9)

以上の教化のための手だてによって、教えの法を永くとどめさせるのである。(9')(『南条・ケルン本』に闕。)

《聖主世尊》「聖主」は、諸聖人の主という意。諸聖の主たる世尊。**《無央数劫》**阿僧祇劫のこと(上巻、八八頁参照)。「央」は「尽」の意(『広雅』釈詁一、「央、尽也」)。したがって、「無央数」は、尽きることのない無限といってよいほどの数の意で、「阿僧祇」と同じ。「劫」は、劫波(kalpa)の略で、極めて長い時間の単位。**《彼仏本願、我滅度後》**この羅什訳の『妙法華』では、「我が滅度の後」といって、釈迦牟尼仏の入滅の後に、多宝仏が誓願により至るところで法を聴くという意に解釈されるが、梵本(『南条・ケルン本』)や『正法華経』では、多宝仏が入滅後に云々、という意である。この方が先の長行部分とよく対応する。**《如恒沙等、来欲聴法》**頂妙寺本は、「恒沙等の如く、来れる」と訓んでいるが、「恒沙等の如きは、来りて」と改める。

ここより以下は、偈頌に入る。偈頌の内容は長行部分とほぼ対応するが、しかし、その後半部分では、長行には説かれていない「六難九易」が説かれているので注意を要する。分科からいうと、偈頌の部分は、全体が大きく三段に分かれている。それは、㈠多宝の滅度を頌す、㈡分身の遠集を頌す、㈢釈迦の付嘱を頌す、の三段で、第一段は「在在所往に常に法を聴かんが為なり」まで、第二段は「是の方便を以て、法をして久しく住せしめん」まで、第三段はそれより以下、最後までの部分である。今は、「多宝の滅度を頌す」と「分身の遠集を頌す」の二段を挙げた。

偈頌
(一)頌㆓多宝滅度㆒
(二)頌㆓分身遠集㆒
(三)頌㆓釈迦付嘱㆒

告諸大衆　我滅度後　誰能護持　讀説(1)斯經　今於佛前　自説誓言
其多寶佛　雖久滅度　以大誓願　而師子吼　多寶如來　及與我身
所集化佛　當知此意　諸佛子等　誰能護法　當發大願　令得久住
其有能護　此經法者　則爲供養　我及多寶　此多寶佛　處於寶塔
常遊十方　爲是經故　亦復供養　諸來化佛　莊嚴光飾　諸世界者
若説此經　則爲見我　多寶如來　及諸化佛

(1)説＝誦

諸《もろもろ》の大衆《だいしゅ》に告ぐ　我が滅度の後に　誰か能《よ》く斯の経を　護持し読説せん　今、仏前に於いて　自《みずか》ら誓言を説け。
其《そ》れ多宝仏　久しく滅度したもうと雖《いえど》も　大誓願を以《もっ》て　師子吼《ししく》したもう。
多宝如来　及与《および》我が身　集むる所の化仏《けぶつ》　当《まさ》に此の意《こころ》を知るべし　諸《もろもろ》の仏子《ぶっし》等《とう》　誰か能《よ》く法を護らん
当《まさ》に大願を発《おこ》して　久しく住することを得せしむべし。

其《そ》れ能《よ》く　此の経法を護《まも》ること有らん者は　則ち為《こ》れ　我及び多宝を供養するなり　此の多宝仏　宝塔に処して　常に十方に遊びたもう　是《こ》の経の為《ため》の故なり。
亦復《またまた》　諸《もろもろ》の来りたまえる化仏《けぶつ》の　諸《もろもろ》の世界を　荘厳《しょうごん》し光飾《こうじき》したもう者を供養するなり。
若《も》し此の経を説かば　則ち為《こ》れ我《われ》　多宝如来　及び諸《もろもろ》の化仏《けぶつ》を見たてまつるなり。

〔訳〕多くの会衆《えしゅ》の者たちに告げよう。　私の入滅した後に、　この経典を護りたもち、読み解説することができる者は誰か。　今、仏の前で、みずから誓いのことばを語れ。(10)

多宝仏は、はるか昔に入滅されているけれども、　大きな誓願によって、獅子がほえるかのように言葉を発せられる。(11)

多宝如来と、私自身と、　ここに集まった変化《へんげ》の仏たちとは、必ずその心を知るであろう。　仏の子たちよ、法を護ることができるのは誰か。　大きな誓願をおこして、(教えの法が)永く存続できるようにすべきである。(12)

この経法を護ることができる者は、　その者は、とりもなおさず、私と多宝仏とを供養することになるのだ。　この多宝仏は、宝塔の中におられて、　つねに十方に遊歴される。それはこの経典のためなのである。(13)

また、多くの来至された変化《へんげ》の仏たちは、　多くの世界を　おごそかに光明によって飾られているが、(この経法を護る者は)その仏たちにも供養することになるのだ。(14)

もし、この経典を説くならば、それは、私と、　多宝如来と、それに多くの変化の仏たちにまみ

えることになるのである。(15)

《以大誓願、而師子吼》「大誓願」とは、多宝仏が、入滅した後であっても、法華経が説かれる所にはどこへでもその姿を現わしてその説法を聴聞し、その経の真実なることを証明するという誓願で、この大誓願によって、法華経説法の会座に姿を現わして讃歎と真実の証明のことばを師子吼する、という意になる。しかし、梵本では、siṃhanādaṃ śrute tasya vyavasāyaṃ karoti yaḥ//（決意をなす者の獅子吼を聞くであろう）とあり（p. 252, *l*. 6）、獅子吼する者は、多宝仏でなくて、経典を護持する者となり、その獅子吼を聞くのが多宝仏ということになる。その場合の獅子吼の内容は、直前の詩頌でいわれた経典護持の誓いのことば、となる。この詩頌の前後の第十一偈と第十三偈との意味上のつながりからいうと、梵本の方が内容上の通りがよい。《当知此意》「此意」とは、経典を護持しようとする者のその決意、と解釈する。多宝如来、釈尊、及び分身の化仏の三仏が、経典を護持しようとする者の心の内を知るという意。なお、従来の解釈で、この「当知此意」を命令形に解して、三仏がこの場所に来集したその意義を知れ、というように理解する解釈がある（境野黄洋『法華経講義』）。しかし、この場合は、「多宝如来、及与我身、所集化仏」の三句が浮いてしまう。この三句はやはり「当知此意」の主語ととるのが自然であろう。

本段より、偈頌の内容を三分するうちの第三、「釈迦の付嘱を頌す」の部分に入る。この部分は、大きく、㈠三仏を挙げて以て流通を勧む、㈡難持の法を挙げて、以て流通を勧む、の部分に二分される。また㈠はさらに次の三つの内容に分けられる。(1)其の人を募覓《ぼべき》す、(2)三仏を挙げて、以て流通を勧む、(3)勧むるの意を釈す、の三段である。これを図示すると、次頁のようである。

- 頌㆓釈迦付嘱㆒
  - ㈠挙㆓三仏㆒以勧㆓流通㆒
    - ⑴募㆓覓其人㆒
    - ⑵挙㆓三仏㆒以勧㆓流通㆒
    - ⑶釈㆓勧之意㆒
  - ㈡挙㆓難持法㆒以勧㆓流通㆒

今、ここに挙げた部分は、㈠の三仏を挙げて、以て流通を勧む、のうちの第三、⑶勧むるの意を釈す、までの部分に相当する。すなわち、本段の始めの「告諸大衆」から「自説誓言」までが⑴の「其の人を募覓す」に、次の句の「其多宝仏」から「令得久住」までが、⑵の「三仏を挙げて、以て流通を勧む」に、そして「其有能護」から最後の「及諸化仏」までが第三の「勧むるの意を釈す」に相当する。

諸善男子　各諦思惟　此爲難事　宜發大願　諸餘經典　數如恒沙
雖說此等　未足爲難　若接須彌　擲置他方　無數佛土　亦未爲難
若以足指　動大千界　遠擲他國　亦未爲難　若立有頂　爲衆演說
無量餘經　亦未爲難　若佛滅後(1)　於惡世中　能說此經　是則爲難
假使有人　手把虛空　而以遊行　亦未爲難　於我滅後　若自書持
若使人書　是則爲難　若以大地　置足甲上　昇於梵天　亦未爲難

佛滅度後　於惡世中　暫讀此經　是則爲難　假使劫燒　擔負乾草
入中不燒　亦未爲難　我滅度後　若持此經　爲一人說　是則爲難
若持八萬　四千法藏　十二部經　爲人演說　令諸聽者　得六神通
雖能如是　亦未爲難　於我滅後　聽受此經　問其義趣　是則爲難
若人說法　令千萬億　無量無數　恒沙衆生　得阿羅漢　具六神通
雖有是益　亦未爲難　於我滅後　若能奉持　如斯經典　是則爲難
我爲佛道　於無量土　從始至今　廣說諸經　而於其中　此經第一
若有能持　則持佛身

(1)後＝度

諸《もろもろ》の善男子よ　各《おのおの》、諦《あきら》かに思惟《しゆい》せよ　此《こ》れは為《こ》れ難事なり　宜《よろ》しく大願を発《おこ》すべし。
諸余《しょよ》の経典　数《かず》、恒沙《ごうじゃ》の如し　此等《これら》を説くと雖《いえど》も　未《いま》だ難《かた》しと為《な》すに足らず。
若《も》し須弥《しゅみ》を接《と》って　他方の　無数《むしゅ》の仏土に擲《な》げ置かんも　亦未《またいま》だ難《かた》しと為《せ》ず。
若《も》し足の指を以て　大千界を動かし　遠く他国に擲《な》げんも　亦未《またいま》だ難しと為《せ》ず。
若《も》し有頂に立って　衆《しゅ》の為《ため》に　無量の余経を演説せんも　亦未《またいま》だ難《かた》しと為《せ》ず。
若《も》し仏の滅後に　悪世の中に於いて　能《よ》く此の経を説かん　是《こ》れ則ち難《かた》しと為す。
仮使《たとい》人有って　手に虚空を把《と》って　以て遊行すとも　亦未《またいま》だ難《かた》しと為《せ》ず。
我が滅後に於いて　若しは自《みずか》らも書き持《たも》ち　若しは人をしても書かしめん　是れ則ち難《かた》しと為す。
若《も》し大地を以て　足の甲《つめ》の上に置いて　梵天に昇らんも　亦未《またいま》だ難《かた》しと為《せ》ず。
仏の滅度の後に　悪世の中に於いて　暫《しばら》くも此の経を読まん　是《こ》れ則ち難《かた》しと為す。

仮使劫焼《たといこうしょう》に　乾《かわ》ける草を担《にな》い負《お》うて　中に入って焼けざらんも　亦未《またいま》だ難しと為《せ》ず。
我が滅度の後に　若し此の経を持《たも》って　一人《いちにん》の為《ため》にも説かん　是《こ》れ則ち難《かた》しと為す。
若《も》し八万　四千の法蔵　十二部経を持《たも》ちて　人の為《ため》に演説して、
諸《もろもろ》の聴《き》かん者をして　六神通を得せしめん　能《よ》く是《か》の如くすと雖《いえど》も　亦未《またいま》だ難《かた》しと為《せ》ず。
我が滅後に於いて　此の経を聴受《ちょうじゅ》して　其《そ》の義趣を問わん　是《こ》れ則ち難しと為す。
若《も》し人、法を説いて　千万億　無量無数　恒沙《ごうじゃ》の衆生をして　阿羅漢を得《え》　六神通を具せしめん、
是《こ》の益《やく》有りと雖《いえど》も　亦未だ難しと為《せ》ず　我が滅後に於いて　若し能く　斯《か》の如き経典を奉持《ぶじ》せん　是
れ則ち難しと為す。
我、仏道の為に　無量の土《ど》に於いて　始《はじめ》より今に至るまで　広く諸経を説く。
而《しか》も其の中に於いて　此の経第一なり　若《も》し能《よ》く持《たも》つこと有らば　則ち仏身を持《たも》つなり。

〔訳〕善男子たちよ、各々つらつら考えよ。　このことはむつかしいことなのだ。大誓願をおこすべきである。(16)

他の経典は、その数はガンジス河の砂の数ほどに多くある。　たといそれらを（すべて）説いたとしても、まだむつかしいこととするには足りないのだ。(17)

もし、須弥山《しゅみせん》を（手に）取って、他方の　無数の仏国土（のむこう）に投げ捨てたとしても、それでもまだむつかしいこととはしない。(18)

もしも、足の指で、三千大千世界を動かし、　遠く他の国土にほおり投げたとしても、それでも

まだむつかしいこととはしない。(19)

もし、形ある世界の最高所の頂きに立って、人々のために　（法華経以外の）他のはかりしれないほどの経を演説したとしても、それでもまだなお、むつかしいこととはしないのだ。(20)

（しかし）もし、仏の入滅の後に、悪しき世の中にあって、　この経を説くとするならば、これこそむつかしいこととするのである。(21)

たとい、人が、手に虚空をつかんで、　あちこち歩きまわったとしても、まだむつかしいこととはしない。(22)

（しかし）私の入滅の後に、（法華経を）自らも書写し、受持して、　人にも書写させるならば、これこそむつかしいこととするのだ。(23)

もしも、大地を　足の爪の上に置き、　ブラフマンの天界に昇ったとしても、それでもまだむつかしいこととはしない。(24)・(25)

仏の入滅の後に、悪しき世の中で、　ほんのしばらくの間でもこの経を読むこと、このことこそむつかしいこととするのである。(26)

たとい、この世の終末の、世界が劫火に焼かれる時に、乾いた草を背に負うて、　その火の中に入りながらなお焼けないとしても、それでもまだむつかしいこととはしないのだ。(27)

（しかし）私の入滅の後に、もしこの経を保持して、　たとい一人の人にでも説法するならば、このことこそむつかしいこととするのである。(28)

もし、八万四千の教えの蔵、　十二のジャンルの経を保持して、人々のために演説し、(29)

それらを聴聞する人々に、六種の神通力を得させたとしても、　たといそのようにできたとしても、それでもまだむつかしいこととはしないのだ。(30)

（しかし）私の入滅の後に、この経を聴いて受持し、　その意味するところを問うとするならば、このことこそむつかしいこととするのである。(31)

もしも、人が説法して、千万億　無量無数の、ガンジス河の砂の数ほど多くの衆生たちに聖者の位を得させ、六種の神通力を具えさせたとしても、(32)

たとい、そのような利益《りやく》があったとしても、それでもまだむつかしいこととはしない。　私の入滅の後に、このような経典を　あがめ保持することができるとするなら、このことこそむつかしいこととするのである。(33)

私は、仏道のために、無量の国土において　その始めから、今に至るまで、広くさまざまな経を説いてきた。(34)

しかし、それらの諸経の中で、この経は第一なるものである。　もし、これを受持することができるならば、それは、とりもなおさず仏の身体を受持することにほかならないのだ。(35)

《**須弥**》須弥山（Sumeru）のこと。第七章化城喩品の語注参照（上巻、四〇一―二頁）。《**大千界**》三千大千世界のこと。われわれの全宇宙ほどに相当する広大な世界。第五章薬草喩品の語注（上巻、三三六頁）参照。《**有頂**》有頂天の略。原語は Akaniṣṭha. 仏教の世界観では、われわれの世界を順に下から上方に向かって欲界・色界・無色界の三界に分類する。このうち、欲界と色界が物質・形体のある世界で、無色界は形のない純粋精神のみの世界である。欲界は地上の欲望うずまくわれわれの世界で、色界はその欲望を離れた天界である。この色界に下から順に四種の天界があり、その最高天界である色究竟天（物質的世界の究極の天界、の意）を有頂天という。すなわち物質的存在の最高所の天界のこと（以上、『倶舎論』巻八、分別世品参照）。ただし、有頂天を、先の無色界の最高所の天界（無色界は色界の上にある天界で、ここにも四種の天界がある）である非想非非想天を呼ぶ場合もある。**《梵天》**ブラフマン（**Brahman**）の神の世界。ブラフマン神は、もと古代インドにおける宇宙の最高原理を神格化した神で、仏教にとり入れられて仏教の守護神の一つとなった。なお、漢訳で「天」という場合、天界と、その天界に住む神との両方を意味するが、ここでは前者の意。**《劫焼》**仏教の世界観では、この世界は、成（生成）・住（維持）・壊（破壊）・空（空漠）の四つの劫（時期）を一サイクルとして、これをくりかえすという（上巻、一四八頁、方便品の語注「五濁」を参照）。この壊劫には、大の三災といわれる火災、水災、風災があって、この世界を破壊し尽くすという（ただし、三災が一時におこるのではなく、それぞれ順序がある）。三災の最初の火災は、七つの太陽が現われて、地上世界のすべてと、色界に四種の天界のあるうちの最下の初禅天までを焼き尽くすという。この、世界を焼き尽くす壊劫の大火を劫火といい、この劫火に焼かれることを劫焼という（以上、『倶舎論』巻十二、分別世品）。**《担負乾草、入中不焼》**劫火の中に、枯れ草を背に負うて入っていっても焼けることがない、という意で、極めてむつかしいことの喩え。梵本（『南条・ケルン本』）では、madhye gaccheta dahyantas tṛṇabhāraṃ vaheta ca/（草の荷物を担って（火の）真中を焼かれつつ行く、p. 254. *l*. 8）とあり、意味が反対である。チベット訳も同じ。但し、『南条・ケルン本』以外の梵本諸本では、「焼かれずに」というテキストもある（渡辺照宏『法華経物語』一三七頁参照）。**《八万四千法蔵》**仏教の教法が、種々様々で数多いことをたとえたことば。**《十二部経》**仏典を内容・形式の上から十二に分類したもので、ここでは、十二に分類された仏典すべての意。十二分類の内訳は、先に第二章方便品で説かれた九分教(上巻、一五八—九頁参照)に、記莂(vyākaraṇa 受記)、自説(udāna 優陀那、仏の自然に発せられた説法)、方広(vaipulya 毘仏略。大乗のこと)の三種を加えたもの。列挙順序は経論間によって異同がある。**《令諸聴者 得六神通》**六神通は、六種の不思議な超人的能力のこと(第三章譬喩品の語注「神通」を参照。上巻、二一四頁)。この六神通は修行を完成した聖者のみが得られるものである。後の第三十二偈に「阿羅漢を得、六神通を具せしめん」とあることから、今、ここの句の六神通は不適当で、漢訳されてからの誤写であろうとする意見がある(渡辺照宏『法華経物語』一三七—八頁)。梵本(『南条・ケルン本』)では五神通(pañca-abhijñāḥ p. 254, *l*. 14)とあり、『正法華』では単に神通とのみある。**《我為仏道》**頂妙寺本は、後の句の「始めより今に至るまで」を勘案したためか、この句を「我、仏道を為《え》て」と訓んでいる。しかし、梵本では、「仏の智慧のためという理由から」(buddha-jñānasya kāraṇāt, p. 255, *l*. 8)とあるので、岩波本と同様に「我、仏道の為に」と改める。

本段は、法華経を仏の入滅後に説くことの困難さを、九種の困難なたとえを挙げて比較し、それらよりなおむつかしいとして強調している段で、これを「六難九《ろくなんく》易《い》」という。六難とは、経にあるように、広説難、書写難、読誦難、説法難、問義難、受持難、の六種の難事をいう。この六難九易は、長行には説かれておらず、偈頌の部分にだけあるものである。

分科からいうと(六〇七頁参照)、「釈迦の付嘱を頌す」の第二、「難持の法を挙げ、以て流通を勧む」の部分に相当する。この部分は、さらに「正しく勧を挙ぐ」と「勧意を釈す」の二つの部分に分けられる。今、挙げた段は、最初の「正しく勧を挙ぐ」の部分に相当する。この段はさらに細分されるが、略出して図で示すと、次のようになる。

挙ニ難持法一以勧ニ流通一

- (1)正挙レ勧
  - (a)誡勧
  - (b)正挙ニ難持一（六難九易の部分）
  - (c)釈ニ難持意一
- (2)釈ニ勧意一

諸善男子　於我滅後　誰能受持　讀誦此經　今於佛前　自說誓言
此經難持　若暫持者　我則歡喜　諸佛亦然　如是之人　諸佛所歎
是則勇猛　是則精進　是名持戒　行頭陀者　則爲疾得　無上佛道
能於來世　讀持此經　是眞佛子　住淳善地　佛滅度後　能解其義
是諸天人　世間之眼　於恐畏世　能須臾說　一切天人　皆應供養

＊

＊春日本に「妙法蓮華經卷第四」とあり。

諸《もろもろ》の善男子よ　我《わ》が滅後に於いて　誰か能《よ》く　此の経を受持し読誦せん　今、仏前に於いて　自《みずか》ら誓《せい》言《ごん》を説け。
此の経は持《たも》ち難《がた》し　若《も》し暫《しばら》くも持《たも》つ者は　我、則ち歓喜す　諸仏も亦然《またしか》なり。

是《かく》の如き人は　諸仏の歎《ほ》めたもう所なり　是《こ》れ則ち勇猛《ゆうみょう》なり　是《こ》れ則ち精進なり　是《こ》れを戒を持《たも》ち
頭陀《ずだ》を行《ぎょう》ずる者と名づく　則ち為《こ》れ疾《と》く　無上の仏道を得たり。
能《よ》く来世に於いて　此《こ》の経を読み持《たも》たんは　是《こ》れ真の仏子　淳善《じゅんぜん》の地に住するなり。
仏の滅度の後に　能《よ》く其《そ》の義を解《げ》せんは　是《こ》れ諸《もろもろ》の天・人　世間の眼《まなこ》なり。
恐畏《くい》の世に於いて　能《よ》く須臾《しゅゆ》も説かんは　一切の天・人　皆応《まさ》に供養すべし。」

〔訳〕多くの善男子たちよ、私の入滅の後に　誰がこの経典を受持し、読誦することができるであろうか。今、仏の面前で、自《みずか》ら誓いの言葉を語れ。(36)

この経典は、保持することが困難である。もしも、ほんの暫くでも保持できる（者がいた）ならば、私はすぐさま歓喜するであろう。（他の）仏たちもまた同様である。(37)

そのような人は、仏たちに讃嘆される人である。その人は勇猛《ゆうみょう》（な人）であり、精進（の人）である。その人を、戒を遵守し、衣・食・住にこだわらないための修行をなすものと名づけるのだ。その人は、すみやかにこの上ない仏道を体得したものなのである。(38)

未来の世に、この経典を読み、保持する者は、真の仏の子であり、まじりけのない善なる境地にとどまるのである。(39)

仏の入滅の後に、この（経典の）意義を理解する者は、　多くの天の神々や人々の、その世界の眼となるものである。(40)

恐ろしい世に、ほんの短い間でも（この経典を）説くことができる者には、（そのものに）す

べての天の神々や人々が　供養をなすであろう。」(41)

《頭陀》dhūta の音写語。衣・食・住の生活の基本に対する貪りを捨離するために行なう質素で粗末な生活の修行。これに十二種類が数えられており、乞食修行もその一つ。《淳善地》「淳」は、「厚」「清」「樸」などの意で、「淳善」で、まじりけのない、すなおな善、の意にとる。

本段は、はじめに、仏滅後にこの経をたもち、読誦し、説法する者は誰かと問いかけて、たもち難い法華経をたもち、読誦したり、説法したりする者は真の仏子であり、諸仏から讃嘆され、世間の眼となり、世のすべてのものから供養される者であるとして、この経の仏滅後の流通を勧めて本章を閉じる段である。特に「此経難持」から章末にかけての偈頌は有名で、今日でも本経を所依とする宗派に重んじられている。本段は、分科からいうと(六〇七頁及び六一四頁)、「難持の法を挙げて、以て流通を勧む」の第二、「勧意を釈す」部分に相当する。

本章は法華経の仏滅後の流通をテーマとする章であるが、本章の長行と偈頌とを通じて、釈尊が三度にわたって、仏滅後の流通をなす者を唱募している。これを「三箇《さんが》の告勅《ごうちょく》」という。その第一は、長行で、二仏並坐の後に釈尊が大音声を放って、「誰か能く此の娑婆国土に於いて、広く妙法華経を説かん。今、正しく是れ時なり。如来、久しからずして、当に涅槃に入るべし、云々」と説かれたのがそうである。第二は、偈頌の第(10)偈で、「諸の大衆に告ぐ、我が滅度の後に、誰か能く斯の経を護持し読誦せん。今、仏前に於いて、自ら誓言を説け」と説く部分。第三は、ここに挙げた本段の最初の偈の第(36)偈で、「諸の善男子よ、我が滅後に於いて、誰か能く此の経を受持し読誦せん。今、仏前に於いて、自ら誓言を説け」という言葉である。仏滅後の法華経の流通を目的とする本章にあって、まことにふさわしい仏の言葉である。

以上で本章を終るが、二十八品八巻の調巻である春日本は、本章までが巻第四で、以下提婆達多品からは巻第五となる。

妙法蓮華經提婆達多品第十二(1)

爾時佛告諸菩薩。及天人四衆。吾於過去。無量劫中。求法華經。無有懈倦。於多劫中。常作國王。發願求於。無上菩提。心不退轉。爲欲滿足。六波羅蜜。勤行布施。心無悋惜。象馬七珍。國城妻子。奴婢僕從。頭目髓腦。身肉手足。不惜軀命。時世人民。壽命無量。爲於法故。捐捨國位。委政太子。擊鼓宣令。四方求法。誰能爲我。說大乘者。吾當終身。供給走使。時有仙人。來白王言。我有大乘。名妙法(2)華經。若不違我。當爲宣說。王聞仙言。歡喜踊躍。卽隨仙人。供給所須。採菓汲水。拾薪設食。乃至以身。而爲(3)床(4)座。身心無倦。于時奉事。經於千歲。爲於法故。精勤給侍。令無所乏。爾時世尊。欲重宣此義。而說偈言

我念過去劫　爲求大法故　雖作世國王　不貪五欲樂
搥鍾(5)告四方　誰有大法者　若爲我解說　身當爲奴僕
時有阿私仙　來白於大王　我有微妙法　世間所希有
若能修行者　吾當爲汝說　時王聞仙言　心生大喜悅
卽便隨仙人　供給於所須　採薪及菓蓏　隨時恭敬與
情存妙法故　身心無懈惓　普爲諸衆生　勤求於大法
亦不爲己身　及以五欲樂　故爲大國王　勤求獲此法
遂致得成佛　今故爲汝說

(1)春日本には章題の下に巻数「五」の数字あり。　(2)法＝法十「蓮」　(3)爲＝作　(4)床＝牀　(5)搥鍾＝椎鐘

爾《そ》の時に仏、諸《もろもろ》の菩薩《ぼさつ》及び天《てん》・人《にん》・四衆《しゅ》に告げたまわく、

「吾《われ》、過去無量劫《こう》の中に於いて、法華経を求めしに、僻惓《けげん》有ること無し。多劫の中に於いて、常に国王と作《な》って、願を発《おこ》して、無上菩提《ぼだい》を求めしに、心、退転《たいてん》せず。六波羅蜜《ろくはらみつ》を満足せんと欲するを為《も》って、布施《ふせ》を勤行《ごんぎょう》せしに、心に象馬《ぞうめ》・七珍《しっちん》・国城・妻子・奴婢《ぬび》・僕従《ぼくじゅう》・頭目《ずもく》・髄脳《ずいのう》・身肉《しんにく》・手足を悋惜《りんじゃく》すること無《な》く、軀命《くみょう》をも惜《お》しまざりき。

時に世の人民《にんみん》、寿命無量なり。法の為《ため》の故に、国位を捐捨《すて》て、政《まつりごと》を太子《たいし》に委《まか》せ、鼓《つづみ》を撃《う》って四方に宣令《せんりょう》して法を求めき。『誰《たれ》か能《よ》く我《わ》が為《ため》に大乗を説かん者なる。吾《われ》、当《まさ》に身終《みおわ》るまで、供給《くきゅう》し走使すべし』と。時に仙人有り。来《きた》って王に白《もう》して言《もう》さく、『我《われ》、大乗を有《たも》てり。妙法華経と名づけたてまつる。若《も》し我に違《たが》わずんば、当《まさ》に為《ため》に宣説《せんぜつ》すべし』と。

王、仙の言《ことば》を聞いて、歓喜踊躍《かんぎゆやく》し、即ち仙人に随って、所須《しょしゅ》を供給し、菓《このみ》を採《と》り、水を汲《く》み、薪《たきぎ》を拾《ひろ》い、食《じき》を設《もう》け、乃至身《み》を以《もっ》て牀座《しょうざ》と為《な》せしに、身心惓《ものう》きこと無かりき。時に奉事《ぶじ》すること千歳を経て、法の為《ため》の故に、精勤《しょうごん》し給侍《きゅうじ》して、乏《とぼ》しき所無からしめき」と。

爾《そ》の時に世尊、重ねて此《こ》の義を宣《の》べんと欲して、偈《げ》を説いて言《のたま》わく、

「我、過去の劫《こう》を念《おも》うに　大法を求むるを為《も》っての故に　世の国王と作《な》れりと雖《いえど》も　五欲の楽を貪《むさぼ》らざりき

鍾《かね》を搥《つ》いて四方に告ぐ　『誰か大法を有《たも》てる者なる。　若《も》し我《わ》が為《ため》に解説《げせつ》せば　身当《みまさ》に奴僕《ぬぼく》と為《な》るべし』

と。時に阿私仙《あしせん》有り　来《きた》って大王に白《もう》さく

『我《われ》、微妙《みみよう》の法を有《たも》てり　世間に希有《けう》なる所なり　若《も》し能《よ》く修行せば　吾《われ》、当に汝が為に説くべし』と。
時に王、仙の言《ことば》を聞いて　心に大喜悦《だいきえつ》を生じ　即便《すなわ》ち仙人に随って　所須《しよしゆ》を供給《くきゆう》し
薪《たきぎ》及び菓《このみ》・蓏《くさのみ》を採《と》って　時に随って恭敬《くぎよう》して与えき　情《こころ》に妙法を存《そん》せるが故に　身心懈倦《けげん》無かりき
普《あまね》く諸《もろもろ》の衆生の為《ため》に　大法を勤求《ごんぐ》して　亦、己《おの》が身《み》　及以《および》、五欲の楽の為《ため》にせず
故《かるがゆえ》に大国の王と為《な》って　勤求《ごんぐ》して此《こ》の法を獲《え》て　遂に成仏を得ることを致《いた》せり　今、故《かるがゆえ》に汝が為《ため》に説く。」

〔訳〕その時に、仏は、多くの菩薩たちと、それに天の神々と人々、（比丘・比丘尼・信男・信女の）四衆とに告げられた。

「私は、過去のはかりしれないほど多くの劫のあいだ、法華経を求め続けてきたが、うみあきることはなかった。多くの劫にわたって、つねに国王となって、誓願をおこして無上のさとりを求めてきたが、私の心は退転することはなかった。（大乗の菩薩の）六種の修行を完成しようとして、布施の修行に勤めたが、わが心に、象や馬、七種の珍宝、王国と城市、妻子、男女のしもべ、召使い、（自分の）頭、目、骨髄、身体の肉、手足、などをものおしみする気持なく、身体・生命をも惜しまなかった。

その当時、世の人々は、その寿命がはかりしれないほど長かった。（私は）法のために国王の位を捨て、国政を太子にまかせ、大鼓を打ち鳴らして、四方に次のように命令を伝えさせて、法を求めたのだ。すなわち、

『誰か私のために、大乗（の教え）を説くことができるものはいないか。（もし、いたならば）私は、そのもののために、この身を終えるまで、（必要なものを）供給し、使い走りをしよう』と。

その時に、（一人の）仙人がいて、やってきて、王に申し上げるには、

『私には、大乗（の教え）があります。妙法蓮華経という名前です。もし、私の言うとおりにされるのなら、あなたにお説きしましょう』と。

王は仙人のことばを聞いて、喜びに小踊りし、すぐさま仙人に随って、必要なものを供給し、木の実を採り、水を汲み、薪を拾い、食事を設けることから、自分の身体を椅子がわりにすることまでしたが、それでも身心とも、うみ疲れることはなかった。こうして奉仕して一千年が過ぎたが、法のために精励して給仕し、不足のものがないようにさせたのだ」と。

その時、世尊は、再び以上の意義を宣べようとして、詩頌を説いていわれた。

「私は過去の劫のことを思いおこしてみると、すぐれた法を求めるために、　世の国王となってはいたが、五官の欲楽を貪ったことはなかった。(42)*

鐘をついて、四方にこう布告した。『誰かすぐれた法を有している者はいるか。　もし、私のために（その法を）解説してくれるなら、私は（そのものの）奴隷の身となろう』と。　そのときに阿私仙（という聖仙）がいた。(43)

やってきて、大王に申し上げた。　『私は奥深くすぐれた法を有しております。それは世にもまれなものであります。　もしあなたが（この法を）修行することができるのなら、私はあなたのために説きましょう』と。　その時、王は仙人のことばを聞いて、心に大きな喜びが生じ　た

だちに仙人に随って、必要なものを供給し、(44)
薪や木の実、草の実を採って、時に応じて敬いつつ与えた。　心にすぐれた法をたもっていれば
こそ、身心ともに、うみあきることはなかった。　広くさまざまな衆生のために　すぐれた法を
勤め求めて　また、自分の身や　五官の欲楽のためにしたことはなかった。(45)
それ故、大国の王となって、勤め求めてこの法を体得し　遂に仏となることができるに至った
のだ。今、それ故に、汝のために説こう。」(46)

＊梵本は前章宝塔品と本章提婆品とを分章していないので、偈番号は前章からの続き番号となる。

《提婆達多》 Devadatta の音写。提婆と略し、天授・調達などと訳す。釈尊の従弟で、阿難（Ānanda）の兄にあたるという（ただし、パーリ伝では、釈尊の妃の弟、すなわち義弟という）。伝説では、釈尊成道後に出家し、五百人の比丘をそそのかして教団を分裂させて和合僧（サンガ）を破り、大石を擲げて仏身より血を出し、マガダ国の阿闍世王に酔象を放たしめて、仏を踏みつけ殺害せしめようとし、拳で華色比丘を殴殺し、毒を爪に塗って仏足を傷つけようとした（提婆の五逆、『法華文句』巻八下）などとされ、悪逆非道の人物として伝えられているが、本章ではそのような記述は一切見られない。実際には、提婆達多は晩年の釈尊に対し、教団の戒律の一層の厳格化を提言し、それが容れられずに自ら一派を率いたという。玄奘の『大唐西域記』の報告によれば、彼の旅行当時（七世紀）に、東インドガンジス下流域にその一派が残存していたという。極悪人としての提婆と、厳格な戒律を保って一教団を率いた提婆とが同一人物か、別人なのかは不明。**《六波羅蜜》** 大乗の菩薩の六種の実践修行をいう。「波羅蜜」とは、pāramitā の音写で、「到彼岸」（彼岸に到った）と訳される。古くは「度」（わたる）と訳された。完成、究極の意。六種の修行とは、㈠布

施（dāna）、㈡持戒（śīla）、㈢忍辱（kṣānti）、㈣精進（vīrya）、㈤禅（dhyāna）、㈥智慧（般若 prajñā）の六種をいう。《**布施**》前項の六波羅蜜の一つ。施し与える修行。《**捐捨**》「捐」も「捨」も、すてるという意味の同義字。「捐捨」は、同じ意味の語を重ねて造られた熟語で、六朝訳経期にこの種の熟語使用例が多い。《**白王言**》王に申し上げた、の意。「白」は、目下の者から目上の者に言う時に用いられ、多く「白……言」の形で「言」と連用して使用される。《**阿私仙**》『正法華』や梵本にはその名が見られない。《**五欲楽**》五種の官感（眼・耳・鼻・舌・身）の欲望を楽しませること。

ここからは、提婆達多品である。前章で述べたように、梵本やチベット訳では本章を分章せず、宝塔品と連続している。また、本章は羅什訳にもともと存せず、後に訳出編入されたものである（本書上巻「序論」二を参照）。しかし、後に訳出編入されたといっても、その成立が他の諸品より新しいということではない。むしろ、現在の研究では、かなり古い成立であるとされている。本章では、大きく二つのテーマが扱われている。それは、提婆達多の成仏と、それに龍女の成仏である。提婆達多は、仏教内の伝説では、教団の和を破り、釈尊を殺害しようとした極悪人として扱われてきた。その極悪人である提婆が、本章においては成仏が予言され、さらに龍女という人間ではなく畜生に属する女性の成仏が明かされていることから、これを仏が成仏しがたきものの成仏を挙げて、人々をして精進発奮せしめようとしたものとして、古来この二つの成仏を「二箇の諫暁」と呼んでいる。本章の分科を略出すれば、次頁のようである。

今、挙げた本段は、「往昔の師弟の持経の相を明かす」段の長行と偈頌の部分に相当する。すなわち、本段では、過去に釈迦牟尼仏が、世の国王でありながら、その国位を捨ててすぐれた法を求め、阿私仙《あしせん》という仙人に法のために身を粉にして仕えて、ついに法を獲得して成仏することができた、と説いて、釈尊の過去世の修行の様子と、後に明かされる師の仙人と提婆達多との関係を述べているのである。

- 提婆品
  - 明㆓昔日達多通経釈迦成道㆒
    - 明㆓往昔師弟持経之相㆒
      - 長行
      - 偈頌
    - 結㆓会古今㆒
      - 正結㆓会古今㆒
      - 明㆓師弟功報倶満㆒
    - 勧信
  - 明㆓今日文殊通経龍女作仏㆒（以下後出）

なお、本段の釈尊の過去世の修行を述べた部分は、わが国でも広く人口に膾炙し、国文学にも大きな影響を与えている。たとえば、行基菩薩作と伝える、「法華経を　わがえしことは薪《たきぎ》こり菜つみ水くみつかへてぞえし」という有名な歌がある。

佛告諸比丘。爾時王者。則我身是。時仙人者。今提婆達多是。由提婆達多。善知識故。令我具足。六波羅蜜。慈悲喜捨。三十二相。八十種好。紫磨金色。十力。四無所畏。四攝法。十八不共。神通道力。成等正覺。廣度衆生。皆因提婆達多。善知識故。告諸四衆。提婆達多。却後過無量劫。當得成佛。號曰天王如來。應供。正遍知。明行足。善逝。世間解。無上士。調御丈夫。天人師。佛。世尊。世界名天道。時天王佛。住世二十中劫。廣爲衆生。說於妙法。恒河沙衆生。得阿羅漢果。無量衆生。發緣覺心。恒河沙衆生。發無上道心。得無生。忍至(1)不退轉。時天王佛。般涅槃後。正法住世。二十中劫。全身舍利。起七寶塔。高六十由旬。縱廣四十由旬。諸天人民。悉以雜華。末(2)香。燒香。塗香。衣服。瓔珞。幢幡。寶蓋。伎樂。歌頌。禮拜供養。七寶妙塔。無量衆生。得阿羅漢果。無量(3)衆生。悟辟支佛。不可思議衆生。發菩提心。至不退轉。佛告諸比丘。未來世中。若有善男子。善女人。聞妙法華經。提婆達多品。淨心信敬。不生疑惑者。不墮地獄。餓鬼。畜生。生十方佛前。所生之處。常聞此經。若生人天中。受勝妙樂。若在佛前。蓮華化生。

(1)至＝住　(2)末＝抹　(3)量＝數

仏、諸《もろもろ》の比丘《びく》に告げたまわく、「爾《そ》の時の王とは、則ち我が身是《みこ》れなり。時の仙人とは、今の提婆達多《だいばだった》是れなり。提婆達多が善知識に由るが故に、我をして六波羅蜜、慈・悲・喜・捨、三十二相、八十種好《しゅごう》、紫磨金色《しまこんじき》、十力《りき》、四無所畏《むしょい》、四摂法《しょうぼう》、十八不共《ふぐ》、神通、道力を具足《ぐそく》せしめたり。等正覚《とうしょうがく》を成《じょう》じて広く衆生を度《ど》すること、皆、提婆達多が善知識に因《よ》るが故なり」と。

諸《もろもろ》の四衆に告げたまわく、「提婆達多、却《さ》って後、無量劫《こう》を過ぎて、当《まさ》に成仏することを得べし。号《な》を天王如来《てんのう》、応供《おうぐ》、正遍知《しょうへんち》、明行足《みょうぎょうそく》、善逝《ぜんぜい》、世間解《せけんげ》、無上士《むじょうじ》、調御丈夫《ちょうごじょうぶ》、天人師《てんにんし》、仏《ぶつ》、世尊と曰《い》わん。世界を天道と名づけん。時に天王仏、世に住すること二十中劫、広く衆生の為《ため》に妙法を説かん。恒河沙《ごうがしゃ》の衆生、阿羅漢果を得、無量の衆生、縁覚《えんがく》の心を発《おこ》し、恒河沙の衆生、無上道の心を発し、無生忍《むしょうにん》を得て不退転《ふたいてん》に至らん。時に天王仏、般涅槃《はつねはん》の後、正法世に住すること二十中劫、全身の舎利《しゃり》に七宝の塔を起《た》てて、高さ六十由旬《ゆじゅん》、縦《じゅう》広《こう》四十由旬ならん。諸天・人民、悉《ことごと》く雑華《ぞうけ》・末香《まっこう》・焼香・塗香《ずこう》・衣服《えぶく》・瓔珞《ようらく》・幢幡《どうばん》・宝蓋《がい》・伎楽・歌頌を以《もっ》て、七宝の妙塔を礼拝し供養せん。無量の衆生、阿羅漢果を得、無量の衆生、辟支《びゃくし》仏《ぶつ》を悟り、不可思議の衆生、菩提心を発《おこ》して不退転に至らん」と。

仏、諸の比丘に告げたまわく、「未来世の中に、若し善男子・善女人有って、妙法華経の提婆達多品を聞いて、浄心に信敬《しんきょう》して疑惑を生《しょう》ぜざらん者は、地獄・餓鬼・畜生に堕《お》ちずして十方の仏前に生ぜん。所生《しょしょう》の処には常に此の経を聞かん。若し人《にん》・天《てん》の中に生まるれば勝妙《しょうみょう》の楽を受け、若し仏前に在らば蓮華より化生《けしょう》せん」と。

〔訳〕仏は多くの比丘たちに告げられた。

「その時の王とは、ほかならぬこの私のことである。その時の仙人というのは、今の提婆達多のことである。提婆達多というよき友人のおかげで、私は、大乗の六種の修行（六波羅蜜）、慈愛・同情・喜び・平等平静（の四つの広大な心、四無量心）、三十二種の特徴、八十種の相好、（最上の）紫色をおびた黄金色（の皮膚）、十種の力、四つのおそれなき心（四無所畏）、四摂法、十八不共法、神通、さとりの力、以上のものをそなえることができたのである。正しいさとりを完成して、広く衆生を救済すること（ができるの）も、みな提婆達多というよき友人のおかげである」と。

（仏は衆会の）四種の人々に告げられた。

「提婆達多は、のちに、はかりしれないほどの劫という長時を経て、必ずや仏となることができるであろう。その名を天王如来、供養を受けるにふさわしい人、正しくあまねき智慧をそなえた人、智と実践とが完全にそなわった人、さとりに到達した人、世界のすべてに通じている人、最上の人、人間の調教師、諸天と人々との師、仏、世尊というであろう。その世界を天道と名づけよう。その時、天王仏が世にとどまる期間は、二十中劫であって、広く衆生たちのために、すぐれた法を説くであろう。（それによって）ガンジス河の砂の数ほどの多くの衆生たちは、阿羅漢のさとりを得、はかり知れないほどの多数の衆生たちは、独覚の（さとりを求める）心をおこすであろう。（また）ガンジス河の砂の数ほどの多くの衆生たちは、この上ない仏道を求める心をおこし、不生不滅という真理を悟って、決して退転することのない位に到達するであろう。ところで、天王仏が入滅した後に、正しい教法が世に存続する期間は二十中劫であろう。全身そのままの遺骨を、七宝づくりの塔廟を建立して（その中に安置し）、その高さは六十ヨージャナ、たてよこ四十ヨージャナであろう。天の神々や人々は、みな、花々、粉抹香、焼香、塗り香、衣服、装身具、はたのぼり、宝玉づくりの傘蓋、音楽、讃歌などによって、その七宝づくりのすばらしい塔を礼拝し、供養するであろう。はかり知れないほどの多数の衆生たちは、阿羅漢のさとりを得、また、はかり知れない多数の衆生たちは、独覚のさとりを得て、思いはかることもできないほどの（多数の）衆生たちは、さとりに向かう心をおこして、決して退転しない境地に到達するであろう」と。

仏は、多くの比丘たちに告げられた。

「未来の世に、もし、善男子、善女人たちがいて、『妙法蓮華経』の提婆達多品を聞いて、浄らかな心で、信じ敬い、疑惑を生じることのないものたちは、（死後に）地獄・餓鬼・畜生界に堕ちることなく、十方の仏の面前に生まれるであろう。その生まれた所において、常にこの経典を聞くであろう。もし、人間界、天界に生まれたならば、殊妙の楽を享受し、もし仏の面前にあるならば、蓮華のなかに忽然として生まれるであろう」と。

《善知識》善き友、親友のこと。「知識」は、知人、知りあい、の意。kalyāṇa-mitra. **《慈・悲・喜・捨》**この四心は、仏が有する四つの広大な心で、四無量心という。上巻第二章の語注参照（二一〇頁）。**《三十二相》**仏が有する三十二種の、常人にない特別な瑞相のこと。後出の紫磨金色もその一つ。**《八十種好》**前項と同じく、仏の身体にそなわっているとされる八十種の吉相のこと。三十二相に対して副次的な身体的特徴を挙げる。**《紫磨金色》**紫色がかった黄金色の意で、仏の身体は、黄金の中でも最上の紫色がかった黄金の色をしているとされる。三十二相の一つ。ただし、梵本では suvarṇavarṇa-cchavitā（黄金色の皮膚、p. 259, *l.* 4）とあり、単に suvarṇa（黄金）とのみある。**《十力》**仏の有する十種の智力のこと。上巻第二章の語注参照（二一一頁）。**《四無所畏》**仏が説法するにあたって有している四つのおそれなき心。上巻第二章の語注参照（二一一頁）。**《四摂法》**人々を教化のためにおさめとり、包容する四つの手段。㈠布施、㈡愛語（やさしいことば）、㈢利行（人々に利益を与える行為）、㈣同時（人々と同じ立場境遇に身をおくこと）、以上の四種をいう。catvāri saṃgraha-vastūni. **《十八不共》**仏のみにあって、他のものにない十八種の智慧と能力。上巻第三章の語注参照（二〇四頁）。**《神通》**不可思議な超人的能力。五種、あるいは六種を数え、六種を具えるのは仏・阿羅漢のみである（六神通）。**《道力》**さとりを体得することによって生じる力のこと。**《等正覚》**等覚ともいう。samyaksaṃbodhi の訳。完全平等な正しいさとりのこと。**《天王》**

原語は Devarāja で、神々の王、の意。《天道》梵本では、Devasopāna（天の階段）という。《二十中劫》「劫（kalpa）」は、極めて長い時間の単位であるが、これに大、中（あるいは小、「中」も「小」も同じ）を分ける場合は、八十中（小）劫を一大劫とする。一中（小）劫の長さについては、上巻第一章の語注「六十小劫」を参照（九一頁）。また、「劫」の項も参照（八八頁）。《無生忍》無生法忍のこと。現象界のすべてのものは、本来、生滅変化を離れている（無生）という法理を確認し、決定してそこに安住するさとりのこと。《全身舎利》全身の遺骨がそっくりそのまま残っている状態。前章宝塔品の「如来全身」とあるのを参照（五七五―六頁）。《蓮華化生》蓮華の中に、忽然と、他の原因によらず自然に生まれること。「化生」は、四生の一つで、他の原因によらず、自己の業力のみによって生まれる生まれ方。なお、梵本では yasmiṅś ca buddha-kśetra upapatsyate tasminn aupapāduke saptaratnamaye padma upapatsyate tathāgatasya saṃmukh-am //（いずれの仏国土に生まれても、如来の面前で、そのものは七宝づくりの、化生した蓮華の中に、生まれるであろう）とあり（p. 262, *ll.* 11―12）、化生するのは蓮華となっており、人間ではない。人間は化生した蓮華の中に生まれるのである。チベット訳はこの『妙法華』と同じで、蓮華中より化生する、という。『無量寿経』にも、極楽に往生する人の化生を説き、仏智ないし勝智を明らかに信じ、諸の功徳を作して信心廻向するものは、七宝の蓮華中に自然に化生して、結跏趺坐するという（『無量寿経』巻下）。

本段は、前段で説かれた釈尊の過去世と現在との連絡が明かされ、昔日の王とは釈尊自身であり、また仙人とは現在の提婆達多であると説かれるのである。提婆達多は仏教内の伝説では極悪人としてのイメージが強いが、本章においては、そのようなことは一切述べられていない。むしろ、「善知識」として好意的に説かれている。このことから、本章が提婆達多の教団に近い人々によって作られたのではないか、という見方もある。[*] 科文でいうと（六二五頁）、本段は、「古今を結会す」と「勧信」の部分とに相当する。

＊岩本裕『インド仏教と法華経』八八—九八頁（第三文明社、レグルス文庫）。なお、本章の成立に関して論じたものに、塚本啓祥「提婆品の成立と背景」（金倉圓照編『法華経の成立と展開』一六五—二二〇頁）がある。

一　提婆の成仏

本章は、釈尊の前世物語から始まる。それは、現在の釈尊が、はるか遠い過去の昔にいかにして法華経を得たか、という釈尊の過去の修行物語である。釈尊は、会衆《えしゅ》の菩薩や、神々と人々、比丘・比丘尼のすべてのものにこう告げられた。私は、はかりしれないほどの昔に、長年にわたって法華経を求め続けた。大国の国王としてあり、願を発して最高のさとりを求めてきた。大乗の菩薩の六種の修行を完成させようとして、布施の行を修し、財物、国城、妻子、はてはおのが身命までも惜しむことはなかった。遂に国位を捨てて、鼓を打って四方に触れを出して法を求めたのだ。その時に、阿私仙人がおり、大乗の妙法蓮華経を有していた。私はその仙人につき、必要なものをすべて与え、菓蓏《このみくさのみ》を採り、水を汲み、薪《たきぎ》を拾い、食事を用意し、この身をしとねがわりにして仕えること千年を経たが、それでも身心ともうみ疲れることはなかった。心に妙法を求むる心を懐き続けていたからである。そして、遂に法華経を得て、成仏することができたのだ、と。

釈迦仏は、以上の法華経を求める過去世の修行を大衆に説かれ、そして過去世と現在とを連絡づけられて、こう言われた。その時の王こそ、今のこの私であり、私が仕えた仙人は誰あろう、今の提婆達多である、と。そして、提婆達多こそ、わが善き友であり、そのおかげで私は仏のさとりを完成し、仏としてのあらゆる徳性をそなえることができたのだ、と。

こう説かれた仏は、次にその提婆達多に対して未来成仏の予言を与え、無量劫の後に天王如来という仏になるであろうと保証されたのである。そして、大衆に向かって、

> 未来世の中に、若《も》し善男子、善女人有って、妙法華経の提婆達多品を聞いて、浄心に信敬《しんきょう》して、疑惑を生ぜざらん者は、地獄・餓鬼・畜生に堕ちずして十方の仏前に生ぜん。所生の処には常に此の経を聞かん。若《も》し人・天の中に生まるれば勝妙の楽を受け、若し仏前にあらば蓮華より化生《けしょう》せん。

と告げられて、未来の世にこの提婆達多品を信敬することを勧められた。

さて、以上、本章の前半の梗概を示したが、ここでのテーマは釈尊の過去の法華経求法の修行と、提婆達多への授記であり、これが過去と現在をつなぐことによって一つに結びつけられている。法華経という経典が、現在の釈尊によって初めて説かれて世に出たものではなくて、はるか遠い過去から多くの仏たちによって説かれてきたものであるという考え方は、すでに序品、化城喩品などで説かれてきた。だから、今の釈迦牟尼仏の法華経求法の修行もその趣旨のくりかえしといってよい。しかし、ここで重要なのは、それが提婆達多と結びつけられて説かれていることである。周知のように、提婆達多は、仏教の伝説の中では五逆罪を犯した大悪人ということになっている。[1]この法華経成立時にも、

すでにそうした伝説は一般に拡まっていたことであろう。しかし、本章においては、提婆達多は悪人であるとはどこにも説かれていない。むしろ、事実はその逆で、提婆達多は釈尊の善知識（善き友）であり、彼のおかげで釈尊は過去に法華経を求めることができ、修行を完成して仏となることができた大恩人と説かれているのである。これはどういうことなのか。歴史的事実として、提婆達多の率いた教団の伝統がインドの地に法顕や玄奘三蔵のころまで存続していたという事実がある。[2]このことから推して、提婆達多が伝説のように極悪人であったなら、その率いた教団が一千年も続くはずはなく、また本章の説き方からして、本章の経典製作者グループと提婆達多の教団とは何らかの関係があったのではないかと見る意見がある。[3]

しかし、これまでの本章に対する諸家の解釈は、こうである。提婆達多は五逆罪をなした悪人であり、この成仏しがたい悪人が本章において仏から成仏の記を与えられた。大悪人すら成仏することができる。ましてや善人をや。この悪人成仏は、後の龍女成仏とともに法華経を受持し、信仰する者たちへの大きなはげみになるもので、それでこそ本章の存在意義がある、というのである。事実は事実として受け容れねばならないが、これ以上の事実が明らかでない以上、経の解釈として、本章の提婆達多への授記は、やはり悪人成仏を説き、法華経の経力を示してそれを信奉する者へのはげみとしたものと受けとめたい。それでこそ、授記の後に大衆に告げられた仏の言葉「未来世の中に云云」の言葉が生きてくると思われるのである。

①提婆達多については、岩本裕『インド仏教と法華経』前篇第二章第四節「デーヴァダッタ」（第三文明社、レグルス文庫）を参照。

②法顕『仏国記』憍薩羅国の条、及び玄奘『大唐西域記』巻十、羯羅拏蘇伐剌那国の条。
③渡辺照宏『法華経物語』一四五—九頁。(大法輪閣)

於時下方。多寶世尊。所從菩薩。名曰智積。白(1)多寶佛。當還本土。釋迦牟尼佛。告智積曰。善男子。且待須臾。此有菩薩。名文殊師利。可與相見。論説妙法。可還本土。爾時文殊師利。坐千葉蓮華。大如車輪。倶來菩薩。亦坐寶蓮華。從於大海。娑竭羅龍宮。自然踊(2)出。住虚空中。詣靈鷲山。從蓮華下。至於佛所(3)。頭面敬禮。二世尊足。修敬已畢。往智積所。共相慰問。却坐一面。智積菩薩。問文殊師利。仁往龍宮。所化衆生。其數幾何。文殊師利言。其數無量。不可稱計。非口所宣。非心所測。且待須臾。自當有證。所言未竟。無數菩薩。坐寶蓮華。從海踊(4)出。詣靈鷲山。住在虚空。此諸菩薩。皆是文殊師利。之所化度。具菩薩行。皆共論説。六波羅蜜。本聲聞人。在虚空中。説聲聞行。今皆修行。大乘空義。文殊師利。謂智積曰。於海教化。其事如是(5)。爾時智積菩薩。以偈讃曰

大智德勇健　化度無量衆　今此諸大會　及我皆已見
演暢實相義　開闡一乘法　廣導諸衆(6)生　令速成菩提

(1)白=啓　(2)(4)踊=涌　(3)所=前　(5)是=此　(6)衆=群

時に、下方《げほう》の多宝世尊の所従の菩薩、名を智積《ちしやく》と曰《い》う。多宝仏に白《もう》さく「当《まさ》に本土に還《かえ》りたもうべし」と。釈迦牟尼仏、智積に告げて曰《のたま》わく「善男子よ、且《しばら》く須臾《しゆゆ》を待て。此《ここ》に菩薩有り、文殊師利と名づく。与《とも》に相見《あいみ》る

べし。妙法を論説して、本土に還《かえ》るべし」と。

爾《そ》の時に、文殊師利、千葉《せんよう》の蓮華の大いさ車輪の如くなるに坐し、倶《とも》に来《きた》れる菩薩も、亦《また》、宝蓮華に坐して、大海の娑竭羅《しゃから》龍宮より自然《じねん》に踊出《ゆじゅつ》して、虚空《こくう》の中に住し、霊鷲山《りょうじゅせん》に詣《もう》でて、蓮華より下《お》りて、仏所に至り、頭《ず》面《めん》に二世尊の足《みあし》を敬礼《きょうらい》し、敬《うやまい》を修すること已《すで》に畢《おわ》って、智積の所に往《ゆ》いて、共に相慰問《あいいもん》して、却《さ》って一面に坐しぬ。智積菩薩、文殊師利に問わく「仁《きみ》よ、龍宮に往いて、化《け》する所の衆生、其の数幾何《いくばく》ぞ」と。文殊師利の言わく「其《そ》の数無量にして、称計《しょうけい》すべからず。口の宣《の》ぶる所に非ず。心の測る所に非ず。且《しばら》く須臾《しゅゆ》を待て、自《おのずか》ら当《まさ》に証有るべし」と。所言未《いま》だ竟《おわ》らざるに、無数の菩薩、宝蓮華に坐して、海より踊出し、霊鷲山に詣《もう》でて、虚空に住在せり。此の諸《もろもろ》の菩薩は、皆是れ文殊師利の化度《けど》せる所なり。菩薩の行を具《ぐ》して、皆共に六波羅蜜を論説す。本《もと》、声聞なりし人は、虚空の中に在って声聞の行《ぎょう》を説く。今、皆、大乗の空の義を修行す。文殊師利、智積に謂《い》って曰《いわ》く「海に於いて教化せること、其の事是《かく》の如し」と。

爾《そ》の時に、智積菩薩、偈を以て讃《ほ》めて曰《いわ》く

「大智徳よ、勇健《ゆうごん》にして　無量の衆を化度《けど》せり。　今、此の諸《もろもろ》の大会《だいえ》　及び我《われ》、皆已《すで》に見つ。

実相の義を演暢《えんちょう》し　一乗の法を開闡《かいせん》して　広く諸《もろもろ》の衆生を導いて　速やかに菩提を成《じょう》ぜしむ。」

〔訳〕その時に、下方（にその仏国土がある）多宝世尊に従っていた菩薩がおり、その名を智積《ちしゃく》といった。彼は多宝仏に申し上げた。

「（法華経真実の証明も終えられたので）もとの仏国土にお帰り下さい」と。

釈迦牟尼仏は、智積に告げられた。

「善男子よ、ほんの少しの間待つのだ。文殊師利という菩薩がいるから、会うがよい。すぐれた教えの法について論じてから、もとの国土に帰るがよい」と。

その時、文殊師利は、その大きさが車輪ほどもある千枚の葉のある蓮華に坐し、一緒にやってきた菩薩たちも、また宝づくりの蓮華に坐して、大海の娑竭羅《しゃから》龍王の宮殿からおのずと上昇して空中にとどまり、霊鷲山にやってきた。そして、蓮華から下りて仏のところに至って、（多宝仏と釈迦牟尼仏の）二人の世尊の足を頭にいただいて敬い礼拝し、礼拝をなし終わってから智積のところに行き、おたがい挨拶をかわして、退いて（座の）一偶に坐った。智積菩薩は文殊師利に問うた。「君よ、龍王の宮殿に赴いて、教化した衆生の、その数はどれほどですか」と。文殊師利は答えた。「その数は無量で、計ることもできず、口でいうこともできないし、心で推測することもできません。ほんのしばらく待ちなさい。おのずと証明ができるでしょう」と。そのことばが終るか終らないかのうちに、無数の菩薩たちが宝づくりの蓮華の上に坐して海から高く上昇し、霊鷲山に至って空中にとどまった。これら多くの菩薩たちは、みな文殊師利が教化済度したものたちであった。（彼らは）菩薩の修行をそなえ、みなともども六波羅蜜を論じあった。もと声聞であった人は、空中にあって声聞の修行を説いていたが、今はみな、大乗の「空」の義趣を修行していた。文殊師利は智積に言った。「海（中）で教化した、その教化はこのようなものです」と。

その時、智積菩薩は、詩頌によって讃めて言った。

「偉大な智慧と徳を有する方よ、（あなたは）勇ましく強くて　はかり知れないほどの人々を教化済度されました。　今、この多くの会座のものたち　そして私も、みな見ました。(47)

存在のありのままの姿の意義を演《の》べ拡め　一乗の教えの法を説き明かして　広く多くの衆生たちを導いて　速やかにさとりを完成させたことを。」(48)

《下方多宝世尊》前章で多宝仏は、宝塔とともに地中から上昇したと説かれた。それ故、下方という。《智積》梵本ではPrajñākūṭa（智慧の堆積、の意）という。《須臾》ほんの短時間。つかの間。第十章の語注参照（上巻、五三一頁）。《娑竭羅龍宮》娑竭羅龍王（sāgaranāgarāja）は八龍王の一つ。その龍王の宮殿。「娑竭羅」はsāgara（大海）の音写語。「娑伽羅」に同じ。第一章の語注参照（上巻、五二―三頁）。《踊出》高く上昇する、高く現われ出る、という意。前章五七五頁参照。《仁》二人称代名詞。「きみ」と訓む。敬意を含んだ丁寧語で自分と同等以上の者に対して用いる。《実相義》存在のありのままの、真実のすがたの意義。第二章の語注「諸法実相」を参照（上巻、一一二頁）。

本段は、智積菩薩と文殊師利菩薩との問答を通じて、文殊師利の海中における教化の様を説き、それによって文殊師利の法華経弘通（文殊通経）を示す段である。分科を先の六二五頁に続いて示すと、次頁のようである。

この図でいうと、本段は、「今日の文殊の通経と龍女作仏を明かす」うちの「文殊の通経を明かす」の全段に相当する。

提婆品

- 明二昔日達多通経釈迦成道一（前出）
- 明二今日文殊通経龍女作仏一
  - 明二文殊通経一
    - 智積請レ還
    - 釈尊止レ之
    - 文殊尋来
    - 智積問レ化
    - 文殊決答
  - 明二利益一
    - 文殊自叙
    - 智積問
    - 文殊答
    - 智積別教為レ疑
    - 龍女明レ円釈レ疑
    - 身子挟二三蔵権一難
    - 龍女以二一実一除レ疑
    - 時衆聞二見得益一
    - 智積身子信伏

文殊師利言。我於海中。唯常宣說。妙法華經。智積(1)問文殊師利言。此經甚深微妙。諸經中寶。世所希有。頗有衆生。勤加精進。修行此經。速得佛不。文殊師利言。有娑(2)竭羅龍王女。年始八歳。智慧利根。善知衆生。諸根行業。得陀羅尼。諸佛所説。甚深祕藏。悉能受持。深入禪定。了達諸法。於刹那頃。發菩提心。得不退轉。辯才無礙。慈念衆生。猶如赤子。功德具足。心念口演。微妙廣大。慈悲仁讓。志意和雅。能至菩提。智積菩薩言。我見釋迦如來。於無量劫。難行苦行。積功累德。求菩提(3)道。未曾止息。觀三千大千世界。乃至無有。如芥子許。非是菩薩。捨身命處。爲衆生故。然後乃得。成菩提道。不信此女。於須臾頃。便成正覺。言論未訖。時龍王女。忽現於前。頭面禮敬。却住一面。以偈讃曰

深達罪福相　遍照於十方　微妙淨法身　具相三十二
以八十種好　用莊嚴法身　天人所戴仰　龍神咸恭敬
一切衆生類　無不宗奉者　又聞成菩提　唯佛當證知
我闡大乘教　度脫苦衆生

(1)智積＝智積菩薩　(2)娑＝婆　(3)提＝薩

文殊師利の言わく「我、海中に於いて、唯常《ただ》に妙法華経を宣説す」と。智積、文殊師利に問うて言わく「此の経は甚深微妙《みみょう》にして、諸経の中の宝、世に希有《けう》なる所なり。頗《も》し衆生の勤加《ごんか》精進し、此の経を修行して、速やかに仏を得る有りや不《いな》や」と。文殊師利の言わく「有り。娑竭羅《しゃから》龍王の女《むすめ》、年始めて八歳なり。智慧利根にして、善く衆生の諸根の行業《ぎょうごう》を知り、陀羅尼《だらに》を得、諸仏の所説の甚深の秘蔵悉《ことごと》く能く受持し、深く禅定《ぜんじょう》に入って、諸法を了達し、刹那《せつな》の頃《あいだ》に於いて、菩提心を発《おこ》して、不退転を得たり。弁才無礙《むげ》にして、衆生を慈念すること、猶《なお》、赤子《しゃくし》の如し。功徳具足して、心に念《おも》い口に演《の》ぶること、微妙《みみょう》広大なり。慈悲・仁譲《にんじょう》、志意和雅《わげ》にして、能く菩提に至れり」と。智積菩薩の言わく「我、釈迦如来を見たてまつるに、無量劫に於いて、難行苦行し、功を積み、徳を累《かさ》ねて、菩提の道《どう》を求むること、未だ曾《かつ》て止息したまわず。三千大千世界を観《み》るに、乃至芥子《けし》の

如き許《ばか》りも、是れ菩薩にして、身命《しんみょう》を捨てたもう処に非ざること有ること無し。衆生の為《ため》の故なり。然して後に、乃《すなわ》ち菩提の道《どう》を成ずることを得たまえり。此の女《にょ》の須臾《しゅゆ》の頃《あいだ》に於いて、便ち正覚を成ずることを信ぜじ」と。言論《ごんろん》未だ訖《おわ》らざる時に、龍王の女《むすめ》、忽《たちま》ちに前《みまえ》に現じて、頭面《ずめん》に礼敬《らいきょう》し、却《さ》って一面に住して、偈を以《もっ》て讃《ほ》めて曰《もう》さく、

「深く罪福の相を達して　遍く十方を照らしたもう　微妙《みみょう》の浄《きよ》き法身　相を具せること三十二

八十種好《しゅごう》を以て　用《も》って法身を荘厳《しょうごん》せり　天人の戴仰《たいごう》する所　龍神も咸《ことごと》く恭敬《くぎょう》す　一切衆生の類　宗奉せざる者無し。

又、聞いて菩提を成《じょう》ずること　唯《ただ》仏のみ当《まさ》に証知したもうべし　我、大乗の教を闡《ひら》いて　苦の衆生を度脱せん。」

〔訳〕文殊師利が言った。「私は海の中で、専らつねに妙法華経を説法してきました」と。智積は文殊師利に質問した。「この経は、はなはだ奥深くすぐれていて、多くの経の中の宝であり、世にまれなるものです。もし、衆生がつとめて精進し、この経を修行したならば、速やかに仏となることができるでしょうか、どうでしょうか」と。文殊師利が言った。「できるのです。裟竭羅《さから》龍王の娘は、年こそ当年八歳ですが、智慧は明敏で、よく衆生のさまざまな（感官の）身体器官による行為を知り、ダーラニーを得ており、仏たちの説かれた非常に奥深い秘説の蔵すべてをことごとく受けて保持し、深く禅定に入って、あらゆる存在をさとって真実に達し、一瞬のあいだに、さとりを志向する心をおこして、退転することのない境地を得たのです。弁舌の才は自由自在で、衆生を慈《いつく》しみ心にかけることは、

赤ん坊に対するかのようです。功徳がそなわり、心に思い、口で話すことは、すぐれていて広大です。慈悲深く、思いやりがあって控えめで、その心根はやさしく雅びやかで、さとりに到ることができたのです」と。智積菩薩が言った。「私が釈迦如来を拝見しますに、はかりしれないほどの劫という長時に、難行し苦行し、功徳を積みかさねて、さとりに到る道を求めることをかつてやめられたことはありませんでした。三千大千世界を見ても、芥子粒《けしつぶ》ほどのところでさえ、菩薩が身命を捨てたところでないところはないのです。それは衆生のためだからです。そうして後に、はじめて菩提というさとりを成就することができたのです。この娘が、ほんの短い間に、たちまち正しいさとりを完成するなどということは信じられません」と。そのものいいがまだ終らないうちに、龍王の娘がたちまちに(仏の)前に現われて、(仏のみ足を)頭にいただいて敬い礼拝し、退いて一隅に座を占め、詩頌によって(仏を)讃歎していった。

「(仏は)罪悪と福徳の両者のあり方を深く究めて　くまなく十方を照らされる。　そのすぐれた清らかな法身は　そのすがたをそなえること三十二と(49)
八十種の相好とによって、それによっておごそかに飾られている。　神々や人々が崇め、龍神もすべて恭しく敬い、　あらゆる衆生の類《たぐ》いは、　尊崇しないものはない。(50)
また、(龍女の私が文殊の説法を)聞いてさとりを成就したことは　ただ仏のみが知られて証明されることでありましょう。　私は大乗の教えを明らかに示し、苦しみの衆生を救済いたします。」(51)

《頗有…不》もし…有りや不《いな》や、と訓む。「…があるかどうか」の意。「頗」は六朝時代に用いられた、疑問文の上に冠せられる不確実性を表わす語。字義は「すこし」の意。多くの場合、文末に否定詞「不」をともなって「頗…不」の形で用いられる。問うことの内容が不確実で、問う者のためらいの気持を表わす場合の表現形式の一つ。吉川幸次郎「六朝助字小記」（『吉川幸次郎全集』第七巻）、及び森野繁夫「六朝漢語の疑問文」（『広島大学文学部記要』第三四巻）、有賀要延「「頗有」について」（『印度学仏教学研究』第三〇巻一号）などを参照。**《諸根行業》**眼・耳・鼻・舌・身・意の六根がはたらくことによってなされる行為のこと、すなわち身・口・意による行為。「根」はindriyaの訳で、感覚器官とその能力を意味する。**《陀羅尼》**dhāraṇīの音写。意訳して「総持」「能持」という。法を理解し、記憶して心にとどめる能力をいう。また、神秘的な力を有する呪文・呪句のこと。ここでは前者の意。**《了達諸法》**「諸法」は、現象界のあらゆる存在のこと。あらゆる存在を明らめその真実に達すること。**《仁譲》**思いやりと謙譲のこころ。**《三千大千世界》**この大宇宙ほどに相当する広大な多くの世界。一世界を千の三乗個あわせたもの。第五章の語注参照（上巻、三三六頁）。**《菩提道》**この場合の「道」はbodhiの旧訳語で、「菩提」と同格で同義。すなわち、さとりの意。第五章の語注「道果」をも参照（上巻、三五三頁）。**《深達罪福相》**「罪福」とは罪悪と福徳のこと。悪しき行ないの報いとしての罪業と善き行ないの報いとしての福徳のありさま、すなわち善と悪との相についてその本質に深く精通するの意。梵本では、puṇyaṃ puṇyaṃ gambhīraṃ ca diśaḥ sphurati sarvaśaḥ／（福徳と深遠な福徳とが、いたるところの方向に遍満し、p. 264. *l*. 1.）とあって、「福徳と深遠な福徳」とある。あるいは羅什の拠ったテキストには、はじめのpuṇyaに否定をあらわす接頭辞aが付されてapuṇyaとなっていた可能性もある。「深達罪福相」以下、「無不宗奉者」までを龍女の歎仏偈という。**《微妙浄法身》**「法身」とは、真理を身体とするものの意で、仏の悟った真理そのものをいい、真理の理法としての仏を指す。本来、理法そのものとしての仏は、姿・形を離れたものであるが、それが三十二相、八十種好をそなえるというのは、その真理が凝念として何のはたらきにも関わらないというのでなく、真理に理法としての面と、おのずから智慧のはたらきとしてあらわれ出る一面をも有していると見ることである。すなわち、真理を理智不二と見ることで、法・報・応の三身でいえば、この理智不二のあらわれとしての仏を報身仏という。天台が「微妙浄法身」から「用荘厳法身」までの二行を「二身を成就するを明かす」(『文句』巻八下)というのはこの意味。

本段は、前段に続いて文殊師利菩薩と智積菩薩の問答を通じて、次に経の利益をあらわすものとして龍女の成仏を説く段の導入部にあたる。科文でいえば(六三八頁)、「利益を明かす」うちの、「文殊の自叙」から「龍女、円を明かし、疑を釈す」までに相当する。

二　龍女成仏

本章は、先に悪人提婆達多の成仏を明かし、次にこれから龍女成仏を明かすのであるが、ここで節を設けて龍女成仏について述べておこう。

まず、経のあらすじを述べると、提婆達多への釈迦牟尼仏の授記がおわると、多宝仏に従っていた智積という菩薩が、多宝仏に対して、本の仏国土へおもどり下さいと慫慂《しょうよう》した。すると、釈迦牟尼仏は、智積をおしとどめて、文殊師利という菩薩がいるからその菩薩と妙法を論じ合ってから帰られるがよい、と言われる。その時に、文殊師利菩薩が千葉《せんよう》の蓮華の、車輪ほどもあるものに坐して、大海の娑竭羅《さから》龍宮より仏のもとへ帰ってきた。多宝仏と釈尊の二仏に敬いをおえた後に、智積と挨拶をなし、ここから二菩薩の問答が始められる。智積は大海中の龍宮における文殊の教化のありさまを問うと、文殊は、常に法華経を説いてきて、その教化したものの数は無数で数えきれないと答えた。それに対し、智積は、法華経は甚深微妙で諸経の中の宝、この経を修行して仏となることができましょうかどうか、と尋ねる。そこで文殊師利が答えていうには、娑竭羅龍王の娘は、年は八歳ではあるが、智慧するどく、諸仏の秘説を受持して忘れず、定・慧をそなえ、不退転の境地を得て、さとりに到達している、という。それを聞いた智積は、釈迦牟尼仏でさえ無量劫において難行苦行し、やっとそのさとりを完成されたというのに、龍女がいともたやすくさとりを得ることができるとは信じがたい、とその不信、疑惑を表明した。すると、そのことばがおわるかおわらないかのうちに、龍女が忽然と龍宮より仏のみまえに出現し、仏を歎ずる詩を諷じたのである。今度はそれを見た仏弟子の上足、舎利弗が龍女に問う。女身は垢穢であり、五つの障りがあるというのに、いったい女性の身で成仏が可能なのか、と。すると龍女は一つの宝珠をとり出し、仏にたてまつると、仏はすぐこれを受けとられた。龍女は智積と舎利弗の二人に向かって、私の成仏は仏が宝珠を受けとられたことよりも速やかであると言うと、たちまち変成男子《へんじょうなんし》、すなわち女身が転じて男子となって、すみやかに仏のさとりを得、仏の徳をそなえたのである。そして人々のために妙法を演説すると、それによって皆、さとりの予言を得、その仏国土の無垢世界は六反に震動した。以上をつぶさに見た智積、舎利弗の二人をはじめ、すべての衆会がみな納得して信じたのである。

以上が、龍女成仏を説く部分の梗概である。龍女は、いうまでもなく人間の女性ではない。その身は畜類の身であって、先の提婆達多よりも成仏ということに関しては、より一層不利な条件にある。その龍女の成仏が説かれたということは、どのような意義があるのだろうか。それは、やはり成仏しがたいものの成仏が説かれた、ということである。これによって、それ以上のものに対する成仏道に向けての勧発と奮励とが示されたわけである。

ところで、本経に舎利弗の言として説かれた「女身は垢穢にして、これ法器にあらず。云何ぞよく無上菩提を得ん」とか、「女人の身には猶五障あり」という言葉によれば、女性は教えを受けるうつわではなく、五つのさわりがある、という、今日の女性の立場から見れば、女性蔑視の最たるものという批難を免れないが、仏教は、インドの他の諸宗教、たとえばジャイナ教などとともに、その当初から女性に関しては男性に対するのとは異なった一段低い見方をしていたようである。①ブッダは、アーナンダ（阿難）の再三再四のとりなしによって、初めて女性（ゴータミー、釈尊の義母）の出家を許したが、その時にブッダは、もし女性が出家しなかったならば正法は一千年存続するが、女性が出家した今、正法は五百年しか続かないであろう、と慨嘆したといわれている。②さらには、ブッダ入滅の後に、アーナンダは長老迦葉《かしょう》らから「五失」あり、として批判されることになるが、そのうちの一つに、女性の出家を許したことが挙げられている。このような男尊女卑の女性観は、仏教がインドのヒンドゥー文化圏の枠中に成立したという事情によるものであることは明白である（たとえば古代に制定された『マヌ法典』を読み、翻って現在のインド・ヒンドゥー社会における女性の地位について思をいたしてみよ）。

しかし、大乗仏教では、『涅槃経』に「一切衆生悉有仏性」と説くように、すべての生あるものがすべて成仏できるのだとして皆成思想を標榜した。それは本来、生まれ、地位、男女の性差別をも超えた理想であるはずである。それ故か、大乗仏教では従来貶しめられてきた女性について、その成仏を説くようになってきたのである。しかし、その際でも、本経に見られるように、女性は女身そのもので成仏するのでなく、男性に変化（あるいは生まれかわって）すること、すなわち「変成男子《へんじようなんし》」によって仏となることができると説かれるのである。この「変成男子」によって女性成仏を説く経典に、『仏説超日明三昧経』二巻、『無所有菩薩経』四巻、『仏説無垢賢女経』、『仏説転女身経』などがある。しかし、それと同時に、「変成男子」を必要とせず、女性の身そのもので仏と成ることができると説く経典も現われた。その最も古いものが、本経と同じ竺法護訳の、娑竭羅龍王の女の成仏を説いた竺法護訳『海龍王経』四巻である。また後のよく知られた経典として『勝鬘経』があるが、それらの数は非常に少ない。こうした「変成男子」を通さずに、女性の身そのもので成仏できると説くのが、大乗仏教の理想に沿うものではあろう。しかし、本経のように「変成男子」による成仏であっても、あるいは直接に女身のままでの即身成仏であったとしても、いずれの場合でも、わざわざ女性の成仏をとりあげて説いているところに性差別の意識があるのであるから、両者を比較するのはあまり意味がなかろう。それよりもむしろ大事なことは、仏教が成立したインド文化圏の社会的背景、慣習、風俗といったものをすべて取り払った後に、なお差別が残るとしたら、その本質について考えてみることであろう。

①岩本裕『仏教と女性』（第三文明社、レグルス文庫）参照。同書は、仏教における女性観について詳述し、また「変成男子」についても詳しく言及されており、極めて有益である。

②同前書、二一一二頁。

時(1)舍利弗。語龍女言。汝謂不久。得無上道。是事難信。所以者何。女身垢穢。非是法器。云何能得。無上菩提。佛道懸曠。經無量劫。勤苦積行。具修諸度。然後乃成。又女人身。猶有五障。一者不得。作梵天王。二者帝釋。三者魔王。四者轉輪聖王。五者佛身。云何女身。速得成佛。爾時龍女。有一寶珠。價直。三千大千世界。持以上佛。佛卽受之。龍女謂智積菩薩。尊者舍利弗言。我獻寶珠。世尊納受。是事疾不。答言甚疾。女言。以汝神力。觀我成佛。復速於此。當時衆會。皆見龍女。忽然之間。變成男子。具菩薩行。卽往南方。無垢世界。坐寶蓮華。成等正覺。三十二相。八十種好。普爲十方。一切衆生。演說妙法。爾時娑婆世界。菩薩聲聞。天龍八部。人與非人。皆遙見彼。龍女成佛。普爲時會。人天說法。心大歡喜。悉遙敬禮。無量衆生。聞法解悟。得不退轉。無量衆生。得受道記。無垢世界。六反震動。娑婆世界。三千衆生。住不退地。三千衆生。發菩提心。而得受記。智積菩薩。及舍利弗。一切衆會。默然信受。

(1)時＝爾時

時に、舍利弗、龍女に語って言わく「汝久しからずして、無上道を得たりと謂《おも》えり。是《こ》の事信《じ》じ難し。所以《ゆえ》は何《いか》ん。女身《にょしん》は垢穢《くえ》にして、是れ法器に非ず。云何《いかん》ぞ能《よ》く、無上菩提を得ん。仏道は懸曠《はるか》なり。無量劫を経て、勤苦《ごんく》して行《ぎょう》を積み、具《つぶ》さに諸度を修して、然《しこう》して後に乃《すなわ》ち成《じょう》ず。又、女人の身には、猶《なお》五障有り。一には梵天《ぼんてん》王《のう》と作《な》ることを得ず。二には帝釈《たいしゃく》、三には魔王、四には転輪聖王《てんりんじょうおう》、五には仏身なり。云何《いかん》ぞ女身、速やかに成仏することを得ん」と。

爾《そ》の時に、龍女、一つの宝珠有り。価直《けじき》三千大千世界なり。持って以て仏に上《たてまつ》る。仏、即ち之《これ》を受けたもう。龍女、智積《ちしゃく》菩薩、尊者《そんじゃ》舍利弗に謂《い》って言わく「我、宝珠を献《たてまつ》る。世尊の納受、是の事疾《と》しや不《いな》や」と。答えて言わく「甚だ疾し」と。女《にょ》の言わく「汝が神力を以て、我が成仏を観よ。復《また》、此れよりも速やかならん」と。

当時の衆会《しゅえ》、皆、龍女の、忽然《こつねん》の間に変じて男子と成り、菩薩の行《ぎょう》を具して、即ち南方無垢世界に往《ゆ》いて、宝蓮華に坐して、等正覚《とうしょうがく》を成じ、三十二相・八十種好《しゅごう》あって、普《あまね》く十方の一切衆生の為に、妙法を演説するを見る。

爾《そ》の時に、娑婆世界の菩薩、声聞《しょうもん》、天龍八部、人《にん》と非人《ひにん》と、皆、遙《はる》かに彼《か》の龍女の成仏して、普《あまね》く時の会《え》の、人・天の為に法を説くを見て、心大いに歓喜して、悉く遙《はる》かに敬礼《きょうらい》す。無量の衆生、法を聞いて解悟《げご》し、不退転を得、無量の衆生、道《どう》の記を受くることを得たり。無垢世界、六反に震動す。娑婆世界の三千の衆生、不退の地に住し、三千の衆生、菩提心を発《おこ》して受記を得たり。智積菩薩及び舎利弗、一切の衆会、黙然《もくねん》として信受す。


〔訳〕その時、舎利弗が龍女に向かって言った。「汝は、ほどなくしてこの上ない仏道を体得したと思っているようだが、そのことは信じがたいことである。なぜならば、女性の身はけがれており、法を受けるにたる器ではないからである。一体、どうしてこの上ない完全なさとりを得られよう。仏道は、はるか遠く、はかりしれないほどの劫《こう》という長時を経て、ほねおりつとめて修行を積み、多くの波羅《はら》蜜《みつ》を完全に修行して、そうして後にやっと成就することができるのだ。それにまた、女性の身には五つの障《さわ》りがある。一には梵天王となることができず、二には帝釈に、三には魔王に、四には転輪聖王に、五には仏身（となることができない）。一体、どうして女性の身で、速やかに成仏することができようか」と。

その時、龍女は一つの宝珠を有していた。その値いは三千大千世界にも匹敵するものであった。それを持って仏に献ると、仏はすぐさまこれを受けとられた。龍女は、智積菩薩と舎利弗尊者とに言った。「私は宝珠を（仏に）献りました。世尊がお受けになったことは、速かったでしょうか、どうでしょうか」。（二人は）答えて言った。「非常に速かった」と。龍女が言った。「あなたがたの神通力によって、私の成仏を見て下さい。このことよりも一層速いことでしょう」と。

その時の会衆《えしゅ》の人々は、みな、龍女がたちまちのうちに男子に変化して、菩薩としての修行をそなえ、すぐさま南方の無垢世界に行き、（そこで）宝づくりの蓮華に坐して、正しいさとりを完成して、（仏の徳性としての）三十二種の相、八十種の相好をそなえ、くまなく十方のあらゆる衆生たちのために、すぐれた法を説くのを見た。

その時、娑婆世界の菩薩、声聞、天龍八部衆、人間と人間以外のものたちとは、はるかにその龍女が成仏して、くまなくその会衆の、人々や神々のために説法するのを見て、心に大きな歓びを感じ、みなはるかに敬い礼拝をなした。はかりしれぬほどの多くの衆生は、その法を聞いて了解し、退転することのない境地を得、はかりしれぬほどの多くの衆生は、さとりの予言を受けることができた。無垢世界は六とおりに震動し、娑婆世界の三千人もの人々は退くことのない境地にとどまり、三千人もの人々はさとりを志向する心をおこして、未来成仏の予言を得た。智積菩薩と舎利弗、それにあらゆる会衆のものたちは、黙したまま（以上のことを）信じ受けいれた。

《法器》法を受け容れるに堪えうる容れ物、すなわち、教えを受けるに足る能力をもつものの意。**《具修諸**

度》「諸度」とは六波羅蜜の修行を指す。**《女人身、猶有五障》**五障の、㈠梵天王、㈡帝釈、㈢魔王、㈣転輪聖王、㈤仏身、について、㈢と㈤についてはテキスト間で異同がある。㈢の「魔王」は梵本では mahārāja（大王）とあり、『正法華』では『妙法華』と同じく「天魔」という。なお、チベット訳は「四天王」とある。㈤の「仏身」については、梵本は avaivartikabodhisattvasthāna（不退転の菩薩の位、p. 264 *ll.* 12-13）とあり、『正法華』では「大士」とある。なお、この『妙法華』の挙げる五障と同一の内容が『中阿含経』（大正蔵巻一、六〇七b）及び『五分律』（大正蔵巻二二、一八六a）にもあり、また三世紀西晋の聶承遠訳『仏説超日明三昧経』もやはり同じ内容の五障を説く。さらに最後のものは、本経と同様に五障を説いた後に変成男子を説いている。なお「魔王」は、第六天の魔王、すなわち他化自在天の魔王のこと。「梵天王」「帝釈」「転輪聖王」については、第一章及び第七章の語注（上巻、五一―二、及び三九三頁）参照。**《無垢世界》**けがれのない世界の意。梵本では、Vimalā（けがれなき）という。**《天龍八部》**仏教守護の神々や人間以外の八種の異形のものたち。第一章の語注「八龍王」を参照（上巻、五二―三頁）。**《得受道記》**「道」は bodhi（菩提）の旧訳語。さとりを完成するであろうという予言を受けることができた、の意。本経では「道」は、さとりを意味する場合と、文字どおりの「仏道」というような場合の「道」を意味する場合との両様の使い分けがあるので注意を要する。**《黙然信受》**「黙然」とは、沈黙したままで、納得領解して賛意をあらわすこと。

本段は、龍女の成仏を説いた段である。分科でいえば（六三八頁）、「利益を明かす」うちの「身子三蔵の権を挟んで難ず」から最後の「智積身子、信伏す」までに相当する。

本章は、前章の宝塔品にひき続いて、虚空中の説法という設定のうえに、悪人提婆の成仏、龍女の女人成仏を説いたもので、古来法華経の中の名所といわれている。インドにおいて、その成立当初から法師によって語られた時にも、人々をその劇的な内容で魅了したに相違ない。わが国の文学にも与えた影響は大きく、時代は下るが、江戸時代に成立した謡曲文学には、「仏の原」「采女《うねめ》」「夕顔」など龍女成仏にモチーフをとったものが多くある。

以上で提婆品をおわり、以下に、経の弘通と持経を説く勧持品に入る。

妙法蓮華經勸持品第十三

爾時藥王菩薩摩訶薩。及大樂說菩薩摩訶薩。與二萬菩薩眷屬倶。皆於佛前。作是誓言。唯願世尊。不以爲慮。我等於佛滅後。當奉持讀誦。說此經典。後惡世衆生。善根轉少。多增上慢。貪利供養。增不善根。遠離解脫。雖難可教化。我等當起大忍力。讀誦此經。持說書寫。種種供養。不惜身命。爾時衆中。五百阿羅漢。得受記者。白佛言。世尊。我等亦自誓願。於異國土。廣說此經。復有學無學。八千人。得受記者。從座而起。合掌向佛。作是誓言。世尊。我等亦當。於他國土。廣說此經。所以者何。是娑婆國中。人多弊惡。懷增上慢。功德淺薄。瞋濁諂曲。心不實故。爾時佛姨母。摩訶波闍波提比丘尼。與學無學比丘尼。六千人倶。從座而起。一心合掌。瞻仰尊顏。目不暫捨。於時世尊。告憍曇彌。何故憂色。而視如來。汝心將無謂。我不說汝名。授阿耨多羅三藐三菩提記耶。憍曇彌。我先總說。一切聲聞。皆已授記。今汝欲知記者。將來之世。當於六萬八千億。諸佛法中。爲大法師。及六千學無學比丘尼。倶爲法師。汝如是。漸漸具菩薩道。當得作佛。號一切衆生喜見如來。應供。正遍知。明行足。善逝。世間解。無上士。調御丈夫。天人師。佛。世尊。憍曇彌。是一切衆生喜見佛。及六千菩薩。轉次授記。得阿耨多羅三藐三菩提。爾時羅睺羅母。耶輸陀羅比丘尼。作是念。世尊於授記中。獨不說我名。佛告耶輸陀羅。汝於來世。百千萬億。諸佛法中。修菩薩行。爲大法師。漸具佛道。於善國中。當得作佛。號具足千萬光相如來。應供。

正遍知。明行足。善逝。世間解。無上士。調御丈夫。天人師。佛。世尊。佛壽無量。阿僧祇劫。爾時摩訶波闍波提比丘尼。及耶輸陀羅比丘尼。幷其眷屬。皆大歡喜。得未曾有。卽於佛前。而説偈言

世尊導師　安隱(1)天人　我等聞記　心安具足

諸比丘尼。説是偈已。白佛言。世尊。我等亦能。於他方國土。廣宣此經。

(1)隱＝穩

爾《そ》の時に、薬王菩薩摩訶薩《まかさつ》及び大楽説《だいぎょうせつ》菩薩摩訶薩、二万の菩薩眷属《けんぞく》と倶《とも》に、皆、仏前に於いて、是《こ》の誓言《せいごん》を作《な》さく、「唯《ただ》願わくは、世尊よ、以《もっ》て慮《うらおも》いしたもう為《べ》からず。我等、仏の滅後に於いて、当《まさ》に此《こ》の経典を奉持《ぶじ》し、読誦《どくじゅ》し、説きたてまつるべし。後の悪世の衆生は、善根転《ぜんごんうた》た少なくして、増上慢《ぞうじょうまん》多く、利供養《りくよう》を貪《むさぼ》り、不善根《ふぜんごん》を増し、解脱《げだつ》を遠離《おんり》せん。教化すべきこと難《かた》しと雖《いえど》も、我等当《まさ》に大忍力《だいにんりき》を起《お》こして、此の経を読誦《どくじゅ》し、持説《じせつ》し、書写し、種種に供養して、身命《しんみょう》を惜《お》しまざるべし」と。

爾《そ》の時に、衆中《しゅちゅう》の五百の阿羅漢の、受記を得たる者、仏に白《もう》して言《もう》さく、「世尊よ、我等も、亦《また》、自《みずか》ら誓願すらく、『異《い》の国土に於いて広く此の経を説かん』と」。復《また》、学・無学八千人の受記を得たる者有り。座より起《た》って合掌し、仏に向かいたてまつりて、是《こ》の誓言《せいごん》を作《な》さく、「世尊よ、我等、亦《また》、当《まさ》に他の国土に於いて、広く此《こ》の経を説くべし。所以《ゆえ》は何《いか》ん。是《こ》の娑婆国《しゃばこく》の中《うち》は、人、弊悪《へいあく》多く、増上慢《ぞうじょうまん》を懐《いだ》き、功徳浅薄に、瞋濁諂曲《しんじょくてんごく》にして、心《こころ》不実なるが故に」と。

爾《そ》の時に、仏の姨母《いも》、摩訶波闍波提比丘尼《まかはじゃはだいびくに》、学・無学の比丘尼六千人と倶《とも》に、座より起《た》って一心に合掌し、尊《そん》顔《げん》を瞻仰《せんごう》して、目暫《しばら》くも捨てず。時に世尊、憍曇弥《きょうどんみ》に告げたまわく、「何が故ぞ、憂《うれい》の色にして如来を視《み》る。汝が心に、将《まさ》に我《われ》汝が名を説いて、阿耨多羅三藐三菩提《あのくたらさんみゃくさんぼだい》の記を授けずと謂《おも》うこと無しや。憍曇弥《きょうどんみ》よ、我、先に

総じて、一切の声聞に皆、已《すで》に授記すと説きき。今、汝、記を知らんと欲《ほっ》せば、将来の世に、当《まさ》に六万八千億の諸仏の法の中に於いて、大法師《だいほっし》と為《な》るべし。及び六千の学・無学の比丘尼も倶《とも》に法師《ほっし》と為《な》らん。汝、是《かく》の如く漸漸《ぜんぜん》に菩薩の道《どう》を具して、当に作仏することを得べし。一切衆生喜見《きけん》如来・応供《おうぐ》・正遍知《しょうへんち》・明行足《みょうぎょうそく》・善逝《ぜんぜい》・世間解《せけんげ》・無上士《むじょうじ》・調御丈夫《じょうごじょうぶ》・天人師・仏・世尊と号《な》づけん。憍曇弥《きょうどんみ》よ、是《こ》の一切衆生喜見仏、及び六千の菩薩、転次《てんし》に授記して阿耨多羅三藐三菩提《あのくたらさんみゃくさんぼだい》を得ん」と。

爾《そ》の時に、羅睺羅《らごら》の母、耶輸陀羅《やしゅだら》比丘尼、是《こ》の念を作さく、「世尊は、授記の中に於いて、独《ひと》り我が名を説きたまわず」と。仏、耶輸陀羅《やしゅだら》に告げたまわく、「汝、来世百千万億の諸仏の法の中に於いて、菩薩の行を修し、大法師《だいほっし》と為《な》り、漸《ようや》く仏道を具して、善国の中に於いて、当に作仏することを得べし。具足千万光相如来・応供《おうぐ》・正遍知《しょうへんち》・明行足《みょうぎょうそく》・善逝《ぜんぜい》・世間解《せけんげ》・無上士《むじょうじ》・調御丈夫《じょうごじょうぶ》・天人師・仏・世尊と号《な》づけん。仏の寿、無量阿僧祇《あそうぎ》劫《こう》ならん」と。

爾《そ》の時に、摩訶波闍波提《まかはじゃはだい》比丘尼、及び耶輸陀羅《やしゅだら》比丘尼、并びに其の眷属、皆、大いに歓喜し、未曾有《みぞう》なることを得《え》、即《すなわ》ち仏前に於いて、偈《げ》を説いて言《もう》さく、

「世尊導師　天・人を安隠《あんのん》ならしめたもう　我等、記を聞いて　心安く具足しぬ」と。

諸《もろもろ》の比丘尼、是《こ》の偈《げ》を説き已《おわ》って、仏に白《もう》して言《もう》さく、「世尊よ、我等、亦《また》、能く他方の国土に於いて、広く此の経を宣べん」と。

〔訳〕その時に、偉大な薬王菩薩と大楽説《だいぎょうせつ》菩薩とは、おともの二万人の菩薩たちとともに、みな仏の面前で、次のような誓いのことばをなした。

「世尊よ、どうか、御憂慮されませんように。仏の入滅された後には、私どもがこの経典を保持し、

読誦し、説きましょう。のちの悪しき世の衆生たちは、善の根本が次第に減少し、思いあがること多く、利得を貪り、不善のもとを増して、解脱から遠く離れてしまうでしょう。（彼らを）教化することは困難ではありますが、私どもは、必ずや、非常な忍耐力を起こして、この経を読誦し、保持し、説きもし、書写し、種々に供養して、身体生命をも惜しまないでしょう」と。

その時、会衆の中の、未来成仏の予言を得ている五百人の阿羅漢たちが、仏に次のように申し上げた。

「世尊よ、私どもも、また、このように自ら誓願致します。『（この世界とは）異なった国土において、広くこの経を説こう』と。」

また、学修中のものたち、もはや学ぶべきもののないものたち八千人の、未来成仏の予言を得たものたちがいた。（彼らは）座から起って合掌し、仏に向かって次のような誓いのことばを述べた。

「世尊よ、私どももまた、（この世界とは別の）他の国土において、広くこの経を説きましょう。なぜといいますに、この娑婆《しゃば》国土の中にいる人々は、悪多く、思いたかぶりをいだき、功徳が浅薄で、瞋《いかり》に濁り、他におもねりへつらい、その心が不実であるからであります」と。

その時、仏の叔母である摩訶波闍波提《まかはじゃはだい》比丘尼は、学修中の、あるいは学修を完了した比丘尼たち六千人とともに、座から起《た》って一心に合掌し、世尊の尊い顔をじっと仰ぎみて、その目をしばしの間もそらすことはなかった。その時に、世尊は（その叔母の）憍曇弥《きょうどんみ》に告げられた。

「どうして、憂いに満ちた顔で（この私）如来をじっと見ているのです。あなたは、心中で、私があなたの名を挙げて、無上の正しいさとりの予言を授けなかったと思ったことはないですか。憍曇弥よ、私は先に、すべての声聞たちにみな成仏の予言を与えた、と、まとめて説いた（ではありませんか）。（それでも）今、あなたがその未来成仏の予言を知りたいと思うならば（それは、こうです。あなたは）、未来の世に、必ずや、六万八千億という多くの仏たちの教えの法の中において、偉大な法師となるでしょう。また、六千人の学修中の、あるいは学修の成った比丘尼たちも、ともに法師となるでしょう。あなたは、そのように次第に菩薩の道をそなえて、必ずや仏となることができるでしょう。（そして、その名を）一切衆生喜見《きけん》如来、供養を受けるにふさわしい人、正しくあまねき智慧をそなえた人、智慧と実践とが完全にそなわった人、悟りに到達した人、世界のすべてに通じている人、最上の人、人間の調教師、神々と人々との師、仏、世尊、と名づけるでしょう。憍曇弥よ、この一切衆生喜見仏と、それに六千人の菩薩たちは、次から次へと順次に成仏の予言を授けて、無上の正しいさとりを得るでしょう」と。

その時、羅睺羅《らごら》の母である耶輸陀羅《やしゅだら》比丘尼は、次のように思った。「世尊は、成仏の予言を授けられたなかで、ひとり私の名を挙げて下さらなかった」と。

仏は耶輸陀羅に告げられた。

「汝は、未来の世の、百千万億という多くの仏たちの教えの法の中において、菩薩の修行を修習し、偉大な法師となり、次第に仏道をそなえてゆき、善国（という国土）において、必ずや仏となることができるであろう。（その名を）具足千万光相如来、供養をうけるにふさわしい人、正しくあまねき智慧をそなえた人、智慧と実践とが完全にそなわった人、悟りに到達した人、世界のすべてに通じている人、最上の人、人間の調教師、神々と人々との師、仏、世尊、と名づけるであろう。その仏の寿命は、阿僧祇劫の無量倍という長時であろう」と。

その時に、摩訶波闍波提比丘尼と耶輸陀羅比丘尼、それにそのおつきのものたちは、みな大いに歓喜し、これまでにない思いをして、すぐさま仏の面前で、詩頌を唱えて言った。

「世尊は指導者であり　神々や人々を安らかになされます　私たちは成仏の予言を聞いて　心が安らかに満ち足りました。」(1)

多くの比丘尼たちは、この詩頌を唱えおわって、仏に申し上げた。

「世尊よ、私どもも、また、他方の国土において、広くこの経を宣説することができましょう」と。

《薬王菩薩摩訶薩》 Bhaiṣajyarāja.「薬の王」という名の偉大な菩薩。第一章序品の対告衆の列挙中に見える。序品の語注（上巻、四九頁）参照。**《大楽説菩薩摩訶薩》** Mahāpratibhāna.「偉大な弁舌の才を有する」という名の偉大な菩薩。第十一章見宝塔品に初出。同章の語注（本書五七五頁）参照。**《利供養》** 利得のこと。具体的には、物や金銭の供養をいうか。梵本では、lābhasatkārasaṃniśritā（財利と名聞とに執著して）〈p. 267 *l.* 5〉とある。**《異国土》** この娑婆世界とは異なる国土の意。娑婆国土では、人々の機根が劣っていて教化に困難で、五百人の阿羅漢たちには荷が重すぎるから、このようにいう。**《弊悪》**「弊」も「悪」も同義。『広韻』に「弊、悪也」とある。**《増上慢》** 思いあがり、高慢心のこと。**《瞋濁諂曲》**「瞋」は、怒ること、「諂曲」は、他に対しておもねり、へつらって自分を曲げること。**《姨母》** 母方の叔母のこと。釈尊の生母、摩耶夫人 (Māyā) は、釈尊誕生後七日目で亡くなり、釈尊はその妹である叔母の憍曇弥に養育された。**《摩訶波闍波提比丘尼》** Mahāprajāpati (Skt. Mahāprajāpatī) の音写。Mahāpajāpatī は、人名ではなく「皇后」を意味する普通名詞。その名は憍曇弥（Gotamī）である。釈尊の父王、浄飯王（Śuddhodana）の死後に出家を決意して、再三釈尊に懇請し、仏弟子阿難（Ānanda）のとりなしによってその出家を許された。仏弟子難陀（Nanda）は彼女の実子で、釈尊にとっては異母弟にあたる。なお、釈尊の母に関しては、岩本裕『仏教と女性』（第三文明社、レグルス文庫）を参照。**《憂色》**憂いをおびた顔色。「色」は、かおつき、表情の意。**《大法師》**偉大な説法者。「法師」は、本経では、具体的には、人々の前で経典を読誦して聞かせることを専門にする人、と考えられている。第十章法師品を参照。**《一切衆生喜見如来》**原語は、Sarvasattva-priyadarśana（一切衆生が見て喜ぶ、の意）。**《羅睺羅》**Rāhula の音写。釈尊が太子時代にもうけた実子。出家して密行第一といわれた。第九章授学無学人記品を参照（上巻、五一七―九頁）。**《耶輸陀羅比丘尼》**原語はYaśodharā。釈尊の出家前、太子時代に迎えた妃。羅睺羅の母。釈尊の養母憍曇弥が出家した時、同時に出家して比丘尼となった。**《善国》**原語は Bhadrā（吉祥の、めでたい、の意）。**《具足千万光相如来》**千・万の光のすがたをそなえた、という名の如来の意。梵本では、Raśmiśatasahasraparipūrṇadhvaja（百・千の光明に満たされた旗をもてる、の意）という。

本章から勧持品に入る。本章の章名は、古くは持品といった（智顗『文句』、吉蔵『義疏』、基『玄賛』など）。経を持《たも》つという意味である。先の第十一章見宝塔品で釈迦牟尼仏が、仏の滅後の弘経を唱募して三度にわたって弘経者を募られたのに対し、本章では、それに呼応して薬王、大楽説の二大菩薩をはじめとして、二万の菩薩、五百の阿羅漢、八千の学・無学のもの、六千の比丘尼たち、さらには八十万億の菩薩たちが法華経を受持し、その弘通を誓う、という構成で、直接的には見宝塔品と連絡する。本章の内容は、滅後の経の受持とその弘通が中心テーマであるが、なかに摩訶波闍波提比丘尼を首とする比丘尼衆の受記が説かれ、また後半の偈頌では、弘経者に対する迫害の具体的内容が説かれており、注目に値する。本章の分科は、左図のとおりだが、一章を大きく、受持段と勧持段とに二分する。今、先に挙げた部分は受持段の全文である。

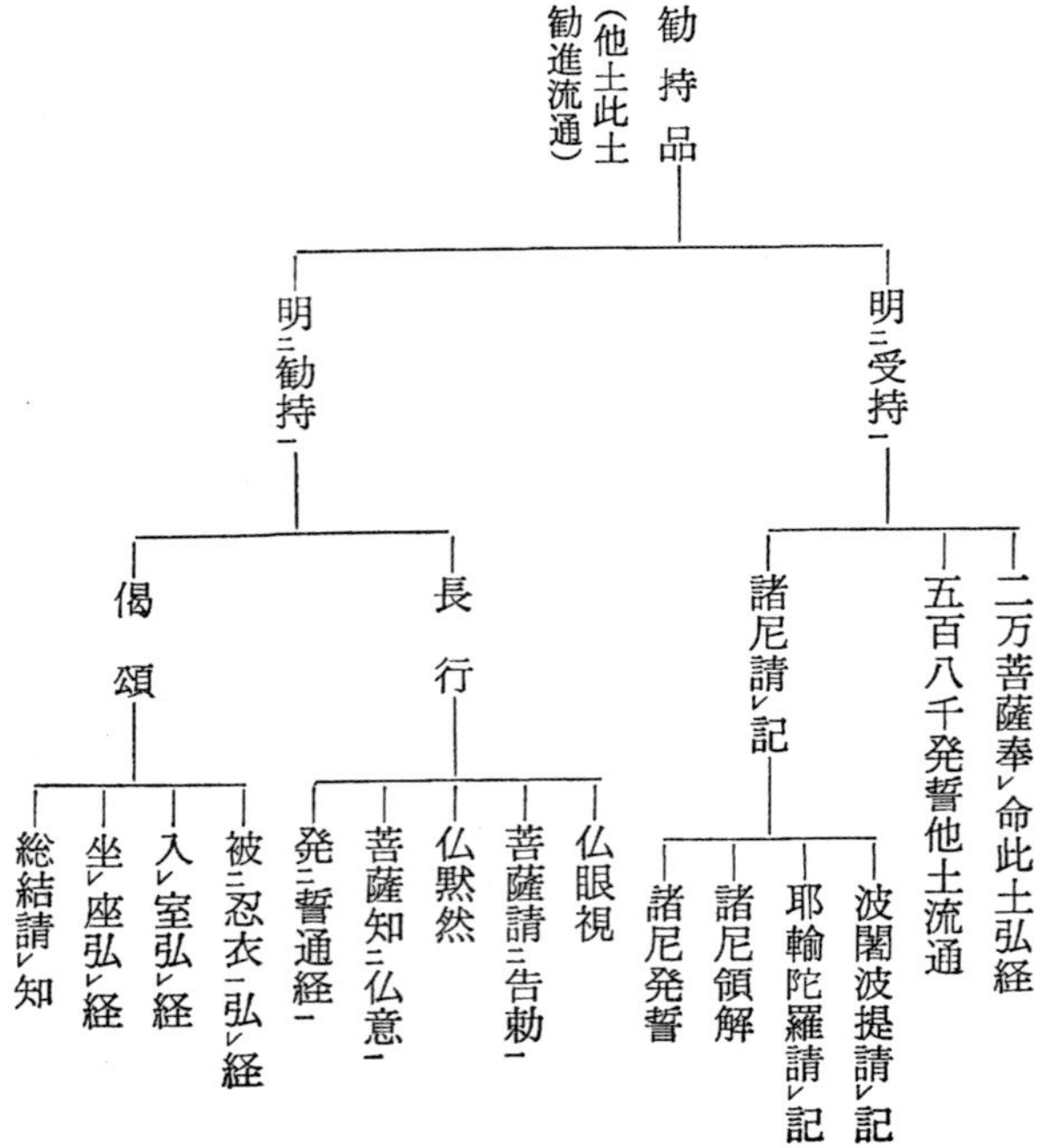

爾時世尊。視八十萬億那由他。諸菩薩摩訶薩。是諸菩薩。皆是阿惟越致。轉不退法輪。得諸陀羅尼。即從座起。至於佛前。一心合掌。而作是念。若世尊。告勅我等。持說此經者。當如佛教。廣宣斯法。復作是念。佛今默然。不見告勅。我當云何。時諸菩薩。敬順佛意。幷欲自滿本願。便於佛前。作師子吼。而發誓言。世尊。我等於如來滅後。周旋往返。十方世界。能令衆生。書寫此經。受持讀誦。解說其義。如法修行。正憶念。皆是佛之威力。唯願世尊。在於他方。遙見守護。

爾《そ》の時に世尊、八十万億那由他《なゆた》の諸《もろもろ》の菩薩摩訶薩《まかさつ》を視《み》そなわす。是《こ》の諸《もろもろ》の菩薩は、皆、是《こ》れ阿惟越致《あゆいおっち》にして、不退の法輪を転じ、諸《もろもろ》の陀羅尼《だらに》を得たり。即ち座より起《た》って、仏前に至り、一心に合掌して、是《こ》の念を作《な》さく、「若《も》し世尊、我等《われら》に此《こ》の経を持説せよと告勅《ごうちょく》したまわば、当《まさ》に仏の教《おおせ》の如く、広く斯《こ》の法を宣《の》ぶべし」と。復《また》、是《こ》の念を作《な》さく、「仏、今、黙然《もくねん》として告勅《ごうちょく》せられず。我、当《まさ》に云何《いかん》がすべき」と。時に諸《もろもろ》の菩薩、仏意《ぶつい》に敬順《きょうじゅん》し、并《なら》びに自《みずか》ら本願を満《まん》ぜんと欲して、便《すなわ》ち仏前に於いて、師子吼《ししく》を作《な》して誓言を発《おこ》さく、「世尊よ、我等、如来の滅後に於いて、十方世界に周旋往返して、能く衆生をして此の経を書写し、受持し、読誦し、其《そ》の義を解説《げせつ》し、法の如く修行し、正憶念《しょうおくねん》せしめん。皆是《こ》れ仏の威力《いりき》ならん。唯《ただ》願わくは、世尊よ、他方に在《まし》ますとも遙《はる》かに守護せられよ」と。

〔訳〕その時に、世尊は、八十万億ナユタという数の大菩薩たちをじっとみつめられた。この菩薩たちは、（仏道修行において）もはや退くことのない位にあるものたちで、後もどりすることのない教えの輪を廻し、多くのダーラニーを得ていた。彼らは、即座に座から起って、仏の前に至り、一心に合掌して、このように思った。

「もし、世尊が、私たちに、この経をたもち説け、と命ぜられたならば、仏の仰せのとおり、広くこの教えの法を宣説しよう」と。

また、次のようにも考えた。

「仏は、今、じっと黙してお命じにならない。一体どうしたらよかろうか」と。

そのとき、菩薩たちは、仏のみ心を敬い、それに従って、また、みずからがそのもともとの誓願を満たそうと思って、そこで、仏の前で獅子吼《しく》して、その誓いのことばを発した。

「世尊よ、私たちは如来の入滅の後に、十方の世界をめぐりめぐって、衆生たちがこの経を書写し、受けて忘れず、読誦し、その意義を解説し、その教えのとおりに修行し、正しくいつも思いおこすことができるようにさせましょう。（それは）すべて、仏の威光の力によるものでありましょう。どうか、世尊よ、（たとい）他方（の国土）にいられましても、はるかに私たちをお守り下さいますように」と。


《八十万億那由他》「億」も「那由他」も数の単位。経論間で異同があるが、『倶舎論』によれば、「億」は「倶胝（koṭi）」の訳語で、一千万のこと。「那由多（nayuta）」は一千億のことである。それ故、八十万×一千万×一千億＝8×10^{23}という数になる。第六章授記品の語注「三百万億那由他」を参照（上巻、三六七－八頁）。

《阿惟越致》 avaivartika（又は avinivartaniya）の音写。不退転と訳す。修行道において、後退することのない位にある者をいう。梵本では、bodhisattvānām avaivartika-dharmacakra pravartakānāṃ（不退

転の法輪を転ずる菩薩たち）とのみあり（p. 260 *l*. 9）、菩薩が不退転であるとはいっていない。《**陀羅尼**》dhāraṇi の音写。「総持」と訳す。不可思議な効験を有する呪文、あるいは教法を記憶して忘失しないすぐれた記憶力の意味。《**正憶念**》「憶念」は、記憶すること、思いつづけること、あるいは、思い出す、思い浮かべる、の意。ここでは前者の意。

本段は、八十万億ナユタの大菩薩たちが如来滅後に法華経の弘通を誓う段である。分科からいうと（六六〇頁）、本章を大きく二分するうちの後半、「勧持を明かす」段の、長行部分に相当する。なお、分科で前半を「受持を明かす」段とし、後半を「勧持を明かす」段とするのは、前半では、二万の菩薩、五百の阿羅漢、八千の学・無学、諸比丘尼の四類の人々は自ら仏前で経の受持を誓ったのに対し、後半の八十万億ナユタの菩薩たちは、仏の沈黙の勧めによって、その仏意を領解して経の受持を誓ったので、この仏の勧めについて「勧持を明かす」としたのである。

持経と迫害

本章勧持品は、如来の滅後における法華経の受持と弘通の誓いがそのテーマである。仏は、第十章の法師品以来、如来滅後の法華経弘通について説かれてきたが、ことに見宝塔品においては、「誰か能く此の娑婆世界に於いて、広く妙法華経を説かん。今、正しく是れ時なり。如来久しからずして当に涅槃に入るべし。仏、此の妙法華経を以て付嘱して在ること有らしめんと欲す」といい、また「我が滅度の後に、誰か能く此の経を護持し、読誦せん。今、仏前に於いて、自ら誓言を説け」と述べられ、さらに再度「我が滅後に於いて、誰か能く此の経を受持し読誦せん。今、仏前に於いて、自ら誓言を説け」と、如来滅後における法華経弘通の人を三度にわたって募られた（三箇《さんが》の告勅《ごうちょく》）。今の、この勧持品は、直接的にこの仏のことばに繋がるもので、仏の唱募にこたえて仏弟子たちが自らの持経弘通の誓いのことばを述べる章である。

まず最初に、薬王菩薩、大楽説《だいぎょうせつ》菩薩の二人の大菩薩が、二万人の仲間とともに、仏のみ前で、如来の滅後の悪世において、身命を惜しむことなく、この法華経を受持し、読誦し、書写し、人に説くことを誓うのである。次には、それに続いて五百人の阿羅漢たちが、また続いて八千人の、学成った者、いまだ学修中の者たちが経の弘通を誓う。ただし、これらの人たちは、この娑婆世界以外の他の国土における弘通を誓う。なぜなら、この娑婆世界には悪多く、人々は心が不実で思い高ぶり、その心根がひね曲っていて、教化するのに困難で手に余るからである。そして次には仏陀の叔母であり養母である摩訶波闍波提《まかはじゃはだい》と、仏陀が太子時代に娶った妃の耶輸陀羅《やしゅだら》、この二人の比丘尼をはじめとする六千人の比丘尼たちである。この摩訶波闍波提と耶輸陀羅の二人は、阿難のとりなしによって初めてその出家を許され、仏道修行を続けてきたが、この本章にいたるまでの間に上根《じょうこん》の舎利弗をはじめ、下根《げこん》の富楼那《ふるな》や憍陳如《きょうじんにょ》たちが次々に仏から未来成仏の予言を授けられたのに、この二人をはじめとする比丘尼衆にはいまだ仏から何のおことばもなかった。ところが、ここに至ってやっと仏から成仏の予言を授かり、この上ない歓びを覚えて、他方国土において法華経を弘通することを誓うのである。

そして、最後に不退転の位にある八十万億ナユタの大菩薩たち、この大菩薩たちは如来滅後の悪世にあっても、娑婆世界であろうと、どこの世界であろうとも、十方世界をいきつもどりつしてあらゆる所でこの法華経を弘め、人々に書写させ、受持させ、読誦させて、心につねに思いおこさせよう、と誓いのことばを述べたのである。

以上の五種類の人々が、仏の唱募に応えて如来の滅後における持経と弘通を誓った人々である。持経とは、経を記憶し、心にとどめて忘れないことで、これは持経者その人自身のことであるが、弘通となると、これは人に理解させ、受けとめさせ、信じさせるという、他人に対する働きかけである。これはなかなかに困難なことである。人はそれぞれに異なった価値観を持ち、また抜き難い先入見を持っている。それに自らの誤りを認めることにも急ではない。誰の目にも明らかな客観的事実でさえも、それが受け入れられるのに長い年月がかかったりすることが往々にしてある。まして法華経の教説は、当時にあってはこれまでとは全く異なる新思想であった。生まれかわり死にかわりして、三祇百劫という気の遠くなるような長時の菩薩修行を経て、やっと仏となることができるとされていたものが、法華経の一句、一偈でも唱えれば誰でも仏になることができる、あるいは、方便品の偈頌にいうように、童子が戯れに砂を集めて仏塔をつくる、誰かが一たびでも「南無仏」と唱える、これだけでも仏になることができると説いたならば、従来の教えを信奉する人から見れば、これはもう仏教ではなく外道の教えであるといったとしても不思議ではない。当時の世には到底受け入れられない教えであっただろう。それ故、経は自らの教えを秘説と呼び、世に受け入れられがたい教えと言っているのである。このような教えを世に弘めようとする時、世の人々から罵られ、謗られ、迫害を受けることは容易に想像できる。先の法師品に、「此の経は、如来の現在すら、猶怨嫉多し。況や滅度の後をや」と説いているのはその意味である。

さて、それでは法華経弘通者が受ける迫害とは、一体、どのような迫害であろうか。それを具体的に説いたのが、後出の二十からなる偈頌である。経には、未来の仏滅後の悪世における迫害として説かれているが、現実には法華経を奉持する新興の法華経集団が、実際に遭遇した受難を記したものと考えてよいであろう。

天台六祖の妙楽湛然は、この迫害を迫害者について、三種類に分けている（『法華文句記』巻八）。その第一は俗衆増上慢。すなわち、出家修行者ではなく、在家の人々で思い高ぶっている人々のことである。経によれば、これらの人々は、正法の弘通者に対し、悪口雑言、罵詈《ばり》讒謗《ざんぼう》し、杖で打ち、刀を振うという。第二は道門増上慢。道門とは出家のことで、出家の修行者で思い高ぶっている人々をいう。これらの人々は、よこしまな智慧を有し、その心根が曲っていて、いまださとりを得ていないのにこれを得たと思いこみ、思い上がりのはなはだしい者たちである。第三は僣聖増上慢《せんしょうぞうじょうまん》。「僣聖」とは、実際には聖者でもないのに、その分を越えて聖者のまねをする、という意味で、聖者顔をした、おごり高ぶっている出家者をいう。経ではこのようにいう。彼らは、人里離れた静かな場所に住み、ぼろをつづった衣を着て、みずからは真実の修行をなしていると思いこんで、他人を軽蔑する。これらの人々は、悪心を懐き、心の中では常に世俗の事を思いながら聖者顔をし、そのために世の人々からは生き仏であるかのように敬まわれている、と。

以上が三種類の迫害者で、これらの人々が法華経弘通者をそしり、悪口し、辱しめ、危害を加え、僧院から追放せしめるのである。迫害者の、その非難の弁は、法華経信奉者たちは、勝手に経典を作って世に広め、外道の論に等しいものを説いて世人をたぶらかしている。それは、「自分たちは仏になる」という邪見の教えである、というものである。法華経信奉者たちに対して出家の修行者が右のような迫害を加えるのは、その原因は、一にかかってその法華経の内容そのものにある。経が自ら「秘密蔵」「秘説」と呼んでいるのは、まだ世に容れられず、しかもその内容がこれまでの出家の修行者ばかりでなく、俗人をも驚かすほどの内容であったからである。その内容とは、経の説く一仏乗の教えであることはいうまでもない。法華経以前に説かれた多くの教えは、経を説くための教化の手だてとしての教え、方便、であり、法華経こそがすべての人を仏と同じさとりに導く教えである、と、このように説いたならば、従来の出家者は、驚き、怒り、法華経を外道の論として排斥したであろうことは想像に難くない。これが迫害の原因である。経は、このようにして加えられる迫害に対し、その身命を措しむことなく、忍辱《にんにく》の鎧を著けて忍び、法を求むる者がいたならば、どこへでも行って法を説くと、その決意を述べている。

わが国の日蓮は、法華経を弘めて佐渡流罪という迫害を受け、この自身の体験を通じてこの勧持品の二十行の偈をことに重視し、「今、日蓮は末法に生《うまれ》て妙法蓮華経の五字を弘《ひろめ》てかかるせめにあへり。仏滅度後二千二百余年が間、恐《おそらく》は天台智者大師も一切世間多怨難信の経文をば行じ給はず。数数見擯出の明文は但日蓮一人也」(『種種御振舞御書』)と述べて、経文を身をもって読んだことを記している。そして堪然の挙げた経の三種類の人々を「三類の強敵《こうてき》」と呼んで、「当世法華の三類の強敵なくば、誰か仏説を信受せん。日蓮なくば誰をか法華経の行者として仏語をたすけん」(『開目抄』)といって、自ら法華経の行者としての自覚を強めていったのである。

卽時諸菩薩。俱同發聲。而說偈言

唯願不爲慮　於佛滅度後　恐怖惡世中　我等當廣說
有諸無智人　惡口罵詈等　及加刀杖者　我等皆當忍
惡世中比丘　邪智心諂曲　未得謂爲得　我慢心充滿
或有阿練若　納衣在空閑　自謂行眞道　輕賤人間者
貪著利養故　與白衣說法　爲世所恭敬　如六通羅漢
是人懷惡心　常念世俗事　假名阿練若　好出我等過
而作如是言　此諸比丘等　爲貪利養故　說外道論議
自作此經典　誑惑世間人　爲求名聞故　分別於(1)是經
常在大衆中　欲毀我等故　向國王大臣　婆羅門居士
及餘比丘衆　誹謗說我惡　謂是邪見人　說外道論議
我等敬佛故　悉忍是諸惡　爲斯所輕言　汝等皆是佛
如此輕慢言　皆當忍受之　濁劫惡世中　多有諸恐怖
惡鬼入其身　罵詈毀辱我　我等敬信佛　當著忍辱鎧
爲說是經故　忍此諸難事　我不愛身命　但惜無上道
我等於來世　護持佛所囑　世尊自當知　濁世惡比丘
不知佛方便　隨宜所說法　惡口而顰蹙　數數見擯出
遠離於塔寺　如是等衆惡　念佛告勅故　皆當忍是事
諸聚落城邑　其有求法者　我皆到其所　說佛所囑法

我是世尊使　處衆無所畏　我當善說法　願佛安隱(2)住
我於世尊前　諸來十方佛　發如是誓言　佛自知我心

妙法蓮華經卷第四

(1)於＝說　(2)隱＝穩

即時に諸《もろもろ》の菩薩、倶《とも》に同じく声を発して、偈《げ》を説いて言さく、
「唯《ただ》願わくは慮《うらおも》いしたもう為《べ》からず　仏の滅度の後の　恐怖《くふ》悪世《あくせ》の中に於いて　我等当《まさ》に広く説くべし。
諸《もろもろ》の無智の人の　悪口罵詈等《あっくめりとう》し　及び刀杖《とうじょう》を加うる者有らん　我等、皆、当《まさ》に忍ぶべし。
悪世の中の比丘《びく》は　邪智にして心諂曲《てんごく》に　未だ得ざるを為《こ》れ得たりと謂《おも》い　我慢《がまん》の心充満せん。
或《あるい》は阿練若《あれんにゃ》に　納衣《のうえ》にして空閑《くうげん》に在《あ》って　自《みずか》ら真《しん》の道《どう》を行《ぎょう》ずと謂《おも》いて　人間を軽賤《きょうせん》する者有らん。
利養に貪著《とんじゃく》するが故に　白衣《びゃくえ》の与《ため》に法を説いて　世に恭敬《くぎょう》せらるることを為《う》ること　六通の羅漢《らかん》の如くならん。
是《こ》の人、悪心を懐《いだ》き　常に世俗の事《じ》を念《おも》い　名を阿練若《あれんにゃ》に仮《か》って　好んで我等が過《とが》を出《いだ》さん。
而《しか》も是《かく》の如き言《ことば》を作さん　『此の諸《もろもろ》の比丘等は　利養を貪《むさぼ》るを為《も》っての故に　外道の論議を説く。
自《みずか》ら此《こ》の経典を作って　世間の人を誑惑《おうわく》す　名聞《みょうもん》を求むるを為《も》っての故に　是《こ》の経を分別せり』と。常に大衆の中に在《あ》って　我等を毀《そし》らんと欲するが故に　国王・大臣　婆羅門・居士及び余の比丘衆《びくしゅ》に向かって　誹謗《ひぼう》して我が悪を説いて　『是《こ》れ邪見の人　外道の論議を説く』と謂《い》わん　我等、仏を敬うが故に　悉く是《こ》の諸悪を忍ばん。
斯《こ》れに軽《かろ》しめられて　『汝等《なんだち》は、皆、是《こ》れ仏なり』と言われん　此《かく》の如き軽慢《きょうまん》の言《ことば》を　皆、当《まさ》に忍んで

之《これ》を受くべし。

濁劫《じょくこう》悪世の中には　多く諸《もろもろ》の恐怖《くふ》有らん　悪鬼、其《そ》の身に入りて　我を罵詈毀辱《めりきにく》せん。

我等、仏を敬信《きょうしん》して　当《まさ》に忍辱《にんにく》の鎧《よろい》を著《き》るべし　是《こ》の経を説かんが為の故に　此《こ》の諸《もろもろ》の難事を忍ばん。

我、身命《しんみょう》を愛せず　但《ただ》、無上道を惜《お》しむ　我等、来世に於いて　仏の所嘱《しょぞく》を護持せん。

世尊は自《みずか》ら当《まさ》に知《しろ》しめすべし　濁世の悪比丘は　仏の方便　随宜《ずいぎ》所説の法を知らずして
悪口《あっく》して顰蹙《ひんじゅく》し　数数《しばしば》擯出《ひんずい》せられ　塔寺を遠離《おんり》せん　是《か》の如き等《ら》の衆悪をも　仏の告勅《ごうちょく》を念《おも》うが故に
皆、当《まさ》に是《こ》の事《じ》を忍ぶべし。

諸《もろもろ》の聚落城邑《じゅらくじょうおう》に　其《そ》れ法を求むる者有らば　我、皆、其の所に到って　仏の所嘱の法を説かん。

我は是《こ》れ世尊の使《つかい》なり　衆に処するに畏《おそ》るる所無し　我、当《まさ》に善く法を説くべし　願わくは、仏よ、安《あん》隠《のん》に住したまえ。

我、世尊の前《みまえ》　諸《もろもろ》の来りたまえる十方の仏に於いて　是《か》の如き誓言《せいごん》を発《おこ》す　仏よ、自《みずか》ら我が心を知《しろ》しめせ。」

妙法蓮華経巻第四

〔訳〕そこで、多くの菩薩たちは、すぐさま異口同音に、次のような詩頌を唱えていった。

「どうか、世尊よ、憂慮されませんように。仏の入滅された後の　恐れにみちた悪しき世に　私どもは（この経典を）広く説きましょう。(2)

多くの智慧なき人々が　悪口雑言し、そしり、罵り　刀や杖で危害を加えることでしょうが

私たちは、すべてそれを耐え忍びましょう。(3)

悪しき世の比丘たちは　よこしまな智慧をもち、その心はおもねり、へつらい　まだ得ていないものを得たと思いこんで　慢心で一杯でしょう。(4)

あるいはまた、人里程近い林の中で　襤褸《ぼろ》をつなぎあわせた衣をまとい、静かな場所にいて自分では真実の道を修行しているのだと思いこんで　人を軽んじ賤しめるでしょう。(5)

利得を貪り、執着する故　在家の人々に法を説き　それで世の人々に恭しく敬まわれることあたかも六神通を得た阿羅漢のごとくでありましょう。(6)

これらの人々は悪心を懐きつつ　心にいつも世俗の事を思い　静かな修行に適した場所に居てそれをかくれ蓑《みの》にして、好んで私たちの過失をあげつらうでしょう。(7)

すなわち、このように言うでしょう。『これらの比丘たちは　利得を貪っているから　外道（仏教外の教え）の論議を説くのだ。(8)

自分たちでこの経典を作り上げて　世間の人をたぶらかしている。　世の名声を求めんがためにこの経についてあれこれ考えるのだ』と。(9)

常に大勢の人々の中で　私たちをそしろうと思い　国王や大臣に　バラモンや在家の人々にさらには他の比丘たちに向かって(10)

誹謗して私たちの悪を説いて　『この者たちは邪まな見解をもつ者たちである　外道の教えを説いているのだ』と言うでしょう。　私どもは、仏を敬う故に　ことごとくこれらの悪を耐え忍びましょう。(11)

彼らに軽蔑されて　『おまえたちは、みな仏（になるの）だな』と言われようとも　そのような高慢軽蔑のことばも　みな忍んで受けましょう。(12)

濁った時代の悪しき世にあっては　多くさまざまな恐れがあるでしょう。　悪鬼がその人々の身中に入って　私たちを罵り、そしり、辱しめるでしょう。(13)

私どもは仏を敬い信じて　必ずや忍耐の鎧を身につけましょう　この経典を説くために　それら多くの難事を耐え忍びましょう。(14)

私たちは身体生命を愛するのではありません　ただ、この上ない（仏）道を惜しむのです　私たちは、未来の世において　仏の委嘱されたものを護り持《たも》ちます。(15)

世尊は、ご自身、御存知でありましょう。濁った世の悪しき比丘たちは　仏の教化の手段として　おのおのにふさわしいように説かれた教えの法を知らずに、(16)

悪口《あくこう》し、眉をひそめて　（そのために私たちは）しばしば追放されて　塔廟から遠ざけられるでしょう。そのような多くの悪をも　仏の命令を心に思って　みな、このようなことを耐え忍びましょう。(17)・(18)

多くの村々や城市に　教えの法を求めるものがいるならば　私たちは、みなその場所に行って仏から委嘱された法を説きましょう。(19)

私どもは、世尊の使いです　人々を前にしても何ら畏れることもありません　私たちは立派に法を説くでしょう　どうか、仏よ、安らかに身をおかれますように。(20)

私どもは、世尊のみ前　多くの来集された十方の仏たちのみ前で　以上のような誓いのことば

を発したのです。仏よ、御自身で、私どもの心を知ろしめし下さい。」(21)

《**諂曲**》他に対しておもねり、へつらって、自己の心を曲げること。《**阿練若**》araṇya の音写。阿蘭若とも写す。原義は「森林」の意であるが、転じて修行者の修行に適した、人里に遠すぎず、近すぎない程度の閑静な場所をいう。空閑処と訳す。《**納衣**》ぼろをつづって作った粗末な衣。出家の修行者が十二頭陀《ずだ》行の一つとしてこれを着用した。《**白衣**》在家の人のことを指す。インドでは、修行者が色のある衣を着るのに対し、在家の人は白衣を着用していた。《**六通羅漢**》六神通を得た阿羅漢のこと。「六神通」は、修行を完成して聖者となった阿羅漢のみが得られる六種の超人的能力をいう。第三章譬喩品の語注「神通」を参照（上巻、二二四頁）。《**濁劫悪世**》けがれに満ちた時代の悪しき世。第二章方便品の語注「五濁」から「命濁」まで（上巻、一四八－九頁）を参照。《**方便随宜所説**》教えを受けるものの能力に応じて、それぞれにふさわしいように説かれた教えのこと。梵本では saṃdhābhāṣya（密意のこめられたことば）という（p. 273 *l.* 14）。なお、方便品、譬喩品、薬草喩品の語注参照（上巻、一一〇、一九五－六、三三七頁）。《**擯出**》排斥し、追い出すこと。狭義には修行者が戒律に違反した場合の処罰規定の一種をいい、一定期間、僧団を追放する。

以上の二十の偈頌を「勧持品二十行の偈」という。如来滅後の悪世における法華経弘通にともなう種々の迫害が未来のこととして説かれ、それらの迫害に、身命を惜しまず、忍辱の鎧を著けて耐える決意を述べている。

妙*法蓮華經卷第五

*後秦龜茲國三藏法師
鳩摩羅什奉　詔譯

安*樂行品第十四

爾時文殊師利法王子。菩薩摩訶薩。白佛言。世尊。是諸菩薩。甚爲難有。敬順佛故。發大誓願。於後惡世。護持讀[1]說。是法華經。世尊。菩薩摩訶薩。於後惡世。云何能說是經。佛告文殊師利。若菩薩摩訶薩。於後惡世。欲說是經。當安住四法。一者安住菩薩行處。及[2]親近處。能爲衆生。演說是經。文殊師利。云何名菩薩摩訶薩行處。若菩薩摩訶薩。住忍辱地。柔和善順。而不卒暴。心亦不驚。又復於法。無所行。而觀諸法如實相。亦不行不分別。是名菩薩摩訶薩行處。云何名菩薩摩訶薩。親近處。菩薩摩訶薩。不親近。國王王子。大臣官長。不親近。諸外道。梵志。尼揵子等。及造世俗文筆。讃詠外書。及路伽耶陀。逆路伽耶陀者。亦不親近。諸有兇戲。相扠。相撲。及那羅等。種種變現之戲。又不親近旃陀羅。及畜猪羊鷄狗。畋獵漁捕。諸惡律儀。如是人等。或時來者。則爲說法。無所悕望。又不親近。求聲聞。比丘。比丘尼。優婆塞。優婆夷。亦不問訊。若於房中。若經行處。若在講堂中。不共住止。或時來者。隨宜說法。無所悕求。文殊師利。又菩薩摩訶薩。不應於女人身。取能生欲想相。而爲説法。亦不樂見。若入他家。不與小女。處女寡女等共語。亦復不近。五種不男之人。以爲親厚。不獨入他家。若有因縁。須獨入時。但一心念佛。若爲女人説法。不露齒笑。不現胸(3)臆。乃至爲法。猶不親厚。況復餘事。不樂畜年少弟子。沙彌小兒。亦不樂與同師。常好坐禪。在於閑處。修攝其心。文殊師利。是名初親近處。

復次菩薩摩訶薩。觀一切法空。如實相。不顚倒。不動。不退。不轉。如虚空。無所有性。一切語言道斷。不生。不出。不起。無名。無相。實無所有。無量。無邊。無礙。無障。但以因縁有。從顚倒生。故説常樂。觀如是法相。是名菩薩摩訶薩。第二親近處。

(1)讀＝讀誦　(2)及＝春日本、宋・元・明三本になし。　(3)胸＝胷

爾《そ》の時に、文殊師利《もんじゅしり》法王子《ほうおうじ》菩薩摩訶薩、仏に白《もう》して言《もう》さく、「世尊よ、是《こ》の諸《もろもろ》の菩薩は、甚だ為《こ》れ有り難《がた》し。仏に敬順《きょうじゅん》したてまつるが故に、大誓願を発《おこ》す。『後の悪世に於いて、是《こ》の法華経を護持し、読み、説かん』と。世尊よ、菩薩摩訶薩は、後の悪世に於いて、云何《いかに》してか能《よ》く是《こ》の経を説かん」と。

仏、文殊師利に告げたまわく、「若し菩薩摩訶薩、後の悪世に於いて、是の経を説かんと欲《ほっ》せば、当《まさ》に四法に安住すべし。一には菩薩の行処及び親近処《しんごんしょ》に安住して、能《よ》く衆生の為に是《こ》の経を演説すべし。文殊師利よ、云《い》何《か》なるをか菩薩摩訶薩の行処《ぎょうしょ》と名づくる。若し菩薩摩訶薩、忍辱《にんにく》の地に住し、柔和善順にして、卒暴《そつぼう》ならず。心、亦《また》、驚かず。又復、法に於いて行ずる所無くして、諸法如実の相を観じ、亦、行ぜず、分別せず。是《こ》れを菩薩摩訶薩の行処と名づく。云何《いか》なるをか菩薩摩訶薩の親近処と名づくる。菩薩摩訶薩は、国王、王子、大臣、官長に親近せざれ。諸《もろもろ》の外道《げどう》、梵志《ぼんし》、尼揵子《にけんし》等、及び世俗の文筆《もんぴつ》、讃詠《さんよう》の外書《げしょ》を造ると、及び路伽耶陀《ろかやだ》、逆路《ぎゃくろ》伽耶陀《かやだ》の者とに親近せざれ。亦《また》、諸有《あらゆる》兇戯《くけ》、相扠《そうしゃ》、相撲《そうぼく》と、及び那羅《なら》等の種種の変現の戯《たわむれ》とに親近せざれ。又、

旃陀羅《せんだら》と、及び猪《ちょ》・羊・鶏《けい》・狗《く》を畜《やしな》い、畋猟《でんりょう》・漁捕《ごぶ》する諸の悪律儀とに親近せざれ。是《かく》の如き人等《ひとら》、或時《あるとき》に来らば、則ち為《ため》に法を説いて悕望《けもう》する所無かれ。又、声聞を求むる比丘、比丘尼、優婆塞《うばそく》、優婆夷《うばい》に親近せざれ。亦《また》、問訊《もんじん》せざれ。若しは房中に於いても、若しは経行《きょうぎょう》の処、若しは講堂の中に在っても、共に住止せざれ。或《ある》時《とき》に来らば、宜しきに随って法を説いて悕求《けぐ》する所無かれ。文殊師利よ、又、菩薩摩訶薩は、応《まさ》に女人の身《み》に於いて、能く欲想を生ずる相を取って、為《ため》に法を説くべからず。亦《また》、見んと楽《ねが》わざれ。若し他の家に入らんには、小女《しょうにょ》、処女《しょにょ》、寡女《けにょ》等と共に語らざれ。亦復《またまた》、五種不男《ふなん》の人に近《ちかづ》きて、以《もっ》て親厚を為《な》さざれ。独り他の家に入らざれ。若し因縁有って、独り入ることを須《もち》いん時には、但、一心に仏を念ぜよ。若し女人の為に法を説かんには、歯を露《あらわ》にして笑《え》まざれ。胸臆《きょうおく》を現わさざれ。乃至、法の為にも、猶、親厚せざれ。況《いわん》や復《また》余の事をや。楽《ねが》いて年少の弟子、沙弥《しゃみ》、小児を畜《たくわ》えざれ。亦《また》、与《とも》に師を同じうすることを楽《ねが》わざれ。常に坐禅を好んで、閑《しず》かなる処に在って、其の心を修摂《しゅしょう》せよ。文殊師利よ、是《こ》れを初《はじめ》の親近処《しんごんしょ》と名づく。復次《また》に、菩薩摩訶薩は、一切の法を観ずるに、空なり、如実相なり。顚倒《てんどう》せず、動ぜず、退せず、転《てん》ぜず。虚空の如くにして所有の性《しょう》無し。一切の語言《ごごん》の道断《どうた》え、生ぜず、出《しゅっ》せず、起せず、名《な》無く、相《そう》無く、実に所有《しょう》無し。無量・無辺・無礙《むげ》・無障なり。但《ただ》、因縁を以て有るのみ。顚倒《てんどう》に従《よ》って生ず。故《かるがゆえ》に説く、『常に楽《ねが》って、是《かく》の如き法相《ほっそう》を観ぜよ』と。是れを菩薩摩訶薩の第二の親近処と名づく。

〔訳〕その時、文殊師利法王子菩薩大士は、次のように仏に申し上げた。

「世尊よ、これらの菩薩たちは、まことに奇特な者たちであります。仏を敬い、そのことばに順う故、大誓願をたてたのです。『(仏の入滅の) 後の悪しき世において、この法華経を護り保持し、読み、説こう』と。世尊よ、菩薩大士は、後の悪しき世において、どのようにしてこの経を説けばよいのでしようか」と。

仏は文殊師利に告げられた。

「もし、菩薩大士が、後の悪しき世において、この経を説こうとするならば、四つの（行）法の中に自身をしっかりと置くべきである。第一には、菩薩の行ないと、その近づくべき範囲と（いう行法）に自身をしっかりと置いて、衆生のためにこの経をのべ説くべきである。文殊師利よ、どのようなものを菩薩大士の行ないと名づけるのであろうか。（それはこうである。）もし、菩薩大士が、忍耐という地にとどまり、おだやかで柔順で、乱暴でなく、心も、またものに驚くことがない。また、なにものにも執着せず、あらゆる存在のありのままのすがたを観察して、またそれにとらわれることなく、みだりな分別を下さない。これを菩薩大士の行ないと名づけるのである。どのようなものを菩薩大士の近づくべき範囲と名づけるのか。（それはこうである。）菩薩大士は、国王や王子、大臣、役人たちに親しみ近づいてはならない。さまざまな異教徒たち、バラモン、ニルグランタ教徒（ジャイナ教徒）、それに世俗の詩文、詩歌などの仏教以外の書を著わす者、ローカーヤタ派や逆ローカーヤタ派の者たちに親しみ近づいてはならない。また、あらゆる悪い遊びの、拳闘、相撲、それに俳優などの、さまざまな娯楽をなす者に親しみ近づいてはならない。また、畜殺業などを生業とする底辺の者たち、豚・羊・鶏・犬などを飼育し、狩猟や漁労などして好ましからざる生業を営む者たちに親しみ近づいてはならない。そのような人たちが、たまたまやって来たならば、彼らのために法を説く（ことはよい）が、（しかし彼らに何かを）所望することがないようにせよ。また、声聞（の教え）を求める比丘・比丘尼・在家の信男・信女たちに親しみ近づいてはならない。また問いたずねてもいけない。

あるいは部屋の中でも、あるいは往き来する場所でも、あるいは講堂の中にいたとしても、一緒にいてはならない。(彼らが)たまたまやって来たならば、その場その場に応じて法を説いて(もよいが、何ものも)望み求めてはならない。文殊師利よ、また、菩薩大士は、女性の身体に対して欲望の想いを懐いて、それで法を説いてはならないし、また、(女性を)見ようと願ってはならない。もし、他の人の家に入る場合には、少女、処女、寡婦などと語らってはならない。また、五種類の男性の性的不具者に近づいて、ねんごろになってはならない。一人で他人の家に入ってはならない。もし、訳あって、一人で入る必要のある時には、ただ一心に仏を念じよ。もし、女性に対して法を説く場合には、歯並を出して笑わないようにせよ。心中を表に現わしてはならない。乃至、たとい法のためであっても、それでもなお(女性と)懇意にしてはならない。ましてや他のことであればなおさらのことである。年少の弟子や沙弥《しゃみ》、小児を望んで養育してはならない。また、同じ師につくことを願ってはならない。つねに坐禅を好んで、修行に適した閑静な場所で、その心をおさめよ。

文殊師利よ、以上を第一の近づくべき範囲と名づけるのだ。

また次に、菩薩大士は、あらゆる存在を観察する場合に(以下のように観察するのである。すなわち)、「空」である、あるがままのすがたである、さかさになっていない、動じない、退かない、転がらない。虚空のようであって、固有の本性は存在しない。あらゆる言語表現の手段は絶え、生ずることなく、(あらわれ)出ることはなく、生起することもない。名称なく、形態もなく、実にその実体もない。無量にして無辺、さまたげなく、さわりもない。ただ、原因と条件とによって存在するだけであり、倒錯によって生ずるのである。それ故に、(私は)説くのだ。『常にこのような存在のすがたを観察せよ』と。これを菩薩大士の第二の交わりの範囲と名づけるのだ」と。

《安楽行》それを実践することによって、安楽を得ることができる修行のこと。梵本では、本章の章名は sukhavihāra（安楽な生活）という。**《文殊師利法王子菩薩摩訶薩》**法の王子（原語は kumāra-bhūta）である偉大な文殊師利菩薩、という名。「法王子」は、仏の法の後継者の意である。**《是諸菩薩、甚為難有》**「是諸菩薩」とは、前章勧持品で、仏滅後の悪世に仏の勅命をうけて、法華経の弘通を誓った菩薩たちを指す。悪世における経の弘通を誓ったそれらの菩薩たちは、その存在が非常にまれである、という意。**《四法》**四安楽行のこと。身・口・意・誓願の四種における修行で、以下順次、経中で説かれる。**《行処・親近処》**「行処」の原語は ācāra で、行動、ふるまい、の意。「親近処」は gocara で原語の意味は、行動、交際の範囲・領域の意。中国仏教の注釈家は種々の解釈を下すが、吉蔵『法華義疏』では、「行処」とは、修行者が真理に入って、その真理を実践すること、「親近処」とは、まだ真理には到達しなくても、それに親しみ近づくこと、と解す（巻十）。しかし、経の原意は、もっと具体的に、弘通の菩薩のとるべき行動と、その行動、交際の範囲という意味である。**《於法無所行》**ここでいう「法」は、現象界におけるあらゆる事物のことで、それらにとらわれたり、執着したりしない、という意。智顗は、空と仮との二辺を離れて中諦に安んじることと解し（『文句』巻八下）、吉蔵は、空に入って、一切の生死涅槃等の法を行じないこと、と解す（『法華義疏』巻十）。また、基は、行とは分別・執着の義で、一切法において「人法二空」と観じ、分別・執着して「有」とみないことである、と解す（『玄賛』巻九之本）。**《諸法如実相》**現象界のあらゆる存在の、あるがままの真実のすがた、という意。梵本では dharmāṇāṃ svalakṣaṇāṃ（法の自相）という（p. 275. *l*. 10）。**《亦不行不分別》**頂妙寺本は、「亦、不分別を行ぜず」と訓んでいる。これは、天台智顗の解釈に拠った訓みである。すなわち、智顗は、先の「於法無所行」と「観諸法如実相」との二句を、「空」「有」の二辺にとらわれず、中道に住することと解したので、今のこの句の「不分別」を、空有の二辺を分別しないこと、すなわち、中道と理解した。そしてまた、この中道にもとらわれないという意味で、不分別（＝中道）を行ぜず、と読んだのである（『文句』巻八下）。吉蔵は、ここをそれぞれ真俗二諦、生法二空、真・俗・中道の三諦、境智の四つの観点から解釈しているが、いずれの場合も「亦不行不分別」の句を「亦不行」と「不分別」とに分けて解釈している（『法華義疏』巻十）。基は、先の「於法無所行」を人法二空を見ること、「観諸法如実相」を諸法の如来蔵性の有を見ることと解し、今の、この句の「不行」を先の人法二空の「空」に滞ることを払い、「不分別」を先の実相の「有」を払うこと、と解して、「不行」と「不分別」とに分ける解釈を示す。以上のように注釈家は色々に解釈を下す。今、ここでは、梵本との対照から考えて、岩波本と同様に「亦、行ぜず、分別せず」と訓むが、経の原意は、もっと簡単に（あらゆるものに）とらわれることなく、みだりな分別を下さない、という意であろうと理解した。**《梵志》**バラモンのこと。原語は brāhmaṇa. また、バラモンの四住期のうち、学生期にあるものをいう。この場合の原語は brahmacārin. ただし、この語は梵本にはない。**《尼揵子》**Nirgrantha の音写。ニルグランタ教徒のこと。六師外道の一人 Nigganṭha Nātaputta の創始したジャイナ教をいう。梵本では、Caraka（苦行者）、Parivrājaka（遊行者）、Ājīvaka（アージーヴァカ教徒）、Nirgrantha（ニルグランタ教徒）、の四種の異教徒をあげている（p. 276, *ll.* 2-3）。**《文筆》**韻文と散文。すなわち、詩や文学書のこと。**《讃詠》**讃歌と歌詠のこと。**《路伽耶陀》**Lokāyata の音写。順世外道と漢訳する。古代インドにおける唯物論に立脚した思想を有する一派で、釈尊当時に輩出した六十二見といわれる自由思想の一つ。**《逆路伽耶陀》**左順世外道といわれるが、詳細は不明。世間の人情、慣習にさからう教えを立てる者という意で、極端な快楽主義を標榜したものではないかと推測されている。

《諸有兕戯》 あらゆる悪い遊び、の意。「諸有」は、およそあらゆる、という意味の複合語。「兕」は、悪い、という意。

《相扠》 拳闘のこと。

《相撲》 レスリング、すもうの類。前項の相扠とともに、見世物として大道で見物人を集めて行なうもの。

《那羅》 naṭa の音写語。俳優、伎芸者のこと。中国注釈家はいずれも、身体に紋様を描くボディ・ペインティングのことと解している（智顗『文句』巻八下、吉蔵『義疏』巻十、基『玄賛』巻九之本）が、はっきりしない。

《旃陀羅》 caṇḍāla の音写。古代インドのカースト制度で、カースト外におかれた最下層の賤民。多く狩猟、漁労、畜殺などの職業に従事した。

《悪律儀》 善律儀の対で、不律儀ともいう。「律儀（saṃvara）」は、本来、身心を抑制、制御することで、仏教では悪を抑制する戒律のことをいう。「悪律儀」とは、畜殺、狩猟などの好ましからざる行為を生業として恒常的に行なうこと、またその行為のことを意味する。『涅槃経』（四十巻本）では、利益のために ㈠羊を飼育して売ること、㈡それを買って畜殺すること、㈢猪豚を飼育して売ること、㈣それを買って畜殺すること、㈤牛を飼育して売ること、㈥それを買って畜殺すること、㈦鶏を飼育して売ること、㈧それを買って屠ること、㈨釣魚、㈩狩猟、(十一)強奪、(十二)魁膾（獣魚肉を捌き、料理すること）、(十三)網で鳥を捕ること、(十四)両舌、(十五)獄卒、(十六)呪龍（蛇使いのことか）、の十六種を挙げている（巻二七、師子吼品）。

《経行処》 「経行」は、坐禅などの修行の疲れをいやすために、一定の場所を静かに歩きまわること（caṅkramya）で、「経行処（caṅkrama）」は、その場所のこと。

《五種不男》 男性の五種類の性的不具者のこと。

《胸臆》 「胸」も「臆」も同義で、むね、あるいは心中、胸中、思い、の意。ここでは後者の意にとる。

《常好坐禅……修摂其心》 梵本の『南条・ケルン』本のみは、na ca pratisaṃlāpaguruko bhavati na ca abhīkṣṇaṃ pratisaṃlapanaṃ sevate／（ひきこもって暮してはならず、また、常に独居して瞑想に浸っていてはならない）〈p. 277. *ll.* 9-10〉とあって、文意が正反対である。他の梵本、チベット訳は『妙法華』に同じ。わが国の聖徳太子は、山林に住して常に坐禅を行なっていては、経の弘通は不可能であるとして、「常好坐禅」は、親近してはならないものの範疇に入れるべきである、という独自の見解を示す（『法華義疏』第四）。《従顚倒生、故説常楽》この一文は中国で古来から二様の解釈が行なわれてきた。すなわち、「故説常楽」の句について、「常楽」で切って、「故に常楽と説く」とするよみ方と、「常楽」を下の句に続けて、「故に常に楽って……を観ぜよ、と説く」とするよみ方である。前者の場合では、「常楽」は、「説」という動詞の目的語となり、後者の場合では、「常に楽《ねが》って」という後の句の「観」という動詞にかかる副詞に解される。吉蔵の『義疏』には、この両様の解釈が挙げられており、吉蔵は前者の解釈を採るが、後者を採る例として「有人」と光宅の解釈が紹介されている（巻十）。智顗『文句』、及び基の『玄賛』は後者の解釈を採っている。いまは、梵本に「常」「楽」の語に相当するものがなく、evaṃ hi mañjuśrībodhisattvo mahāsattvo' bhīkṣṇaṃ sarvadharmān vyavalokayan viharati/（マンジュシュリーよ、菩薩大士は、つねに、このように一切諸法を観察しつつ暮らすのだ）〈p. 278, *ll.* 3-4〉とあって、「常に（abhīkṣṇaṃ）」という副詞があることから考えて、二つの解釈のうち後者の解釈の方がより原意に近いという判断を下し、その解釈に従った。岩波本は、前者の解釈を採る。

本段から安楽行品に入る。前章の勧持品で、薬王、大楽説の二菩薩を首とする二万の菩薩たちから、八十万億那由他の菩薩たちにいたるまでが、仏滅後における持経弘通を誓った。本章では、その持経弘通の誓いをうけて、後の悪世におけるこの娑婆世界で、いかにして経を説き弘めるか、ということ、すなわち、弘経の心得を説き明かすのである。その心得として説かれるのが四安楽行である。天台の解釈では、これを身・口・意・誓願の四種とする。今、挙げた本段は、第一の身安楽行を説く長行部分である。身安楽行は菩薩の行処（行ない、振舞）と親近処（交わりの範囲）とが説かれ、行処とは忍辱《にんにく》の地に住して、諸法如実の相を観ずることであるという。親近処については、まず最初に菩薩が近づいてはならない人々を列挙し、次に親近すべきものとして、㈠静所で坐禅を修して心をおさめること、㈡一切法の空を観察すること、の二つを挙げている。

本章の分科を略出しておくと、次のようになる。

- 安楽行品
  - 問
    - 難二前品深行一
    - 問二浅行弘経一
  - 答
    - 標二四行章門一
    - 解二釈修行之方法一
      - 身安楽行
        - 長行
          - 標二行処一
          - 釈二行処一
            - 釈二行処一
            - 釈二近処一
              - 即レ遠論レ近
              - 即レ近論レ近
              - 即二非遠非近一論レ近
        - 偈頌
          - 頌二標章一
          - 頌二釈行近一
            - 頌二事遠近一
            - 頌二非遠非近一
          - 明二行成一
            - 標
            - 釈
            - 結
      - 口安楽行
      - 意安楽行
      - 誓願安楽行
    - 総明二行成之相一

爾時世尊。欲重宣此義。而說偈言

若有菩薩　於後惡世　無怖畏心　欲說是[1]經　應入行處　及親近處
常離國王　及國王子　大臣官長　兇險戲者　及旃陀羅　外道梵志
亦不親近　增上慢人　貪著小乘　三藏學者　破戒比丘　名字羅漢
及比丘尼　好戲笑者　深著五欲　求現滅度　諸優婆夷　皆勿親近
若是人等　以好心來　到菩薩所　爲聞佛道　菩薩則以　無所畏心
不懷悕望　而爲說法　寡女處女　及諸不男　皆勿親近　以爲親厚
亦莫親近　屠兒魁膾　畋獵漁捕　爲利殺害　販肉自活　衒賣女色
如是之人　皆勿親近　兇險相撲　種種嬉戲　諸婬女等　盡勿親近
莫獨屏處　爲女說法　若說法時　無得戲笑　入里乞食　將一比丘
若無比丘　一心念佛　是則名爲　行處近處　以此二處　能安樂說
又復不行　上中下法　有爲無爲　實不實法　亦不分別　是男是女
不得諸法　不知不見　是則名爲　菩薩行處　一切諸法　空無所有
無有常住　亦無起滅　是名智者　所親近處　顚倒分別　諸法有無
是實非實　是生非生　在於閑處　修攝其心　安住不動　如須彌山
觀一切法　皆無所有　猶如虛空　無有堅固　不生不出　不動不退
常住一相　是名近處　若有比丘　於我滅後　入是行處　及親近處
說斯經時　無有怯弱　菩薩有時　入於靜室　以正憶念　隨義觀法
從禪定起　爲諸國王　王子臣民　婆羅門等　開化演暢　說斯經典

説法華經

其心安隱(2)　無有怯弱　文殊師利　是名菩薩　安住初法　能於後世

(1)是=此　(2)隱=穩

爾の時に、世尊、重ねて此の義を宣《の》べんと欲して、偈を説いて言《のたま》わく。

「若し菩薩有って　後の悪世に於いて　無怖畏《むふい》の心をもって　是《こ》の経を説かんと欲せば
応《まさ》に行処　及び親近処《しんごんしょ》に入るべし。　常に国王　及び国王子
大臣官長　兇険《くけん》の戯者《けしゃ》　及び旃陀羅《せんだら》　外道梵志《げどうぼんし》を離れ、
亦《また》、増上慢《ぞうじょうまん》の人　小乗の三蔵に貪著《とんじゃく》する学者　破戒の比丘　名字《みょうじ》の羅漢に親近せざれ
及び比丘尼の　戯笑《けしょう》を好む者　深く五欲に著《じゃく》して、
現《げん》の滅度を求むる　諸《もろもろ》の優婆夷《うばい》に　皆、親近《しんごん》すること勿《なか》れ。
是《か》くの若《ごと》き人等《ひとら》　好心《こうしん》を以《もっ》て来り　菩薩の所に到って　仏道を聞かんと為《せ》ば　菩薩則ち　無所畏《むしょい》の心を
以《もっ》て　悕望《けもう》を懐《いだ》かずして　為に法を説け。
寡女処女《けにょしょにょ》　及び諸《もろもろ》の不男《ふなん》に　皆、親近して　以て親厚を為《な》すこと勿《なか》れ。
亦《また》、屠児《とに》・魁膾《けえ》　畋猟《でんりょう》・漁捕《ごぶ》
利の為に殺害するに親近すること莫《なか》れ。　肉を販《う》って自活し、
女色《にょしき》を衒売《けんまい》する　是《かく》の如き人に　皆、親近すること勿《なか》れ。　兇険《くけん》の相撲《そうぼく》　種種の嬉戯《きけ》
諸《もろもろ》の婬女《いんにょ》等に　尽く親近すること勿《なか》れ。
独《ひと》り屏処にして　女《にょ》の為に法を説くこと莫《なか》れ。　若し法を説かん時には　戯笑《けしょう》することを得ること無《な》かれ。
里に入って乞食《こつじき》せんには　一《ひと》りの比丘を将《ひき》いよ。　若し比丘無くんば　一心に仏を念ぜよ。

是《こ》れ則ち名づけて　行処・近処《ごんしょ》と為す。　此の二処を以て　能く安楽に説け。
又復《またまた》、上中下の法　有為《うい》・無為《むい》　実・不実の法を行ぜざれ。
亦《また》、是《こ》れ男《なん》、是《こ》れ女《にょ》と分別せざれ。　諸法を得ず、知らず見ず。
是れ則ち名づけて　菩薩の行処と為《な》す。
一切の諸法は　空にして所有《しょう》無《な》し。　常住有ること無く　亦、起滅《きめつ》無し。　是れを智者の　所親近処と名
づく。
顚倒して　諸法は有なり、無なり　是れ実なり、非実なり　是れ生なり、非生なりと分別す。
閑《しず》かなる処に在りて　其の心を修摂し　安住して動ぜざること　須弥山《しゅみせん》の如くせよ。　一切の法を観ず
るに　皆、所有《しょう》無し。
猶、虚空の如し　堅固《けんご》なること有ること無し。　不生なり、不出なり　不動なり、不退なり　常住にし
て一相なり　是れを近処《ごんしょ》と名づく。
若し比丘有って　我が滅後に於いて　是《こ》の行処　及び親近処に入りて　斯《こ》の経を説かん時には　怯弱《こうにゃく》
有ること無けん。
菩薩、時有って　静室《じょうしつ》に入り　正憶念《しょうおくねん》を以て　義に随って法を観じ　禅定より起《た》って
諸《もろもろ》の国王　王子・臣民　婆羅門等の為に　開化《かいけ》し、演暢《えんちょう》して　斯《こ》の経典を説かば　其の心安隠《あんのん》にして
怯弱《こうにゃく》有ること無けん。
文殊師利よ、是れを菩薩の　初めの法に安住して　能く後の世に於いて　法華経を説くと名づく。」

〔訳〕その時に、世尊は、重ねて以上の意義を宣べようとして、詩頌を説いていわれた。

「もしも菩薩が　後の悪しき世において　何ものにもおそれない心で　この経を説こうと思うならば(1)
必ず、行ないと　その近づくべき範囲とを守らねばならない。常に国王と、王子と(2)
大臣や役人の長と　悪くて腹黒い、遊びをこととする者たち、及びチャンダーラや　異教徒、
バラモンの修行者たちとから離れ、(3)
また、おごり高ぶる人で　小乗の　(戒・律・論の)三蔵に執着してなずむ学者と　破戒の僧
と名のみの阿羅漢たちに親しみ近づいてはならない。(4)
それに、尼僧で　浮かれ笑いを好む者と　深く五種の感官の欲望にとらわれていたり、(5)
(それとは反対に)現身に涅槃を求めるような　さまざまな在家の信女に　すべて親しみ近づいてはならぬ。(6)
そのような人たちが　好意を懐いてやってきて　菩薩の所へ来て　仏道を聞こうとしたならば
菩薩はそこで　何ものにもおそれない心で　何の期待も懐かずに　法を説け。(7)
寡婦や処女　それにさまざまな男性の性的不具者たちに　みな親しみ近づいて　親交を結んではならない。(8)
また、畜殺業者や肉の調理人　鳥獣を狩り、魚を捕え、(9)
利益のために(それらを)殺害する者たちに親しみ近づいてはならない。肉を販売して生活をたてたり、(10)
売春業を営むものたち、そのような人々に　みな親しみ近づいてはならない。悪く腹黒い相撲

（の力士）や　種種の遊戯（をなす者たち）⑾
さまざまな娼女らに　すべて親しみ近づいてはならない。⑿
一人で閉ざされた場所で　女性に法を説いてはならない。　もし、法を説く時には、笑いを浮かべてはならない。⒀
里邑に入って食を乞う場合には、いま一人の僧をつれてゆけ。　もし、僧がいなければ、一心に仏を念じよ。⒁
以上を名づけて　行ないと近づくべき範囲というのだ。　この二つによって、安楽に（法を）説け。⒂
また、すぐれたもの、中くらいのもの、劣ったものとか　つくられたもの、生滅変化を離れているもの、真実なるもの、真実ならざるものとか（の相対差別）に、とらわれてはならない。⒃
また、この人は男であるとか、女であるとかの分別をしてはならない。　あらゆる存在は（その本質は空であるから、それを求めて）得ようとせず、知ろうとせず、見ようとするな。⒄
これを名づけて　菩薩の行ないというのだ。⒅
あらゆる一切の存在は「空」であって、実体なるものは存在しない。　常住性もなく、また生じたり、滅したりすることもない。　これを智慧ある人の　近づくべき範囲と名づけるのである。⒆
（しかし、世の人は）さかさまに思い誤って　あらゆる存在は「有」であるとか、「無」であるとか、真実であるとか、真実ならざるものであるとか、生ずるものであるとか、生じないもので

あるとか、分別するのである。(20)

静かな処に身を置き　その心をおさめて　須弥山のように安らかに住して動かないようにせよ。

あらゆる存在を観察すると、すべて実体なるものは存在しないのだ。(21)

それはあたかも虚空のようなものである。確実な存在性はない。　生ずることなく、(あらわれ)出ることもない。動ずることなく、退くこともない。常住不変で、一つのありようである。以上を近づくべき範囲と名づけるのだ。(22)

もし、修行者が、私の入滅の後に　この、行ないと　近づくべき範囲とを守って　この経を説こうとする時には、ひるんだ弱い心はないであろう。(23)

菩薩が時に　静かな室に入って　正しい思慮によって　その意義に沿って教法を観察し、　禅定から起ち上がって(24)

多くの国王や　王子、臣民　バラモンたちのために　教えを示し、宣べ説いて、この経典を説くならば　その心は安穏で　弱々しくひるむことはないであろう。(25)

文殊師利よ、以上を菩薩の　第一の(行)法に安らかにとどまって　よく後の世において法華経を説く、と名づけるのだ。」(梵本に闕)

《亦不親近、増上慢人、貪著小乗、三蔵学者、破戒比丘、名字羅漢》頂妙寺本の訓みは、「不親近」という動詞の目的語を「三蔵学者」までかけているが、梵本との対応（p. 279. *ll.* 3—4.）から考えて、「名字羅漢」までかけて読む。これは、岩波本の訓みと同じである。また「貪著小乗、三蔵学者」を、頂妙寺本は天台の『文句』の解釈に従って、「小乗に貪著する三蔵の学者」と訓んでいるが、やはり梵本と対照して（梵本では「律とアーガマになずみ」とある。p. 279. *l*. 3）、「貪著」の動詞の目的語として「三蔵」までかけて読んだ。これも岩波本の訓みと同じ。**《深著五欲、求現滅度、諸優婆夷》**頂妙寺本の訓みは、「深く五欲に著して現の滅度を求むる　諸の優婆夷」で、五欲に著するのと、現の滅度を求むるのと同一人のような訓みになっているが、文意の上から考えても、両者は正反対のあり方であるから、梵本と同じように二様のことと解し、「五欲に著して」を「五欲に著すると」と改めて訓んだ。**《屠児魁膾》**「屠児」は、音殺業者のこと。「魁」はスープをすくうひしゃく、「膾」は、なます（肉料理）のこと。両語で肉料理の調理人のことか。**《上中下法》**吉蔵はこの上中下の法を、声聞乗、縁覚乗、菩薩乗の三乗と解し、あるいは、人天乗、二乗、大乗と解して（『義疏』巻十）、いずれも「法」を教法の意ととっている。しかし、ここは、先の長行部分（「又復法に於いて行ずる所無くして、諸法如実の相を観じ、亦不分別を行ぜざる」）と対照して、「法」を一切諸法という場合の「法」（すなわち、現象界の事物、もの）と解するべきであろう。次の「有為無為、実不実法」についても同じ。

以上は、先の長行部分に対応する偈頌で、内容も、ほぼ長行部分と同様である。以上で四安楽行のうちの第一、身安楽行を説き終り、次に第二の口安楽行に入る。

又文殊師利。如來滅後。於末法中。欲説是經。應住安樂行。若口宣説。若讀經時。不樂説人。及經典過。亦不輕慢。諸餘法師。不説他人。好惡長短。於聲聞人。亦不稱名。説其過惡。

亦不稱名。讚歎其美。又亦不生。怨嫌之心。善修如是。安樂心故。諸有聽者。不逆其意。有所難問。不以小乘法答。但以大乘。而爲解說。令得一切種智。爾時世尊。欲重宣此義。而說偈言

菩薩常樂　安隱(1)說法　於清淨地　而施床(2)座　以油塗身　澡浴塵穢
著新淨衣　內外俱淨　安處法座　隨問爲說　若有比丘　及比丘尼
諸優婆塞　及優婆夷　國王王子　群臣士民　以微妙義　和顏爲說
若有難問　隨義而答　因緣譬喩　敷演分別　以是方便　皆使發心
漸漸增益　入於佛道　除嬾惰意　及懈怠想　離諸憂惱　慈心說法
晝夜常說　無上道教　以諸因緣　無量譬喩　開示衆生　咸令歡喜
衣服臥具　飲食醫藥　而於其中　無所悕望　但一心念　說法因緣
願成佛道　令衆亦爾　是則大利　安樂供養　我滅度後　若有比丘
能演說斯　妙法華經　心無嫉恚　諸惱障礙　亦無憂愁　及罵詈者
又無怖畏　加刀杖等　亦無擯出　安住忍故　智者如是　善修其心
能住安樂　如我上說　其人功德　千萬億劫　算數譬喩　說不能盡

(1)隱＝穩　(2)床＝牀

又、「文殊師利よ、如来の滅後に、末法の中に於いて、是《こ》の経を説かんと欲《ほっ》せば、応《まさ》に安楽行に住すべし。若しは口に宣説し、若しは経を読まん時、楽《ねが》って人及び経典の過《とが》を説かざれ。亦、諸余《しょよ》の法師《ほっし》を軽慢《きょうまん》せざれ。他人の好悪《こうお》長短を説かざれ。声聞の人に於いて、亦、名を称して其《そ》の過悪を説かざれ。亦、名を称して其の美《よ》き

を讃歎《さんだん》せざれ。又亦、怨嫌《おんけん》の心を生ぜざれ。善《よ》く是《かく》の如き安楽の心を修するが故に、諸《もろもろ》の聴くこと有らん者の、其の意《こころ》に逆《さから》わじ。難問する所有らば、小乗の法を以て答えざれ。但、大乗を以て、為《ため》に解説《げせつ》して、一切種智を得せしめよ。」

爾《そ》の時に、世尊、重ねて此の義を宣《の》べんと欲《ほっ》して、偈《げ》を説いて言《のたま》わく、

「菩薩は常に楽《ねが》って　安隠《あんのん》に法を説け。　清浄の地に於いて　床座《しょうざ》を施し
油を以て身に塗り　塵穢《じんね》を澡浴《そうよく》し、　新浄の衣を著《き》、　内外《ないげ》倶《とも》に浄くして
法座に安処《あんじょ》して　問《とい》に随って為に説け。　若し比丘　及び比丘尼
諸《もろもろ》の優婆塞《うばそく》　及び優婆夷《うばい》　国王・王子　群臣・士民有らば　微妙《みみょう》の義を以て　和顔《わげん》にして為に説け。
若し難問すること有らば、義に随って答えよ。　因縁・譬喩をもって　敷演《ふえん》し分別せよ。　是の方便を以
て　皆発心《ほっしん》せしめ　漸漸に増益《ぞうやく》して　仏道に入らしめよ。
嬾惰《らんだ》の意　及び懈怠《けだい》の想《おもい》を除き、　諸《もろもろ》の憂悩《うのう》を離れて　慈心をもって法を説け。
昼夜に常に　無上道の教《おしえ》を説け。　諸の因縁　無量の譬喩を以て　衆生に開示して　咸《ことごと》く歓喜せしめよ。
衣服《えぶく》・臥具《がぐ》　飲食《おんじき》・医薬　而《しか》も其の中に於いて　悕望《けもう》する所無かれ。
但、一心に説法の因縁もて　仏道を成じて　衆をして亦、爾《しか》ならしめんと願うは　是《こ》れ則ち大利　安
楽の供養なりと念ぜよ。
我が滅度の後に　若し比丘有って　能く斯《こ》の　妙法華経を演説せば　心に嫉恚《しっち》　諸悩障礙《しょうげ》無く
亦、憂愁《うしゅう》　及び罵詈《めり》する者無く　又、怖畏《ふい》し　刀杖《とうじょう》を加えらるる等無く　亦、擯出《ひんずい》せらるること無け
ん　忍《にん》に安住するが故に。
智者は是《かく》の如く　善《よ》く其の心を修せば　能く安楽に住すること　我が上《かみ》に説くが如くならん。　其の人

の功徳は　千万億劫に　算数譬喩《さんじゅひゆ》をもって　説くとも尽くすこと能わじ。」

〔訳〕又、「文殊師利よ、如来の入滅の後に、末法の時代にあって、この経を説こうとするならば、必ず安楽な行ない（安楽行）に身を置くべきである。経を口に宣べ説いたり、あるいは読もうとする時には、（他の）人々や（他の）経典の過失を説こうとしてはならない。また、他の法師たちを軽んじてあなどってはいけない。他人のよしあし、長所・短所をいってはならない。声聞の人たちを、その名前を挙げて、あやまちを言いたててはならない。（その逆に）また、その名前を挙げて、美点をほめたたえてもいけない。また、うらみ嫌う心をおこしてはいけない。以上のような、安楽な心をよく修めていればこそ、（教えを）聴く者たちの、その意に逆らわないであろう。疑い問うものがいたなら、小乗の教説によって答えてはならない。ただ大乗（の教え）のみによって解説し、あらゆるものを知りつくす仏の智慧を得さしめよ。」

その時に、世尊は、重ねて以上の意義を宣《の》べようとして、詩頌を説いていわれた。

「菩薩は常に好んで　安らかに（教えの）法を説け。　清らかな地に　座席をしつらえ、(26)

油を身に塗り　塵やよごれを洗いおとし　新しくきれいな衣を着け　（身体の）内外《うちそと》ともに清浄で

説法の座に安らかに坐って、質問に応じて説法せよ。　もし、比丘や　比丘尼たち、(27)〜(29)

在家の信男、それに信女たち、　国王や王子、　群臣や役人たちがいたならば　奥深い意義によってなごやかな顔で説け。(30)

もしも疑って質問されることがあったなら、（その質問の）意義に応じて答えよ。いわれと譬えとによって　広く演《の》べ、ことわけせよ。　この手だてによって　みな発心させ、　次第に利益を増してゆき　仏道に入れさせよ。(31)

なまけ心や　おこたりの想いを捨て、　多くの憂い悩みを離れて　いつくしみの心をもって法を説け。(32)

昼夜を分たず、つねに　この上ない仏道の教えを説け。　さまざまないわれと　はかりしれないほどの譬喩とによって　衆生に開き示して　ことごとく歓喜させよ。(33)

衣服や寝具　飲食物や医薬品、それらを所望してはならない。(34)

ただ一心に　説法のいわれとして、以下のことを念じよ。　仏道を完成しようと願い　人々にもまたそうならせようと願うことは、それは（人々にとって）大きな利益であり　安楽な供養である、と。(35)

私の入滅後に　もし比丘がいて　この妙法華経を演説することができるならば　心に嫉妬や怒り　さまざまな悩みや障害がなく、(36)

また、憂愁や　悪口雑言するものもなく　また怖れることもなく　刀や杖を加えられるようなこともなく　また追放されることもないであろう。それは、心をよく忍耐にとどめているからである。(37)

智慧ある者は、以上のようにして　よくその心を修めるならば　安楽の境地にとどまることができること　私がこれまで説いてきたとおりであろう。　その人の功徳は　千万億劫という長時

にわたって　計算や譬喩によって　説こうとしても説き尽くすことはできぬであろう。」(38)

《於末法中》「末法」は、仏の教法が漸次衰微してゆく時代区分の一つ。一般に正・像・末の三時として、「正法」「像法」の次に置かれるが本経では第三章譬喩品や第八章五百弟子受記品などに「正法」「像法」は一緒に説かれるものの、「末法」は本章と第十七章分別功徳品に単独で説かれるのみである（第三章譬喩品の語注参照。上巻、二一〇頁）。「末法」は、『雑阿含経』『大乗同性経』『蓮華面経』『大集経』月蔵分などにも説かれており、これらの経典は末法思想形成に大きく与かった。梵本では、この箇処は、saddharmavipralope vartamane（正法が毀壊する時に）〈p. 282. *l.* 10〉とある。**《法師》**原語は dharmabhāṇaka. 第十章法師品参照（上巻、五三三―五頁）。**《有所難問》**（説法を）疑って質問することがあれば、の意。「難問」は、疑って問う、あるいは、責めて問う、という意味で、むつかしい質問をする、という意味ではない。**《一切種智》**あらゆるものを、それぞれ個別的に知る智慧。梵本では buddhajñāna（仏智）という〈p. 283. *l.* 4〉。**《嬾惰》**おこたり、なまけること。**《但一心念、……安楽供養》**この六句の偈文について、頂妙寺本は「但一心に　説法の因縁を念じ　仏道を成じて　衆をして亦爾《しか》ならしめんと願うべし　是れ則ち大利　安楽の供養なり」と訓んで、最初の句中の「念」という動詞の目的語として第二句の「説法因縁」にかけている。岩波本は第四句目の「令衆亦爾」までかけて、「但一心に　説法の因縁をもって　願わくは……爾ならしめん、とのみ念え。これ則ち大利ある　安楽の供養なり」と訓んでおり、自らが仏道を成ずるとともに、他をもさとらせるよう心に念ずること、それが大利ある安楽の供養である、と解している。しかし、今は、梵本との対応から「念」を最後の「安楽供養」までかけて訓み、訳文のように理解する。梵本では、cinteya sadhā（常に考えつづけよ）の動詞 √cint の目的語は最後までかかっている〈p. 284. *ll.* 9–10〉。

本段は、四安楽行のうちの第二、口安楽行を説いた段である。口安楽行は、末法の世における法華経説法の際の、説法者の態度について説いたもので、他の人々を批判したり非難せずに聴問者の意にさからわぬように法を説けというものである。本段の分科を示すと（六八四頁も参照）、次のようである。

口安楽行
- 長行
  - 標章
  - 釈二行法一
    - 止行
      - 不レ説レ過
      - 不二軽慢一
      - 不二歎毀一
      - 不二怨嫌一
    - 観行
- 偈頌
  - 頌二標章一
  - 頌二行法一
    - 頌二止行一
      - 頌レ不二軽慢一
      - 頌レ不二歎毀一
      - 頌レ不二説過一
      - 頌レ不二怨嫌一
    - 頌二観行一
  - 明二行成一
    - 標二行成一
    - 明二内無レ過
    - 明三内有二善法一
    - 格二量功徳一

又文殊師利。菩薩摩訶薩。於後末世。法欲滅時。受持讀誦。斯經典者。無懷嫉妬。謟(1)誑之心。亦勿輕罵。學佛道者。求其長短。若比丘。比丘尼。優婆塞。優婆夷。求聲聞者。求辟支佛者。求菩薩道者。無得惱之。令其疑悔。語其人言。汝等去道甚遠。終不能得。一切種智。所以者何。汝是放逸之人。於道懈怠故。又亦不應。戲論諸法。有所諍競。當於一切衆生。起大悲想。於諸如來。起慈父想。於諸菩薩。起大師想。於十方諸大菩薩。常應深心。恭敬禮拜。於一切衆生。平等説法。以順法故。不多不少。乃至深愛法者。亦不爲多説。

文殊師利。是菩薩摩訶薩。於後末世。法欲滅時。有成就。是第三安樂行者。説是法時。無能惱亂。得好同學。共讀誦是經。亦得大衆。而來聽受。聽已能持。持已能誦。誦已能説。説已能書。若使人書。供養經卷。恭敬尊重讃歎。爾時世尊。欲重宣此義。而説偈言

若欲説是經　當捨嫉恚慢　謟(2)誑邪僞心　常修質直行
不輕蔑於人　亦不戲論法　不令他疑悔　云汝不得佛
是佛子説法　常柔和能忍　慈悲於一切　不生懈怠心
十方大菩薩　愍衆故行道　應生恭敬心　是則我大師
於諸佛世尊　生無上父想　破於憍慢心　説法無障礙
第三法如是　智者應守護　一心安樂行　無量衆所敬

（1）（2）＝諂

又、「文殊師利よ、菩薩摩訶薩《まかさつ》にして、後の末世の、法滅せんと欲せん時に於いて、斯《こ》の経典を受持し、読誦せん者は、嫉妬《しっと》・謟誑《てんのう》の心を懐くこと無かれ。亦《また》、仏道を学する者を軽罵《きょうめ》し、其《そ》の長短を求むること勿《なか》れ。若《も》し比丘・比丘尼・優婆塞《うばそく》・優婆夷《うばい》の、声聞を求むる者、辟支仏《びゃくしぶつ》を求むる者、菩薩道を求むる者、之《これ》を悩まし、

其《そ》れをして疑悔《ぎけ》せしめて、其《そ》の人に語って、『汝等《なんだち》は、道《どう》を去ること甚だ遠し、終《つい》に一切種智を得ること能わざらん。所以《ゆえ》は何《いか》ん。汝は是《こ》れ放逸《ほういつ》の人なり。道《どう》に於いて懈怠《けだい》なるが故に』と言うこと得ること無かれ。又亦、諸法を戯論《けろん》して諍競《じょうきょう》する所有るべからず。当《まさ》に一切衆生に於いて、大悲の想《おもい》を起《おこ》し、諸《もろもろ》の如来に於いて慈父の想《おもい》を起《おこ》し、諸《もろもろ》の菩薩に於いて大師の想《おもい》を起《おこ》すべし。十方の諸《もろもろ》の大菩薩を常に応《まさ》に深心《じんしん》に恭敬礼拝《くぎょうらいはい》すべし。一切衆生に於いて、平等に法を説け。法に順ずるを以ての故に、多くもせず少なくもせず、乃至、深く法を愛せん者にも、亦、為《ため》に多く説かざれ。

文殊師利よ、是《こ》の菩薩摩訶薩、後の末世の、法滅せんと欲せん時に於いて、是の第三の安楽行を成就すること有らん者は、是の法を説かん時、能く悩乱するもの無けん。好《よ》き同学の、共に是の経を読誦するを得、亦、大衆の而《しか》も来って聴受し、聴き已《おわ》って能く持《たも》ち、持ち已《おわ》って能く誦《じゅ》し、誦し已《おわ》って能く説き、説き已《おわ》って能く書き、若しは人をしても書かしめ、経巻を供養し、恭敬《くぎょう》・尊重《そんじゅう》・讃歎《さんだん》するを得ん。」

爾《そ》の時に世尊、重ねて此の義を宣《の》べんと欲《ほっ》して、偈を説いて言《のたま》わく、

「若《も》し是の経を説かんと欲せば　当《まさ》に嫉《しっ》・恚《ち》・慢《まん》　諂誑《てんのう》・邪偽の心を捨てて　常に質直《しちじき》の行《ぎょう》を修すべし。
人を軽蔑《きょうべつ》せず　亦、法を戯論《けろん》せざれ　他をして疑悔《ぎけ》せしめて　『汝は仏を得じ』と云わざれ。
是《こ》の仏子、法を説かんには　常に柔和《にゅうわ》にして能く忍び　一切を慈悲して　懈怠《けだい》の心を生ぜざれ。
十方の大菩薩　衆を愍《あわれ》むが故に道《どう》を行《ぎょう》ずるに　応《まさ》に恭敬《くぎょう》の心を生ずべし　『是れ則ち我が大師なり』と。
諸仏世尊に於いて　無上の父の想《おもい》を生じ　憍慢《きょうまん》の心を破して　法を説くに障礙《しょうげ》無からしめよ。
第三の法、是《かく》の如し　智者、応《まさ》に守護すべし　一心に安楽に行ぜば　無量の衆に敬《うやま》われん。」

〔訳〕又、「文殊師利よ、偉大な菩薩で、後の末世の、教えの法が滅びようとする時にあって、この経

典を受けたもち、読誦しようとする者は、嫉妬やへつらい、いつわりの心を懐いてはならない。また、仏道を学修する者を軽んじ罵り、その長所と短所を云々してはならない。もし比丘、比丘尼、信男、信女の人々の、（それぞれ）声聞を志す者、辟支仏を志す者、菩薩の道を志す者、これらの人々を困惑させ、彼らに疑いと後悔を生じさせ、（さらに）彼らに次のように言う、というようなことをしてはならない。すなわち、『あなたたちは甚だしく（真実の）道から遠ざかっており、決してすべてを知る仏の智慧を得ることができないであろう。それはなぜか。あなた方は心が放恣であり、仏道においておこたりなまけているからである』と。また、教法について無益な議論をもてあそび、論争してはならない。あらゆる衆生たちに対しては大いなる愍《あわ》れみの心をおこし、如来たちに対しては慈父の想いを懐き、そして菩薩たちに対しては偉大な師の想いをおこすべきである。十方の偉大な菩薩たちを常に心の奥底から恭しく敬い、礼拝すべきである。あらゆる衆生たちに対して、平等に法を説け。教えに忠実なればこそ、（教えを）多からず少なからず、過不足なく（説き）、つまるところ教えの法を深く愛する者のためにも、多く説くことがあってはならない。

文殊師利よ、この偉大な菩薩が、後の末世の、法が滅びようとする時にあって、この第三の安楽な行ないを完成するならば、この法を説こうとする時、何ものも（彼を）悩乱させることはできないであろう。よく同じく学習する仲間と、共にこの経を読誦することができるであろう。また、大勢の人々が、やってきて（説法を）聴聞し、聴きおえて記憶して心にとどめ、記憶しおわって口に誦し、誦した後に説き、説いた後に（自ら）書写し、また人にも書写させ、経巻に対して供養をなし、恭しく敬い、尊重し、讃歎することができるであろう。」

その時、世尊は、以上の意義を重ねて宣べようとして、詩頌を説いていわれた。

「もしも、この経を説こうとするならば　嫉妬、いかり、慢心と　へつらい、いつわり、よこしまな偽悪の心を捨てて　つねに正直な行ないを修めなくてはならぬ。(39)

人を軽蔑せず　また、教法について無益な議論をしてはならない。　他人に疑いと後悔の念をおこさせて『あなたは仏を得られないだろう』と言ってはならない。(40)

この仏の子が法を説く場合には　つねに柔和な心で耐え忍び　一切のものに慈悲をかけ、なまけおこたる心を生じないようにせよ。(41)

十方の偉大な菩薩で、人々を愍《あわ》れんで仏の道を実践するものに対しては　必ずや敬いの心をおこすべきである。『この人は、私の偉大な師である』と。(42)

諸仏世尊に対しては、この上ない父であるとの想いをおこし　おごりたかぶりの心を破って、法を説くのにさまたげがないようにせよ。(43)

第三の実践法は以上のとおりである。智慧あるものは、必ずそれを守るべきである。　一心に安楽に行なうならば　はかりしれないほどの人々に敬われることであろう。」(44)

《諂誑》他人にへつらい、あざむくこと。「諂」は、へつらい。「誑」は、あざむく、いつわること。**《大悲》**大いなるあわれみの心。「悲」は、人に同情共感し、思いやりをかけること。**《戯論諸法》**教えの法について、あれこれと無益で有害な議論をなすこと。ここでの「諸法」は、教法の意味。

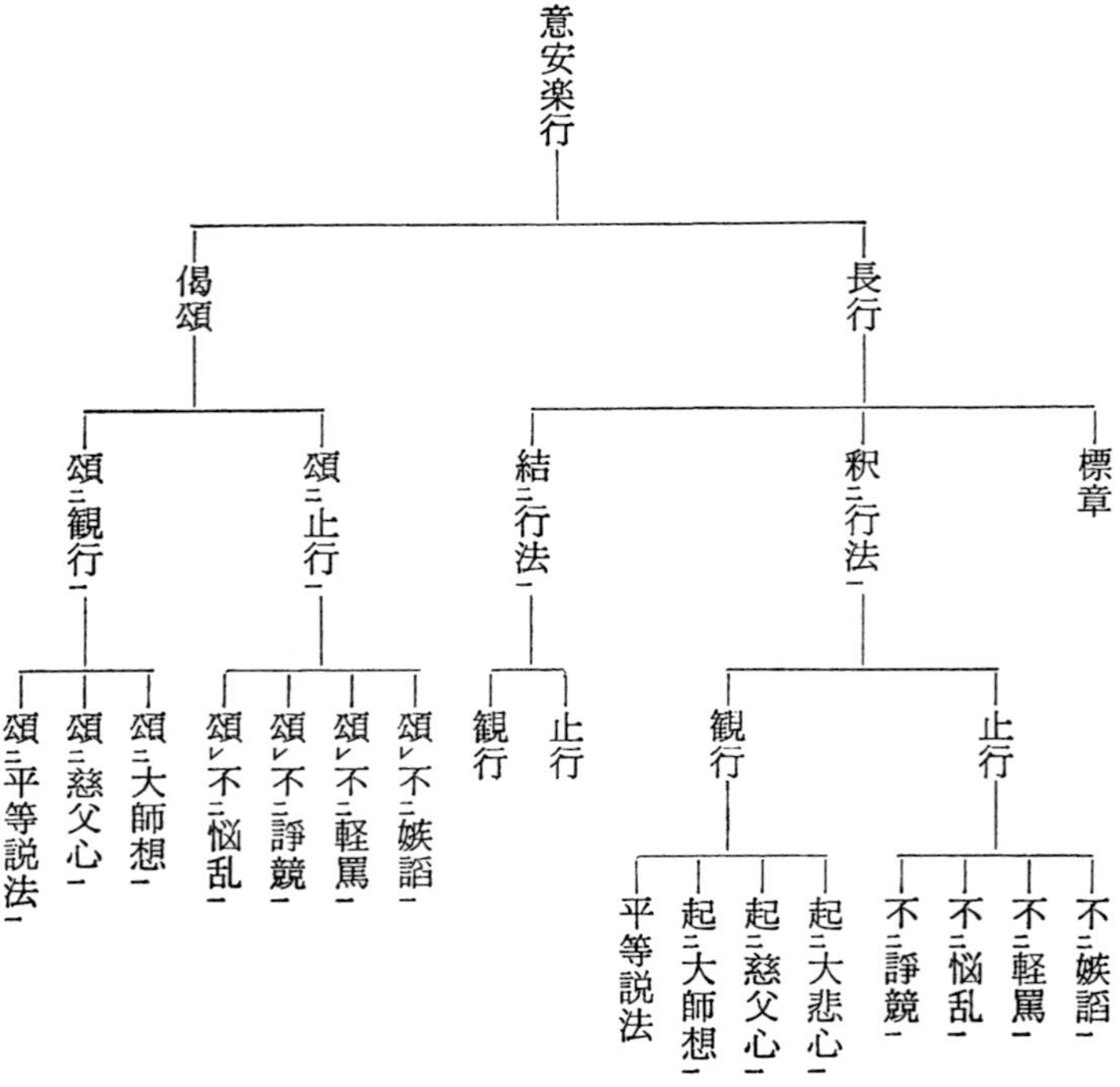
意安楽行
偈頌
長行
頌二観行一
頌二止行一
結二行法一
釈二行法一
標章
頌二平等説法一
頌二慈父心一
頌二大師想一
頌レ不二悩乱一
頌レ不二諍競一
頌レ不二軽罵一
頌レ不二嫉諂一
観行
止行
観行
止行
平等説法
起二大師想一
起二慈父心一
起二大悲心一
不二諍競一
不二悩乱一
不二軽罵一
不二嫉諂一

本段は、四安楽行のうちの第三、意安楽行を説く段である。説法者は、嫉妬やへつらい、偽り、軽慢、諍競などの心をおこさずに、人々に対してはあわれみ思いやりの心をかけ、仏に対しては慈父の想いを、菩薩に対しては大師の想いを懐けと説いて、説法者の心のもち方を説いているので意安楽行という。本段の分科を図示すると前頁のようである。

又文殊師利。菩薩摩訶薩。於後末世。法欲滅時。有持(1)是(2)法華經者。於在家出家人中。生大慈心。於非菩薩人中。生大悲心。應作是念。如是之人。則爲大失。如來方便。隨宜說法。不聞不知不覺。不問不信不解。其人雖不問。不信不解是經。我得阿耨多羅三藐三菩提時。隨在何地。以神通力。智慧力。引之令得。住是法中。文殊師利。是菩薩摩訶薩。於如來滅後。有成就。此第四法者。說是法時。無有過失。常爲比丘。比丘尼。優婆塞。優婆夷。國王。王子。大臣人民。婆羅門居士等。供養恭敬。尊重讚歎。虚空諸天。爲聽法故。亦常隨侍。若在聚落城邑。空閑林中。有人來欲難問者。諸天晝夜。常爲法故。而衞護之。能令聽者。皆得歡喜。所以者何。此經是一切。過去。未來。現在。諸佛神力。所護故。

(1)持=受　(2)是=持

又、「文殊師利よ、菩薩摩訶薩《まかさつ》にして、後の末世の、法滅せんと欲《ほっ》せん時に於いて、是の法華経を持すること有らん者は、在家・出家の人の中に於いて、大慈の心を生じ、菩薩に非《あら》ざる人の中に於いて、大悲の心を生じて、応《まさ》に是《こ》の念を作すべし。

『是《かく》の如きの人は、則ち為《こ》れ、大いに如来の方便随宜《ずいぎ》の説法を失えり。聞かず、知らず、覚《さと》らず、問わず、信ぜず、解《げ》せず。其《そ》の人、是《こ》の経を、問わず、信ぜず、解《げ》せずと雖《いえど》も、我、阿耨多羅三藐三菩提《あのくたらさんみゃくさんぼだい》を得ん時、随って何《いず》れの地に在っても、神通力・智慧力を以て、之《これ》を引いて是の法の中に住することを得せしめん』と。

文殊師利よ、是《こ》の菩薩摩訶薩にして、如来の滅後に於いて、此の第四の法を成就すること有らん者は、是の法を説かん時、過失有ること無けん。常に比丘《びく》・比丘尼《びくに》・優婆塞《うばそく》・優婆夷《うばい》・国王・王子・大臣・人民《にんみん》・婆羅門《ばらもん》・居士《こじ》等に、供養・恭敬《くぎょう》・尊重《そんじゅう》・讃歎《さんだん》せらるることを為《え》ん。虚空の諸天、法を聴かんが為の故に亦、常に随侍《ずいじ》せん。若し聚落《じゅらく》・城邑《じょうおう》・空閑《くうげん》・林中に在らんとき、人有り、来って難問せんと欲《ほっ》せば、諸天、昼夜に、常に法の為の故に、而《しか》も之《これ》を衛護《えいご》し、能《よ》く聴く者をして、皆歓喜することを得せしめん。所以《ゆえ》は何《いか》ん。此《こ》の経は、是れ、一切の過去・未来・現在の諸仏の神力をもって護りたもう所なるが故に。」

〔訳〕また、「文殊師利よ、偉大な菩薩で、後の末世の、法が滅びようとする時にあって、この法華経を保持しようとする者は、在家の人々にも、出家の人々にも、大いなる慈しみの心を懐き、菩薩でない人々に対しては、大いなるあわれみの心を生じて、次のように考えるべきである。

『このような人は、とりもなおさず、如来の教化の手段としてのそれぞれにふさわしい説法をすっかり失ってしまっているのだ。それを聞きもせず、知らず、覚らず、尋ねもせず、信じもせず、理解することもない。（しかし）その人が、この経を、問わず、信ぜず、理解せずとも、私は、私が無上の正しいさとりを獲得する時に、彼がいずこの地にいようとも、神通の力と智慧の力とによって、彼を導いて、この教えの法の中にとどまることができるようにさせよう』と。

文殊師利よ、この、如来の入滅の後に、以上の第四の（安楽な行ないという）実践法を達成しようとする偉大な菩薩は、この（法華経という）教えの法を説こうとする時に、あやまちをおかすことはないであろう。常に、比丘・比丘尼や信男・信女（の四衆）、国王や王子、大臣や人民、バラモンや富豪たちに供養され、敬まわれ、重んじられ、讃歎されることであろう。また、虚空にいる天の神々たちが、教えを聴聞しようとして、常にそばにつき随うであろう。もしも、聚落や城市でも、閑静な場所や林の中に居る時でも、人がやってきて責め問おうとするならば、天の神々は、昼となく夜となく、常に教えの法のために彼を護衛し、法を聞くものたちがみな歓喜することができるようにするであろう。それはなぜかといえば、この経は、過去・未来・現在の一切の仏たちの神通力によって守護されているからである。」

《在家出家人》天台の解釈によれば、「在家」とは、方便（小乗二乗）の心を発したもので、まだ三界を出離していないものをいい、「出家」とは、見惑・思惑を断尽して三界を出離した、二乗の阿羅漢・辟支仏と通・別二教の菩薩をいうとする。これらの人々は、まだ無明の惑から免れていないので大悲の対象となるという。在家・出家は、普通では在家の信者と出家の修行者の意であるが、天台の以上の解釈は、「家」を三界ととらえてなされた解釈（『文句』巻九上）。一方、吉蔵は、出家・在家人を単に僧俗あわせた大乗の修行者の意にとっている（『義疏』巻十）。**《非菩薩人》**天台の解釈によれば、まだ小乗の方便教にも趣向していない凡夫のことという（同前）。吉蔵は、大乗の菩薩ではない小乗二乗の学人とする（同前）。**《方便随宜説法》**如来の、衆生教化の手段として説かれた、それぞれにふさわしい説法という意味。すなわち、法華経真実を明かすための手段として説かれた爾前の諸教のことを指す。この方便随宜説法を失うとは、その方便の諸教の奥にある仏の真意を理解できなかったという意味。梵本では、tathāgatasya-upāyakauśalyaṃ saṃdhābhāṣitaṃ（如来の善功方便たる密意を込めたことば）〈p. 288. *l*. 2〉という。なお、上巻一一〇、一九五―六、三三七頁の語注を参照。《居士》原語は gṛha-pati で、本来の意味は、家長の意。古代インドの都市国家で、商工業の発達に伴い、それに従事する者たちが富裕な資産者階級を形成した。彼らを gṛha-pati と呼び、仏教は武士貴族階級のほかに、こうした新興富裕階級の支持を得てその教線を拡張していった。祇園精舎を寄進した舎衛城の須達長者（Sudatta）などはその代表の一人。

本段から第四の安楽行に入る。天台ではこれを誓願安楽行と呼んでいる。末世の人々の、法華経を知らず、信ぜず、解さない人々を、自らが無上の悟りを完成した暁に、この法華経に導き入れようとするその願いを誓願と名づけるのである。その誓願の原動力となるものは、人々に対して平等に投げかける大慈と大悲とである。

分科からいうと、本段から後の髻中明珠の譬までが誓願安楽行となっているが、誓願安楽行そのものが説かれているのは、今挙げた本段の部分においてである。科文では、これは長行の「行法を明かす」部分に相当する。以下に誓願安楽行の分科を図示しておく。

- 誓願安楽行
  - 長行
    - 明ニ行法一
      - 標章
      - 釈ニ行法一
        - 標ニ誓願境一
        - 起ニ誓願一由
        - 正立ニ誓願一
      - 結ニ行成一
        - 総結レ無ニ過失一
        - 別結ニ慈悲行成一
        - 釈ニ誓願行成一
    - 歎経
      - 法説
        - 昔未ニ顕説一
        - 今日乃得
      - 譬説
        - 不レ与レ珠譬
          - 開譬
          - 合譬
        - 与レ珠譬
          - 開譬
          - 合譬
  - 偈頌（後出）

四安楽行

本章の名の由来となった「安楽行」とは、原語 sukhavihāra の漢訳語で、もとの意味は、「楽」に住すること、すなわち、身心が安楽な状態にとどまっていること、の意である。だから、漢語の「安楽行」とは、安楽な修行という意味ではなくて、安楽な状態に身心をおくための実践行法ということである。

本章の劈頭、文殊師利菩薩は仏に次のように問い申し上げた。すなわち、

世尊よ、是の諸の菩薩は、甚だ為《こ》れ有り難し。仏に敬順したてまつるが故に、大誓願を発す。「後の悪世に於いて、是の法華経を護持し、読誦し、説かん」と。世尊よ、菩薩摩訶薩は、後の悪世に於いて、云何が能く是の経を説かん。

と。前章の勧持品で、法華経の受持・弘通を五類の人々が仏前で誓った。それを承けて本章では、文殊師利菩薩が代表となって、それでは具体的に後の悪世においては、この経をどのようにして説いたらよいでしょうか、と仏に問うたのである。それに対し、仏は、

若し、菩薩摩訶薩、後の悪世に於いて是の経を説かんと欲せば、当に四法に安住すべし。

と答えられ、以下に四法、すなわち四種の行法について順次に説かれてゆくのである。この仏の示された四法が四安楽行と名づけられるものである。それ故、四安楽行とは、仏の入滅の後の、悪世における法華経弘通者の心構えを説いたもの、ということができよう。これは先の法師品における弘経の

三軌《さんき》と軌を一にするものだが、その内容は法師品の衣・座・室の三軌よりも、ずっと具体的で現実に即して説かれている。

それでは、その四種の安楽行とはなにか。まず第一の安楽行は、天台の命名によれば身安楽行という。経はこれを二つに分けて説く。菩薩の行処《ぎょうしょ》と親近処《しんこんしょ》との二つである。はじめの行処とは、原語アーチャーラの訳で、行動、振舞などの意味である。これはどのように説かれているかというと、経は、忍辱の地に住し、何ものにもとらわれずに、諸法如実の相を観ぜよ、という。つまり、つねにあらゆることに耐え忍び、何ものに対してもとらわれの心を捨てて、もののありのままのすがたを観察せよ、というのである。人は、何に対してであれ、その心に執着があると、ものの真実のすがたを見る目が曇らされる。だから、これを捨てて、ありのままの真実を見なければならない。これは法師品で説かれた柔和忍辱の衣を着て、一切法空という如来の座に坐す、ということと同じである。末代の法華経の弘通者は、その心構えとして、右のことが必要だというのである。

次の親近処というのは、その原語はゴーチャーラで、行為の対象とか、行動の範囲とかいう意味である。これには、弘通者の近づいてはならぬものと、逆に親しむべきものとの二類が説かれている。近づいてはならぬものとは、対人関係についていうもので、まず、以下の人々に近づいてはならぬとする。すなわち、国王や王子、大臣や官吏などの権力者、次には異教徒の人々、文学者や音楽家、格闘家などの、世に娯楽を提供する人々。その娯楽については勿論のこと近づいてはならない。また次に、チャンダーラという階層の人々や畜養・漁猟を生業とする人々。このような世俗の人々に自ら近づいてはならないが、しかし、向こうから近づいてきた場合には、心に何も望むところなく法を説けという。さらにまた、声聞二乗の出家者、及び信男信女に近づいてはならない。また、性的能力を欠いた男性にも近づいてはならないという。以上が近づいてはならない人々である。最後の人々については、一見奇異なことに思われるが、仏教教団では、もとから、性的に健全な男子でなければ僧伽入団の資格は得られなかった。つまり、出家の修行者にはなれなかったのである。もともと性欲がなかったり、性的に不具で、不能である人は、仏道修行において自らの性欲をもて余している人より、よりさとりに近いかというと、実は、そうではない。他の欲望と同様、性の欲望にもうち克ってこそ、解脱涅槃があるとするのである。それ故、最初から性的に不能な人は、仏教の修行道においては欠格者とされてきたのである。以上のような背景があって、修行者ではなくて、教えを受ける側の人についても性的に健全であることを要求したものであろう。

さて、この対人関係では、以上のように近づいてはならない人々を挙げるほか、年少の弟子や沙弥《しゃみ》、小児を畜えるなといい、特に女性との接し方についてこと細かに説いている。これも先の性の問題にかかわることであるが、その根本は、どんな場合においても、欲想をもって接するな、ということである。性の問題は仏教教団にとって決して小さな問題ではなかった。出家修行者の戒律の最初に不婬戒が置かれ、律の文献に実にさまざまなケースが述べられていることでもそれは知られよう。

さて、次には、先とは逆に、親しみ近づくべきものである。これに二つある。その第一は、つねに坐禅をよくし、閑静な場所で、その心をおさめよ、ということで、第二はこの世のあらゆるものに対して、空の立場に立って、ありのままに観察せよ、ということである。この第二のものは、菩薩の行処として説かれたことと内容は同じものである。

以上が、第一の安楽行、身安楽行の内容である。これをみてみると、菩薩の身の処し方としては、要は、何事にも耐え忍び、身を危うくするものに近づかず、閑静な場所で坐禅にいそしめ、ということになろう。これは、前章勧持品と比較するとかなり消極的な身の処し方という感をうける。前章では、「我、身命を愛せず、但無上道を惜しむ」といって忍辱の鎧を着て弘経に邁進する法華経の弘通者のあり方が説かれていたが、ここではそのような激しさはない。これは次の第二の口安楽行でも同じである。このようなことから天台は、この四安楽行は、初心浅行の菩薩のために説かれたものであると解した(『文句』巻八下)。これは吉蔵も同様である(『義疏』巻十)。初心の菩薩とは、前章勧持品で、この娑婆世界における弘経の任に堪えず、心ならずも他土の弘経を志した、五百の阿羅漢、八千の声聞たちのことである。法華経によって菩薩となったこれらの人々は、まだ日が浅く、偉大な菩薩としての力をそなえていない。これらの人々に対して、この娑婆世界における弘経の心構えを説いたものが、この安楽行である、と解釈したのである。

わが国の聖徳太子は、この第一の身安楽行のいう「常好坐禅」について、『法華経義疏』第四の釈中で、心が顚倒しているからこそ、山間で常に坐禅を好むというようなことをするのであって、そうなれば、経を世間に弘通する暇なぞないではないか、だから「常好坐禅」というのは、親近すべき対象ではなくて、その逆である、という解釈を下している。太子は、自身が推古天皇の摂政として国政の中心におり、同時に熱心な在家仏教信者であったから、経文にも、また従来の解釈にも飽きたらずに、このような解釈をなしたものであろう。

第二の安楽行とは、天台が口安楽行と呼ぶものである。なぜ、このように呼ぶかというと、その内容が人に対する言葉に関するものだからである。すなわち、弘通者は、法華経を人に向かって説いたり、経を読む時は、人や経典についてその過失を指摘したりせず、他の法師を軽蔑しない、他人のよしあし、長所欠点を云々しない、など、また人に和顔してにこやかに説け、質問には大乗をもって答えよ、などと、説法における言葉、態度の上での心構えを説いている。これが第二の安楽行である。

第三の安楽行は、身・口と続いて、次に意安楽行と呼ばれる。これは、主に弘通者の心の持ち方について説いたものである。すなわち、他人に対して嫉妬、いつわり、へつらい、軽蔑などの心を懐くことなく、他の修行者の長所短所をあげつらうな、また戯論をなして他人と争うな、といましめる。そして、弘通者は、すべての人に大悲の心を起こし、諸仏に対しては慈父の想いを、菩薩に対しては大師の想いを起こすべきである、と説く。そして、法を説く場合には、えこひいきなく、あらゆるものに平等に説け、という心構えを示している。これが第三の意安楽行である。

最後の第四の安楽行は、天台は誓願安楽行と名づける。それは、弘通者に法華経による衆生済度の誓願をおこさせるものだからである。すなわち、法華の弘通者は、出家、在家のいずれかを問わず、すべての人に対して大慈悲の心をおこして、自分がさとりを得た時には、それらすべての人々を法華経の中に導き入れよう、という誓願をたてるべきだ、と説く。これが第四の安楽行である。

以上の第一から第四までが四安楽行である。経は、末代における弘通者は、この四種の身と心の処し方、心構えを修することによってその説法に過失なく、出家の修行者にも、在家の国王はじめ、バラモン、居士など、あらゆる階層の人々にも尊敬され、讃歎され、たとい人からなじり問われたとしても、天の神々が昼夜に彼を守護する、と説くのである。

天台智顗《ちぎ》の師、南岳慧思《えし》（五一五—七七）は、中国南北朝末期にあって、講学仏教化した当時の仏教界を痛烈に批判して、坐禅を中心とする実践仏教を強く提唱し、そのために何度も命を落としかねないほどの迫害を受けた人である。彼は法華経を菩薩の実践修行を説く経典としてとらえ、とくにこの本章の安楽行品をその実践仏教の基盤に据えた。彼の著作の『法華経安楽行義』は、法華三昧という、法華経に依拠した諸法実相を観ずる三昧行を説くものであるが、この中で彼は、四安楽行を菩薩修行の規範として把握し、無相行と名づけた。無相行というのは、四安楽行が常に坐禅を行ない、一切法空の立場に身を置かしめる修行だからである。彼は、この四安楽行に依拠しながら、さらに彼独自の解釈を盛りこんで積極的折伏の根拠となしたのである。このように本章の四安楽行は慧思にとって重要な意義をもつものであった。この慧思の法華仏教が智顗にうけつがれ、やがてその師をこえた彼によって南北両仏教を法華経によって統一した天台宗という一大統一仏教が大成されるのである。だから法華経が中国天台にとって重要なのはいうまでもないが、慧思の法華三昧も智顗にうけつがれ、彼の著『法華三昧懺儀』では四安楽行がその行法として採用されている。このように天台においては、本章の四安楽行は行法として重要な意味をもっているのである。

一方、わが国の日蓮は、前章の勧持品を、末法における法華経弘通者の受ける現実としてとらえ、勧持品二十行の偈を身をもって読んだと自覚した。大難は四箇度、小難は数知れずという迫害に遇った彼は、勧持品の経文をそのとおり身をもって体験したのである。その日蓮は、本章の四安楽行を折伏（教化する相手の立場を打砕き、強制的に導く方法）でなく、摂受（相手の立場を一応認め、温和的態度で導く方法）ととらえた。『如説修行鈔』で「凡《およそ》仏法を修行せん者は、摂・折の二門を可レ知なり。……然《しかる》に摂受たる四安楽の修行を今の時するならば、冬種子《たね》を下《おろ》して益を求むる者に非哉《あらずや》。……権実雑乱《ぞうらん》の時、法華経の敵を不ㇾ責して山林に閉籠《とじこもり》て、摂受の修行をせば、あに法華経修行の時を失う物怪《もつけ》に非ずや」と述べて、末法の悪世における弘通は、摂受ではなくて折伏逆化であるとして、この摂受を否定したのである。最澄を経由して中国天台を承けながら、二者択一を許さぬ折伏という厳しい実践修行を選びとった日蓮の法華経信仰の態度と時代性がここにうかがわれる。

以上、四安楽行の解説が長くなったが、経は、この四安楽行を説いた後、以下に髻中明珠《けちゅうみょうじゅ》の譬によって、この法華経が諸仏如来の秘密蔵にして、最高の得難き経典であることを述べている。以下それを見ていこう。

文殊師利。是法華經。於無量國中。乃至名字。不可得聞。何況得見受持讀誦。

文殊師利。譬如强力。轉輪聖王。欲以威勢。降伏諸國。而諸小王。不順其命。時轉輪王。起種種兵。而往討罰。王見兵衆。戰有功者。卽大歡喜。隨功賞賜。或與田宅。聚落城邑。或與衣服。嚴身之具。或與種種珍寶。金銀琉璃。車渠馬腦。珊瑚(1)虎珀。象馬車乘。奴婢人民。唯髻中明珠。不以與之。所以者何。獨王頂上。有此一珠。若以與之。王諸眷屬。必大驚怪。文殊師利。如來亦復如是。以禪定智慧力。得法國土。王於三界。而諸魔王。不肯順伏。如來賢聖諸將。與之共戰。其有功者。心亦歡喜。於四衆中。爲說諸經。令其心悅。賜以禪定。解脫。無漏根力。諸法之財。又復賜與。涅槃之城。言得滅度。引導其心。令皆歡喜。而不爲說。

是法華經。文殊師利。如轉輪王。見諸兵衆。有大功者。心甚歡喜。以此難信之珠。久在髻中。不妄與人。而今與之。如來亦復如是。於三界中。爲大法王。以法敎化。一切衆生。見賢聖軍。與五陰魔。煩惱魔。死魔共戰。有大功勳。滅三毒。出三界。破魔網。爾時如來。亦大歡喜。此法華經。能令衆生。至一切智。一切世間。多怨難信。先所未說。而今說之。文殊師利。此法華經。是諸如來。第一之說。於諸說中。最爲甚深。末後賜與。如彼強力之王。久護明珠。今乃與之。文殊師利。此法華經。諸佛如來。祕密之藏。於諸經中。最在其上。長夜守護不妄宣說。始於今日。乃與汝等而敷演之。

(1)虎＝琥

「文殊師利よ、是《こ》の法華経は、無量の国の中に於いて、乃至名字《みようじ》をも聞くことを得べからず。何《いか》に況《いわん》や見ることを得《え》、受持し、読誦せんをや。文殊師利よ、譬《たと》えば、強力《ごうりき》の転輪聖王《てんりんじようおう》の威勢を以《もつ》て、諸国を降伏《ごうぶく》せんと欲《ほつ》せんに、而《しか》も諸《もろもろ》の小王、其《そ》の命《みよう》に順《したが》わざらん。時に転輪王、種種の兵《つわもの》を起《おこ》して、往《ゆ》いて討罰《とうばつ》するに、王、兵衆《ひようしゆ》の戦うに功《く》有る者を見て、即ち大いに歓喜し、功《く》に随って賞賜《しようし》し、或《あるい》は田《でん》宅・聚落・城邑《じようおう》を与え、或は衣服・厳身《ごんしん》の具を与え、或は種種の珍宝・金《こん》・銀《ごん》・琉璃《るり》・車渠《しやこ》・馬脳《めのう》・珊瑚・虎珀《こはく》・象馬《ぞうめ》・車乗・奴婢《ぬひ》・人民《にんみん》を与う。唯《ただ》、髻中《けちゆう》の明珠《みようしゆ》のみ以て之《これ》を与えざらんが如し。所以《ゆえ》は何《いか》ん。独《ひと》り王の頂上に、此の一つの珠《たま》有り、若《も》し以て之《これ》を与えば、王の諸《もろもろ》の眷属《けんぞく》、必ず大いに驚き怪《あや》しめばなり。

文殊師利よ、如来も亦復《またまた》、是《かく》の如し。禅定《ぜんじよう》・智慧の力を以て、法の国土を得て、三界に王たり。而《しか》るを諸《もろもろ》の魔王は肯《あえ》て順伏せず。如来の賢聖《げんじよう》の諸将、之と共に戦うに、其《そ》の功《く》有る者には、心亦《また》歓喜して、四衆の中に於いて、為《ため》に諸経を説いて、其《そ》の心をして悦《よろこ》ばしめ、賜《たも》うに禅定・解脱《げだつ》・無漏《むろ》の根《こん》・力の諸法の財《たから》を以てし、又復、涅槃の城を賜与《しよ》して、滅度を得たりと言って、其の心を引導して、皆歓喜せしむ。而《しか》も為に、是の法華経を説かず。文殊師利よ、転輪王の、諸《もろもろ》の兵《ひょう》衆《しゅ》の大功《だいく》有る者を見ては、心甚だ歓喜して、此の難信の珠の、久しく髻中《けちゅう》に在って、妄《みだ》りに人に与えざるを以て、しかも今、之《これ》を与えんが如く、如来も、亦復《またまた》、是《かく》の如し。三界の中に於いて大法王為《た》り。法を以て一切衆生を教化す。賢聖《げんじょう》の軍の、五陰魔《ごおんま》・煩悩魔・死魔と共に戦うに、大功《だいく》勲《くん》有って、三毒を滅し、三界を出でて、魔網を破するを見ては、爾《そ》の時に如来、亦、大いに歓喜して、此の法華経の、能く衆生をして一切智に至らしめ、一切世間に怨《あだ》多くして信じ難く、先に未だ説かざる所なるを、而も今、之を説く。文殊師利よ、此《こ》の法華経は、是《こ》れ諸《もろもろ》の如来の第一の説、諸説の中に於いて最も為《こ》れ甚深《じんじん》なり。末後《まつご》に賜与《しよ》すること、彼《か》の強力《ごうりき》の王の、久しく護れる明珠《みょうしゅ》を、今乃《すなわ》ち、之《これ》を与うるが如し。文殊師利よ、此《こ》の法華経は、諸仏如来の秘密の蔵《ぞう》なり。諸経の中に於いて、最も其《そ》の上《かみ》に在り。長夜《じょうや》に守護して妄《みだ》りに宣説《せんぜつ》せざるを、始めて今日に於いて、乃《すなわ》ち汝等《なんだち》が与《ため》に而《しか》も之《これ》を敷演《ふえん》す。」

〔訳〕「文殊師利よ、この法華経は、無量の国々においても、その名前さえ聞くことができないものである。まして、それを見たり、受け保持したり、読誦したりすることはなおさらのことである。文殊師利よ、たとえばこのようなことである。強大な力のある転輪聖王が、その威圧的な勢いによって諸国を降伏せしめようとしたとする。しかし、小国の王たちはその命令には従わない。その時には、転輪聖王は、種々の兵をおこして、討伐に出かけることになるが、その場合、王は兵士たちのうち戦功著しい者を見て大いに喜んで、その功績に応じて恩賞を与える。田畑・宅地、村落、城市を与えたり、あるいは衣服、身を飾る装身具を与え、あるいはまた、種々の珍しい宝、金、銀、瑠璃、おうぎ貝、めのう、珊瑚、琥珀、象や馬、車駕、男女の奴隷、人民を与えたりする。しかし、(髪を頭上でたばねた）もとどりにつけたすばらしい宝珠だけは与えないのだ。なぜならば、ただひとり王だけが頭上にこの一つの宝珠をもっており、もしこれを与えたならば、王の配下のものたちは必ず大いに驚きいぶかしむからである。

文殊師利よ、如来も、また以上と同様である。禅定と智慧との力によって、法の国土を獲得し、（欲界・色界・無色界の）三界に王者として君臨する。しかし、魔王たちは、これにあえて服して従おうとしない。（それで）如来の修行者たちの諸将が魔王たちと戦う。その場合、戦功ある者には、如来は喜んで、（それら比丘・比丘尼・信男・信女の）四衆の人々の中で、彼らのためにさまざまな経を説いて彼らの心を喜ばせ、禅定、解脱、煩悩のけがれのないさとりに至るための能力と力という、多くの法の財を与える。また涅槃という城を与えて、『（おまえは）さとりの境地を得たのだ』と言って、その人の心を導いて、すべてのものを歓喜させるのだ。けれども、彼らには、この法華経を説かないのである。

文殊師利よ、転輪王が、兵士たちのうちの、大きな戦功のある者を見て、心大いに喜んで、久しくもとどりの中にあってみだりには人に与えない、この信じることのむつかしい宝珠を、今こそ与えようとするように、如来もまたそのとおりである。（如来は）三界の中における大いなる法の王であり、法によって一切の衆生たちを教化するのである。修行者たちの軍勢が、（種々の肉体上の苦しみという）五陰《ごおん》魔、煩悩魔、死魔と戦い、大功績をたてて、（貪り、怒り、おろかさの）三つの毒を滅し、三界を出離して、魔の網を破るのを見て、その時に如来はまた大いに喜んで、衆生たちを一切智（という仏の智慧）に到達せしめ、（また）一切の世間に怨まれることが多くて信じることがむつかしい、先にはまだ説いてはいないこの法華経を、今こそ説くのである。
文殊師利よ、この法華経は、多くの如来たちの第一の経説であり、多くの経説の中で最も奥深いものである。これを最後に与えることは、ちょうど、かの強大な力をもつ王が、長らく大事にしていたすばらしい宝珠を、今与えるのと同じである。文殊師利よ、この法華経は、仏、如来たちの秘密の（教えの）蔵である。多くの経の中で、最上の位におかれるものである。長い間にわたって護ってきて、みだりには説かなかったものである。それを今日、はじめて汝たちに広く宣べ説くのだ。」

《強力転輪聖王》転輪聖王は、古代インド神話における理想の帝王。天から宝輪を感得してこれを転じて全世界を征服統治するという。本来は、武力を用いないで、正義によってのみ世界を平定するとされるが、転輪聖王にも種々あり、武力を用いるのは低位のものであるという。原語は bala-cakravarti-rāja. **《髻中明珠》**王のもとどり（髪を頭上でたばねたもの）の中のすばらしい宝珠。ここでは法華経を喩える。**《賢聖》**仏道修行者のうち、真理を見ることができる位（見道位）に達したものを聖といい、まだその段階には至らないが悪を離れることができたものを賢という。ここでは仏道を修行し、自己の煩悩と戦ってさとりをめざす修行者全般を指す。**《無漏根・力》**煩悩のけがれのない、悟りに至るためのすぐれたはたらき、の意。基の『玄賛』では、具体的に五根（信・勤・念・定・慧の五種のさとりに至るための能力）と五力（信・精進・念・定・慧の五種の、さとりに至るための力）と解す（巻九之本）。今は、この解釈に従う。**《五陰魔・煩悩魔・死魔》**これに他化自在天魔を加えて四魔という。五陰魔は五蘊魔ともいい、生きものは色・受・想・行・識の五蘊（五つのあつまり）から構成されているので、それらの構成要素からもたらされる種々の心身の苦しみを魔にたとえたもの。煩悩魔は、人々の心を惑乱させる煩悩を魔にたとえたもの。死魔は、生きものにとって究極的な苦である死を魔にたとえたもの。因みに他化自在天魔は、欲界の第六天に居す魔王波旬（pāpīyas）のことで、人の善行を邪魔するという。《三毒》貪（むさぼり）・瞋（いかり）・癡（おろかさ）という三種の煩悩のこと。

本段は、転輪聖王の髻中の明珠の譬によって、この法華経が仏の説かれた法のうち、最第一であることを説いて、経を讃歎する段である。今挙げた部分は分科でいうと（七〇七頁）、誓願安楽行の長行部分のうちの「歎経」段に相当する。したがって、本段までで誓願安楽行の長行部分がおわり、以下同じ内容の偈文が続く。

爾時世尊。欲重宣此義。而説偈言

常行忍辱　哀愍一切　乃能演説　佛所讃經　後末世時　持此經者
於家出家　及非菩薩　應生慈悲　斯等不聞　不信是經　則爲大失
我得佛道　以諸方便　爲説此法　令住其中　譬如強力　轉輪之王
兵戰有功　賞賜諸物　象馬車乘　嚴身之具　及諸田宅　聚落城邑
或與衣服　種種珍寶　奴婢財物　歡喜賜與　如有勇健　能爲難事
王[1]解髻中　明珠賜之　如來亦爾　爲諸法王　忍辱大力　智慧寶藏
以大慈悲　如法化世　見一切人　受諸苦惱　欲求解脱　與諸魔戰

爲是衆生　説種種法　以大方便　説此諸經　既知衆生　得其力已
末後乃爲　説是法華　如王(2)解髻　明珠與之　此經爲尊　衆經中上
我常守護　不妄開示　今正是時　爲汝等説

(1)(2)底本及び高麗蔵は「三」。宋・元・明三本、春日本は「王」。意味不通のため、今改む。

爾《そ》の時に世尊、重ねて此の義を宣《の》べんと欲して、偈《げ》を説いて言《のたま》わく、
「常に忍辱《にんにく》を行じ　一切を哀愍《あいみん》して　乃ち能《よ》く　仏の讃《ほ》めたもう所の経を演説せよ。
後の末世の時　此の経を持《たも》たん者は　家《け》と出家と　及び非菩薩とに於いて　応《まさ》に慈悲を生ずべし
『斯《こ》れ等《ら》　是《こ》の経を聞かず信ぜず　則ち為《こ》れ大いに失《うしな》えり。　我、仏道を得て　諸《もろもろ》の方便を以《もっ》て　為《ため》に此の法を説いて　其《そ》の中に住せしめん』と。
譬《たと》えば、強力《ごうりき》の　転輪の王　兵《つわもの》の戦うて功《く》有るに　諸物の　象・馬・車・乗　厳身《ごんしん》の具　及び諸《もろもろ》の田宅《でんたく》　聚落《じゅらく》・城邑《じょうおう》を賞賜《しょうし》し、
或は衣服　種種の珍宝　奴婢《ぬひ》・財物を与え　歓喜して賜与《しよ》す。
如《も》し勇健《ゆうごん》にして　能《よ》く難事を為《な》すこと有るには　王、髻中《けちゅう》の　明珠《みょうしゅ》を解《と》いて之《これ》を賜わんが如く
如来も亦爾《またしか》なり　為《こ》れ諸法の王なり　忍辱《にんにく》の大力　智慧の宝蔵あり　大慈悲を以て　法の如く世を化《け》す。
一切の人の　諸《もろもろ》の苦悩を受け　解脱を欲求《よくぐ》して　諸《もろもろ》の魔と戦うを見て　是《こ》の衆生の為《ため》に　種種の法を説き
大方便を以て　此《こ》の諸経を説く。　既に衆生　其の力を得已《えおわ》んぬと知っては　末後《まつご》に乃ち為に　是《こ》の法

華を説くこと　王、髻《もとどり》の明珠《みょうしゅ》を解きて　之《これ》を与えんが如し。
此の経は為《こ》れ尊く　衆経の中の上《かみ》なり　我、常に守護して　妄《みだ》りに開示《かいじ》せず　今、正《まさ》しく是《こ》れ時なり
汝等《なんだち》が為《ため》に説く。

〔訳〕その時、世尊は、以上の意義を重ねて宣べようとされて、詩頌を説いていわれた。

「つねに忍耐の修行をなし　すべてのものにあわれみをかけて　それで仏の讃えられた経典を演べ説けるようにせよ。(45)

(仏の入滅の)のちの末世の時代に　この経典を保持しようとするものは　在家の者にも出家の者にも、それに菩薩でない者に対しても　慈悲の心をかけるべきである。(すなわち、)『彼らは　この経を聞くことも信ずることもしない。これは(彼らにとって)大きな損失である。私が仏の道を体得して　さまざまな手だてによって　彼らにこの教えの法を説いて　その中に彼らをとどまらせよう』と。(46)

たとえば、強大な力をもつ　転輪王は、戦いに功績のあった兵士には、さまざまなもの、象・馬・車駕や　装身具、それに多くの田畑・宅地　村落、城市をほうびとして与えるであろう。(48)

あるいは、衣服や、種種の珍宝、男女の奴隷、財物を与えたりする。しかも喜んで下賜するのだ。(49)

もし、勇猛果敢に　困難な事をなしとげることができた者には　王は、もとどりにつけたすば

らしい宝珠をはずして　これを与えるであろう。(50)

如来も、また同様である。多くの教えの法の王である。忍耐の大いなる力、智慧の宝の蔵がある。大きな慈悲をかけて　教えの法のとおりに世間を教化するのだ。(51)

すべての人々が　多くの苦悩を受け、（それらからの）解脱を求めて　多くの魔たちと戦うのを見て、これらの衆生たちのために　種種の法を説くのだ。(52)

（如来である私は）大いなる教化の手だてとして　これら多くの経説を説くが、衆生たちが、すでに（それらの経説によって、さとりへ至る）その力を獲得したと知れば、最後に彼らに、この法華経を説くのだ。それはちょうど、王がもとどりのすばらしい宝珠をはずして　これを与えるのと同様である。(53)

この経典は尊い経であり、多くの経典の中で最上のものである。私は常にこれを守護し、みだりには説き示すことはしなかった。しかし、今が、ちょうどその時である。汝たちのために説こう。(54)


《家・出家》在家と出家のこと。《非菩薩》大乗の菩薩でない人々の意で、声聞や縁覚の二乗の道を求めるものをいう。

以上挙げた偈文は、誓願安楽行の長行部分に対応する偈文である。長行に比して簡潔なものになっている。以下にこれを略して図示しておく（七〇七頁に続く）。

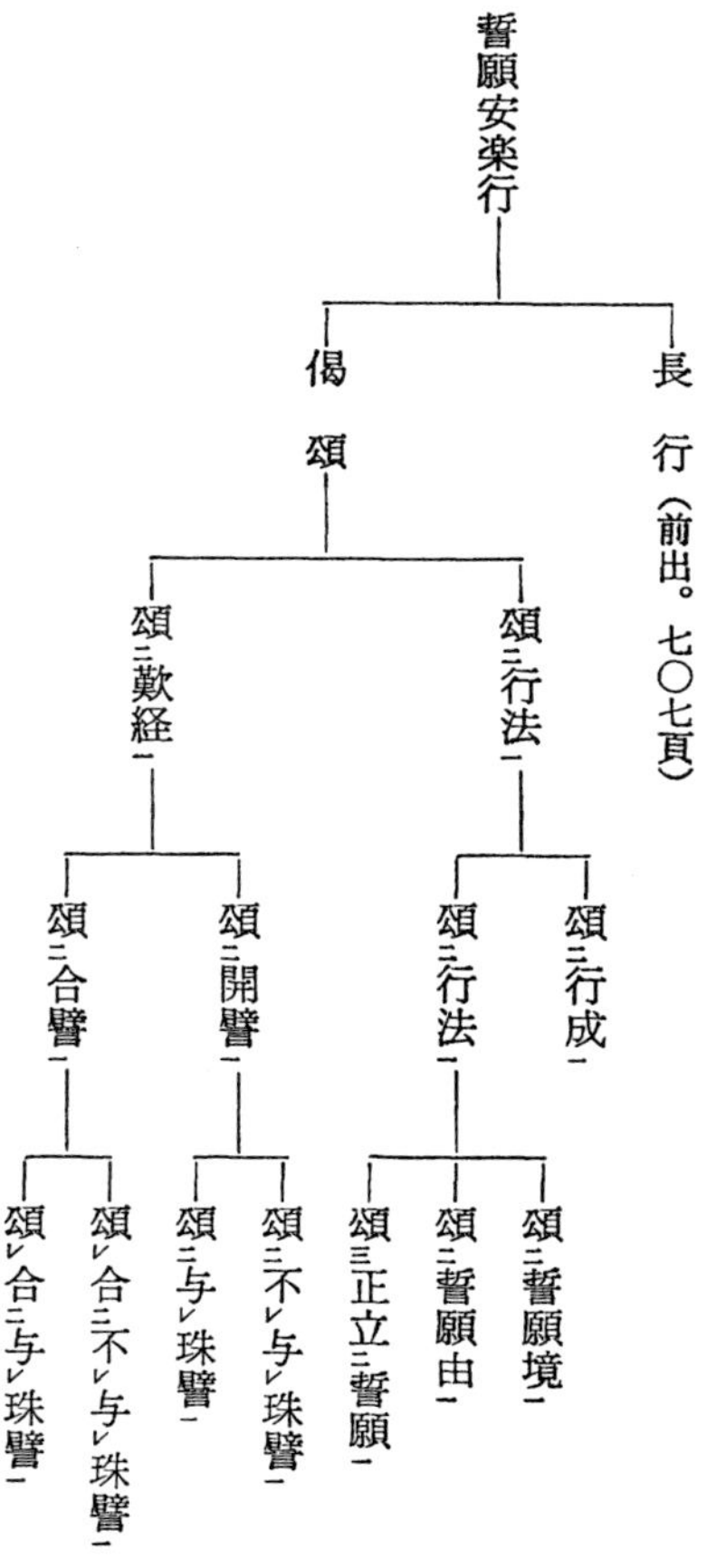

我滅度後　求佛道者　欲得安隱(1)　演説斯經　應當親近　如是四法
讀是經者　常無憂惱　又無病痛　顏色鮮白　不生貧窮　卑賤醜陋
衆生樂見　如慕賢聖　天諸童子　以爲給使　刀杖不加　毒不能害
若人惡罵　口則閉塞　遊行無畏　如師子王　智慧光明　如日之照
若於夢中　但見妙事　見諸如來　坐師子座　諸比丘衆　圍繞説法
又見龍神　阿修羅等　數如恒沙　恭敬合掌　自見其身　而爲説法

又見諸佛　身相金色　放無量光　照於一切　以梵音聲　演説諸法
佛爲四衆　説無上法　見身處中　合掌讃佛　聞法歡喜　而爲供養
得陀羅尼　證不退智　佛知其心　深入佛道　即爲授記　成最正覺
汝善男子　當於來世　得無量智　佛之大道　國土嚴淨　廣大無比
亦有四衆　合掌聽法　又見自身　在山林中　修習善法　證諸實相
深入禪定　見十方佛
諸佛身金色　百福相莊嚴　聞法爲人説　常有是好夢
又夢作國王　捨宮殿眷屬　及上妙五欲　行詣於道場
在菩提樹下　而處師子座　求道過七日　得諸佛之智
成無上道已　起而轉法輪　爲四衆説法　經千萬億劫
説無漏妙法　度無量衆生　後當入涅槃　如烟盡燈滅
若後惡世中　説是第一法　是人得大利　如上諸功德

(1)隠＝穏

我が滅度の後に　仏道を求めん者　安隠《あんのん》に　斯《こ》の経を演説することを得んと欲《ほっ》せば　応当《まさ》に　是《か》の如き四法に親近《しんごん》すべし。
是《こ》の経を読まん者は　常に憂悩《うのう》無く　又、病痛無く　顔色鮮白《げんじきせんびゃく》ならん　貧窮《びんぐ》　卑賤《ひせん》・醜陋《しゅうる》に生《うま》れじ。
衆生の見んと楽《ねが》うこと　賢聖《げんじょう》を慕《した》うが如くならん　天の諸《もろもろ》の童子　以て給使《きゅうじ》を為さん。
刀杖《とうじょう》も加えず　毒も害すること能わじ　若《も》し人、悪《にく》み罵《ののし》らば　口則ち閉塞《へいそく》せん。
遊行するに畏《おそ》れ無きこと　師子王の如く　智慧の光明　日の照らすが如くならん。

若《も》し夢の中に於いても　但《ただ》、妙《たえ》なる事《じ》を見ん。　諸《もろもろ》の如来の　師子座に坐して　諸《もろもろ》の比丘衆に　囲繞《いにょう》せられて説法したもうを見ん。
又、龍神　阿修羅《あしゅら》等　数、恒沙《ごうじゃ》の如くにして　恭敬《くぎょう》合掌し　自《みずか》ら其《そ》の身を見るに　而《しか》も為に法を説くと見ん。
又、諸仏の　身相金色《しんそうこんじき》にして　無量の光を放って　一切を照らし　梵音声《ぼんのんじょう》を以て　諸法を演説し、
仏、四衆の為に　無上の法を説きたもう　身《み》を見るに中に処して　合掌して仏を讃じ、
法を聞き歓喜して　供養を為し　陀羅尼《だらに》を得　不退の智を証す。
仏、其の心　深く仏道に入れり、と知《しろ》しめして　即ち為《ため》に　最正覚を成ずることを授記して、『汝、
善男子よ　当《まさ》に来世に於いて　無量智の　仏の大道を得て、
国土厳浄《ごんじょう》にして　広大なること比《たぐい》無く　亦《また》、四衆有り　合掌して法を聴くべし』とのたもうを見ん。
又、自身　山林《せんりん》の中に在《あ》って　善法を修《しゅ》習し　諸の実相を証し　深く禅定《ぜんじょう》に入って　十方の仏を見たてまつるを見ん。
諸仏の身は金色にして　百福の相もて荘厳《しょうごん》したもう　法を聞いて人の為に説く　常に是《こ》の好《よ》き夢有らん。
又、夢むらく　国王と作《な》って　宮殿《くでん》・眷属《けんぞく》　及び上妙の五欲を捨てて　道場に行詣し、
菩提樹下に在って　師子座に処し　道《どう》を求むること七日を過ぎて　諸仏の智を得《え》、
無上道を成《じょう》じ已《おわ》り　起《た》って法輪を転じ　四衆の為に法を説くこと　千万億劫を経《へ》、
無漏《むろ》の妙法を説き　無量の衆生を度《ど》して　後に当《まさ》に涅槃《ねはん》に入ること　烟《けむり》尽きて燈《ともしび》の滅《き》ゆるが如し。
若《も》し後の悪世の中に　是の第一の法を説かば　是の人、大利を得んこと　上《かみ》の諸《もろもろ》の功徳の如くならん。」

〔訳〕

私が入滅したその後に、仏の道を求めようとするものが、　心安らかに　この経典を演《の》べ説くことができるようにと思うならば　上述のような四つの行法に親しむべきである。(55)

この経典を読むものは　常に憂いわずらいがなく、　また病いの苦痛もなく　顔色は白くあざやかであろう。　貧窮の身や　卑賤の身、醜い容貌に生まれることはないであろう。(56)

衆生たちが彼を見たいと願うさまは、あたかも聖者を慕うかのようであろう。　天界の童子たちが、(彼のために)給仕となるであろう。(57)

(彼には)刀や杖も加えられることなく　毒も害することはできない。　もし、人が(彼を)憎み罵ったならば、その人の口は閉じてふさがれてしまうであろう。(58)

何の畏れもなく各地を遊行することは　獅子の王のようであり、　智慧の放つ光明は、日の光のようであろう。(59)

彼は夢の中においても、ただすばらしいことのみを見るであろう。　如来たちが、獅子座に坐って　大勢の比丘たちに　かこまれて説法されているのを見るであろう。(60)

また、龍神や　阿修羅などが　ガンジス河の砂の数ほど多くいて　恭しく敬い合掌しており、(夢の中で)自分のその姿を見ると、彼らに法を説いているのを見るであろう。(61)

また、仏たちが、その身体が金色に輝き、　無量の光を放って　あらゆるものを照らし　清らかでうるわしい音声によって　多くの法を演説される。(62)

仏は四衆の人々のために、この上ない法をお説きになる。　(そこで)自分自身を見てみると、その（四衆の）中にいて　合掌して仏を讃え、(63)　法を聴聞して歓喜し、供養をささげて　ダーラニーを体得し、あともどりすることのない智をさとる。(64)
仏は彼の心が　深く仏道に到達したことを知られ、　彼のために　最も正しいさとりを完成するであろうことを予言されて、『汝、善男子よ、必ずや来世において　無量の智慧である、仏の大道を体得し、(65)
その仏国土はおごそかで清く、その広大なことは比類がない。　また、四衆の人々がいて　合掌して法を聴聞するであろう』と（仏が）いわれるのを（夢に）見るであろう。(66)
また、自身が、山林の中にいて　すぐれた法を修行し、多くのものの真実のすがたに到達し、深く瞑想に入って　十方の仏を拝するのを（夢に）見るであろう。(67)
仏たちの身体は金色をしており、百の福徳が具わったすがたによってかざられている。（その仏より）法を聞いてそれを人に説く。（彼は）常にこのようによい夢を見るであろう。(68)
また、次のような夢を見る。すなわち、国王となって、宮殿やお伴のものたち、それにこの上ない（快楽である）五官の欲望を捨てて、さとりの場所におもむき、(69)
菩提樹の下の、獅子の座に坐し、さとりを求めて七日を経過して、仏たちの智慧を獲得する。(70)
この上ない仏道を完成しおえて、起ち上がって教えの法の輪を転じて　四衆の人々のために法を説いて　千万億劫という長時を経過し、(71)
煩悩の汚れのないすぐれた法を説いて　無量の衆生を救済し　その後に入滅涅槃するであろう。

あたかも煙が尽きて燈火が消えるかのように。(72)

もしも、後の悪しき世において　この第一なる法を説くならば、　その人が大いなる利益を得ることは、先の多くの功徳のとおりである。」(73)

《梵音声》 梵天のように清らかな音声、という意味で、仏の音声の形容。仏の三十二相の一つに数えられている。「梵」は梵天（Brahmā）のことで、古代インドブラーフマナ文献時代以降における宇宙の根本原理brahman（梵）が神格化されたもの。仏教に採り入れられて、仏法守護の神の一つとされた。梵音声の原語は brahma-svaratā だが、ここでの該当梵文では valgu-svara（甘美なる音声）とある（p. 294, *l*. 4）。**《陀羅尼》** dhāraṇī の音写語。心に教法を保持して忘れないこと、すぐれた記憶力を意味する。また、神秘的な呪力を有する要句をいう。本経では第二十六章陀羅尼品、第二十八章勧発品に長句の陀羅尼が説かれている。後章を参照。**《百福相荘厳》** 百の福徳をそなえたすがたによって飾られた、という意。仏は普通の人にはない三十二の特別な相貌をそなえているが、その一々の相は百の福徳を修することによって得られるので、このようにいう。化城喩品の語注「百福自荘厳」を参照（上巻、三九四頁）。

以上の偈文は、対応する長行がなくて、偈文のみあるものである。その内容は、諸経中の最第一である法華経を、後の悪世において説いたならば、さまざまな功徳があり、天の諸の童子は以て給仕をなし、刀杖も加えず、毒も害すること能わじ、と説かれており、夢中において常に好夢を見るという。

分科でいうと、この段は「総じて行成の相を明かす」一段である（六八四頁参照）。この段の分科を図示すると、次頁のようになる。

- 総明二行成之相一
  - 結勧二四行一
  - 挙二三報一勧
    - 転レ苦成二現報一
    - 転レ業成二生報一
    - 転レ惑成二後報一
      - 別明二三毒一
        - 明二貪転一
        - 明二瞋転一
        - 明二癡転一
      - 総明二諸煩悩転一
        - 夢入二十住一
        - 夢修二十行一
        - 夢悟二十回向一
        - 夢二入十地一
        - 夢二入妙覚一
  - 総結二行成一

以上で本章安楽行品をおわる。天台の分科では（上巻、序論三「法華経の科段と特色」参照）、本章を境として大きく迹門と本門とに二分される。すなわち、序品から本章までの十四章が迹門で、従地踊出品から最後の勧発品までの十四章が本門である。この迹門、本門をそれぞれ、序分、正宗分、流通分に分けるから、一経は二門六段に分けられることになる。ところで、迹門の三段については、序分が序品第一、正宗分が方便品から授学無学人記品まで、流通分が法師品から本章の安楽行品までとなっているから、本章は迹門流通分の最後の章というわけである。天台によれば、本経はここで大きく二分されて、以下、次章の従地踊出品からは本門に入ることになる。

妙法蓮華經從地踊出品第十五[1]

爾時他方國土。諸來菩薩摩訶薩。過八恒河沙數。於大衆中。起立合掌作禮。而白佛言。世尊。若聽我等。於佛滅後。在此娑婆世界。勲[2]加精進。護持讀誦。書寫供養。是經典者。當於此土。而廣說之。爾時佛告。諸菩薩摩訶薩衆。止善男子。不須汝等。護持此經。所以者何。我娑婆世界。自有六萬。恒河沙等。菩薩摩訶薩。一一菩薩。各有六萬。恒河沙眷屬。是諸人等。能於我滅後。護持讀誦。廣說此經。佛說是時。娑婆世界。三千大千國土。地皆震裂。而於其中。有無量千萬億。菩薩摩訶薩。同時踊[3]出。是諸菩薩。身皆金色。三十二相。無量光明。先盡在。此[4]娑婆世界之下。此界虚空中住。是諸菩薩。聞釋迦牟尼佛。所說音聲。從下發來。一一菩薩。皆是大衆。唱導之首。各將六萬。恒河沙[5]眷屬。況將五萬。四萬。三萬。二萬。一萬。恒河沙等眷屬者。況復乃至。一恒河沙。半恒河沙。四分之一。乃至千萬億。那由他分之一。況復千萬億。那由他眷屬。況復億萬眷屬。況復千萬。百萬。乃至一萬。況復一千。一百。乃至一十。況復將五。四三二一。弟子者。況復單己。樂遠離行。如是等比。無量無邊。算數譬喩。所不能知。是諸菩薩。從地出已。各詣虚空。七寶妙塔。多寶如來。釋迦牟尼佛所。到已向二世尊。頭面禮足。及[6]至諸寶樹下。師子座上佛所。亦皆作禮。右繞三匝。[7]合掌恭敬。以諸菩薩。種種讚法。而以讚歎。住在一面。欣樂瞻仰。於二世尊。是諸菩薩摩訶薩。從初[8]踊[9]出。以諸菩薩。種種讚法。而讚於佛。如是時間。經[10]五十小劫。是時釋迦牟尼佛。默然而坐。及諸四衆。亦皆默然。五十小劫。佛神力故。令諸大衆。謂如半日。爾時四衆。亦以佛神力故。見諸菩薩。遍滿無量。百千萬億。國土虛空。是菩薩衆中。有四導師。一名上行。二名無邊行。三名淨行。四名安立行。是四菩薩。於其衆中。最爲上首。唱導之師。在大衆前。各共合掌。觀釋迦牟尼佛。而問訊言。世尊。少病少惱。安樂行不。所應度者。受教易不。不令世尊。生疲勞耶。爾時四大菩薩。而說偈言

世尊安樂　少病少惱　教化衆生　得無疲倦　又諸衆生　受化易不
不令世尊　生疲勞耶

爾時世尊。於菩(11)薩大衆中。而作是言。如是如是。諸善男子。如來安樂。少病少惱。諸衆生等。易可化度。無有疲勞。所以者何。是諸衆生。世世已來。常受我化。亦於過去諸佛。供養尊重。種諸善根。此諸衆生。始見我身。聞我所說。卽皆信受。入如來慧。除先修習。學小乘者。如是之人。我今亦令。得聞是經。入於佛慧。爾時諸大菩薩。而說偈言

善哉善哉　大雄世尊　諸衆生等　易可化度　能問諸佛　甚深智慧
聞已信行(12)　我等隨喜

於時世尊。讚歎上首。諸大菩薩。善哉善哉。善男子。汝等能於如來。發隨喜心。

(1)(3)(9)踊＝涌　(2)懃＝勤　(4)此＝春日本になし。　(5)沙＝沙等　(6)及＝乃　(7)匝＝帀　(8)初＝地
(10)經＝逕　(11)菩＝諸菩　(12)行＝解

爾《そ》の時に、他方の国土の、諸《もろもろ》の来《きた》れる菩薩摩訶薩《ぼさつまかさつ》の、八恒河沙《ごうがしゃ》の数に過ぎたるは、大衆の中に於いて起立し、合掌し、礼《らい》を作《な》して、仏に白《もう》して言《もう》さく、「世尊よ、若《も》し我等、仏の滅後に於いて此《こ》の娑婆《しゃば》世界に在《あ》って、懃《ごん》

加精進《かしょうじん》して是《こ》の経典を護持し、読誦し、書写し、供養せんことを聴《ゆる》したまわば、当《まさ》に此《こ》の土に於いて広く之《これ》を説きたてまつるべし」と。

爾の時に仏、諸《もろもろ》の菩薩《ぼさつ》摩訶薩衆《まかさつしゅ》に告げたまわく、「止《や》みね、善男子よ。汝等《なんだち》が此の経を護持せんことを須《もち》いじ。所以《ゆえ》は何《いか》ん。我が娑婆世界に自《おのずか》ら六万恒河沙《ごうがしゃ》等の菩薩摩訶薩《まかさつ》有り。一一の菩薩に各《おのおの》、六万の恒河沙の眷属有り。是《こ》の諸人等、能く我が滅後に於いて、護持し、読誦し、広く此の経を説かん」と。

仏、是《こ》れを説きたもう時、娑婆世界の三千大千の国土、地、皆、震裂して、其《そ》の中より、無量千万億の菩薩摩訶薩有って、同時に踊出《ゆじゅつ》せり。是《こ》の諸《もろもろ》の菩薩は、身《み》、皆、金色にして、三十二相、無量の光明あり。先より尽く此《こ》の娑婆世界の下《した》、此の界の虚空の中に在って住せり。是の諸《もろもろ》の菩薩、釈迦牟尼仏の所説の音声《おんじょう》を聞いて、下より発来《ほつらい》せり。一一の菩薩、皆、是れ大衆の唱導の首《しゅ》なり。各《おのおの》、六万恒河沙《ごうがしゃ》の眷属《けんぞく》を将《ひき》いたり。況《いわん》や五万・四万・三万・二万・一万恒河沙等の眷属を将いたる者をや。況や復《また》、乃至《ないし》一恒河沙、半恒河沙、四分の一、乃至千万億那由他《なゆた》分の一なるをや。況や復、千万億那由他の眷属なるをや。況や復、億万の眷属なるをや。況や復、千万・百万・乃至一万なるをや。況や復、一千・一百、乃至一十なるをや。況や復、五・四・三・二・一の弟子を将《ひき》いたる者をや。況や復、単己《たんこ》にして遠離《おんり》の行《ぎょう》を楽《ねが》えるをや。是の如き等比《たぐい》、無量無辺にして、算数《さんじゅ》譬喩《ひゆ》も知ること能《あた》わざる所なり。

是《こ》の諸《もろもろ》の菩薩、地より出で已《おわ》って、各《おのおの》、虚空の七宝の妙塔の多宝如来・釈迦牟尼仏の所《みもと》に詣《もう》ず。到り已《おわ》って、二世尊に向かいたてまつりて、頭面《ずめん》に足《みあし》を礼《らい》し、及び諸《もろもろ》の宝樹下の師子座上の仏の所《みもと》に至りて、亦、皆、礼《らい》を作《な》して、右に繞《めぐ》ること三匝《さんそう》して合掌恭敬し、諸《もろもろ》の菩薩の種種の讃法を以《もっ》て、以《もっ》て讃歎したてまつり、一面に住在し、欣楽《ごんぎょう》して二世尊を瞻仰《せんごう》す。是の諸《もろもろ》の菩薩摩訶薩、初めて踊出してより、諸《もろもろ》の菩薩の種種の讃法を以て、仏を讃めたてまつるに、是《かく》の如くする時の間に、五十小劫を経たり。是の時に釈迦牟尼仏、黙然《もくねん》として坐したまえり。及び諸《もろもろ》の四衆も、亦《また》、皆、黙然たること五十小劫、仏の神力の故に、諸《もろもろ》の大衆をして半日の如しと謂《おも》わしむ。

爾《そ》の時に四衆、亦《また》、仏の神力を以ての故に、諸の菩薩、無量百千万億の国土の虚空に遍満せるを見る。是の菩薩衆の中に、四導師有り。一を上行《じょうぎょう》と名づけ、二を無辺行《むへんぎょう》と名づけ、三を浄行《じょうぎょう》と名づけ、四を安立《あんりゅう》行《ぎょう》と名づく。是の四菩薩、其の衆中に於いて、最も為《こ》れ上首《じょうしゅ》唱導の師なり。大衆の前に在って、各《おのおの》、共に合掌し、釈迦牟尼仏を観《み》たてまつりて、問訊《もんじん》して言《もう》さく、

「世尊よ、少病少悩にして、安楽に行じたもうや不《いな》や。応《まさ》に度すべき所の者の、教《おしえ》を受くること易《やす》しや不《いな》や。世尊をして疲労を生《な》さしめざるや」と。

爾の時に、四大菩薩、而《しか》も偈を説いて言《もう》さく、

「世尊は安楽にして　少病少悩にいますや　衆生を教化したもうに　疲惓《ひけん》無きことを得たまえりや
又、諸《もろもろ》の衆生　化《け》を受くること易《やす》しや不《いな》や　世尊をして　疲労を生《な》さしめざるや」

と。

爾《そ》の時に世尊、菩薩大衆の中に於いて、是の言《みこと》を作したまわく、「是《かく》の如し、是《かく》の如し。諸《もろもろ》の善男子よ、如来は安楽にして少病少悩なり。諸《もろもろ》の衆生等《とう》は、化度《けど》すべきこと易《やす》し、疲労有ること無し。所以《ゆえ》は何《いか》ん。是の諸《もろもろ》の衆生は、世世《せせ》より已来《このかた》、常に我が化《け》を受けたり。亦《また》、過去の諸仏に於いて、供養尊重して、諸《もろもろ》の善根《ぜんごん》を種えたり、此《こ》の諸《もろもろ》の衆生は、始め我が身を見、我が所説を聞きて、即ち皆、信受して如来の慧に入《い》りにき、先より修《しゅ》習《じゅう》して、小乗を学せる者をば除く。是《かく》の如きの人も、我、今、亦《また》、是の経を聞いて仏慧に入ることを得せしむ」と。

爾《そ》の時に、諸《もろもろ》の大菩薩、而《しか》も偈《げ》を説いて言《もう》さく、

「善《よ》い哉《かな》、善い哉　大雄《だいおう》世尊よ。　諸《もろもろ》の衆生等《ち》　化度《けど》したもうべきこと易《やす》し。

能く諸仏の　甚深の智慧を問いたてまつり　聞き已《おわ》って信行《しんぎょう》せり　我等、随喜す」

と。

時に世尊、上首の諸《もろもろ》の大菩薩を讃歎《さんたん》したまわく、「善《よ》い哉《かな》、善い哉。善男子よ、汝等《なんだちよ》能く如来に於いて随喜の心を発《おこ》せり」と。

〔訳〕その時、他方の国土からやってきた多くの菩薩たちの、その数が八つのガンジス河の沙の数より多いものたちが、大勢の人々の前で起ち上がって、仏に合掌し、礼をなして、申し上げた。

「世尊よ、もしも（世尊が）、わたくしたちが、仏の入滅された後に、この娑婆世界で、勤めて精進して、この（法華経）経典を護りたもち、読誦し、書写し、供養する、ということをお許しになられますならば、（わたくしたちは）必ずやこの（娑婆）国土においてこの（経典）を広く説きましょう」と。

その時、仏はその多くの菩薩たちに告げられた。

「よしなさい。善男子たちよ。汝たちがこの経を護りたもつには及ばない。なぜならば、わが娑婆世界には、もとより六万のガンジス河の砂の数に等しい菩薩たちがおり、その一人一人の菩薩には、それぞれ六万のガンジス河の砂の数のお伴の者がいる。この多くの人々たちが、私の入滅の後に、この経典を護りたもち、読誦し、広く説法するからである」と。

仏が、以上のことを説かれた時、娑婆世界の十億という多くの国土は、その大地がみな震動して裂け、その中からはかりしれない千万億という多くの菩薩大士たちが同時に現われ出た。この多くの菩薩たちは、その身体は金色をしており、三十二種の（仏の特徴としての）すがたをそなえ、無量の光明に輝いていた。（彼らは）すべて、前々からこの娑婆世界の下方におり、この（娑婆）世界に属する虚空の中にとどまっていたのであるが、みな、釈迦牟尼仏の説かれたその音声を聞いて、下方からやってきたのである。一人一人の菩薩たちは、みな、大勢の人々の指導者であって、それぞれが六万のガンジス河の砂の数に等しい侍者をつれていた。まして、五万・四万・三万・二万・一万のガンジス河の砂の数に等しい侍者をつれているもの（がいたこと）についてはいうまでもない。また、まして一ガンジス河の砂の数、二分の一のガンジス河の砂の数、四分の一から、千万億ナユタ分の一にいたるまでのものについてはなおさらである。また、まして千万億ナユタの侍者（をつれたもの）についても、また億万の侍者（をつれたもの）についても、また千万、百万から一万の数にいたるまで、また一千、一百から十にいたるまで、また五、四、三、二、一人の弟子をつれているものについてもいうまでもない。また、ましてたった一人でいて、人々から遠ざかる修行を望んでいるものについても、いうまでもない。このような人々が、はかりしれず、はてもなくおり、計算や譬喩をもってしても知ることができないほどであった。

この多くの菩薩たちは、大地から出現すると、おのおのが虚空にある七宝づくりのすばらしい塔廟にいます多宝如来と釈迦牟尼仏との所に詣でた。そこに着くと、二人の世尊に対して、その頭にみ足をいただいて礼拝をなし、それから、また大勢の、宝樹の下の獅子座にいます仏たちの所に到ると、みな再び礼拝をなして、右まわりに三度廻って合掌して恭しく敬い、菩薩としての種々の讃め方にしたがって称讃申し上げて（座の）一隅に席を占めて、心喜びながら二人の世尊を仰ぎ見た。この多くの菩薩たちが初めて大地から現われ出てから、さまざまな多くの、菩薩としての讃め方によって仏を讃めたたえている間に、五十小劫という長時が過ぎた。釈迦牟尼仏は、その間、じっと沈黙されたまま坐られていた。また、大勢の（比丘・比丘尼・信男・信女の）四衆たちも、みなじっと沈黙を守って五十小劫（が過ぎたが）、仏の神通力のおかげで、多くの人々はそれが（たった）半日のことであるかのように思われたのだった。

その時に、四衆の人々には、また、仏の神通力によって、多くの菩薩たちが、はかりしれない百千万億という多くの国土の虚空に充満しているのが見えた。

この菩薩たちの集まりの中に、四人の指導者がいた。その一を上行《じょうぎょう》といい、その二を無辺行《むへんぎょう》といい、その三を浄行《じょうぎょう》といい、その四を安立行《あんりゅうぎょう》といった。この四人の菩薩たちは、それら菩薩たちの集まりの中で、最上首の指導者であった。大勢の集まりの前で、それぞれ共に合掌し、釈迦牟尼仏を拝して、次のように安否を問い申し上げた。

「世尊よ、（世尊におかれましては）病いや悩みなく、安楽におすごしでしょうか、どうでしょうか。（世尊の）済度されますものたちは、教えを容易に受けますでしょうか、どうでしょうか。世尊に疲労をおぼえさせるようなことはないでしょうか」と。

その時、四人の偉大な菩薩たちは、詩頌を説いて申し上げた。

「世尊は安楽に　病いや悩みなくあられますや。衆生の教化に　うみ疲れなくあられますや。(1)
また、衆生たちは　教化を受けやすきや、いなや。世尊に　疲労を生じさせませすや、いなや。」(2)

その時、世尊は、菩薩たちの大勢の集まりの中で、次のような言葉を発せられた。

「そのとおり、そのとおり。善男子たちよ、如来は安楽で、病いなく悩みもない。衆生たちは、教化済度しやすく、（私には）疲労もない。なぜというに、この多くの衆生たちは、世々にわたって、ずっと私の教化を受けてきたからである。また、過去の多くの仏たちに対して供養をなして尊重し、多くの善の根本を植えているからである。（それ故、）この多くの衆生たちは、私の身体を見、私の説法を聞くや、すぐさま、みなそれを信じ受け入れて、如来の智慧に入ったのだ。（ただし）それ以前から修行して、小乗（の教え）を学んでいるものは別である。（しかし）そのような人についても、私は、今また、この経典を（彼らに）聴聞させ、仏の智慧に入ることができるようにさせよう」と。

その時に、偉大な菩薩たちは、詩頌を説いて申し上げた。

「すばらしい、すばらしいことです。偉大な勇者である世尊よ。　多くの衆生たちを　教化済度されるに容易であるとは。(3)

（彼らは）多くの仏たちの　極めて奥深い智慧を問い申し上げ　聞いた後に（それを）信じ実践致しました。　わたくしたちは嬉しく思います。」(4)

その時、世尊は、（集会の）上席である偉大な菩薩たちを次のように讃めたたえられた。

「よろしい、よろしい。善男子たちよ、汝たちが、如来に対して喜びの心をおこしたということは」と。


《他方国土諸来菩薩摩訶薩》　この娑婆世界以外の国土からやってきた菩薩たち。具体的には、見宝塔品で説かれた、釈尊の十方分身の諸仏がこの娑婆世界に来集する折に召し具した大菩薩たちを指す。《八恒河沙数》ガンジス河を八つ集めたその砂の数。すなわち、ガンジス河にある砂の数の八倍の数のこと。「恒河」はGaṅgā の音写語。「恒河沙」は、仏典において、はかり知れないほどの巨きな数を表わす場合に多用される比喩表現。《止みね、善男子よ》釈尊の制止の言葉。ここでは、他方の国土から来た菩薩たちの此土弘経を制止する。天台の解釈では、この制止の理由に、㈠他方の菩薩がこの娑婆世界に弘通することになれば、自らの国土における弘通の任がおろそかになること、㈡娑婆世界の衆生に対する縁が浅いこと、㈢他方の菩薩の弘通を許せば、下方の本化の菩薩を召すことができなくなり、釈尊が久遠の本仏であることを明かせなくなる、の三義を挙げている（『文句』巻九上）。《三千大千国土》十億の数の国土。「三千大千」は、千の三乗、すなわち、10^8のこと。一千を小千、千の二乗を中千あるいは二千、千の三乗を大千、あるいは三千とも呼ぶ。「三千大千」は両方の呼称を重ねたもの。《踊出》現われ出ること。「踊」の字義については、第十一章見宝塔品の注を参照（五七五頁）。《此娑婆世界之下》仏教の世界観によれば、われわれのこの世界は、金輪といわれる円筒形の形をしたものの上に載っており、その金輪は水からなる同一の円周をもつ水輪上にある。さらにその水輪は風輪といわれる厚さも円周もはるかに大きな円筒形をしたものの上にあって、これらは虚空の中に浮かんでいるとする（『倶舎論』巻十一、分別世品。本書上巻四〇一―二頁の語注「須弥山」を参照）。だから、われわれの娑婆世界からみると、その下方には虚空があるということになる。《各将六万恒河沙眷属》梵本では、六十のガンジス河の砂の数に等しい菩薩を侍者としている、とあり（p. 298, *ll.* 4-5）、数の単位が異なっている。また以下に列挙される数についても、六十乃至十のガンジス河の砂の数に等しい数、五・四・三・二・一、二分の一、四分の一、六分の一、八分の一、十分の一、二十分の一、乃至百分の一……百・千・コーティ・ナユタ分の一、などと詳しいものとなっている。漢訳ではこうした列挙癖を嫌って省略したものと思われる。また、『正法華経』では、八恒河沙の菩薩の一々に、六十億恒河沙の眷属としており(大正蔵第九巻、一一〇頁中)、これらの数字は諸本間によって異なりがある。**《右繞三匝》**インド古代の礼法で、右肩を敬意を表わすべき人に向けつつ、右まわりに三度その周囲をめぐる礼。仏教では、仏に対して弟子がとる礼法。**《住在一面》**座の一隅にとどまる、の意。「住在」は、六朝訳経期に多用される口語表現の複合語。**《五十小劫》**「一小劫」は極めて長い時間をあらわす単位。本書上巻序品の語注「阿僧祇劫」を参照(八八頁)。**《上行》**原語は、Viśiṣṭacāritra(すぐれた行をなす者)という。**《無辺行》**原語は Anantacāritra(無限の行をなす者)という。**《浄行》**原語は Viśuddhacāritra (清浄な行をなす者)。**《安立行》**原語は Supratiṣṭhitacāritra (しっかりと確立した行をなす者)という。**《世尊、……安楽行不》**世尊よ、……安楽におすごしでしょうか、どうでしょうか、の意。「……不」は選択疑問の語法で、「……か、どうか」の意をあらわす。**《能問諸仏・甚深智慧》**この『妙法華』では、諸仏の甚深の智慧を問う、というが、梵本(『南条・ケルン本』)では、ye ca idaṃ jñāna gambhiraṃ śṛṇvanti tava nāyaka/ (また、指導者よ、あなたのこの甚深の智慧を聞き)(p. 302. *l*. 6) とあって、衆生は釈迦牟尼仏の甚深の智慧を聞く、という意になっている。**《聞已信行》**聞きおえて、それを信じ実践する、という意。なお、同じこの『妙法華』でも、春日本は「聞已信解」となっている。梵本では adhimucyante (adhi-$\sqrt{\text{muc}}$ 信解する、の意) とあり (p. 302, *l*. 7)、春日本に近い。

本章から従地踊出品に入る。本章では、劈頭に、六万恒河沙という無数に多くの菩薩たちが地中より突如として出現し、この娑婆世界における法華経の護持弘通者として登場する。この地涌の菩薩たちをこれまで見たことも聞いたこともない会衆の人々は、当然に驚き疑いの念を懐く。これに対し、仏は、実はこの菩薩たちは、私が昔から教化したものであると明かすが、人々は成道以来四十余年の釈尊に、このような多くの人々を教化できるはずがないと疑いを晴らすことができない。それで人々は仏にその訳を解説したまえ、と懇請する。

以上が本章のあらましであるが、この会衆の人々が懐いた疑いの謎は、次章の如来寿量品ではじめて明らかにされることになる。それ故、本章は構成上からいえば、次章の如来寿量品の導入部にあたり、また次章を説くための伏線となっているといえる。

天台の経の分科によれば、経を本迹の二門に分判すると、本章以前が迹門、本章以後が本門となる。それ故、本章から本門に入るわけだが、さらに、本門を序分・正宗分、流通分の三段に分けると、次のようになる。

本門
- 序　分 — 従地踊出品第十五
- 正宗分 — 従地踊出品第十五／如来寿量品第十六
- 流通分 — 分別功徳品第十七から／勧発品第二十八まで

本章の分科についていうと、本章は大きく序分と正宗分の二つに分けられる。そのうちの序分を略して図示すると、次頁のようである。

先に挙げた本段の部分は、次頁の図でいうと序分のうちの「涌出序」までである。これに続く以下は「疑念序」の段を挙げる。

```
                         ┌─ 他方請三弘経ı
              ┌─ 涌出序 ─┼─ 如来不許
              │         │              ┌─ 経家叙相
              │         └─ 下方涌出 ───┤
     ┌─ 序分 ─┤                        └─ 明二問訊ı
     │        │                              ┌─ 長行疑念
     │        │         ┌─ 此土菩薩疑 ──────┤
     │        │         │                    └─ 偈頌正問
     │        └─ 疑念序 ┼─ 他方菩薩疑
     │                  └─ 諸仏抑持
     └─ 正宗分
```

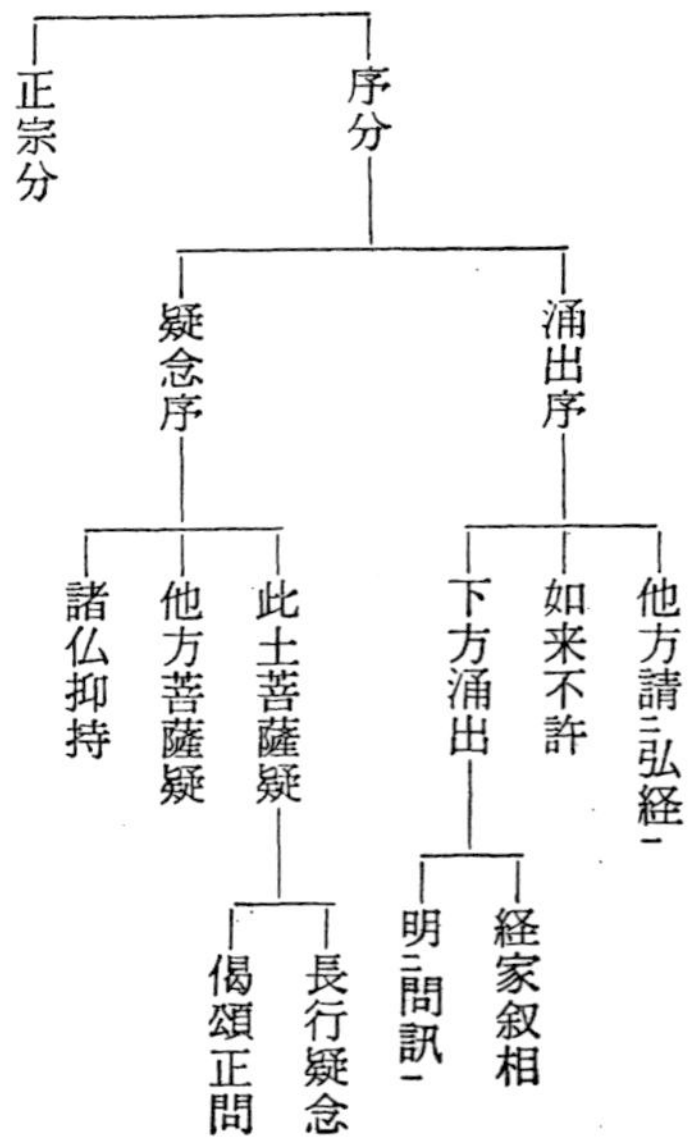

爾時彌勒菩薩。及八千恒河沙。諸菩薩衆。皆作是念。我等從昔已來。不見不聞。如是大菩薩摩訶薩衆。從地踴出。佳世尊前。合掌供養。問訊如來。時彌勒菩薩摩訶薩。知八千恒河沙。諸菩薩等。心之所念。并欲自決所疑。合掌向佛。以偈問曰

無量千萬億　大衆諸菩薩　昔所未曾見　願兩足尊說
是從何所來　以何因緣集　巨身大神通　智慧叵思議
其志念堅固　有大忍辱力　衆生所樂見　爲從何所來
一一諸菩薩　所將諸眷屬　其數無有量　如恒河沙等

或有大菩薩　將六萬恒沙　如是諸大衆　一心求佛道
是諸大師等　六萬恒河沙　俱來供養佛　及護持是經
將五萬恒沙　其數過於是　四萬及三萬　二萬至一萬
一千一百等　乃至一恒沙　半及三四分　億萬分之一
千萬那由他　萬億諸弟子　乃至於半億　其數復過上
百萬至一萬　一千及一百　五十與一十　乃至三二一
單己無眷屬　樂於獨處者　俱來至佛所　其數轉過上
如是諸大衆　若人行籌數　過於恒沙劫　猶不能盡知
是諸大威德　精進菩薩衆　誰爲其說法　教化而成就
從誰初發心　稱揚何佛法　受持行誰經　修習何佛道
如是諸菩薩　神通大智力　四方地震裂　皆從中踊(2)出
世尊我昔來　未曾見是事　願說其所從　國土之名號
我常遊諸國　未曾見是衆(3)　我於此衆中　乃不識一人
忽然從地出　願說其因緣　今此之大會　無量百千億
是諸菩薩等　皆欲知此事　是諸菩薩衆　本末之因緣
無量德世尊　唯願決衆疑

爾時釋迦牟尼。(4)分身諸佛。從無量千萬億。他方國土來者。在於八方。諸寶樹下。師子座上。結加趺坐。其佛侍者。各各見。是菩薩大衆。於三千大千世界四方。從地踊(5)出。住於虚空。各白其佛言。世尊。此諸無量無邊阿僧祇。菩薩大衆。從何所來。爾時諸佛。各告侍者。

諸善男子。且待須臾。有菩薩摩訶薩。名曰彌勒。釋迦牟尼佛。之所授記。次後作佛。以(6)問斯事。佛今答之。汝等自當。因是得聞。

(1)(2)(5)踊＝涌　(3)衆＝事　(4)尼＝尼十佛　(6)以＝已

爾《そ》の時に、弥勒菩薩及び八千の恒河沙《ごうがしゃ》の諸《もろもろ》の菩薩衆、皆、是《こ》の念を作《な》さく。「我等、昔より已来《このかた》、是の如《かく》き大菩薩摩訶《まか》薩衆《さつしゅ》の、地より踊出《ゆじゅつ》して、世尊の前《みまえ》に住して、合掌し供養して、如来を問訊《もんじん》したてまつるを見ず聞かず」と。

時に、弥勒菩薩摩訶薩、八千の恒河沙の諸の菩薩等の心の所念を知り、并《なら》びに自ら所疑を決せんと欲して合掌し、仏に向《むか》いたてまつりて、偈《げ》を以《もっ》て問うて曰《もう》さく、

「無量千万億の　大衆の諸《もろもろ》の菩薩は　昔より未だ曾《かつ》て見ざる所なり　願わくは両足尊《りょうそくそん》よ、説きたまえ。
是《こ》れ何《いず》れの所より来れる　何の因縁を以て集まれる　巨身《こしん》にして大神通あり　智慧思議し叵《がた》し。
其《そ》の志念《しねん》堅固にして　大忍辱《にんにく》力有り　衆生の見んと楽《ねが》う所なり　為《こ》れ何《いず》れの所より来れる。
一一の諸の菩薩の　所将の諸の眷属　其《そ》の数《かず》、量《はか》り有ること無く　恒河沙等《ごうがしゃとう》の如し。
或《あるい》は大菩薩の　六万恒沙を将《ひき》いたる有り　是の如《かく》き諸の大衆　一心に仏道を求む。
是《こ》の諸の大師等《だいしら》　六万恒河沙あり　俱《とも》に来って仏を供養し　及び是の経を護持《ごじ》す。
五万恒沙を将《ひき》いたる　其《そ》の数、是れに過ぎたり　四万及び三万　二万より一万に至る、
一千一百等　乃至《ないし》一恒沙　半《はん》及び三四分《ぶん》　億万分の一　千万那由他《なゆた》　万億の諸の弟子　乃ち半億に至る　其の数、復《また》、上《かみ》に過ぎたり。
百万より一万に至り　一千及び一百　五十と一十と　乃至三二一。

単己《たんこ》にして眷属無く　独処《どくしょ》を楽《ねが》う者　倶《とも》に仏所に来至せる　其《そ》の数、転《うた》た上《かみ》に過ぎたり。
是《かく》の如き諸の大衆　若し人、籌《ちゅうひ》を行いて数うること　恒沙劫を過ぐとも　猶《なお》、尽くして知ること能《あた》わじ。
是《こ》の諸の大威徳　精進の菩薩衆は　誰か其《そ》の為《ため》に法を説き　教化して成就せる。
誰に従って初めて発心し　何《いず》れの仏法を称揚し　誰《いず》れの経を受持し行じ　何《いず》れの仏道を修習《しゅじゅう》せる。
是《かく》の如き諸の菩薩は　神通大智力あり　四方の地震裂《しんれつ》して　皆、中より踊出せり。
世尊よ、我、昔より来《このかた》　未《いま》だ曾《かつ》て是の事を見ず　願わくは其の所従の　国土の名号《みょうごう》を説きたまえ。
我、常に諸国に遊べども　未だ曾て是の衆を見ず　我、此《こ》の衆の中に於いて　乃《いま》し一人《いちにん》をも識《し》らず。
忽然《こつねん》に地より出でたり　願わくは其の因縁を説きたまえ。
今、此の大会《だいえ》の　無量百千億なる　是の諸の菩薩等　皆、此の事を知らんと欲す。
是の諸の菩薩衆　本末の因縁あるべし　無量徳の世尊よ、唯《ただ》願わくは衆の疑を決したまえ」と。
爾《そ》の時に、釈迦牟尼の分身《ふんじん》の諸仏、無量千万億の他方の国土より来りたまえる者、八方の諸《もろもろ》の宝樹下《ほうじゅげ》の師子座《ししざ》上に在《まし》して、結加趺坐《けっかふざ》したまえり。其の仏の侍者、各各《おのおの》に是の菩薩大衆の、三千大千世界の四方に於いて、地より踊出して虚空に住せるを見て、各《おのおの》、其《そ》の仏に白《もう》して言《もう》さく、「世尊よ、此の諸の無量無辺阿僧祇《あそうぎ》の菩薩大衆は、何《いず》れの所より来れる」と。
爾《そ》の時に諸仏、各《おのおの》、侍者に告げたまわく、「諸《もろもろ》の善男子よ、且《しばら》く須臾《しゅゆ》を待て。菩薩摩訶薩有り、名を弥勒《みろく》と曰《い》う。釈迦牟尼仏の授記したもう所なり。『次《つ》いで後に作仏すべし』と。斯《こ》の事を問《と》いたてまつるを以て、仏は今、之《これ》に答えたまわん。汝等《なんだち》は、自《みずか》ら当《まさ》に、是れに因《よ》って聞くことを得べし」と。

〔訳〕その時、弥勒菩薩と八千のガンジス河の砂の数ほどの多くの菩薩たちは、みな次のように思った。

「私たちは、昔からこれまで、このような偉大な菩薩たちが、大地から現われ出て、世尊の前で合掌し、供養をなして、如来に御機嫌伺いするのを見たことも、聞いたこともない」と。

その時、偉大な弥勒菩薩は、八千のガンジス河の砂の数ほど多くの菩薩たちの心の思いを知って、また、自身の疑問にも決着をつけようとして、仏にむかって合掌し、詩頌によって質問申し上げた。

「はかりしれない千万億という数の　多くの菩薩たちを、昔からこれまで見たことがありません。
どうか、人中の最高者よ、（そのわけを）お説き下さい。(5)

（この菩薩たちは）どこからやってきたのか、どういういわれがあって集まったのか。　大きな身体を有し、偉大な神通があって　その智慧は思いはかることもむつかしい。(6)

その志《こころざ》しは堅固で　偉大な忍耐力を有し、　衆生たちが（その姿を）見たいと思うような（菩薩たち）であります。　彼らはどこからやってきたのでしょうか。(7)

一人一人の菩薩たちが　ひきつれている多くの侍者たちの　その数ははかり知れず、ガンジス河の砂の数と同じほどであります。(8)

偉大な菩薩で　六万のガンジス河の砂の数ほど多くの侍者をひきつれたものもおります。　そのような大勢の人たちが　一心に仏道を求めております。(9)

このような多くの立派な菩薩たちが　六万のガンジス河の砂の数ほどいます。　彼らが一緒にやってきて仏に供養し、そしてこの経を護持します。(10)

五万のガンジス河の砂の数ほど多い侍者をひきいているものたちの　その数は、さらにそれ以上であります。　四万、三万、二万から一万（ガンジス河の砂の数）に至るまでと、

一千、一百から　一ガンジス河の砂の数に至るまでと、　半分、三分の一、四分の一　億万分の一と、
千万ナユタ、万億という数の多くの弟子たちから　半億に至るまでの（侍者をひきつれたものたちの）　その数は、また、先より以上であります。
百万から一万まで、一千と一百、　五十と十と、三・二・一と次第した（数の侍者をつれたものたち）がおり、（以上(11)から(21)に相当）
単独で侍者がおらず、独居を望むものがおります。　（彼らは）ともに仏のみもとにやってきましたが、その数は先より以上であります。(22)
このように大勢の人々（のその数）は　もし人が数とりの具を用いて数え続けること、　ガンジス河の砂の数ほどの劫という長時を過ぎたとしても、それでもすべて知りつくすことはできないでしょう。(23)
この多くの、偉大な威徳をそなえ、精進努力を有する菩薩たちは　誰が彼らに説法し、教化して（修行を）完成させたのでしょうか。(24)
誰について初めて仏道に志し、どのような仏の法をほめたたえているか、　どの経典を保持し、実践し、どのような仏道を修行したのでありましょうか。(25)
このような多くの菩薩たちは　神通と偉大な智慧の力とをそなえております。　四方の大地が震動して裂け、みな、その中から現われ出ました。(26)・(27)
世尊よ、私は、昔からこれまで、いまだかつてこのようなことは見たことがありません。　どう

か、彼らがいる、その国土の名をお説き下さい。(28)

私は常に諸国を遊歴しておりますが、いまだかつてこのような人々を見たことがありません。

私はこの人々のなかの　誰一人として知らないのです。(29)

(彼らは) 忽然として大地から出現しました。どうか、そのいわれをお説き下さい。(30)

今、この大勢の集まりの、無量百千億という多くの　この菩薩たちも、みなこのことを知りたく思っております。(31)

この多くの菩薩たちには、もともとのいわれと、今のこの出現のいわれとがあるに相違ありません。はかり知れない徳を有する世尊よ、どうか、人々の疑いに決着をおつけ下さいますように」と。(32)


その時、無量百千万という多くの他方の国土からやってきた釈迦牟尼仏の分身の諸仏たちは、八方にある宝樹の下の獅子座の上に結跏趺坐されていた。それら (分身の) 仏たちの侍者たちは、それぞれに、この大勢の菩薩たちの集団が、三千大千世界の四方において、大地から出現して虚空にとどまったのを見て、それぞれが (それぞれの) 仏に申し上げた。

「世尊よ、この無量無辺阿僧祇という多数の菩薩たちの集団は、一体、どこからやってきたのでしょうか」と。

その時、(分身の) 仏たちは、それぞれに侍者たちに告げられた。

「善男子たちよ、しばらくの間待ちなさい。弥勒という偉大な菩薩がいる。釈迦牟尼仏が『(私の後を) 次いで、後に仏となるであろう』と未来成仏の予言を授けた菩薩である。(その彼が) このことを仏に質問申し上げたから、仏が今、これに答えられるであろう。汝たちは、ちょうど、それによって自分で聞くことができるであろう」と。

《弥勒菩薩》原語はMaitreya. 序品で対告衆を列挙するうち、八万人の菩薩摩訶薩の中に挙げられており(本書上巻、四九頁の語注参照)、序品では弥勒菩薩が文殊師利菩薩に奇瑞のいわれを問うという形で内容が展開し、弥勒菩薩の本生譚が説かれている。本章では、阿逸多《あいった》(Ajita. 征服されない、の意)という別名でも呼ばれている。《両足尊》仏の美称。両足(人間のこと)の中の至尊の人という意で、人中の最高者たる仏を指す。《若人行籌数》もし人が数とりの具によって数えても、の意。「籌」は、竹や木で作った算木のこと。《結加趺坐》如来坐ともいう。坐法の一つで、趺(足の甲)を左右の腿上(ももの上)にそれぞれ結加して坐す坐法。《無量無辺阿僧祇》はかることもできず、はてもない阿僧祇という巨大な数。「阿僧祇」はasaṃkhyaの音写で、原語の意味は「数えられない」「無数」という意であるが、同時に、巨大な数の単位の名前で、六十桁目の数をいう。《本末之因縁》「本」とは、地涌の菩薩たちが最初に発心して仏の化をうけたいわれ、「末」とは、現在、ここに大地から出現したそのいわれのこと。《須臾》ほんの短い間の時間。元来は、時間の単位で、原語はmuhūrta. 三十須臾が一昼夜とされるから、一時間弱ほどの時間。しかし、仏典で用いられる用例では、比較的短い時間を表わすことが多い。

以上挙げた段は、弥勒菩薩と八千恒河沙の菩薩衆が、地涌の菩薩たちの出現に驚いて、弥勒が衆を代表して仏に質問申し上げた、という内容である。分身の諸仏たちの侍者も、弥勒たちと同様の驚きと疑いを懐いており、弥勒の質問に対する仏の応答を待っている。そこで、次の段からは、いよいよ釈尊によって地涌の菩薩たちの謎が明かされることになる。それ故、今挙げた段までが本門の導入部、すなわち序分となっているのである。

分科からいうと（七四二頁）、本段は序分のうちの「疑念序」の段に相当し、以下、正宗分に入る。

一　地涌の菩薩

法華経を、成立史上の観点とは別に、そのできあがった形の上から見ると、一経を安楽行品第十四と従地踊出品第十五との間で二分するのが、中国以来の伝統的解釈である。とくに、天台智顗が前半十四品を迹門、後半十四品を本門と呼んでからは、この呼び方が一般的となった。この「本・迹」ということばは、字義は、「もと」と「あと」という意味である。元来、『荘子』天運篇に出る「迹《あと》」（目に見える形としてあらわれているもの）と「迹する所以《ゆえん》」（それを生み出し、あらわし出している根源的な本《もと》）に由来するが、この『荘子』の注釈書を著わした西晋末の郭象《かくしょう》や、その影響を受けた羅什の弟子、僧肇《そうじょう》らによって、現実の事象と、その根源にあってそれを生ぜしめ、現わし出す本体、という対概念の論理をあらわすことばとして用いられ、以後一般にも広まったものである。

ところで、天台が法華経を安楽行品と従地踊出品を境として前後二分して、それを迹門、本門と呼んだのは、次章の如来寿量品において、教主釈尊が、実は、久遠の昔に成仏して今に至っている本仏であると、その本地が明かされているからである。それ故、如来寿量品の導入部分の役割を荷う本章の従地踊出品以下が本仏の説く法門、すなわち、本門と呼ばれ、それ以前の十四章は、寿量品で明かされた本仏が、衆生教化のために姿を示現したものである迹仏によって説かれた法門という意味で、迹門と呼ばれるのである。因みに、その迹仏の教化を蒙った菩薩たち、具体的には迹門の会座に登場してくる文殊・弥勒・普賢・観音などの菩薩たちを迹化《しゃっけ》の菩薩と呼び、本門の久遠実成《じつじょう》の本仏に教化を蒙った菩薩たち、すなわち本章で登場する地涌の菩薩たちを本化《ほんげ》の菩薩と呼ぶ。

さて、前置きが長くなったが、本章から法華経の本門に入る。本章の劈頭、他方の国土からやってきた八恒河沙の数の菩薩たちが、仏に次のように申し上げた。

世尊よ、若《も》し我等、仏の滅後に於いて、此の娑婆世界に在って、懃加精進《ごんかしょうじん》して、是の経典を護持し、読誦し、書写し、供養せんことを聴《ゆる》したまわば、当《まさ》に此の土《ど》に於いて広くこれを説きたてまつるべし。

これは、仏の滅後における法華経弘経の申し出である。本章に至るまでに、まず見宝塔品において、仏は自らの入滅の近いことを会衆に告げ、滅後の弘通を三度にわたって募られた（三箇の告勅）。そして、勧持品において、この仏の唱募に呼応して、薬王《やくおう》、大楽説《だいぎょうせつ》の二菩薩をはじめとする二万の菩薩と、八十万億ナユタの菩薩たちとが、娑婆世界における経の滅後の弘通を仏前に誓ったのである。それ故、滅後の弘通に関しては問題はない筈なのに、経は再び、ここで、わざわざ他方の娑婆世界以外の菩薩たちを登場させて、滅後の娑婆世界における弘通を申し出させている。それはなぜか。この答えは、次の仏のことばで明らかになる。仏は、他方の国土の菩薩の申し出に対して、こう答えられた。

止《や》みね、善男子よ。汝等が此の経を護持せんことを須《もち》いじ。所以《ゆえ》は何《いか》ん。我が娑婆世界に自ら六万恒河沙の菩薩摩訶薩《まかさつ》有り。一一の菩薩に各《おのおの》、六万の恒河沙の眷属有り。是の諸人等、能く我が滅後に於いて、護持し、読誦し、広く此の経を説かん。

すなわち、仏は、「汝等が此の経を護持せんことを須《もち》いじ」といって、他方の国土の菩薩たちの申し出を断わられたのである。そのわけは、この娑婆世界には、すでに六万恒河沙という、滅後に弘通の任に当たる菩薩たちがいるから、というのである。経がいいたいのは、この娑婆世界に、滅後に弘通の任に当たる菩薩たちがすでにいる、ということで、これを強調せんがために他方の国土の菩薩たちを登場させたのである。しかし、この娑婆世界にいる弘通の任に当たる菩薩たちとは、先の勧持品で説かれた二類の菩薩たちのことではない。それは、どういう菩薩であるかというと、これが地涌の菩薩といわれる菩薩たちである。仏が、「止みね、善男子」といって、他方の国土の菩薩たちをおしとどめられた時、この娑婆世界の三千大千の国土が震裂して、その地の裂け目から無量千万億という多数の菩薩たちが突如として現われ出た。この菩薩たちこそ、先に仏がいわれた六万恒河沙等の地涌の菩薩たちであった。彼らは菩薩でありながら、その身体は金色に輝き、仏のもつ三十二種の特別な瑞相をそなえ、光明に包まれていた。その一人一人が多くは六万恒河沙から、少なきはたった一人の侍者をひきつれ、あるいは単独で、大地の割れ目から現われたのである。彼らの住処は、この娑婆世界の下方の虚空界であった。現われ出ると、彼らは七宝の塔中に並坐している釈迦牟尼仏と多宝如来の許へやってきて、次々と礼拝供養をなし、また宝樹下の獅子座上の分身の諸仏にも礼拝をなした。こうしている間に五十小劫という長時が経過したが、しかしその場にいる人々には、仏の神通力によって、それがたった半日のことにしか思われなかった。この多くの菩薩の大集団の中に、それぞれ上行、無辺行、浄行、安立行という名の四人の上首の菩薩たちがいた。彼らは菩薩衆を代表して、釈尊に伺候し、次のように問いたてまつった。

世尊よ、少病少悩にして、安楽に行じたもうや不《いな》や。応《まさ》に度すべき所の者の、教を受くること易《やす》しや不《いな》や。世尊をして疲労を生《な》さしめざるや。

と。仏は、これに対して、如来は安楽で、衆生たちも教化しやすく、疲労することもない、なぜなら彼らは、世々にわたって私の教化を受けてきているのだから、と答えられたのであった。

さて、以上の様子をまのあたりにして、この会座に列なる大衆一同は大いに驚き、疑問を懐いた。自分たちは、いまだかつて大地が震裂して、そこからかくも多くの立派な菩薩たちが現われ出たということは見たことも聞いたこともないし、その地より涌出した菩薩たちについても、その中に誰一人として見知った顔はいない。しかし、仏とかの菩薩たちは親しげに挨拶をかわしあっている。これは一体どうした訳であろうか、そもそも彼らは一体、何者なのであろうか、と。これが、会座の八千恒河沙の菩薩たちの共通の驚きと疑問であり、また他方の国土から来集した分身の諸仏の侍者たちの驚きと疑問であった。ここで、弥勒菩薩は一座の人々を代表して右の疑問を仏に問いたてまつったのである。すなわち、彼らは一体どこからやってきたのか、また、そのやってきた訳は、彼らは誰によって教化を受け、どのような経法を受持しているのか、という問いを仏に質問したのであった。

以上が、分科からいうと、本門の序分に相当し、以下より正宗分となって、いよいよ仏によって、右の弥勒菩薩の疑問が明かされることになる。本章ではじめて登場した地涌の菩薩たちは、この娑婆国土における弘通の任にあたる菩薩たちであって、しかも、経が後に説くように、釈迦牟尼仏が成道して後に、他の世界でなく、この娑婆世界において教化した菩薩たちであった。注釈書は、釈尊が他方来の菩薩をおしとどめ、下方の菩薩を召するその理由を三義ずつ挙げ（「止召の六義」）、「召の三義」について、下方より涌出した菩薩は、釈尊の弟子であるから釈尊の法を弘めるのが当然であり、この娑婆世界に住しているのであるからこの世界の衆生と縁が深くて弘通の益が大きい、そして、釈尊が実は久遠実成の本仏であると明かす（開近顕遠）ことができるから、と述べている（『文句』巻九上）。この最後の意義は、本章と次章の寿量品の中心テーマにかかわるものである。というのは、先述のように、地涌の菩薩たちが釈尊が成道後の弟子であるとすると、当然、次のような疑問がおこってくる。それは、釈尊が成道してからこの法華経説法の会座に至るまで、わずか四十余年、一体これだけ多くの菩薩たちを教化できるはずがないではないか、という疑問である。この疑問が次章の如来寿量品に至って明かされるのであり、その明かされた内容が久遠実成の本仏である。それ故、地涌の菩薩は本章にはじめて登場するが、次の如来寿量品が説かれるためだけに存在すると極言してもよい。法華経本門の中心思想は、久遠実成の仏である。その中心思想を説く重要な鍵となるのが地涌の菩薩たちの存在であり、この意味で地涌の菩薩が本章で説かれた意義は極めて大きなものであるといわねばならない。なお、わが国の日蓮は、法華経弘通にともなう自身の迫害受難の経験を通じて、この本化地涌の菩薩の四人の上首のうちの上行菩薩を自身になぞらえて、末法弘経に邁進した。

以上のように、地涌の菩薩の出現は次章の寿量品が説かれるための前提条件となっているが、このことについては節を改めて述べることにしよう。

爾時釋迦牟尼佛。告彌勒菩薩。善哉善哉。阿逸多。乃能問佛。如是大事。汝等當共一心。被精進鎧。發堅固意。如來今欲。顯發宣示。諸佛智慧。諸佛自在神通之力。諸佛師子奮迅之力。諸佛威猛。大勢之力。爾時世尊。欲重宣此義。而說偈言

當精進一心　我欲說此事　勿得有疑悔　佛智叵思議
汝今出信力　住於忍善中　昔所未聞法　今皆當得聞
我今安慰汝　勿得懷疑懼　佛無不實語　智慧不可量
所得第一法　甚深叵分別　如是今當說　汝等一心聽

爾時世尊。說此(1)偈已。告彌勒菩薩。我今於此大衆。宣告汝等。阿逸多。是諸大菩薩摩訶薩。無量無數。阿僧祇。從地踊(2)出。汝等昔所未見者。我於是娑婆世界。得阿耨多羅三藐三菩提已。教化示導。是諸菩薩。調伏其心。令發道意。此諸菩薩。皆於是。娑婆世界之下。此界虛空中住。於諸經典。讀誦通利。思惟分別。正憶念。阿逸多。是諸善男子等。不樂在衆。多有所說。常樂靜處。懃(3)行精進。未曾休息。亦不依止。人天而住。常樂深智。無有障礙。亦常樂於。諸佛之法。一心精進。求無上慧。爾時世尊。欲重宣此義。而說偈言

阿逸汝當知　是諸大菩薩　從無數劫來　修習佛智慧
悉是我所化　令發大道心　此等是我子　依止是世界
常行頭陀事　志樂於靜處　捨大衆憒鬧　不樂多所說
如是諸子等　學習我道法　晝夜常精進　爲求佛道故
在娑婆世界　下方空中住　志念力堅固　常懃(4)求智慧
說種種妙法　其心無所畏　我於伽耶城　菩提樹下坐

得成最正覺　轉無上法輪　爾乃教化之　令初發道心
今皆住不退　悉當得成佛　我今説實語　汝等一心信
我從久遠來　教化是等衆

爾時彌勒菩薩摩訶薩。及無數諸菩薩等。心生疑惑。怪未曾有。而作是念。云何世尊。於少時間。教化如是。無量無邊。阿僧祇。諸大菩薩。令住阿耨多羅三藐三菩提。卽白佛言。世尊。如來爲太子時。出於釋宮。去伽耶城不遠。坐於道場。得成阿耨多羅三藐三菩提。從是已來。始過四十餘年。世尊云何。於此少時。大作佛事。以佛勢力。以佛功德。教化如是。無量大菩薩衆。當成阿耨多羅三藐三菩提。世尊。此大菩薩衆。假使有人。於千萬億劫。數不能盡。不得其邊。斯等久遠已來。於無量無邊諸佛所。殖諸善根。成就菩薩道。常修梵行。世尊。如此之事。世所難信。

(1)此＝是　(2)踊＝涌　(3)(4)懃＝勤

爾《そ》の時に、釈迦牟尼仏、弥勒菩薩に告げたまわく、「善い哉《かな》、善い哉《かな》、阿逸多《あいった》よ。乃《いま》し能く仏に是《かく》の如き大事を問えり。汝等《なんだち》、当《まさ》に共に一心に精進の鎧《よろい》を被《き》、堅固の意《こころ》を発《おこ》すべし。如来は今、諸仏の智慧、諸仏の自在神通の力、諸仏の師子奮迅《ふんじん》の力、諸仏の威猛大勢《いみょうだいせい》の力を顕発《けんぽつ》し、宣示せんと欲《ほっ》す」と。

爾の時に世尊、重ねて此《こ》の義を宣《の》べんと欲《ほっ》して、偈《げ》を説いて言《のたま》わく、

「当《まさ》に精進して一心なるべし　我、此の事《じ》を説かんと欲す。　疑悔《ぎけ》有ることを得ること勿《なか》れ　仏智は思議し回《がた》し。

汝よ、今、信力を出《いだ》して　忍善の中に住せよ。　昔より未だ聞かざる所の法　今、皆、当《まさ》に聞くことを得べし。

我、今、汝を安慰《あんに》す　疑懼《ぎく》を懐《いだ》くこと得ること勿《なか》れ。　仏は不実の語《ことば》無し　智慧量《はか》るべからず。
得る所の第一の法は　甚深《じんじん》にして分別し回《がた》し。　是《かく》の如きを、今、当《まさ》に説くべし　汝等よ、一心に聴け」
と。

爾《そ》の時に世尊、此《こ》の偈《げ》を説き已《おわ》って、弥勒菩薩に告げたまわく、「我、今、此の大衆に於いて、汝等《なんだち》に宣告《せんごう》す。阿逸多《あいった》よ、是《こ》の諸《もろもろ》の大菩薩摩訶薩の、無量無数阿僧祇《むしゅあそうぎ》にして地より踊出《ゆじゅつ》せる、汝等昔より未だ見ざる所の者は、我、是《こ》の娑婆世界に於いて阿耨多羅三藐三菩提《あのくたらさんみゃくさんぼだい》を得已《えおわ》って、是の諸の菩薩を教化示導し、其の心を調伏して、道《どう》の意《こころ》を発《おこ》さしめたり。此の諸の菩薩は、皆、是の娑婆世界の下、此の界の虚空の中に於いて住せり。諸の経典に於いて、読誦通利し、思惟《しゆい》分別し、正憶念《しょうおくねん》せり。阿逸多よ、是の諸の善男子等は、衆に在《あ》って多く所説有ることを楽《ねが》わず、常に静かなる処を楽い、懃行《ごんぎょう》精進して、未だ曾て休息《くそく》せず。亦《また》、人天に依止《えし》して住せず。常に深智を楽《ねが》って、障礙《しょうげ》有ること無し。亦、常に諸仏の法を楽い、一心に精進して無上慧を求む」と。

爾《そ》の時に世尊、重ねて此の義を宣《の》べんと欲《ほっ》して、偈《げ》を説いて言《のたま》わく、

「阿逸《あいっ》よ、汝、当《まさ》に知るべし　是《こ》の諸《もろもろ》の大菩薩は　無数劫《むしゅこう》より来《このかた》　仏の智慧を修習せり。
悉く是《こ》れ我が所化《しょけ》として　大道心を発《おこ》さしめたり　此等《これら》は、是《こ》れ我が子なり　是の世界に依止《えし》せり。
常に頭陀《ずだ》の事を行じて　静かなる処を志楽《しぎょう》し　大衆の憒閙《かいにょう》を捨てて　所説多きことを楽《ねが》わず。
是《かく》の如き諸子等は　我が道法を学習して　昼夜に常に精進す　仏道を求むるを為って故に　娑婆世
界の　下方の空中に在って住す。
志念力《しねんりき》堅固にして　常に智慧を懃求《ごんぐ》し　種種の妙法を説いて　其《そ》の心畏《おそ》るる所無し。
我、伽耶城《がやじょう》　菩提樹下《ぼだいじゅげ》に於いて坐して　最正覚《さいしょうがく》を成ずることを得て　無上の法輪を転じ、爾《しか》して乃《すなわ》ち
之《これ》を教化して　初めて道心を発《おこ》さしむ。　今、皆、不退に住せり、悉く当《まさ》に成仏を得べし。

我、今、実語を説く　汝等《なんだち》よ、一心に信ぜよ。我、久遠より来《このかた》　是《こ》れ等の衆を教化せり」と。

爾《そ》の時に、弥勒菩薩摩訶薩、及び無数の諸《もろもろ》の菩薩等、心に疑惑を生じ、未曾有《みぞうう》なりと怪《あやし》んで、是の念を作《な》さく、

「云何《いかん》ぞ世尊は、少時の間に於いて、是《かく》の如き無量無辺阿僧祇《あそうぎ》の諸《もろもろ》の大菩薩を教化して、阿耨多羅三藐三菩提《あのくたらさんみゃくさんぼだい》に住せしめたまえる」と。即ち、仏に白《もう》して言《もう》さく、「世尊よ、如来は太子《たいし》為《た》りし時、釈《しゃく》の宮を出でて、伽耶《がや》城《じょう》を去ること遠からず。道場に坐して阿耨多羅三藐三菩提を成ずることを得たまえり。是《こ》れより已来《このかた》、始めて四十余年を過ぎたり。世尊よ、云何《いかん》ぞ、此《こ》の少時に於いて、大いに仏事を作《な》したまえる。仏の勢力《せいりき》を以てや、仏の功徳を以てや、是《かく》の如き無量の大菩薩衆を教化して、当《まさ》に阿耨多羅三藐三菩提を成ぜしめたもうべき。世尊よ、此《こ》の大菩薩衆は、仮使《たとい》人有って、千万億劫に於いて数うとも、尽くす能わず。其《そ》の辺《ほとり》を得じ。斯等《これら》は久《く》遠《おん》より已来《このかた》、無量無辺の諸仏の所《みもと》に於いて、諸の善根を殖え、菩薩の道を成就し、常に梵行《ぼんぎょう》を修せり。世尊よ、此《かく》の如き事は、世の信じ難き所なり。

〔訳〕その時に、釈迦牟尼仏が弥勒菩薩に告げられた。

「よろしい、まことによろしい。阿逸多《あいった》よ、仏（である私）によくこのような重大なことを問うた。汝たちは、ともに一心に、精進の鎧《よろい》を着て、確固たる意志の心を起こすべきである。如来は、今、仏たちの智慧、仏たちの自在な神通力、仏たちの獅子のように奮いたつ力、仏たちの威勢ある勇猛な力を明らかにし、宣べ示そうとするのだ」と。

その時、世尊は、重ねて以上の意義を宣べようとして、詩頌を説いていわれた。

「精進努力して、心専一になれ。私は（今）このことを説こうとしているのだ。疑い、悔いる

とのないようにせよ。仏の智慧は思いはかることもむつかしい（からである）。(33)

汝よ、今、信心の力を発揮して　忍んで善をなすことにつとめよ。　昔から未だかつて聞いたことのない教えの法を　今、皆は聞くことができるであろう。(34)

私は、今、汝を心落着かせよう。疑いやおそれを懐いてはならない。　仏には虚偽のことばはない。その智慧は量《はか》ることもできないのだ。(35)

（私が）獲得した第一なる法は　深奥で思いはかることもできない。　そのような（法）を、今、説こう。汝たちよ、一心に聴け。」(36)


そこで、世尊は、以上の詩頌を説きおわると、弥勒菩薩に告げられた。

「私は、今、この大勢の集まりのなかで、汝たちに告げよう。阿逸多《あいった》よ、これらの多くの、大地から現われ出た、量ることも数えることもできない無数の数の、汝たちが昔からこれまで見たこともない偉大な菩薩たちは、私（こそ）がこの娑婆世界において、無上の正しいさとりを得た後に、これら多くの菩薩たちを教化し導いて、彼らの心を調えて、さとりへ向かう心をおこさせたのだ。これら多くの菩薩たちは、すべてこの娑婆世界の下方の、この（娑婆）世界に属する虚空の中に住んでいたのだ。（彼らは）多くの経典を読誦して精通し、思惟し、ことわけして、正しく記憶した。阿逸多よ、これらの善男子たちは、人々の中にあって多く（人と）語ることを好まず、つねに静かな場所を好み、つとめ励んで、いまだかつて休んだことはなかった。また、人々や神々にたよって住んではいない。つねに深い智慧を願って、何の障害もない。また、つねに仏たちの教えの法を願い、心専一に精進して、無上の智慧を求めているのだ」と。

その時に、世尊は、以上の意義を重ねて宣べようとして、詩頌を説いていわれた。

「阿逸多よ、汝は知るがよい。この多くの偉大な菩薩たちは　数えきれぬほどの劫《こう》の昔から

仏の智慧を学び、実践してきた。(37)

（彼らは）ことごとくが私が教化したものたちであり、私が偉大なさとりに向かう心を起こさせたのだ。

彼らは私の子供たちである。この（娑婆）世界に住んでいるのだ。(38)

つねに質素な生活の修行をし、静かな場所を望んで　大勢の人々の喧騒を離れ　人と多く語ることを好まない。(39)

このような子たちは　私のさとりの法を学習して　昼夜につねに精進努力を重ねている。（それも）仏の道を求めんがためなのである。（彼らは）娑婆世界の　下方の空中に住んでいる。(40)

意志の力が堅く、つねに智慧を力をつくして求めており、種々のすぐれた教えを説いて、その心は何ものもおそれない。(41)

私は、ガヤーの都城の　菩提樹の下に坐して　最高のさとりを達成することができ、この上ない教えの輪を廻して　そうして彼らを教化し、はじめてさとりへ向かう心をおこさせたのだ。

今、（彼らは）みな、退くことのない境地にとどまっており、ことごとく仏となることができるであろう。(42)

私は、今、真実のことばを説こう。汝たちよ、心専一に信じよ。私は、はるか昔から、これらの人々を教化してきたのだ」と。(43)

その時に、弥勒菩薩大士と、無数の菩薩たちは、心に疑いの思いが生じ、稀有《けう》なことだといぶかし

んで、次のように考えた。「一体どうやって世尊は、わずかな時間のあいだに、このような無量無辺の数えられないほど多くの大菩薩たちを教化して、無上の正しいさとりのなかにとどまらせたのであろうか」と。

そこで即座に仏に申し上げた。

「世尊よ、如来は太子であられた時、釈迦族の宮殿を出られて、ガヤーの都城からほど遠くないところで、さとりの座に坐られて、無上の正しいさとりを達成されました。その時から今に至るまで、やっと四十余年が過ぎたところであります。世尊よ、一体どのようにしてこのような短い時間に、盛んに（教化という）仏の仕事をなされたのでしょうか。仏の勢力によってでしょうか、仏の功徳によってでしょうか。このようにはかりしれないほど多くの偉大な菩薩たちを教化して、無上の正しいさとりを成就させようとされたのは。世尊よ、これらの偉大な菩薩たちの集まりは、たとい、人が千万億劫という長時のあいだ数え続けたとしても、数え尽くすことはできず、その果ても（知り）得ません。彼らは、はるか昔より、はかり知れないほど多くの仏たちのもとで、多くの善根を植え、菩薩の道を完成し、つねに純潔の修行を実践してきました。世尊よ、このようなことは世間（の人々）が信じるに困難なことであります。

《阿逸多》Ajita（征服されない、の意）の音写。本経や『阿弥陀経』『華厳経』『華手経』などにおいては、弥勒の別名とされているが、『中阿含』巻十三の説本経（大正蔵、巻一、五一一頁上）や、『賢愚経』巻十二（大正蔵、巻四、四三六頁上）では、弥勒と阿逸多はそれぞれ別人として説かれている。大乗経典成立時までに両者が混同されたものか。**《如是大事》**地涌の菩薩たちが出現したいわれと、その菩薩たちを教化した仏についての問い。この問いは、次章で、伽耶成道の釈尊が、実は久遠の昔に成道して無量の寿命を保って今に至っている久遠の本仏であると明かすこと（これを開迹顕本という）に直接つながるので、大事といった。**《住於忍善中》**「忍善」とは、仏典では、忍んで善事をなすこと、と解されているが、本経以外に余りその用例を見ない。また、中国古典にも管見の及ぶところ、その用例はない。本経では、化城喩品の偈に「忍善者増益」（本書上巻、四〇四頁）とあるが、今のこの箇処では、忍んで善事をなす、という解釈では意が通じにくい。ここでは、仏がこれから説こうとすることは、汝たちがいまだかつて聞いたことがないことであるから、疑いやおそれを懐くことなく、信の力を強くしてよく耐えて聞け、というほどの意であろう。この意だと、字を倒置した「善忍」の方が意が通じやすいが、この用例は本経にはない（ただし、道教経典には、国や世界の名としての用例がある。「霊宝五練経」や「雲笈七籤」など）。梵文では、dhṛtimanta bhūtvā smṛtimanta sarve samāhitāḥ sarvi sthitā bhavadhvam/（汝たちは、みな確乎として、強い意識をもち、すべて精神を統一して、安住せよ）〈p. 308, *l*. 9〉とある。**《安慰》**心を落着かせる、の意。「安」も「慰」も、心を安らかにさせる、安心させるの意味。同義の字を重ねた熟語。**《令発道意》**さとりへ向かう心をおこさしめる、の意。「道意」は、さとり（bodhi＝道）へ向かう心。「道」は、ここではさとりの意味で、老荘哲学の根本概念の「道」を仏教の bodhi（菩提）の訳語としてあてたもの。**《正憶念》**正しく記憶する、という意。「憶念」は、記憶して忘れない、思い出す、などの意があるが、ここでは前者の意。**《不楽在衆多有所説》**人々の中にあって、多くを語ることを好まない、の意。「説」は、ここでは、語る、話す、ほどの意。**《不依止人天而住》**「依止」は、依存してとどまる、たよる、の意。句の意味は、人々や神々をたのんで、（その近くに）住まない、という意。梵文では、na ete kulaputrā devamanuṣyān upaniśrāya（これら善男子たちは、神々や人間に近住せず）〈p. 309, *l*. 11〉とある。注釈家の解釈では、人と天はそれぞれ遠離すべき両極端であり、「不住」とは、そのどちらにも執著しないことだ、という（智顗『文句』巻九上）。**《常行頭陀事》**「頭陀」は、梵語 dhūta（動詞 √dhū 振り払う、振る、の派生語）の音写。衣・食・住に関して貪著の心を捨て去る行をいう。具体的には、経論によって出入があるが、一般に十二頭陀といって、十二種の行が挙げられている。例えば、『四分律』巻四十一によれば、㈠著糞掃衣《ふんぞうえ》（捨てられたような粗末なぼろ布を縫いあわせて作った衣を着用すること）、㈡持三衣《さんね》（外出用の大衣の僧伽梨《そうぎゃり》、上衣の鬱多羅僧《うったらそう》、下衣の安陀衣《あんだえ》、以上の三種の衣のみを持ち、それ以外の余分な衣を持たない）、㈢乞食《こつじき》（托鉢によって食を得て、檀越のもてなしや教団の食を受けたりせず、自給自足もしない）、㈣作余食法不食（午前中に一度の正式な食事以外に余の食事を摂らないこと。ただし、軽い食物はこの限りではない）、㈤一坐食（午前中に一度の正式な食事以外に、軽い食物をも食しないこと）、㈥一摶食《たんじき》（ひと丸めの食のみを鉢に受け、それ以上の量を節すること）、㈦阿《あ》蘭若《らんにゃ》（人家を離れた閑静な処に住すること）、㈧塚間坐（死尸を観察するため、墳墓の場所に坐すること）、㈨露地坐（露天に坐すること）、㈩樹下坐（樹下に坐すること）、(十一)随坐（草地などがあれば、そこに坐すること）、(十二)常坐（常に趺坐して、横臥しないこと）、以上の十二種をあげる（大正蔵二二巻、八五九頁下）。**《憒鬧》**乱れ、騒がしいこと。喧騒。**《伽耶城》**釈尊在世当時、マガダ国にあったガヤー（Gayā）の都城。現在のインド・ベンガル州にある。釈尊は、出家後に当時のマガダ国首都のラージャ・グリハ（王舎城）に行き、のちにガヤー郊外のウルベーラーのネーランジャラー河（尼蓮禅河）畔で修行した。六年間の苦行の後、菩提樹下で成道した。この成道の地を、後にブッダガヤーというようになった。現在、ブッダガヤーはガヤー市の南十キロの地にある。今、ここでいう伽耶城は、ガヤー市のこと。**《釈宮》**釈迦族の宮殿の意で、釈尊生誕の地カピラヴァストゥの宮殿のこと。カピラヴァスツは、従来、学者の間でティラウラコッタかピプラーワー

- 正宗分
  - 正説
    - 弥勒総申二領解一
    - 総授二法身記一
    - 正開レ近顕レ遠
      - 広開顕断疑生信
      - 略開顕動執生疑
        - 更請
          - 偈頌
            - 頌二譬説一
            - 頌二法説一
          - 長行
            - 騰レ疑更請
              - 譬説
              - 法説
            - 動執生疑
        - 略開
          - 偈頌
            - 頌二雙釈一
              - 釈二処所一
              - 釈二師弟一
            - 頌二雙答一
              - 答二処所一
              - 答二師弟一
          - 長行
            - 雙釈
              - 弁レ処
              - 明レ師
            - 雙答
              - 答何所来
              - 答二師是誰一
  - 誡許
    - 偈頌
      - 頌レ許
        - 頌二三世化一
        - 頌二果智一
      - 頌レ誡
    - 長行
      - 許
        - 開二化教一
        - 標二果智一
      - 誡
        - 正誡
        - 述歎

かのいずれかの地とされて論議されてきたが、近年の発掘調査で、ピプラーワーから仏舎利の函とカピラヴァスツの銘の入った遺物が発見されたことから、ピプラーワーの地と比定されるに至った。《梵行》brahmacaryā の訳。婬欲を断つ清らかな修行。

本段は、前段において弥勒菩薩が衆を代表して仏に質問をなした、その質問に対する仏の答えが説かれている。それゆえ、分科からいうと（七四二頁）、本段から本門の正宗分が始まる。ここで本章における本段以下の科文を図示すると、前頁の通りである。

図中の破線の右側部分までが本章に相当し、そのうち本段は、「略開顕動執生疑」に「略開」と「更請」とがあるうちの、「更請」の部分の長行の法説部分までに相当する。

譬如有人。色美髮黑。年二十五。指百歳人。言是我子。其百歳人。亦指年少(1)。言是我父。生育我等。是事難信。佛亦如是。得道已來。其實未久。而此大衆。諸菩薩等。已於無量千萬億劫。爲佛道故。懃(2)行精進。善入出住。無量百千萬億三昧。得大神通。久修梵行。善能次第。(3)習諸善法。巧於問答。人中之寶。一切世間。甚爲希有。今日世尊。方云得佛道時。初令發心。教化示導。令向阿耨多羅三藐三菩提。世尊。得佛未久。乃能作此。大功德事。我等雖復信佛。隨宜所說。佛所出言。未曾虛妄。佛所知者。皆悉通達。然諸新發意菩薩。於佛滅後。若聞是語。或不信受。而起破法。罪業因緣。唯然世尊。願爲解說。除我等疑。及未來世。諸善男子。聞此事已。亦不生疑。

(1)少＝小　(2)懃＝勤　(3)習＝集

譬《たと》えば人有って、色美しく、髪黒くして年二十五なるが、百歳の人を指して、『是《こ》れ我が子なり』と言わん。其《そ》の百歳の人も、亦《また》、年少を指して『是《こ》れ我が父なり、我等を生育《しょういく》せり』と言わんに、是《こ》の事信じ難きが如く、仏も亦《また》、是《かく》の如し。得道より已来《このかた》、其《そ》れ実《じつ》に未《いま》だ久しからず。而《しか》るに此《こ》の大衆《だいしゅ》の諸《もろもろ》の菩薩等は、已《すで》に無量千万億劫《こう》に於いて、仏道の為の故に懃行精進《ごんぎょうしょうじん》し、善《よ》く無量百千万億の三昧《さんまい》に入出住《にゅうしゅつじゅう》し、大神通を得、久しく梵《ぼん》行《ぎょう》を修し、善能《よ》く次第に諸《もろもろ》の善法を習い、問答に巧《たく》みに、人中の宝として、一切世間、甚だ希有《けう》と為《な》せり。今《こん》日《にち》、世尊は、方《まさ》に仏道を得たまいし時、初めて発心《ほっしん》せしめ、教化示導して、阿耨多羅三藐三菩提《あのくたらさんみゃくさんぼだい》に向かわしめたりと云《のたも》う。世尊よ、仏を得たまいて未だ久しからざるに、乃《いま》し能《よ》く此の大功徳の事を作《な》したまえり。我等は、復《また》、仏の随宜《ずいぎ》の所説、仏の所出《しょすい》の言《みこと》、未だ曾《かつ》て虚妄《こもう》ならず、仏の所知、皆悉《ことごと》く通達《つうだつ》したまえりと信ずと雖《いえど》も、然《しか》も諸《もろもろ》の新発意《しんぼっち》の菩薩は、仏の滅後に於いて、若《も》し是《こ》の語《みこと》を聞かば、或は信受せずして、法を破《は》する罪業《ざいごう》の因縁を起《おこ》さん。唯だ然なれば、世尊よ、願わくは為に解説《げせつ》して、我等が疑いを除きたまえ。及び未来世の諸《もろもろ》の善男子、此の事を聞き已《おわ》りなば、亦《また》、疑いを生ぜじ。」

〔訳〕たとえば、ある人がいて、顔色よく、髪が黒くて二十五歳のその人が、百歳になる人を指して『私の子です』といい、その百歳の人もまた、年若い人を指して『私の父です。私たちを育ててくれました』と言ったとしても、そのようなことは信じがたいようなものです。仏もまた、それと同じです。仏がさとりを得られてから、それほど長い時は経っておりません。しかるに、この大勢の菩薩たちは、すでに無量千万億劫という長きにわたって、仏道のために修行に勤め精進し、巧みに三昧に入ったり、出たり、（その三昧に）とどまったりして偉大な神通を体得し、長らく清らかな純潔の修行をして、よく順々に修行の階梯を修習し、問答に巧みで、人々の中の宝としてあらゆる世間が極めて稀有なるものと仰いでおります。今日、世尊は、仏道を体得されたその時に、初めて（彼らを）発心させ、教化し、導いて、無上の正しいさとりに志向させた、と仰せです。世尊よ、（世尊は）仏となられてから、そう長い年月もたっていないのに、よくぞこのような偉大な功徳ある事業をなさいました。私たちは、また、仏がそれぞれにふさわしいように説かれた説法、仏の発せられた言葉は、これまで虚偽であったことは一度もなく、仏の知らるべきことは、（仏は）みなすべて精通しておられるということを信じておりますが、しかし、新たに仏道に発心したものたちは、仏の入滅された後に、もしこの言葉を聞いたならば、あるいは（それを）信じ受け入れることをせず、仏法を破壊するという罪業の原因（となる行為）をひき起こすでありましょう。ですから、世尊よ、何とぞ（以上のわけを）解説して、私たちの疑念をとり払って下さいますように。また、未来の世の善男子たちも、このことを聞きましたなら、また疑いをおこさないでありましょう。」

《得道已来》「道」とは、悟りのことで、悟りを得て仏になってからこのかた、の意。上巻四〇八頁の語注及び三五三頁の語注「道果」を参照。**《梵行》** brahmacaryā 浄らかな修行。婬欲を断ずる禁欲行をいう。**《善能》**「よく〜」という意の副詞。同義の字を二字重ねた六朝訳経期にみられる口語表現。**《次第習諸善法》**仏道修行のそれぞれの階梯における修行徳目（善法）を順次に習修してゆくこと。**《仏随宜所説》**上巻の語注「随宜所説」（一一〇頁）、「方便随宜所説」（一九五―六頁）、「随宜説法」（三三七―八頁）などを参照。**《我等**

雖復信……皆悉通達》 頂妙寺本では、動詞「信」の目的補語としてかかる範囲を「仏随宜所説」から「未曾虚妄」までとして「未だ曾て虚妄ならずと信じ」と訓み、続けて「仏の所知は皆悉く通達すると雖も」と訓んで、「雖」を最後の句にかけている。「雖」は動詞「信」にかかるのが順当で、頂妙寺本の訓みは破格である。この場合には「通達」する主格は、「我等」となり、「仏」ではなくなる。岩波本は「信」を「皆悉通達」までかけて訓んでいるが、「仏所知者」の句の訓みを「仏は知るべき所のものをば」として、句中の「仏」を主格ととっている。しかし、これは先の「仏随宜所説」「仏所出言」と同じく、「仏の所知は」として「仏」は「所知」にかかる所有格を示す形容語ととるべきであろう。なお、梵本では kiṃ cāpi vayaṃ bhagavaṃs tathāgatasya vacanaṃ śradvyā gamiṣyāmaḥ/ ananyathāvādī tathāgata iti/ tathāgata evaitam arthe jāniyāt/(p. 312, *ll.* 6—7)〈如来は誤謬なく語るものであるという、その如来のことばがどうして信じられましょう。如来こそがその意味を当然ご存じのはずでありましょう〉とある。**《唯然》** ここでは、「然」を接続の助字ととる。「唯」は強意の字。「そうであるから」という理由を示す接続句ととる。同様の用例は、後の嘱累品の「唯然世尊、願不有慮」に見られる。なお、上巻一三七頁の語注を参照。

以上の段は、譬説で、釈尊が成道後四十余年しか経過していないのに、大地から出現した無量の大菩薩たちを一体どうやって教化できたのか、という疑問を譬えたものである。分科を図示すると次頁のようである（破線内の部分）。

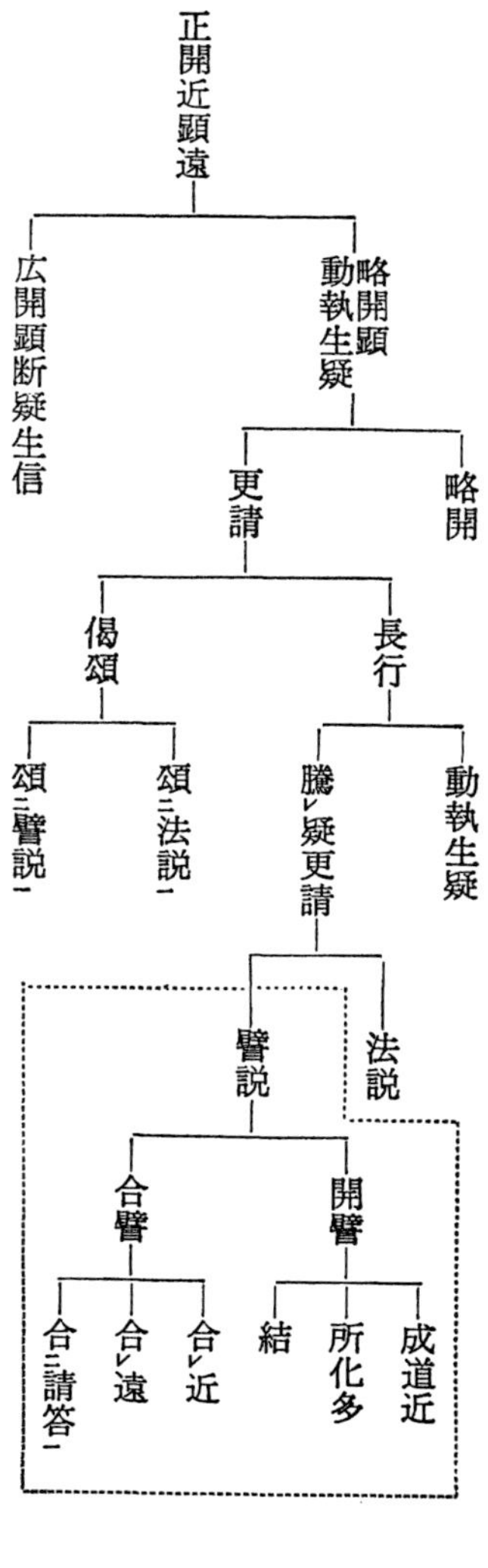

二　父少《わか》くして子老いたり

他方の国土の八恒河沙《こうがしゃ》を過ぎる数の菩薩たちが、この娑婆世界における法華経弘通《ぐつう》を申し出たのに対し、仏は「止《や》みね、善男子よ」とこれをおしとどめられ、すでにこの娑婆世界における弘通の任にあたる者たちがいる、と言われた。この仏の音声に呼応して大地より突然出現したのが六万恒河沙という多くの偉大な地涌の菩薩たちであった。かの菩薩たちは、その身は金色に輝き、仏のみが具える三十二の特別な相を有しており、威徳ある大菩薩たちであったが、会衆一座のものたちは誰一人としてその菩薩たちについて見知ったものはなく、そもそもこれまでその存在すら知ることがなかったのである。一会の大衆は地涌の菩薩の出現という前代未聞の出来ごとに驚くとともに、みな一様に疑問を懐いた。一体、これらの菩薩たちはどこからやってきたのか、そのやってきた訳は何であろうか、彼らは一体誰によって教化され、いかなる法をたもっているのであろうか、と。ここまでが前節のあらすじであった。

このような一同の疑問をうけて、大衆の代表として仏に質問をなしたのが弥勒菩薩である。弥勒菩薩は釈迦牟尼仏より成仏の予言を受けて、その釈迦牟尼仏に次いで仏になると約束されている菩薩である。そのような菩薩でさえも、この地涌の菩薩について何も知らなかったのだ。仏は、弥勒菩薩の問いに対して、「善い哉、善い哉、阿逸多よ。乃《いま》し能《よ》く仏に是《かく》の如き大事を問えり」といわれ、続けて、仏の智慧は思いもよらぬものであるから、汝たちは仏のこれから説くことを、疑いやおそれの念なく、信の力を出してよく聴けと仰せになった。そして仏が答えられたその答えはこのようなものであった。

すなわち、この地涌の菩薩たちは、仏の私がこの娑婆世界において無上の正しいさとりを得た後に教化示導した者たちであり、彼らは私の法（すなわち法華経）を学習して昼夜に精進し、娑婆世界の下方の虚空の中に住している、この私が久遠の昔より彼らを教化してきたのだ、このことを一心に信ぜよ、と。

この仏の答えを聴いた弥勒菩薩や一会の大衆は、なお一層の疑惑を懐いた。なぜなら、眼前におられる釈迦牟尼仏は、出家してガヤー城の近く、菩提樹の下で悟りを開かれ、仏陀となってからまだ四十余年という年月である。それなのに、千万億劫という長時にわたって数え続けても数えきれないほど多くの菩薩たちを教化してきたと仏はいわれたのであるから。そこで、再び弥勒菩薩はこの疑問を、譬えを用いて仏に問うことになるのである。その譬えとは、ちょうど、髪が黒々とし、顔も色艶のある二十五歳の若者が、白髪のしわだらけの百歳にもなる老人を指して、これは私の子供であるといい、その老人も、これは私の父であるというようなものであるという。「父若くして、子老いたり」、このようなことは世人すべてがみな信じないのと同様、今、仏のいわれたことも、また信じがたい、と、こう仏に申し上げるのである。仏は先に、弥勒菩薩たちに、汝たちは信力を出して、よく忍んで聞けと言われた。それにもかかわらず弥勒はじめ一同の者たちはなお疑わざるを得なかった。それほど一会のものたちにとっては、釈迦牟尼仏がかくも多数の地涌の菩薩を教化してきたということが大きな驚きであり疑問であったのである。仏は、実語を語るものであるとは信じながら、弥勒は後の世の新《しん》発《ぼっち》意の菩薩たちが経を疑い、法を破ることがあってはなりませんからという理由で仏にその訳を御説明下さいと懇請するのである。この弥勒の更なる疑問に対して、仏が広くたとえを用いて説明されたのが次章の如来寿量品である。それ故、前節で、本章に説かれた地涌の菩薩が次章の寿量品が説かれる鍵になるといったのは、そういう意味である。また、この地涌の菩薩の出現を説く本章そのものが次章の寿量品のための大きな伏線であり、法華経中における本章の意義役割は、それに尽きる。

ところで、先述のように、弥勒の最初の問いに対して、仏は地涌の菩薩たちの住処と、その教化の師、それに彼らの受持している法について答えられた。その答えの中の偈文の最後に「我、久遠より来《このかた》、是《こ》れ等の衆を教化せり」ということばがあった。このことばの意味は、成道以来四十余年、現在こうして会衆の前で法華経を説き、やがて齢八十で入滅される現実の釈尊が、実は久遠の昔より寿命を保ち続けて教化を続けてきたのだ、ということである。弥勒たちはこの点に理解が届かなかったのであるが、この眼前の齢八十入滅の身近な釈尊（＝近）が、実は久遠の昔より寿命を保って今に至っていること（＝遠）を明かすことを「開近顕遠」（近を開いて遠を顕わす）という。本章では、このことが簡略にしか説かれていないので、「略開近顕遠」といい、次章の寿量品で弥勒や大衆に理解できるように広く詳説されるのでこれを「広開近顕遠」というのである。

また、このことは、三十五歳成道、八十入滅のこの現実の釈尊に対する従来の人々の見方、考え方（仏身観）を根底から変革するものである。寿命無量の仏とはどのような存在なのか、八十入滅の現実の仏との関係はどうなのか、といった仏の身体に関する問題がここから生じてくる。この問題は次章において扱うことにしよう。

爾時彌勒菩薩。欲重宣此義。而說偈言

佛昔從釋種　出家近伽耶　坐於菩提樹　爾來尚未久
此諸佛子等　其數不可量　久已行佛道　住於(1)神通力(1)
善學菩薩道　不染世間法　如蓮華在水　從地而踊(2)出
皆起恭敬心　住於世尊前　是事難思議　云何而可信
佛得道甚近　所成就甚多　願爲除衆疑　如實分別說
譬如少壯人　年始二十五　示人百歲子　髮白而面皺

是等我所生　子亦説是父　父少⑶而子老　擧世所不信
世尊亦如是　得道來甚近　是諸菩薩等　志固無怯弱
從無量劫來　而行菩薩道　巧於難問答　其心無所畏
忍辱心決定　端正有威德　十方佛所讃　善能分別説
不樂在人衆　常好在禪定　爲求佛道故　於下空中住
我等從佛聞　於此事無疑　願佛爲未來　演説令開解
若有於此經　生疑不信者　即當墮惡道　願今爲解説
是無量菩薩　云何於少時　教化令發心　而住不退地

(4)……　……(4)

(1)……(1)於神通力＝神通智力　(2)踊＝涌　(3)少＝小　(4)……(4)春日本には経題と巻数「妙法蓮華経巻第五」が入る。

爾《そ》の時に、弥勒菩薩、重ねて此《こ》の義を宣《の》べんと欲《ほっ》して、偈《げ》を説いて言さく、

「仏、昔、釈種《しやくしゆ》より　出家して伽耶《がや》に近く　菩提樹《ぼだいじゆ》に坐したまえり　爾《しか》しより来《このかた》、尚《なお》未だ久しからず。

此の諸《もろもろ》の仏子《ぶつし》等は　其の数量《はか》るべからず。　久しく已《すで》に仏道を行《ぎよう》じて　神通力に住せり。

善《よ》く菩薩の道《どう》を学して　世間の法に染まざること　蓮華の水に在るが如し　地より踊出《ゆじゆつ》し　皆、恭敬《くぎよう》の心を起して　世尊の前《みまえ》に住せり。

是《こ》の事《じ》、思議し難し　云何《いかん》ぞ信ずべき。　仏の得道は甚だ近く　成就したまえる所は甚だ多し。　願わく

は為《ため》に衆の疑を除き　実の如く分別し説きたまえ。
譬《たと》えば、少壮の人　年始めて二十五なる　人に百歳の子の　髪白くして面《おもて》皺《しわ》めるを示して　『是《こ》れ等《ら》、
我が所生なり』といい　子も亦《また》『是《こ》れ父なり』と説かん。
父は少《わか》くして子は老いたる　世を挙《こぞ》って信ぜざる所ならんが如く
世尊も亦《また》、是《かく》の如し　得道より来《このかた》、甚だ近し。　是の諸《もろもろ》の菩薩等は　志《こころざし》固くして怯弱《こうにゃく》無し。　無量劫よ
り来《このかた》　而《しか》も菩薩の道を行《ぎょう》ぜり。
難問答に巧みにして　其の心畏《おそ》るる所無く　忍辱《にんにく》の心決定《けつじょう》し　端正《たんじょう》にして威徳有り。　十方の仏の讃め
たもう所なり　善《よ》能く分別し説けり。
人衆《にんしゅ》に在ることを楽《ねが》わず　常に好んで禅定《ぜんじょう》に在り。　仏道を求むるを為《も》っての故に　下の空中に於いて住
せり。
我等は仏より聞きたてまつれば　此《こ》の事《じ》に於いて疑無し。　願わくは、仏よ、未来の為に　演説して開解《かいげ》
せしめたまえ。
若《も》し此《こ》の経に於いて　疑を生じて信ぜざること有らん者は　即ち当《まさ》に悪道に堕《お》つべし。願わくは、今、
為《ため》に解説したまえ。　是《こ》の無量の菩薩をば　云何《いか》にしてか少時に於いて　教化し発心せしめて　不退の
地に住せしめたまえる。」

〔訳〕その時に、弥勒菩薩は、重ねて以上の意義を宣べようとして、詩頌によって次のように述べた。
「仏は、昔、釈迦族の中から　出家して伽耶城《がやじょう》の近くで　菩提樹（の下）に坐られました。そ
うしてから今に至るまで、それほど長い時は経っておりません。(44)

この多くの仏の子たちは　その数が量ることもできないほどであります。（彼らは）長時にわたって仏道を修行してきており　神通と智慧の力を体得しております。(45)立派に菩薩の道を学習し　世の俗事に染まらないことは　ちょうど蓮華が（汚泥の）水中にあるかのようであります。大地から現われ出て　みな敬いの心をおこして　世尊の前にとどまっております。(46)

このことは思いも及びません。どうして信じられましょう。仏がさとりを開かれたのは非常に近いことなのに　それにしてはなされた事業は余りに多すぎるからであります。どうか願わくは、人々の疑いを除き、ありのままにことわけしてお説き下さいますよう。(47)

たとえば、若者の　年がやっと二十五になる人が　人に百歳になる子たちの　髪は白く顔がしわだらけのものをさして　『彼らは私のもうけた子です』といい、子もまた『この人は私の父です』と言ったとしましょう。(48)父は若いのに子は老いている　そのようなことは挙げて世は信じないでありましょう。(49)

世尊のことも、またそれと同様です。さとりを開かれてから、まだ非常に近いのに　それなのにこの多くの菩薩たちは　志が堅固で気おくれなく　はかりしれない劫の昔から　菩薩の道を修行してきているのです。(50)

むつかしい問答に長じていて　その心はおそれるものなく　忍耐の心が定まっており　（その姿なりは）端正で威徳があって　十方の仏たちが称讃されています。彼らはよくことわけして（法を）説き、(51)

大勢の人々の中にいることを望まず　つねに好んで禅定を修しております。　仏道を求めるが故に　下方の虚空に住しております。(52)

私たちは仏から親しくお聞きして、このことで疑いはありません。　どうか願わくは、仏よ、未来の（人々の）ために　演説して理解させて下さいますよう。(53)

もし、この経典に対して　疑いを生じて信じない者があれば　その者は即座に悪しき境遇に堕ちるでありましょう。どうか願わくは、今、解説して下さいますよう。　このはかりしれないほど多くの菩薩たちを　一体どうやって短い時間のうちに　教化し、発心させて　あともどりしない境地にとどまらせられたのでしょうか」と。(54)

《釈種》仏陀の出身部族の釈迦族のこと。釈迦（Śākya）という種姓の意。

以上の偈頌は、弥勒菩薩の仏に対する問いを重ねて偈で頌したもので、内容は長行とほぼ一致している。偈中の「不染世間法、如蓮華在水」の句は、大乗の菩薩のあり方を示すものとして古来より有名である。

以上で従地踊出品をおわり、次の寿量品でいよいよ久遠の本仏が明かされることになる。なお、八巻本では本章までが巻第五で次章から巻第六となる。

妙法蓮華經如來壽量品第十六(1)

爾時佛告。諸菩薩及。一切大衆。諸善男子。汝等當信解。如來誠諦之語。復告大衆。汝等當信解。如來誠諦之語。又復告諸大衆。汝等當信解。如來誠諦之語。是時菩薩大衆。彌勒爲首。合掌白佛言。世尊。唯願說之。我等當信受佛語。如是三白已。復言。唯願說之。我等當信受佛語。

(1)春日本には巻数数字「六」が入る。

爾《そ》の時に仏、諸《もろもろ》の菩薩及び一切の大衆《だいしゅ》に告げたまわく、「諸《もろもろ》の善男子よ、汝等《なんだち》当《まさ》に如来の誠諦《じょうたい》の語《ことば》を信解《しんげ》すべし」と。復《また》、大衆に告げたまわく、「汝等《なんだち》よ、当《まさ》に如来の誠諦《じょうたい》の語《ことば》を信解《しんげ》すべし」と。又復《またまた》、諸《もろもろ》の大衆に告げたまわく、「汝等《なんだち》よ、当《まさ》に如来の誠諦《じょうたい》の語《ことば》を信解《しんげ》すべし」と。是《こ》の時に、菩薩大衆、弥勒《みろく》を首《はじめ》と為《な》して、合掌《がっしょう》して仏に白《もう》して言《もう》さく、「世尊よ、唯《ただ》願わくは之《これ》を説きたまえ。我等、当《まさ》に仏の語《みこと》を信受したてまつるべし」と。是《か》の如く三たび白《もう》し已《おわ》って、復《また》、言《もう》さく、「唯《ただ》願わくは之《これ》を説きたまえ。我等《われら》、当《まさ》に仏の語を信受したてまつるべし」と。

〔訳〕その時、仏は菩薩たちと一会《いちえ》のすべての人々に告げられた。「善男子たちよ、汝たちは、如来の真実の言葉を信じ了解せよ」と。再び一会の人々に告げられた。

「汝たちよ、如来の真実の言葉を信じ了解せよ」と。(三たび) また大勢の一会の人々に告げられた。

「汝たちよ、如来の真実の言葉を信じ了解せよ」と。

この時、一会の大勢の菩薩たちは、弥勒を上首として、合掌して仏に申し上げた。

「世尊よ、どうかお願いいたします。これ (の訳) をお説き下さい。私たちは、必ず仏のお言葉を信じ受け入れましょう」と。

このように三度にわたって申し上げた後、また申し上げた。

「世尊よ、どうかお願い致します。これをお説き下さい。私たちは、必ず仏のお言葉を信じ受け入れましょう」と。


《如来誠諦之語》「誠諦」は、まこと、真実、の意。如来のうそ、いつわりのない真実の語の意。《信解》信じ了解すること。この原語には、adhi-$\sqrt{\text{muc}}$ (確信する) と abhi-śrad-$\sqrt{\text{dhā}}$ (信頼する、信じる) の二様があって、羅什は両者ともに「信解」と訳す。梵本は、ここでは後者の原語が使われている (p. 315, *l*. 2)。なお、上巻第四章の語注参照 (二八七頁)。

本章から如来寿量品に入る。ここに挙げた部分は、本章の出だしで、前章で弥勒菩薩を代表とする人々が、一様に懐いた驚きと疑問に対して、いよいよ仏が答えられようとするのである。冒頭、仏は三たびくりかえして「汝等よ、当に如来の誠諦の語を信解すべし」といましめられた。この仏の三誡に対して一座の大衆は三たび仏に対して「世尊よ、唯、願わくは、之を説きたまえ。我等、当に仏の語を信受すべし」と懇請し、そしてまた更に同じことを仏に重請した。ここまでが本段の部分である。次段で、仏はこれを承けて、四度目のいましめをされることになる。それで、この大衆の説法懇請と仏の誠とのくりかえしを三止三請重請重誡、あるいは四請四誡といい、こうした丁重な儀式を通じてこれからなされる仏の説法がいかに重要であるかを示唆している。

本章の分科を略出すると次のようになる。本章は……線で囲った部分、そのうち本段は……線で囲った部分に相当する。なお、七六四頁を参照。

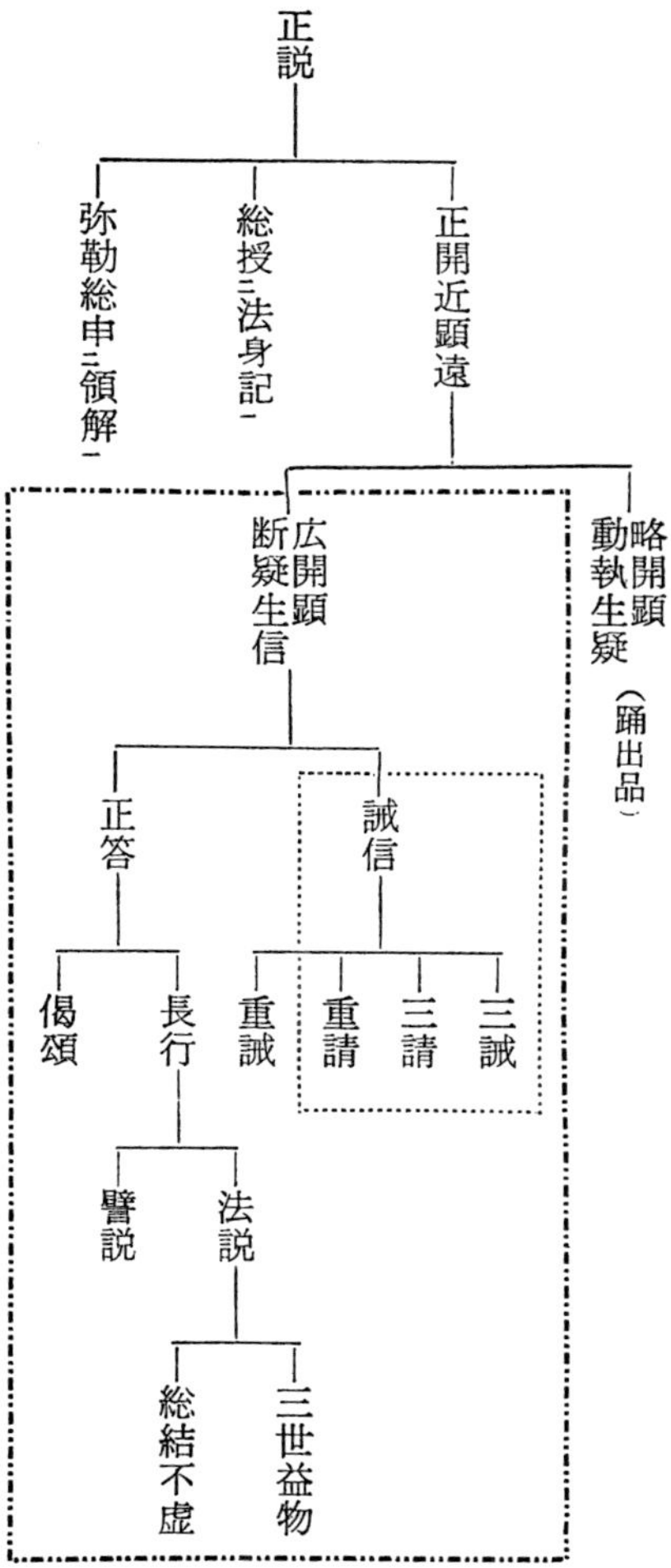

爾時世尊。知諸菩薩。三請不止。而告之言。汝(1)等諦聽。如來祕密。神通之力。一切世間。天人及。阿修羅。皆謂今釋迦牟尼佛。出釋氏宮。去伽耶城。不遠坐於道場。得阿耨多羅三藐三菩提。然善男子。我實成佛已來。無量無邊。百千萬億。那由他劫。譬如五百千萬億。那由他。阿僧祇。三千大千世界。假使有人。末爲微塵。過於東方。五百千萬億。那由他。阿僧祇國。乃下一塵。如是東行。盡是微塵。諸善男子。於意云何。是諸世界。可得思惟校計。知其數不。彌勒菩薩等。倶白佛言。世尊。是諸世界。無量無邊。非算數所知。亦非心力所及。一切聲聞。辟支佛。以無漏智。不能思惟。知其限數。我等住。阿惟越致地。於是事中。亦所不達。世尊。如是諸世界。無量無邊。爾時佛告。大菩薩衆。諸善男子。今當分明。宣語汝等。是諸世界。若著微塵。及不著者。盡以爲塵。一塵一劫。我成佛已來。復過於此。百千萬億。那由他。阿僧祇劫。自從是來。我常在此。娑婆世界。說法教化。亦於餘處。百千萬億。那由他。阿僧祇國。導利衆生。諸善男子。於是中間。我說燃燈佛等。又復言其。入於涅槃。如是皆以。方便分別。諸善男子。若有衆生。來至我所。我以佛眼。觀其信等。諸根利鈍。隨所應度。處處自說。名字不同。年紀大小。亦復現言。當入涅槃。又以種種方便。說微妙法。能令衆生。發歡喜心。

(1) 底本は「如」。高麗蔵は「汝」。大正蔵の誤り。今、改む。

爾《そ》の時に、世尊、諸《もろもろ》の菩薩の、三たび請じて止《や》まざることを知《し》ろしめして、之《これ》に告げて言《のたま》わく、「汝等《なんだち》よ、諦《あきら》かに聴《き》け。如来の秘密神通の力を。一切世間の天・人、及び阿修羅《あしゅら》は、皆、今の釈迦牟尼仏は、釈氏《しゃくし》の宮《みや》を出でて、伽耶城《がやじょう》を去ること遠からず、道場に坐して、阿耨多羅《あのくたら》三藐三菩提を得たまえりと謂《おも》えり。然るに善男子よ、我、実に成仏してより已来《このかた》、無量無辺百千万億那由他劫《なゆたこう》なり。

譬《たと》えば、五百千万億那由他阿僧祇《あそうぎ》の三千大千世界を、仮使《たとい》人有って、末《まつ》して微塵《みじん》と為《な》して、東方五百千万億那由他阿僧祇の国を過ぎて、乃ち一塵を下《くだ》し、是《かく》の如く東に行きて、是《こ》の微塵を尽くさんが如き、諸《もろもろ》の善男子よ、意《こころ》に於いて云何《いかん》。是《こ》の諸《もろもろ》の世界は、思惟《しゆい》し校計《きょうけい》して、其《そ》の数を知ることを得《う》べしや、不《いな》や」と。

弥勒菩薩等、倶《とも》に仏に白《もう》して言《もう》さく、「世尊よ、是《こ》の諸《もろもろ》の世界は、無量無辺にして、算数《さんじゅ》の知る所に非ず。亦《また》、心力《しんりき》の及ぶ所に非ず。一切の声聞《しょうもん》、辟支仏《びゃくしぶつ》、無漏智《むろち》を以《もっ》ても、思惟して其の限数《げんじゅ》を知ること能《あた》わじ。我等、阿《あ》惟越致地《ゆいおっちじ》に住すれども、是《こ》の事《じ》の中に於いては、亦《また》、達せざる所なり。世尊よ、是《かく》の如き諸の世界は、無量無辺なり」と。

爾《そ》の時に、仏、大菩薩衆に告げたまわく、「諸《もろもろ》の善男子よ、今、当《まさ》に分明《ふんみょう》に汝等《なんだち》に宣語《せんご》すべし。是《こ》の諸の世界の、若《も》しは微塵《みじん》を著《お》き、及び著《お》かざる者を、尽《ことごと》く以《もっ》て塵と為《な》して、一塵を一劫とせん。我、成仏してより已来《このかた》、復、此《これ》に過ぎたること百千万億那由他阿僧祇劫なり。是《こ》れより来《このかた》、我、常に此《こ》の娑婆《しゃば》世界に在《あ》って説法教化す。亦《また》、余処の百千万億那由他阿僧祇の国に於いても、衆生を導利《どうり》す。諸の善男子よ、是《こ》の中間《ちゅうげん》に於いて、我、燃《ねん》燈仏等《とうぶつとう》を説き、又復《またまた》、其《そ》れ涅槃《ねはん》に入ると言いき。是《かく》の如きは、皆、方便を以て分別《ふんべつ》せしなり。諸《もろもろ》の善男子よ、若《も》し衆生有って、我が所《もと》に来至するには、我、仏眼《ぶつげん》を以て、其《そ》の信等の諸根の利鈍《りどん》を観じて、応《まさ》に度《ど》すべき所に随《したが》って、処処に自《みずか》ら名字の不同、年紀の大小を説き、亦復《またまた》、現じて当《まさ》に涅槃に入るべしと言い、又、種種の方便を以《もっ》て、微妙《みみょう》の法を説いて、能《よ》く衆生をして歓喜の心を発《おこ》さしめき。

〔訳〕その時、世尊は、菩薩たちが三たびまでも懇請してやまないのを知られて、彼らに告げていわれた。

「汝たちよ、耳をかたむけてよく聴け、如来の秘密の神通の力を。あらゆる世間の天の神々と人間たち、及び阿修羅たちは、一様に現今の釈迦牟尼仏が、釈迦族の宮殿を出て（出家し）、伽耶《がや》の都城からほど遠くない、さとりの座に坐して、無上の正しいさとりを獲得したと思っている。しかしながら、善男子たちよ、私が仏となってからこのかた、実は無量無辺の百千万億ナユタ劫という無限の長時が経っているのだ。

たとえば、五百千万億ナユタ阿僧祇《あそうぎ》という膨大な数の全宇宙世界を、人がすりつぶして粉末の微塵にしたとして、東方の五百千万億ナユタ阿僧祇という数の国々を過ぎて、そこで一つぶの微塵を下に置くとしよう。このようにして東に向かい、このすべての微塵を置き尽くしたとする。善男子たちよ、このことをどう思うか。（通り過ぎた）この多くの世界（の数）は、考えたり計算したりして、その数を知ることができるか、どうか」と。

弥勒菩薩らは、ともども仏に申し上げた。

「世尊よ、この多くの世界は、無量にして無辺であり、計算によって知れるものではありません。また、心の働きの及ぶところでもありません。あらゆる声聞、独覚たちも、その清らかな智をもってしても、考えてその数の限りを知ることはできません。（菩薩である）私たちは（さとりに向かっての）不退転の階位にありますが、それでもこのことに関しては、私たちが及ぶところではありません。世尊よ、このような多くの世界（の数）は、無量にして無辺であります」と。

その時、仏は大菩薩たちに次のように告げられた。

「善男子たちよ、今こそ、明らかに汝たちに宣べ語ろう。この多くの世界の、微塵を置いたものも、置かなかったものも、すべてあわせて塵となし、その一つの塵を一劫としよう。私が仏となってからこのかた、(その経過した劫数は)この(一塵を一劫として数えた)数よりも、さらに百千万億ナユタ阿僧祇劫も多いのだ。その時から今に至るまで、私は、つねにこの娑婆世界にいて、説法し教化してきたのだ。また、他の世界の、百千万億ナユタ阿僧祇の国々においても衆生を導き、利あらしめてきた。善男子たちよ、その間に、私は燃燈仏《ねんとうぶつ》などのことを説き、また、その仏が涅槃に入るとも説いてきた。(しかし)そのようなことは、すべて私が教化の手だてとしてはからったことなのだ。善男子たちよ、もし衆生たちが、私の所にやってきたならば、私は仏の(一切を知る)眼をもって、彼らの信などの素質の優劣を観察して、済度する相手に応じて、あちらこちらで、みずから、(仏の)名前が同じでないこと、(仏の)寿命の長い短いについて説き、またその姿を現わして、(まもなく)涅槃に入るであろうと言い、また種々の教化の手だてによって、すぐれた奥深い教えの法を説いて、衆生たちに歓喜の心をおこさせてきたのだ。

《如来秘密神通之力》 如来の秘密の神通の力。この句については、古来種々の解釈がある。天台では「秘密」について、「秘」とは一身即三身(法身・報身・応身)なること、「密」とは三身即一身なること、すなわち一身と三身の相即を「秘密」と解し、また、これまで説かなかったことを「秘」、ただ仏のみ知れることを「密」とすると解す(『文句』巻九下)。吉蔵は、「秘密」について、これまで説かれたことがないのを「秘」とし、その秘されてきた法が甚深であるのを「密」とする、と言って、天台の後者の解釈と同様の解釈を示す(『法華義疏』巻十)。また法相宗の慈恩大師基は、法身・報身の二身の本性が深妙なることを秘密というとする(『玄賛』巻九末)。次に「神通」については、天台では、法・報・応の三身のはたらきを「神通之力」と解し、吉蔵は、仏の寿命の長遠を短く示現することが神通であるとし、基は、化身が衆生に応じて現われるはたらきが神通であると解す。以上、吉蔵を除いてはみな仏身論からの解釈をなすが、仏身論については後に述べることにする。「秘密神通之力」の原語は adhiṣṭhāna-bala で、加持力、威神力の意（p. 316, *l*. 1）。**《釈氏宮》**仏陀出身の部族、釈迦族の宮殿の意。**《道場》**仏のさとりの場。具体的には、ガヤーの都城の近くの菩提樹下の金剛座をさす。ここではその意。後には意味が拡大されて、広く仏道修行の場を指すようになった。原語は bodhi-maṇḍa. **《五百千万億那由他阿僧祇》**五百×一千×一万×一千万（=億）×一千億（=那由他）$\times 10^{59} = 5 \times 10^{86}$という数になるか。上巻序品の語注「阿僧祇劫」（八八頁）、及び授記品の語注「三百万億那由他」（三六七―八頁）を参照。**《三千大千世界》**一世界を十億あつめた世界。今日の概念では一世界は一太陽系ほどに相当するから、それの十億倍の世界。上巻薬草喩品の語注を参照（三三六頁）。**《無漏智》**阿羅漢や仏の獲得している煩悩の汚れのない智慧。**《阿惟越致地》**さとりに対して、もはや退転することのない地位。原語は avaivartya-bhūmi. **《一塵一劫》**五百千万億那由他阿僧祇の三千大千世界（5×10^{95}個の世界）を粉砕して微塵とし、その一微塵を五百千万億那由他阿僧祇の国（5×10^{86}個の国土）を過ぎるごとに一粒づつ下してゆき、その微塵がすべて尽きた時、それら経過してきたすべての国土を再び微塵にして、その一塵を一劫と数えた劫数、これを五百塵点劫という。一劫という時間は磐石劫という測り方では、四方一ヨージャナ（一説に7・4㎞）の磐石を、百年に一度ずつ白氈で払拭して、摩耗によってその磐石が消失するまでの時間以上の時間をいうのであるから、五百塵点劫という時間はほとんど無限永遠の時間と同義であるといってよい。中国の注釈家光宅寺法雲などは、具体的な数であらわされている以上有限であって無限ではないとするが、法華経経典制作者の真意は、逆に具体的数字を挙げて、それによって計算を超えた無限を表現しようとしたものであろう。**《我説燃燈仏等》**燃燈仏（Dīpaṃkara）とは、過去世に出現して釈尊に成仏の予言を授けた仏。錠光《じょうこう》、あるいは普光《ふこう》と訳され、『修行本起経』『太子瑞応本起経』や『大智度論』などにその名が見える。本経では、序品において、妙光に教化せられて次々と仏となった日月燈明仏の八人の王子たちのうち、最後に仏となった王子が燃燈仏であると説かれている（本書上巻、九九頁）。しかし、この燃燈仏と釈尊とのつながりについては明らかにされてはいない。今の「我説燃燈仏等」の一文は、簡略に過ぎて言葉が足りないため、古来、二様に解釈されてきた。その第一は、私（＝釈迦仏）は燃燈仏などである、と説いてきた、と文意を理解するもの。すなわち、燃燈仏などの仏たちは、本仏釈尊が衆生教化のために方便として示現した応現仏であり、本来は釈尊と同体であるとする説である（天台以前の旧釈と基の『玄賛』など）。古来、この解釈が一般的で、この文意をより明瞭にするため、わが国の頂妙寺版などの訓みは「我、燃燈仏等と説き」となっており、岩波本でも「われは燃燈仏等なりと説き」と訓まれている（下巻、一六頁）。第二の解釈は、この一文においては、燃燈仏と釈迦とは別仏であるとする説である。この解釈は天台のもので、天台は、第一の説を批判して斥け、自らは、今のこの一文に続いて、「又復言其入於涅槃、如是皆以方便分別」までの経文は、法華経以前に説かれた釈迦仏というものに対する人々の認識を払底させるためのものだと解釈する。すなわち、これまで法華経以前の経では、釈迦仏は燃燈仏のもとで修行し、燃燈仏より成仏の予言を授けられたと説かれていた。しかし、それはすべて方便であって、実説ではないとして、これまでの釈迦（＝迹）に対する認識を改革させる、というのが経の文意だとするのである。このように経意を解釈するから、「我説燃燈仏等」の文意は、私（＝釈迦仏）は、燃燈仏などのことを説いてきた、という意味になり、この場合は第一の解釈の、燃燈仏即釈迦仏という意味ではなく、（後に実説ではないと否定されるけれども）燃燈仏と釈迦仏とは別仏であるということになる。この解釈は、まわりくどい解釈であるが、開迹顕本ということを強く意識したためと、直接的にはこの一文を「我、燃燈仏等を説き」と訓読されるような理解をしたためであろう。この方が漢語としてはすなおな読み方である。ちなみに、この後の経文「其入於涅槃」については、これは燃燈仏の入滅のことではなく、燃燈仏のもとでの菩薩としての釈迦仏の入滅について述べたものであるとする（以上『文句』巻九下）。しかし、この解釈は不可。ここでは訓読は頂妙寺版のそれを改めて、漢語としてよりすなおで、かつ梵文ともそぐう「我、燃燈仏等を説き」とする。これは後に方便と明かされて、結局、文意は同じことになる。梵文では“mayā kulaputrā atrāntarā tathāgatā arhantaḥ samyaksambuddhā parikīrtitā dīpaṃkaratathāgata-prabhṛtayas teṣāṃ……”(p. 317. ll. 10—11)〈善男子たちよ、私は、その間に、デーパンカラ如来をはじめとする、如来・応供・正等覚者たちを称讃した〉とある。《信等諸根》さとりに至るための五種の素質・能力（五根）を指す。㈠信根（śraddha-indriya)、㈡精進根（vīrya-i°)、㈢念根（smṛti-i°)、㈣定根（samādhi-i°)、㈤慧根（prajñā-i°)、以上の五種をいう。仏は衆生のこうした能力の優劣を観察して、それぞれの機根に最もふさわしい説法をなす。これを対機説法という。《名字不同、年紀大小》「名字不同」とは、本仏がさまざまな仏となって応現するが、その仏の姿の相異に応じてさまざまな名字の異なりがあるということ。「年紀大小」とは、その応現した仏が世に住する期間（すなわち仏の寿命）がそれぞれ長短があることをいう。《亦復現言、当入涅槃》仏の入滅を示すことによって済度することができるものには、仏の滅度をかりに示現してみせ、「涅槃に入るであろう」と告げる、という意味。

本段から、弥勒菩薩を上首とする大衆と仏との三止三請重請重誡のやりとりの後、いよいよ寿量品の説法が始まる。ここでは有名な五百塵点劫が説かれ、仏の成道は伽耶城のほとりで近時数十年前になされたものでなく、実は、はるか久遠の昔になされたものであるということがはじめて明かされる。そして、はるか昔より今に至るまで、仏はずっと衆生教化を続けてきたのだ、と明かされる。

本段の科文を示すと（七七九頁参照）、「誠信」段の中の「重誠」と、「正答」段の中の長行の「法説」中の「三世益物」部分のうちの「過去益物」の部分に相当する。

- 正答
  - 長行
    - 法説
      - 三世益物
        - 過去益物
        - 現在益物
      - 総結不虚
    - 譬説
  - 偈頌

諸善男子。如來見諸衆生。樂於小法。德薄垢重者。爲是人說。我少出家。得阿耨多羅三藐三菩提。然我實成佛已來。久遠若斯。但以方便。教化衆生。令入佛道。作如是說。諸善男子。如來所演經典。皆爲度脫衆生。或說己身。或說他身。或示己身。或示他身。或示己事。或示他事。諸所言說。皆實不虛。所以者何。如來如實知見。三界之相。無有生死。若退若出。亦無在世。及滅度者。非實非虛。非如非異。不如三界。見於三界。如斯之事。如來明見。無有錯謬。以諸衆生。有種種性。種種欲。種種行。種種憶想。分別故。欲令生諸善根。以若干因緣。譬喩言辭。種種說法。所作佛事。未曾暫廢。如是我成佛已來。甚大久遠。壽命無量。阿僧祇劫。常住不滅。

諸善男子。我本行菩薩道。所成壽命。今猶未盡。復倍上數。然今非實滅度。而便唱言。當取滅度。如來以是方便。教化衆生。所以者何。若佛久住於世。薄德之人。不種善根。貧窮下賤。貪著五欲。入於憶想。妄見網中。若見如來。常在不滅。便起憍恣。而懷厭怠。不能生[1]。難遭之想。恭敬之心。是故如來。以方便說。比丘當知。諸佛出世。難可値遇。所以者何。諸薄德人。過無量。百千萬億劫。或有見佛。或不見者。以此事故。我作是言。諸比丘。如來難可得見。斯衆生等。聞如是語。必當生於。難遭之想。心懷戀慕。渴仰於佛。便種善根。是故如來。雖不實滅。而言滅度。

又善男子。諸佛如來。法皆如是。爲度衆生。皆實不虛。

(1)生＝生於

諸《もろもろ》の善男子よ、如来は諸《もろもろ》の衆生の、小法を楽《ねが》える徳薄垢重《とくはつくじゅう》の者を見ては、是《こ》の人の為《ため》に、『我、少《わか》くして出家し、阿耨多羅三藐三菩提《あのくたらさんみゃくさんぼだい》を得たり』と説く。然《しか》るに、我、実に成仏《じょうぶつ》してより已来《このかた》、久遠なること斯《かく》の若《ごと》し。但《ただ》、方便を以《もっ》て、衆生を教化して仏道に入らしめんとして、是《かく》の如き説を作《な》す。諸《もろもろ》の善男子よ、如来の演《の》ぶる所の経典は、皆、衆生を度脱《どだつ》せんが為《ため》なり。或《あるい》は己身《こしん》を説き、或《あるい》は他身を説き、或《あるい》は己身《こしん》を示し、或《あるい》は他身を示し、或は己事《こじ》を示し、或《あるい》は他事を示す。諸《もろもろ》の言説《ごんぜつ》する所は、皆《みな》実にして虚《むな》しからず。所以《ゆえ》は何《いか》ん。如来は如実に三界の相を知見《ちけん》す。生死《しょうじ》、若《も》しは退《たい》、若《も》しは出《しゅつ》有ること無く、亦《また》、在世、及び滅度の者無し。実《じつ》に非《あら》ず、虚《こ》に非ず、如《にょ》に非ず、異に非ず、三界の三界を見るが如くならず。斯《かく》の如《ごと》きの事、如来は明らかに見て、錯謬《しゃくみょう》有ること無し。諸《もろもろ》の衆生に、種種の性《しょう》、種種の欲、種種の行、種種の憶想分別《おくそうふんべつ》有るを以《もっ》ての故に、諸の善根を生ぜしめんと欲《ほっ》して、若干《そこばく》の因縁《いんねん》・譬喩《ひゆ》・言辞《ごんじ》を以て、種種に法を説く。所作《しょさ》の仏《ぶっ》事、未だ曾《かっ》て暫《しばら》くも廃せず。是《かく》の如く、我、成仏してより已来《このかた》、甚だ大いに久遠《くおん》なり。寿命は無量阿僧祇劫《あそうぎこう》なり。常住にして滅せず。諸《もろもろ》の善男子よ、我、本《もと》、菩薩の道を行《ぎょう》じて成《じょう》ぜし所の寿命、今猶《いまなお》、未《いま》だ尽きず。復《また》、上《かみ》の数に倍せり。然るに、今、実の滅度に非ざれども、而《しか》も便《すなわ》ち、唱えて『当《まさ》に滅度を取るべし』と言う。如来は是《こ》の方便を以て衆生を教化す。所以《ゆえ》は何《いか》ん。若し仏、久しく世に住《じゅう》せば、薄徳《はくとく》の人は善根《ぜんごん》を種《う》えず、貧窮下賤《びんぐげせん》にして、五欲に貪《とん》著《じゃく》し、憶想妄見《おくそうもうけん》の網《あみ》の中に入りなん。若《も》し、如来は常に在《あ》って滅せず、と見ば、便《すなわ》ち憍恣《きょうし》を起《おこ》して厭怠《えんだい》を懐《いだ》き、難遭《なんぞう》の想《おもい》、恭敬《くぎょう》の心を生ずること能わじ。是《こ》の故に如来、方便を以て説く。『比丘《びく》よ、当《まさ》に知るべし。諸仏の出世には、値遇《ちぐう》すべきこと難《かた》し』と。所以《ゆえ》は何《いか》ん。諸《もろもろ》の薄徳《はくとく》の人は、無量百千万億劫を過ぎて、或《あるい》は仏を見る有り、或は見ざる者あり。此《こ》の事《じ》を以《もっ》ての故に、我、是《こ》の言《ことば》を作《な》す、『諸《もろもろ》の比丘《びく》よ、如来は見ること得べきこと難《かた》し』と。斯《こ》の衆生等《ら》、是《か》の如き語《ことば》を聞いては、必ず当《まさ》に難遭《なんぞう》の想《おもい》を生じ、心に恋慕《れんぼ》を懐《いだ》き、仏を渇仰《かつごう》して、便《すなわ》ち善根《ぜんごん》を種《う》ゆべし。是《こ》の故に如来は、実に滅せずと雖《いえど》も、而《しか》も滅度すと言う。

又、善男子よ、諸仏如来は法、皆、是《か》の如し。衆生を度せんが為《ため》なれば、皆、実《じつ》にして虚《むな》しからず。

〔訳〕善男子たちよ、如来（である私）は、衆生たちが、劣った教法を望み、徳は薄く、けがれが多いのを見て、これらの人々のために、『私は若くして出家し、この上ない正しいさとりを得た』と説く。しかし、実際には私が仏となってから今までに、はるかに久しい時が経っていることは、先のとおりである。教えの手だてによって、衆生を教化して仏道に入らせようとするからこそ、このようなことを説くのだ。善男子たちよ、如来が演説する経典は、すべて衆生を救済し解脱させるためのものである。（仏は）ある場合には自己自身を説き、ある場合には（釈迦牟尼仏以外の）他の身体を説く。ある場合には自己の身体を示現し、ある場合には（釈迦牟尼仏以外の）他の身体を示現する。ある場合には自己の（仏としての）おこないを示し、ある場合には（仏以外のものとしての）おこないを示してみせるのである。(その場合、仏が)説くさまざまな教えは、すべて真実であって、いつわりではない。それはなぜであるかといえば、如来は、その智慧によって、三界のありさまをありのままに見るからである。すなわち、(三界には)生まれたり、死んだりすることはなく、あるいは、消滅したり、出現したりすることもなく、また世に存するとか、涅槃するということもない。真実でもなく、虚偽でもなく、そのままのありかたでもなく、別のありかたでもない。三界(に住む凡夫)が三界を見るようでもない、ということなのだ。

このようなことがらを、如来は明らかに見て、誤りがあることはない。衆生たちには、種々の本性、種々の欲望、種々のおこない、種々のおもわくがあるので、彼らのさまざまな善根を生じさせようとして、いわれや譬えや言葉による説明によって、種々に法を説くのであって、仏としてなすべきことを、いまだかつてほんのしばらくの間もなさなかったことはないのだ。

このように、私が仏となってから今に至るまで、極めて久しい時が経っている。(私の)寿命は、はかりしれないほどの無数の劫数であり、つねに存在しており、滅するということはない。善男子たちよ、私がもともと、菩薩としての修行を行なって獲得した寿命は、今もなお尽きてはいない。それどころか、先に言った数の二倍の寿命があるのだ。しかしながら、今は、真実の入滅ではないが、(教化の手だてとして)『私は入滅する』と宣言する。如来はこの教化の手だてによって衆生を教化するのだ。なぜならば、もしも仏が、久しくこの世に在世していたならば、徳の薄い人は善根を植えることをせず、貧に窮して賤しく、感官の欲望にとらわれて、あれこれの思いと、妄りな見解の網の中に入りこんでしまうからであり、もし如来が、常に存在して滅することはないと見たならば、おごり高ぶる勝手な心をおこし、うみ怠ける心を懐いてしまい、仏には遇いがたいのだという思いと、仏に対するうやまいの心とを生ずることができないからである。それ故に、如来は教化の手だてとして、『比丘たちよ、知らなければいけない。仏たちのこの世への出現に出遇うということは難しいことなのだ』と説くのである。なぜならば、徳薄き人々は、はかりしれない百千万億という劫を経過した後、あるいは仏に出会うものもあり、あるいは出会わないものもあるからである。このことのために、私は次のように語るのだ。『比丘たちよ、如来に会うことができるのは難しいことなのだ』と。

これらの衆生たちは、このようなことばを聞けば、必ずや仏に出会うことは難しいという思いを生じ、心に仏を慕う心をおこし、仏を熱心に慕い求めて、善根を植えるであろう。それ故に、如来は真実には滅することはないのであるが、しかも入滅すると言うのである。また、善男子よ、多くの仏、如来たちは、（教化の）法として、みなこのようにするのだ。衆生を救済するためであるから、（そのような教化の方法としてのことばは）すべて真実であって、いつわりではないのだ。

《或説己身、或説他身》「己身を説く」とは、釈迦仏が自身について説くこと、「他身を説く」とは、釈迦仏が自身以外の阿弥陀仏などについて説くことの意。注釈家によって解釈が分かれる。今の解釈は吉蔵『法華義疏』（巻十）によった。基の『玄賛』（巻九末）も同じ。ただし、天台は、「己身を説く」とは、法身を説くこと、「他身を説く」とは、応身を説くこと、と解す（『文句』巻九下）。**《或示己身、或示他身》**釈迦本仏が、衆生教化のための方便として、自己の身を示現したり、あるいは他の阿閦《あしゆく》仏、毘婆尸《びばし》仏などの身を示現したりすること。己身にしろ、他身にしろ、いずれにしても過去無量劫以来の釈迦本仏によって、教化のための方便として衆生の前に示現された身体である。**《或示己事、或示他事》**「事」とは、仏としての事業、すなわち、降魔成道・説法・涅槃などの意に解す。吉蔵『義疏』では、「己事を示す」とは、三変土田のこと、「他事を示す」とは、香積仏の仏国土を示すことと解し、基の『玄賛』では、前者は、現じて釈迦となり、降魔成道し、説法し、神通を現わすことと解し、後者については、大通智勝仏となって、神通力を示して大地を動かし、光を放って成道するなどの事業を示すことと解す。なお「或説己身」から「或示他事」の六句について、六の「或」が冠されているので、この六句を「六或示現」あるいは「六或の法門」という。天台は、この六或示現は、仏の慈悲心によって形（身体）・声（音声）の二益を衆生に垂れたものと解し、「或説」は形益、「或示」は声益を表現したものと解した（『文句』巻九下）。ただし、梵本では、"tathāgataḥ……bhāṣata ātma-upadarśanena vā ātma-ārambaṇena vā para-ārambaṇena vā……" (p. 318, *ll.* 6—7)〈如来は、自己を示現したり、自己を根拠としたり、あるいは他人を根拠にしたりして語った〉とあって、六句とはなっていない。**《如実知見、三界之相》**如来は、その智慧によって三界のありさまをありのままに見る、という意。三界は、衆生の生存する三種の境界で、衆生にとっては煩悩、業によって生死をくりかえす迷いの世界である。しかし、この三界の苦縛を脱し、さとりを得た仏の眼から三界を見たならば、この三界も、またそこに住する衆生たちも、本来のあり方そのままに映ずる、という意。地上から離れ、眼下に地球を丸い球体として一望の下に見たという、いわば「神の眼」を持つ人間となったアメリカのアポロ宇宙船の飛行士たちは、宇宙船周回軌道から地球を眺めた時に、地上のあらゆる相対差別―美醜や大小、貧富、優劣、人種の違いなどといったものが、一時に解消されて消滅し、絶対平等の世界として映じたという（立花隆『宇宙からの帰還』）。彼らの体験は、幾分なりとも、仏の見る眼に近いといえるか。**《無有生死、若退若出》**「生死」は、生まれることと死ぬこと。「退」は死ぬこと、「出」は生まれること、に同じ。如来の眼から見たならば、迷いの凡夫である三界の衆生も本来のあり方から離れたものでなく、生死輪廻による生き死にも存在しない、という意。**《亦無在世、及滅度者》**「在世」とは、この世に存すること、すなわち迷いの生存をとること、「滅度」とは、その対極として、迷いの生存を脱して涅槃に入ることと解す。つまるところ、三界には、本来迷いも悟りもないという意。これは天台の解釈（『文句』巻九下）。しかし、吉蔵は、この二句を諸仏の起滅についていったものと解釈する（『義疏』巻十）。梵文では、"...na saṃsarati na parinirvāti..." (p. 318, *l*. 9)〈輪廻せず、般涅槃せず〉とある。**《非実非虚》**真実でもなく、また虚偽でもない、という意。三界の絶対的なあり方は、真実とかその対極としての虚偽とかいう一方的なあり方、もしくは二極相対のあり方でなく、それらを超えたところにある、という意。**《非如非異》**天台の『文句』は、「如」とは、出世の真如、「異」とは、世間の隔異、と解す。吉蔵は、この句を法身についていったものと解す。すなわち、上の生・死・退・出・在世・滅度の六項の否定によって、惑者は法身は「実」であると思いこむのを防ぐために「非実」といい、「非実」と聞いて「虚」と思いこむのを防ぐために「非虚」と説いたという。さらに「非実非虚」と聞いて、法身は真如・法性に等しいと思いこむのを防ぐために「非如」といい、「非如」と聞いて、異体であると思いこむのを防ぐために「非異」というのだ、と解釈している（『義疏』巻十）。また、世親の『法華論』は、実・虚・如・異という四種の相をとるものは無常法であるとし、その四種の相の否定によって法身の常住の義をあらわす、と解釈する。しかし、前項の「非実非虚」と今の句とを、法身についていったものと解するよりも、三界のあり方について、あれこれであるとかいう一方的なとらわれの見解を否定したものと解釈した方がより経意に近いであろう。**《不如三界、見於三界》**如来が三界を見るのは、三界の凡夫が三界を見るのとは、その見方が異なる、という意。**《種種性、種種欲、種種行、種種憶想分別》**「性」とは、本性、「欲」とは、欲望の意。「行」は、おこない、「憶想分別」とは、あれこれめぐらす心の思い、のこと。原語はsaṃjñā-vikalpa.《**因縁・譬喩・言辞**》仏が説法に用いる形式で、「因縁」とは、過去のいわれ、由来を語ること、「譬喩」とは、たとえによって説くこと、「言辞」とは、言葉による説明である。《**我本行菩薩道、所成寿命、今猶未尽**》仏が、過去に菩薩としての修行をなすことによって獲得したその寿命が、今もなおまだ尽きてはいない、という意。ただし、梵本では、**na ca tāvan me kulaputrā adyāpi paurviko bodhisattvacaryā apariniṣpāditā āyuṣpramāṇam apy aparipūrṇam**/ (p. 319, *ll.* 2—3) 〈善男子たちよ、私の過去世における菩薩としての所行が完成していないばかりでなく、私の寿命の量もまだ満ちてはいない〉とあって、菩薩の所行と寿命とを分け、そのどちらも終っていないとする。《**憶想妄見**》あれこれの思いと、妄りな誤った見解。《**憍恣**》おごりたかぶりと放恣の心。《**諸仏如来、法皆如是**》この句中の「法」は、仏の説法教化の儀式、方法の意に解す。諸仏如来はおしなべて、衆生教化のために、方便として、実際には入滅するということはないのに、仮に入滅のさまを示すという説法の方法を取る、という意。

本段では、前段ではじめて説かれたように、釈迦仏は、本来久遠実成の仏であるのに、それが、出家・成道・説法・入滅といったあり方を示すのは、すべては衆生教化のための方便であるということが明かされる。仏がいつまでも世に住するならば、薄徳の人は五欲にまみれ、善根を積むことなく、仏には遇いがたいものだという思いも、仏を敬う心もおこさないだろう。それで仏はそのような衆生を教化するため、実際に滅度するのでなく、方便としてかりに入滅の姿をとるのだ（非滅現滅）、という。久遠の本仏の応現について示すのが「或説己身……或示他事」の六句の「六或の法門」であり、また、仏が種々に衆生に説くことばがすべて真実であることを裏づけているのが仏の智慧としての「六句の知見」である。それは㈠「如来如実知見三界之相。無有生死、若退若出」、㈡「亦無在世、及滅度者」、㈢「非実非虚」、㈣「非如非異」、㈤「不如三界見於三界」、㈥「如斯之事、如来明見、無有錯謬」の六句である。これらはいずれも般若の空にもとづいた仏の智慧である。本段の科文を略して示すと左のようになる。本段は、「三世益物」中の「現在益物」と、「総結二不虚一」の部分に相当する（七七九、七八七頁参照）。

- 法説
  - 三世益物
    - 過去益物
    - 現在益物
      - 明二機感一
      - 明二応化一
        - 非生現生
        - 非滅現滅
  - 総結二不虚一
    - 明二仏出世必先施一レ三
    - 明三皆為二化物一
    - 明三皆非二虚妄一

一　久遠の本仏

前章踊出品において、釈迦牟尼仏は大地の下方の虚空界から六万恒河《こうが》沙《しゃ》という多くの大菩薩たちを召し出された。この多くの菩薩たちは、その昔より、みな釈迦牟尼仏の教化を受けてきたものばかりであるという。この時、会座《えざ》に列なるすべての人々は、一様にみな深い疑問を懐いた。なぜなら、伽《が》耶《や》城のほとりで仏が成道《じょうどう》されてから今に至るまで四十余年なのに、一体これほど多くの菩薩たちを教化されたとはどういうわけか。しかも、この菩薩たちは久遠の昔から無量無辺の仏たちのもとで菩薩道を完成し、常に梵行《ぼんぎょう》を修してきたという。これでは、まるで二十五歳の青年が百歳の老人をわが子と呼ぶようなものではないか、と、このように考えたからである。この右の疑問を一座を代表して仏に問うたのが弥勒菩薩であった。ここまでが前章で説かれたことである。そして、いよいよこの疑問に対する答えが明かされるのが本章寿量品である。

さて、本章の劈頭、釈迦牟尼仏は、会座に列なる菩薩たち、および一切の大衆に対してこう告げられた。

諸《もろもろ》の善男子よ、汝等当《なんだちまさ》に如来の誠諦《じょうたい》の語《ことば》を信解すべし。

と。如来の真実の言葉をまず信じよ、といわれたのである。この同じ言葉を仏は三度にわたって繰り返された（三誡）。それに対し、大衆もやはり三度にわたって「世尊よ、唯《ただ》願わくは、これを説きたまえ。我等、当《まさ》に仏の語《みこと》を信受したてまつるべし」と懇請し（三請）、さらに今一度くりかえして請うた（重請）。仏はこれを承けられて、「汝等よ、諦《あきら》かに聴け、如来の秘密神通の力を」といわれ（重誡）、これからいよいよ仏の説法が始まるのである。以上のような三誡三請重請重誡のやりとりの後に語られた仏の説法の内容は、これまでの釈迦牟尼仏に対する人々の見方認識をその根底からくつがえすほどの衝撃的なものであった。仏は先の重誡の語のあとにこういわれた。

一切世間の天・人、及び阿修羅は、皆、今の釈迦牟尼仏、釈氏の宮を出でて、伽耶《がや》城を去ること遠からず、道場に坐して、阿耨多羅三藐三菩提を得たまえりと謂《おも》えり。然るに善男子よ、我、実に成仏してより已来《このかた》、無量無辺百千万億那由他劫なり。

と。人々ばかりでなく、神々も阿修羅も、みな今の釈迦牟尼仏が、出家後に伽耶城のほど近くで近時に成道し正覚を得られたと思っているが、実はそうではない。今の仏、釈迦牟尼仏は、はるか久遠の昔に成道し、すでに無量無辺百千万億那由他劫という無限に永い時間が過ぎているというのだ。この仏の説法を聞くまで、あらゆる人々、神々も、阿修羅も、みなすべて、目前の釈迦仏は我々と同じように生まれ、同じように年老いてゆき、やがてこの世から消えてゆくとばかり思っていたのだ。それがそうでなく、実は、はるか昔にすでに成道していたのだといわれる。そして、その釈迦仏の上を過ぎてきた時間は五百億塵点劫《じんてんこう》という無限に永い時を過ぎること百千万億那由他阿僧祇《あそうぎ》であると説かれ、この間、釈迦牟尼仏は、常にこの娑婆世界にあって説法教化を続けてこられたという。これが従来の仏身に対する見方の一大変革でなくて何であろうか。この寿量品の説法にによって、八十歳入滅の現実の釈迦牟尼仏が、永遠の生命を生きる不滅の仏と明かされたのである。この寿量品の説法で明かされた永遠の仏を「久遠の本仏」という。本仏とは、迹仏に対することばである。我々と同じように生まれ滅してゆく仏の本源に、永遠不滅の仏があり、この不滅の仏の応現が現実の釈迦仏である、と、こう考えてきたことばである。久遠より不滅の仏は、衆生教化のために種々に身を現じ、「もし衆生有って、我が所《もと》に来至するには、我、仏眼を以て、其の信等の諸根の利鈍を観じて、応《まさ》に度すべき所に随って、処処に自ら名字の不同、年紀の大小を説き、亦復《またまた》、現じて当《まさ》に涅槃に入るべしと言い」と説かれるのである。それ故、永遠不滅の仏を本仏とし、そこから応現して現実に姿をあらわして法を説く仏を迹仏とするのである。しかし、注意しなければならないのは、本仏といい、迹仏といっても、仏に本迹の二仏があるのではないということである。また、永遠不滅なる仏としての本仏がすぐれたものであり、その応現としての生滅の姿をとる迹仏はそれより一段価値の低いものであるとするような優劣論などは、経の意から全く乖離するものである。経にはもともと「本」とか「迹」ということは全然説かれていない。あくまで現実の具体的な釈迦牟尼仏がそのまま永遠不滅の仏であると説かれているのみである。この点は後述するが、ともかく「本・迹」という考え方は、後世、寿量品で説かれた永遠の仏と、現実の仏とをどう考えるかということからいわれたものである。経の原意は、あくまでもこの現実の具体的な釈迦牟尼仏を通して、あるいは釈迦牟尼仏そのものの上に仏の永遠性を見ようとするものである。われわれが、仏について、出世されたとか、入滅されたとか、生滅のすがたのもとに仏を見るのは、それはわれわれが凡夫の眼で仏を見るからである。経はこのことを、「六句知見」といわれる第一、第二句で「如来は如実に三界の相を知見す。生死、若しは退、若しは出あることなく、亦、在世及び滅度の者無し」という。如来のありのままにものを見る眼で見るならば、生死とか、在世・滅度というような生滅の相はなく、本来常住である。それ故、そのような眼をもって仏を見る者には、仏は常に現実の具体的な姿をもって、いつの世にあってもその者の前に在るのである。さて、釈迦牟尼仏は、久遠の昔に成道し、爾来、常にこの娑婆世界にあって、説法教化を続けてきており、その寿命も今なお尽きず、残された寿命の量は、これまでの劫数に倍するという。しかし、今、釈迦牟尼仏は真実の入滅ではなく、方便として仮りの入滅の姿をとって人々にそれを示し、衆生教化にあたるという。それはなぜか。もしも、如来が常住で、つねに世に在って入滅しないというのであれば、徳薄き人々は善根を種えず、五欲に耽溺し、その結果、邪悪な見解の中に堕ちこんでしまう。また、倦怠の心を生じ、仏には遇いがたいのだという想いも、仏を恭敬するという想いも生じないであろうからである。そこで、仏はそのような衆生を救済するために、仮りの滅度を人々に示し、人々の心に仏に対する恋慕を懐かせ、仏を渇仰《かつごう》する心を起こさしめるのである。このように、衆生教化のために真実の滅度ではなく、仮りの滅度を示す、すなわち、不滅の滅を現じるというのが、永遠の生命を保つ釈迦牟尼仏の滅度の意味である。したがって、釈迦牟尼仏が入滅するといっても、それは釈迦仏という存在がこの世から消え去るということではない。仮りにその姿を消すというにすぎない。後の「自我偈」と呼ばれる偈頌には、「我、常に此に住すれども　諸《もろもろ》の神通力を以て　顚倒《てんどう》の衆生をして　近しと雖も而も見えざらしむ」とあって、心の顚倒した者には釈迦牟尼仏の姿を見させない、といい、「既に信伏し　質直にして意《こころ》柔軟に　一心に仏を見たてまつらんと欲して　自ら身命を措まざる」者には、仏はその姿をあらわすとあるのは、以上のことをいったものである。

　さて、以上のような本章においてはじめて説かれた久遠実成の仏について、これを仏身論の上からどのように考えるかということで、古来さまざまな解釈が行なわれてきた。仏身論は大乗仏教において、仏のはたらきや属性などの面から仏陀の身体についてさまざまに考究されてきたもので、二身説、三身説、四身説などが段階的に成立した。大体、龍樹のころ（三世紀中葉）には二身説（『大智度論』には、法身と生身とが説かれている）が成立しており、世親（四世紀—五世紀）の『法華経論』に至って、三身説があらわれた。三身説にも種々あるが、世親の三身説は、法身・報身・応身の三身説で、これが仏身論では最も一般的に用いられている。法身（dharma-kāya）とは、仏の悟った真理を人格化した仏であり、これは真理そのものを体とする仏であるから常住不変、不滅の真理仏である。したがって、これは無始無終である。この真理仏に対して、現実の肉体を有し、我々と同じく寿命が尽きれば滅する仏を応身（nirmāṇa-kāya）という（応化身・化身とも）。なぜ応身というかといえば、衆生教化のために、真理仏が教化の対象に応じて種々に身体を現じて、ある特定の場所に応現した仏と考えるからである。これは有始有終である。現実の歴史上の釈迦はこの応身仏である。報身（saṃbhoga-kāya）は、以上の二身を補完する性格のもので、三身中、最も完成した理想の仏とされる。それは、因行果徳身ともいわれるように、仏になるための修行（因行）が完成し、その結果として得られた仏の智慧（果徳）を身体とする仏であるからである。法身は真理そのものを体とするのであるから常住不変で普遍的ではあるが、ここには仏としての人格などの具体性を全く欠いている。応身は、現実的であり、かつ具体性に富んではいるが有限な存在である。しかし、報身は智慧という人格性をそなえるとともに、同時にその智慧は真理という悟りの智慧にほかならないから法身としての性格も兼ねそなえている。それ故、具体性を有しつつ、しかも普遍的であるということから理想の仏陀とされたのである。これはさとりという始まりがあってはじめていわれるものであるから有始ではあるが、真理の常住性をも有しているから無終である。

上述のような三身説によって、従来なされてきた寿量品の本仏についての解釈をみてみると、まず中国では、天台智顗以前と以後とでは大きな解釈上の隔たりがある。智顗は法華経によって中国南北統一仏教を樹立した人物であるが、智顗以前の南朝仏教では、涅槃経の説く常住法身と法華経の久遠実成の本仏とを対比せしめて、法華経の本仏は常住の仏身にあらずとする説が有力であった。その代表は光宅寺法雲（四六七―五二九）で、彼は自らの法華経注釈書の『法華義記』（これはわが国聖徳太子の

『法華義疏』が本義として依用しているもの）の中で、仏身の不変常住性という観点から、法華経の本仏の寿命無量は、仏の神通力によって寿命を延ばしたもの（神通延寿）であり、有限の時間の延長はどこまでいっても有限であるから、法華経の本仏の仏身は無常であるとしたのである。これは涅槃経の法身常住説にひき較べて、法華経の久遠実成の仏を解釈し、これを有限な不完全な法身ととらえたということである。智顗は、右のような法雲の見解に対して厳しい批判を加えた。彼はまず、世親の『法華経論』によって、法華経を法報応の三身説によって解し、法華経には三身が説かれていることを力説した。そして、智顗に特徴的なことは、法雲が法身常住説に立って理解した久遠実成の本仏を、彼は報身として理解したということである。法身は真理を体とするものであるから常住不変ではあるが、そこには仏の人格的側面が捨象されている。報身は真理と人格の二面を備えた普遍にして具体的な理想の仏身である。それ故、彼は久遠実成の仏を、真理と一体であり、かつ智慧というはたらきを有して応身として発現する根本の仏である報身とみなしたのである。もっとも、報身とはいっても、それは他の法身、応身の二身と離れたものではない。報身は法身と一体であるから法身を離れて報身はない。また応身は報身の具体的発現の姿であるから報身のあるところには必ず応身が活現するわけである。それ故、本来、法・報・応の三身は円満に相即しているものである。これを三身即一というが、三身即一でありつつ、そのなかでも報身を正とするのが智顗の久遠の本仏に対する解釈である。これは、久遠の本仏を単に法身の常住不変性という観点からのみ理解する解釈に対して、応身の活現、すなわち、衆生済度という具体的はたらきを重視するという、理解の立場の転換である。この点が従来の智顗以前の解釈との大きなちがいである。しかし、智顗は、法身常住説に立って法華経の常住性を不完全とした法雲に対抗するため、法華経にも常住が説かれているということを強く主張した。そのためか、久遠の本仏を「報身為正」としながらも、同時にまた常住法身にほかならぬとして、法身為本の旧来の解釈に引きよせられた点も存する。なお、智顗と同じく、法華経に常住が説かれていると強く主張して、旧来の南朝涅槃学派に対抗した人に嘉祥大師吉蔵がいる。智顗と吉蔵の二大碩学によって法華経の常住性が強く主張されたために、常住性という観点から法華経より優位に置かれていた涅槃経のその地位が転落し、ために南朝涅槃学派が中国仏教史上からその姿を消したという。*

さて、智顗の報身を正意とするという解釈は、具体的現実の重視という観点からなされたものであったが、これをさらに一歩おし進めたのが日本の日蓮である。日蓮は、智顗が「報身為正」とした解釈を、さらに徹底的に現実重視という立場に立って、「応身為正」を主張した。応身とは、この現実の中に姿をあらわし衆生済度のはたらきを示す仏で、この応身の出現があればこそ、仏の真理のあらわれである法身が知られ、またその応現の根本である報身も知られるわけである。応身の衆生済度のはたらきは、仏の大悲によるもので、仏の大悲がある限り、過去・現在・未来の三世にわたって、衆生に応同して処々に出現し、そのはたらきのやむことはない。それ故、応身そのものも無始無終であるということになる。智顗は報身を正意となすとしたが、その報身は有始無終であり、応身は有始有終であった。しかし、日蓮は、応身そのものが無始無終であり、したがって報身も無始無終であるとして応身本仏説に立ったのである。日蓮のこの立場は、現在のこの具体的現実のただなかに久遠実成の釈尊の姿を見ようとするものであって、久遠の本仏に対する解釈はここにおいて究ったといえよう。

ここで経そのものにたち帰ってみると、経には、法・報・応の三身説はない。また、本仏・迹仏の言葉もない。ただ経は、目前の釈迦牟尼仏が、伽耶城近くで始めて成道したのではなく、久遠の昔に成道して、無量の寿命を保って今に法を説き続けていると説くのである。そして、滅度をとるというのも衆生教化の方便として仮りにその姿を示してみせるのであり、真に入滅するというのではない。未来においても、いついかなる時においても、仏を希求するものにはその姿を現わすというのである。こうしてみると、従来の解釈は、法華経以後に成立した仏身論の概念をもって経を解釈したものであり、そのような解釈が経の真意をはたして正しく把えているかという点に問題がある。本仏・迹仏という把え方も、迹仏を価値的に本仏よりも一段底いものとして見るならば、それは法華経の正しい理解ではないであろうし、法・報・応の三身説にしても、法身常住という観点から見て、法華経のいう常住の不完全性を問題にしたりすることは経の原意から著しくはずれることであろう。寿量品で説かれた久遠実成の釈尊は、現実の目前の釈尊がそのままで時間を越えた永遠の仏であることを説いたものである。その意味では、日蓮の解釈が最も経の原意に近いといえるであろう。この久遠実成の釈尊の開顕により、あらゆる仏が釈迦一仏に帰せられ、しかもその釈尊は具体的現実であると同時に普遍にして永遠の存在として我々の前にあるのである。

＊横超慧日『法華思想の研究』二三一―二頁。一九七五年、平楽寺書店。

譬如良醫。智慧聰達。明練方藥。善治衆病。其人多諸子息。若十。二十。乃至百數。以有事緣。遠至餘國。諸子於後。飲他毒藥。藥發悶亂。宛轉于地。是時其父。還來歸家。諸子飲毒。

或失本心。或不失者。遙見其父。皆大歡喜。拜跪問訊。善安隱(1)歸。我等愚癡。誤服毒藥。願見救療。更賜壽命。父見子等。苦惱如是。依諸經方。求好藥草。色香美味。皆悉具足。擣篩(2)和合。與子令服。而作是言。此大良藥。色香美味。皆悉具足。汝等可服。速除苦惱。無復衆患。其諸子中。不失心者。見此良藥。色香俱好。卽便服之。病盡除愈。餘失心者。見其父來。雖亦歡喜。問訊求索治病。然與其藥。而不肯服。所以者何。毒氣深入。失本心故。於此好色香藥。而謂不美。父作是念。此子可愍。爲毒所中。心皆顚倒。雖見我喜。求索救療。如是好藥。而不肯服。我今當設方便。令服此藥。卽作是言。汝等當知。我今衰老。死時已至。是好良藥。今留在此。汝可取服。勿憂不差。作是敎已。復至他國。遣使還告。汝父已死。是時諸子。聞父背喪。心大憂惱。而作是念。若父在者。慈愍我等。能見救護。今者捨我。遠喪他國。自惟孤露。無復恃怙。常懷悲感。心遂醒悟。乃知此藥。色(3)……味香……(3)美。卽取服之。毒病皆愈。其父聞子。悉已得差。尋便來歸。咸使見之。

諸善男子。於意云何。頗有人能。說此良醫。虛妄罪不。不也。世尊。佛言。我亦如是。成佛已來。無量無邊。百千萬億。那由他。阿僧祇劫。爲衆生故。以方便力。言當滅度。亦無有能。如法說我。虛妄過者。

(1)隱＝穩　(2)篩＝蓰　(3)……　……(3)＝色香味美。

譬《たと》えば、良医《ろうい》の智慧聡達《そうだつ》にして、明らかに方薬《ほうやく》に練《れん》し、善《よ》く衆病《しゆびよう》を治《じ》するが如し。其《そ》の人、諸《もろもろ》の子息多し。若しは十、二十、乃至百数《ないしひやくしゆ》なり。事《じ》の縁《えん》有るを以て、遠く余国に至りぬ。諸子、後に他の毒薬を飲む。薬《くすり》発《はつ》し、悶乱《もんらん》して地に宛転《えんでん》す。是《こ》の時に其《そ》の父、還《かえ》り来《きた》って家に帰りぬ。諸《もろもろ》の子、毒を飲んで、或《あるい》は本心を失える、或は失わざる者あり。遥《はる》かに其《そ》の父を見て、皆大いに歓喜し、拝跪《はいき》して問訊《もんじん》すらく、『善《よ》く安隠に帰りたまえり。

我等愚癡《ぐち》にして、誤って毒薬を服せり。願わくは救療《くりょう》せられて、更に寿命を賜え』と。父、子等の苦悩すること是《かく》の如くなるを見て、諸《もろもろ》の経方《きょうぼう》に依って、好《よ》き薬草の色《しき》・香《こう》・美味《みみ》、皆悉《みなことごと》く具足せるを求めて、擣篩《つきふるい》和合《わごう》して、子に与えて服せしむ。而《しか》して是《こ》の言《ことば》を作《な》さく、『此《こ》の大良薬《ろうやく》は、色・香・美味、皆悉く具足《ぐそく》せり。汝等《なんだち》よ、服すべし。速《すみや》かに苦悩を除いて、復《また》、衆《もろもろ》の患《うれい》無けん』と。

其《そ》の諸《もろもろ》の子の中に、心を失わざる者は、此《こ》の良薬の色《しき》・香《こう》、倶に好《よ》きを見て、即便《すなわ》ち之《これ》を服するに、病《やまい》尽く除《のぞ》こり愈《い》えぬ。余の心を失える者は、其《そ》の父の来《きた》れるを見て、亦《また》、歓喜し、問訊《もんじん》して病《やまい》を治《じ》せんことを求索《もと》むと雖《いえど》も、然《しか》も其《そ》の薬を与うるに、而《しか》も肯《あえ》て服せず。所以《ゆえ》は何《いか》ん。毒気《どっけ》深く入って、本心を失えるが故に、此の好《よ》き色《しき》・香《こう》ある薬に於いて美《うま》からずと謂《おも》えり。父、是《こ》の念を作《な》さく、『此の子、愍《あわれ》むべし。毒に中《あて》られて心、皆、顛倒《てんどう》せり。我を見て喜んで救療《くりょう》を求索《もと》むと雖《いえど》も、是《かく》の如き好《よ》き薬を、而《しか》も肯《あえ》て服せず。我、今、当《まさ》に方便を設けて、此《こ》の薬を服せしむべし』と。即ち是《こ》の言《ことば》を作《な》さく、『汝等《なんだち》よ、当《まさ》に知るべし。我、今、衰老して、死の時已《すで》に至りぬ。是《こ》の好き良薬を、今、留《とど》めて此《ここ》に在《お》く。汝よ、取りて服すべし。差《い》えじと憂《うれ》うること勿《なか》れ』と。是の教《おしえ》を作《な》し已《おわ》って、復《また》、他国に至り、使《つかい》を遣《つかわ》して還って告ぐ、『汝が父、已《すで》に死しぬ』と。是《こ》の時に諸《もろもろ》の子、父背喪《はいそう》せりと聞いて、心大いに憂悩《うのう》して、是《こ》の念を作《な》さく、『若《も》し父在《いま》しなば、我等を慈愍《じみん》して、能《よ》く救護《くご》せられまし。今者《いま》、我を捨てて遠く他国に喪《そう》したまいぬ。自ら惟《おもんみ》るに孤露《ころ》にして、復《また》、恃怙《じこ》無し』と。常に悲感《ひかん》を懐《いだ》いて、心遂に醒悟《しょうご》しぬ。乃《すなわ》ち此の薬の色・味・香美なるを知って、即ち取って之《これ》を服するに、毒の病《やまい》、皆愈《い》ゆ。其《そ》の父、子悉く已《すで》に差《い》ゆることを得たりと聞いて、尋《つ》いで便《すなわ》ち来《きた》り帰って、咸《ことごと》く之に見《まみ》えしむ。諸《もろもろ》の善男子よ、意《こころ》に於いて云何《いかん》。頗《も》し人の、能く此《こ》の良医の虚妄《こもう》の罪を説く有らんや不《いな》や」と。「不《いな》なり、世尊よ」と。

仏の言《のたま》わく、「我も亦、是《かく》の如し。成仏してより已来《このかた》、無量無辺百千万億那《な》由《ゆ》他《た》阿《あ》僧祇《そうぎ》劫《こう》なり。衆生の為の故に、方便力を以て『当《まさ》に滅度すべし』と言う。亦《また》、能《よ》く法の如く、我が虚妄《こもう》の過《とが》を説く者有ること無けん」と。

〔訳〕たとえば、良医がいたとして、その人は智慧がさとく、薬の処方にすぐれて熟達しており、さまざまな病いを上手に治すとしよう。その人には、多くの子供達がいて、十人、二十人、あるいは百数十人であったとしよう。彼は、たまたま用事で、外国へ出かけた。子供達は、（彼が出かけた）後に、ほかの毒薬を飲んでしまった。薬が効いて、（子供たちは）悶え、悩乱して、地にころげまわった。その時に、父が（外国から）帰還して家に帰った。子供たちは毒薬を飲んで、もとの心を失ったものもいれば、あるいは失わなかったものたちもいた。彼らは、はるかに自分たちの父を見て、みな大いに喜んで、ひざまずいておじぎし、ごきげんうかがいをして言った。

『よく御無事でお帰りになりました。私たちはおろかにも、誤って毒薬を飲んでしまいました。どうか、治療せられて、さらに寿命をお与え下さい』と。

父は、子供たちがこのように苦悩しているのを見て、さまざまな処方によって、色・香り・味ともにそろったすぐれた薬草を探してきて、それを臼でつき、ふるいにかけ、調合して、子供に与えて服用させた。そして、次のように言った。

『このすぐれた良薬は、色・香り・味ともにすべてそなえている。お前たちよ、これを飲みなさい。すみやかに苦悩が除かれて、さまざまなわずらいもなくなるであろう』と。

子供たちのうちで、本の心を失っていないものたちは、この良薬の色・香りがともにすばらしいのを見て、ただちにこれを服用し、それで病いがすべて除かれて治癒した。しかし、ほかの本の心を失ってしまったものたちは、自分たちの父がやってきたのを見て、やはり喜んで、ごきげんうかがいをして、病いを治してくれるように求めたけれども、その薬を与えたところが、これをあえて服用しようとはしなかった。そのわけは、毒気が深くまわって本の心を失ってしまっているために、このすばらしい色・香りある薬に対して、（色も香りも）わるかろうと思ったからである。父は（それを見て）このように考えた。

『この子たちはふびんなことだ。毒にあたって、心がすっかり倒錯してしまっている。私を見て、喜んで治療を求めたのだが、このようなすぐれた薬を、あえて服用しようとはしない。私は、今、手だてを講じて、この薬を飲ませることにしよう』と。

そこで、次のようなことばを言った。

『お前たち、知りなさい。私は、今はもう老衰して、死期が近づいた。このすぐれた良薬を、今、ここに置いておく。お前たち、取って飲みなさい。病いがなおらないのではないかと心配してはいけない』と。

こう命じおいてから、彼はまた他国に行き、使いを派遣して（国に）帰らせて告げさせた。『あなたたちのお父さんは、もう亡くなってしまった』と。

その時に、子供たちは、父が世を去ったと聞いて、心に激しく憂い悩み、次のように思った。

『もしも父が生きていてくれたなら、私たちをいつくしみあわれみをかけて、救いまもってくれるのに。今、（父は）私たちを見捨てて、遠く他国で亡くなってしまった。みずから思いやると、（自分たちは）みなし児でかばってくれるものもなく、たのみとするものもいない』と。

（そうして）いつも悲しみを懐いて、（その結果）ついに心がめざめたのだ。そこで、この薬が、色も味も香りもすばらしいことがわかって、すぐさま手に取って飲むと、毒による病いはすべて治癒した。その父は、子供たちがみな病いがなおることができたと聞いて、そこで帰って来て、すべての子供たちに自分をあわせたのである。

善男子たちよ、どう考えるか。誰にしろ、いったいこの良医のいつわりの罪をことあげしていうことができるものが少しでもいるであろうか。」

「いいえ、おりません。世尊よ。」

仏は言われた。

「私もまた、これと同様である。私が仏となってからこのかた、無量無辺百千万億ナユタ阿僧祇の劫という無限に永い時間が過ぎている。私は、衆生たちのために、教えの手だての力によって『私は入滅するであろう』と言う。しかし、理にかなって、私のいつわりの過失をことあげすることのできるものはいないであろう」と。

《明練方薬》すぐれて薬の処方に練達している、という意。「練」は習熟する、熟達する、の意。「方薬」は、処方と薬のこと。**《以有事縁》**用事があって、という意味。「事」は、ひろく事柄、できごとの意。**《拝跪》**敬意を示すために膝まずきおじぎをすること。**《問訊》**ここでは、安否をたずねる、ごきげんうかがいをする、という意味で、何か物事を問いたずねるという意味ではない。**《経方》**薬の処方のこと。『漢書』芸文志（巻三十）によれば、経方とは、疾病の軽重に応じて薬草や薬石を処方調合すること、という。芸文志には

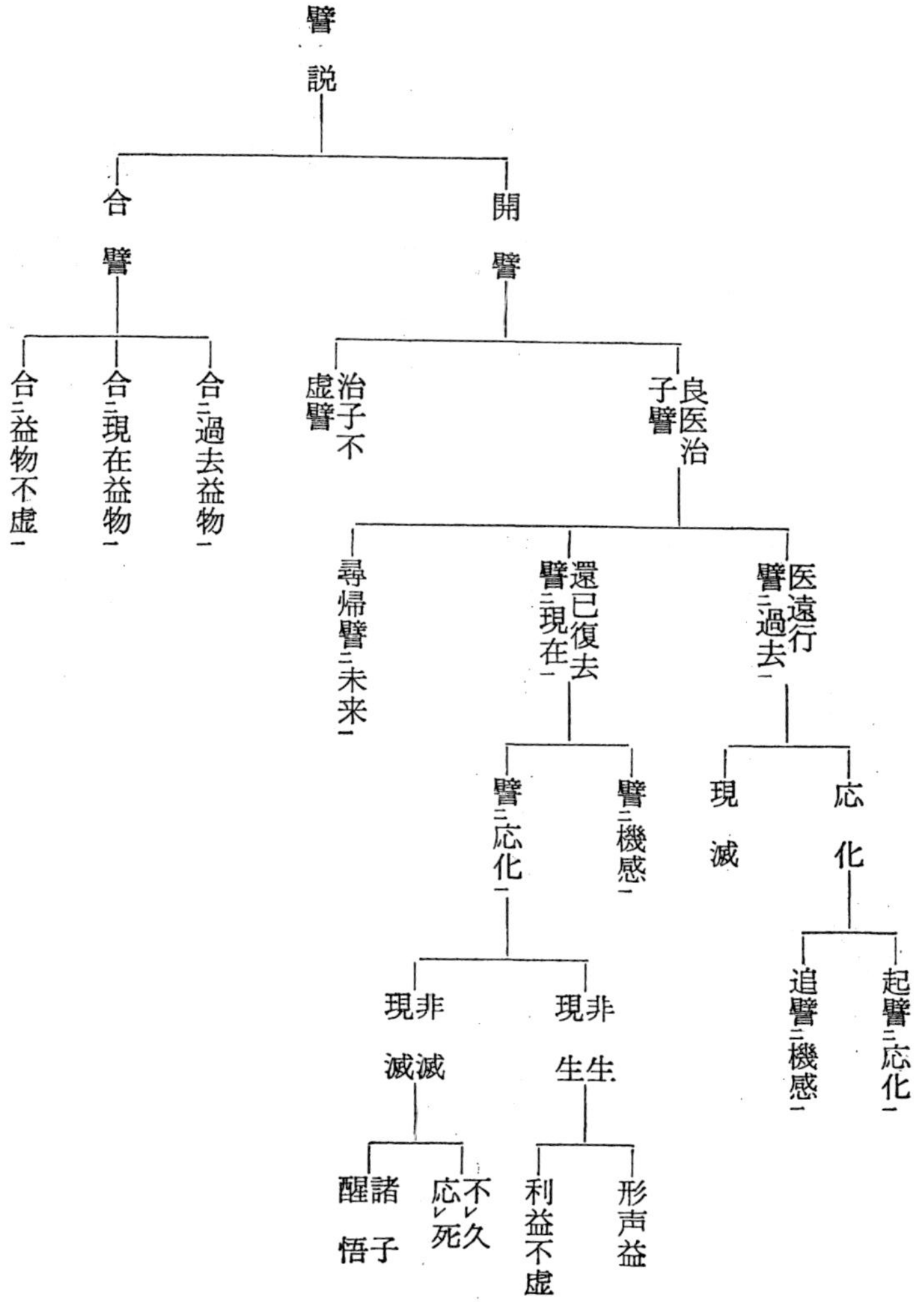
譬説
合譬
開譬
合二益物不虚一
合二現在益物一
合二過去益物一
治子不虚譬
良医治子譬
尋帰譬二未来一
還已復去譬二現在一
医遠行譬二過去一
譬二応化一
譬二機感一
現滅
応化
非滅現滅
非生現生
追譬二機感一
起譬二応化一
諸子醒悟
不レ久応レ死
利益不虚
形声益

十一家二百七十四巻の名が列挙されている。《背喪》同義の字を二字重ねた複合語表現で、「死ぬ」という意味。この場合、「背」は、世を去る、死ぬ、という意。「喪」も同義。(何ものかに)そむいて死ぬ、という意味ではない。《孤露》みなし児で、かばうものがいない、という意味。《恃怙》たのみとするよるべ、の意。《頗有人能……虚妄罪不》「頗……不」の構文は、「……か、どうか」という不確実な疑問をあらわす。第十二章提婆達多品の語注参照(六四二頁)。《如法説我虚妄過者》この句の「如法」は、世のきまりどおりに、ことわりにかなって、の意に解釈する。「法」は、ここでは仏の教法ではなく、世の規範、すじみち、道理、の意に取る。

本段は「良医の喩え」を説く譬喩段である。この喩えは、仏が衆生済度のために、実には滅度しないが、方便としてかりに滅度を示すということを喩えたものである。この良医の喩えについては後に節を設けて詳述することにする。本段の分科を略図にして示すと、前頁の通りである。

二　良医の譬え

さて、これまでに、ガヤーの城市のほど近くで始めて成道し、説法教化四十余年、今、この法華経を説いている入滅まじかの釈迦仏が、実は久遠のはるか昔に成道して、その寿命、無量阿僧祇劫を保ち続けていることが明かされた。経は、その釈迦仏は「常住にして滅せず」といい、さらに「我、本《もと》、菩薩の道を行じて成ぜし所の寿命、今、猶未だ尽きず。復《また》、上《かみ》の数に倍せり」という。この目前に、現実に説法している釈迦仏が、実は、寿命無量の永遠の生命を保っている仏なのだというのである。それでは永遠の生命を保っているその釈迦仏の入滅とは一体どういうことなのであろうか。なぜ入滅しなければならないのか。その答えが、如来の衆生教化のための方便、であった。如来の滅度は真実の滅度ではなく、衆生教化のために仮りに滅度という形をとるにすぎない。真実にはこの釈迦仏は永遠に生き続けているのだ。それでは、なぜ衆生の教化のために滅度という形をとらなければならないかというと、経は次のようにいう。

若《も》し仏、久しく世に住せば、薄徳の人は善根を種《う》えず、貧窮下賤《びんぐげせん》にして五欲に貪著《とんじゃく》し、憶想妄見《おくそうもうけん》の網の中に入りなん。若《も》し如来、常に在って滅せずと見ば、便ち憍恣《きょうし》を起こして厭怠《えんだい》を懐き、難《なん》遭《ぞう》の想《おもい》、恭敬《くぎょう》の心を生ずること能《あた》わじ。是《こ》の故に如来、方便を以て説く。「比丘よ、当《まさ》に知るべし。諸仏の出世には、値遇《ちぐう》すべきこと難《かた》し」と。

人は誰でも怠け心を持っている。いつでもどこでも仏に会えるとしたならば、人は仏に対して難遭の想い、恭敬の想いも懐かずに、放恣になずみ、五欲に貪著して仏道を求めることもないであろう。このようなことを防ぐため、すべての人々を仏道に向かわせて仏にならせるために、仏は滅度という方便、教化の手段をとるのである。これが仏の、滅度という方便をとる理由である。

以上の、仏の入滅という方便施設を譬えるのが「良医の譬え」である。法華七喩といって、本章に至るまでに種々の譬えが説かれてきたが、この「良医の譬え」が七喩の最後の譬えになる。話はこうである。

種々の薬の処方に通じ、智慧すぐれて、さまざまな病を治すことのできる名医がいた。その医者には多くの子供たちがいた。たまたまその医者が用事で他国へ出かけている間に、子供たちが誤って毒薬を飲んでしまった。毒の作用で子供たちは苦しみ悶え、地面をころげまわった。が、ちょうどその時に折よく父の医者が家に帰り着いた。子供たちは毒にあてられて、本心を失ってしまっているものも、あるいは作用が軽くてそこまでに至らないものもいたが、父の帰宅に安堵し、みな大いに喜んで、父にこの苦しみを治療して下さいと頼んだ。そこで父の医者は、早速、色も味も香りもすぐれた素晴しくよく効く薬を調合して子供たちに服用させようとした。この時、さほど毒がまわらずに本心を失っていない子供たちはこの薬を飲んで全快したが、しかし毒気にあてられて本心を失ってしまっている子供たちは、心が顚倒しているためにこの薬が上妙の薬であるとは思えず、あえて服用しようとは思わなかったのである。父はこれを見てあわれに思い、何とか薬を飲ませようとして一計を案じ、苦しんでいる子供たちに言った。「私は、今や老い衰えて、死期がようやく迫った。ここに素晴しい薬を置いておくから、お前たちはこれを飲みなさい」と。こう言い置くと、父は再び他国に出かけ、その先で使いを遣って、お前たちの父は死んだ、と告げさせた。この知らせを受けた子供たちは、父を失った悲しみと、よるべなき身になってしまったさみしさとに、ついに本心にたちかえり、そこではじめて父の残し置いた薬が素晴しい薬であることに気がついた。それで、これを服用して、毒による病いが治癒したのである。父は、その子供たちがみな全快したと聞いて、家に帰り、再び元気な顔を子供たちの前に見せた、というのである。以上の譬えについて、後世の注釈家はこと細かに合譬を試みているが、この譬え話の意趣は明瞭である。三毒の煩悩に身をこがす凡夫衆生を救わんがために、仏は大良薬であるこの法華経を与え、さらにこれを服しようとしない衆生を救済するためにこそ、仏は方便を設けて仮りの入滅を示して、心の顚倒した衆生にこの薬を服さしめ、すべての衆生が煩悩の毒から救われるようにしたのである。経がこの譬え話を説いたその意図は、仏の入滅ということに対する意義づけである。すなわち、永遠の生命を保っているはずの仏がなぜ入滅するのか、仏の入滅とは何か、という問題に対する解答である。経はこれに答えるのに方便の施設ということをもってした。その方便は、毒気の浅く入ったものはもちろんのこと、毒気が深く入り心の顚倒したものたちにこそ施設されたものである。それ故に、その方便は一人をも救い洩らさないという仏の大悲願にその根拠を有し、そして、その施設は仏の大慈悲によるものであるということを示すものである。経が仏の入滅の意義づけを方便思想によってなしたということは、この経が、その根底に限りない仏の大慈悲というものを置き、それを原動力として、そこから一切衆生の救済という高い理想を打出していることをよくあらわしている。

方便というと、真実に対してあくまでも二次的な意味しかもちえないように思われがちだが、実はそうではない。方便は真実が明かされた時、はじめてそれが方便であったと知られるのであって、それまでは、目の前の現実としての方便がわれわれにとってのすべてなのである。仏の入滅ということは、この寿量品の説法がなされ、釈迦牟尼仏が永遠なる生命を保っている仏であることが明かされるまでは、それは人々にとって眼前の事実としての真実だったのである。一乗と三乗ということについてもそれは全く同じである。一乗真実、三乗方便といわれるが、一乗が明かされるまでは、三乗しかなかったのであり、一乗が明かされた時、その時はじめて三乗が方便であると知られたのである。それ故、方便とはいっても、それは本当の真実が知られるまでの真実だといってもよい。眼前に呈示されている、これよりほかにないというぎりぎりの現実、それが方便である。われわれは、その現実を通してしか真実には至りえないのだ。仏の方便が善巧方便（たくみな方便）といわれるのも、まさにそういう意味においてである。

爾時世尊。欲重宣此義。而説偈言

自我得佛來　所經諸劫數　無量百千萬　億載阿僧祇
常説法教化　無數億衆生　令入於佛道　爾來無量劫
爲度衆生故　方便現涅槃　而實不滅度　常住此説法
我常住於此　以諸神通力　令顛倒衆生　雖近而不見
衆見我滅度　廣供養舍利　咸皆懷戀慕　而生渇仰心
衆生既信伏　質直意柔軟　一心欲見佛　不自惜身命
時我及衆僧　倶出靈鷲山　我時語衆生　常在此不滅
以方便力故　現有滅不滅　餘國有衆生　恭敬信樂者
我復於彼中　爲説無上法　汝等不聞此　但謂我滅度
我見諸衆生　沒在於苦惱(1)　故不爲現身　令其生渇仰
因其心戀慕　乃出爲説法　神通力如是　於阿僧祇劫
常在靈鷲山　及餘諸住處　衆生見劫盡　大火所燒時
我此土安隱(2)　天人常充滿　園林諸堂閣　種種寶莊嚴

寶樹多花菓　衆生所遊樂　諸天擊天鼓　常作衆伎樂
雨曼陀羅花　散佛及大衆　我淨土不毀　而衆見燒盡
憂怖諸苦惱　如是悉充滿　是諸罪衆生　以惡業因緣
過阿僧祇劫　不聞三寶名　諸有修功德　柔和質直者
則皆見我身　在此而說法　或時爲此衆　說佛壽無量
久乃見佛者　爲說佛難値　我智力如是　慧光照無量
壽命無數劫　久修業所得　汝等有智者　勿於此生疑
當斷令永盡　佛語實不虛　如醫善方便　爲治狂子故
實在而言死　無能說虛妄　我亦爲世父　救諸苦患者
爲凡夫顚倒　實在而言滅　以常見我故　而生憍恣心
放逸著五欲　墮於惡道中　我常知衆生　行道不行道
隨所(3)應可度　爲說種種法　每自作是意(4)　以何令衆生
得入無上慧(5)　速成就佛身

(1)惱＝海　(2)隱＝穩　(3)所應＝應所　(4)意＝念　(5)慧＝道

爾《そ》の時に世尊、重ねて此《こ》の義を宣べんと欲して、偈を説いて言《のたま》わく、

「我、仏を得てより来《このかた》　経《へ》たる所の諸《もろもろ》の劫数《こっしゅ》　無量百千万　億載阿僧祇《おくさいあそうぎ》なり。
常に法を説いて　無数億《むしゅおく》の衆生を教化して　仏道に入《い》らしむ　爾《しか》しより来《このかた》、無量劫なり。
衆生を度せんが為の故に　方便して涅槃《ねはん》を現《げん》ず　而《しか》も実には滅度せず　常に此《ここ》に住して法を説く。
我、常に此《ここ》に住すれども　諸《もろもろ》の神通力を以て　顚倒《てんどう》の衆生をして　近しと雖《いえど》も而《しか》も見ざらしむ。

衆、我が滅度を見て　広く舎利《しやり》を供養し　咸《ことごと》く皆、恋慕《れんぼ》を懐《いだ》いて　渇仰《かつごう》の心を生ず。

衆生、既に信伏《しんぷく》し　質直《しちじき》にして意《こころ》柔軟《にゆうなん》に　一心に仏を見たてまつらんと欲《ほつ》して　自《みずか》ら身命《しんみよう》を惜《お》しまず。

時に我及び衆僧《しゆそう》　倶《とも》に霊鷲山《りようじゆせん》に出《い》ず。

我、時に衆生に語る　『常に此《ここ》に在って滅せず　方便力を以《もつ》ての故に　滅・不滅有りと現ず。

余国《よこく》の衆生の　恭敬《くぎよう》し信楽《しんぎよう》する者有らば　我、復《また》、彼の中に於《お》いて　為に無上の法を説く』と。　汝等《なんだち》、
此《こ》れを聞かずして　但、我、滅度すと謂《おも》えり。

我、諸《もろもろ》の衆生を見るに　苦悩に没在《もつざい》せり　故《かるがゆえ》に為《ため》に身を現ぜずして　其《そ》れをして渇仰を生ぜしむ　其《そ》
の心、恋慕するに因《よ》って　乃《すなわ》ち出でて為《ため》に法を説く。

神通力、是《かく》の如し　阿僧祇劫《あそうぎこう》に於いて　常に霊鷲山《りようじゆせん》　及び余の諸《もろもろ》の住処に在《あ》り。

衆生、劫《こう》尽きて　大火《だいか》に焼かるると見る時も　我が此《こ》の土《ど》は安隠《あんのん》にして　天人常に充満せり。

園林《おんりん》・諸《もろもろ》の堂閣　種種の宝をもって荘厳し　宝樹、花果《けか》多くして　衆生の遊楽する所なり。

諸天、天鼓《てんく》を撃《う》って　常に衆《もろもろ》の伎楽《ぎがく》を作《な》し　曼陀羅花《まんだらけ》を雨《ふ》らして　仏及び大衆に散ず。

我が浄土は毀《やぶ》れざるに　而《しか》も衆は焼け尽きて　憂怖《うふ》・諸《もろもろ》の苦悩　是《かく》の如き悉《ことごと》く充満せりと見る。

是《こ》の諸《もろもろ》の罪《つみ》の衆生は　悪業の因縁を以《もつ》て　阿僧祇劫を過ぐれども　三宝の名《みな》を聞かず。

諸《もろもろ》の有《あら》ゆる、功徳を修《しゆ》し　柔和質直《にゆうわしちじき》なる者は　則ち皆、我が身　此《ここ》に在って法を説くと見る。

或時《あるとき》は此《こ》の衆の為《ため》に　仏寿無量なりと説く　久しくあって乃《いま》し仏を見たてまつる者には　為《ため》に仏には値《あ》
い難しと説く。

我が智力《ちりき》、是《かく》の如し　慧光《えこう》照らすこと無量に　寿命無数劫《むしゆこう》　久しく業を修して得る所なり。

汝等《なんだち》よ、智有らん者　此《ここ》に於いて疑《うたがい》を生ずること勿《なか》れ　当《まさ》に断じて永く尽《つ》きしむべし　仏語は実にして

虚《むな》しからず。

医《い》の善き方便をもって　狂子《おうじ》を治《じ》せんが為《ため》の故に　実には在れども而《しか》も死すと言うに　能《よ》く虚妄《こもう》を説くもの無きが如く、我も亦、為《こ》れ世の父　諸《もろもろ》の苦患《くげん》を救う者なり　凡夫の顚倒《てんどう》するを為《も》って　実には在《あ》れども而《しか》も滅《めつ》すと言う。

常に我を見るを以ての故に　而《しか》も憍恣《きょうし》の心を生じ　放逸《ほういつ》にして五欲に著《じゃく》し　悪道の中に堕《お》ちなん。

我、常に衆生の　道《どう》を行《ぎょう》じ、道を行ぜざるを知って　度《ど》すべき所に随《したが》って　為《ため》に種種の法を説く。

毎《つね》に自《みずか》ら是の意を作す『何を以てか衆生をして　無上慧に入り　速《すみや》かに仏身を成就することを得せしめん』と」。


〔訳〕その時、世尊は、重ねて以上の意義を宣べようとして、詩頌を説かれた。

「私が仏になることができてからこのかた　経過した劫の数は　無量・百千万　億・載・阿僧祇という巨大な数である。（私は）常に説法して、(1)　億の無数倍という多くの衆生を教化して、　仏道に入らせてきた。そのようにしてきて今に至るまで、はかりしれない劫が経っている。(2)

衆生を救済せんがために　教化の手だてとして涅槃を現わしてみせたが、　しかし実際に入滅したのではない。常にここにとどまって法を説き続けているのだ。(3)

私は常にここにとどまっているのだが　さまざまな神通の力によって　（心が）倒錯している衆生には　近くにいようとも見えないようにしているのだ。(4)

人々は私の入滅を見て　さまざまに遺骨に供養し　一様にみな恋慕の情を懐いて　あこがれしたう心をおこす。(5)

衆生は信順したうえは、素直になり心が柔軟になって　一心に仏にお会いしようとして　みずから身命も惜しまない。その時に(こそ)私と僧団の人々は　ともに霊鷲山に姿を現わすのだ。(6)

私は、その時に、衆生に語る、『(私は)常にここにいて入滅することはない。教化の手だての力によって　入滅と入滅しないことを現わすのだ。(7)

他の国土の衆生で　恭しく敬い、信じねがうものがいたならば　私は、またその国土において、彼らに無上なる法を説く』と。汝たちは、この(私のことば)を聞かないで　ただ私が入滅したと思いこんでいる。(8)

私がさまざまな衆生たちを見ると　(彼らは)苦悩にうずもれてしまっている。それ故に(私は)姿を現わさないで　彼らにあこがれしたう心をおこさせる。彼らの心が(私を)恋慕することによって　そこではじめて出現して法を説くのだ。(9)

(私の)神通の力はこのとおりである。十の五九乗劫という長時にわたって　常に霊鷲山や他のさまざまな所にいる。(10)

衆生が、この世が終末を迎え　大火に(世界が)焼かれると見る時でも　私のこの国土は安穏で　天の神々や人々が常にみちあふれているのだ。(11)

樹木の茂る遊園やさまざまな堂閣は　種々の宝によっておごそかに飾られ　宝づくりの樹には花や果実が多くついていて　衆生たちが遊楽する場所である。(12)

天の神々たちは天上の太鼓を打ち　常に多くの音楽を奏でて　曼陀羅の花を雨ふらせて　仏や大勢の人々の上に散り降らせる。⒀
私の浄らかな国土はこわれることはないのに　しかし、人々は（この国土を劫火に）焼け尽くされて　憂いや恐怖、さまざまな苦悩　そのようなものが充満していると見るのだ。⒁
これらの罪多き衆生は　悪しき行ないのせいで　十の五九乗劫という長時を経ても（仏・法・僧の）三宝の名すら聞くことがない。⒂
功徳を積み　柔和で素直な人々は誰でも　みな私が　ここにいて法を説くのを見る。⒃
ある時には、この人々のために　仏の寿命は無量であると説き、　久しい後にようやく仏に見《まみ》えるものに対しては　仏には会いがたいと説く。⒄
私の智慧力はこのようであり、智慧の光の輝きははかり知れない。　寿命は無数の劫の長さであり　それは久しい間修行して獲得したものなのだ。⒅
汝たちよ、智慧あるものたちは、このことについて疑いをおこしてはならない。　（疑いを）断じ、永遠《とわ》になくならしめよ。仏の言葉は真実であって虚偽ではない。⒆
医師がすぐれた手だてによって　狂った息子たちを治療せんがために　実際には生きているのに死んだと言っても、誰もそのいつわりを言いたてることができないように、⒇
私も、またこの世の父であって　さまざまな苦しみを救うものである。　凡夫はその心が倒錯しているので　真実には存在しているのに、入滅すると私は言うのである。(21)
常に私を見ているために　かえっておごり高ぶる勝手な心をおこし　勝手気ままに五官の欲望

にとらわれ　悪道におちこんでしまうであろう。(22)
私は、常に衆生が（仏の）道を修行するかしないかということを知って　その救済するべき
人々に応じて　彼らに種々の法を説くのだ。(23)
私は、いつもこのように考えている、『何によって、衆生たちを　無上の智慧に入らせ　すみ
やかに仏の身体を完成させることができるであろうか』と。」(24)

《億載阿僧祇》「**載**」は、古代中国における数の名。億・兆・京・垓・秭《し》・穣《じょう》・溝・澗《かん》・正・載・極と続く。現在通用している数え方では10^{44}の数となり、億は10^{8}であるから、「億載」は10^{52}の数となるが、当時の数え方でどれほどの数になるかは不明。これに「阿僧祇」（10^{59}）が乗されるのであるから、とてつもない巨数になることは確かである。**《舎利》** śarīra の音写語。遺骨のこと。**《衆生見劫尽、大火所焼時》**衆生たちが、この世界が終末を迎え、劫火に焼け尽くされようとしていると見る時でも、という意味。仏教の世界観では、この世界は、創成期（成劫）・維持期（住劫）・破壊期（壊劫）・空漠期（空劫）の四つの時期を一サイクルとして、これを無限にくりかえすという。おのおのの時期の長さは二十中劫である。住劫の時期が終って壊劫という破壊期に入ると、世界は最下層にある地獄から順に餓鬼界・畜生界と次々に壊れてゆき、この世界を形成する有情の業力がなくなった時に、七つの太陽が出現して、地上の世界すべてと色界の初禅天までを焼き尽くすという。この七つの太陽による火災を劫火《ごうか》という（『倶舎論』巻十二、分別世品）。経文の「劫尽」とは、住劫の期間が終って、壊劫の期間に入ることとの意で、「**大火**」とは壊劫の時期に起きる大火災（劫火）のことを指す。**《三宝名》**三宝とは三つの宝の意で、仏と、その教えの法、及びその法を修行し伝持する僧伽、この三つがそろってはじめて仏教が成り立つので、これを世の宝に喩えていったもの。

以上は本章の偈文の全文である。この偈文は出だしが「自我得仏来」の句ではじまるので、最初の二字をとって「自我偈」といい、また仏の久遠実成を説いているので「久遠偈」ともいう。偈頌の内容は、長行とほぼ一致しているが、長行には説かれていない内容がある。それは、まず「衆見我滅度、広供養舎利」の二句で、長行にはない仏舎利に対する信仰が述べられていることが注意される。次には、「衆生見劫尽」以下、「散仏及大衆」までの偈文で、ここには、仏の浄土楽園の様相が説かれている。長行にはこれに対応する記述はない。この「衆生見劫尽」の句の直前には「於阿僧祇劫、常在霊鷲山、及余諸住処」とあって、仏は常に霊鷲山をはじめ他所に住していると説き、以下の句と連って、仏の浄土が具体的に霊鷲山であると示している。後世の「霊山浄土」や「霊山往詣」などのことばはここからきている。もっともこの霊鷲山は現実のインドの霊鷲山とのみ限定する必要はなく、仏が常に住して説法する所ならそれはどこでもよいわけである。ともあれ、長行にあっては、仏身の常住が力説されていたのに対し、偈頌ではその身土の常住が強調されているということがいえるだろう。偈頌の結文の「毎自作是意」以下の一偈は、仏の大慈悲の大願をあらわすものとして、古来から尊重されている。

妙法蓮華經分別功德品第十七

爾時大會。聞佛說。壽命劫數。長遠如是。無量無邊。阿僧祇衆生。得大饒益。於時世尊。告彌勒菩薩摩訶薩。阿逸多。我說是如來。壽命長遠時。六百八十萬億。那由他。恒河沙衆生。得無生法忍。復有千倍。菩薩摩訶薩。得聞持陀羅尼門。復有一世界。微塵數菩薩摩訶薩。得樂說無礙辯才。復有一世界。微塵數菩薩摩訶薩。得百千萬億。無量旋陀羅尼。復有三千大千世界。微塵數菩薩摩訶薩。能轉不退法輪。復有二千中國土。微塵數菩薩摩訶薩。能轉清淨法輪。復有小千國土。微塵數菩薩摩訶薩。八生當得。阿耨多羅三藐三菩提。復有四四天下。微塵數菩薩摩訶薩。四生當得。阿耨多羅三藐三菩提。復有三四天下。微塵數菩薩摩訶薩。三生當得。阿耨多羅三藐三菩提。復有二四天下。微塵數菩薩摩訶薩。二生當得。阿耨多羅三藐三菩提。復有一四天下。微塵數菩薩摩訶薩。一生當得。阿耨多羅三藐三菩提。復有八世界。微塵數衆生。皆發阿耨多羅三藐三菩提心。佛說是諸菩薩摩訶薩。得大法利時。於虛空中。雨曼陀羅華。摩訶曼陀羅華。以散無量。百千萬億。衆[1]寶樹下。師子座上諸佛。幷散七寶塔中。師子座上。釋迦牟尼佛。及久滅度。多寶如來。亦散一切。諸大菩薩。及四部衆。又雨細末。栴檀沈水香等。於虛空中。天鼓自鳴。妙聲深遠。又雨千種天衣。垂諸瓔珞。眞珠瓔珞。摩尼珠瓔珞。如意珠瓔珞。遍於九方。衆寶香爐。燒無價香。自然周至。供養大會。一一佛上。有諸菩薩。執持幡蓋。次第而上。至于梵天。是諸菩薩。以妙音聲。歌無量頌。讃歎諸佛。

爾《そ》の時に大会《だいえ》、仏の、寿命の劫数長遠《こうしゅじょうおん》なること是《かく》の如くなるを説きたもうを聞いて、無量無辺阿僧祇《あそうぎ》の衆生、大饒益《だいにようやく》を得つ。

時に世尊、弥勒菩薩摩訶薩《まかさつ》に告げたまわく、

「阿逸多《あいった》よ、我、是《こ》の如来の寿命長遠なるを説く時、六百八十万億那由他《なゆた》恒河沙《ごうがしゃ》の衆生、無生法忍《むしょうぼうにん》を得《う》。

復《また》、千倍の菩薩摩訶薩有って、聞持陀羅尼門《もんじだらにもん》を得《う》。

復《また》、一世界微塵数《みじんじゅ》の菩薩摩訶薩有って、楽説無礙弁才《ぎょうせつむげべんざい》を得《う》。

復《また》、一世界微塵数の菩薩摩訶薩有って、百千万億無量の旋陀羅尼《せんだらに》を得《う》。

復《また》、三千大千世界微塵数の菩薩摩訶薩有って、能《よ》く不退の法輪を転ず。

復《また》、二千中国土微塵数の菩薩摩訶薩有って、能く清浄の法輪を転ず。

復《また》、小千国土微塵数の菩薩摩訶薩有って、八生《はっしょう》に、当《まさ》に阿耨多羅三藐三菩提《あのくたらさんみゃくさんぼだい》を得《う》べし。

復《また》、四四天下《ししてんげ》微塵数の菩薩摩訶薩有って、四生《ししょう》に、当《まさ》に阿耨多羅三藐三菩提を得べし。

復《また》、三四《さんし》天下微塵数の菩薩摩訶薩有って、三生に、当《まさ》に阿耨多羅三藐三菩提を得べし。

復《また》、二四《にし》天下微塵数の菩薩摩訶薩有って、二生に、当《まさ》に阿耨多羅三藐三菩提を得べし。

復《また》、一四《いっし》天下微塵数の菩薩摩訶薩有って、一生に、当《まさ》に阿耨多羅三藐三菩提を得べし。

復《また》、八世界微塵数の衆生有って、皆、阿耨多羅三藐三菩提の心を発《おこ》しつ」と。

仏、是《こ》の諸《もろもろ》の菩薩摩訶薩の、大法利《だいほうり》を得ることを説きたもう時、虚空《こくう》の中より、曼陀羅華《まんだらけ》、摩訶曼陀羅華《まかまんだらけ》を雨《ふ》らして、以《もっ》て無量百千万億の衆《もろもろ》の宝樹下《ほうじゅげ》の、師子座《ししざ》上の諸仏に散じ、并《なら》びに七宝塔中の、師子座上の釈迦牟尼仏、

（1）衆＝春日本になし。

及び久滅度《くめつど》の多宝如来に散じ、亦《また》、一切の諸《もろもろ》の大菩薩、及び四部の衆に散ず。又、細末《さいまつ》の栴檀《せんだん》、沈水香《じんすいこう》等を雨《ふら》し、虚空の中に於いて、天鼓《てんく》自《おのずか》ら鳴って、妙声深遠《みょうしょうじんのん》なり。又、千種の天衣を雨《ふら》し、諸《もろもろ》の瓔珞《ようらく》、真珠瓔珞、摩尼《まに》珠瓔珞《しゅようらく》、如意《にょい》珠瓔珞《しゅようらく》を垂れて、九方に遍《あまね》くせり。衆宝《しゅほう》の香炉《こうろ》に無価《むげ》の香を焼《た》いて、自然《じねん》に周《あまね》く至って大会《だいえ》に供養す。一一の仏の上《みうえ》に、諸《もろもろ》の菩薩有って、幡蓋《ばんがい》を執持《しゅうじ》して、次第に上《のぼ》って梵天《ぼんてん》に至る。是《こ》の諸《もろもろ》の菩薩、妙《たえ》なる音声《おんじょう》を以《もっ》て、無量の頌《じゅ》を歌って、諸仏を讃歎《さんだん》したてまつる。

〔訳〕その時に、一会《いちえ》の大衆は、仏がその寿命の劫数がはるかに長いことは以上のようであると説かれるのを聞いて、はかり知れず際限もない無数の衆生たちが大きな利益を得た。

その時に、世尊は弥勒菩薩大士に告げられた。

「アジタよ、私が、以上のように如来の寿命がはるかに長いということを説いた時に、六百八十万・億・ナユタのガンジス河の砂の数に等しい数の衆生たちが、あらゆるものは不生不滅であるという真理を体得した。また、その千倍の数の菩薩大士たちがいて、聞いたことを忘れずに記憶するという能力を獲得した。また、一世界を微塵にしたその微塵の数と等しい数の菩薩大士たちがいて、楽しみながら滞ることなく説く弁舌の能力を獲得した。また、一世界を微塵にしたその微塵の数と等しい数の菩薩大士たちがいて、百千万億のはかりしれないほどに旋転するダーラニーを得た。また、十億の世界を微塵にしたその数と等しい数の菩薩大士たちがいて、退くことのない教えの輪を回した。また、一十万の国土を微塵にしたその数と等しい菩薩大士たちがいて、清らかな教えの輪を回した。また、一千の国土を微塵にしたその数と等しい数の菩薩大士たちがいて、彼らは八度生まれかわった後に、必ずや無上の正しい悟りを獲得するであろう。また、四つの四大洲を微塵にしたその数と等しい数の菩薩大士たちがいて、彼らは四度生まれかわった後に、必ずや無上の正しい悟りを獲得するであろう。また、三つの四大洲を微塵にしたその数と等しい数の菩薩大士たちがいて、彼らは三度生まれかわった後に、必ずや無上の正しい悟りを獲得するであろう。また、二つの四大洲を微塵にしたその数と等しい数の菩薩大士たちがいて、彼らは二度生まれかわった後に、必ずや無上の正しい悟りを獲得するであろう。また、一つの四大洲を微塵にしたその数と等しい数の菩薩大士たちがいて、彼らは一度生まれかわった後に、必ずや無上の正しい悟りを獲得するであろう。また、八つの世界を微塵にしたその数と等しい数の衆生たちがいて、彼らはみな無上の正しい悟りへ向かう心を発したのだ。」

仏が、これら多くの菩薩大士たちが大いなる法の利益を得るということを説かれた時、虚空から曼陀羅の花と摩訶曼陀羅の花とが雨のように降ってきて、百千万億の無量倍という多くの宝樹の下の獅子座に坐している仏たちに散りかかり、また七宝づくりの塔の中の獅子座に坐している釈迦牟尼仏とはるか以前に入滅されている多宝如来とに散りかかり、さらにすべての偉大な菩薩たち、それに比丘・比丘尼・信男・信女たちにも散りかかった。

また、細かい粉末の栴檀の香や沈香の雨が降り、虚空の中に天上の太鼓が自然と鳴り、その妙なる音声が深遠に響きわたった。また、千種類もの天の衣が雨ふり、さまざまな装身具・真珠の飾り・マニ珠の飾り・チンターマニの飾りが、八方と上方にくまなく懸けられた。多くの宝玉づくりの香炉には、値もつけられぬほどの香が焼かれ、それらがおのずとあたり一面にくまなく至って、一会の大衆に供養をなした。一人一人の仏たちの頭上には、菩薩たちが幡《はた》やきぬがさを手にもってさしかけており、それが次第に上に昇って、梵天界にまで達した。これらの菩薩たちは、妙なる音声ではかりしれないほど多くの詩頌を歌って仏たちを讃歎した。

《大会》説法の会座に列なる大衆のこと。**《阿逸多》**Ajita（うち負かされないもの）の音写語で、弥勒菩薩の呼称。**《無生法忍》**原語は anutpattika-dharma-kṣānti. あらゆる存在が無生、すなわち生滅変化しないということを真理として確信すること。またその境地にある菩薩の階位。「忍」は、忍可決定の意味で、確かにそうであると確信してゆるがないことである。**《聞持陀羅尼門》**聞いたことを記憶に保持して忘失しない記憶能力のこと。「陀羅尼」は dhāraṇī の音写で、総持とも訳され、すぐれた記憶能力の意味であるが、同時に不思議な magical power を有する呪文をも意味する。本経でも第二十六章の陀羅尼品、第二十八章の勧発品にも長句の陀羅尼が説かれている。**《楽説無礙弁才》**四無礙弁（本書上巻一一一頁の語注参照）の一つで、原語は普通には pratibhāna-pratisaṃvid であるが、本章では asaṅga-pratibhāna（妨げのない弁舌能力）とある（p. 327 *ll.* 6–7）。快く滞ることなく巧みに説くことのできる弁舌能力のことをいう。**《旋陀羅尼》**「陀羅尼」は、ここでは経典の文句の記憶能力の意味。「旋」とは、回転する、めぐる、の意であるが、陀羅尼を回転する車輪に喩えたものなのか、あるいは特別な記憶法なのか、その詳細は不明。なお、後の第二十八章にも同名の陀羅尼が出る。梵本では、koṭi-nayuta-śata-sahasra-parivartāyā dhāraṇīḥ（百千・コーティ・ナユタ回も回転するダーラニー）〈p. 327. *l.* 8〉という。**《三千大千世界》**一小世界の千倍を小千世界、さらにその千倍を中千世界、さらにその千倍を大千世界という。三千とは千の三乗の意。それ故、十億の世界の意である。この後に出る「二千中国土」とは千の二乗である中千国土、すなわち二千中千国土の略であろう。**《八生》**八度この世に生を受けること。**《四四天下》**「四天下」とは、四大洲のこと。四大洲とは、仏教の世界観で、世界の中心に聳える須弥山を中心にその四方の大海の上にある四つの大陸をいう。東勝身洲(Pūrva-videha)・西牛貨《じか》洲(Apara-godāniya)・南贍《せんぶ》部洲(Jambu-dvīpa)・北瞿盧《くる》洲(Uttara-kuru)の四つ。四天下で、全世界というほどの意味。なお、南瞻部洲は、閻浮提ともいい、われわれ人間の住む土地であるとされる。『倶舎論』巻十二、分別世品を参照。《瓔珞》首飾りや頭につける飾りなどの装身具のこと。仏教では、仏菩薩の身体を荘厳するために飾る。《曼陀羅華、摩訶曼陀羅華》本書上巻六一頁の語注参照。《摩尼珠瓔珞》摩尼珠(maṇi 宝珠の意)でできた飾りのこと。《如意珠瓔珞》如意珠でできた飾り。如意珠は、意のままに望みのものを出すという空想上の宝珠のこと。原語は cintāmaṇi.《九方》四方四維の八方と上方とをいう。

本段から第十七章分別功徳品に入る。前章如来寿量品の、仏の寿命の劫数が極めて長遠であるという久遠の本仏を明かした説法を聞いて、多くの人々が大利益を得た。その功徳の大いさと、そして仏滅後の未来の人々がこの説法を聞いて得る功徳とを、種々に分別して説くのが本章の内容である。章名の分別功徳という名称はこのことに由来する。それ故、本章は前章寿量品を承けて成立したものであることは明らかである。

いまここに挙げた本段の長行部分の後には同趣旨の偈頌が続くが、長行・偈頌ともその内容は、寿量品の説法を聴聞した人々の得る功徳を十二種に分けて説いたものである。天台は、この長行とそれに続く偈頌部分までを一経三分及び本門三分のうちの正宗分とし、それ以下を流通分とした。これを図示すると次頁のようになる。

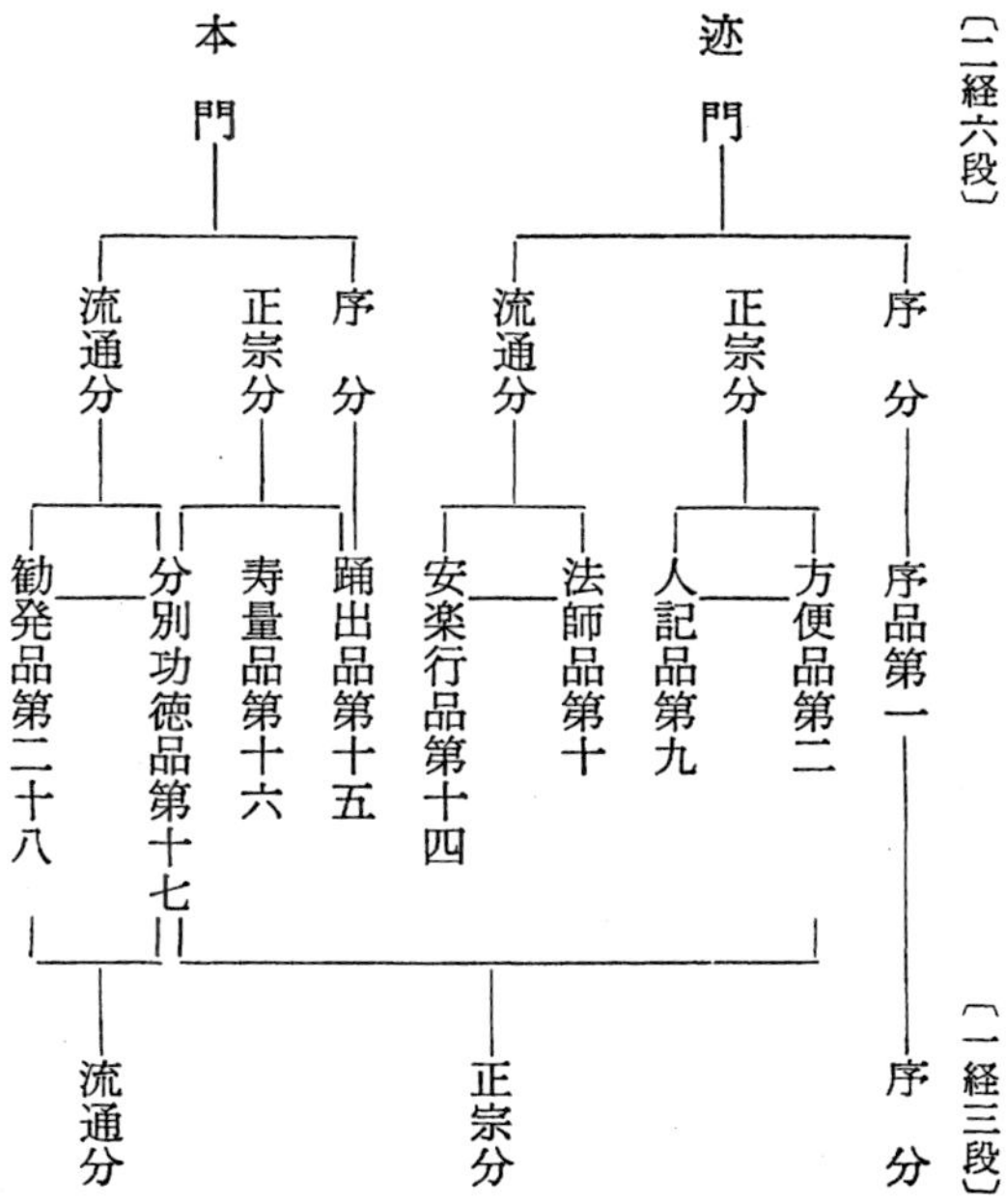

いま、本段の部分と、この後に続く後出の偈頌部分との分科を図示すると、次頁のようになる。

正説
- 正開レ近顕レ遠（寿量品）
- 総授二法身記一
  - 経家総序
  - 如来分別
  - 時衆供養
- 弥勒総申二領解一
  - 頌二時衆得解一
  - 頌二如来分別一
  - 頌二時衆供養一

爾時彌勒菩薩。從座而起偏袒右肩。合掌向佛。而說偈言

佛說希有法　昔所未曾聞　世尊有大力　壽命不可量
無數諸佛子　聞世尊分別　說得法利者　歡喜充遍身
或住不退地　或得陀羅尼　或無礙樂說　萬億旋總持
或有大千界　微塵數菩薩　各各皆能轉　不退之法輪
復有中千界　微塵數菩薩　各各皆能轉　清淨之法輪
復有小千界　微塵數菩薩　餘各八生在　當得成佛道
(1)復有四三二　如此四天下　微塵數(2)菩薩　隨數生成佛

或一四天下　微塵數菩薩　餘有一生在　當成(3)一切智
如是等衆生　聞佛壽長遠　得無量無漏　清淨之果報
復有八世界　微塵數衆生(4)　聞佛説壽命　皆發無上心
世尊説無量　不可思議法　多有所饒益　如虚空無邊
雨天曼陀羅　摩訶曼陀羅　釋梵如恒沙　無數佛土來
雨栴檀沈水　繽紛而亂墜　如鳥飛空下　供散於諸佛
天鼓虚空中　自然出妙聲　天衣千萬種(5)　旋轉而來下
衆寶妙香爐　燒無價之香　自然悉周遍　供養諸世尊
其大菩薩衆　執七寶幡蓋　高妙萬億種　次第至梵天
一一諸佛前　寶幢懸勝幡　亦以千萬偈　歌詠諸如來
如是種種事　昔所未曾有　聞佛壽無量　一切皆歡喜
佛名聞十方　廣饒益衆生　一切具善根　以助無上心

(1)復＝或　(2)底本は「諸」。長行部分との対比、及び意味上から春日本の「數」に改む。(3)成＝得　(4)衆生＝菩薩　(5)種＝億

爾《そ》の時に弥勒菩薩《みろくぼさつ》、座より起《た》ちて、偏《ひと》えに右の肩を袒《あらわ》にし、合掌し、仏に向かいたてまつりて、偈を説いて言《もう》さく、

「仏、希有《けう》の法を説きたもう　昔より未《いま》だ曾《かつ》て聞かざる所なり。　世尊は大力有《だいりきましま》して　寿命量《はか》るべからず。
無数《むしゅ》の諸《もろもろ》の仏子《ぶっし》　世尊の分別して　法利を得《う》る者を説きたもうを聞いて　歓喜身《み》に充遍す。

或《あるい》は不退地《ふたいじ》に住し　或《あるい》は陀羅尼《だらに》を得《え》　或《あるい》は無礙《むげ》の楽説《ぎょうせつ》　万億の旋総持《せんそうじ》あり。
或《あるい》は大千界　微塵数《みじんじゅ》の菩薩有って　各各《おのおの》に皆能《みなよ》く　不退の法輪を転ず。
復《また》、中千界　微塵数《みじんじゅ》の菩薩有《あ》って　各各《おのおの》に皆能《よ》く　清浄の法輪を転ず。
復《また》、小千界　微塵数の菩薩有って　余《のこ》り各《おのおの》八生《はっしょう》在《あ》って　当《まさ》に仏道を成ずることを得《う》べし。
復《また》、四三二《しさんに》　此《かく》の如き四天下《してんげ》　微塵数《みじんじゅ》の菩薩有って　数《かず》の生《しょう》に随《したが》って成仏せん。
或《あるい》は一四天下《いっしてんげ》　微塵数《みじんじゅ》の菩薩　余《のこ》り一生在ること有って　当《まさ》に一切智を成《じょう》ずべし。
是《かく》の如き等《ら》の衆生　仏寿の長遠《じょうおん》なることを聞いて　無量無漏《むろ》　清浄の果報を得《う》。
復《また》、八世界　微塵数《みじんじゅ》の衆生有って　仏の寿命を説きたもうを聞いて　皆《みな》、無上の心を発しつ。
世尊は無量　不可思議の法を説きたもうに　多く饒益《にょうやく》する所有ること　虚空の無辺なるが如し。
天の曼陀羅《まんだら》　摩訶曼陀羅を雨《ふら》して　釈《しゃく》・梵恒沙《ぼんごうじゃ》の如く　無数《むしゅ》の仏土より来れり。
栴檀《せんだん》・沈水《じんすい》を雨《ふら》して　繽紛《ひんぷん》として乱れ墜《お》つること　鳥の飛びて空より下《くだ》るが如くにして　諸仏に供散し
天鼓《てんく》虚空の中にして　自然《じねん》に妙声《みょうしょう》を出《いだ》し　天衣《てんね》千万種　旋転《せんてん》して来下《らいげ》し
衆宝《しゅほう》の妙《たえ》なる香炉《こうろ》に　無価《むげ》の香を焼《た》いて　自然《じねん》に悉《ことごと》く周遍して　諸《もろもろ》の世尊に供養す。
其《そ》の大菩薩衆は　七宝の幡蓋《ばんがい》　高妙《こうみょう》にして万億種なるを執《と》って　次第に梵天に至る。一一の諸仏の前《みまえ》に
宝幢に勝幡を懸《か》けたり　亦《また》、千万の偈《げ》を以て　諸の如来を歌詠《かよう》したもう。
是《かく》の如き種種の事　昔より未《いま》だ曾《かつ》て有らざる所なり。　仏寿の無量なることを聞いて　一切皆歓喜す。
仏の名《みな》十方に聞《きこ》えて　広く衆生を饒益《にょうやく》したもう　一切善根《ぜんごん》を具《ぐ》して　以《もっ》て無上の心を助く。」

〔訳〕その時に、弥勒菩薩は座から起ち上がって、右の肩をあらわにして合掌し、仏に向かって詩頌を

説いて申し上げた。

「仏は稀有な法をお説きになられた。それは昔から今に至るまで聞いたことのないものである。
世尊は偉大なる力を有しておられ　その寿命の長さは量ることができない。(1)
無数の仏の子たちは　世尊が教えによる利益を得るものたちについてことわけして説かれたのを
聞いて　歓喜が体中に満ちあふれた。(2)
あるものは退くことのない境地にとどまり　あるものはダーラニーを得、　あるものは楽しみな
がら滞ることなく説く弁舌の才を　(あるものは)　(百千)　万億も旋転するダーラニーを得た。(3)
あるいは、十億の世界　それを微塵にした数の菩薩たちがいて　それぞれがみな　退くことの
ない教えの輪を回した。
また、十万の世界　それを微塵にした数の菩薩たちがいて、　それぞれがみな、清らかな教えの
輪を回した。
また、千の世界　それを微塵にした数の菩薩がいて、　それぞれが八度の生まれかわりを残して、
必ずや仏道を完成させることができるであろう。(以上12句が(4)に相当)
あるいは、四・三・二　それぞれの四大洲　(それらを各々すりつぶした)　微塵の数の菩薩た
ちがいて　(それぞれの)　数だけ生まれかわって仏となることができるであろう。(5)
あるいは一つの四大洲　それを微塵にした数の菩薩たちがいて　一度の生まれかわりの後に
必ずや　(仏の)　一切を知る智を完成させるであろう。　そのような衆生たちは　仏の寿命がはな
はだ長いことを聞いて　はかりしれない煩悩の汚れなき　清らかな果報を得るであろう。(6)

また、八つの世界　それを微塵にした数の衆生がいて　仏がその寿命について説かれるのを聞いて　皆、この上ない心を起こした。(7)
世尊は無量の　不可思議な教えを説かれ、　それによって利益を蒙むることが多いことは　虚空が無辺際であるかのようだ。(8)
天上の曼陀羅《まんだら》　摩訶《まか》曼陀羅（の華）を雨ふらして、　帝釈《たいしゃく》や梵天《ぼんてん》の神々はガンジス河の砂のように多く　無数の仏土から来集した。(9)
栴檀《せんだん》香や沈香《じんこう》を雨ふらして　それらがちりぢりに乱れ落ちるさまは　鳥が空から飛んでおりてくるようで　仏たちの上に散りかかって供養した。(10)
天上の鼓は空中で　おのずと妙なる音声を響かせ、　天上の千万種もの衣が　ひらひらと翻りながら落ちてきた。(11)
多くの宝玉でできたすばらしい香炉に　値もつけられない香を焼いて　（その香りが）自然とあたり一面に漂って　多くの世尊たちに供養した。(12)
偉大な菩薩たちは　七宝づくりの幡《はた》と天蓋の　万億種もの丈高く美しいのを手に持って　次第に梵天界にまで至っている。(13)
一人一人の仏たちの前に　宝づくりの幢《はたぼこ》に勝利の幡を懸け　また、千万の詩頌によって如来たちを讃えた。(14)
以上のような種々のことがらは　昔から今に至るまでかつてなかったことである。　仏の寿命が無量であることを聞いて　すべてのものたちは、みな歓喜した。(15)

仏の名は十方に聞えて　広く衆生に利益を与えられた。　あらゆるものたちは善根をそなえ　それによって（菩提心という）この上ない心の糧になしたのだ。」(16)

《偏袒右肩》インド古来からの礼法で、右肩をはだ脱ぎして、尊崇の意を表わす作法。《旋総持》旋陀羅尼に同じ。前注参照（八二七頁）。《大千界》三千大千世界の略。同様に「中千界」は中千世界（二千中千世界とも）、「小千界」は小千世界の略。《釈梵》帝釈と梵天の略。本書上巻の語注「釈提桓因」と「娑婆世界主梵天王」を参照（五一—二頁）。《繽紛》乱れ散るさま。《勝幡》古代インドで戦勝の印としてたてる幡。

以上の偈頌の内容は、長行部分のくり返しである。天台の分科によれば、ここまでが一経の、及び本門の正宗分に相当し、以下流通分となる。

爾時佛告彌勒菩薩摩訶薩。阿逸多。其有衆生。聞佛壽命。長遠如是。乃至能生。一念信解。所得功德。無有限量。若有善男子。善女人。爲阿耨多羅三藐三菩提故。於八十萬億。那由他劫。行五波羅蜜。檀波羅蜜。尸羅波羅蜜。羼提波羅蜜。毘梨耶波羅蜜。禪波羅蜜。除般若波羅蜜。以是功德。比前功德。百分千分。百千萬億分。不及其一。乃至算數譬喩。所不能知。若善男子[1]善女人[1]。有如是功德。於阿耨多羅三藐三菩提退者。無有是處。

爾時世尊。欲重宣此義。而說偈言

若人求佛慧　於八十萬億　那由他劫數　行五波羅蜜

於是諸劫中　布施供養佛　及緣覺弟子　幷諸菩薩衆
珍異之飲食　上服與臥具　栴檀立精舍　以園林莊嚴
如是等布施　種種皆微妙　盡此諸劫數　以迴向佛道
若復持禁戒　清淨無缺漏　求於無上道　諸佛之所歎
若復行忍辱　住於調柔地　設衆惡來加　其心不傾動
諸有得法者　懷於增上慢　爲此(2)所輕惱　如是亦能忍
若復懃(3)精進　志念常堅固　於無量億劫　一心不懈息(4)
又於無數劫　住於空閑處　若坐若經行　除睡常攝心
以是因緣故　能生諸禪定　八十億萬劫　安住心不亂
持此一心福　願求無上道　我得一切智　盡諸禪定際
是人於百千　萬億劫數中　行此諸功德　如上之所說
有善男女等　聞我說壽命　乃至一念信　其福過於彼
若人悉無有　一切諸疑悔　深心須臾信　其福爲如此
其有諸菩薩　無量劫行道　聞我說壽命　是則能信受
如是諸人等　頂受此經典　願我於未來　長壽度衆生
如今日世尊　諸釋中之王　道場師子吼　說法無所畏
我等未來世　一切所尊敬　坐於道場時　說壽亦如是
若有深心者　清淨而質直　多聞能總持　隨義解佛語
如是諸人等　於此無有疑

爾《そ》の時に仏、弥勒菩薩摩訶薩《まかさつ》に告げたまわく、「阿逸多《あいった》よ、其《そ》れ衆生有って、仏の寿命の長遠《じょうおん》、是《かく》の如くなるを聞いて、乃至能《よ》く一念の信解《しんげ》を生《しょう》ぜば、所得の功徳、限量有ること無《な》けん。若《も》し善男子・善女人有って、阿《あ》耨多羅三藐三菩提《のくたらさんみゃくさんぼだい》の為《ため》の故に、八十万億那由他劫《なゆたこう》に於いて、五波羅蜜《はらみつ》を行《ぎょう》ぜん。檀波羅蜜《だんはらみつ》・尸羅波羅蜜《しらはらみつ》・羼提《せんだい》波羅蜜《はらみつ》・毘梨耶波羅蜜《びりやはらみつ》・禅波羅蜜《ぜんはらみつ》なり。般若波羅蜜《はんにゃはらみつ》をば除く。是《こ》の功徳を以て、前《さき》の功徳に比《くら》ぶるに、百分・千分・百千万億分にして、其の一にも及ばず、乃至算数譬喩《さんじゅひゆ》も知ること能《あた》わざる所なり。若《も》し善男子・善女人、是《かく》の如き功徳有《あ》って、阿耨多羅三藐三菩提《あのくたらさんみゃくさんぼだい》に於いて退《たい》すといわば、是《こ》の処有《ことあ》ること無《な》けん」と。

爾《そ》の時に世尊、重ねて此《こ》の義を宣《の》べんと欲《ほっ》して、偈《げ》を説《と》いて言《のたま》わく、

「若《も》し人、仏慧《ぶって》を求めて　八十万億　那由他《なゆた》の劫数《こっしゅ》に　五波羅蜜を行ぜん。
是《こ》の諸《もろもろ》の劫の中に於いて　仏、　及び縁覚《えんがく》の弟子　并《なら》びに諸《もろもろ》の菩薩衆に布施し供養せん。
珍異《ちんに》の飲食《おんじき》　上服《じょうぶく》と臥具《がぐ》と
栴檀《せんだん》もて精舎《しょうじゃ》を立て　園林を以て荘厳せる、
是《かく》の如き等《ら》の布施　種種に皆、微妙なる　此《こ》の諸《もろもろ》の劫数《こっしゅ》を尽くして　以て仏道に廻向《えこう》せん。
若《も》し復《また》、禁戒《きんかい》を持《たも》って　清浄にして欠漏《けつろ》無く　無上道の　諸仏の歎《たん》じたもう所なるを求めん。
若《も》し復《また》、忍辱《にんにく》を行じて　調柔《じょうにゅう》の地に住し　設《たと》い衆《もろもろ》の悪、来《きた》り加うとも　其《そ》の心傾動《きょうどう》せざらん。
諸の有《あら》ゆる得法の者の　増上慢《ぞうじょうまん》を懐《いだ》ける　此《これ》に軽《かろ》しめ悩まされん　是《かく》の如きをも亦《また》、能《よ》く忍《しの》ばん。
若《も》し復《また》、懃《つと》めて精進し　志念《しねん》常に堅固にして　無量億劫に於《お》いて　一心に懈息《けそく》せざらん。
又、無数劫《むしゅこう》に於いて　空閑《くうげん》の処に住して　若《も》しは坐し、若《も》しは経行《きょうぎょう》し　睡《ねむり》を除いて常に心を摂《おさ》めん。

(1)……　……(1)＝春日本になし。　(2)此＝斯　(3)懃＝勤　(4)息＝怠

是《こ》の因縁を以ての故に　能《よ》く諸《もろもろ》の禅定《ぜんじょう》を生じ　八十億万劫に　安住して心乱れず。
此の一心の福を持《も》って　無上道を願求《がんぐ》し　我、一切智を得んと　諸《もろもろ》の禅定の際《さい》を尽《つ》くさん。
是《こ》の人、百千　万億の劫数《こつしゅ》の中に於いて　此《こ》の諸《もろもろ》の功徳を行ずること　上の所説の如くならん。
善男女等《とう》有って　我が寿命を説くを聞いて　乃至一念も信ぜば　其《そ》の福彼《かれ》に過ぎたらん。
若《も》し人、悉く　一切の諸《もろもろ》の疑悔《ぎけ》有ること無くして　深心《じんしん》に須臾《しゅゆ》も信ぜん　其《そ》の福此《かく》の如くなるを為《う》。
其《そ》れ諸《もろもろ》の菩薩の　無量劫に道を行ずる有って　我が寿命を説くを聞いて　是《これ》則ち能《よ》く信受せん。
是《かく》の如き諸人《しょにん》等　此の経典を頂受《ちょうじゅ》して　我、未来に於いて　長寿にして衆生を度《ど》せんこと、
今日の世尊の　諸釈《しょしゃく》の中の王として　道場にして師子吼《ししく》し　法を説きたもうに畏《おそ》るる所無きが如く、
我等も未来世に　一切に尊敬《そんぎょう》せられて　道場に坐せん時　寿を説くこと亦《また》、是《かく》の如くならんと願わん。
若《も》し深心《じんしん》有らん者　清浄にして質直《しちじき》に　多聞にして能《よ》く総持《そうじ》し　義に随《したが》って仏語を解《げ》せん。　是《かく》の如き
諸人等　此《ここ》に於いて疑《うたがい》有ること無けん」と。

〔訳〕その時、仏は弥勒菩薩大士に告げられた。

「阿逸多よ、誰であれ、衆生が、仏の寿命がそのようにはるかに長いということを聞いて、ほんの一たび心に（たしかにそうだ、と）確信を懐くならば、（それによって）得る功徳には際限がないであろう。もし、善男子・善女人がいて、無上の正しい悟りのために、八十万億ナユタの劫数という長時にわたって、五種の波羅蜜《はらみつ》を修行したとしよう。布施《ふせ》波羅蜜・持戒波羅蜜・忍辱《にんにく》波羅蜜・精進波羅蜜・禅波羅蜜の五である。（ただし）智慧波羅蜜は除く。この功徳と先の（仏の寿命長遠の説法を確信

する）功徳とを較べるならば、百分・千分・百千万億分の一にも及ばない。計算や喩えによってさえも知ることができないほどである。もし善男子・善女人が、そのような功徳がありながら、（しかも）無上の正しいさとりから退いてしまうという、そのような道理はありえないのだ。」

その時、世尊は、重ねて以上の意義を宣べようとして詩頌を説いていわれた。

「もしもある人が、仏の智慧を求めて　八十万億　ナユタの劫数という長時にわたって　五種の波羅蜜を修行したとしよう。(17)

この多くの劫の間に　仏　及び独覚の弟子たち　それに多くの菩薩たちに布施し供養したとしよう。(18)

めずらしい飲み物や食べ物　上等の衣服と寝具とをである。(19)

栴檀《せんだん》木によって精舎《しょうじゃ》を建て　林園でおごそかに飾る。(20)

そのような布施の　種々にみなすばらしいものを　この多くの劫数の間じゅう布施しつづけてそれを仏道にふり向けたとしよう。(21)

もしもまた、戒律を保ち　清浄で欠けるところなく　この上ない道の　仏たちが讃歎するものを求めたとしよう。(22)

もしもまた、忍耐の修行をして　柔軟自在な境地にとどまり、たとい多くの悪しきことがやってきたとしても　その心が動かされないとしよう。(23)

法の体得者たちで　思い上がりの心を懐いているものたち　彼らによって軽んぜられ苦しめられたとしても　そのようなものもよく耐え忍ぶとしよう。(24)

もしもまた、骨折って精進し　志しがつねに堅固で　無量億の劫という長時にわたって　一心に専心しておこたり休むことがないとしよう。(25)

また、無数劫という長時にわたって　人里ほど遠からぬ静かな場所に住して　もしは坐し、もしは歩きまわり　睡気を払って常に心を統一したとしよう。(26)

このような条件のもとに　さまざまな禅定を実修し、　八十億万の劫という長時にわたって　安らかにとどまって心が乱れない。(27)

この心の統一という福徳をそなえて　この上ない道を願い求め　『私は一切を知る（仏の）智慧を獲得しよう』として　禅定をすべて究め尽くそうとしたとしよう。(28)

その人が百千　万億の劫数にわたって　以上のさまざまな功徳を実践することが　これまで説いてきたとおりであるとしても、(29)

善男子・善女人がいて　私が（仏の）寿命を説くのを聞いて　ほんの一瞬間でも信ずるならばその福徳は彼（の福徳）に過ぎるであろう。(30)

もし人が　あらゆる疑いや悔いもなく　心深くでほんのしばらくの間も信じるならば　その福徳は以上の如くであろう。(31)

そもそも、多くの菩薩たちが　無量の劫の長時に仏道を修行し　私が寿命を説くのを聞いて　それを信じ受け入れることができるならば、(32)

そのような人々は　この経典をおしいただいて　『私は未来において　長寿を保ち、衆生を救済しよう。それは、(33)

今日の世尊が　釈迦族の中の王として　さとりの場において獅子吼し　法を説かれるのに何物をも畏れるものがないように、(34)

そのように私たちも未来の世で　すべてのものに尊敬されて　さとりの場に坐る時　寿命を説くことがまたそのようでありたい』と願うであろう。(35)

深い心を有し　清浄で実直、　多くを聞いてよく記憶し　その意義のとおりに仏の語を理解するような人、　そのような人々は　このことについて疑いはないであろう。」(36)

《一念信解》 一たびの確信、の意。「一念」には多義があるが、大別すると㈠一瞬間という時間的意味の付与されているもの、㈡時間的意味にかかわらないもの、に分けられる。(もっとも仏教では時間を心の動きとしてとらえるから、厳密な意味では「念」は時間にかかわっているが、ここでは表面的には時間の意味があまり意識されていない、というほどの意)「念」の原語には kṣaṇa (極めて短い時間の単位)、citta (心)、smṛti (心作用としての記憶作用) などがあり、これらがいずれも同一の「念」という語で漢訳されているため、多義性をもつに至った。「一念信解」の場合の「一念」の原語は eka-citta (一心) で、これには時間的意味は明瞭でない。一たびの心、一思いの心、の意味。「信解」の原語は adhimukti で、確かにそうだと了解して確信するという意味。あるいは、意向、心の傾くこと、などの意がある。本書上巻第四章の語注参照(二八七頁)。**《五波羅蜜》** 五種の波羅蜜。これに般若波羅蜜を加えて六波羅蜜という。本書上巻の語注参照(九〇頁)。**《禁戒》** 戒律のこと。**《空閑処》** 人里を離れすぎず近すぎない、修行に適した閑静な場所。原語は araṇya. **《経行》** 禅定中に体をほぐしたり、睡けを払うために、近くをそぞろ歩きをすること。普通は「きんひん」という。**《我得一切智、尽諸禅定際》** 従来は、「我、一切智を得て、諸の禅定の際を尽くさんと」と、「我」を「尽くさん」までかけて訓むが、この訓みでは、この後に続くべき「願う」あるいは「思う」などというような、主体の動作を説明する語が不足する。それ故、「我、一切智を得ん」と切って訓み、その後の「尽諸禅定際」は、状況説明の句ととる。梵文では、ahaṃ syāmiti sarvajño dhyānapāramatāṃ gatiḥ//p. 335. *l*. 10（私は一切知者になろう、と禅定の究極に達するとしよう）とあって、この訓み方を支持する。**《乃至一念信》**この場合の「一念」は、前注の㈠の意味で、時間的意味を表わす語。「ほんの一瞬」という意味。原語は eka-kṣaṇa. 梵文には ekakṣaṇaṃ pi śraddhāti（たとい一瞬でも信じるならば）〈p. 336. *l*. 2〉とある。**《諸釈中之王》**釈迦族の人々の中の王、の意。「釈」は釈迦族のこと。

以上、長行と偈頌の部分を一度に挙げた。この部分の要旨は、仏の寿量は無量であるという寿量品の説法を聞いて、それを一たびでも信じ受け入れるならば、その功徳は般若波羅蜜を除く五波羅蜜の修行を八十万億ナユタ劫という長時にわたって続けた功徳よりもはるかに大きい、ということである。天台ではこの部分を一念信解の功徳を説いたものとする。そして、この一念信解について、これを修行の階梯のどこに位置づけるかということで、天台以来、わが国の日本天台に至るまでやかましい議論がある。日蓮は、これを唯信無解の行人のものと位置づけ、自らの信心為本の根拠となしている。なお、天台の分科によれば、この部分以降、本経の終章までが流通分にあたる。先に流通分についての分科の概要を示し、次に本章の分科を略出しておく。

本章の分科は次のとおりで、今は一念信解の段である。

- 流通段
  - 明二弘経功徳深一勧二流通一
    - 明二初品因功徳一勧二流通一（分別の半品、及び随喜品）
    - 明二初品果功徳一勧二流通一（法師功徳品）
    - 明二信毀罪福証一勧二流通一（不軽品）
  - 付嘱流通
    - 嘱累流通
      - 明二菩薩受レ命弘経一
      - 明二如来摩頂付嘱一
    - 化他流通
      - 勗二弘法師苦行乗乗一
      - 勗二受法弟子三昧乗乗一
      - 明二内禁総持乗乗一
      - 明二外護誓願乗乗一
    - 自行流通

- 明二初品因功徳一勸二流通一
  - 現在四信
    - 一念信解
      - 長行
        - 挙二示其人一
        - 明二功徳一
        - 信行不退
      - 偈頌
        - 頌三格二量多少一
        - 追頌二人相一
        - 頌二行位不退一
    - 略解言趣
      - 標二人相一
      - 格量
    - 広為レ他説
      - 出二人相一
      - 格量
    - 深信観成
  - 滅後五品
    - 列二五品一格二量四品功徳一
      - 長行
        - 直起二随喜心一
        - 加自受持読誦
        - 加勧レ他受持読誦
        - 加兼二行六度一
        - 加正行二六度一
      - 偈頌
        - 頌二第二品一
        - 頌二第三品一
        - 頌二第四品一
        - 頌二第五品一
    - 格二量初品因功徳一（随喜功徳品）

又阿逸多。若有聞佛。壽命長遠。解其言趣。是人所得功德。無有限量。能起如來。無上之慧。何況廣聞是經。若教人聞。若自持。若教人持。若自書。若教人書。若以華香瓔珞。幢幡繒蓋。香油酥(1)燈。供養經卷。是人功德。無量無邊。能生一切種智。阿逸多。若善男子。善女人。聞我說壽命長遠。深心信解。則爲見佛。常在耆闍崛山。共大菩薩。諸聲聞衆。圍繞說法。又見此娑婆世界。其地琉璃。坦然平正。閻浮檀金。以界八道。寶樹行列。諸臺樓觀。皆悉寶成。其菩薩衆。咸處其中。若有能如是觀者。當知是爲。深信解相。

(1)酥＝蘇

「又、阿逸多《あいった》よ、若《も》し仏の寿命の長遠《じょうおん》なるを聞いて、其《そ》の言趣《ごんしゅ》を解《げ》する有らん、是《こ》の人の所得の功徳は限量有ること無くして、能《よ》く如来の無上の慧《え》を起こさん。何《いか》に況《いわん》や、広く是《こ》の経を聞き、若しは人をしても聞かしめ、若しは自らも持《たも》ち、若しは人をしても持《たも》たしめ、若しは自らも書き、若しは人をしても書かしめ、若しは華香《けこう》・瓔珞《ようらく》・幢幡《どうばん》・繒蓋《ぞうがい》・香油《こうゆ》・酥燈《そとう》を以て経巻に供養せんをや。是《こ》の人の功徳、無量無辺にして、能《よ》く一切種智を生ぜん。阿逸多《あいった》よ、若し善男子・善女人、我が寿命の長遠《じょうおん》なるを説くを聞きて、深心《じんしん》に信解《しんげ》せば、則ち為《こ》れ仏の、常に耆闍崛山《ぎしゃくせん》に在《いま》して、大菩薩、諸《もろもろ》の声聞衆《しょうもんじゅ》の囲繞《いにょう》せると共に説法するを見、又、此《こ》の娑婆《しゃば》世界、其《そ》の地、琉璃《るり》にして坦然平正《たんねんびょうじょう》に、閻浮檀金《えんぶだんごん》、以《もっ》て八道を界《さか》い、宝樹行列し、諸台楼観《ろうかん》、皆、悉く宝をもって成《じょう》じて、其《そ》の菩薩衆、咸《ことごと》く其《そ》の中に処《よ》せるを見ん。若し能《よ》く是《かく》の如く観ずること有らば、当《まさ》に知るべし、是《こ》れを深《じん》信解《しんげ》の相と為《な》づく。

〔訳〕「また、阿逸多《あいった》よ、もし仏の寿命が極めて長いということを聞いて、そのことばの意味を理解するならば、その人の得る功徳には限りがなく、如来の無上の智慧をおこすことができるであろう。ましてや、この経を広く聞き、あるいは人にも聞かしめたり、あるいは自ら保ち、あるいは人にも保たせ、あるいは自ら書写し、あるいは人にも書写させ、もしくは花や香・装身具・はたぼこ・きぬがさ・香油・酥油《そゆ》（香油にミルクを加えたもの）の燈火を経典に供養するものはなおさらのことである。その人の功徳ははかりしれず果てもなく、すべてを知りつくした仏の智慧を生ずることができるであろう。

阿逸多よ、もし善男子・善女人が、私が寿命の極めて長いことを説くのを聞いて、心深く確信するならば、その人は、仏が常に霊鷲山にいて、偉大な菩薩や声聞たちに囲まれて説法しているのを見るであろう。また、この娑婆世界が、その大地が瑠璃でできていて平坦で、ジャンブー河産出の黄金によって八本の（交差した）道路を区切り、宝樹が並んでいて、高殿や楼閣はすべて宝でできており、そして菩薩たちがみなその中にいるのを見るであろう。もしもこのように観るならば、これこそ深い確信のすがたと知るべきである。

《言趣》ことばの意趣。すなわち、仏の寿命が長遠であるということの真の意味。**《繒蓋》**きぬがさ、絹でできた天蓋。**《酥燈》**油に乳酪（酥）を加えて燃やした燈火。**《一切種智》**全智者としての仏の智慧のこと。梵本では単に buddhajñāna（仏の智慧）という（p. 337. *l*. 8）。**《深心信解》**字義通りの意味は、心に深く確信する、ということ。梵本では adhyāśayena adhimucyate（意欲をもって確信する）とある（p. 337, *l*. 10）。adhy-āśaya は、意向・願望などの心中の意図・願望の意味を表わす語であるが、漢訳からはこのような意味はうかがわれない。**《耆闍崛山》**霊鷲山のこと。本書上巻序品の語注参照（四二—三頁）。**《閻浮檀金》**

ジャンブー（閻浮）河の河底から採れる砂金。黄金のうちで最も価値の高いものとされた。本書上巻第六章の語注参照（三七二頁）。《八道》八交道ともいう。中村元博士の説によれば、中央にロータリーがあって放射状に八本の道が交差している状態という。本書上巻第三章の語注を参照（二〇九頁）。

以上は、前章寿量品の仏寿長遠という説法を聞き、それを信じる者の功徳について、これを「現在」という時間の場において述べたものである。深信解の相の描写は、仏国土のありさまそのものである。次段からは「如来滅後」という未来における功徳を述べる。分科からいうと（八四四頁参照）、今の小段は、「現在四信」のうちの、「略解言趣」から、「深信観成」までに相当する。

又復如來滅後。若聞是經。而不毀呰。起隨喜心。當知已爲。深信解相。何況。讀誦受持之者。斯人則爲。頂戴如來。

阿逸多。是善男子。善女人。不須爲我。復起塔寺。及作僧坊。以四事。供養衆僧。所以者何。是善男子。善女人。受持讀誦。是經典者。爲已起塔。造立僧坊。供養衆僧。則爲以佛舍利。起七寶塔。高廣漸小。至于梵天。懸諸幡蓋。及衆寶鈴。華香瓔珞。末香。塗香。燒香。衆鼓伎樂。簫笛箜篌。種種舞戲。以妙音聲。歌唄讚頌。則爲[1]於。無量千萬億劫。作是供養已。

阿逸多。若我滅後。聞是經典。有能受持。若自書。若教人書。則爲起立僧坊。以赤栴檀。作諸殿堂。三十有二。高八多羅樹。高廣嚴好。百千比丘。於其中止。園林浴池。經行禪窟。衣服飲食。床褥[2]湯藥。一切樂具。充滿其中。如是僧坊。堂閣若干。百千萬億。其數無量。以此現前。供養於我。及比丘僧。是故我說。如來滅後。若有受持讀誦。爲他人說。若自書。若教人書。供養經卷。不須復起塔寺。及造僧坊。供養衆僧。況復有人。能持是經。兼行布施。持戒。忍辱。精進。一心。智慧。其德最勝。無量無邊。譬如虛空。東西南北。四維上下。無量無邊。是人功德。亦復如是。無量無邊。疾至一切種智。

若人讀誦。受持是經。爲他人說。若自書。若教人書。復能起塔。及造僧坊。供養讚歎。聲聞衆僧。亦以百千萬億。讚歎之法。讚歎菩薩功德。又爲他人。種種因緣。隨義解說。此法華經。復能清淨持戒。與柔和者。而共同止。忍辱無瞋。志念堅固。常貴坐禪。得諸深定。精進勇猛。攝諸善法。利根智慧。善答問難。

阿逸多。若我滅後。諸善男子。善女人。受持讀誦。是經典者。復有如是。諸善功德。當知是人。已趣道場。近阿耨多羅三藐三菩提。坐道樹下。

阿逸多。是善男子。善女人。若坐若立。若經(3)行處。此中便應起塔。一切天人。皆應供養。如佛之塔。

(1)爲=爲己　(2)褥=蓐　(3)底本になし。梵本との意味上の対応により春日本より補う。

又復《またまた》、如来の滅後に、若《も》し是《こ》の経を聞いて、毀呰《きし》せずして随喜の心を起こさん、当《まさ》に知るべし、已《すで》に深信解の相と為《な》づく。何《いか》に況《いわん》や、之《これ》を読誦し、受持せん者をや。斯《こ》の人は、則ち為《こ》れ如来を頂戴したてまつるなり。阿逸多《あいった》よ、是《こ》の善男子・善女人は、我《わ》が為《ため》に復《また》、塔寺を起て、及び僧坊を作り、四事を以《もっ》て衆僧を供養することを須《もち》いず。所以《ゆえ》は何《いか》ん。是《こ》の善男子・善女人の、是の経典を受持し、読誦せん者は、為《こ》れ已《すで》に塔を起《た》て、僧坊を造立し、衆僧を供養するなり。則ち為《こ》れ仏舎利を以て七宝の塔を起《た》て、高広漸小《こうこうぜんしょう》にして梵天《ぼんてん》に至り、諸《もろもろ》の幡蓋《ばんがい》、及び衆《もろもろ》の宝鈴《ほうりょう》を懸《か》け、華香・瓔珞《ようらく》・末香《まっこう》・塗香《ずこう》・焼香・衆鼓《しゅく》・伎楽・簫笛《しょうちゃく》・箜篌《くご》・種種の舞戯《ぶけ》あって、妙《たえ》なる音声《おんじょう》を以て、歌唄讃頌《かばいさんじゅ》するなり。則ち為《こ》れ、無量千万億劫に於いて、是の供養を作し已《おわ》るなり。

阿逸多《あいった》よ、若《も》し我が滅後に、是《こ》の経典を聞いて能《よ》く受持し、若しは自らも書き、若しは人をしても書かしむること有らんは、則ち為《こ》れ僧坊を起立《きりゅう》し、赤栴檀《しゃくせんだん》を以《もっ》て諸《もろもろ》の殿堂を作ること三十有二、高さ八多羅樹《はったらじゅ》、高広厳好《こうこうごんこう》にして、百千の比丘、其《そ》の中に於いて止《す》み、園林《おんりん》・浴池《よくち》・経行《きょうぎょう》・禅窟《ぜんくつ》・衣服《えぶく》・飲食《おんじき》・床褥《じょうにく》・湯《とう》薬・一切の楽具、其《そ》の中に充満せん。是の如《かく》き僧坊・堂閣、若干《そこばく》百千万億にして、其の数無量なる。此《こ》れを以て現前に、我及び比丘僧に供養するなり。是《こ》の故に我説く『如来の滅後に若し受持し、読誦し、他人の為に説き、若しは自らも書き、若しは人をしても書かしめ、経巻を供養すること有らんは、復《また》、塔寺を起《た》て、及び僧坊を造り、衆僧を供養することを須《もち》いず。』況《いわん》や復《また》、人有って、能《よ》く是《こ》の経を持《たも》ち、兼《か》ねて布施・持戒・忍辱《にんにく》・精進・一心・智慧を行ぜんをや。其の徳最勝にして、無量無辺ならん。譬《たと》えば、虚空の東西南北、四維《ゆい》上下、無量無辺なるが如く、是《こ》の人の功徳も、亦復《またまた》、是の如《かく》し。無量無辺にして、疾《と》く一切種智に至らん。

若《も》し人、是《こ》の経を読誦し、受持し、他人の為に説き、若しは自らも書き、若しは人をしても書かしめ、復《また》、能《よ》く塔を起《た》て、及び僧坊を造り、声聞の衆僧を供養し讃歎《さんだん》し、亦《また》、百千万億の讃歎の法を以て、菩薩の功徳を讃歎し、又、他人の為に種種の因縁をもって、義に随って此の法華経を解説《げせつ》し、復《また》、能《よ》く清浄に戒を持ち、柔和の者と共に同止し、忍辱《にんにく》にして瞋《いかり》無く、志念堅固にして、常に坐禅を貴《とうと》び、諸《もろもろ》の深定《じんじょう》を得《え》、精進勇猛《ゆうみょう》にして、諸《もろもろ》の善法を摂《せっ》し、利根智慧にして、善く問難に答えん。

阿逸多《あいった》よ、若《も》し我が滅後に、諸《もろもろ》の善男子・善女人、是の経典を受持し読誦せん者、復《また》、是の如《かく》き諸《もろもろ》の善功徳有らん、当《まさ》に知るべし、是《こ》の人は、已《すで》に道場に趣《おもむ》き、阿耨多羅三藐三菩提《あのくたらさんみゃくさんぼだい》に近づいて、道樹《どうじゅ》の下《もと》に坐せるなり。

阿逸多《あいった》よ、是《こ》の善男子・善女人の、若しは坐し、若しは立ち、若しは経行《きょうぎょう》せん処《ところ》、此の中には便ち応《まさ》に塔を起つべし。一切の天・人、皆、応《まさ》に供養すること、仏の塔の如くすべし。」

〔訳〕また、如来の入滅の後に、もしこの経を聞いて、そしることなく喜びの心をおこすならば、これはすでに、心に深く確信するすがたなのだと知るべきである。ましてや、この経を読誦し、受持する者はなおさらのことである。この人こそ如来をいただいているのだ。

阿逸多《あいった》よ、これらの善男子・善女人は、私のために塔廟や僧院を建てたり、僧坊を造作して、飲食物・衣服・寝具・のみ薬の四種を僧たちに供養するというようなことは必要ない。なぜかといえば、経典を受持し、読誦するこれらの善男子・善女人は、もうすでに塔廟を建て、増坊を造立し、多くの僧団に供養しているからなのだ。この人々は、仏の遺骨のために七宝づくりの塔を建て、(その塔は下部が広くて)高さがあり、上方は先細りになってブラフマンの天界にまで達している。多くの旗や天蓋、あまたの宝玉づくりの絵がかかっていて、花や香・装身具・粉末の香・ぬり香・焼いた香・多くの太鼓・音楽・簫《しょう》や笛・琴・種々の舞のすさびがあって、すばらしい音声で歌い、讃歎している。このような供養を、すでに無量千万億劫という長時にわたってなしてきているのだ。

阿逸多よ、もし私の入滅の後に、この経典を聞いて、よく受持し、あるいは自ら書写し、あるいは人にも書写せしめるならば、それはこういうことになる。すなわち、僧坊を造立し、赤い栴檀《せんだん》木によって多くの殿堂を造作すること三十と二に及び、それらの高さは八ターラ樹あって、高く広く、おごそかに美しく、十万人もの比丘たちがその中に居住している。林園・浴池・逍遙の場所・瞑想のためのほこら・衣服・飲み物と食べ物・寝具・のみ薬・あらゆる楽しみのための道具がその中に充ちあふれているであろう。そのような僧坊・堂閣の数は、幾百千万億にのぼり、はかりしれないほどである。これらをまのあたり、私と比丘たちの僧団に供養することになるのだ。それ故、私はこう説くのだ。

『如来の入滅の後に、もし経典を受け保ち、読誦し、他人に説き、あるいは自ら書写し、あるいは人にも書写させて供養をするならば、塔廟や僧院を建立したり、僧坊を造作したり、僧団に供養することは必要ない』と。

ましてや、人がこの経を保持し、布施・戒律の堅持・忍耐・精進・精神統一・智慧の修行をするものはなおさらのことである。その徳は最もすぐれたものであり、はかりしれずはてしもないであろう。たとえば、虚空が東西南北・四維・上下（いずれの方向にも）にはかりしれず、はてしがないように、その人の功徳もまたそのとおりに無辺際ではてしなく、すみやかにあらゆるものを知る（仏の）智慧に到達するであろう。

この経を読誦し、受け保ち、他人に説いたり、あるいは自分でも書写し、あるいは人にも書写させたりするならば、その人は、また塔廟を建立し、僧坊を造作し、声聞の修行者たちに供養して讃め称え、また百千万億とおりもの讃歎のし方で菩薩の徳を讃め称え、また他人のために種々のいわれによって、その意義に応じてこの法華経を解説し、また清らかに戒律をたもち、心が柔和なものと居を同じくし、忍耐強く、怒りの心なく、志しが堅固で、つねに坐禅を重んじ、さまざまな深い禅定を体得し、心勇んで精進し、多くの善事を摂め、素質にすぐれて智慧さとく、巧みに問答に答えるであろう。

阿逸多よ、もし、私の入滅の後に、善男子・善女人の中で、この経典を受け保ち、読誦する人は、また以上のような多くの善の功徳があるであろう。知るがよい、その人はすでに道場におもむき、無上の正しいさとりに近づいて、菩提樹の下に坐しているのである。

阿逸多よ、この善男子・善女人が、あるいは坐し、あるいは立ち、あるいは歩きまわる所には、そこに塔廟を建立するべきである。そして、一切の天の神々・人々は、すべて仏の塔廟に供養するように供養するべきである」と。

《毀呰》「毀」も「呰」も、そしる、悪口をいうという意。同義の字を二字重ねた複合語。《四事》修行者が日常生活に必要とする四種のもの。飲食・衣服・臥具・湯薬（医薬品）をいう。《簫笛》簫と笛。《箜篌》原語は viṇā 古代の琴に似た弦楽器。《赤栴檀》赤色の栴檀。栴檀の一種。原語は rohitacandana 《八多羅樹》多羅は tāla の音写で、ターラ樹（棕櫚）のこと。古代インドの高さをあらわす単位。一ターラ樹の八倍の高さが八多羅樹だが、その正確な高さは不明。《床褥》寝台としとね。寝具のこと。《湯薬》医薬のこと。《道樹》菩提樹のこと。「道」は bodhi（菩提と音写）の古訳語。仏がその樹下でさとりを開いた樹をいう。ピッパラ樹（Pippala）あるいはアシュヴァッタ樹（Aśvattha）のこと。

以上の段は、仏の滅度の後に、この経（より具体的には前章の寿量品を指す）について、随喜の心をおこすもの、自ら読誦、受持するもの、自ら受持、読誦、書写し、他人にもそれをなさしめるもの、経を保持して六波羅蜜の修行をなすもの、以上の人々について、その得る功徳について述べた段である。天台の分科では、これを五品に分けている。これを図示すると次頁のようになる。

- 滅後五品
  - 列二五品一格二量四品功徳一
    - 長行
      - (1)直起二随喜心一
      - (2)加自受持読誦
        - 標人
        - 格量
      - (3)加勧ㇾ他受持読誦
        - 標人
        - 格量
      - (4)加兼行六度
        - 標人
        - 格量
      - (5)加正行二六度一
        - 標人
        - 格量
    - 偈頌
  - 格二量初品功徳一（随喜功徳品）

四信五品

前章で、釈迦牟尼仏の寿命が長遠であることが明かされた。眼前の入滅間近い釈尊が、はるか久遠の昔に成仏を遂げて今に及び、そして未来にもそれに倍する寿命を有して常に霊鷲山におられ、仏を希求する者にはいつでもその姿を現ずる。これが前章寿量品で説かれたことである。この説法を聞いた一会の大衆は、はかりしれない功徳を得た。仏はそのものたちの得たそれぞれの功徳をそれぞれに区別して説き、また仏滅後の未来にもこの法門を聞いて随喜の心をおこし、受持し、読誦し、説法するものたちの功徳を説かれた。これが本章の内容である。本章の章名の「分別功徳」とは、功徳をことわけして区別するという意味で、その功徳とは直接的には前章寿量品の法門を聞いた功徳であり、広くは法華経実践の功徳をさす。それ故、本章は内容的には直接前章寿量品を承けたものである。

さて、仏は本章の冒頭で弥勒菩薩に対して、寿量品の法門を聞いて得た功徳を以下の十二に分けて説かれた。それは、

㈠六百八十万億ナユタ恒河《こうが》沙《しゃ》の数の衆生が「空」の悟りを得た。
㈡その千倍の数の菩薩が聞持《もんじ》陀羅尼《だらに》門を得た。
㈢一世界微塵数《みじんじゅ》の菩薩が楽説無礙《ぎょうせつむげ》弁才《べんざい》を得た。
㈣一世界微塵数の菩薩が百千万億無量の旋陀羅尼《せんだらに》を得た。
㈤三千大千世界微塵数の菩薩が不退転の法輪を転じた。
㈥中千世界微塵数の菩薩が清らかな法輪を転じる。
㈦小千世界微塵数の菩薩が、八度生まれ変った後に、無上の正しい悟りを得る。
㈧四四天下微塵数の菩薩が、四度生まれ変った後に、無上の正しい悟りを得る。
㈨三四天下微塵数の菩薩が、三度生まれ変った後に無上の正しい悟りを得る。
㈩二四天下微塵数の菩薩が、二度生まれ変った後に無上の正しい悟りを得る。

(十一)一四天下微塵数の菩薩が、一度生まれ変った後に無上の正しい悟りを得る。

(十二)八世界微塵数の衆生が、すべて無上の正しい悟りに向かう心をおこした。

の十二種である。おびただしい数の菩薩たちのうち、あるものたちは、無上の正しいさとりに志向する心をおこし、あるものたちは幾度かの生まれ変りの後にそのさとりに到達し、またあるものたちは教えの車輪を廻す。このように、法を聞くものそれぞれの素質能力に応じてそれぞれの利益を得たのである。

仏が以上を説かれた時、虚空から曼陀羅華、摩訶曼陀羅華が雨のようにふりそそぎ、宝樹下の獅子座上の諸仏の上に散りかかり、また七宝づくりの多宝塔内に並坐している釈迦牟尼仏と多宝如来の上にも、またその会座につらなるすべての人々の上にも散りかかった（釈迦牟尼仏は第十五章従地踊出品以来、空中の多宝塔内に多宝如来とともに坐し、一会の大衆も仏の神通力によって空中に置かれていることに注意）。栴檀や沈水の香や天の衣が降りかかり、天鼓がひとりでに妙なる音声を響かせた。一人一人の仏たちには多くの菩薩たちがついていて、のぼりや天蓋をさしかけ、無量の詩頌を歌って諸仏を讃歎していた。このような目を奪われるようなすばらしい光景のなかで、弥勒菩薩は詩頌によって、今、釈迦牟尼仏が説いたことを繰り返し、奇瑞の光景を述べたのである。

天台の解釈によれば、ここまでが、一経の、及び本門の正宗分で、以下最終章の勧発品第二十八までの十一品半が流通分である。この分段の切り方は、法雲の『法華義記』の解釈を承けたものであるが、いずれにせよ、ここで経を大きく区切り、以下の内容を経の流通を目的として説かれたものとして解釈するのである。

さて、正宗分を終って流通分に相当する以下の本章の部分では、功徳の説示ということを通じて、後世、「四信・五品」(『文句』巻十上)といわれる法華経の修行徳目が説かれている。それは何か。経の順序に従ってみてみよう。まず、最初に「四信」である。

仏は、詩頌を語り終えた弥勒菩薩にふたたび説かれた。

「其れ衆生有って、仏の寿命長遠是《かく》の如くなるを聞いて、乃至能く一念の信解を生ぜば、所得の功徳限量有ること無けん」と。

これが四信のうちの第一、「一念信解」である。すなわち、仏の寿命が長遠であることを、ほんの一たびでも確かにそうだと確信して受け入れるならば、その人の得る功徳ははかりしれないというのである。ほんの、わずか一おもいの心にでも、確信することができるならば、その功徳は六波羅蜜のうち般若波羅蜜を除く五波羅蜜の修行を八十万億ナユタ劫続けたよりも、百倍・千倍・百千万億倍をこえていて、計算不可能であるという。ここでは「信」ということが「一念信解」ということばで大きく強調されている。

また次に仏が説かれた。

「若し仏の寿命の長遠なるを聞いて、其の言趣を解する有らん、是《こ》の人の所得の功徳、限量有ること無くして、能く如来の無上の慧を起こさん」と。

これが四信の第二の「略解言趣」である。仏の寿命の長遠なることを聞いて、それを信じる段階からさらに進んで、その意義をほぼ理解するということで、そのような人の功徳ははかりしれず、仏の無上の智慧を生ずるという。

続けて仏が説かれる。

「何《いか》に況《いわん》や、広く是《こ》の経を聞き、若《も》しは人をしても聞かしめ、若しは自《みずか》らも持《たも》ち、若しは人をしても持《たも》たしめ、若しは自らも書き、若しは人をしても書かしめ、若しは華香《けこう》・瓔珞《ようらく》・幢幡《どうばん》・繒蓋《ぞうがい》・香油・酥燈《そとう》を以て経巻に供養せんをや。是の人の功徳、無量無辺にして、能く一切種智を生ぜん」と。

これが四信の第三、「広為他説」である。自分ばかりでなく、他の人にも聞かせ、受持させ、書写させ、経巻にさまざまな供物によって供養すること、そのような人の得る功徳ははかりしれず、仏の一切を知る智慧を生ずることができるという。ここでは、自らが聞いてそれを信じ、受持し、供養するという実践行を他の人にも勧めて実践させることがいわれている。

さらに続けて仏が説かれるには、

「若《も》し善男子・善女人、我が寿命の長遠なるを聞きて、深心に信解せば、則ち為《こ》れ仏、常に耆《ぎ》闍崛《じゃく》山《せん》に在《いま》して、大菩薩、諸《もろもろ》の声聞衆の、囲繞《いにょう》せると共に説法するを見、又、此《こ》の娑婆世界、其《そ》の地瑠璃《るり》にして、坦然平正《たんねんびょうじょう》に、閻浮檀金《えんぶだんこん》、以て八道を界《さか》い、宝樹行列し、諸台楼観、皆悉く宝をもって成《じょう》じて、其《そ》の菩薩衆、咸《ことごと》く其《そ》の中に処せるを見ん」と。

これが四信の第四、「深信観成」である。ここでは、心に深く仏寿長遠を信じ、確信することによって、つねに仏が霊鷲山におられるのを見ることができ、この現実の娑婆世界があたかも地上のパラダイスであるかのように見ることができるという。前章の寿量品でも、自らの身命をも惜しまずに一心に仏を求めるものには、仏はつねに霊鷲山にその姿を現わす、と説かれていた。ここではそのことが、心に深く寿量品の法門を信じ、それを確信することによって可能であると説かれている。

以上の四信の第一から第四までを見ると、すべて「信」によって貫かれていて、「信」によって始まり、「信」によって終るといってもよい。通常の常識的理解では、眼前の入滅間近の釈迦牟尼仏が、実は、はるか久遠の昔から永遠の生命を保って現在に至り、なお未来にも生き続けるということは、不条理以外の何ものでもなく、到底理解不可能なことである。しかし、経は、これをまず信じよ、という。信じることからすべてが始まり、さらに「信」を深めてゆき、徹底してゆくところに、そこに「信」の結果として、仏を、そしてこの世のパラダイスを見ることができると説くのだ。およそあらゆる宗教は「信」を基盤として成立しているが、なかでもこの法華経は、「信」によって始めて入ることのできる世界であり、「信」なければ、二乗の作仏も、久遠の本仏もありえないのである。その意味では、キリスト教の新約聖書が「証言の書」といわれるように、この法華経は「信仰の書」であるということができる。

さて、仏は以上の四信を説いた後に、続けて「五品」といわれる、仏滅後における実践修行とその功徳について説かれた。先に「五品」の名を挙げると、㈠初随喜、㈡読誦、㈢説法、㈣兼行六度、㈤正行六度、この五つである（先の「四信」といまの「五品」の一々の名称は、『文句』巻十上）。この「五品」は、仏滅後における修行なので、「滅後の五品」といい、それに対し、先の「四信」は、仏の説法時のことなので、「現在の四信」と呼んでいる（同前）。

それでは、「五品」のそれぞれの内容はどのようなものか。最初の「初随喜《しょずいき》」について、経は次のように説く。

如来の滅後に、若《も》し是《こ》の経を聞いて、毀呰《きし》せずして随喜の心を起こさん。当《まさ》に知るべし。已に深《じん》信解《しんげ》の相と為《な》づく。

仏の入滅後に、この法華経を聴聞して、その経説に対して、反発して、そしったりせずに素直にうなずき、喜びの心を起こすこと、これが「初随喜」である。経説を聴いて喜びの心が生ずるということは、その教えの内容を自分が受け容れ、確かにそうだと納得領解し、信じるということがなければならない。それで経は、深信解の相というのである。法華経の実践のまず最初は、経を聞いてそれを自身が受け容れるということから始まるのである。

次は第二の「読誦」である。経は続けて次のようにいう。

何《いか》に況《いわん》や、之《これ》を読誦し、受持せん者をや。斯《こ》の人は、則ち為《こ》れ如来を頂戴《ちょうだい》したてまつるなり。

最初に経を領解し確信したならば、次はその経典を読み、暗誦して、経をしっかりと記憶して保持する、これが第二である。これを実践する人の功徳は、塔寺を建立し、僧坊を造営して僧団に供養するのと同じほどであるから、現実に塔を建てたり僧坊を造営する必要はない、と説かれる。

次は「説法」である。経はいう。

若《も》し我が滅後に、是《こ》の経典を聞いて能《よ》く受持し、若《も》しは自らも書き、若しは人をしても書かしむること有らんは、則ち為《こ》れ僧坊を起立し、……此《こ》れを以て現前に、我及び比丘僧に供養するなり。是の故に我説く。如来の滅後に、若し受持し、読誦し、他人の為《ため》に説き、若しは自らも書き、若しは人をしても書かしめ、経巻を供養すること有らんは、復《また》、塔寺を起《た》て、及び僧坊を造り、衆僧を供養することを須《もち》いず。

経典を読誦し、それを心にしっかりと保持したなら、次はそれを自分ばかりでなく、他人にも書写させ、また他の人に対して説法解説する。これが第三の「説法」であり、自らの実践修行とともに、他の人々に対するはたらきかけの修行を行なうのである。この実践修行の功徳は、先の「読誦」の功徳よりもさらに大きく、三十二もの殿堂があって、その高さも八ターラ樹、さまざまな施設設備がすべて整った寺院を無数に造営するのと同じ功徳があるという。なお、ここで説かれている実践は、先の第十章法師品でいわれた五種法師（上巻五三四―五頁）に相当する。

「五品」の第四番目は、「兼行六度《けんぎょうろくど》」である。六度とは六波羅蜜のこと。六波羅蜜の修行を兼ね行なうので、こう名づけたのである。経はこのように説く。

況《いわん》や復《また》、人有って、能《よ》く是《こ》の経を持《たも》ち、兼ねて布施・持戒・忍辱《にんにく》・精進《しょうじん》・一心・智慧を行ぜんをや。其《そ》の徳最勝にして、無量無辺ならん。

法華経を受持しつつ、菩薩の修行としての六波羅蜜を実践する。前述の四信の「一念信解」では、法華経をほんの一たびでも信解すれば、五波羅蜜の実践よりもその功徳ははるかに大きいが、ただし、般若波羅蜜は除くとあった。今、ここではその般若波羅蜜を加えた六波羅蜜の修行をいうのである。

「五品」の最後は「正行六度《しょうぎょうろくど》」である。これは、前の「兼行六度」よりさらに一歩進んで、五種法師の受持・読・誦・解説・書写を実践しつつ、六波羅蜜の修行を中心として実践にはげむことである。経はこのようにいう。

若《も》し人、是《こ》の経を読誦し、受持し、他人の為《ため》に説き、若しは自らも書き、若しは人をしても書かしめ、復《また》、能《よ》く塔を起《た》て、及び僧坊を造り、……義に随って此の法華経を解説し、復《また》、能く清浄に戒を持ち、柔和の者と共に同止し、忍辱《にんにく》にして瞋《いかり》無く、志念堅固にして、常に坐禅を貴《とうと》び、諸《もろもろ》の深定《じんじょう》を得《え》、精進勇猛《ゆうみょう》にして、諸《もろもろ》の善法を摂《しょう》し、利根智慧にして、善く問難に答えん。

このような法華経実践にはげむものは、もはや仏のさとりに到達しようとしているものであると説かれている。

以上が「滅後の五品」で、これは仏の入滅の後に、仏の後を嗣いで、法華経を受持し弘布する実践修行をその修行の結果得られる功徳にことよせして説いたものである。

さて、これまで述べてきた「四信」と「五品」は、いわば法華経の実践論を説いたもので、中国天台では、これを菩薩の修行の階位にあてはめた。天台では修行の階梯に十信・十住・十行・十回向・十地・等覚・妙覚の五十二位説を採用しているが、この五十二位に経の冒頭で説かれた十二種の得益を配当し、そして、今の「四信」と「五品」を天台独特の理即《りそく》から究竟即《くきょうそく》までの六即位の中に位置づけ、「五品」を観行即《かんぎょうそく》の位に、「四信」を相似即《そうじそく》の位に配当している。また、わが国の日蓮も、この法華経の実践論に着目し、『四信五品抄』を著わしている。本章の内容について、これを思想的にみるべきものがないとする学者もいるが、法華経が単に思想を述べた書ではなく、むしろ「信」を基盤とする信仰の書であるということを考えれば、本章の内容は法華経にとって重要であるといわねばならない。

爾時世尊。欲重宣此義。而説偈言

若我滅度後　能奉持此経　斯人福無量　如上之所説

是則爲具足　一切諸供養　以舍利起塔　七寶而莊嚴
表刹甚高廣　漸小至梵天　寶鈴千萬億　風動出妙音
又於無量劫　而供養此塔　華香諸瓔珞　天衣衆伎樂
燃香油酥[1]燈　周匝[2]常照明　惡世法[3]末時　能持是經者
則爲已如上　具足諸供養　若能持此經　則如佛現在
以牛頭栴檀　起僧坊供養　堂有三十二　高八多羅樹
上饌妙衣服　床臥皆具足　百千衆住處　園林諸浴池
經行及禪窟　種種皆嚴好　若有信解心　受持讀誦書
若復教人書　及供養經卷　散華香末香　以須曼瞻蔔
阿提目多伽　薰油常燃之　如是供養者　得無量功德
如虛空無邊　其福亦如是　況復持此經　兼布施持戒
忍辱樂禪定　不瞋不惡口　恭敬於塔廟　謙下諸比丘
遠離自高心　常思惟智慧　有問難不瞋　隨順爲解說
若能行是行　功德不可量　若見此法師　成就如是德
應以天華散　天衣覆其身　頭面接足禮　生心如佛想
又應作是念　不久詣道樹[4]　得無漏無爲　廣利諸人[5]天
其所住止處　經行若坐臥　乃至說一偈　是中應起塔
莊嚴令妙好　種種以供養　佛子住此地　則是佛受用
常在於其中　經行及[6]坐臥

(7)……妙法蓮華經卷第五……(7)

(1)酥＝蘇　(2)匝＝帀　(3)法末＝末法　(4)樹＝場　(5)人天＝天人　(6)及＝若　(7)……　……(7)春日本になし（巻を分かたず）。

爾《そ》の時に世尊、重ねて此《こ》の義を宣《の》べんと欲《ほっ》して、偈《げ》を説いて言《のたま》わく、

「若し我が滅度の後に　能《よ》く此《こ》の経を奉持《ぶじ》せん　斯《こ》の人の福無量なること　上《かみ》の所説の如し。

是《こ》れ則ち為《こ》れ　一切の諸《もろもろ》の供養を具足し　舎利《しゃり》を以て塔を起《た》て　七宝をもって荘厳《しょうごん》し

表刹《ひょうせつ》甚《はなは》だ高広《こうこう》に　漸小にして梵天に至り　宝鈴千万億にして　風の動かすに妙音を出す。

又、無量劫に於いて　此の塔に　華・香・諸の瓔珞《ようらく》　天衣《てんね》・衆《もろもろ》の伎楽を供養し、

香油・酥《そ》燈《とう》を燃《とも》して　周匝《しゅそう》して常に照明するなり。

悪世法末の時　能《よ》く是の経を持《たも》たん者は　則ち為《こ》れ已《すで》に上の如く　諸《もろもろ》の供養を具足するなり。

若し能《よ》く此《こ》の経を持《たも》たんは　則ち仏の現在に　牛頭栴檀《ごずせんだん》を以《もっ》て　僧坊を起《た》てて供養し　堂三十二有って　高さ八多羅樹《たらじゅ》　上饌《ぜん》・妙《たえ》なる衣服　床臥皆《しょうがみな》具足し　百千衆の住処

園林《おんりん》・諸《もろもろ》の浴池《よくち》　経行《きょうぎょう》及び禅窟《ぜんくつ》　種種に皆厳好《ごんこう》にするが如し。

若《も》し信解《しんげ》の心有って　受持し読誦し書き　若しは復《また》、人をしても書かしめ　及び経巻を供養し　華・香・末香《まっこう》を散じ

須曼《しゅまん》・瞻蔔《せんぼく》　阿提目多伽《あだいもくたか》の　薫油《くんゆ》を以て常に之《これ》を燃《とも》さん。

是《かく》の如く供養せん者は　無量の功徳を得ん。

虚空無辺なるが如く　其《そ》の福も亦是《またかく》の如し。

況《いわん》や復《また》、此《こ》の経を持《たも》って　兼ねて布施し持戒し　忍辱《にんにく》にして禅定《ぜんじょう》を楽《ねが》わんをや。
瞋《いか》らず、悪口《あっく》せず、　塔廟《とうみょう》を恭敬《くぎょう》し　諸《もろもろ》の比丘に謙下《けんげ》して　自高《じこう》の心を遠離《おんり》し
常に智慧を思惟し　問難すること有らんに瞋《いか》らず　随順して為《ため》に解説《げせつ》せん。
若《も》し能《よ》く是《こ》の行を行ぜば　功徳量《はか》るべからず。
若し此の法師の　是《かく》の如き徳を成就せるを見ては
応《まさ》に天華を以て散じ　天衣を其《そ》の身に覆《おお》い　頭面《ずめん》に足を接して礼し　心を生じて仏の想《おもい》の如くすべし。
又、応《まさ》に是《こ》の念を作《な》すべし　『久しからずして道樹に詣《けい》して　無漏無為《むろむい》を得《え》　広く諸の人天を利せん』と。
其《そ》の所住止《しょじゅうし》の処　経行《きょうぎょう》し若《も》しは坐臥《ざが》し　乃至一偈をも説かん。
是《こ》の中には応《まさ》に塔を起てて　荘厳《しょうごん》し妙好ならしめて　種種に以て供養すべし。
仏子《ぶっし》此の地に住すれば　則ち是《こ》れ仏、受用《じゅゆう》したもう　常に其《そ》の中に在《ましま》して　経行及び坐臥《ざが》したまわん。」

妙法蓮華経巻第五

〔訳〕その時に、世尊は以上の意趣を重ねて宣べようとして、詩頌を説いていわれた。
「もし、私の入滅の後に　この経を奉持したならば　その人の福徳は、はかりしれないということは　先に説いたとおりである。(37)
その人は　あらゆる供養を備え　遺骨のための塔廟を建立し　七宝によっておごそかに飾り(38)
塔の上の旗竿は非常に高く巾広で　それがだんだん小さくなっていってブラフマンの天界に達している。(39)

宝玉づくりの鈴は千万億もあり　風のまにまに美しい音色を奏でている。(40)
また、はかりしれない劫という長時にわたって　この塔廟に　　花・香・さまざまな装身具・天の衣・さまざまな音楽を供養し(41)
香油や乳酪の燈火をともして　そのまわりをいつも照らしている。(42)
悪しき世の教えの法の終末の時代に　この経を保持する人は　とりもなおさず、すでに述べたような　さまざまな供養をそなえているのだ。(43)
もし、この経を保持するならば　それは、仏がこの世におられる時に　牛頭《こず》栴檀《せんだん》の木によって僧坊を造作して供養することになる。　それには三十二もの諸堂があって　高さは八ターラ樹もある。(44)
すばらしい料理や上等な衣服　寝具がすべてそろっており　　百千もの僧坊、(45)
林園や多くの浴池　逍遥（の場所）や禅定のための場所　それらは種種にすべておごそかで立派である。(46)
もしも確信の心があって　（経を）受持し、読誦し、書写し、あるいはまた、人にも書写させ
経典に供養して　　花・香・粉末香を散らし、(47)〜(49)
スマナスやチャンパカ　アティムクタカの　香りよい油（の燈火）を常にともすとするならば(50)
そのような供養をなすものは　はかりしれない功徳を得るであろう。(51)
虚空がはてしがないように　その福徳もまたこのようであろう。(52)
ましてや、この経を保持しつつ　布施を行ない、戒をたもち　　忍耐強く、禅定を事としようと

するものはなおさらのことである。(53)

怒ることなく、悪口をいわず　塔廟を敬い　修行者たちにへりくだって　自己の高ぶりの心を捨て、(54)

つねに智慧について思惟し　詰問されても怒らず　相手に応じて解説したとする。(55)

もしもそのような修行を行なったならば　その功徳は、はかりしれないであろう。(56)

もしその法師の　そのような功徳をなしとげるのを見るならば、(57)

天界の花を散らし　天上の衣服をその身体にかけ　頭に足をいただいて礼拝し　仏に対する想いと同じ心をおこすべきである。(58)

また、次のように考えるべきである。『(その人は)ほどなくして悟りの樹のところへ行き、煩悩の汚れのない(智慧)と涅槃とを獲得し　広く人々や天の神々を利するであろう』と。(59)

彼のとどまっている所、歩きまわったり、坐ったり横になったり、(経典の)一偈をも説くような所には、(60)

その場所には塔を建立して　おごそかに飾り、立派にして　種種に供養すべきである。(61)

仏の子がこの地に住するならば　仏はこれを受け入れられて　つねにその場所におられて　歩きまわったり、あるいは坐ったり横になったりされるであろう」と。

《表刹》塔の上に立てる、旗やのぼりのための竿。《牛頭栴檀》栴檀木の一種で、赤栴檀のこと。南インドの摩羅耶(Malaya)山で産出する赤銅色の栴檀。栴檀の種類の中でも最も上質なものという。《須曼》Sumanas の音写。樹木の名。その木に咲く花は白色で、香気が強い。《瞻蔔》Campaka の音写。香木の名。モクレン科で芳香のある花を咲かせ、香水の原料となる。和名はキンコウボク。《阿提目多伽》Atimuktaka の音写。龍舐華と訳す。キントラノオ科の常緑の蔓性植物で、和名はホザキサルノオ。白色の芳香のある花をつける。《無漏無為》「無漏」(anāsrava) とは、煩悩の汚れのないこと、あるいはその状態をいう。今、ここでは「さとり」のことをいっているので、「無漏」は具体的に、悟りの智慧を指している。「無為」(asaṃskṛta) とは、つくられたものでない、という意味で、現象世界の生成消滅を超越した存在をいう。現象を離れた不変常住の存在。涅槃の異名。《仏子》仏弟子のこと。仏の継承者であるから仏の子という。ここでは具体的に、仏の滅度の後に経を受持・読誦・解説する者を指している。

以上の偈頌は、長行部分とほとんど同内容である。すなわち、仏滅後において、経を受持し、読誦し、解説し、書写する人々の功徳について述べたものである。長行部分では、「滅後の五品」と称する五種の実践修行が挙げられていたが、この偈頌では、五品の第一である「初随喜」に相当する部分

列㆓五品㆒格㆓量四品功徳㆒
- 長行
- 偈頌
  - 頌㆓第二品㆒
  - 頌㆓第三品㆒
  - 頌㆓第四品㆒
  - 頌㆓第五品㆒

はない。四品についてのそれぞれの功徳が述べられている。
この偈頌の部分の分科を示すと、前頁のようになる。
以上で第十七章分別功徳品を終る。

妙法蓮華經卷第六*

*後秦龜茲國三藏法師
鳩摩羅什奉　詔譯

隨喜功德品第十八*

爾時彌勒菩薩摩訶薩。白佛言。世尊。若有善男子。善女人。聞是法華經。隨喜者。得幾所福。而說偈言

世尊滅度後　其有聞是經　若能隨喜者　爲得幾所福

爾時佛告。彌勒菩薩摩訶薩。阿逸多。如來滅後。若比丘。比丘尼。優婆塞。優婆夷。及餘智者。若長若幼。聞是經。隨喜已。從法會出。至於餘處。若在僧坊。若空閑地。若城邑巷陌。聚落田里。如其所聞。爲父母宗親。善友知識。隨力演說。是諸人等。聞已隨喜。復行轉敎。餘人聞已。亦隨喜轉敎。如是展轉。至第五十。阿逸多。其第五十。善男子。善女人。隨喜功德。我今說之。汝當善聽。若四百萬億。阿僧祇世界。六趣四生衆生。卵生。胎生。濕生。化生。若有形。無形。有想。無想。非有想。非無想。無足。二足。四足。多足。如是等在。衆生數者。有人求福。隨其所欲。娛樂之具。皆給與之。一一衆生。與滿閻浮提。金。銀。琉璃。車渠[1]。馬腦[2]。珊瑚。虎珀。諸妙珍寶。及象馬車乘。七寶所成。宮殿樓閣等。是大施主。如是布施。滿八十年已。而

作是念。我已施衆生。娛樂之具。隨意所欲。然此衆生。皆已衰老。年過八十。髮白面皺。將死不久。我當以佛法。而訓導之。卽集此衆生。宣布法化。示敎利喜。一時皆得。須陀洹道。斯陀含道。阿那含道。阿羅漢道。盡諸有漏。於深禪定。皆得自在。具八解脫。於汝意云何。是大施主。所得功德。寧爲多不。彌勒白佛言。世尊。是人功德。甚多。無量無邊。若是施主。但施衆生。一切樂具。功德無量。何況令得。阿羅漢果。佛告彌勒。我今分明語汝。是人以一切樂具。施於四百萬億。阿僧祇世界。六趣衆生。又令得阿羅漢果。所得功德。不如是第五十人。聞法華經一偈。隨喜功德。百分。千分。百千萬億分。不及其一。乃至算數譬喩。所不能知。阿逸多。如是第五十人。展轉聞法華經。隨喜功德。尙無量無邊。阿僧祇。何況最初。於會中聞。而隨喜者。其福復勝。無量無邊。阿僧祇。不可得比。又阿逸多。若人爲是經故。往詣僧坊。若坐。若立。須臾聽受。緣是功德。轉身所生。得好上妙。象馬車乘。珍寶輦輿。及乘天宮。若復有人。於講法處坐。更有人來。勸令坐聽。若分座令坐。是人功德。轉身得帝釋坐處。若梵[3]王坐處。若轉輪聖王。所坐之處。阿逸多。若復有人。語餘人言。有經名法華。可共往聽。卽受其敎。乃至須臾間聞。是人功德。轉身得與。陀羅尼菩薩。共生一處。利根智慧。百千萬世。終不瘖瘂。口氣不臭。舌常無病。口亦無病。齒不垢黑。不黃不踈。亦不缺落。不差不曲。脣不下垂。亦不褰縮。不麁澁。不瘡胗。亦不缺壞。亦不喎斜[4]。不厚不大。亦不黧黑。無諸可惡。鼻不匾虒。亦不曲戾。面色不黑。亦不狹長。亦不窊曲。無有一切。不可喜相。脣舌牙齒。悉皆嚴好。鼻修高直。面貌圓滿。眉高而長。額廣平正。人相具足。世世所生。見佛聞法。信受敎誨。阿逸多。汝且觀是。勸於一人。令往聽法。功德如此。何況一心。聽說讀誦。而於大衆。爲人分別。如說修行。

爾《そ》の時に、弥勒菩薩摩訶薩《みろくぼさつまかさつ》、仏に白《もう》して言《もう》さく、

「世尊よ、若《も》し善男子・善女人有って、是《こ》の法華経を聞きたてまつりて随喜《ずいき》せん者は、幾所《いくばく》の福をか得ん」と。

而《しか》して偈《げ》を説いて言《もう》さく、

「世尊の滅度の後に　其《そ》れ是《こ》の経を聞くこと有って　若《も》し能《よ》く随喜せん者は　幾所《いくばく》の福をば得為《うべ》き」と。

爾《そ》の時に仏、弥勒菩薩摩訶薩に告げたまわく、

「阿逸多《あいった》よ、如来の滅後に、若し比丘・比丘尼・優婆塞《うばそく》・優婆夷《うばい》及び余の智者、若《も》しは長、若《も》しは幼、是《こ》の経を聞いて随喜し已《おわ》って、法会《ほうえ》より出でて余処に至らん。若《も》しは僧坊に在り、若しは空閑《くうげん》の地、若しは城邑《じょうおう》・巷《こう》陌《はく》・聚落《じゅらく》・田里《でんり》にして、其《そ》の所聞の如く、父母・宗親《そうしん》・善友・知識の為に、力《ちから》に随《したが》って演説せん。是《こ》の諸人等《しょにんら》、聞き已《おわ》って随喜して、復《また》、行《ゆ》いて転教《てんぎょう》せん。余《よ》の人聞き已《おわ》って、亦《また》、随喜して転教せん。是《かく》の如く展転《てんでん》して、第五十に至らん。阿逸多《あいった》よ、其《そ》の第五十の善男子・善女人の随喜の功徳を、我、今、之《これ》を説かん。汝よ、当《まさ》に善く聴くべし。若し四百万億阿僧祇《あそうぎ》の世界の六趣・四生《ししょう》の衆生、卵生・胎生・湿生・化生《けしょう》、若《も》しは有形《うぎょう》・無形《むぎょう》・有想《うそう》・無想・非有想・非無想・無足・二足・四足・多足、是《かく》の如き等《ら》の衆生数に在らん者に、人有って福を求めて、其の所欲に随《したが》って、娯楽の具、皆之《みなこれ》に給与せん。一一の衆生に閻浮提《えんぶだい》に満《みて》らん金・銀・琉璃《るり》・車璩《しゃこ》・馬脳《めのう》・珊瑚《さんご》・虎珀《こはく》・諸《もろもろ》の妙《たえ》なる珍宝、及び象馬《ぞうめ》の車乗・七宝所成の宮殿《くでん》・楼閣《ろうかく》等を与えん。是の大施主、是《か》の如く布施すること、八十年を満ち已《おわ》って、是の念を作さく、『我、已《すで》に衆生に娯楽の具を施すこと意《こころ》の所欲に随う。然るに此の衆生、皆已《すで》に衰老《すいろう》して、年八十を過ぎて、髪白く、面皺《おもてしわ》んで、将《まさ》に死せんこと久しからじ。我、当《まさ》に仏法を以《もっ》て、之を訓導《くんどう》すべし』と。即ち此の衆生を集めて宣布《せんぶ》法化《ほうけ》し、示教利喜《じきょうりき》して、一時に皆、須《しゅ》

(1)車璩＝硨磲　(2)馬脳＝碼碯　(3)梵王＝梵天王　(4)斜＝邪

陀洹道《だおんどう》・斯陀含道《しだごんどう》・阿那含道《あなごんどう》・阿羅漢道《あらかんどう》を得《え》、諸《もろもろ》の有漏《うろ》を尽くし、深禅定《じんぜんじょう》に於いて、皆自在を得《え》、八解《げ》脱《だつ》を具《ぐ》せしめん。汝が意《こころ》に於いて云何《いかん》。是《こ》の大施主の所得の功徳、寧《むし》ろ多しと為《せ》んや不《いな》や」と。

弥勒《みろく》、仏に白《もう》して言《もう》さく、

「世尊よ、是《こ》の人の功徳甚《はなは》だ多くして、無量無辺なり。若《も》し是《こ》の施主、但衆生に一切の楽具を施さんすら、功徳無量ならん。何に況《いわん》や阿羅漢果を得せしめんをや」と。

仏、弥勒に告げたまわく、

「我、今、分明《ふんみょう》に汝に語る。是《こ》の人、一切の楽具を以《もっ》て、四百万億阿僧祇《あそうぎ》の世界の六趣の衆生に施し、又、阿羅漢果を得せしめん。所得の功徳は、是の第五十の人の法華経の一偈《いちげ》を聞いて随喜せん功徳には如《し》かじ。百分・千分・百千万億分にして、其の一にも及ばじ。乃至算数譬喩《さんじゅひゆ》も知ること能わざる所なり。阿逸多《あいった》よ、是の如《かく》く第五十の人の展転して、法華経を聞いて随喜せん功徳、尚、無量無辺阿僧祇なり。何《いか》に況《いわん》や、最初会中《えちゅう》に於いて、聞いて随喜せん者をや。其《そ》の福、復《また》、勝れたること無量無辺阿僧祇にして比《くら》ぶること得べからず。又、阿逸多よ、若《も》し人、是《こ》の経の為《ため》の故に、僧坊に往詣《おうけい》して、若《も》しは坐し、若しは立ち、須臾《しゅゆ》も聴受せん。是《こ》の功徳に縁《よ》って、身《み》を転じて生まれん所には、好《よ》き上妙《じょうみょう》の象馬《ぞうめ》・車乗・珍宝の輦輿《れんよ》を得《え》、及び天宮《てんぐう》に乗《じょう》ぜん。若し、復《また》、人有って、講法の処に於いて坐せん。更に人の来《きた》ること有らんに、勧《すす》めて坐して聴《き》かしめ、若《も》しは座を分って坐せしめん。是の人の功徳は、身《み》を転じて帝釈《たいしゃく》の坐処、若《も》しは梵王《ぼんのう》の坐処、若しは転輪聖王《てんりんじょうおう》の所坐の処を得《え》ん。阿逸多《あいった》よ、若《も》し、復《また》、人有って余人に語《かた》って言わく、『経有り。法華と名づけたてまつる。共に往いて聴くべし』と。即ち其《そ》の教《おしえ》を受けて、乃至須臾《しゅゆ》の間も聞かん。是《こ》の人の功徳は、身を転じて陀羅尼菩薩と共に、一処に生ずることを得ん。利根にして智慧あらん。百千万世に、終《つい》に瘖瘂《おんな》ならず。口の気臭《いきくさ》からず、舌に常に病《やまい》無く、口にも亦《また》、病《やまい》無けん。歯は垢黒《くこく》ならず、黄ならず、踈《す》かず、亦《また》、欠落《けつらく》せず、差《たが》わず、曲《まが》らず、脣《くちびる》下垂せず、亦、褰《けん》縮ならず、麁渋《そじゅう》ならず、瘡《そう》・胗《しん》ならず、亦、欠壊《けつえ》せず、亦、喎斜《けしゃ》ならず、厚からず、大いならず、亦、黧黒《りこく》ならず、諸《もろもろ》の悪《にく》むべきこと無けん。鼻は匾㔸《へんだい》ならず、亦、曲戻《こくらい》ならず、面色《めんしき》黒からず、亦、狭《ほそ》く長からず、亦、窊《くぼ》み曲らず、一切の喜ぶべからざる相有ること無けん。脣《くちびる》・舌・牙《きば》歯《は》、悉く皆厳好《ごんこう》ならん。鼻修《なが》く、高直にして、面貌《めんみょう》円満し、眉高くして長く、額《ひたい》広く平正にして、人相具足せん。世世に生まれん所には、仏を見たてまつり、法を聞いて、教誨《きょうけ》を信受せん。阿逸多《あいった》よ、汝且《しばら》く是《こ》れを観ぜよ。一人に勧めて、往いて法を聴かしむる功徳此《かく》の如し。何《いか》に況《いわん》や、一心に聴《き》き説き読誦し、而も大衆に於いて、人の為に分別し、説の如く修行せんをや」と。

〔訳〕その時、弥勒菩薩大士は、仏に申し上げた。

「世尊よ、もし善男子・善女人が、この法華経を聴聞して、心から喜んでありがたいと思うならば、（その人は）どれほどの福徳を得るのでしょうか」と。

そして、詩頌で次のように言った。

「世尊の入滅の後に　この経典を聞いて　もし心から喜んでありがたいと思えるのならば　（その人は）どれほどの福徳を得るでしょうか」と。(1)

その時、仏は弥勒菩薩大士に次のように告げられた。

「阿逸多《あいった》よ、如来の入滅の後に、あるいは比丘・比丘尼・信男・信女、それにそのほかの智慧ある人にせよ、あるいは年長者にせよ、あるいは年少者にせよ、この経典を聞いて、心から喜んでありがたいと思い、その説法の座から出て、どこか別な所へ行ったとしよう。あるいは僧院であれ、あるいは閑静な場所であれ、あるいは城市・町のちまた・聚落・田舎であれ、（どこでも）その聞いたとおりを、父や母、親類縁者、友人、知人のために、（自身の）力に応じて演説するとしよう。その人たちも、それを聞いて心から喜びありがたいと思って、また出かけて行って、誰か次の人に教えるとしよう。（そうすると）その人も聞いた後に、心に喜んでありがたいと思って、また次の人に教えるとしよう。このように次から次へと伝わっていって、第五十番目になったとしよう。

　阿逸多よ、私は、今、その第五十番目の善男子・善女人の（得る）心から喜び、ありがたいと思うことの功徳を説こう。汝よ、よく聴くがよい。

　四百万億の10^{59}倍という多くの世界の、六種の生存の境界（にあって）、四種の生まれ方をする衆生たち、すなわち、卵生の者、胎生の者、湿気より生まれる者、忽然《こつぜん》と生まれる者たち、あるいは、形ある者、形なき者、表象作用を有するもの、表象作用を有しないもの、表象作用を有するのでもなく、有しないものでもないもの、足のないもの、二本足のもの、四足のもの、多足のもの、このようなものたちの、衆生界に存在しているものたちに、ある人が幸福を与えようとして、その（衆生たちの）望みのままに、娯楽の道具をすべてのものたちに与えたとしよう。（彼は）一々の衆生に、われわれの世界全体に充ちあふれるほどの金・銀・瑠璃・おうぎ貝・めのう・珊瑚・琥珀・さまざまなすばらしい珍宝を、および象や馬の牽く乗り物、七宝づくりの宮殿や楼閣などを与えたとしよう。この大施主は、このように布施し続けること八十年を過ぎて、次のように考えよう。

『私は衆生たちに、これまで（彼らの）心の欲するままに娯楽のための道具を与えてきた。しかし、この衆生たちは、皆、年八十を過ぎて、老い衰え、髪は白く、顔にはしわがより、死が間近い。私は仏の教えによって彼らを教え導いてやろう』と。

そこで、すぐにその衆生たちを集めて、広く教えを宣べ、教化し、教えを示して、理解させ、喜ばせて、一時にすべてのものに、（聖者に至るそれぞれの階位である）『教えの流れに入ったもの』『一度だけこの世に還るもの』『二度とこの世に生まれない者』『聖者』を獲得させ、さまざまな煩悩の汚れをなくし、深い瞑想について自由自在となり、八種の禅定を身にそなえるようにさせたとしよう。汝はどのように考えるか。この大施主の得る功徳は多いとするか、どうか」と。

弥勒は仏に申し上げた。

「世尊よ、その人の功徳は甚だ多く、無量にして無辺であります。この施主が、ただ衆生たちにあらゆる楽しみのための道具を施しただけですら、その功徳は無量でありましょうに、ましてや聖者としての果報を得さしめたのでありますからなおさらのことであります」と。

仏は弥勒に告げられた。

「私は、今、明らかに汝に語ろう。その人が、あらゆる楽しみの道具を、四百万億の10^{59}倍の世界の、六種の生存の境界にいる衆生たちに施し、また聖者としての果報を獲得させたとしても、その得る功徳は、この第五十番目の人が法華経の一つの偈を聞いて、心から喜んでありがたいと思う功徳には及ばないのだ。百分の一・千分の一・百千万億分の一にも及ばないし、計算、譬喩によっても知られぬほど（はるかに及ばないの）だ。阿逸多よ、そのように、第五十番目の人が順次に、法華経を聞いて心からありがたいと喜ぶ功徳すら、なお無量無辺の10^{59}倍なのだ。ましていわんや、最初に、説法の座でそれを聞いて心からありがたいと喜ぶものはなおさらのことである。その人の福徳が勝れたものであることは、無量無辺の10^{59}倍であって比較することもできないのだ。

また、阿逸多よ、もし人が、この経典のために僧院に行き、坐って、あるいは立ったままで、ほんの短い時間でも聴いたとしよう。その功徳によって、(その人は)生まれかわった場所では、すばらしく立派な象や馬の牽く乗物、珍宝づくりの輿《こし》を得て、天上の宮殿に到るであろう。

もしも、また、人が教えを講じている場所に坐ったとしよう。そのあとに来た人に坐って聴くように勧め、あるいは座席を分けて坐らせたとしよう。その人の功徳は、生まれかわったのちに、帝釈天の座、あるいは梵天王の座、あるいは転輪聖王の坐る座を得るであろう。

阿逸多よ、もし、また人が次のように他の人に語ったとしよう。すなわち、『法華経という名の経典がある。一緒に行って聴聞しよう』と。そこで、早速、その教えを受け入れて、ほんの短い時間でも聞いたとしよう。その人の功徳は、生まれかわってダーラニーをえた菩薩と、共に同じ場所に生まれることができるであろう。能力素質にすぐれ、智慧があろう。百千万の世々にわたって、決して唖となることはない。口の息は臭くなく、つねに舌の病気はなく、口にも病いはないであろう。歯は垢で黒くなることはなく、黄色にならず、すいてもいず、抜けおちもせず、たがいちがいにもならず、ゆがんだりもしない。唇は下垂せず、また、ちぢれあがったりせず、あれてざらざらせず、できものができたりせず、裂けて破れたりせず、ゆがんだりせず、厚からず、大きからず、また色黒くなく、さまざまな嫌悪すべきことはないであろう。鼻は扁平でなく、まがっていることもない。顔の色は黒くなく、(顔は)細長くなく、ゆがんでもいず、あらゆる好ましくない相があることはないであろう。唇・舌・歯、これらすべてはきわめて美しいであろう。鼻は長く、高くまっすぐで、容貌は円満であり、眉は高く、額が広く平らかであって、人としての相を完全にそなえているであろう。代々生まれかわっては、仏にお遇いしてその説法を聞き、教えの訓誡を信じ受け入れるであろう。

阿逸多よ、汝は、以上のことを観察せよ。一人の人に勧めて法を聴聞させる功徳ですら以上のとおりである。ましてや、一心に聴聞し、説法し、読誦して、大勢の人々の中で人のためにことわけして説き、説法のとおりに修行するものはなおさらのことなのだ」と。

《随喜》 原語は anumodana. 語義は、喜んで自らを対象に投げ入れること、すなわち、喜んで帰依する、という意味である。**《空閑》** 修行に適した閑静な場所。原語は aranya. 阿蘭若と音写する。**《巷陌》** 街のちまた。**《宗親》** 六親九族の親族のこと。「宗」は、同じ祖先から出た一族のこと。**《知識》** 友人、朋友のこと。よき友のことを善知識という。**《転教》** 教えを受けた人が、次にまた別の人にその教えを説くことをいう。**《六趣》** 六道のこと。輪廻の生存を生きる衆生が趣く六種の境界で、地獄・餓鬼・畜生・阿修羅・人・天、の六つをいう。**《四生》** 生けるものの四種の生まれ方で、以下の四つの生まれ方をいう。㈠卵生 (aṇḍa-ja)、卵から生まれるもの。鳥類などについていう。㈡胎生 (jarāyu-ja)、母胎から生まれるもの。㈢湿生 (saṃsveda-ja)、湿めり気から生まれるもの、蚊などの虫類。㈣化生 (upapāduka-ja)、忽然と、何ものにも依拠せずに生まれるもの。天人や地獄の鬼などをいう。**《有形》**「形」は肉体のことで、「有形」とは肉体を有するもののこと。**《無形》** 肉体を有しないもののこと。すなわち、三界のうちの無色界に住む衆生をいう。**《有想・無想》**「想」(saṃjñā) は、対象認識における表象作用のこと。「有想」(saṃjñin) は、この表象作用を有するものの意で、一般に、意識あるもの、というほどの意。これに対し、「無想」(asaṃjñin) は、表象作用をもたないもので、無想定という禅定を修することによって達せられる一切の心作用がやんだ状態にあるものをいう。この無想のものが生じる場所を無想天といい、説一切有部では色界の第四禅の天の一部とする(『倶舎論』巻五、界品、及び巻八、分別世品参照)。《**非有想・非無想**》表象作用があるのでもなく、またないのでもないもの。ラフな心作用は止んで存在しないが、細密な心作用が全くないわけではないという状態にあるもの。これらが生まれる場所を非想非非想天といい、無色界の第四天とされる。なお、「非有想」と「非無想」とを一つのものとするこの解釈は、吉蔵『法華義疏』巻十一による。梵本は、saṃjñino vā asaṃjñino vā naiva saṃjñino vā nāsaṃjñino vā……(有想であれ、無想であれ、非有想であれ、非無想であれ……)〈p. 346. *l*. 9〉とある。《**如是等在衆生数**》「衆生数」とは、sattva-dhātu(衆生界)の訳で、衆生の種族のこと。六趣の境界の、四生・有形・無形・有想・無想・無足・二足、など、あらゆる多様な生存の形態をとる衆生という種に属するものたち、の意。《**須陀洹道・斯陀含道・阿那含道・阿羅漢道**》以上の四つは、部派仏教における修道の階位。凡夫から聖者の位に至るプロセスに四段階があって、それぞれの段階に向かう状態を「向《こう》」といい、それぞれの段階に至った状態を「果《か》」という。それ故、四向と四果があるので、これを「四向四果の八輩」という。今、「須陀洹道」についていうと、「道」は「果」に同じで、須陀洹果のこと。須陀洹は srota āpanna の音写で、預《よ》流と訳し、四段階のうちの第一番目の聖道に入った階位をいう。「斯陀含道」の斯陀含は、sakṛd-āgāmin の音写。一来《いちらい》と訳す。もう一生だけ生まれかわって悟りに達する階位をいう。これが第二番目。この階位に至った状態を斯陀含道という。「阿那含道」は第三番目の階位で、阿那含は、anāgāmin の音写。不還《ふげん》と訳す。この迷いの世界の欲界に再び生まれない、という階位。それ故、「阿那含道」とは、もはや迷いの世界にはもどってこない階位に到達した状態のことをいう。最後の「阿羅漢道」は、さとりの究極の段階で、阿羅漢は arhan(<arhat)の音写。応供《おうぐ》と訳す。さとりを完成した究極の聖者をいう。「阿羅漢道」とは、その究極の聖者の状態のこと。《**八解脱**》八背捨ともいう。阿羅漢の

さとりをうるための八種の禅定をいう。《陀羅尼菩薩》原語は、dhāraṇipratilabdha-bodhisattva（ダーラニーを獲得した菩薩）。特定の菩薩の名かどうかは不明。岩波本の注によれば、大集経・宝積経にこの名の菩薩が見えるという（岩波本、下巻、三五三頁）。《瘖瘂》「瘖」も「瘂」も、唖者のこと。《褰縮》「褰」も「縮」も、ちぢむ、の意。同義字を二字重ねた六朝訳経期の口語表現。《喎斜》「喎」は「咼」に同じ。口もとがゆがんでいることの意。「斜」も曲っているという意。同義の字を二字重ねた複合語。《黧黒》「黧」は、黄色味をおびた黒の意。「黒」と二字で熟して、やつれた相の形容として用いる。《匾㔸》「匾」は、ひらべったい、偏平の意。「㔸」は、薄い、の意。

- 格㆓量初品因功徳㆒
  - 問
    - 長行
    - 偈頌（一偈）
  - 答
    - 長行
      - 明㆓内心随喜人㆒
        - 展転相教
        - 格量本
        - 問
        - 答
        - 正格量
      - 直明㆓外聴法人㆒
        - 自往聴
        - 分座聴
        - 勧㆑他聴
        - 具聴修行
    - 偈頌

以上は、本章随喜功徳品の長行部分の全部であり、以下に同内容の偈頌が続く。本章のテーマである随喜は、すでに前章分別功徳品中に説かれているが、この随喜について、その功徳の内容と大きさを譬えによって示したのが本章の内容である。長行部分までの分科を示すと、前頁のようである。

随喜の功徳

五十展転随喜の功徳

本章の内容は、章名の示すとおり、「随喜」の功徳を説いたものである。「随喜」とは、サンスクリット anumodanā の漢訳語でこれは語根 anu-√mud からの派生形である。本来の意義は、心から喜んで共感する、帰依する、という意味である。ここでは、法華経を聞いて、もっと具体的には先の如来寿量品を聞いて心から喜び、その教説をありがたく受けるという意味である。中国の注釈家は、「随喜」の「随」を、「理事に随順する」(『文句』巻十上)とか、「身心順従する」(基『玄賛』巻十本)というような意に解しているが、「随」はもともと原語の接頭辞 anu を訳したもので、原語そのものには「……に随って」という意味はない。それはともかく、この「随喜」ということは、本章ではじめて説かれたものでなく、前章の分別功徳品においてすでに説かれていたものである。すなわち、寿量品聞法の功徳を前章では「四信五品」とまとめたが、そのうちの「五品」の第一、「初随喜」がそうである。前章ではこの「初随喜」については、経には詳説されていなかった。それ故、各章の連絡という点からみると、前章で説かなかったその功徳を本章で詳説するのだ、というのが従来の解釈である。しかも「初随喜」は、文字通り「滅後の五品」の最初の第一段階であるから、その最初のものの功徳の大きさを説けば、次の第二ないし第五の功徳の大きさというものはいうもさらなるものということになる訳である。

さて、本章の劈頭に弥勒菩薩が仏に質問する。世尊滅度の後に、この経を聞いて随喜する人の福徳はいかばかりでしょうか、と。この質問に答えて仏が示されたのが五十展転随喜の功徳であった。それはどのようなものかというと、こうである。誰でもよい、ある一人の人が法華経を聞法し、心から喜んでありがたいと思って、その説法の場所を去った後に、どこであろうとも、ある一人の人にこの経を説いて教える。すると、その人もまた同じように心から喜んでありがたいと思って、また次の人に説き教えるとする。こうして次から次へとこの経を説き伝えていって、五十人目まで順次伝わったとする。そうすると、次から次へ伝えるといっても伝え手と受け手との能力素質の問題もあって、伝えるその人の理解の範囲内で伝わるわけであるから、五十番目の人の随喜の功徳は最初の人の随喜の功徳よりはずい分と薄まることであろう。その五十番目の人の随喜の功徳について仏は次のように説かれた。すなわち、四百万億阿僧祇という数えきれないほどの世界に住むあらゆる生まれの、あらゆる形の衆生たちに、ある大施主がいて、金や銀、ないし珊瑚や琥珀などの宝石をはじめ、象や馬、乗りもの、七宝でできた宮殿・楼閣などをその一々の衆生たちにもれなく与え、この財施を続けること八十年にして、今度はすべての衆生たちに法を説き教えて一度にすべてのものたちをそれぞれのさとりに導かせた。財施ばかりでなく、法施をも与えたのである。その大施主の財施、法施によって得る功徳ははかりしれないほどであるけれども、ところが、その大施主の得る功徳も、法華経のたった一偈を聞いて心から喜び、ありがたいと思うことの功徳にはとうてい及ばない。どのくらい及ばないかというと、百分・千分どころではない、百千万億分の一にも、計算によっても、たとえによってもはかりしれないほどに遠く及ばないのだ、という。これが五十展転随喜の功徳の大きさである。伝え伝えて第五十番目の人の得る随喜の功徳がこのようにはかりしれないものであるから、最初の人の随喜の功徳は比較にならないほどになるであろう。

聞法の功徳

以上が、仏が弥勒菩薩の問いに答えられた内容である。仏は先の五十展転随喜の功徳を説かれた後に、さらに法華経聞法の功徳について説き示された。それは次の三つの場合に分けられる。それは、

㈠自ら僧坊に出かけてゆき、ほんの短い間でも法華経を聴受する、

㈡説法の場で、後から来た人に聞法を勧め、座を分かって坐らせる、

㈢人を説法の場に勧誘して共に聴受する、

この三つである。それぞれの場合に得られる功徳というのは、㈠の場合では、死後生まれかわった後に、すばらしい象や馬の牽く車、珍宝でできた乗物を得て、天の宮殿に至ることができるといい、㈡では、死後生まれかわった後に、帝釈天・梵天王、あるいは転輪聖王となってその玉座に坐ることができると説かれる。そして㈢の場合の功徳は、死後には陀羅尼を得ている菩薩と同処に生まれ、智慧さとく能力に素質においてすぐれている。そして、特筆すべきは、以下に示すような身体的特徴、特

に人相についての功徳が得られるとする。それは、百千万世に瘖瘂になることはなく、口臭がなく、舌や口の病いに罹ることはない。歯については、歯の色が垢で黒くなく、黄色でなく、すいてもいず、欠けたり抜けたりせず、歯並びがよい。唇については、まくれあがったりせず、荒れたりせず、できものができたりせず、欠けたりせず、ゆがんだりせず、厚からず、大きからず、色が黒ずんだりすることはない。鼻については、鼻ぺしゃでなく、曲ったりしておらず、高く鼻すじがとおっている。顔については、色が黒くなく、面長すぎることなく、くぼんだりゆがんだりしていない。眉は高く、額は広くたいらかであるという。これを要するに、およそ人の顔として完璧円満な人相を有するということである。

それにしても以上のような顔の造作の一々について言及するというような具体的記述は他に例を見出すことはむつかしい。わが国の平田篤胤は、『出定笑語』の中で、法華経について、能書ばかりで肝腎の中味がない経と酷評しているが、今のこの部分と、譬喩品の後半の偈文の、法華経誹謗者の得る報いについて説いた部分とを挙げて法華経の中でも最も笑止な部分と論断している。現代でもこの篤胤の見方に同調する学者もいるが、しかし、考えてみると、右のような人相は当時の古代インドの人々の人間としての理想だったのであろう。ちょうど古代ギリシャの人々が均正のとれた肉体美を求めたのと同じである。また、裏をかえせば、古代インドにおける現実では、病気などの原因によって右の記述と反対の人々が身の回りに多くいたということでもあろう。しかし、さらにいえば、右のような記述のなされた現実的背景として、当時の出家修行者たちが、みなおしなべて五体満足で健康な肉体と、人々に嫌悪感を与えるような容貌でなく、逆に人に好感を与える容貌を有していたという事実が大きくあずかっていると思われる。どうしてそのようなことがいえるかといえば、[1]『律蔵』中に細かいサンガ（僧団）の入団規定があるが、その入団禁止条項をすべてクリヤーできた者は、みな五体満足で、人なみかそれ以上の容貌を有しているものに限られることになるからである。『律蔵』中の入団禁止条項には、犯罪者・王臣・奴僕・負債者などのように社会的条件による入団禁止条項、あるいは破和合僧者、外道の信奉者などのように仏教そのものに反するものとしての入団禁止条項のほかに、身体的条件による入団禁止条項が設けられている。その身体的条件によって入団を禁止されるものとしては次のような例が挙げられている。すなわち、

病人——肺病や癩病・てんかん・象皮病・伝染性疾患などに罹っている者。

身体に障害のある者——先天的あるいは後天的に四肢や顔面などに不具合のある者、耳や目、鼻などの感覚器官や発声器官に障害のある者、老弱者など。

である。さらに、この規定は各部派の伝える律蔵によって多少の増減があるが、たとえば『十誦律』などでは、先に挙げた病気や身体的障害のほかに、容貌や容姿に関して実に細かい規定があって、毛髪・目・耳・鼻・唇・歯・項・体形・肌の色などの各項目についてそれぞれ除外例が具体的に挙げられている。[2]

これらを見ると、多少の例外や条件の緩和があったとしても、これらすべての条件を満たすことのできる人は、およそ人並以上の健全な肉体と容貌容姿とをそなえた人ということになるであろう。以上に挙げた入団禁止条項の中で、病人や身体的障害を有する人が入団を拒否されるのは、仏道修行を実践してゆくことが困難であるからという理由で納得がゆくかもしれない。しかし、容貌や容姿など

は、その人の体力能力とは無関係で、修行上何らの障害ともならないはずである。それなのに、右のように細かい規定を設けて入団が禁止されているのはなぜだろうか。この辺の事情を物語るのが、『摩訶僧祇律』巻二十三及び二十四の記述である。③ ここでは、入団禁止条項が設けられた理由が一々具体的な例を挙げて説明されている。それを見ると、老弱者に対しては「出家の人は肉体的に健康でなくてはならない」といい、その理由は、修行に耐えられないからというものであるが、手や足・指・耳・鼻などの欠損している人に対しては「出家の人は五体満足でなくてはならない」といい、また目や耳や口の不自由な人に対しては「出家の人はすべての感覚器官が完全でなくてはならない」といい、また背の曲った人、侏儒の人に対しては「出家の人は身体がバランスがとれ、まっすぐでなくてはならない」といい、片目や足の不自由な人、虫歯の人などに対しては「出家の人は身体各部が端正でなくてはならない」という。さらに肌の色が極端に黒かったり白かったり、黄色だったり赤かったり、はなはだしく背が高かったり低かったりする人、このような人々は醜陋で、人々に不快感を与えるといい、「出家の人は容姿が端正でなくてはならない」という。いま挙げたうち、第一の場合の、修行に耐えられないからという理由を除いたその他のすべての場合の理由は、驚くことに全部が全部「世人に譏《そし》られたから」という理由なのだ。すでに出家した修行者が、世の人々に肉体上の欠点によって悪くいわれたので、仏は今日以後、そうした肉体上の欠点を有する人の出家を禁じられたというのである。これを要するに、およそ出家者たるものは容貌容姿も含めた肉体上の欠点があって、それを種に世の人々にあげつらわれたり、軽ろんじられてはならないということであり、逆にいえば、出家修行者は精神ばかりでなく世の人々の尊敬と信頼を集めうるだけの肉体的条件をもかねそなえていなければならないということなのである。入団規定にさまざまな細かい禁止条項が盛られることになったのも、まさにこの一点に存するといってよい。こうしてみると、古代インドにおける出家の修行者が、みな人並かそれ以上の容貌容姿の持主であったということが無理なく首肯できるであろう。

さて、ここで法華経にたち返ってみると、本章における聞法の功徳としての具体的で細かな容貌に関する記述も、以上細かく述べた当時の出家者の身体上の条件とつき合わせてみると、奇異なものでもなく、まして篤胤のいうような笑止なものでないことが理解されるであろう。法華経信奉者集団は出家者集団でなく在家中心の集団であったようであるが、当時の出家者集団が、世人に肉体上の欠点であれこれ言われないだけの条件を具えていたのであれば、同じように仏の道にあずかる者として、法華経信仰の結果、来世に人間としての完全な相を得られると説いたとしても不思議ではない。まして法華経は信仰の書である。それを信ずることのできる者だけが入ることのできる世界である。ちょうど、キリスト教における『新約聖書』が、イエスが行なった常識ではとても考えられないよみがえりや彼自身の死後の復活という奇跡に対する弟子たちの「証言の書」といわれているように。篤胤はその点を見落としている。

①以下の記述は、森章司「『律蔵』における SĀNTI——その平和への理論⑵《平等の問題》——」(『平和と宗教』庭野平和財団平和研究レポート No. 3 一九八四、庭野平和財団平和研究会)に拠る所が大きい。この点について御教示をいただいた同教授に謝意を表したい。

②『十誦律』巻二十一、大正蔵経第二十三巻、一五五b。

③大正蔵経第二十二巻、四一八b—四二二a。

爾時世尊。欲重宣此義。而說偈言

若人於法會　得聞是經典　乃至於一偈　隨喜爲他說
如是展轉教　至于[1]第五十　最後人獲福　今當分別之
如有大施主　供給無量衆　具滿八十歲　隨意之所欲
見彼衰老相　髮白而面皺　齒踈形枯竭　念其死不久
我今應當教　令得於道果　卽爲方便說　涅槃眞實法
世皆不牢固　如水沫泡焰　汝等咸應當　疾生厭離心
諸人聞是法　皆得阿羅漢　具足六神通　三明八解脫
最後第五十　聞一偈隨喜　是人福勝彼　不可爲譬喩
如是展轉聞　其福尙無量　何況於法會　初聞隨喜者
若有勸一人　將引聽法華　言此經深妙　千萬劫難遇
卽受教往聽　乃至須臾聞　斯人之福報　今當分別說
世世無口患　齒不踈黃黑　脣不厚褰缺　無有可惡相
舌不乾黑短　鼻高修且直　額廣而平正　面目悉端嚴
爲人所喜見　口氣無臭穢　優鉢華之香　常[2]從其口出
若故詣僧坊　欲聽法華經　須臾聞歡喜　今當說其福
後生天人中　得妙象馬車　珍寶之輦輿　及乘天宮殿
若於講法處　勸人坐聽經　是福因緣得　釋梵轉輪座
何況一心聽　解說其義趣　如說而修行　其福不可量[3]

(1)于＝於　(2)底本は「當」。高麗藏、春日本ともに「常」。大正藏の誤り。今改む。　(3)量＝限

爾《そ》の時に世尊、重ねて此の義を宣《の》べんと欲して、偈を説いて言《のたま》わく、
「若《も》し人、法会《ほうえ》に於いて　是《こ》の経典を聞くことを得て　乃至一偈に於いても　随喜して他の為に説かん
是《か》の如く展転して教うること　第五十に至らん　最後の人の福を獲《え》んこと　今、当《まさ》に之《これ》を分別すべし。
如《も》し大施主有って　無量の衆に供給《くきゅう》すること　具《つぶ》さに八十歳を満てて　意《こころ》の所欲に随わん。
彼《か》の衰老の相の　髪白くして面皺《かおしわ》み　歯疎《す》き形枯《かたちこ》竭《かつ》せるを見て　其《そ》の死せんこと久しからじ　我、今、
応当《まさ》に教えて　道果を得せしむべしと念じて、
即ち為《ため》に方便して　涅槃真実の法を説かん　『世は皆、牢固《ろうこ》ならざること　水沫泡焔《すいまつほうえん》の如し。　汝等よ、
咸《ことごと》く応当《まさ》に　疾《と》く厭離《おんり》の心を生ずべし』と。
諸人、是《こ》の法を聞いて　皆阿羅漢を得《え》　六神通　三明八《さんみょうはちげ》解脱《だつ》を具足せん。
最後第五十の　一偈を聞いて随喜せん　是《こ》の人の福、彼に勝れたること　譬喩《ひゆ》を為すべからず。
是《か》の如く展転して聞く　其の福、尚、無量なり。　何《い》に況《いわん》や、法会《ほうえ》に於いて　初めて聞いて随喜せん者をや。
若し一人を勧《すす》めて　将引して法華を聴かしむること有って　言わん、『此の経は深妙なり　千万劫に遇い難し』と。
即ち教《おしえ》を受けて往《ゆ》いて聴くこと　乃至須臾《しゅゆ》も聞かん　斯《こ》の人の福報　今、当《まさ》に分別して説くべし。　世
世に口の患《やまい》無く、
歯疎《す》き黄黒ならず　脣《くちびる》厚く褰欠《けんけつ》ならず　悪《にく》むべき相有ること無けん。

舌乾き黒短ならず　鼻高く修《なが》く且直《またなお》からん。額広くして平正に　面目《めんもく》悉く端厳にして
人に見《まみ》えんと喜《ねが》わるることを為《え》ん。口の気臭穢《いきしゅうえ》無くして　優鉢華《うばつけ》の香　常に其の口より出でん。
若し故《ことさ》らに僧坊に詣《ゆ》いて　法華経を聴かんと欲して　須臾《しゅゆ》も聞いて歓喜せん　今、当《まさ》に其の福を説くべし。

後に天人の中に生まれて　妙《たえ》なる象馬車《ぞうめしゃ》、
珍宝の輦輿《れんよ》を得《え》　及び天の宮殿に乗ぜん　若し講法の処に於いて　人を勧めて坐して経を聴かしめん。
是《こ》の福の因縁《いんねん》をもって　釈・梵・転輪の座を得ん。何《いか》に況《いわん》や、一心に聴き　其《そ》の義趣を解説し　説の
如く修行せんをや　其の福量《はか》るべからず」と。

〔訳〕その時に、世尊は、重ねて以上の意義を宣べようとされて、次のような詩頌を説かれた。
「もしもある人が法の集まりで　この経典を聞くことができて　たった一偈でも　心から喜んでありがたいと思い、他の人のために説くとしよう。　そのように次から次へと教えていって第五十番目になったとしよう。　その最後の人が福徳を得るということについて　今、それをこと分けしよう。(2)

もし偉大な施主がいて　はかり知れない数の人々に与え続けて　八十年を満了し　彼らの意の欲するままに随ったとしよう。(3)

(彼は)彼らの老い衰えた姿の　髪は白く顔にはしわができ　歯はすいて、体が枯れきったのを見て　彼らはまもなく死ぬであろう　私は今、(彼らに)教えて　さとりの果を獲得させせよ

うと心に念じて(4)そこで（彼らの）ために教化の手段を講じて　涅槃という真実の法を説くとしよう。『この世ははかなく　すべて水の泡、しぶき、陽炎のようなものだ。　汝たちよ、みな　早く厭離の心を生ぜよ』と。(5)

人々はこの教えを聞いて　みな聖者の位を獲得し、　六種の神通力　三種の不思議な力、八種の禅定を身につけるであろう。(6)

最後の第五十番目の人が　一つの詩頌を聞いて心から喜んでありがたく思う　その人のその福徳は、（偉大な施主の）彼よりもすぐれていて、たとえにすることもできないほどだ。(7)

そのように次から次へと（教えが）伝わって、それを聞くことの　その福徳は一層はかりしれないのだ。　ましてや法の集まりにおいて　初めて聞いて心から喜んでありがたいと思う人はなおさらのことである。(8)

もし一人に勧《すす》めて　つれていって法華経を聴かせようとして、　『この経典は奥深くてすばらしいものだ。千万劫という長時を経ても出遇うのはむつかしいのだ』と言うとしよう。(9)

そこで、そのことばを受けて、行って聴聞し　ほんの短い時間でも聴いたとしよう。　その人の福の果報を　今、私はことわけして説こう。　世世にわたって口の病いはなく、(10)

歯がすいたり色が黄色や黒色になったりすることはない。　唇は厚くてちぢんだり欠けたりすることはなくて　嫌悪するような相があることはないであろう。(11)

舌は乾いて色が黒く短かかったりすることはなく　鼻は高く、長くて鼻筋がとおっているであろう。額は広くて平らかで　顔かたちは端正でおごそかであり、(12)その人に会いたいと思われるようになり　口の息は臭いやよごれがなくて蓮華の香りが　常にロから出ているであろう。(13)

もしも、わざわざ僧坊まで出かけていって　法華経を聴聞しようとして　ほんのしばらくも聴いて歓喜したとしよう。今、その彼の福徳について説こう。(14)

（彼は）後に天界や人間界に生まれて　立派な象や馬の牽く車を、(15)珍宝づくりの立派な乗り物を得、また天上の宮殿に乗るであろう。もし法の講席で　人に勧めて、すわって経を聴くようにさせたとしよう。(16)その福徳のいわれによって　帝釈・梵天・転輪聖王の座を獲得するであろう。ましてや一心に聴き　その意義を解説し　教えのとおりに修行するものの、その福徳は量ることもできないのだ」と。

《**道果**》「道」は bodhi（さとり）の古訳語。さとりという結果の意。《**六神通**》阿羅漢のそなえる六種の神通力。第三章の語注「神通」を参照（上巻、二一四頁）。《**三明**》六神通のうち、宿命通・天眼通・漏尽通の三つを別出したもの。《**八解脱**》阿羅漢のさとりに到達する八種の禅定をいう。《**優鉢華**》「優鉢」は優鉢羅ともいう。utpala の音写で、青蓮華のこと。優鉢華は、青蓮華の花の意。《**輦輿**》天子の乗るような立派な乗物。《**釈梵転輪**》帝釈・梵天・転輪聖王の略。

以上が偈頌の全部である。内容は長行とほとんど同じであるが、なかには大施主の教えの内容として出る「世は皆牢固ならざること、水沫泡焔の如し」云々とか、優鉢華の香が常に口から出る、などという具体的記述は長行部分にはないものである。偈の部分の分科を次に示しておく。

- 偈頌
  - 頌㆓内心随喜人㆒
    - 頌㆓五十人㆒
    - 頌㆓格量本㆒
    - 頌㆓格量㆒
  - 頌㆓外聴法人㆒
    - 起頌㆓勧聴㆒
    - 追頌㆓自在㆒
    - 頌㆑分㆑座
    - 頌㆓修行㆒

妙法蓮華經法師功德品第十九

爾時佛告。常精進菩薩摩訶薩。若善男子。善女人。受持是法華經。若讀。若誦。若解說。若書寫。是人當得。八百眼功德。千二百耳功德。八百鼻功德。千二百舌功德。八百身功德。千二百意功德。以是功德。莊嚴六根。皆令清淨。是善男子。善女人。父母所生。清淨肉眼。見於三千大千世界。內外所有。山林河海。下至阿鼻地獄。上至有頂。亦見其中。一切衆生。及業因緣。果報生處。悉見悉知。爾時世尊。欲重宣此義。而說偈言

若於大衆中　以無所畏心　說是法華經　汝聽其功德
是人得八百　功德殊勝眼　以是莊嚴故　其目甚清淨
父母所生眼　悉見三千界　內外彌樓山　須彌及鐵圍
幷諸餘山林　大海江河水　下至阿鼻獄　上至有頂處(1)
其中諸衆生　一切皆悉見　雖未得天眼　肉眼力如是

(1)處＝天

爾《そ》の時に仏、常精進《じょうしょうじん》菩薩摩訶薩《まかさつ》に告げたまわく、

「若《も》し善男子・善女人、是《こ》の法華経を受持し、若しは読み、若しは誦《じゅ》し、若《も》しは解説《げせつ》し、若しは書写せん。是《こ》の人は当《まさ》に八百の眼《まなこ》の功徳、千二百の耳の功徳、八百の鼻の功徳、千二百の舌の功徳、八百の身の功徳、千二百の意《こころ》の功徳を得《う》べし。是《こ》の功徳を以《もっ》て六根を荘厳《しょうごん》して、皆清浄ならしめん。是《こ》の善男子・善女人は、父母所

生の清浄の肉眼《にくげん》をもって、三千大千世界の内外、所有《あらゆ》る山《せん》・林《りん》・河《が》・海《かい》を見ること、下阿鼻《しもあび》地獄《じごく》に至り、上有《かみう》頂《ちょう》に至らん。亦《また》、其《そ》の中の一切衆生を見、及び業《ごう》の因縁・果報の生処《しょうじょ》を悉く見、悉く知らん」と。

爾《そ》の時に世尊、重ねて此の義を宣《の》べんと欲《はっ》して、偈を説いて言わく、

「若《も》し大衆の中に於いて　無所畏《むしょい》の心を以て　是《こ》の法華経を説かん　汝よ、其《そ》の功徳を聴け。

是《こ》の人は八百の　功徳ある殊勝の眼《まなこ》を得ん。　是《こ》れを以て荘厳するが故に　其《そ》の目甚《はなは》だ清浄ならん。

父母所生の眼をもって　悉く三千界の　内外、弥楼山《みるせん》　須弥《しゅみ》及び鉄囲《てっち》　并びに諸余の山・林　大海・江河《ごうが》・水を見ること

下阿鼻獄《しもあびごく》に至り　上有頂処《かみうちょうしょ》に至らん。　其《そ》の中の諸《もろもろ》の衆生　一切皆、悉く見ん。

未だ天眼《てんげん》を得ずと雖も　肉眼《にくげん》の力、是《かく》の如くならん。」

〔訳〕その時に、仏は常精進《じょうしょうじん》菩薩大士に告げられた。

「もし、善男子・善女人が、この法華経を受け保ち、あるいは読んだり、あるいは誦したり、あるいは人に解説したり、あるいは書写したりすれば、その人は必ずや、眼についての八百の徳性、耳についての千二百の徳性、鼻についての八百の徳性、舌についての千二百の徳性、身体についての八百の徳性、心についての千二百の徳性を得ることであろう。これらの徳性によって六種の感官はおごそかに飾られ、それらすべてが清らかになるであろう。この善男子・善女人たちは、父母から受けたままの清らかな肉眼によって、（十億の世界という）全宇宙世界の内外を、ありとあるすべての山や林、河や海を、下方は阿鼻《あび》地獄まで、上方は物質世界の最高処に至るまで、くまなく見ることであろう。

また、その中にいるあらゆる衆生たちを見、また、（彼らの）業が原因となって、どのような結果が生じているかということをことごとく見て、そのすべてを知るであろう」と。

その時、世尊は、以上の意味を重ねて宣《の》べようとして、詩頌を説いていわれた。

「もしも大勢の集まりの中で　何ものもおそれない心で　この法華経を説いたとしよう。汝よ、その（人の得る）徳性を聴け。(1)

その人は八百の　徳性を備えたすぐれた眼を得るであろう。　それによっておごそかに飾られているので　その人の目は極めて清らかであろう。(2)

父母から受けたままの眼で　あらゆる全宇宙世界の　内と外とを、弥楼《みる》山を　須弥《しゅみ》山・鉄囲《てっち》山《せん》を　それに他の山々や林を　大海や江河・河水を見るであろう。(3)(4)

下方は阿鼻《あび》地獄まで　上方は物質世界の最高処に至るまでを余すことなく(見るであろう)。その中にすむ多くの衆生たちを　すべてのこらず見るであろう。(5)

彼はまだ天眼を得てはいないが　その肉眼のもつ力は以上のようであろう。」(6)

《常精進菩薩摩訶薩》 原語は Satatasamitābhiyukta（常にたゆまず努力する者）。第一章序品に同名の菩薩が出るが、おそらく同一の菩薩であろう。ただし、序品では原語は Nityodyukta である（本書上巻、四八頁語注参照）。この菩薩は実在の菩薩でなく、その行徳から名を得て創作された菩薩である。**《八百眼功徳……千二百意功徳》** 八百の数の功徳を得るものとして、眼・鼻・身が、千二百の数の功徳を得るものとして、耳・舌・意が挙げられているが、その理由及び八百、千二百の数の由来は不明。ただし中国の注釈家はこの数についてさまざまな解釈をこらしている（『文句』巻十上参照）。**《六根》**眼・耳・鼻・舌・身・意の六種の感覚知覚器官と、その有するはたらきとをいう。意根は他の五つの外界知覚器官によってもたらされた認識内容を統合し判断するはたらきをもち、心の中にあるとされる器官で、今日いう意識に相当する。**《三千大千世界》**一世界が十億集まったもの。すなわち十億個の世界をいうが、ありとあらゆる世界、というほどの意で用いられる。第五章薬草喩品の語注（本書上巻、三三六頁）参照。**《阿鼻地獄》**avīci の音写語で、無間、無救とも訳す。八熱地獄の最下層にあって、一辺二万由旬の立方体をなし、瞻部《せんぶ》洲の地下二万由旬の位置にあるという。この地獄は、たえまなく責めさいなまれて苦を受けるので無間というとされ、あるいは楽を受ける間がないので無間というともされる（『倶舎論』巻十一、分別世品参照）。**《有頂》**くわしくは有頂天という。字義通りでは「有（存在）」の頂きの天界ということで、全存在（すなわち三界）の最高処を意味し、無色界の最高天である非想非非想天を指す。しかし、また同時に、三界内の物質的世界（色界）の究極の最高処をも意味し、色界の最高天である色究竟天（阿迦尼吒《あかにた》天とも）のことを指す場合もある。本経では後者の意味で用いられ、その原語は Akaniṣṭha である。**《弥楼山》**Meru の音写。ヒンドゥー教神話に出る山の名で、仏教でいう須弥《しゅみ》山（Sumeru）と同じもの。世界の中心にそびえる高山。ここでは弥楼山と須弥山とは別々のものとして考えられている。**《須弥・鉄囲》**須弥山と鉄囲山のこと。仏教の世界観によれば、一世界は、円筒形の風輪を基盤とし、その上に水輪があり、その水輪の表面上に金輪があって、金輪上に海や山脈、大陸が載っているとする。その金輪上にあってちょうどお盆のへりのように世界の涯を区切っている円周上の山脈が鉄囲山（Cakravāda）で、鉄でできているという。その鉄囲山によって囲まれた世界の中心に、高さ八万由旬、一辺同じく八万由旬の立方体をなして聳えているのが須弥山で、金・銀・瑠璃・水晶の四宝からできている。山頂には三十三天の住居があり、中腹には四天王たちが住んでいる。またその中腹の空間上の軌道を一つの太陽、一つの月、それに星々が巡っているという。この須弥山を中心として、それをとり囲むように七つの山脈があり、山脈と山脈の間は海となっている。最も外側の山脈と鉄囲山とで囲まれた部分も海で、これを外海とすれば、七つの山脈で囲まれた海は内海となる。以上から山についていえば、須弥山と最外側の鉄囲山、その間の七山と都合九つの山脈があって九山、海についていえば外海と山脈に囲まれている七海を合して八海となる。七つの山脈の外側の外海上には東西南北の四方にそれぞれ一大陸があって（四洲）、そのうちの南方にあるのが瞻部《せんぶ》洲で、ここにわれわれが住んでいるという（『倶舎論』巻十一、分別世品参照）。

《天眼》超人的な眼力のこと。未来世における衆生の生死を見透すことができるという。五神通（五種の超人的能力）の一つとされ、天眼通と呼ばれる。

本章から法師功徳品である。本章は、法華経を受持、読、誦、解説、書写するという五種法師の修行をなすものの功徳について説いた章である。五種法師の修行実践者は、眼・耳・鼻・舌・身・意の六根が、生まれもったままの状態でその働きが超人的となり、清らかになって六根清浄を得るという。本段はその総説部分と第一の眼根の段に相当し、これより以下、耳根以下の一々について各別にそれぞれ得られる具体的功徳が説かれてゆくことになる。本章の分科は左図のようである。今挙げた一段は「総じて六根盈縮の功徳を列す」という部分と、「六章を列して解釈を明かす」部分の第一の眼根の部分に相当する。

- 明㆓初品果功徳㆒勧㆓流通㆒
  - 総列㆓六根盈縮功徳㆒
  - 明㆖列㆓六章㆒解釈㆘
    - 眼根
      - 長行
      - 偈頌
    - 耳根
      - 長行
      - 偈頌
    - 鼻根
      - 長行
      - 偈頌
    - 舌根
      - 長行
      - 偈頌
    - 身根
      - 長行
      - 偈頌
    - 意根
      - 長行
      - 偈頌

法師《ほっし》の功徳

五種法師

本章のタイトル「法師功徳」とは、「法師」が受ける功徳という意味である。「法師」というのは、すでに第十章法師品で説かれたように、本経にあっては、法華経経典を説くものは、出家であれ、在家であれ、すべて法師（dharmabhāṇaka）と呼ばれていた。彼らは説法者であり、人々を前にして聴衆に経典を説いて聞かせる人々であった。先の法師品では、法師についで具体的にどのように説いていたかというと、たとい法華経経典の一偈でも、これを受持し、読誦し、解説し、書写するという経典修行をなす人々、それに経典に華や香、ないし衣服や伎楽などの十種の供養をなす人々、このような人々が法師であると説かれていた。なかでも受持・読誦・解説・書写という経典修行をする人々は、如来の代行者であり、如来の肩に荷われる人々であって、如来に対するのと同様にせよとまで説かれていた。本章でいう法師も、この経典修行をなす人々のことを指しており、この経典修行者を後世、五種法師と呼んでいる。それは、受持・読誦・解説・書写の中の読誦を読と誦とに開いて都合五種とするからである。「受持」とは、経を信じ受け入れて、心にしっかりととどめて忘れないこと、「読」とは、経を口に出して唱えること、「誦」とは、経を暗誦すること、「解説」とは他の人々に経を説法解説すること、「書写」とは、経を書写して後世に弘めることである。以上の五種の経典修行を実践する人、その人が法師とされ、その法師が五種の修行を実践することによって得る功徳を説こうとするのが本章の内容である。その功徳とは何か。それは以下に述べる六根清浄である。

六根清浄

さて、本章の劈頭に、仏は常精進という名の菩薩に向かって、法師の得る功徳についてこのように述べられた。すなわち、

「若《も》し善男子・善女人、是《こ》の法華経を受持し、若しは読み、若しは誦し、若しは解説し、若しは書写せん。是の人は、当《まさ》に八百の眼の功徳、千二百の耳の功徳、八百の鼻の功徳、千二百の舌の功徳、八百の身の功徳、千二百の意の功徳を得べし。是の功徳を以て、六根を荘厳して、皆清浄ならしめん」と。

この法華経を受持・読・誦・解説・書写する人の得る功徳は、眼・耳・鼻・舌・身・意の六根について八百あるいは千二百という数の徳性を得るのだという。ここで六根というのは、眼根から身根までの外界刺激を知覚する感覚器官とその有する能力、それにそれらの背後にあって外界認識内容を統合し、判断する意識作用とその意識作用のよりどころとなる器官をいう。すなわち、

眼根……視覚器官とその能力
耳根……聴覚器官とその能力
鼻根……嗅覚器官とその能力
舌根……味覚器官とその能力

身根……触覚器官としての身体とその能力
意根……前の五根によって得られた認識内容を統合し判断する意識作用とその依り所となる場所としての器官。

以上が六根である。この六根の一々についてそれぞれに格別にすぐれた働きがそなわり、それによって六根すべてが清浄になると経は説く。八百・千二百という功徳の数は何に由来するのか、またその数字のあらわす具体的意味は不明であるが、六根につき総数六千の功徳がそなわることになる。それでは、その一々についてはどのように説かれているであろうか。

まず第一に、眼根については、全宇宙世界の内と外とを問わず、下は阿鼻《あび》地獄から上は色究竟天《しきくきょうてん》に至るまでのありとあらゆるものを、すべてもれなく見ることができ、その中に住む衆生たちの業の因縁とその果報とをすべて見ることができるという。しかも、それは天眼という常人の及ばない超能力をもった眼でなくして、生まれた時のままの眼で見ることができるというのだ。これが第一の眼根である。

次に第二の耳根では、この全宇宙世界にある、内外を問わず、下は阿鼻地獄から、上は色究竟天までのありとある音声を、すべてもれなく聞きわけることができるという。それは天耳という超人的な能力のある耳でなく、生まれた時のままの耳によって聞くことができるという。これが第二の耳根についてである。

第三の鼻根については、生まれた時のままの鼻で全宇宙世界のありとあらゆる臭い、香りをかぎわけることができ、懐妊した人の香をかいで、その胎児の男女の区別、不具かどうかまでも知ることができ、地中の宝蔵をも香を嗅いでその所在を知ることができるという。彼は、菩薩の煩悩の汚れのない法から生じる鼻を得ておらずとも、それでもこのようなすぐれた鼻の能力を有すると説く。これが鼻根についてである。

第四の舌根については、たといどんな悪味のものでもその舌にのせたならば天の甘露のような上味となり、永久に悪味を受けることはないという、すべての味を浄化するはたらきをもつに至るのである。そして、その人がその弁舌で教法を演説するならば、深妙の声を出し、人々や神々、天龍八部衆はいうに及ばず、仏・菩薩までもそのありさまを見ようと願い、諸仏はその人のいる所に向かって法を説くという。

第五の身根とは、浄瑠璃のように完全に清らかな身体となり、すべての人々が見たいと願うようになる。その身体が清らかなので、自身の肉体にあらゆるものを映し出すことができるという。これが身根についてである。

最後の第六の意根とは、意のはたらきが清らかで、経典の一偈一句を聞けば、無量の意義に通達するという。そしてそれを一年間のあいだ説き続け、その説く法はすべて真実のすがたと違背しないという。彼は煩悩の汚れのない智慧は得てはいないけれども、以上のように一を聞いてすべてを理解し、思惟し言説するところは、すべて仏法であり真実なのであるという。これが意根である。

以上が六根の一々についての具体的なすぐれたはたらきであり、法華経を受持、読、誦、解説、書写する法師は以上の六根の清浄を得ることができると説くのである。

この六根清浄について、世親の『法華経論』では、「六根清浄とは、一一の根の中に於いて悉く能く具足して色を見、声を聞き、香を弁じ、味を別ち、触を覚し、法を知りて諸根互用す」といって、諸根の相互互換作用を説いており、天台の『文句』でも『涅槃経』の「如来の一根は則ち能く色を見、声を聞き、香を嗅ぎ、味を別ち、触を覚り法を知る」という、先の『法華経論』と同文を引いて根の互具互融を説いている。目で物を見るばかりでなく、声を聞き、香りを嗅ぎ、味を知る、などの感覚器官の相互互換作用は、ある種の禅定体験においては実際におこりうるらしく、現にLSD25などの薬物によるトリップ状態ではこのようなことが容易におこることが確かめられているから、感覚器官の相互互換作用ばかりでなく経の説く六根のさまざまな功徳について、これをあながち荒唐無稽とばかりは決めつけられない。

天台ではこの六根清浄を重んじて、修行者の階位として位置づけ、別教の十信位、円教の六即の相似即の位として修行者の至るべき目標の一段階となしている。

復次常精進。若善男子。善女人。受持此經。若讀。若誦。若解說。若書寫。得千二百耳功德。以是清淨耳。聞三千大千世界。下至阿鼻地獄。上至有頂。其中內外。種種語[1]言音聲。象聲。馬聲。牛聲。車聲。啼哭聲。愁歎聲。螺聲。鼓聲。鍾[2]聲。鈴聲。笑聲。語聲。男聲。女聲。童子聲。童女聲。法聲。非法聲。苦聲。樂聲。凡夫聲。聖人聲。喜聲。不喜聲。天聲。龍聲。夜叉聲。乾闥婆聲。阿修羅聲。迦樓羅聲。緊那羅聲。摩睺羅伽聲。火聲。水聲。風聲。地獄聲。畜生聲。餓鬼聲。比丘聲。比丘尼聲。聲聞聲。辟支佛聲。菩薩聲。佛聲。以要言之。三千大千世界中。一切內外。

所有諸聲。雖未得天耳。以父母所生。清淨常耳。皆悉聞知。如是分別。種種音聲。而不壞耳根。爾時世尊。欲重宣此義。而說偈言

父母所生耳　清淨無濁穢　以此常耳聞　三千世界聲
象馬車牛聲　鍾(3)鈴螺鼓聲　琴瑟箜篌聲　簫笛之音聲
清淨好歌聲　聽之而不著　無數種人聲　聞悉能解了
又聞諸天聲　微妙之歌音　及聞男女聲　童子童女聲
山川嶮谷中　迦陵頻伽聲　命命等諸鳥　悉聞其音聲
地獄衆苦痛　種種楚毒聲　餓鬼飢渴逼　求索飲食聲
諸阿修羅等　居在大海邊　自共語(4)言時　出于大音聲
如是說法者　安住於此間　遙聞是衆聲　而不壞耳根
十方世界中　禽獸鳴相呼　其說法之人　於此悉聞之
其諸梵天上　光音及遍淨　乃至有頂天　言語之音聲
法師住於此　悉皆得聞之　一切比丘衆　及諸比丘尼
若讀誦經典　若爲他人說　法師住於此　悉皆得聞之
復有諸菩薩　讀誦於經法　若爲他人說　撰集解其義
如是諸音聲　悉皆得聞之　諸佛大聖尊　敎化衆生者
於諸大會中　演說微妙法　持此法華者　悉皆得聞之
三千大千界　內外諸音聲　下至阿鼻獄　上至有頂天
皆聞其音聲　而不壞耳根　其耳聰利故　悉能分別知

持是法花者　雖未得天耳　但用所生耳　功徳已如是

(1)語言＝所有語言　(2)(3)鍾＝鐘　(4)語言＝言語、宋・元・明三本及び宮内庁本などの諸本も春日本に同じ。

「復《また》次に、常精進《じょうしょうじん》よ、若《も》し善男子・善女人、此《こ》の経を受持し、若しは読み、若しは誦《じゅ》し、若しは解説《げせつ》し、若しは書写せん、千二百の耳の功徳を得ん。是の清浄の耳を以て、三千大千世界の、下《しも》阿鼻地獄に至り、上有頂《かみ》に至るまで、其《そ》の中の内外の種種の語言《ごごん》の音声《おんじょう》、象声《ぞうしょう》・馬声《めしょう》・牛声《ごしょう》・車声《しゃしょう》・啼哭声《たいこくしょう》・愁歎声《しゅうたんしょう》・螺声《らしょう》・鼓声《くしょう》・鍾声《しゅしょう》・鈴声《りょうしょう》・笑声《しょうしょう》・語声《ごしょう》・男声《なんしょう》・女声《にょしょう》・童子声《どうじしょう》・童女声《どうにょしょう》・法声《ほうしょう》・非法声《ひほうしょう》・苦声《くしょう》・楽声《らくしょう》・凡夫声《ぼんぶしょう》・聖人声《しょうにんしょう》・喜《き》声《しょう》・不喜声《ふきしょう》・天声《てんしょう》・龍声《りゅうしょう》・夜叉声《やしゃしょう》・乾闥婆声《けんだつばしょう》・阿修羅声《あしゅらしょう》・迦楼羅声《かるらしょう》・緊那羅声《きんならしょう》・摩睺羅伽声《まごらがしょう》・火声《かしょう》・水声《すいしょう》・風声《ふうしょう》・地獄声・畜生声・餓鬼声・比丘声・比丘尼声・声聞声《しょうもんしょう》・辟支仏声《びゃくしぶつしょう》・菩薩声・仏声を聞かん。要を以て之《これ》を言わば、三千大千世界の中の、一切の内外の所有《あらゆ》る諸《もろもろ》の声、未だ天耳《てんに》を得ずと雖も、父母所生の清浄の常の耳を以て、皆悉く聞き知らん。是《かく》の如く種種の音声を分別すとも、而も耳根《にこん》を壊《やぶ》らじ」と。

爾《そ》の時に世尊、重ねて此の義を宣《の》べんと欲《ほっ》して、偈を説いて言《のたま》わく、

「父母所生の耳　清浄にして濁穢《じょくえ》無く　此の常《つね》の耳を以て　三千世界の声を聞かん。
象・馬・車・牛の声　鍾《しゅ》・鈴《りょう》・螺《ら》・鼓《く》の声　琴瑟《きんしつ》・箜篌《くうごう》の声　簫笛《しょうちゃく》の音声
清浄好歌の声《こえ》　之《これ》を聴いて著《じゃく》せじ　無数《むしゅ》種の人の声　聞いて悉く能《よ》く解了《げりょう》せん。
又、諸天の声　微妙の歌の音を聞き　及び男女の声　童子・童女の声を聞かん。
山《せん》・川《ぜん》・嶮谷《けんこく》の中の　迦陵頻伽《かりょうびんが》の声　命命《みょうみょう》等の諸鳥　悉く其《そ》の音声《おんじょう》を聞かん。
地獄の衆《もろもろ》の苦痛　種種の楚毒《そどく》の声　餓鬼《がき》の飢渇《けかつ》に逼《せ》められて　飲食《おんじき》を求索《ぐしゃく》する声
諸《もろもろ》の阿修羅《あしゅら》等の　大海の辺《ほとり》に居在《こざい》して　自ら共に語言する時　大音声を出すをも　是《かく》の如き説法者

は　此の間《あいだ》に安住して　遙かに是《こ》の衆《もろもろ》の声を聞いて　耳根《にこん》を壊《やぶ》らじ。
十方世界の中の　禽獣《きんじゅう》の鳴いて相呼《あいよ》ばう　其の説法の人　此《ここ》に於いて悉く之《これ》を聞かん。
其《そ》の諸《もろもろ》の梵天上　光音《こうおん》及び遍浄《へんじょう》　乃至有頂天《うちょうてん》の　言語《ごんご》の音声《おんじょう》　法師此《ここ》に住して　悉く皆、之《これ》を聞くことを得ん。
一切の比丘衆　及び諸《もろもろ》の比丘尼《びくに》の　若《も》しは経典を読誦し　若しは他人の為に説かん　法師此《ここ》に住して　悉く皆、之《これ》を聞くことを得ん。
復《また》、諸《もろもろ》の菩薩有って　経法《きょうぼう》を読誦し　若《も》しは他人の為に説き　撰集して其《そ》の義を解せん　是の如《かく》き諸《もろもろ》の音声　悉く皆、之《これ》を聞くことを得ん。
諸仏大聖尊《だいしょうそん》の　衆生を教化したもう者　諸《もろもろ》の大会《だいえ》の中に於いて　微妙《みみょう》の法を演説したもう　此《こ》の法華を持《たも》たん者は　悉く皆、之《これ》を聞くことを得ん。
三千大千界の　内外《ないげ》の諸《もろもろ》の音声《おんじょう》　下阿鼻獄《あびごく》に至り　上《かみ》有頂天に至るまで　皆、其《そ》の音声を聞いて　耳《に》根《こん》を壊《やぶ》らじ。
其《そ》の耳聡利《そうり》なるが故に　悉く能く分別して知らん　是の法花《ほっけ》を持《たも》たん者は　未だ天耳《てんに》を得ずと雖も
但、所生《しょしょう》の耳を用《もち》うるに　功徳已《すで》に是の如《かく》くならん」と。

〔訳〕「また次に、常精進よ、もし善男子・善女人がこの経を受け保ち、あるいは読み、あるいは誦し、あるいは解説し、あるいは書写したとするならば、彼は耳について千二百の徳性を得るであろう。この清らかな耳によって、全宇宙世界の、下方は阿鼻《あび》地獄まで、上方は物質世界の最高処に至るまで、その中の内と外との種々さまざまなことばの音声、（すなわち）象の声・馬の声・牛の声・車の響き

・泣き声・悲しみの声・ほら貝の音・太鼓の音・鐘の音・鈴の音・笑い声・話し声・男の声・女の声・童子の声・童女の声・意味のとおった声・わけのわからぬ声・苦しみの声・楽しみの声・凡夫の声・聖者の声・喜びの声・喜ばない声・天の神々の声・龍の声・夜叉の声・乾闥婆《けんだつば》の声・阿修羅の声・金翅鳥《こんしちょう》の声・キンナラの声・マホーラガの声・火の音・水の音・風の音・地獄の声・畜生の声・餓鬼の声・比丘の声・比丘尼の声・声聞の声・辟支仏の声・菩薩の声・仏の声を聞くであろう。要するに、あらゆる全宇宙世界の中の、内外をとわず、ありとあらゆる音声を、まだ天耳を得てはいないが、父母からうけたそのままの普通の耳で、すべてのこらず聞き知るのだ。このように種々さまざまな音声を区別し（て聞き分けたとし）ても、それで聴覚器官が損なわれることはないであろう」と。

その時、世尊は、以上の意義を重ねて宣べようとして、詩頌を説いていわれた。

「父母から受けた耳は　清らかでけがれがなく　この普通のままの耳で　全宇宙世界の音声を
聞くであろう。(7)
象や馬、車や牛の声　鐘・鈴・ほら貝・太鼓の音　琴や二十三弦琴、簫《しょう》や笛の音（も聞くであろう）(8)
清らかで美しい歌声　それを聞いても執著しないであろう。　数えきれないほどの種々の人の声を　聞いてすべてを理解できるであろう。(9)
また、天の神々の声や　すばらしい歌声を聞き　男や女の声　童子や童女の声を聞くであろう。(10)
山や川、険しい谷の中にいる　カラビンカの声を　命命鳥《みょうみょうちょう》などの鳥たちの　それらの鳴き声

をのこらず聞くであろう。(11)

地獄の多くの苦痛　種々さまざまな苦しみの声を　餓鬼が飢えと渇きにせめられて　飲食物を求める声を(12)

多くの阿修羅たちが　大海のほとりに住んでいて　自分達が話し合う時に　大音声を放ったとしても　そのような説法者は　この世界にいながらにして　はるかにそれらの多くの音声を聞いて　しかも聴覚器官がそこなわれることはないであろう。(13)

十方の世界に　鳥や獣たちが鳴いて互いに呼びあうが　その説法者は　ここにいるままで　そのすべてを聞くであろう。(14)

多くのブラフマンの神々の上にいる　光音天と遍浄天の神々から　(色界最高処の)色究竟天《しきくきょうてん》の神々に至るまでが　話しあう音声を　法師はここにいながらにして　すべてのこらず聞くことができよう。(15)

すべての比丘たち　及び比丘尼たちが　経典を読誦したり　あるいは人に説いたりするのを法師はここにいながらにして　それらすべてを聞くことができるであろう。(16)

また、菩薩たちが　経典を読誦したり　あるいは人に説いたりし　撰び集めてその意義を解釈したりする　そのようなさまざまな音声を　のこらずすべて聞くことができるであろう。(17)

多くの偉大で尊い仏たち　衆生を教化される仏たちが　さまざまな大きな集会の中で　すばらしい教えを演説されるが　この法華経を保持する人は　それらすべてをのこらず聞くことができよう。(18)

全宇宙世界の　内と外とのさまざまな音声　下方は阿鼻地獄まで　上方は物質存在の最高処に至るまで　すべてそれらの音声を聞いても　聴覚器官がそこなわれることはないであろう。(19)
彼の耳は聡くするどいので　あますことなく区別して（聞き）知ることができるであろう。　この法華経を保持する人は　まだ天耳を獲得していないけれども　生まれつきの耳をもってしても　その徳性は以上のようであろう。」(20)(21)

《法声・非法声》原語は dharma-śabda, adharma-śabda. dharma は極めて多義的に用いられる語で、ここでの意味が確定しがたいが、意味の通った声、（意味の通らぬ）わけのわからない声、ほどの意か。**《天声……摩睺羅伽声》**「天」以下、「摩睺羅伽」までは、仏教守護の神や鬼神異類の天龍八部衆を挙げたもの。一々については第一章序品の語注を参照（本書上巻、五二―三頁）。なお、摩睺羅伽は、mahoraga の音写で、蛇神とも天の楽神ともいわれる。**《天耳》**世界のあらゆる言語・音声を聞くことのできる超人的な聴覚をいう。五神通の一つに数えられる。**《常耳》**普通の、生まれた時のままの耳のこと。**《迦陵頻伽》**kalaviṅka の音写。カラヴィンカ鳥のこと。美しい声で鳴く雀の類の鳥の名。しばしば仏の音声に喩えられる。極楽浄土に棲む鳥ともされる。**《命命等諸鳥》**「命命鳥」は鳥の名で、jīvaka-jīvaka の訳。鳴き声からこのように名づけられた。雉の一種でネパールに産するという。共命鳥、生生鳥とも訳される。その名から、一身両頭の鳥とされ、死生を共にする鳥とされるようになった。**《楚毒》**「楚」も「毒」も、苦痛、苦しみの意。**《安住於此間》**この世界に安住して、という意味。「此間」は俗語表現で、この世界の意。**《光音及遍浄》**三界の中の色界に初禅天から四禅天までの四段階あるうち、第二禅の最高天及びそこに住む神々とを光音天 (ābhāsvara) といい、第三禅の最高天とそこに住む神々とを遍浄天 (śubhakṛtsna) という。ただし梵本は、光音天と第四禅天の最高天である色究竟天（阿迦尼吒天）とを挙げる（p. 359, *l.* 1）。

以上に挙げた長行と偈頌は、六根のうちの第二の耳根についての功徳を説いたものである。法華経を受持するものは、全宇宙のありとあらゆる音声を、そのもって生まれた耳のままですべて聞き分けることができると、筆を極めて詳細に説かれている。

復次常精進。若善男子。善女人。受持是經。若讀。若誦。若解說。若書寫。成就八百鼻功德。以是清淨鼻根。聞於三千大千世界。上下內外。種種諸香。須曼那華香。闍提華香。末利華香。瞻蔔華香。波羅羅華香。赤蓮華香。青蓮華香。白蓮華香。華樹香。菓樹香。栴檀香。沈水香。多摩羅跋香。多伽羅香。及千萬種和香。若末若丸。若塗香。持是經者。於此間住。悉能分別。又復別知。衆生之香。象香。馬香。牛羊等香。男香。女香。童子香。童女香。及草木叢林香。若近若遠。所有諸香。悉皆得聞。分別不錯。持是經者。雖住於此。亦聞天上。諸天之香。波利質多羅。拘鞞陀羅樹香。及曼陀羅華香。摩訶曼陀羅華香。曼殊沙華香。摩訶曼殊沙華香。栴檀沈水。種種末香。諸雜華香。如是等天香。和合所出之香。無不聞知。又聞諸天身香。釋提桓因。在勝殿上。五欲娛樂。嬉戲時香。若在妙法堂上。爲忉利諸天。說法時香。若於諸園。遊戲時香。及餘天等。男女身香。皆悉遙聞。如是展轉。乃至梵世(1)。上至有頂。諸天身香。亦皆聞之。幷聞諸天。所燒之香。及聲聞香。辟支佛香。菩薩香。諸佛身香。亦皆遙聞。知其所在。雖聞此香。然於鼻根。不壞不錯。若欲分別。爲他人說。憶念不謬。爾時

世尊。欲重宣此義。而說偈言

是人鼻清淨　於此世界中　若香若臭物　種種悉聞知
須曼那闍提　多摩羅栴檀　沈水及桂香　種種華菓香
及知衆生香　男子女人香　說法者遠住　聞香知所在
大勢轉輪王　小轉輪及子　群臣諸宮人　聞香知所在
身所著珍寶　及地中寶藏　轉輪王寶女　聞香知所在
諸人嚴身具　衣服及瓔珞　種種所塗香　聞香(2)知其身
諸天若行坐　遊戲及神變　持是法華者　聞香悉能知
諸樹華菓實　及酥油香氣　持經者住此　悉知其所在
諸山深嶮處　栴檀樹花敷　衆生在中者　聞香皆能知
鐵圍山大海　地中諸衆生　持經者聞香　悉知其所在
阿修羅男女　及其諸眷屬　鬪諍遊戲時　聞香皆能知
曠野險隘處　師子象虎狼　野牛水牛等　聞香知所在
若有懷妊者　未辯其男女　無根及非人　聞香悉能知
以聞香力故　知其初懷妊　成就不成就　安樂產福子
以聞香力故　知男女所念　染欲癡恚心　亦知修善者
地中衆伏藏　金銀諸珍寶　銅器之所盛　聞香悉能知
種種諸瓔珞　無能識其價　聞香知貴賤　出處及所在
天上諸華等　曼陀曼殊沙　波利質多樹　聞香悉能知

天上諸宮殿　上中下差別　衆寶花莊嚴　聞香悉能知
天園林勝殿　諸觀妙法堂　在中而娛樂　聞香悉能知
諸天若聽法　或受五欲時　來往行坐臥　聞香悉能知
天女所著衣　好華香莊嚴　周旋遊戲時　聞香悉能知
如是展轉上　乃至於梵世(3)　入禪出禪者　聞香悉能知
光音遍淨天　乃至于有頂　初生及退沒　聞香悉能知
諸比丘衆等　於法常精進　若坐若經行　及讀誦經法
或在林樹下　專精而坐禪　持經者聞香　悉知其所在
菩薩志堅固　坐禪若讀誦(4)　或爲人說法　聞香悉能知
在在方世尊　一切所恭敬　愍衆而說法　聞香悉能知
衆生在佛前　聞經皆歡喜　如法而修行　聞香悉能知
雖未得菩薩　無漏法生鼻　而是持經者　先得此鼻相

(1)(3)世＝天　(2)香＝則　(4)誦＝經

「復《また》次に、常精進《じょうしょうじん》よ、若《も》し善男子・善女人、是《こ》の経を受持し、若しは読み、若しは誦し、若しは解説し、若しは書写せば、八百の鼻の功徳を成就せん。是の清浄の鼻根を以て、三千大千世界の、上下、内外の種種の諸《もろもろ》の香を聞《か》がん。須曼那華香《しゅまんなけこう》・闍提華香《しゃだいけこう》・末利華香《まつりけこう》・瞻蔔華香《せんぼくけこう》・波羅羅華香《はららけこう》・赤蓮華香《しゃくれんげこう》・青蓮華香《しょうれんげこう》・白蓮華香《びゃくれんげこう》・華樹香《けじゅこう》・菓樹香《かじゅこう》・栴檀香《せんだんこう》・沈水香《じんすいこう》・多摩羅跋香《たまらばつこう》・多伽羅香《たからこう》、及び千万種の和香《わこう》、若《も》しは末《まつ》せる、若しは丸《がん》せる、若《も》しは塗香《ずこう》、是の経を持《たも》たん者は、此《こ》の間《あいだ》に於いて、住して悉《ことごと》く能く分別《ふんべつ》せん。

又復《また》、衆生の香・象の香・馬の香・牛羊《ごよう》等の香・男《なん》の香・女《にょ》の香・童子の香・童女の香・及び草木叢林《そうりん》の香を別《わきま》え知らん。若しは近き、若しは遠き、所有《あらゆ》る諸《もろもろ》の香、悉く皆、聞《か》ぐことを得て、分別して錯《あやま》らじ。

是《こ》の経を持《たも》たん者は、此《ここ》に住せりと雖も、亦《また》、天上諸天の香を聞《か》がん。波利質多羅《はりしったら》・拘鞞陀羅樹香《くべいだらじゅこう》、及び曼陀《まんだ》羅華香《らけこう》・摩訶曼陀羅華香《まかまんだらけこう》・曼殊沙華香《まんじゅしゃけこう》・摩訶曼殊沙華香《まかまんじゅしゃけこう》・栴檀《せんだん》・沈水《じんすい》の種種の末香《まっこう》・諸《もろもろ》の雑華香《ぞうけこう》、是《かく》の如き等《ら》の天香の和合して出す所の香、聞《か》ぎ知らざること無けん。

又、諸天の身の香を聞《か》がん。釈提桓因《しゃくだいかんにん》の勝殿の上に在って、五欲に娯楽し嬉戯《け》する時の香、若《も》しは妙法堂の上に在って、忉利《とうり》の諸天の為に説法する時の香、若しは諸《もろもろ》の園《その》に於いて遊戯《ゆげ》する時の香、及び余の天等の男女の身の香、皆、悉く遙《はる》かに聞《か》がん。

是《かく》の如く展転《てんでん》して、乃ち梵世《ぼんせ》に至り、上有頂《かみうちょう》に至る諸天の身の香、亦《また》、皆、之《これ》を聞《か》ぎ、并びに諸天の焼《た》く所の香を聞《か》がん。及び声聞の香・辟支仏《びゃくしぶつ》の香・菩薩の香・諸仏の身の香、亦、皆、遙かに聞《か》ぎて、其《そ》の所在を知らん。此の香を聞《か》ぐと雖《いえど》も、然《しか》も鼻根《びこん》に於いて、壊《やぶ》らず錯《あやま》らじ。若《も》し分別して、他人の為に説かんと欲《ほっ》せば、憶《おく》念《ねん》して謬《あやま》らじ。」

爾《そ》の時に世尊、重ねて此《こ》の義を宣《の》べんと欲して、偈《げ》を説いて言《のたま》わく、

「是《こ》の人は鼻《はな》清浄にして　此の世界の中に於いて　若《も》しは香《かんば》しき若《も》しは臭《くさ》き物　種種悉く聞《か》ぎ知らん。
須曼那《しゅまんな》・闍提《しゃだい》　多摩羅《たまら》・栴檀《せんだん》　沈水《じんすい》及び桂香《けいこう》　種種の華菓《けか》の香、
及び衆生の香　男子・女人の香を知らん。　説法者は遠く住して　香を聞《か》いで所在を知らん。
大勢《だいせい》の転輪王　小転輪及び子　群臣・諸《もろもろ》の宮人《くにん》　香を聞いで所在を知らん。
身に著《き》たる所の珍宝　及び地中の宝蔵　転輪王の宝女《ほうにょ》も　香を聞《か》いで所在を知らん。
諸人の厳身《ごんしん》の具《ぐ》　衣服《えぶく》及び瓔珞《ようらく》　種種の塗《ぬ》れる所の香　香を聞《か》いで其《そ》の身を知らん。

諸天の若《も》しは行坐《ぎょうざ》　遊戯《ゆげ》及び神変是《こ》の法華を持《たも》たん者は　香を聞《か》いで悉く能《よ》く知らん。
諸樹《しょじゅ》の華《はな》・菓実《このみ》　及び酥《そ》油の香気
持経者は此《ここ》に住して　悉く其《そ》の所在を知らん。
諸山《しょせん》の深く嶮《けわ》しき処に　栴檀樹《せんだんじゅ》の花敷《はなさ》き
衆生の中に在る者　香を聞《か》いで皆、能《よ》く知らん。
鉄囲《てっち》山《せん》・大海　地中の諸《もろもろ》の衆生
持経者は香を聞《か》いで　悉く其《そ》の所在を知らん。
阿修羅《あしゅら》の男女　及び其の諸《もろもろ》の眷属《けんぞく》の
闘諍《とうじょう》し遊戯《ゆげ》する時　香を聞《か》いで皆、能《よ》く知らん。
曠野《こうや》険隘《けんたい》の処　師子・象・虎《こ》・狼《ろう》
野牛《やご》・水牛《すいご》等　香を聞《か》いで所在を知らん。
若《も》し懐妊《えにん》せる者有って　未《いま》だ其の男女
無根及び非人《ひにん》を弁《わきま》えざらん　香を聞《か》いで悉く能《よ》く知らん。
香を聞《か》ぐ力を以ての故に　其《そ》の初めて懐妊《えにん》し　成就し成就せざる　安楽にして福子を産まんことを知らん。
香を聞《か》ぐ力を以ての故に　男女の所念
染欲《せんよく》・癡《ち》・恚《い》の心を知り　亦《また》、善を修する者を知らん。
地中の衆《もろもろ》の伏蔵《ふくぞう》　金《こん》・銀《ごん》・諸《もろもろ》の珍宝
銅器の盛れる所　香を聞《か》いで悉く能《よ》く知らん。
種種の諸《もろもろ》の瓔珞《ようらく》　能《よ》く其《そ》の価《あたい》を識《し》ること無《な》き
香を聞《か》いで貴賤　出処及び所在を知らん。
天上の諸華《しょけ》等《とう》の　曼陀《まんだ》・曼殊沙《まんじゅしゃ》
波利質多樹《はりしったじゅ》　香を聞《か》いで悉く能く知らん。
天上の諸《もろもろ》の宮殿《くでん》　上中下の差別《しゃべつ》
衆《もろもろ》の宝花《け》の荘厳《しょうごん》せる　香を聞《か》いで悉く能《よ》く知らん。
天の園林《おんりん》・勝殿《しょうでん》　諸観《しょかん》・妙法堂
中に在《あ》って娯楽する　香を聞《か》いで悉く能《よ》く知らん。
諸天の若《も》しは法を聴き　或《あるい》は五欲を受くる時
来・往・行《ぎょう》・坐《ざ》・臥《が》する　香を聞《か》いで悉く能《よ》く知らん。
天女の著《き》たる所の衣　好《よ》き華香《けこう》をもって荘厳して
周旋し遊戯《ゆげ》する時　香を聞《か》いで悉く能《よ》く知らん。
是《かく》の如く展転《てんでん》し上《のぼ》って　乃ち梵世《ぼんせ》に至る
入禅・出禅の者　香を聞《か》いで悉く能《よ》く知らん。
光音《こうおん》・遍浄《へんじょう》天より　乃《いま》し有頂《うちょう》に至る
初生《しょしょう》及び退没《たいもつ》　香を聞《か》いで悉く能《よ》く知らん。

諸《もろもろ》の比丘衆《びくしゅう》等の　法に於いて常に精進し　若しは坐し若しは経行《きょうぎょう》し　及び経法を読誦し、
或《あるい》は林樹《りんじゅ》の下《もと》に在って　専精《せんしょう》にして坐禅する　持経者は香を聞《か》いで　悉く其《そ》の所在を知らん。
菩薩の志《こころざし》堅固にして　坐禅し若しは読誦し　或《あるい》は人の為に説法する　香を聞《か》いで悉く能《よ》く知らん。
在在方《ざいざいほう》の世尊の　一切に恭敬《くぎょう》せられて　衆《しゅ》を愍《あわれ》みて説法したもう　香を聞《か》いで悉く能《よ》く知らん。
衆生の仏前に在って　経を聞きて皆、歓喜し　法の如く修行する　香を聞《か》いで悉く能《よ》く知らん。
未《いま》だ菩薩の　無漏法生《むろほっしょう》の鼻を得ずと雖《いえど》も　而《しか》も是《こ》の持経者は　先《ま》ず此《こ》の鼻の相を得ん。」

〔訳〕「また次に、常精進よ、もし善男子・善女人が、この経典を受け保ち、あるいは読み、あるいは誦し、あるいは人に解説し、あるいは書写したならば、その人は鼻についての八百の徳性を達成するであろう。このきよらかな嗅覚器官によって、全宇宙世界の上下、内外にある種種のさまざまな香《かお》りをかぐであろう。スマナスの花の香り・ジャーティカの花の香り・マツリカの花の香り・チャンパカの花の香り・パータラの花の香り・赤蓮華《しゃくれんげ》の香り・青蓮華《しょうれんげ》の香り・白蓮華《びゃくれんげ》の香り・花をつけた樹木の香り・果実をつけた樹木の香り・栴檀《せんだん》香の香り・沈《じん》香の香り・タマーラ樹の香の香り・タガラ樹の香の香り、及び千万種もの混合香の香り、粉末にしたものや、丸めたもの、あるいは塗り香などの香りを、この経を受け保つ者は、ここにいながらにして、ことごとくかぎわけることができるであろう。

　また、衆生の匂い・象の匂い・馬の匂い・牛や羊などの匂い・男子の匂い・女子の匂い・少年の匂い・少女の匂い、及び草木や叢林の匂いをかぎわけて知ることができるであろう。近くにあるもの、あるいは遠くにあるものの、あらゆるさまざまな匂いを、すべてのこりなくかぎわけ、あやまることはないであろう。

この経典を保持する者は、ここにとどまっていながら、天上の神々の匂いをかぐであろう。パーリジャータカ樹《じゅ》やコービダーラ樹《じゅ》の花の香り、及び曼陀羅華《まんだらけ》の香り・摩訶曼陀羅華《まかまんだらけ》の香り・曼殊沙華《まんじゅしゃけ》の香り・摩訶曼殊沙華《まかまんじゅしゃけ》の香り・栴檀香や沈《じん》香・種種の粉末の香・さまざまな花のあつまりの香り、このような天上の香りがあわさって出る香りを、かぎ知るであろう。

また、神々の身体の匂いをかぐであろう。帝釈天が彼の宮殿にあって、五官の欲するままに遊び戯れる時の匂い、あるいは（彼の会堂である）妙法堂にあって、三十三天の神々に説法する時の匂い、あるいは多くの庭園で遊び戯れる時の匂い、及び他の神々の男女の身体の匂い、これらをみなすべてはるかにかぐであろう。

このように次々と移っていって、ブラフマンの世界に到り、上は色究竟天《しきくきょうてん》に至るまでの神々の身体の匂いを、またすべてかぎ、ならびに天の神々の焼《た》く香りをかぐであろう。それに声聞の匂い・辟支《びゃくし》仏《ぶつ》の匂い・菩薩の匂い・仏たちの身体の匂い、これらをまたすべてはるかにかいで、その所在を知ることであろう。これらの匂いをかいだとしても、それでも嗅覚器官が壊れることもなく、かぎあやまったりすることはないであろう。そして区別して他人に説こうとすれば、記憶して間違えることはないであろう。」

その時に、世尊は再び以上の意義を宣べようとして、詩頌を説いていわれた。

「この人の鼻は清らかであり　この世界の中にあって　香《かんば》しいもの、あるいは臭いものを　種種にのこりなくかぎ知るであろう。(22)

スマナスやジャーティカ　タマーラ樹や栴檀　沈水や桂香の　種種の花や果実の香り。(23)及び衆生の匂い　男子や女子の匂いを知るであろう。　説法者は遠くにいながら　匂いをかいでその所在を知るであろう。(24)

大勢力ある転輪聖王《てんりんじょうおう》や　小転輪王及びその王子たちを　なみいる臣下や宮中の人々を　その匂いをかいで所在を知るであろう。(25)

身につけた珍しい宝や　地中の宝蔵　転輪聖王の宝物としての女性をも　その匂いをかいで、その所在を知るであろう。(26)

人々の装身具や　衣服と首飾り　種種に身に塗っている匂いなど　それらをかげばその身体を知るであろう。(27)

天の神々が歩いたり坐ったり　遊び戯れたり、神通力によって変化したりするのを　この法華経を保持する者は　匂いをかぐことによってあますことなく知ることができるであろう。(28)

さまざまな樹木の花や果実　それに芳香油の香りを　経を受け保つ人はここにいながらで　すべてその所在を知るであろう。(29)

山々の深くけわしい所に　栴檀樹《せんだんじゅ》の花が咲き　そこに住む衆生たちを　その匂いをかいで、みな知ることができよう。(30)

鉄囲《てっち》山《せん》や大海や　地中にいるさまざまな衆生たちを　経を受け保つ人は、その匂いをかいでのこらずその所在を知るであろう。(31)

阿《あ》修羅《しゅら》の男女　及びその多くの従者たちが　争ったり、遊び戯れたりする時　その匂いをかい

でみな知ることができるであろう。(32)

広野やけわしく狭い所にいる　獅子や象や虎や狼　野牛や水牛などを　その匂いをかいで、その所在を知るであろう。(33)

もし懐妊した人がいて　まだその（胎児が）男なのか女なのか　不具者かどうか、人間でないかどうかがわからない場合に　その匂いをかいでのこらず知ることができるであろう。(34)

匂いをかぐ力によって　初めて懐妊したかどうか　なしとげるか失敗におわるか　安楽に福々しい子を生むであろうかということを知るであろう。(35)

匂いをかぐ力によって　男女の思うこと　汚れた欲望とおろかさと怒りの心を知り　また善行を修める人を知るであろう。(36)

地中にある多くのかくれた鉱脈　金銀や多くの珍しい宝　銅器に盛ったものをも　その香りをかいであますことなく知ることができるであろう。(37)

種種さまざまな首飾りの　その価が知られないものについて　匂いをかいで貴賤や　その出処と所在を知るであろう。(38)

天界の花々の　曼陀羅華《まんだらけ》や曼殊沙華《まんじゅしゃけ》　パーリジャータカ樹《じゅ》を　その香りをかいですべて知ることができるであろう。(39)

天上の多くの宮殿の　上中下の差別や　多くの宝玉の花で飾られているのを　匂いをかいでのこらず知ることができるであろう。(40)

天上の園林や勝殿　多くの高殿や妙法堂の　その中で娯楽するのを　匂いをかいでのこらず知

ることができるであろう。(41)

天の神々が法を聴いたり　あるいは五官の欲望を享受する時　行ったり来たり、坐ったり臥したりするのを　匂いをかいであまさず知ることができるであろう。(42)

天女の着ている衣服は　すばらしい花の香りによって美しく飾られているが、（彼女たちが）くるくるまわったり、遊びたわむれる時　匂いをかいですべてを知ることができるであろう。(43)

このように順次上昇していって　ブラフマンの世界に到り　禅定に入る者、禅定より出る者を匂いをかいでことごとく知ることができるであろう。(44)

光音天・遍浄天から　色究竟天《しきくきょうてん》に到るまで　（そこに住む神々が）生まれたり死んだりするのを　匂いをかいでくまなく知るであろう。(45)

大勢の比丘たちが　教法にもとづいて常に精進し　坐ったり歩きまわったり　経典を読誦したり、(46)

あるいは林の樹木の下で　坐禅に専念するのを　経を保持する人は、その匂いをかいで　その所在をくまなく知るであろう。(47)

菩薩がその志しが堅固で　坐禅したり（経を）読誦したり　あるいは人に説法したりするのを匂いをかいですべて知ることができるであろう。(48)

あらゆる方角において世尊が　すべてのものに恭しく敬われ　人々を憐んで説法されるのを匂いをかいでことごとく知ることができるであろう。(49)

衆生たちが仏の面前にいて　経を聞いてみな喜び　法にかなって修行するのを　匂いをかいで

のこらず知ることができるであろう。(50)

まだ菩薩の　煩悩の汚れのない法から生じる鼻を獲得していなくとも　経を保持するこの人は、

（煩悩の汚れのない法から生じる鼻に）先んじて以上の鼻のあり方を獲得するであろう。」(51)

《須曼那華香》「須曼那」は sumanas の音写。蘇摩那とも音写する。ヒマラヤ、カシミール原産のモクセイ科オウバイ属の常緑低木。夏から秋にかけてマツリカに似た芳香の強い白色の花を咲かせる。花から香水をとる。和名はソケイ。**《闍提華香》**「闍提」は jātika の音写。宝華あるいは金銭華とも訳す。和名はタイワンソケイ。ジャスミン属の高さ一メートルほどの常緑低木で、ヒマラヤ、ネパール原産。ジャスミン中最も大きな花をつける。**《末利華香》**「末利」は末利迦とも。mallikā の音写。ジャスミン属の常緑灌木。初夏から秋にかけて白色の芳香ある花をつける。香水の原料のジャスミン油をとる。**《瞻蔔華香》**第十七章分別功徳品の語注「瞻蔔」を参照（八六七頁）。**《波羅羅華香》**「波羅羅」は pāṭala の音写。和名テリハボクの木に相当するか。オトギリソウ科の樹高十五—十八メートルほどの喬木で、初夏に白色の小さな花をつける。開花時に強い芳香を発する。インド全域・台湾・小笠原諸島に分布する熱帯性の樹木。**《沈水香》**「沈水」は沈香ともいう。原語は agaru. ジンチョウゲ科の香木で、樹高三十メートル以上の大木になる。アッサム原産の熱帯性樹木。比重が重くて水に沈むので沈水の名がある。この木の樹脂に強い芳香があるので、この木材から香を作る。**《多摩羅跋香》**「多摩羅跋」は tamāla-pattra の音写で、多摩羅の葉のこと。多摩羅（tamāla）樹は、クスノキ科のタマラニッケイ、またはセイロンニッケイの木のこと。高さ十メートルほどの常緑喬木で、その葉や樹皮に芳香がある。この樹皮を乾燥させて粉末にしたものがシナモンである。香料や薬を作るのに多用される。**《多伽羅香》**「多伽羅」は tagara の音写。キョウチクトウ科の灌木で、純白の強い芳香を有する花をつける。和名サンユウカ。この木を粉末にして作った香を零陵香という。《於此間住》ここに居ながらにして、の意。「此間」は、「ここ」「この場所」を意味する口語表現の複合語。《波利質多羅》原語 pārijātaka の音写。仏典では円生樹と訳され、帝釈天の園にある樹木の名とされる。現実には、マメ科の落葉喬木で樹高十五—十八メートルの樹木。和名デイコ。初夏に芳香のある鮮やかな深紅色から紫紅色の長い花をつける。また曼陀羅（mandārava）の別名がある。《拘鞞陀羅樹香》「拘鞞陀羅」は、原語 kovidāra の音写。マメ科の小喬木で、早春に純白あるいは白地に赤や黄色の斑入りの芳香を有する花をつける。和名フィリソシンカ。仏典では、曼殊沙華や曼陀羅（波利質多羅）などの花とともにその花は天華とされている。以上の植物については満久崇麿『仏典の植物』（八坂書房）などを参照。《曼陀羅華香・摩訶曼陀羅華香》「曼陀羅」は波利質多羅の別名。前注参照。「摩訶」は mahā（大きい、の意）の音写で、「摩訶曼陀羅」は、曼陀羅と別種の木の名前ではない。《曼殊沙華香・摩訶曼殊沙華香》それぞれ mañjūṣaka, mahāmañjūṣaka の音写。天上に咲くという花。《勝殿》帝釈天の宮殿である殊勝殿（Vaijayanta prāsāda）のこと。他の天宮より抜ん出てすぐれているので殊勝と名づけるという（『倶舎論』巻十一、分別世品参照）。《妙法堂》善法堂のこと。須弥山の頂上に帝釈を中心とする三十三天の住みかがあるが、須弥山頂上の中央に善見という名の金でできた都城があり、その城の中央に帝釈の住みかである殊勝殿がある。都城の西南の角に会堂があり、三十三天神たちが集まって種々の議論をなすという。この会堂を善法堂（Sudharmasabhā）といい、本経ではこれを妙法堂と訳す。《桂香》シナモンのこと。前注の「多摩羅跋香」を参照。《転輪王宝女》転輪王は転輪聖王の略で、古代インドで考えられた理想の帝王。天から感得した輪宝のほかに六種の宝をそなえており、その宝の一つが玉女宝である。なお、後注の「小転輪王・大転輪王・七宝千子」を参照（九二七頁）。《酥油香気》「酥油」は、蘇摩那（須摩那、須曼那 sumanas ソケイのこと）の花汁からとった香油のこと。その香油の香り、の意。《無根及非人》「無根」とは、男女の生殖器官を欠いているものをいい、「非人」とは、人間以外の鬼神などが変化して人間の形をとっているものをいう。《無漏法生鼻》煩悩を滅してその汚れを去り、真理を証得した後の菩薩の嗅覚器官のことをいう。

以上の部分は、六根のうちの第二の鼻根について、そのさまざまな功徳を説いた段である。全世界にあるおよそありとあらゆる香り、匂いを嗅ぎ分け、弁別することができるばかりでなく、匂いによって胎児の性別や、出産の成就不成就まで知ることができ、大地の中に埋蔵されている金や銀の財宝まで知ることができるという。しかも、その鼻はもってうまれた自然の鼻のままで、それで以上のようなことができると説くのである。このように一々具体的な功徳を挙げて説いているのは、もちろん法華経経典に対する受持・読・誦・解説・書写の修行の重要性を強調するためである。

復次常精進。若善男子。善女人。受持是經。若讀。若誦。若解說。若書寫。得千二百舌功德。若好若醜。若美(1)不美。及諸苦澁物。在其舌根。皆變成上味。如天甘露。無不美者。若以舌根。於大衆中。有所演說。出深妙聲。能入其心。皆令歡喜快樂。又諸天子天女。釋梵諸天。聞是深妙音聲。有所演說。言論次第。皆悉來聽。及諸龍。龍女。夜叉。夜叉女。乾闥婆。乾闥婆女。阿修羅。阿修羅女。迦樓羅。迦樓羅女。緊那羅。緊那羅女。摩睺羅伽。摩睺羅伽女。爲聽法故。皆來親近。恭敬供養。及比丘。比丘尼。優婆塞。優婆夷。國王。王子。群臣。眷屬。小轉輪王。大轉輪王。七寶千子。內外眷屬。乘其宮殿。俱來聽法。以是菩薩。善說法故。婆羅門。居士。國內人民。盡其形壽。隨侍供養。又諸聲聞。辟支佛。菩薩。諸佛。常樂見之。是人所在方面。諸佛皆向。其處說法。悉能受持。一切佛法。又能出於。深妙法音。
爾時世尊。欲重宣此義。而說偈言

是人舌根淨　終不受惡味　其有所食噉　悉皆成甘露
以深淨妙聲　於大衆說法　以諸因緣喩　引導衆生心
聞者皆歡喜　設諸上供養　諸天龍夜叉　及阿修羅等
皆以恭敬心　而共來聽法　是說法之人　若欲以妙音
遍滿三千界　隨意卽能至　大小轉輪王　及千子眷屬
合掌恭敬心　常來聽受法　諸天龍夜叉　羅刹毘舍闍
亦以歡喜心　常樂來供養　梵天王魔王　自在大自在
如是諸天衆　常來至其所　諸佛及弟子　聞其說法音
常念而守護　或時爲現身

（1）美＝美不

「復《また》次に、常精進よ、若《も》し善男子・善女人、是《こ》の経を受持し、若《も》しは読み、若《も》しは誦し、若《も》しは解説《げせつ》し、若《も》しは書写せんに、千二百の舌の功徳を得ん。若《も》しは好《こう》、若《も》しは醜《しゅ》、若《も》しは美と不美《ふみ》と、及び諸《もろもろ》の苦渋物《くじゅうもつ》、其《そ》の舌根《ぜっこん》に在《お》かば、皆変じて上味《じょうみ》と成《な》り、天の甘露《かんろ》の如くにして、美《よ》からざる者無《な》けん。若《も》し舌根を以《もっ》て、大衆の中に於いて演説する所有らんに、深妙《じんみょう》の声を出《いだ》して、能《よ》く其《そ》の心に入れて、皆、歓喜し快楽《けらく》せしめん。又、諸《もろもろ》の天子《てんじ》・天女・釈・梵・諸天、是《こ》の深妙《じんみょう》の音声《おんじょう》の、演説する所有るを聞いて、言論の次第に、皆 悉《ことごと》く来って聴《き》かん。及び 諸《もろもろ》の龍・龍女・夜叉《やしゃ》・夜叉女《やしゃにょ》・乾闥婆《けんだつば》・乾闥婆女・阿修羅《あしゅら》・阿修羅女・迦楼羅《かるら》・迦楼羅女・緊那羅《きんなら》・緊那羅女・摩睺羅伽《まごらが》・摩睺羅伽女、法を聴かんが為の故に、皆来《きた》って親近《しんごん》し、恭敬し供養せん。及び比丘《びく》・比丘尼・優婆塞《うばそく》・優婆夷《うばい》・国王・王子・群臣・眷属《けんぞく》・小転輪王・大転輪王・七宝千子・内外の眷属、其《そ》の宮殿《くでん》に乗《じょう》じて、倶《とも》に来って法を聴かん。是《こ》の菩薩、善《よ》く説法するを以《もっ》ての故に、婆羅門《ばらもん》・居士《こじ》・国内の人民《にんみん》、其《そ》の形寿《ぎょうじゅ》を尽くすまで、随侍《ずいじ》し供養せん。又、諸《もろもろ》の声聞《しょうもん》・辟支仏《びゃくしぶつ》・菩薩・諸仏、常に楽《ねが》って之《これ》を見たまわん。是《こ》の人の所在の方面には、諸仏皆《みな》、其《そ》の処に向かって法を説きたまわん。悉く能《よ》く一切の仏法を受持し、又、能《よ》く深妙《じんみょう》の法音《ほうおん》を出さん。」

爾《そ》の時に世尊、重ねて此《こ》の義を宣べんと欲して、偈《げ》を説いて言《のたま》わく

「是《こ》の人は舌根浄《ぜっこんきよ》くして　終《つい》に悪味を受けじ　其《そ》の食噉《じきだん》する所有るは　悉く皆甘露《かんろ》と成らん。
深浄《じんじょう》の妙声《みょうしょう》を以《もっ》て　大衆《だいしゅ》に於いて法を説かん。
諸《もろもろ》の因縁《いんねん》・喩《たとえ》を以《もっ》て　衆生の心を引導せん　聞く者皆歓喜して　諸《もろもろ》の上供養《じょうくよう》を設《もう》けん。
諸《もろもろ》の天・龍・夜叉《やしゃ》　及び阿修羅等　皆、恭敬《くぎょう》の心を以て　共に来《きた》って法を聴かん。
是《こ》の説法の人　若《も》し妙音を以《もっ》て　三千界に遍満せんと欲せば　意に随《したが》って即ち能《よ》く至らん。
大小の転輪王　及び千子《せんじ》・眷属《けんぞく》　合掌し恭敬《くぎょう》の心をもって　常に来《きた》って法を聴受せん。
諸《もろもろ》の天・龍・夜叉《やしゃ》　羅刹《らせつ》・毘舎闍《びしゃじゃ》　亦《また》、歓喜の心を以《もっ》て　常に楽《ねが》って来《きた》り供養せん。
梵天王《ぼんてんのう》・魔王　自在・大自在　是《かく》の如き諸《もろもろ》の天衆《てんしゅ》　常に其《そ》の所に来至せん。
諸仏及び弟子　其《そ》の説法の音《こえ》を聞いて　常に念じて守護し　或る時は為《ため》に身《み》を現じたまわん」と。

〔訳〕「また次に、常精進よ、もし善男子・善女人が、この経典を受け保ち、あるいは読み、あるいは誦し、あるいは人に解説し、あるいは書写したならば、その人は舌についての千二百の徳性を獲得するであろう。好ましいものにせよ、嫌いなものにせよ、美味なもの・不味なものにせよ、それにさま

ざまな苦《にが》いもの・渋いものにせよ、その舌の味覚にあっては、すべて美味なものに変化し、(天上の食物の)甘露のようになって、不味いものはなくなるであろう。

もし舌のはたらきによって、大勢の中で演説することがあれば、深みのあるすばらしい音声を出して、人々の心の中に滲み入り、すべての人を歓喜させ、快く楽しませるであろう。また多くの天子や天女、帝釈や梵天などの天の神々たちも、彼の深みのあるすばらしい音声が演説するのを聞き、その言論につれて、のこらず皆やってきて聴聞するであろう。それに、多くの龍・龍の娘・夜叉《やしゃ》・夜叉の娘・乾闥婆《けんだつば》・乾闥婆の娘・阿修羅《あしゅら》・阿修羅の娘・迦楼羅《かるら》・迦楼羅の娘・緊那羅《きんなら》・緊那羅の娘・摩睺羅《まごら》伽《が》・摩睺羅伽の娘たちが、教えの法を聴聞しようとして、みなやってきて、親しく近づき、敬い、供養するであろう。それと、比丘・比丘尼・信男・信女・国王・王子・臣下たち・侍者・小転輪聖王《てんりんじょうおう》・大転輪聖王・その七宝とともにもうけた千人の子供たち・(宮殿の)内外の侍者たちが、その宮殿に乗って一緒にやってきて、教えの法を聴聞するであろう。

この菩薩は巧妙に説法するので、婆羅門や長者、国内の人々は、彼らの身体・寿命が尽きるまでつきそい、供養するであろう。また、声聞や独覚、菩薩や仏たちが、つねに彼に会うことを望むであろう。この人がいる場所の方角に、仏たちが向かって説法するであろう。あらゆる仏の教法をのこらず受け保って、そして深みのあるすばらしい説法の音声を出すことができるであろう」と。

その時に、世尊は重ねて以上の意義を宣べようとして、詩頌を説いていわれた。

「この人は味覚器官が清らかで　永久に好ましくない味を味わうことはないであろう。　彼が食するものすべては　のこらずすべて(天上の食物の)甘露となるであろう。(52)

深みのあるすばらしい音声によって　大勢の人々に法を説くであろう。(53)
多くのいわれや譬喩によって　衆生の心を導くであろう。　それを聞く者たちは、皆歓喜して
さまざまなすばらしい供養をなすであろう。(54)
天の神々や龍神・夜叉　それに阿修羅たちは　みな敬いの心をもって　一緒にやってきて教え
の法を聴聞するであろう。(55)
この説法する人が　もしすばらしい音声を　全宇宙世界にくまなく満たそうと思えば　その意
のままに届くであろう。(56)
大転輪聖王と小転輪聖王　及びその千人の子供たちと従者たちが　合掌して敬いの心をもって
常にやってきて、教えの法を聴き、受け入れるであろう。(57)
天の神々・龍神・夜叉　羅刹《らせつ》・毘舎闍《びしゃじゃ》たちが　歓喜の心を懐いて　つねに望んでやってきて、
供養するであろう。(58)
梵天王や魔王　自在天や大自在天　このような多くの天の神々たちが　つねに彼の所にやって
くるであろう。(59)
仏たちやその弟子たちは　彼の説法の音声を聞いて　つねに心にかけて守護し　ある時にはそ
の身体を示現するであろう」と。(60)

《甘露》原語はamṛta（不死、の意）。古代インド神話上の不死の飲物。極めて美味で、飲めば不死が得られるという。これについて『ラーマーヤナ』に以下のような神話がある。太古、ヴィシュヌ神をはじめとする

神々は、アムリタを作ろうとして乳海を攪拌してゆき、その最も底についにアムリタを得た。しかし、その攪拌の過程で、アムリタの上層に猛毒ができた。これを除去するためにシヴァ神は自らこの猛毒を飲みこんだために、彼の咽喉はまっ黒に焼けただれたという。このようにしてできたアムリタを神々に飲ませるべく、ヴィシュヌ神が神々を順番に並ばせて一杯ずつ与えたが、月の神と日の神の間に悪魔ラーフ（Rāhu）が紛れこんでいて、ひそかにこれを飲もうとした。日の神と月の神がこれに気づき、ヴィシュヌ神に告げたために、ヴィシュヌ神は怒って即座にラーフの首を斬り落とした。しかし、その時ラーフはまさに杯を飲もうと口に含んだ時であったので、その頭はアムリタを飲んだために不死となり、ヴィシュヌ神に告げた日の神と月の神を周期的に呑み込んで復讎をする。これが日蝕・月蝕であるという。アムリタは、ヴェーダではソーマ酒のことを意味し、仏教では三十三天界より降る甘味の霊液であるという。仏の法門を形容する譬喩としてしばしば用いられる。**《小転輪王・大転輪王・七宝千子》**「転輪王」は、転輪聖王の略。原語は cakravarti-rāja. 古代インドで考えられたこの世界を支配する理想の帝王で、三十二相を身にそなえ、即位の時に天から輪宝を感得して、その輪宝をまわして四方を制圧するので転輪聖王という。天より感得する輪宝に、金・銀・銅・鉄の区別があって、それによって転輪聖王に大小の区別が分たれ、その領有支配する範囲にも広狭がある。しかし、いずれの転輪聖王も、天より感得した輪宝のほかに、白象宝・紺馬宝・神珠宝・玉女宝・居士宝・主兵宝の六種の宝（経論によって一部相違がある）、すなわち計七種の宝（七宝）を有しており、また千人の子供たちがいるという（『長阿含』巻六、『転輪聖王修行経』及び巻十八『世記経』閻浮提洲品、『倶舎論』巻十二「分別世品」などを参照）。**《居士》**原語は gṛha-pati で、家の主、家長の意。本来在家の男子のことであるが、古代インドでは、商工業に従事して資産を蓄積し、それを背景として経済的社会的に大きな影響力を有していた資産者階級の人々を指す。仏教興起時代には都市が興って商工業が発達するとともに、資産者階級が従来の支配者層のバラモン階級にとってかわって社会的勢力を獲得しつつあった。彼らの中には仏教教団の外護者となるものもおり、教団の発展に大きく貢献した。『維摩経』に登場する維摩居士もその一典型。《**三千界**》三千大千世界のこと。《**羅刹**》原語は rākṣasa. 悪鬼の総称で、暴悪可畏と意訳される。人間を喰う鬼。地を行き空を飛んで極めて敏速という（『慧林音義』巻二十五）。《**毘舎闍**》原語は piśāca. 悪鬼の一種で、屍肉を食らうという。《**魔王**》欲界の第六天、すなわち他化自在天界に住む魔王パーピーヤス（波旬）のこと。《**自在・大自在**》原語はそれぞれ、Īśvara, Maheśvara. 元来、両者とも同一で、インド教におけるシヴァ神の古名。クシャーナ王朝時代には、マヘーシュヴァラの八人の娘から世界のあらゆる存在が生まれたとする世界創造説があったという。仏教においては、色界の頂（色究竟天）に住する三千大千界の主であるとも、また欲界の第六天の他化自在天界に住む神を自在天といい、それらの王を大自在天といともされる。

以上挙げた部分は、六根清浄のうちの第四、舌根についての功徳を説いた段である。法華経経典について、受持・読・誦・解説・書写の五種の修行をなす人は、その味覚において決して悪味を受けることはなく、あらゆる味を天上の飲物の甘露のように感受するとされる。また、その弁舌においては、すばらしい音声によって聴く者を魅了し、その説法の会座には天上の神々から異形の者、国王・大臣・転輪聖王・出家の四衆に至るまでがやって来るという。舌根についてはこのような功徳が得られると経は説くのである。

復次常精進。若善男子。善女人。受持是經。若讀。若誦。若解說。若書寫。得八百身功德。得清淨身。如淨琉璃。衆生憙見。其身淨故。三千大千世界衆生。生時死時。上下好醜。生善處惡處。悉於中現。及鐵圍山。大鐵圍山。彌樓山。摩訶彌樓山等。諸山(1)。及其中衆生。悉於中現。下至阿鼻地獄。上至有頂。所有及衆生。悉於中現。若聲聞。辟支佛。菩薩。諸佛說法。皆於身中。現其色像。

爾時世尊。欲重宣此義。而說偈言

若持法花(2)者(3)　其身甚清淨　如彼淨琉璃　衆生皆憙見
又如淨明鏡　悉見諸色像　菩薩於淨身　皆見世所有
唯獨自明了　餘人所不見　三千世界中　一切諸群萠
天人阿修羅　地獄鬼畜生　如是諸色像　皆於身中現
諸天等宮殿　乃至於有頂　鐵圍及彌樓　摩訶彌樓山
諸大海水等　皆於身中現　諸佛及聲聞　佛子菩薩等
若獨若在衆　說法悉皆現　雖未得無漏　法性之妙身
以清淨常體　一切於中現

(1)山＝山王　(2)花＝華　(3)者＝經

「復次《また》に、常精進《じょうしょうじん》よ、若《も》し善男子・善女人、是《こ》の経を受持し、若《も》しは読み、若《も》しは誦《じゅ》し、若《も》しは解説《げせつ》し、若《も》しは書写せんに、八百の身《み》の功徳を得て、清浄の身《み》、浄琉璃《じょうるり》の如くにして、衆生の見んと憙《ねが》うを得ん。其《そ》の身《み》浄《きよ》きが故に、三千大千世界の衆生の生ずる時、死する時、上下、好醜、善処・悪処に生ずるは、悉く中に於いて現ぜん。及び鉄囲山《てっちせん》・大鉄囲山《だいてっちせん》・弥楼山《みるせん》・摩訶弥楼山《まかみるせん》等の諸山《しょせん》、及び其《そ》の中の衆生、悉く中に於いて現ぜん。

下《しも》は阿鼻地獄《あびじごく》に至り、上《かみ》は有頂《うちょう》に至る所有《しょう》、及び衆生は、悉く中に於いて現ぜん。若《も》しは声聞《しょうもん》・辟支仏《びゃくしぶつ》・菩薩・諸仏の説法するは、皆、身中に於いて其《そ》の色像を現ぜん」と。

爾《そ》の時に世尊、重ねて此《こ》の義を宣《の》べんと欲《ほっ》して、偈《げ》を説いて言《のたま》わく、

「若し法花《ほっけ》を持《たも》たば　其《そ》の身《み》甚《はなは》だ清浄なること　彼の浄琉璃《じょうるり》の如くにして　衆生皆見んと憙《ねが》わん。

又、浄明《じょうみょう》なる鏡に　悉く諸《もろもろ》の色像《しきぞう》を見るが如く　菩薩は浄身に於いて　皆、世の所有を見ん。　唯独《ただひと》り自《みずか》ら明了《みょうりょう》にして　余人《よにん》の見ざる所ならん。

三千世界の中の　一切の諸《もろもろ》の群萌《ぐんみょう》　天・人《にん》・阿修羅《あしゅら》　地獄・鬼《き》・畜生《ちくしょう》　是《かく》の如き諸《もろもろ》の色像　皆、身中に於いて現《げん》ぜん。

諸天等の宮殿《くでん》　乃ち有頂《うちょう》に至ると　鉄囲《てっち》及び弥楼《みる》　摩訶弥楼山《まかみるせん》と　諸《もろもろ》の大海水等とは　皆、身中に於いて現ぜん。

諸仏及び声聞《しょうもん》　仏子《ぶっし》・菩薩等　若《も》しは独《ひと》り、若《も》しは衆に在《あ》って　説法する、悉く皆現ぜん。

未《いま》だ無漏《むろ》　法性《ほっしょう》の妙身を得ずと雖も　清浄の常体を以《もっ》て　一切、中に於いて現ぜん。」

〔訳〕「また次に、常精進よ、もし善男子・善女人がこの経を受け保ち、あるいは読み、あるいは誦し、あるいは人に解説し、あるいは書写したならば、その人は身体についての八百の徳性を獲得し、身体は清らかな瑠璃のようになって、衆生が望んで見たいと思うようになるであろう。その身体が清らかなので、全宇宙世界の衆生が生まれる時も、死ぬ時も、その優劣も、美醜も、善い所に生まれるか、悪い所に生まれるかも、のこらずその（身体の）中に現われるであろう。それに鉄囲山《てっちせん》や大鉄囲山《だいてっちせん》、弥楼山《みるせん》や摩訶弥楼山《まかみるせん》などの山々、そしてそれらの中にいる衆生たちも、あますところなく（身体の）

中に現われるであろう。下方は阿鼻《あび》地獄から、上方は色究竟天《しきくきようてん》に至るまでに住むあらゆるものたちと衆生たちも、すべてその（身体の）中に現われるであろう。あるいは、声聞や辟支仏、菩薩や仏たちの説法しているのが、すべて身体の中に影像として現われるであろう」と。

その時に、世尊は、重ねて以上の意義を宣べようとして、詩頌を説いていわれた。

「もし法華経を保持するならば　その身体はきわめて清浄で　あの浄らな瑠璃のようであり
衆生たちがみな見たがるであろう。(61)

また、浄らかでくもりのない鏡に　さまざまな影像がことごとく見られるように　菩薩はその浄らかな身体に　世界のあらゆるものをすべて見るであろう。　ただ自分一人だけが明らかに見て　他の人には見えないであろう。(62)

全宇宙の世界の中の　すべての人々　天の神々・人間・阿修羅や　地獄・餓鬼・畜生（の世界にいるものたち）の　それらのさまざまな影像が　すべて身体に現われるであろう。(63)

天の神々たちの宮殿の　存在の最高処に至るまでのものと　鉄囲山《てつちせん》と弥楼山《みるせん》　摩訶弥楼山《まかみるせん》と多くの大海の水などが　すべて身体に現われるであろう。(64)

仏たちや声聞たち　仏の子としての菩薩たちが　あるいは一人で、あるいは人々の中にあって説法するのがすべて現われるであろう。(65)

煩悩の汚れのない　真理を悟ったもののすぐれた身体をまだ得てはいないけれども　清浄な生来の身体に　あらゆるものが現われるであろう」と。(66)

《**世所有**》世界のあらゆるもの、の意。「所有」は、あらゆる、ありとある、という意味。《**群萠**》「萠」は、「民」の意。「群萠」で、もろびと、人民という意味。《**法性之妙身**》「法性」は、諸法の本性、すなわち、存在のありのままの真実なるあり方をいう。諸法の実相と同義。これを証得した人のすぐれた身体を「法性之妙身」という。天台では、別教においては初地以上、円教においては初住以上の修行者が獲得する身体であるとする。「法性」の原語は本経の梵本では dharmatā であるが、ただし、梵本ではこの箇処は、"na ca tāva so divya ta prāpuṇoti…"（まだ天上の〔身体〕を得ておらず）〈p. 371, *l*. 9〉として、単に「天上の」とのみいう。

以上の段は、六根清浄の第五、身根清浄という功徳について説いたものである。五種法師の修行者は、その身体がきわめて清浄で、その身体の上に全世界のありとあらゆる存在・現象の、すべての影像が映し出されるという。しかも、その身体は父母から受けた身体そのままで浄らかになるのであって、修行が進んだ結果の格別の身体がそうなるのではないと経は説くのである。

復次常精進。若善男子。善女人。如來滅後。受持是經。若讀。若誦。若解說。若書寫。得千二百意功德。以是清淨意根。乃至聞一偈一句。通達無量無邊之義。解是義已。能演說一句一偈。至於一月。四月。乃至一歲。諸所說法。隨其義趣。皆與實相。不相違背。若說俗間經書。治世語言。資生業等。皆順正法。三千大千世界。六趣衆生。心之所行。心所動作。心所戲論。皆悉知之。雖未得。無漏智慧。而其意根。清淨如此。是人有所思惟。籌量言說。皆是佛法。無不眞實。亦是先佛。經中所說。

爾時世尊。欲重宣此義。而說偈言

是人意清淨　明利無穢濁　以此妙意根　知上中下法
乃至聞一偈　通達無量義　次第如法說　月四月至歳
是世界內外　一切諸衆生　若天龍及人　夜叉鬼神等
其在六趣中　所念若干種　持法花(1)之報　一時皆悉知
十方無數佛　百福莊嚴相　爲衆生說法　悉聞能受持
思惟無量義　說法亦無量　終始不忘錯　以持法華故
悉知諸法相　隨義識次第　達名字語言　如所知演說
此人有所說　皆是先佛法　以演此法故　於衆無所畏
持法花(2)經者　意根淨若斯　雖未得無漏　先有如是相
是人持此經　安住希有地　爲一切衆生　歡喜而愛敬
能以千萬種　善巧之語言　分別而說法(3)　持法花(4)經故

(5)……　……(5)

(1)(2)(4)花＝華　(3)說法＝演說　(5)……　……(5)＝妙法蓮華經卷第六

「復《また》、次に常精進《じょうしょうじん》よ、若《も》し善男子・善女人、如来の滅後に、是《こ》の経を受持し、若《も》しは読み、若《も》しは誦《じゅ》し、若《も》しは解説《げせつ》し、若《も》しは書写せんに、千二百の意《こころ》の功徳を得ん。是《こ》の清浄《しょうじょう》の意根《いこん》を以《もっ》て、乃至一偈《ないしいちげ》・一句を聞くに、無量無辺の義を通達《つうだつ》せん。是《こ》の義を解《げ》し已《おわ》って、能《よ》く一句・一偈を演説すること、一月、四月、乃至一歳に至らん。諸《もろもろ》の所説の法、其《そ》の義趣に随《したが》って、皆、実相と相違背《あいいはい》せじ。若《も》し俗間《ぞくけん》の経書《きょうしょ》、治世《じせい》の語言《ごごん》、資生《ししょう》の業等《ごうとう》を説かんも、皆、正法《しょうぼう》に順ぜん。三千大千世界の六趣《ろくしゅ》の衆生、心の行ずる所、心の動作する所、心の戯論《けろん》する所、皆 悉《ことごと》く之《これ》を知らん。未《いま》だ無漏《むろ》の智慧を得《え》ずと雖《いえど》も、而《しか》も其《そ》の意根の清浄なること、此《かく》の如《ごと》くならん。是《こ》の人の思惟《しゆい》し、籌量《ちゅうりょう》し、言説《ごんぜつ》する所有らんは、皆是《こ》れ仏法にして真実ならざること無く、亦《また》、是《こ》れ先仏の経の中の所説ならん」と。

爾《そ》の時に世尊、重ねて此《こ》の義を宣《の》べんと欲《ほっ》して、偈《げ》を説いて言《のたま》わく、

「是《こ》の人は意《こころ》清浄　明利《みょうり》にして穢濁《えじょくな》無く　此《こ》の妙《たえ》なる意根《いこん》を以《もっ》て　上・中・下の法を知り

乃至一偈《いちげ》を聞くに　無量の義を通達《つうだつ》せん。　次第に法の如く説くこと　月・四月より歳《とし》に至らん。

是《こ》の世界の内外の　一切 諸《もろもろ》の衆生　若しは天・龍及び人　夜叉《やしゃ》・鬼神《きじん》等

其《そ》の六趣《ろくしゅ》の中に在《あ》る　所念の若干《にゃっかん》の種　法花《ほっけ》を持《たも》つの報《むくい》は　一時《いちじ》に皆 悉《ことごと》く知らん。

十方無数の仏　百福 荘厳《ひゃくふくしょうごん》の相あって　衆生の為に説法したもうを　悉《ことごと》く聞いて能《よ》く受持せん。

無量の義を思惟《しゆい》し　説法すること亦、無量にして　終始忘れ錯《あやま》らじ　法華を持《たも》つを以ての故に。

悉く諸法の相を知り　義に随って次第を識《し》り　名字語言《みょうじごごん》を達して　知れる所の如く演説せん。

此の人の所説有るは　皆是《こ》れ先仏の法ならん。　此《こ》の法を演《の》ぶるを以《もっ》ての故に　衆に於いて畏《おそ》るる所無けん。

法花《ほけ》経を持《たも》つ者は　意根《いこん》浄きこと斯《かく》の若《ごと》くならん。　未《いま》だ無漏《むろ》を得ずと雖《いえど》も　先に是《かく》の如き相《そう》有らん。

是《こ》の人此《こ》の経を持《たも》ち　希有《けう》の地に安住して　一切衆生　歓喜して愛敬《あいぎょう》することを為《え》ん。　能《よ》く千万種の

善巧《ぜんぎょう》の語言を以て　分別して法を説かん　法花経を持《たも》つが故なり。」

〔訳〕「また次に、常精進よ、もし善男子・善女人が、如来の入滅の後に、この経典を受け保ち、あるいは読み、あるいは誦し、あるいは人に解説し、あるいは書写したならば、その人は心についての千二百の徳性を獲得するであろう。この清浄な心のはたらきによって、一詩頌、一句を聞いただけで、はかりしれずはてもない広大な意義を知るであろう。その意義を理解したならば、その一句・一詩頌について一ヶ月、四ヶ月、さらには一年間もの間、説き続けることができるであろう。その説いた教えは、そのそれぞれの意味について、すべて真実ありのままの姿と違うことはないであろう。もし、世俗の聖典、政治についてのことば、生活上のなりわいのことなどについて説いたとしても、すべて正しい教えに沿っているであろう。全宇宙世界の六趣の境涯にある衆生たちの、心の動き、心の活動、誤った無益な考えなど、みなすべて知るであろう。まだ煩悩の汚れのない智慧を獲得していなくても、その心のはたらきが清浄であることは以上のようであろう。この人が考え、思いはかり、語ることすべては、みな仏法であって、真実でないことはなく、また、それは過去の仏たちの（説いた）経典の中に説かれているものであろう」と。

その時に、世尊は以上の意義を重ねて宣べようとされて、詩頌によって語られた。

「この人の心は清浄で　明らかにさとくて汚れがなく　このすぐれた心のはたらきによって
上・中・下の教法を知り(67)
あるいは一詩頌を聞いて　はかりしれない意義を知るであろう。　順序にしたがい、きまりどおりに説き続けて、一ヶ月・四ヶ月から一年にも至るであろう。(68)
この世界の内外の　あらゆる衆生たちと　あるいは天の神々と龍神と人間と　夜叉や鬼神た

ち、(69)

六種の境涯にいるものたちが　考えるさまざまなことどもを　法華経を保つことの果報として

（その人は）一時にすべてのこりなく知るであろう。(70)

十方の無数の仏たちが　多くの福徳をそなえたおごそかな姿で　衆生のために説法されるが

（彼は）それをあますことなく聴聞して受け保つことができるであろう。(71)

はかりしれないほどの多くの意義について考え　法を説くことも、またはかりしれないほどであるが　しかも決して忘れたり誤ったりしないであろう。それは法華経を保っているからこそである。(72)

あらゆる存在のあり方をのこらず知り　それらの意義に沿って順序すじ道を知って　文字とことばとに通じ　知ったままに説くであろう。(73)

この人の説くことは　すべて過去の仏の法であろう。　この法を説くから　人々の中にあっておそれることがない。(74)

法華経を保つものは　その心のはたらきが清らかなことは以上のとおりである。　まだ煩悩の汚れなさということを達成していないけれども　先にこのような特徴があるであろう。(75)

この人はこの経を保ち　まれに見る境地にとどまり、　あらゆる衆生は歓喜して敬愛するであろう。　千万種もの　たくみなことばによって　ことわけして法を説くであろう。　それは法華経を保つからこそである。」(76)

《**意根**》mana-indriya 第六意識のより所として想定される意の領域であると同時に、その意の機能をも意味する。《**皆与実相、不相違背**》「実相」とは、存在のありのままの姿、真実のあり方のこと。第二章方便品の語注「諸法実相」を参照（上巻、一一二頁）。すべてが存在のありのままの姿とくいちがわない。すなわち、説かれた教えの内容が、すべてその意味の上で真理と合致している、という意。梵本では dharmanaya(法門)と合致する、という (p. 372. *l*. 5)。《**俗間経書**》「俗間」は俗世間のこと、「経書」は、聖人の教えや言行を記した書物で、sūtra の訳語。経典に同じ。「経」は織物を織る際のたて糸のことで、織物はたて糸によって貫かれていることから、ものごとの一貫した不変の道理、すじみちの意を表わすようになった。経書・経典は中国では、絶対的権威を有し、その内容は侵すべからざるものとして重視された。ちなみに経書に付会して作られた吉凶禍福の予言書を「緯書」という。ここでは、仏教以外の聖人の教えや言行を記した聖典をいう。《**治世語言**》政治上のことに関することば、の意。《**資生業等**》生活するうえでの行ない。生活のためのなりわい、のこと。「資生」については第八章五百弟子受記品の語注「資生艱難」を参照（上巻、四九五頁）。《**知上中下法**》教えの上・中・下という優劣の程度を知る、の意。「法」はここでは教法のこと。《**百福荘厳相**》百の福徳によって飾られたすがた、という意味。第二章の方便品の語注「百福荘厳相」（上巻、一七二頁）と、第七章化城喩品の語注「百福自荘厳」（上巻、三九四頁）を参照。

以上の段は六根清浄の第六番目の意根清浄の功徳について説いたものである。如来の滅後に、この経典を受持・読・誦・解説・書写するものは、意についての千二百の功徳が得られ、その清らかな心のはたらきによって、一偈一句を聞いただけでもすべての意義を領解し、今度はそれを一ヶ月から一年間でも説き続けることができるという。世俗の聖典、政治やなりわいについて語ったとしても、それらがすべて正法と違背することはない。衆生たちのあらゆる思いをすべて知り、この持経者が考え、語ることはすべて仏の法そのものである、という。この段では、最初に「如来の滅後」とあるように、如来の滅後に持経者がこの経を弘通する際に、そのことばがすべて仏の正法であることを、意根清浄を通して保証しているのである。

以上で、法華経の五種の経典修行をする人の得る功徳である六根清浄について、その一々を説きおわった。これで本章をおわる。

妙法蓮華經常不輕菩薩品第二十(1)

爾時佛告。得大勢菩薩摩訶薩。汝今當知。若比丘。比丘尼。優婆塞。優婆夷。持法花經者。若有惡口。罵詈誹謗。獲大罪報。如前所說。其所得功德。如向所說。眼耳鼻舌身意清淨。得大勢。乃往古昔。過無量無邊。不可思議。阿僧祇劫。有佛名威音王。如來。應供。正遍知。明行足。善逝。世間解。無上士。調御丈夫。天人師。佛。世尊。劫名離衰。國名大成。其威音王佛。於彼世中。爲天人阿修羅說法。爲求聲聞者。說應四諦法。度生老病死。究竟涅槃。爲求辟支佛者。說應十二因緣法。爲諸菩薩。因阿耨多羅三藐三菩提。說應六波羅蜜法。究竟佛慧。得大勢。是威音王佛。壽四十萬億。那由他恒河沙劫。正法住世劫數。如一閻浮提微塵。像法住世劫數。如四天下微塵。其佛饒益衆生已。然後滅度。正法像法。滅盡之後。於此國土。復有佛出。亦號威音王如來。應供。正遍知。明行足。善逝。世間解。無上士。調御丈夫。天人師。佛。世尊。如是次第。有二萬億佛。皆同一號。最初威音王如來。既已滅度。正法滅後。於像法中。增上慢比丘。有大勢力。爾時有一菩薩比丘。名常不輕。得大勢。以何因緣。名常不輕。是比丘。凡有所見。若比丘。比丘尼。優婆塞。優婆夷。皆悉禮拜讃歎。而作是言。我深敬汝等。不敢輕慢。所以者何。汝等皆行菩薩道。當得作佛。而是比丘。不專讀誦經典。但行禮拜。乃至遠見四衆。亦復故往。禮拜讃歎。而作是言。我不敢輕於汝等。汝等皆當作佛。(2)四衆之中。有生瞋恚。心不淨者。惡口罵詈言。是無智比丘。從何所來。

自言我不輕汝。而與我等授記。當得作佛。我等不用。如是虛妄授記。如此經歷多年。常被罵詈。不生瞋恚。常作是言。汝當作佛。說是語時。衆人或以。杖木瓦石。而打擲之。避走遠住。猶高聲唱言。我不敢輕於汝等。汝等皆當作佛。以其常作是語故。增上慢比丘。比丘尼。優婆塞。優婆夷。號之爲常不輕。

(1)春日本に「七」という巻数表示あり。 (2)佛＝佛故

爾《そ》の時に仏、得大勢《とくだいせい》菩薩摩訶薩に告げたまわく、

「汝よ、今、当《まさ》に知るべし。若《も》し比丘《びく》・比丘尼《びくに》・優婆塞《うばそく》・優婆夷《うばい》の法花経を持《たも》たん者を、若《も》し悪口《あっく》、罵詈《めり》、誹《ひ》謗《ぼう》すること有らば、大いなる罪報を獲《え》んこと、前《さき》に説く所の如し。其《そ》の所得の功徳は、向《さき》に説く所の如く、眼《げん》・耳《に》・鼻《び》・舌《ぜつ》・身《しん》・意《い》、清浄ならん。

得大勢《とくだいせい》よ、乃往古昔《ないおうこしゃく》に、無量無辺不可思議阿僧祇劫《あそうぎこう》を過ぎて仏有《いま》しき。威音王《いおんのう》如来・応供《おうぐ》・正遍知《しょうへんち》・明行足《みょうぎょうそく》・善逝《ぜんぜい》・世間解《せけんげ》・無上士《むじょうじ》・調御丈夫《ちょうごじょうぶ》・天人師・仏・世尊と名づけたてまつる。劫《こう》を離衰《りすい》と名づけ、国を大成《だいじょう》と名づく。其《そ》の威音王仏、彼《か》の世の中に於いて、天・人・阿修羅《あしゅら》の為《ため》に法を説きたもう。声聞《しょうもん》を求むる者の為には、応ぜる四諦《したい》の法を説いて、生老病死を度《ど》し、涅槃《ねはん》を究竟《くきょう》せしめ、辟支仏《びゃくしぶつ》を求むる者の為には応ぜる十二因縁の法を説き、諸《もろもろ》の菩薩の為には、阿耨多羅三藐三菩提《あのくたらさんみゃくさんぼだい》に因《よ》せて、応ぜる六波羅蜜《ろくはらみつ》の法を説いて、仏慧《ぶって》を究竟《くきょう》せしむ。得大勢よ、是《こ》の威音王仏の寿は、四十万億那由他《なゆた》恒河沙劫《ごうがしゃこう》なり。正法世に住せる劫数《こっしゅ》は、一閻浮提《いちえんぶだい》の微塵《みじん》の如く、像法《ぞうぼう》世に住せる劫数《こっしゅ》は、四天下《してんげ》の微塵《みじん》の如し。其《そ》の仏、衆生を饒益《にょうやく》し已《おわ》って、然《しか》して後に滅度したまいき。正法・像法、滅尽《めつじん》の後《のち》、此《こ》の国土に於いて、復《また》、仏出でたもうこと有りき。亦《また》、威音王如来・応供《おうぐ》・正遍知《しょうへんち》・明行足《みょうぎょうそく》・善逝《ぜんぜい》・世間解《せけんげ》・無上士《むじょうじ》・調御丈夫《ちょうごじょうぶ》・天人師《てんにんし》・仏・世尊と号《な》づけたてまつる。是《か》くの如く次第に、二万億の仏有《いま》す。皆、同じく一号なり。最初の威音王如来、既已《すで》に滅度したまいて、正法滅して後、像

法の中に於いて、増上慢《ぞうじょうまん》の比丘、大勢力《だいせいりき》有り。爾《そ》の時に、一《ひと》りの菩薩の比丘有り、常不軽《じょうふきょう》と名づく。得大勢よ、何の因縁を以《もっ》てか常不軽《じょうふきょう》と名づくるや。是《こ》の比丘、凡《およ》そ見る所有《あ》る比丘《びく》・比丘尼《びくに》・優婆塞《うばそく》・優婆夷《うばい》の若《ごと》きを、皆悉《ことごと》く礼拝讃歎《らいはいさんだん》して、是《こ》の言《ことば》を作《な》さく、

『我、深く汝等《なんだち》を敬《うやま》う。敢《あ》えて軽慢《きょうまん》せず。所以《ゆえ》は何《いか》ん。汝等《なんだち》は皆、菩薩の道《どう》を行じて、当《まさ》に作仏することを得べし』と。

而《しか》も是《こ》の比丘、経典を読誦するを専らにせずして、但《ただ》礼拝《らいはい》を行ず。乃至遠く四衆を見ても、亦復《またまた》、故《ことさら》に往《ゆ》いて礼拝讃歎《らいはいさんだん》して、是《こ》の言《ことば》を作《な》さく、

『我、敢《あ》えて汝等《なんだち》を軽《かろ》しめず。汝等《なんだち》は、皆当《まさ》に作仏すべし』と。

四衆の中に、瞋恚《しんに》を生じ、心不浄なる者有り、悪口罵詈《あっくめり》して言《い》わく、

『是《こ》の無智の比丘は、何《いず》れの所より来《きた》って、自《みずか》ら我《われ》、汝を軽《かろ》しめず、と言って、我等が与《ため》に当《まさ》に作仏することを得べしと授記する。我等、是《か》くの如《ごと》き虚妄《こもう》の授記《じゅき》を用《もち》いず』と。

此《かく》の如く多年を経歴《きょうりゃく》して、常に罵詈《めり》せらるれども、瞋恚《しんに》を生ぜずして、常に是《こ》の言《ことば》を作《な》す、

『汝、当《まさ》に作仏すべし』と。

是《こ》の語《ことば》を説く時、衆人、或は杖木《じょうもく》・瓦石《がしゃく》を以《もっ》て、之《これ》を打擲《ちょうちゃく》すれば、避けて走り、遠く住して、猶《な》お高声《こうしょう》に唱えて言わく、

『我、敢えて汝等《なんだち》を軽しめず。汝等《なんだち》は皆、当《まさ》に作仏すべし』と。

其《そ》れ、常に是《こ》の語《ことば》を作《な》すを以《もっ》ての故に、増上慢の比丘・比丘尼・優婆塞・優婆夷、之《これ》を号して常不軽と為《な》づく。

〔訳〕その時、仏は得大勢菩薩大士に告げられた。

「汝よ、今こそ知るがよい。もし、法華経を保持する比丘・比丘尼・信男・信女たちに対して、悪しざまに言ったり、罵《ののし》ったり、誹謗《ひぼう》したりしたならば、重大な罪の報いを受けることは、先に説いたとおりである。（そして、法華経を保持する）その人の獲得する徳性は、直前に説いたように、眼・耳・鼻・舌・身・意（の六根）が清浄となるのだ。

得大勢よ、はるか、はるかの昔、無量にして無辺際の、思議も及ばない無数劫よりも昔に、威音王如来・供養を受けるにふさわしい人・正しくあまねき智慧をそなえた人・智と実践とが完全にそなわった人・悟りに到達した人・世界のすべてに通じている人・最上の人・人間の調教師・諸天と人々との師・仏・世尊という名の仏がおられた。その時代を離衰《りすい》といい、その国土を大成《だいじょう》といった。その威音王仏は、かの世界において、天の神々や人間や阿修羅《あしゅら》たちのために教えを説かれた。声聞《しょうもん》を志向するもののためには、それに応じた四諦《したい》の教えを説いて、生・老・病・死（の苦）を救って涅槃を究めさせ、辟支仏《びゃくしぶつ》を志向するもののためには、それに応じた十二因縁の教えを説き、菩薩たちのためには、この上ない正しいさとりにもとづいて、それに応じた六波羅蜜《はらみつ》の教えを説いて、仏の智慧を究めさせた。

得大勢よ、この威音王仏の寿命は、四十万億ナユタのガンジス河の沙の数に等しい劫数の長さであった。正しい教えが世に存続した劫数は、一ジャンブー洲を微塵にしたその微塵の数ほどであり、正しい教えに似た教えが世に存続した劫数は、四大洲を微塵にしたその微塵の数ほどであった。その仏は、衆生たちを利益し、そうした後に入滅された。正しい教えも、正しい教えに似た教えもすべて失われた後に、この国土にまた仏が出現された。その名は、また、威音王如来・供養を受けるにふさわしい人・正しくあまねき智慧をそなえた人・智と実践とが完全にそなわった人・悟りに到達した人・世界のすべてに通じている人・最上の人・人間の調教師・諸天と人々との師・仏・世尊という名であった。このように次第して、二万億の仏が出現された。みな同一の名前であった。最初の威音王如来がすでに入滅され、正しい教えが消滅して後の、正しい教えに似た教え（の時代）に、思上った高慢な比丘たちが大きな勢力を有していた。その時に、一人の菩薩の比丘がおり、その名を常不軽といった。得大勢よ、どういういわれで常不軽と名づけるのか。それは、この比丘は、およそ見るものすべて、比丘であれ、比丘尼であれ、信男であれ、信女であれ、すべてのものを皆礼拝し、ほめたたえて次のように言ったのである。

『私は深くあなたを敬います。あなどり心で軽んじるというめったなことは致しません。なぜかといえば、あなた方はみな菩薩の道を修行して、必ずや仏となることができるからです』と。

しかるに、この比丘は経典読誦に専念せず、ただ礼拝のみを行なっていた。遠くに（比丘・比丘尼・信男・信女の）四衆の人々を見れば、わざわざそこへ行って礼拝し、ほめたたえて、このように言った。

『私はあなた方を軽んじたりするようなことは致しません。あなた方は、みな必ずや仏となられるでしょう』と。

四衆の人々の中には、怒りの心をおこした心の不浄な人がいて、悪口雑言して言った。

『一体、この無智の比丘は、どこからやって来て、自分から、私はあなたを軽んじたりしません、と言って、我々が必ず仏になることができると我々に予言するのか。我々にはこのような偽りの予言などは必要ではないのだ』と。

このようにして多年が過ぎ、いつもののしられていたけれども、怒りの心をおこすことなく、つねにこのように言っていた。

『あなたは必ずや仏になるでしょう』と。

このことばを人に言う時、人々はあるいは杖や石ころで彼を打ちすえたりしたが、すると、彼は逃げ走って遠くの方から、なお声高にこう言ったのである。

『私はあなた方を軽んじたりは致しません。あなた方は、みな必ずや仏になるでしょう』と。

彼は、いつも右のことばを言っていたために、おごり高ぶった比丘や比丘尼、信男や信女たちが、彼を常不軽と名づけたのである。

《得大勢菩薩摩訶薩》「得大勢」は、原語 Mahāsthāmaprāpta（偉大な勢力を得た）の訳。大勢至とも訳す。観音菩薩とともに、阿弥陀如来の脇士で、智慧を表象する菩薩。**《罵詈》**「罵」も「詈」も、相手をののしる、激しく非難する、という意味。同義の字を重ねた口語表現。**《如前所説》**第三章譬喩品の偈文中の「其《そ》れ、斯《かく》の如き経典を誹謗すること有らん。経を読誦し、書持すること有らん者を見て、軽賤憎嫉して、結恨を懐かん。此の人の罪報を、汝よ、今、復《また》聴け」より以下（上巻、二七二頁）の記述を指すという（吉蔵『法華義疏』巻十一）。第十章の法師品にも「若し人、一の悪言を以て、在家出家の、法華経を読誦する者を毀呰《きし》せん、其の罪甚だ重し」とある（上巻、五二七頁）。**《如向所説》**前章の法師功徳品所説の六根清浄を指す。

《乃往古昔》「乃往」は、「そのむかし」というほどの意で、漢訳仏典に特有の語。「古昔」などと連用で用いられる。《**阿僧祇劫**》第一章序品の語注「阿僧祇劫」を参照（上巻、八八頁）。《**威音王如来**》「威音王」は、原語 Bhīṣmagarjitasvararāja（怖しく響く音声の王）の訳語。《**如来……仏・世尊**》仏の十号。一々の意味は第一序章品の語注参照（上巻、八八―九頁）。《**劫名離衰**》「劫」とは、元来極めて長時の時間の単位であるが、ここでは仏の出現したその時の時代を意味する。「離衰」は原語 Vinirbhoga（快楽を離れた）の訳語だが、意味が合致しない。《**国名大成**》「大成」は原語 Mahāsaṃbhavā（偉大な生成）の訳語。《**四諦法**》第一章序品の語注参照（上巻、八九頁）。《**十二因縁法**》同前（上巻、九〇頁）、及び第七章化城喩品の語注を参照（上巻、四二六―八頁）。《**六波羅蜜**》第一章序品の語注参照（上巻、九〇頁）。《**正法住世劫数**》「正法」とは、正しい教法の意。この正法が世から消滅すると、次は「像法」の時代。像法は、正しい教法に似た教え、という意味。第三章譬喩品の語注参照（上巻、二一〇頁）。《**一閻浮提**》「閻浮提」は、原語 jambū-dvīpa の音写語訳。古代インドの須弥山を中心とする世界観でいわれる、須弥山の南の大海上にある大陸。われわれ人間の住む場所とされ、その形はインド大陸に似ている。南瞻部洲ともいわれる。なお、世界の中心に位置する須弥山の四方の海上に閻浮提を含めた四大洲（四大陸）があり、その四大洲を四天下ともいう。《**常不軽**》漢語の意味としては、常に軽んじない、という意味。原語は Sadāparibhūta で、語源解釈から「常に軽蔑された」という意味と「常に軽蔑されない」という意味の相反対する二様の解釈が可能。竺法護の『正法華』では、「常被軽慢」（常に軽慢された）で、今の羅什訳と反対である。なお、この指摘については、『法華経』岩波本、下巻の語注を参照（四〇〇―一頁）。

本章から第二十章常不軽菩薩品である。本章では常不軽菩薩を主人公とした釈尊の前生譚が語られ、それによって法華経の経典修行による功徳の真実性をより強固なものとし、同時に未来における法華

- 引㆓信毀罪福㆒証勧㆓流通㆒
  - 長行
    - 双指㆓前品罪福㆒
      - 指罪
      - 指福
    - 双開㆓今品信毀㆒
      - 明㆓事本㆒
        - 時節
        - 名号
        - 劫国
        - 説法
        - 寿命
        - 正像
        - 二万億仏
      - 明㆓本事㆒
        - 時節
        - 双標㆓両人名㆒
        - 双明㆓得失㆒
    - 双明㆓信毀果報㆒
      - 明㆓信者果報㆒
        - 明㆓果報㆒
        - 結会
      - 明㆓毀者果報㆒
        - 明㆓果報㆒
        - 結会
  - 偈頌

経弘通を勧めるのである。

ここまでの段は、二万億続いた威音王仏の最初の仏の時、その仏が入滅して正法も滅した像法の時代に、常不軽菩薩という比丘がいて、つねに四衆の人々に対して誰であれ、礼拝讃歎して「我、敢えて汝等を軽しめず」といい続けて、ついに「常不軽」という名が付けられた、というその名の由来を紹介するところまでである。本章の分科を図で略示すると、前頁のようになる。

今の一段は、右の図で、長行中の第二「双べて今品の信毀を開す」の中の第二、「本事を明かす」の最後まで（点線で区切った右側部分）に相当する。


是比丘。臨欲終時。於虚空中。具聞威音王佛。先所説法華經。二十千萬億偈。悉能受持。卽得如上。眼根清淨。耳鼻舌身意根清淨。得是六根清淨已。更増壽命。二百萬億。那由他歳。廣爲人説。是法華經。於時増上慢四衆。比丘。比丘尼。優婆塞。優婆夷。輕賤是人。爲作不輕名者。見其得大神通力。樂説辯力。大善寂力。聞其所説。皆信伏隨從。是菩薩。復化千萬億衆。令住阿耨多羅三藐三菩提。命終之後。得値二千億佛。皆號日月燈明。於其法中。説是法華經。以是因緣。復値二千億佛。同號雲自在燈王。於此諸佛法中。受持讀誦。爲諸四衆。説此經典故。得是常眼清淨。耳鼻舌身意。諸根清淨。於四衆中説法。心無所畏。得大勢。是常不輕菩薩摩訶薩。供養如是。若干諸佛。恭敬尊重讃歎。種諸善根。於後復値。千萬億佛。亦於諸佛法中。説是經典。功德成就。當得作佛。得大勢。於意云何。

爾時常不輕菩薩。豈異人乎。則我身是。若我於宿世。不受持讀誦此經。爲他人說者。不能疾得。阿耨多羅三藐三菩提。我於先佛所。受持讀誦此經。爲人說故。疾得阿耨多羅三藐三菩提。得大勢。彼時四衆。比丘。比丘尼。優婆塞。優婆夷。以瞋恚意。輕賤我故。二百億劫。常不値佛。不聞法。不見僧。千劫於阿鼻地獄。受大苦惱。畢是罪已。復遇常不輕菩薩。教化阿耨多羅三藐三菩提。得大勢。於汝意云何。爾時四衆。常輕是菩薩者。豈異人乎。今此會中。跋陀婆羅等。五百菩薩。師子月等。五百比丘尼。思佛等。五百優婆塞。皆於阿耨多羅三藐三菩提。不退轉者是。得大勢。當知是法華經。大饒益。諸菩薩摩訶薩。能令至於。阿耨多羅三藐三菩提。是故諸菩薩摩訶薩。於如來滅後。常應受持。讀誦解說。書寫是經。

是《こ》の比丘《びく》、終らんと欲《ほっ》する時に臨《のぞ》んで、虚空の中に於いて、具《つぶ》さに威音王仏《いおんのうぶつ》の、先に説きたもう所の法華経の二十千万億の偈《げ》を聞いて、悉《ことごと》く能《よ》く受持して、即ち上《かみ》の如き眼根清浄《げんこんしょうじょう》、耳《に》・鼻《び》・舌《ぜっ》・身《しん》・意根《いこん》清浄を得たり。是《こ》の六根清浄を得《え》已《おわ》って、更に寿命を増すこと二百万億那由他《なゆた》歳《さい》、広く人の為《ため》に是の法華経を説く。時に増《ぞう》上慢《じょうまん》の四衆《ししゅ》の、比丘《びく》・比丘尼《びくに》・優婆塞《うばそく》・優婆夷《うばい》の、是の人を軽賤《きょうせん》して、為《ため》に不軽の名《な》を作せし者は、其《そ》の、大《だい》神通力《じんずうりき》・楽説弁力《ぎょうせつべんりき》・大善寂力《だいぜんじゃくりき》を得たるを見て、其《そ》の所説を聞いて、皆、信伏随従《しんぷくずいじゅう》す。是《こ》の菩薩、復《また》、千万億の衆を化して、阿耨多羅三藐三菩提《あのくたらさんみゃくさんぼだい》に住せしむ。命終《みょうじゅう》の後《のち》、二千億の仏に値《あ》いたてまつることを得《え》、皆、日月燈《にちがっとう》明《みょう》と号《な》づく、其の法の中に於いて、是《こ》の法華経を説く。是《こ》の因縁《いんねん》を以《もっ》て、復《また》、二千億の仏に値《あ》いたてまつる。同じく雲自在燈王《うんじざいとうおう》と号《な》づく。此の諸仏の法の中に於いて、受持読誦《じゅじどくじゅ》して、諸《もろもろ》の四衆の為《ため》に此《こ》の経典を説くが故に、是《こ》の常眼清浄《じょうげんしょうじょう》、耳《に》・鼻《び》・舌《ぜっ》・身《しん》・意《い》の諸根の清浄を得て、四衆の中に於いて法を説くに、心畏《こころおそ》るる所無《な》かりき。

得大勢《とくだいせい》よ、是《こ》の常不軽菩薩摩訶薩《じょうふきょうぼさつまかさつ》は、是《かく》の如き若干の諸仏を供養し、恭敬《くぎょう》・尊重《そんじゅう》・讃歎《さんだん》して、諸《もろもろ》の善根《ぜんごん》を種《う》え、後に復《また》、千万億の仏に値いたてまつり、亦《また》、諸仏の法の中に於いて、是《こ》の経典を説いて、功徳成就して、当《まさ》に作仏《さぶつ》することを得たり。得大勢《とくだいせい》よ、意《こころ》に於いて云何《いかん》。爾《そ》の時の常不軽菩薩は豈異人《あにことひと》ならんや、則ち我《わ》が身是《こ》れなり。若し我、宿世《しゅくせ》に於いて、此《こ》の経を受持し読誦し、他人の為《ため》に説かずんば、疾《と》く阿耨多羅三藐三菩提《あのくたらさんみやくさんぼだい》を得《う》ること能《あた》わじ。我《われ》、先仏《せんぶつ》の所《みもと》に於いて、此の経を受持し読誦し、人の為に説きしが故に、疾《と》く阿耨多羅三藐三《あのくたらさんみやくさん》菩提《ぼだい》を得たり。

得大勢《とくだいせい》よ、彼《か》の時の四衆の比丘《びく》・比丘尼《びくに》・優婆塞《うばそく》・優婆夷《うばい》は、瞋恚《しんに》の意《こころ》を以《もっ》て我を軽賤《きょうせん》せしが故に、二百億劫に、常に仏に値《あ》わず、法を聞かず、僧を見ず。千劫《せんこう》に阿鼻地獄《あびじごく》に於いて、大苦悩を受く。是《こ》の罪を畢《お》え已《おわ》って、復《また》、常不軽菩薩の阿耨多羅三藐三菩提《あのくたらさんみやくさんぼだい》に教化するに遇《あ》いにき。得大勢よ、汝が意《こころ》に於いて云何《いかん》。爾《そ》の時の四衆の、常に是《こ》の菩薩を軽《かろ》しめし者は、豈異人《あにことひと》ならんや。今此《こ》の会中《えちゅう》の跋陀婆羅《ばつだばら》等の五百の菩薩、師子月《ししがつ》等の五百の比丘尼《びくに》、思仏《しぶつ》等の五百の優婆塞《うばそく》の、皆《みな》、阿耨多羅三藐三菩提《あのくたらさんみやくさんぼだい》に於いて退転せざる者、是《こ》れなり。得大勢よ、当《まさ》に知るべし。是《こ》の法華経は、大いに諸《もろもろ》の菩薩摩訶薩を饒益《にょうやく》して、能《よ》く阿耨多羅三藐三菩提《あのくたらさんみやくさんぼだい》に至らしむ。是《こ》の故に諸《もろもろ》の菩薩摩訶薩よ、如来の滅後に於いて、常に応《まさ》に是《こ》の経を受持し、読誦し、解説《げせつ》し、書写すべし」と。

〔訳〕この比丘は、寿命が尽きて死に臨んだ時に、虚空の中から、威音王仏が先に説かれた法華経の二十千万億という詩頌をつぶさに聞いた。そして、それをのこらず受け保って、ただちに前（章）で説かれたような眼のはたらきの清浄と、耳・鼻・舌・身・意のはたらきの清浄とを獲得したのである。この六根の清浄を得た後に、さらに二百万億ナユタもの年の寿命を増し、広く人々のためにこの法華経を説いた。

その時に、おごり高ぶった比丘・比丘尼・信男・信女の四衆の人々で、この人を軽んじ賤しめて『不軽』という名を付けたものたちは、彼が、偉大な神通の力、楽しんで自由自在にふるう弁舌の力、大いなる瞑想の力を得たのを見て、その説法を聞いて、みな信じ従った。この菩薩は、また千万億の人々を教化して、無上の正しい悟りに安住させた。その命が終った後、二千億の仏たちにお会いすることができたが、その仏たちは、すべて日月燈明という（同一の）名であった。それらの（仏たち）の教法の中で、彼はこの法華経を説いた。そのいわれによって、また二千億という仏にお会いすることになった。（その仏たちも）雲自在燈王という同じ名であった。これらの仏たちの教説の中で、（法華経を）受け保ち、読誦して、多くの四衆の人々のためにこの経典を説いた。それで（彼は）この常なる眼のはたらきの清浄、耳・鼻・舌・身・意のはたらきの清浄を獲得して、四衆の人々の間で説法しても、心に何ら畏れることがなかったのである。

得大勢よ、この常不軽菩薩大士は、このような多くの仏たちを供養し、敬い、尊重し、讃め歎えて、多くの善の根本を培い、その後にまた、千万億という仏たちにお会いして、その仏たちの教法の中にあってこの経典を説いて、徳性を完成して、仏となることができたのである。得大勢よ、どのように思うか。その時の常不軽菩薩とはどうして別人であろうか、それはほかならぬこの私である。もし私が、前世の過去に、この経を受け保ち、読誦し、他人のために説いてこなかったならば、すみやかに無上の正しいさとりを得ることはできなかったであろう。私は、過去の仏のもとで、この経を受け保ち、読誦し、人々のために説いてきたからこそ、すみやかに無上の正しいさとりを獲得することができたのである。

得大勢よ、その時の比丘・比丘尼・信男・信女の四衆の人々は、怒りの心で私を軽んじ賤しめたために、二百億劫という長時の間、つねに仏に会いもせず、法を聞くこともなく、僧団をも見ることはなかった。千劫の間、阿鼻地獄において大いなる苦悩を受けた。この罪が終ったのち、また常不軽菩薩が無上の正しいさとりに向けて教化するのに出会ったのである。得大勢よ、汝はどのように思うか。その時の、四衆の人々の、つねにこの菩薩を軽んじてきた者たちは、どうして別人であろうか。今の、この会座《えざ》にいる跋陀婆羅《ばつだばら》などの五百人の菩薩たち、師子月などの五百人の比丘尼たち、思仏《しぶつ》などの五百人の信男たちの、すべて無上の正しいさとりから退くことのなかったものたちがそれにほかならないのだ。得大勢よ、知らねばならない。この法華経は、大いに菩薩大士たちに利益を与え、無上の正しいさとりに到達させることができるものなのだということを。それゆえ、多くの菩薩大士たちは、如来の入滅の後に、つねにこの経を受け保ち、読誦し、解説し、書写すべきなのだ」と。

《二十千万億偈》「億」は koṭi の訳で、一千万の数とすると、「二十千万億」は二千兆という巨大な数になる。「偈」はこの場合、sloka の訳で、一偈頌が四句三十二音節よりなる韻文のことで、散文の長さを計算する場合にも用いられる。以上からすると、法華経は二千兆頌という厖大な経典ということになるが、これは、本来、法華経の全体は知ることのできないほど大部なもので、これを説いた仏たちもその一部を示したにすぎないという考えによっている。他の大乗経典も同様で、たとえば華厳経は伝説によれば、上・中・下の三本があり、上本は十三千大千世界微塵数の偈、中本は四十九万八千八百偈、下本は十万偈であり、このうち下本だけがインドに伝わり、上中二本は龍宮にあって人間界には伝わらないという（『華厳経伝記』）。なお、渡辺照宏『法華経物語』も参照（二二一―四頁）。**《楽説弁力》**菩薩が楽しんで滞りなく法を説くその弁舌の力のこと。「楽説」は、仏・菩薩の説法の際の、四種の滞りなき能力（四無礙弁）の一つである「楽説無礙」（pratibhāna-pratisaṃvid）のこと。ただし、梵本『南条・ケルン本』では pratijñāpratibhāna-bala（主張を巧みに弁舌する力）という（p. 380, *ll.* 2—3）。**《大善寂力》**大いなる瞑想の力。あるいは瞑想によって得られた智慧の力の意か。梵本では単に prajñā-bala（智慧の力）という（p. 380, *l.* 3）。**《日月燈明》**Candrasūryapradīpa（月と太陽とを燈明とする者）の訳。第一章序品に登場する。そこでは二万の仏が出現したが、すべて日月燈明という同名の仏であった、と説かれる（上巻、八四―五頁）。ただし、梵本では、月音王如来（Candrasvararāja）とあり、『妙法華』と一致しない。ただし、ペトロフスキー本では Candrasūryadīparāja（日月燈明王）とあるという指摘がある（渡辺照宏『法華経物語』二二五頁）。**《雲自在燈王》**梵本では、雲音王如来（Meghasvararāja）という。なお『妙法華』では、前注の日月燈明と、この雲自在燈王の二仏の名が挙げられているが、本書が依用する『南条・ケルン』の梵本では、さらに Dundubhisvararāja（太鼓の音の王、すなわち、鼓音王）の仏が挙げられている。『正法華』では、「雷鳴音王」「雷音王」の二仏が挙げられている（両者は同一の仏の名の可能性もある）。**《跋陀婆羅》**原語は Bhadrapāla（すぐれた守護者、の意）。賢護、賢守などと意訳される。**《師子月等五百比丘尼》**「師子月」は、Siṃhacandrā の訳。女性の名。従来、「師子月等五百比丘尼思仏等五百優婆塞」の句を、「五百比丘」で切り、「尼思仏等……」と訓むのが一般的であったが、梵本との対照から「師子月」は女性名であるから「比丘」でなく「比丘尼」であり、「尼思仏」ではなく「思仏（スガタチェータナー）」というのが優婆塞の名であるから、従来の訓みを改めた。この指摘は、渡辺照宏『法華経物語』（二二六頁）による。**《思仏等五百優婆塞》**思仏などの五百人の信男たち、の意。「思仏」は Sugatacetanā の訳。その意味は、「善逝（仏）を思う者」の意。なお、梵本では五百人の優婆塞（信男）ではなく、五百人の優婆夷（信女）とある（p. 383. *l*. 2）。『正法華』では「五百清信士、五百清信女等」といって、信男信女の両方をいう（大正蔵九巻、一二三頁中）。

本段は、常不軽菩薩を主人公とする本生譚の現在と過去の結びつきが明かされる段である。常不軽菩薩はその命の終らんとする時に、はじめて空中の声によって法華経を受持し、そのために六根清浄の功徳を得て、寿命をさらに延ばすことができた。以来、多くの人々を法華経によって教化し、その命が終った後も、生まれかわり死にかわりして多くの仏たちを供養してきた。その常不軽菩薩こそ現在の私である、と仏が説くのである。そして、過去に常不軽を軽んじ罵った人々のその罪の報いが説かれるとともに、その人々が現在のこの会座にいる跋陀婆羅などの人々であると明かされるのである。長行の最後は、この経の如来の滅後における弘通を勧めて本章のしめくくりとしている。

本段の分科は、長行の第三、「双明信毀果報」の部分に相当する（九四六頁参照）。

不軽礼拝

前生譚

本章の題名は、本章で説かれる釈尊の前生譚に登場する主人公の名に由来する。本章の冒頭において、法華経を受持する者に対して悪口雑言したり、誹謗したりする者は、先に説くように大いなる罪の報いを受け、反対に経を受持する者の功徳は六根清浄を得る、と説いてこれまでの章との連絡をつけ、以下に法華経受持の過去の例として常不軽菩薩を主人公とする前生譚が説かれるのである。

さて、それではその前生譚とはどのような内容であろうか。昔々、はるかな昔に、威音王如来という仏がいて、天の神々や人間・阿修羅に説法し、声聞・縁覚・菩薩のためにそれぞれの教えを説かれた。その威音王仏が寿命が尽きて入滅され、正法も像法も滅びてしまった後に、また同じ国土に仏が出現された。その仏も威音王如来という名であった。こうして次々と次第して二万億の威音王如来という同名の仏が出現されたが、その最初の威音王仏が入滅され、正法が滅びて像法の時代となった時に、一人の常不軽という名の菩薩比丘がいた。当時はおごり高ぶった比丘たちが大きな勢力を有していた時であった。その菩薩比丘は、比丘・比丘尼・信男・信女の誰かれかまわず会う人ごとにこう言ってただ礼拝するのだった。

「私はあなた方を深く敬います。軽んじたりはしません。なぜなら、あなた方はみな菩薩道を実践して必ず仏になることができるのですから」と。

四衆の人々はこれに対し、怒ったり悪口雑言したり、ついには杖木・瓦石を加えたりした。しかし、どんなにひどい仕打を受けようとも、常不軽は相も変わらず「私はあなたを敬います」と言って相手を礼拝し続けたのであった。これには人々もあきれ果てて、彼に「常不軽」という名をつけて呼んだのである。

さて、彼が寿命が尽き、その命を終らんとする時、彼は空中の声を聞いた。それはその昔入滅された威音王仏の法華経説法の声であった。彼はその説法をことごとく聞き受持した。すると彼は、その聞法受持の功徳によって六根清浄の功徳を得、その寿命も二百万億ナユタという長時に延びたのである。彼は自ら聞法受持した法華経を広く人々のために説き、彼を迫害した四衆の人々もその教えを聞いた。彼はその長い寿命を終えた後も、生まれかわり死にかわりして、次々とそれぞれ二千億の日月燈明仏や雲自在燈王仏に供養し、それらの仏のもとでも法華経を説き続けた。その功徳によって、常不軽菩薩はついに仏となることができたのである。

以上が前生譚の内容である。経は、この前生譚のしめくくりとして、過去の物語と現在との連絡をつけてこう説く。すなわち、常不軽とは誰あろう、現在のこの私であり、怒りをもって常不軽を迫害した四衆の人々とは、今、この会座にいる跋陀婆羅などの五百人の菩薩、師子月などの五百の比丘尼、思仏などの五百の信男たちであると。

右の前生譚を経が説いた意趣は、長行の最後の文によって明らかである。それは、「是の故に諸の菩薩摩訶薩、如来の滅後に於いて、常に応に是の経を受持し読誦し解説し書写すべし」という一文である。経は、常不軽菩薩の法華経を聞法受持した功徳を説くことによって、この法華経の功徳の大いさを宣揚し、如来滅後の経典修行を人々に勧奨するのである。本章が分別功徳品の後半から随喜功徳品・法師功徳品とともに功徳流通と称されるゆえんである。

聞法受持

経の意趣は右のとおりであるが、一つ注意されねばならないことがある。それは聞法受持とそれによってもたらされる功徳ということである。聞法受持とは、法華経の説法を聞き、それをしっかりと受けとめ、心に保持するということである。不軽菩薩は、なぜ四衆（比丘・比丘尼・信男・信女）の誰かれかまわず、私はあなたを深く敬い、決して軽んじたりはしません、と言って礼拝したのであろうか。彼のそれに続くことばの「あなた方は菩薩道を実践して必ず仏になるでしょうから」というのがその答えである。しかし、それではなぜ、四衆の人々は必ず菩薩道を実践して仏となるのであろうか。おごり高ぶっている四衆の人々が、菩薩道を実践するとなぜいえるのであろうか。この問いに対する答えは、世親の『法華経論』以来こうである。すなわち、すべての衆生に仏性（仏の潜在態）があるからである、すべての人々は本来的に仏をそのうちに有しているから誰もが仏となることができる、常不軽は人々のそのうちなる仏に対して礼拝したのだ、と。世親は常不軽の「我、汝を軽しめず」云々のことばに対して、「衆生に皆仏性有ることを示現す」と釈しており（大正蔵二六巻、九頁上）、仏性思想によって法華経を理解していることが知られる。以後の中国の注釈家たちも、世親にならって天台をはじめ、みな仏性によってこれを解釈している。しかし、これは後来の思想によって、先行する思想を解釈するという例の典型で、法華経自体には仏性という語も思想もいまだ説かれてはいない。このことに注意するべきである。ただし、仏性思想に非常に近いものがあることは事実で（たとえば、経中の「仏種」の語を見よ）、あと一歩進めれば法華経も涅槃経のように仏性を宣説するところまでいきつきそうである。ちょうど、山の稜線の上をあやうい均衡を保って歩いているようなものである。しかし、それでもなお、仏性を説いていない、ということは、そのことはとても大きな意味をもっている。というのも、一たん仏性を認めれば、すべての人が仏になれるということは簡単である。なぜならば、仏性という明確な根拠があるからである。しかし、それを認めない場合には、すべての人が仏になるという場合に、その根拠を示すのはなかなか困難である。法華経の場合は、その困難な根拠を何に求めているかといえば、それが聞法受持なのである。すなわち、法華経を聞き、それを自ら受けて保持する、その聞法受持の功徳の結果として、仏になることができるというのである。これまで決して成仏できないとされてきた舎利弗などの二乗の人々が、法華経聞法の功徳によって真の仏子、すなわち菩薩として生まれかわり、仏から成仏の記莂を受けたというのがそれである。この聞法受持ということが成り立つために絶対に必要な前提条件が一つある。それは、「信仏語」ということだ。いくら法華経の説法を聞いても、心にその説法を信じ受け入れるということがなければ聞法受持ということはありえない。仏のことばを信じるということがあってはじめて受持ということが可能になるのである。そして、仏のことばを信じるということは、とりもなおさず仏を信じるということである。それ故、仏への絶対の信があってこそ、聞法受持ということがいえるのである。仏を信じ、仏のことばを信じて、それをしっかりと受けとめる。それによって仏への道を歩む菩薩になるのであって、常不軽が「あなた方は菩薩の道を実践して必ず仏になることができる」というのは、このことをいっている。法華経が「信」の宗教であり、「信」を強調するというのはそういう意味である。

折伏逆化

ところで、「信」を前提とする聞法受持の功徳によって、法華経の菩薩になり、やがて仏になるとはいっても、「信」を起こすこともなく、正法を聞こうともしない人々に対してはどうすればよいのであろうか。誤った見解や邪信にこり固まった人々は、たとい法華経説法の場に遭遇したとしても、これに聞く耳をもたず、まして信じ受け入れることもないであろう。縁なき衆生は度しがたし、とは古来よりの言であるが、これらの人々を度しがたいとして、そのままにしておいてよいのだろうか。もしそうなると、これらの人々は法華経による救済の手から洩れることになり、すべての人々が仏になることをめざす一乗の理想も達せられないことになる。このような場合の教化の手段としてあるのが「折伏《しゃくぶく》」である。「折伏」とは、教化の対象である相手を、くじき、破折することによって導こうとする方法で、相手の邪見や邪信をうち砕いて正法に目覚めさせ、導き入れるものである。その反対に、教化の相手を摂め入れ、正法を説いてゆく教化の方法が「摂受《しょうじゅ》」である。天台智顗は、『摩訶止観』の中で、「それ仏法の両説は、一には摂（受）、二には折（伏）なり」と説いているが、教化の相手によって、折伏と摂受という二つの方法を使い分けるのである。

　この「摂受」と「折伏」の教化の方法は、『勝鬘経』の十受章で説かれており、この『法華経』には説かれてはいない。しかし、今の常不軽菩薩の教化の方法は、「折伏」に相当するものである。常不軽菩薩は、誰かれかまわず、会う人ごとに「我、深く汝等を敬う」と礼拝しつづけ、人が怒って悪口雑言し、杖木瓦石の迫害を受けても、なおもひるまずに相手に「我、深く汝等を敬う」と言いつづけた。教化の相手を激させ、怒らせることによって、かえって自分の方に引きつけてゆく、これが逆化折伏である。正しい世の、素直で法を受け入れる素質をもった人々にはこのような方法は必要ではないが、悪しき世の、素質の劣った人々に対してはこのような教化の仕方が必要となってくるのである。

ところで、『法華経』の中には直接その語がみられない「摂受」と「折伏」とを、『法華経』の中に適用して解釈したのは、先述のように天台智顗を嚆矢とするが、天台六祖の湛然は、さらに安楽行品の四安楽行の立場を摂受、本章の常不軽の礼拝行を折伏として、末世における折伏の意義を認めている。さらに、わが国日蓮は、末法における弘経は折伏によらねばならないとして、本章における常不軽菩薩の礼拝行をその範とした。常不軽菩薩がどんな迫害にも屈せず、礼拝行を実践しつづけたその姿に自身をなぞらえ、日蓮もみずから迫害を受けつつ、折伏によって相手を説き伏せ、『法華経』を弘経する強盛《ごうじょう》の下種《げしゅ》をなしたのである。それ故、「日蓮は過去の不軽の如く、当世の人々は彼軽毀の四衆の如し」（『佐渡御書』）といい、また、自身にふりかかる迫害を勧持品に示される迫害として受けとめ、「過去の不軽品は今の勧持品、今の勧持品は過去の不軽なり。今の勧持品は未来の不軽品たるべし。其時は日蓮は即ち不軽菩薩たるべし」（『寺泊御書』）とも述べている。

爾時世尊。欲重宣此義。而説偈言

過去有佛　號威音王　神智無量　將導一切　天人龍神　所共供養

是佛滅後　法欲盡時　有一菩薩　名常不輕　時諸四衆　計著於法

不輕菩薩　往到其所　而語之言　我不輕汝　汝等行道　皆當作佛

諸人聞已　輕毀罵詈　不輕菩薩　能忍受之　其罪畢已　臨命終時

得聞此經　六根清淨　神通力故　增益壽命　復爲諸人　廣説是經

諸著法衆　皆蒙菩薩　教化成就　令住佛道　不輕命終　値無數佛
說是經故　得無量福　漸具功德　疾成佛道　彼時不輕　則我身是
時四部衆　著法之者　聞不輕言　汝當作佛　以是因緣　値無數佛
此會菩薩　五百之衆　并及四部　清信士女　今於我前　聽法者是
我於前世　勸是諸人　聽受斯經　第一之法　開示教人　令住涅槃
世世受持　如是經典　億億萬劫　至不可議　時乃得聞　是法華經
億億萬劫　至不可議　諸佛世尊　時說是經　是故行者　於佛滅後
聞如是經　勿生疑惑　應當一心　廣說此經　世世値佛　疾成佛道

爾《そ》の時に世尊、重《かさ》ねて此《こ》の義を宣《の》べんと欲《ほっ》して、偈《げ》を説いて言《のたま》わく、

「過去に仏有《いま》しき　威音王《いおんのう》と号《な》づけたてまつる。　神智無量にして　一切を将導《しょうどう》したもう　天・人・龍神の　共に供養する所なり。
是《こ》の仏の滅後　法尽《つ》きなんと欲《ほっ》する時　一《ひと》りの菩薩有り　常不軽《じょうふきょう》と名づく。
時に諸《もろもろ》の四衆　法に計著《けいじゃく》せり。　不軽菩薩　其《そ》の所に往《ゆ》き到って　而《しか》も之《これ》に語《かた》って言わく　『我、汝を軽《かろ》しめず。　汝等《なんだち》は道を行じて　皆、当《まさ》に作仏すべし』と。
諸人聞き已《おわ》って　軽毀《きょうき》し罵詈《めり》せしに　不軽菩薩　能《よ》く之《これ》を忍受《にんじゅ》しき。　其《そ》の罪《つみ》畢《お》え已《おわ》って　命終《みょうじゅう》の時に臨んで　此《こ》の経を聞くことを得て　六根清浄なり。
神通力の故に　寿命を増益《ぞうやく》して　復《また》、諸人の為《ため》に　広く是《こ》の経を説く。
諸《もろもろ》の著法《じゃくほう》の衆《しゅ》　皆《みな》、菩薩の　教化成就して　仏道に住せしむることを蒙《こうむ》る。　不軽命終《みょうじゅう》して　無数《むしゅ》の

仏に値《あ》いたてまつる。
是《こ》の経を説くが故に　無量の福を得《え》　漸《ようや》く功徳を具《ぐ》して　疾《と》く仏道を成ず。　彼《か》の時の不軽は　則ち我が身《み》是《こ》れなり。
時の四部の衆の　著法《じゃくほう》の者は　不軽の　『汝は当《まさ》に作仏すべし』と言うを聞けり。
是《こ》の因縁を以《もっ》て　無数《むしゅ》の仏に値いたてまつる。　此《こ》の会《え》の菩薩　五百の衆　并及《ならび》に四部　清信士女《しょうしんじにょ》の今、我が前に於いて　法を聴く者、是《こ》れなり。
我、前世に於いて　是《こ》の諸人を勧《すす》めて　斯《こ》の経の　第一の法を聴受せしめ　開示《かいじ》して人を教え　涅槃に住せしめ、　世世《せせ》に　是《か》の如き経典を受持せしめたり。
億億万劫《おくおくまんこう》より　不可議《ふかぎ》に至って　時に乃《いま》し　是《こ》の法華経を聞くことを得《う》。　億億万劫より　不可議に至って　諸仏世尊　時に是《こ》の経を説きたもう。
是《こ》の故に行者《ぎょうじゃ》　仏の滅後に於いて　是《か》の如き経を聞いて　疑惑を生ずること勿《なか》れ。　応当《まさ》に一心に　広く此の経を説き　世世に仏に値いたてまつりて　疾《と》く仏道を成《じょう》ずべし」と。

〔訳〕その時に、世尊は重ねて以上の意義を宣べようとされて、詩頌によって次のように言われた。
「過去に仏がおられた　威音王という名前であった。　霊妙な智慧は限りなく　すべてのものを導かれた。　天の神々や人間、龍神たちが　みな供養をなした。(1)
この仏の入滅の後　法が滅びようとする時に　一人の菩薩がいた　常不軽《じょうふきょう》という名であった。(2)
時に四衆の人々は　教えをあれこれ考えて執著《しゅうじゃく》していた。　不軽菩薩は　彼らの所へゆき　そして彼らに語りかけた　『私はあなた方を軽んじはしない。　あなた方は仏道修行をして　みな

必ずや仏になるであろう』と。(3)
人々は聞いた後に　軽んじ毀《そし》り、罵《ののし》ったけれども　不軽菩薩は　これを忍んで耐えた。（不軽菩薩の前世の）その罪（の報い）が終り　命がおわろうとするその時に　この経を聞くことができて　六根が清浄となった。(4)
神通の力によって　その寿命が増し　また人々のために　広くこの経を説いた。(5)
教法に執著する多くの人々は　みな、（不軽）菩薩が　その教化を完成し　仏道に安住せしめるというおかげを蒙った。　不軽はその命を終えて（のちに）　無数の仏にお会いした。(6)
（彼は）この経を説いたために　無量の福徳を得て　漸次に功徳をそなえて　すみやかに仏道を完成したのだ。　その時の不軽とは　それはほかならぬこの私のことである。(7)
その時の四衆の人々の　教法に執著しているものたちは　不軽が　『あなたは必ず仏となるであろう』というのを聞いた。(8)
そのいわれによって　（彼らは）無数の仏たちにお会いすることとなった。　この会座にいる菩薩の　五百人の人々　ならびに四衆の人々の　在俗の信男信女たちの　今、私の前にいて法を聴いている人々、それが彼らである。(9)
私は前世において　これらの人々に勧めて　この経の　第一なる教えを聴かしめて　開き示し、人を教えて　涅槃に安住せしめ、　世世に　このような経典を受け保たせてきたのだ。(10)
億・億万という劫の長時から　思いも及ばぬはるかな時を経てたまたまやっと　この法華経を聞くことができるのだ。　億・億万という劫の長時から　思いも及ばぬはるかな時を経て　多く

の仏・世尊たちは　たまたまこの経典を説かれるのである。(11)
それゆえに修行者は　仏の入滅の後に　このような経を聞いて　疑惑を生じてはならない。
一心に　この経を広く説くべきである。　世世に仏にお会いして　すみやかに仏道を完成すべきである。」(12)

《**法欲尽時**》長行部分では、威音王仏滅度の後に、正法が滅して像法の時代に常不軽という一比丘がいたというから、今の句中の「法」とは像法（正しい法に似た法）を指すということになる。《**計著於法**》「法」とは教法、教えの意に取って、教えについてあれこれ分別し、執著する、という意味に解す。ただし、梵本では upasaṃkramitvā tada bhikṣu anyān upalambhadṛṣṭhina tathā eva bhikṣuni/〈p. 383, *l.* 12〉（その時、彼は誤った見解に執われていた他の比丘や比丘尼に近づいて）とあって、「法」に相当する語はない。
《**清信士女**》在家の信男と信女。優婆塞（upāsaka）と優婆夷（upāsikā）に同じ。

以上の偈頌の部分は、内容的に長行とほとんど同一の繰り返しであるが、省略部分が多い。この偈頌の部分の分科を図示すれば次のようである。

偈頌

- 頌二信毀因果一
  - 総頌二事本一
  - 頌二本事一
    - 頌三双標二人一
    - 頌レ明二得失一
      - 頌レ得
      - 頌レ失
      - 重明レ得
    - 明二果報及結会一
      - 信毀果報
      - 結二会古今一
- 頌二勧持一

妙法蓮華經如來神力品第二十一

爾時千世界。微塵等。菩薩摩訶薩。從地踊[1]出者。皆於佛前。一心合掌。瞻仰尊顏。而白佛言。世尊。我等於佛滅後。世尊分身。所在國土。滅度之處。當廣說此經。所以者何。我等亦自欲得。是眞淨大法。受持。讀誦。解說。書寫。而供養之。爾時世尊。於文殊師利等。無量百千萬億。舊住娑婆世界。菩薩摩訶薩。及諸比丘。比丘尼。優婆塞。優婆夷。天。龍。夜叉。乾闥婆。阿修羅。迦樓羅。緊那羅。摩睺羅伽。人非人等。一切衆前。現大神力。出廣長舌。上至梵世。一切毛孔。放於無量。無數色光。皆悉遍照。十方世界。衆寶樹下。師子座上諸佛。亦復如是。出廣長舌。放無量光。釋迦牟尼佛。及寶樹下諸佛。現神力時。滿百千歲。然後還攝舌相。一時謦欬。倶共彈指。是二音聲。遍至十方。諸佛世界。地皆六種震動。其中衆生。天。龍。夜叉。乾闥婆。阿修羅。迦樓羅。緊那羅。摩睺羅伽。人非人等。以佛神力故。皆見此娑婆世界。無量無邊。百千萬億。衆寶樹下。師子座上諸佛。及見釋迦牟尼佛。共多寶如來。在寶塔中。坐師子座。又見無量無邊。百千萬億。菩薩摩訶薩。及諸四衆。恭敬圍繞。釋迦牟尼佛。既見是已。皆大歡喜。得未曾有。卽時諸天。於虛空中。高聲唱言。過此無量無邊。百千萬億。阿僧祇世界。有國名娑婆。是中有佛。名釋迦牟尼。今爲諸菩薩摩訶薩。說大乘經。名妙法蓮華。敎菩薩法。佛所護念。汝等當深心隨喜。亦當禮拜供養。釋迦牟尼佛。彼諸衆生。聞虛空中聲已。合掌向娑婆世界。作如是言。南無釋迦牟尼佛。南無釋迦牟尼佛。以種種華香。瓔珞幡蓋。及諸嚴身之具。珍寶妙物。皆共遙散。娑婆世界。所散諸物。從十方來。譬如雲集。變成寶帳。遍覆此間。諸佛之上。于時十方世界。通達無礙。如一佛土。

(1)踊＝涌

爾《そ》の時に、千世界微塵等《みじんとう》の菩薩摩訶薩《まかさつ》、地より踊出《ゆじゅつ》せる者、皆《みな》仏前に於いて一心に合掌し、尊顔《そんげん》を瞻仰《せんごう》して仏に白《もう》して言《もう》さく、

「世尊よ、我等、仏の滅後、世尊分身《ふんじん》所在の国土、滅度の処に於いて、当《まさ》に広く此《こ》の経を説くべし、所以《ゆえ》は何《いか》ん。我等も亦《また》、自《みずか》ら是《こ》の真浄の大法を得て、受持・読誦し、解説《げせつ》・書写して、之《これ》を供養せんと欲す」と。

爾《そ》の時に世尊、文殊師利等《もんじゅしりとう》の無量百千万億の旧住娑婆《くじゅうしゃば》世界の菩薩摩訶薩《まかさつ》、及び諸《もろもろ》の比丘《びく》・比丘尼・優婆塞《うばそく》・優《う》婆夷《ばい》・天・龍・夜叉《やしゃ》・乾闥婆《けんだつば》・阿修羅《あしゅら》・迦楼羅《かるら》・緊那羅《きんなら》・摩睺羅伽《まごらが》・人《にん》・非人《ひにん》等の、一切の衆の前に於いて、大神力を現じたもう。広長舌《こうちょうぜつ》を出《いだ》して、上梵世《かみぼんせ》に至らしめ、一切の毛孔《もうく》より無量無数色《むしゅしき》の光を放って、皆悉《みなことごと》く遍《あまね》く十方世界を照らしたもう。衆《もろもろ》の宝樹下《ほうじゅげ》の、師子座《ししざ》上の諸仏も、亦復是《またまたかく》の如く、広長舌《こうちょうぜつ》を出《いだ》し、無量の光を放ちたもう。釈迦牟尼仏及び宝樹下の諸仏、神力を現じたもう時、百千歳を満《み》たす。然《しか》して後に還《かえ》って舌相《ぜっそう》を摂《おさ》めて、一時に謦欬《きょうがい》し、倶共《とも》に弾指《たんじ》したもう。是《こ》の二つの音声《おんじょう》、遍《あまね》く十方の諸仏世界に至って、地、皆《みな》六種に震動す。其《そ》の中の衆生・天・龍・夜叉《やしゃ》・乾闥婆《けんだつば》・阿修羅《あしゅら》・迦楼羅《かるら》・緊那羅《きんなら》・摩睺羅伽《まごらが》・人《にん》・非人《ひにん》等、仏の神力を以《もっ》ての故に、皆、此《こ》の娑婆世界、無量無辺百千万億の衆《もろもろ》の宝樹下の師子座上の諸仏を見、及び釈迦牟尼仏の多宝《たほう》如来と共に宝塔の中に在《ましま》して、師子《しし》の座《ざ》に坐したまえるを見たてまつり、又、無量無辺百千万億の菩薩摩《ま》訶薩《かさつ》、及び諸《もろもろ》の四衆の、釈迦牟尼仏を恭敬《くぎょう》し囲繞《いにょう》したてまつるを見る。既《すで》に是《これ》を見已《みおわ》って、皆《みな》大いに歓喜して未曾有《みぞう》なることを得《う》。即時《そくじ》に諸天、虚空の中に於いて、高声《こうしょう》に唱えて言わく、

「此《こ》の無量無辺百千万億阿僧祇《あそうぎ》の世界を過ぎて国有り、娑婆《しゃば》と名づく。是《こ》の中に仏有《いま》す。釈迦牟尼と名づけたてまつる。今、諸《もろもろ》の菩薩摩訶薩の為《ため》に、大乗経の、妙法蓮華・教菩薩法・仏所護念《ぶっしょごねん》と名づくるを説きたもう。汝等《なんだち》よ、当《まさ》に深心に随喜すべし。亦《また》、当《まさ》に釈迦牟尼仏を礼拝し供養すべし」と。彼《か》の諸《もろもろ》の衆生、虚空の中の声を聞き已《おわ》って、合掌して娑婆世界に向かって、是《かく》の如き言《ことば》を作《な》さく、

「南無釈迦牟尼仏、南無釈迦牟尼仏」と。

種種の華《け》・香《こう》・瓔珞《ようらく》・幡蓋《ばんがい》及び諸《もろもろ》の厳身《ごんしん》の具・珍宝・妙物《みょうもつ》を以《もっ》て、皆共に遙《はる》かに娑婆世界に散ず。所散の諸物、十方より来《きた》ること、譬《たと》えば雲の集まるが如し。変じて宝帳《ほうちょう》と成《な》って、遍く此間《ここ》の諸仏の上《みうえ》に覆《おお》う。時に十方世界、通達無礙《むげ》にして一仏土の如し。

〔訳〕その時、千の世界を微塵にしたその微塵の数と等しい数の菩薩大士の、大地から出現した人々は、みな仏の前で一心に合掌して、尊いお顔を仰ぎ見て、仏に申し上げた。

「世尊よ、私どもは、仏の入滅された後に、世尊の分身がおられる国土、世尊が入滅された場所にあって、広くこの経を説きましょう。なぜといいますに、私どもも、また、この真に清浄な勝れた教えを獲得し、受けたもち、読誦し、解説し、書写して、供養したいと思うからであります」と。

その時に、世尊は、文殊師利などの百千万億の無量倍という多くの、昔から娑婆世界にいた菩薩大士や、比丘・比丘尼・信男・信女、天の神々・龍神・夜叉《やしゃ》・乾闥婆《けんだつば》・阿修羅《あしゅら》・迦楼羅《かるら》・緊那羅《きんなら》・摩睺《まご》羅伽《らが》・人間や人間以外のものたちなどの、すべてのものたちの前で偉大な神通力を現わされた。すなわち、広く長い舌を出して、上方に梵天の世界にまで届かせ、（身体の）すべての毛孔から無量にし

て無数の色彩の光を放たれて、十方の世界すべてをくまなく照らされた。多くの宝樹の下の獅子座《ししざ》の上にいる仏たちも、また同じように広く長い舌を出して、無量の光を放たれた。釈迦牟尼仏と宝樹の下の仏たちが神通力を現わされてから、百千歳が満了した。そうして後に、再び舌を（口中に）おさめて、同時に咳払いをし、そろって指はじきされた。この二つの音声は、十方の諸仏の世界にくまなく届き、大地は六種に震動した。そこにいる衆生たち・天の神々・龍神・夜叉《やしゃ》・乾闥婆《けんだつば》・阿修羅《あしゅら》・迦《か》楼羅《るら》・緊那羅《きんなら》・摩睺羅伽《まごらが》・人間や人間以外のものたちは、みな仏の神通力によって、この娑婆世界の、無量・無辺・百千万億の多くの宝樹の下の、獅子座の上におられる仏たちを見、それに釈迦牟尼仏が多宝如来とともに宝塔の中で、獅子座に坐られているのを見、また無量・無辺・百千万億の菩薩大士と四衆（比丘・比丘尼・信男・信女）の人々が釈迦牟尼仏を敬いつつ取り囲んでいるのを見た。これを見おわって、みな大いに喜んでこれまでにない思いを懐いた。

時に天の神々は、空中において、声高《こわだか》に口に出して次のように言った。

「この無量・無辺・百千万億の無数倍の数の世界をこえて、娑婆という名の国がある。この国の中に、釈迦牟尼という名の仏がおられる。今しも、多くの菩薩大士たちのために、大乗の経典の、妙法蓮華・菩薩を訓誨する法・仏に護持せらるるものという名の経典を説かれている。汝たちよ、心の底から喜べ。また釈迦牟尼仏を礼拝し、供養をなせ」と。

かの多くの衆生たちは、空中の声を聞くと、合掌して娑婆世界に向かって、次のようなことばを言った。

「南無釈迦牟尼仏、南無釈迦牟尼仏」と。

（そして彼らは）種々の花や香・装身具・幡や天蓋・さまざまな身を飾る装飾品・珍しい宝・すぐれた品々を、皆が一度にはるかに娑婆世界に向けて投げ散らした。投げられた多くの物は、ちょうど雲が集まるかのように十方から集まってきて、宝の帳《とばり》となって、くまなくここにいる仏たちの上を覆った。その時、十方の世界は、ちょうど一つの仏国土のように通じあい、自由自在であった。

《如来神力》如来の神通力。本章で示される如来の神通力をそのまま章名としたもの。梵本では tathāgata-ṛddhi-abhisaṃskāra（如来の神通力の発揮）という。**《千世界微塵等》**千の世界を微塵となした、その微塵の数に等しい、という意味。**《従地踊出者》**第十五章従地踊出品で、大地から出現した本化の地涌の菩薩たちを指す。第十五章を参照。**《分身所在国土》**第十一章見宝塔品で説かれた釈迦牟尼仏の分身の諸仏を指す。第十一章を参照。**《真浄大法》**真実で清浄なる偉大な教え、の意。もちろんこの法華経のことを指すが、後の文で如来の神力示現によって一層この経の功徳が強調されることになる。**《旧住娑婆世界》**娑婆世界にもとからいた、という意。**《現大神力》**偉大な神通力を示現された、という意。以下にその具体的な内容が示されるが、天台はこれに以下の十種を数える（『文句』巻十下）。すなわち、㈠広長舌、㈡通身放光、㈢謦欬、㈣弾指、㈤地動、㈥普見大会、㈦空中唱声、㈧咸皆帰命、㈨遙散諸物、㈩十方通同。しかし、吉蔵は最初の五種のみを挙げる（『法華義疏』巻十一）。また基は八種を挙げており（『玄賛』巻第十之本）、神力の数え方は一様ではない。**《広長舌》**広く長い舌。仏の三十二相の一つに数えられており、大舌相ともいう。仏の舌は、三祇百劫の長きにわたって妄語をなさなかったので、面上をおおって髪際に至るとされていた。なお、梵本では、毛孔からでなく舌から無量の光明が放たれ、その光明の一条一条の光線から多くの菩薩たちが現われた、とある（p. 387, *ll*. 10—11）。**《還摂舌相》**再びもとのように舌を口中におさめる、という意。**《謦欬》**

咳払いのこと。今日でも「謦欬に接する」ということばがある。話し始める直前などに出す、エヘンという音。**《弾指》**指をはじいて音を出すこと。インドにおける風習。その時の状況によってさまざまな意味が込められる。**《共多宝如来、在宝塔中、坐師子座》**第十一章の見宝塔品で、釈迦牟尼仏は多宝如来の宝塔中に入り、そこで多宝如来と座を分かって坐られた。また、その時以来、法華経説法の会座が霊鷲山から空中に移され、次章の嘱累品で元に戻されることになる。第十一章を参照。**《即時》**その時すぐさま、の意。六朝訳経期に多用された複合語口語表現。**《南無釈迦牟尼仏》**「南無」はnamo（<namas）の音写語。心から帰命する、敬礼する、という意。釈迦牟尼仏に心から帰依します、という意味になる。**《此間》**六朝の口語表現の複合語。「この場所」「ここ」という意味。

本章から第二十一章如来神力品に入る。本章の主要テーマは、法華経の付嘱についてである。この付嘱ということが、第十五章従地踊出品で出現した地涌の菩薩たちに如来の神力の示現を通して語られている。今、ここに挙げた部分は、仏が神通力を示され、その結果、十方世界が通一仏土のようになった、というところまでである。本章の分科を掲げると次頁の図のようである。本段は、長行の「正しく神力を現ず」の最後の「十方通同」の部分までに相当する。

如来神力品第二十一

- 明二菩薩受レ命弘レ経
  - 長行
    - 菩薩受レ命
      - 経家叙二敬儀一
      - 発レ誓弘レ経
        - 時節
        - 処所
        - 誓願
    - 仏現二神力一
      - 所対之衆
      - 正現二神力一
        - 吐舌相
        - 通身放光
        - 謦欬
        - 弾指
        - 地六種動
        - 普見大会
        - 空中唱声
        - 咸皆帰命
        - 遙散諸物
        - 十方通同
    - 結二要勧持一
      - 称二歎付嘱一
      - 結二要付嘱一
      - 勧二奨付嘱一
      - 釈二付嘱一
  - 偈頌

爾時佛告。上行等菩薩大衆。諸佛神力。如是無量無邊。不可思議。若我以是神力。於無量無邊。百千萬億。阿僧祇劫。爲囑累故。說此經功德。猶不能盡。以要言之。如來一切所有之法。如來一切自在神力。如來一切祕要之藏。如來一切甚深之事。皆於此經。宣示顯說。是故汝等。於如來滅後。(1)應一心。受持。讀誦。解說。書寫。如說修行。所在國土。若有受持。讀誦。解說。書寫。如說修行。若經卷所住之處。若於園中。若於林中。若於樹下。若於僧坊。若白衣舍。若在殿堂。若山谷曠野。是中皆應。起塔供養。所以者何。當知是處。卽是道場。諸佛於此。得阿耨多羅三藐三菩提。諸佛於此。轉(2)于法輪。諸佛於此。而般涅槃。

(1)應＝應當　(2)于＝於

爾《そ》の時に仏、上行《じょうぎょう》等の菩薩大衆に告げたまわく、

「諸仏の神力は、是《かく》の如く無量無辺不可思議なり。若《も》し我《われ》、是《こ》の神力を以《もっ》て、無量無辺百千万億阿僧祇劫《あそうぎこう》に於いて、嘱累《ぞくるい》の為《ため》の故に、此《こ》の経の功徳を説かんに猶《なお》尽くすこと能《あた》わじ。要を以て之《これ》を言わば、如来の一切の所《しょ》有《う》の法、如来の一切の自在の神力、如来の一切の秘要の蔵《ぞう》、如来の一切の甚深《じんじん》の事《じ》、皆、此の経に於いて宣示顕説す。是《こ》の故に汝等《なんだち》よ、如来の滅後に於いて、応《まさ》に一心に受持・読・誦・解説・書写し、説の如く修行すべし。所在の国土に、若《も》しは受持・読・誦・解説・書写し、説の如く修行すること有らん。若《も》しは経巻所住の処、若《も》しは園中に於いても、若《も》しは林中に於いても、若《も》しは樹下《じゅげ》に於いても、若《も》しは僧坊に於いても、若《も》しは白衣《びゃくえ》の舎《いえ》にても、若《も》しは殿堂に在っても、若《も》しは山谷曠野《せんごくこうや》にても、是《こ》の中に、皆、応《まさ》に塔を起てて供養すべし。所以《ゆえ》は何《いか》ん。当《まさ》に知るべし。是《こ》の処は即ち是《こ》れ道場なり。諸仏此《ここ》に於いて阿耨多羅三藐三菩提《あのくたらさんみゃくさんぼだい》を得、諸仏此《ここ》に於いて法輪を転じ、諸仏此《ここ》に於いて般涅槃《はつねはん》したもう」と。

〔訳〕その時、仏は上行菩薩たちの大勢の人々に告げられた。

「仏たちの神通の力は、このように無量にしてきわまりなく、不可思議なものである。もし、私がこの神通力によって、無量・無辺・百千万億の無数倍の劫という長時にわたって、この経を委嘱するために、この経の功徳を説き続けたとしても、なおそれでも尽くすことはできないであろう。

かいつまんでいえば、如来のありとある一切の教え、如来の一切の自由自在な神通力、如来の一切の秘密の肝要な（教えの）蔵、如来の一切の極めて奥深いことがら、これらすべてをこの経の中で、私は宣べ示し、あきらかに説いたのだ。それ故、汝たちよ、如来の入滅の後に、一心に受けたもち、読誦し、解説し、書写して、経の説くとおりに修行すべきである。どこであれ、その国土で、受けたもち、読誦し、解説し、書写して、経説のとおりに修行するということがあるとすれば、あるいは経巻が置かれている所、あるいは林園の中にせよ、あるいは林の中にせよ、あるいは樹下にせよ、あるいは僧坊にせよ、あるいは在家の人の宅舎にせよ、あるいは殿堂にあっても、あるいは山谷や曠野にせよ、その場所に、塔を建てて供養すべきである。なぜならば、知るがよい。この場所はさとりの場所にほかならないからなのだ。仏たちがここで無上の正しいさとりを獲得し、仏たちがここで教えの輪を廻し、仏たちがここで入滅されるのである」と。

《上行等菩薩大衆》 上行（Viśiṣṭacāritra）菩薩とは、第十五章従地踊出品で登場した地涌の菩薩たちの上首の一人。第十五章を参照。**《嘱累》**「嘱」は、委嘱する、たのむ、まかせる、などの意。「累」は、わずらわせる、しいてたのむ、などの意。ほぼ同義の字を重ねた複合語。付嘱と同義。原語 parindanā の訳。《如来一切所有之法……如来一切甚深之事》この四句を結要付嘱の四法という（『文句』巻十下）。後の解説「別付嘱」を参照。《若白衣舎》「白衣」は、世俗の人の別称。インドのバラモンや俗人は多く白色の衣服を着用していることに由来する。したがって、在家の人の家、という意味。梵本では単に gṛha（家）という（p. 391, *l.* 8）。

以上の部分は、別付嘱段といい、本化の菩薩である上行菩薩らに、仏がこの法華経の肝要を示して如来滅後の弘経を委嘱する部分である。詳細は後の解説に譲るが、この部分は本章の最も肝要な部分である。経の分科でいうと（本書九七一頁）、長行の「結要勧持」の段に相当する。

別付嘱

本章の章名となっている如来神力とは、如来の神通力という意味であるが、それが章名に冠せられているのは、仏がその会座に居並ぶ文殊師利などの無量の菩薩たち、それに千世界微塵の数に等しい地涌《じゆ》の菩薩たちや、すべての大衆の前で偉大な神通力を現わされたからである。仏がその神通力を示現された目的は、本化地涌の菩薩たちに仏入滅の後の法華経弘通を委嘱されんがためであった。本章の中心テーマは、この地涌の菩薩たちに対する滅後弘通の委嘱ということである。

本章の劈頭に、地涌千界の大菩薩たちが登場し、仏に対して仏入滅の後の経の弘通の意志を宣明しているように、本章は先の従地踊出品第十五に直結する。第十五章では、他方の国土から集来した八恒河沙の数を過ぎる無量の菩薩たちが、娑婆世界における滅後の弘経を仏に申し出たのに対し、仏は「止みね、善男子よ、汝等が此の経を護持せんことを須《もち》いじ」といって、これをおしとどめられた。そして、仏は、この娑婆世界には、六万恒河沙に等しい数の大菩薩たちがおり、この菩薩たちがこの娑婆世界における弘経の任に当たるのだといわれた。この時に、その仏の言葉に呼応して大地より涌出してきたのが上行《じょうぎょう》菩薩らの四菩薩を代表とする無量千万億の地涌の菩薩たちである。さきの他方の国土から集来した菩薩たちや、この現在の釈迦牟尼仏の弟子たちである文殊や弥勒などの菩薩たちを迹化《しゃっけ》の菩薩、一方地涌の菩薩たちを本化《ほんげ》の菩薩と呼ぶ。従地踊出品では、こうして突然に大地より出現した菩薩たちが、釈迦牟尼仏のもともとの弟子であったというのはどういうことか、成道以来四十余年でかくも大勢の菩薩たちを教化できたのはなぜか、という疑問の方向に筋道が展開してゆき、その疑問に答えて釈迦牟尼仏の永遠の寿量が明かされるという形で、次の第十六章如来寿量品に連繫していったのであった。第十五章における地涌の菩薩たちの出現は、本来、この娑婆世界における仏入滅の後の弘経の使命に応えるためであった。地涌の菩薩たちが登場し、仏の弘経の使命を受けるという内容をもつ本章が、先の従地踊出品に直結するというのはこの意味である。したがって、本章の舞台設定は、第十五章で説かれたように、空中に多宝塔が繫かっており、その塔中に多宝如来と釈迦牟尼仏が並坐されている。そして、そのまわりには、他方から集来した多くの菩薩、及び釈迦牟尼仏の分身の仏たち、大地から出現した無量の本化の菩薩たち、それと現在の仏の弟子である文殊師利などの無量百千万の菩薩、比丘・比丘尼・信男・信女の四衆、天龍八部衆などの大衆が多宝塔のまわりをとりまいていた、というものである。

さて、仏はこれら大衆の前で、偉大な神通力による奇蹟を示された。その奇蹟とは、口中から広く長い舌を出され、その舌がブラフマン神の天界にも届き、そして仏の身体の毛孔から無量無数色の光明が放たれたのである。広長舌とは、仏の三十二相の一つで、仏の弁舌の才の象徴であり、また過去世の不妄語の果報であるという。仏の放たれた光明は十方の世界をくまなく照らし出した。この奇蹟は釈迦牟尼仏だけが示現されたのではない。多宝如来も、それに宝樹の下に坐している仏たちも、みな一様に同じ奇蹟を示されたのである。さて、仏たちが広長舌と光明の奇蹟を示されている間に百千歳が経過した。そして、舌を口中に再びもどされると、次には仏たちは一時に咳払いの声を発し、指を打ち鳴らして大衆の注意を惹きつけた。この音声は十方の諸仏の世界に届き、大地が六種に震動した。この奇蹟を目のあたりにした衆生、天龍八部衆たちは、宝樹下の諸仏と、釈迦・多宝の二仏が宝塔の中に坐られ、そのまわりを無量の菩薩や四衆の人々がとり囲んでいるのを見ることができた。その時に、天の神々が空中の声を放って「今、諸《もろもろ》の菩薩摩訶薩《まかさつ》の為に、大乗経の妙法蓮華、教菩薩法、仏所護念と名づくるを説きたもう。汝等《なんだち》、まさに深心に随喜すべし、亦《また》、まさに釈迦牟尼仏を礼拝し供養すべし」と高声に大衆に告げたのである。すると、大衆は合掌して娑婆世界に向かって「南無釈迦牟尼仏」といって釈迦牟尼仏に帰命した。そして、その衆生たちが、種々の華香や、瓔珞、幡やのぼり、さまざまな珍宝を娑婆世界に向かって投げ上げると、それらのさまざまな品々は空中で集まって、宝の帳《とばり》となって仏たちの上を覆ったのである。この時、十方の世界は娑婆世界と融通無礙に通じ合い、あたかも一つの仏の世界のようになったのである。以上が仏の示された大神力であった。この大神力を示現されたのち、いよいよ本章の要めである滅後弘経の委嘱がなされるのである。この委嘱は本化地涌の菩薩たちだけに格別になされる委嘱であるから、次章で迹化や他方来の菩薩たちにもなされる総付嘱と区別して「別付嘱」と呼ぶ。それ故、経の「爾《そ》の時に仏、上行等の菩薩大衆に告げたまわく」から、長行の終り「諸仏此に於いて般涅槃したもう」までを、本章の中の「別付嘱」の文と呼ぶのである。

さて、以下に説かれる本化の上行菩薩らに対する仏滅後の弘経の委嘱は、大きく四段に分けられる。この分け方は天台の分け方であるが（『文句』巻十下）、それによると、

㈠称歎付嘱　「爾の時に仏、上行等の菩薩大衆に告げたまわく」から「此の経の功徳を説かんに猶尽くすこと能わじ」まで。

㈡結要付嘱　「要を以て之をいわば」から「皆、此の経に於いて宣示顕説す」まで。

㈢勧奨付嘱　「是の故に汝等よ、如来の滅後に於いて」から「是の中に、皆応に塔を起てて供養すべし」まで。

㈣釈　付　嘱　「所以は何ん。当に知るべし」より「諸仏此に於いて般涅槃したもう」まで、

の四段である。㈠の称歎付嘱とは、法華経の功徳について、仏の偉大な神力をもってしてもこれを説きつくすことはできないといって、法華経を称歎し、そのすぐれた経を付嘱することを明かすのである。㈡の結要付嘱とは、法華経の要点を結んで述べて付嘱するということである。その要点とは、「如来の一切の所有の法」「如来の一切の自在の神力」「如来の一切の秘要の蔵」「如来の一切の甚深の事」の四つであり（これを四句の要法という）、この四点が法華経にはすべてあきらかに説かれている。このような法華経を付嘱することをいう。㈢の勧奨付嘱とは、仏の滅後における経の受持・読・誦・

解説・書写を勧奨して付嘱するので、この名がある。仏はこの経典修行を勧奨された後に、そのような修行の場には、そこがどこであれ、塔を起てて供養すべしと説かれた。その塔とは仏の遺骨ではなく、経典を納めた塔（チャイトヤ caitya）である（法師品第十を参照）。㈣の釈付嘱とは、この段の経文が、先の㈠の結要付嘱中の四句の要法をそれぞれ解釈しているものとするところからいわれたものである。すなわち、天台の解釈では、「道場」は「如来一切甚深之事」を、「得菩提」は「如来一切秘要之蔵」を、「転法輪」は「如来一切所有之法」を、「入涅槃」は「如来一切自在神力」をそれぞれ解釈しているものとする。この段の経文は、前段の起塔供養の理由を述べた部分で、どんな所であれ経典修行をなす場所には塔を起てよというその理由を説く。それは、経典修行がなされる場所は、とりもなおさず仏のさとりの場（道場）にほかならず、諸仏がそこで成道して無上の正しいさとりを得、そこで法輪を転じ、そこで入涅槃されるからである、というものである。すなわち、われわれが法華経を修行する所、そこがどこであれ、その場所は仏が出生され、成道され、法を説かれ、そして涅槃に入られる四処の道場にほかならないということである。

以上が四種の付嘱であり、本章のメインテーマとなっているものである。本章では、最初に仏が大神力を示されて、この娑婆世界と十方の世界とを一仏土のようにされ、その後に本化の地涌の菩薩たちに対して仏滅後の法華経の弘通が委嘱された。この本化の地涌の菩薩たちに対する委嘱に続いて、次章ではそれ以外の迹化・他方来の菩薩たちに対する付嘱が説かれることになるのである。

わが国の日蓮は、日本国に法華経を弘めようとして、相次ぐ迫害に遇ったが、その過程で本章の経文に依拠してみずからを上行菩薩になぞらえ、迫害を甘受して新たなる弘通の念を奮い立たせていった。たとえば、『右衛門太夫殿御返事』には次のように述べられている。

当今は末法の始の五百年に当りて候。かかる時刻に上行菩薩御出現あって南無妙法蓮華経の五字を日本国の一切衆生に授け給ふべき由、経文分明也。又、流罪死罪に行るべき由、明也。日蓮は上行菩薩の御使にも似たり。此法門を弘むる故に、神力品に云く、日月の光明の能《よく》諸の幽冥を除くが如く斯人《このひと》世間に行じて能《よく》衆生の闇を滅す等云云。此経文に斯人行世間の五の文字の中の人の文字をば誰とか思食す、上行菩薩の再誕の人なるべしと覚へたり。

また、やはりわが国の道元は、法華経を重視し、その著『正法眼蔵《しょうぼうげんぞう》』中に数多く引用しているが、彼は病いを得て死に臨んだ時に「若於園中、若於林中、……諸仏於此、而般涅槃」の文を誦して柱に書きつけた後に、安祥として遷化したという。

爾時世尊。欲重宣此義。而說偈言

諸佛救世者　住於大神通　爲悅衆生故　現無量神力
舌相至梵天　身放無數光　爲求佛道者　現此希有事
諸佛謦欬聲　及彈指之聲　周聞十方國　地皆六種動
以佛滅度後　能持是經故　諸佛皆歡喜　現無量神力
囑累是經故　讃美受持者　於無量劫中　猶故不能盡
是人之功德　無邊無有窮　如十方虛空　不可得邊際

能持是經者　則爲已見我　亦見多寶佛　及諸分身者
又見我今日　教化諸菩薩　能持是經者　令我及分身
滅度多寶佛　一切皆歡喜　十方現在佛　幷過去未來
亦見亦供養　亦令得歡喜　諸佛坐道場　所得祕要法
能持是經者　不久亦當得　能持是經者　於諸法之義
名字及言辭　樂說無窮盡　如風於空中　一切無障礙
於如來滅後　知佛所說經　因緣及次第　隨義如實說
如日月光明　能除諸幽冥　斯人行世間　能滅衆生闇
教無量菩薩　畢竟住一乘　是故有智者　聞此功德利
於我滅度後　應受持斯經　是人於佛道　決定無有疑

爾《そ》の時に世尊、重ねて此《こ》の義を宣《の》べんと欲《ほっ》して、偈《げ》を説いて言《のたま》わく、

「諸仏救《しょぶっく》世者《せしゃ》　大神通に住して　衆生を悦《よろこ》ばしめんが為《ため》の故に　無量の神力を現じたもう。
舌相《ぜっそう》梵天に至り　身より無数《むしゅ》の光を放って　仏道を求むる者の為《ため》に　此《こ》の希有《けう》の事を現じたもう。
諸仏の謦欬《きょうがい》の声《こえ》　及び弾指《たんじ》の声《こえ》　周《あまね》く十方の国に聞こえて　地、皆六種に動ず。
仏の滅度の後に　能《よ》く是《こ》の経を持《たも》たんを以《もっ》ての故に　諸仏、皆、歓喜して　無量の神力を現じたもう。
是《こ》の経を嘱累《ぞくるい》せんが故に　受持の者を讃美すること　無量劫の中に於いてすとも　猶《なお》故尽くすこと能わじ。
是《こ》の人の功徳は　無辺にして窮《きわま》り有ること無けん　十方の虚空の辺際を得《う》べからざるが如し。

能《よ》く是《こ》の経を持《たも》たん者は　則ち為《こ》れ已《すで》に我を見　亦、多宝仏　及び諸の分身者《ふんじんしゃ》を見、又、我が今日教化せる諸の菩薩を見るなり。

能く是《こ》の経を持《たも》たん者は　我及び分身《ふんじん》　滅度の多宝仏をして　一切皆《みな》歓喜せしめ

十方現在の仏、并びに過去未来　亦《また》は見、亦《また》は供養し　亦は歓喜することを得せしめん。

諸仏の道場に坐して　得たまえる所の秘要の法　能《よ》く是《こ》の経を持《たも》たん者は　久しからずして亦《また》、当《まさ》に得べし。

能《よ》く是《こ》の経を持《たも》たん者は　諸法の義　名字《みょうじ》及び言辞《ごんじ》に於いて　楽説《ぎょうせつ》窮尽《ぐうじん》無きこと、風の空中に於いて一切障礙《しょうげ》無きが如くならん。

如来の滅後に於いて　仏の所説の経の　因縁及び次第を知って　義に随って実の如く説かん。

日月《にちがつ》の光明の　能《よ》く諸《もろもろ》の幽冥《ゆうみょう》を除くが如く　斯《こ》の人世間に行《ぎょう》じて　能《よ》く衆生の闇《やみ》を滅し、無量の菩薩をして　畢竟《ひっきょう》して一乗に住せしめん。

是《こ》の故に智有らん者　此《こ》の功徳の利を聞いて　我が滅度の後に於いて　応《まさ》に斯《こ》の経を受持すべし。是《こ》の人仏道に於いて　決定《けつじょう》して疑い有ること無けん」と。

〔訳〕その時に、世尊は重ねて以上の意義を述べようとされて、次のような詩頌を説かれた。

「この世の救済者である仏たちは　偉大な神通を帯して　衆生を悦ばしめようとされて　はかりしれないほどの神（通）力をあらわされた。(1)

その舌はブラフマンの神の天界に届き　身体から無数の光明を放たれて　仏への道を求めるも

のたちのために　このようなたぐいまれなことを現わされた。(2)

多くの仏たちの咳払いの声　それと指はじきの音声は　十方の国々にくまなく聞こえ　大地はすべて六とおりに震動した。(3)

仏の入滅の後に　この経典を保持しているからこそ　仏たちは歓喜して　はかりしれない神（通）力を現わされるのだ。(4)

この経典を委嘱しようとして　その（経を）受け保っているものを讃美されるけれども、　はかりしれない長時にわたって（讃美）しつづけたとしても　それでもまだ尽くすことはできない。(5)

その人の功徳は　はてしがなく、尽きることはないであろう。　それは十方の虚空が、その果てが知られないようなものである。(6)

この経典を保持することができるものは　とりもなおさず私（釈迦牟尼仏）を見、　また多宝仏と多くの（私の）分身（の仏たち）とを見、　また私が現在　教化した菩薩たちを見るのだ。(7)

この経典を保持することのできるものは　私と（私の）分身（の仏たち）と　入滅されている多宝仏とを　すべて歓喜させる。(8)

（彼は）十方に現在おられる仏たちと　及び過去と未来（の仏たち）とを　見たり、供養したり　あるいは歓喜させるであろう。(9)

仏たちがさとりの座に坐られて　獲得された秘密の法を　この経典を保持できるものは　すみやかに獲得するであろう。(10)

この経典を保持することができるものは　多くの教法の意義と　文字とことばとを　意のまま

に説いて尽きることがない。　それはあたかも風が空中では　何のさまたげもないかのようである。(11)

(彼は) 如来の入滅の後に　仏が説かれた経の　いわれとその次第とを知って　その意義に沿って、ありのままに説くであろう。(12)

太陽や月の光が　さまざまなうす暗い闇を除くことができるように　この人は世に活動して衆生の (心の) 闇を滅することができ　無量の菩薩たちを　ついには一乗 (の教え) にとどまらせるであろう。(13)

それ故、智慧あるものは　以上の功徳の利益を聞いて　私の入滅の後に　この経典を受け保つべきである。　この人は仏の道において　決定していて疑いがおこることはないであろう」と。(14)

以上の偈頌は、長行とほぼ同内容である。この偈頌は古くから愛誦されてきたが、特にわが国、日蓮は、末法の世における上行菩薩の出現を予言する文として重要視した。たとえば『生死一大事血脈鈔』には、「上行菩薩、末法今の時此《この》法門を弘《ひろめ》んが為に御出現之《これ》あるべき由、経文には見え候へども如何候やらん、上行菩薩出現すとやせん出現せずとやせん、日蓮先粗《まずほぼ》弘め候也」と述べ、偈の「如日月光明　能除諸幽冥　斯人行世間　能滅衆生闇」の四句二十字を、上行菩薩の出現を予言し讃美する句として重んじている。また、結末の「於我滅度後　応受持斯経　是人於仏道　決定無有疑」の四句を、受持成仏の肝文として重用している。偈頌の分科は次頁のとおりである。

- 偈頌
  - 仏現二神力一
  - 結二要勧持一
    - 総頌二四法一
    - 別頌二四法一
      - 頌二一切法一
      - 頌二神力一
      - 頌二秘要一
      - 頌二甚深之事一
    - 総頌レ結

以上で本章を終り、次に総付嘱である嘱累品に入る。

妙法蓮華經囑累品第二十二

爾時釋迦牟尼佛。從法座起。現大神力。以右手摩。無量菩薩摩訶薩頂。而作是言。我於無量。百千萬億。阿僧祇劫。修習是難得。阿耨多羅三藐三菩提法。今以付囑汝等。汝等應當一心。流布此法。廣令增益。如是三摩。諸菩薩摩訶薩頂。而作是言。我於無量。百千萬億。阿僧祇劫。修習是難得。阿耨多羅三藐三菩提法。今以付囑汝等。汝等當受持讀誦。廣宣此法。令一切衆生。普得聞知。所以者何。如來有大慈悲。無諸慳悋。亦無所畏。能與衆生。佛之智慧。如來智慧。自然智慧。如來是一切衆生。之大施主。汝等亦應。隨學如來之法。勿生慳悋。於未來世。若有善男子。善女人。信如來智慧者。當爲演說。此法華經。使得聞知。爲令其人。得佛慧故。若有衆生。不信受者。當於如來。餘深法中。示敎利喜。汝等若能如是。則爲已報。諸佛之恩。時諸菩薩摩訶薩。聞佛作是說已。皆大歡喜。遍滿其身。益加恭敬。曲躬低頭。合掌向佛。倶發聲言。如世尊勅。當具奉行。唯然世尊。願不有慮。諸菩薩摩訶薩衆。如是三反。倶發聲言。如世尊勅。當具奉行。唯然世尊。願不有慮。爾時釋迦牟尼佛。令十方來。諸分身佛。各還本土。而作是言。諸佛各隨所安。多寶佛塔。還可如故。說是語時。十方無量。分身諸佛。坐寶樹下。師子座上者。及多寶佛。并上行等。無邊阿僧祇。菩薩大衆。舍利弗等。聲聞四衆。及一切世間。天人阿修羅等。聞佛所說。皆大歡喜。

爾《そ》の時に釈迦牟尼仏、法座より起《た》って大神力を現じたもう。右の手《みて》を以《もっ》て無量の菩薩摩訶薩《まかさつ》の頂《いただき》を摩《な》でて、是《こ》の言《ことば》を作《な》したまわく、

「我《われ》、無量百千万億阿僧祇劫《あそうぎこう》に於いて、是《こ》の得難《えがた》き阿耨多羅三藐三菩提《あのくたらさんみゃくさんぼだい》の法を修習《しゅじゅう》せり。今、以《もっ》て汝等《なんだち》に付嘱《ふぞく》す。汝等《なんだち》よ、応当《まさ》に一心に此の法を流布《るふ》して、広く増益せしむべし」と。

是《かく》の如く三《み》たび諸《もろもろ》の菩薩摩訶薩の頂《いただき》を摩《な》でて、是《こ》の言《ことば》を作《な》したまわく、

「我、無量百千万億阿僧祇劫《あそうぎこう》に於いて、是《こ》の得難《えがた》き阿耨多羅三藐三菩提《あのくたらさんみゃくさんぼだい》の法を修習せり。今、以《もっ》て汝等に付嘱《ふぞく》す。汝等《なんだち》よ、当《まさ》に受持・読誦し、広く此《こ》の法を宣《の》べて、一切衆生をして、普く聞知《もんち》することを得せしむべし。所以《ゆえ》は何《いか》ん。如来は大慈悲有って、諸《もろもろ》の慳悋《けんりん》無く、亦《また》、畏《おそ》るる所《ところ》無くして、能《よ》く衆生に、仏の智慧、如来の智慧、自然《じねん》の智慧を与う。如来は是《こ》れ一切衆生の大施主なり。汝等《なんだち》よ、亦《また》、応《まさ》に随って如来の法を学すべし。慳《けん》悋《りん》を生ずること勿《なか》れ。未来世に於いて、若《も》し善男子・善女人有って、如来の智慧を信ぜん者には、当《まさ》に為《ため》に此《こ》の法華経を演説して、聞知《もんち》することを得せしむべし。其《そ》の人をして、仏慧《ぶって》を得せしめんが為《ため》の故なり。若《も》し衆生有って、信受せざらん者には、当《まさ》に如来の余《よ》の深法の中に於いて、示教利喜《じきょうりき》すべし。汝等《なんだち》よ、若《も》し能《よ》く是《かく》の如くせば、則ち為《こ》れ、已《すで》に諸仏の恩を報ずるなり」と。

時に諸《もろもろ》の菩薩摩訶薩《まかさつ》、仏の是《こ》の説を作《な》したもうを聞き已《おわ》って、皆、大いなる歓喜、其《そ》の身に遍満《へんまん》して、益《ますます》恭敬《くぎょう》を加え、躬《み》を曲げ頭《こうべ》を低《た》れ、合掌して仏に向かいたてまつりて、倶《とも》に声を発《はっ》して言《もう》さく、

「世尊の勅《みことのり》の如く、当《まさ》に具《つぶ》さに奉行《ぶぎょう》すべし。唯然《ゆいねん》、世尊よ、願わくは慮《うらおもい》したもうこと有《いま》さざれ」と。

諸《もろもろ》の菩薩摩訶薩衆、是《かく》の如く三反《さんべん》、倶《とも》に声を発《はっ》して言《もう》さく、

「世尊の勅《みことのり》の如く、当《まさ》に具《つぶ》さに奉行すべし。唯然《ゆいねん》、世尊よ、願わくは慮《うらおもい》したもうこと有《いま》さざれ」と。

爾《そ》の時に釈迦牟尼仏、十方より来《きた》りたまえる諸《もろもろ》の分身《ふんじん》の仏をして、各《おのおの》本土に還らしめんとして、是《こ》の言《みこと》を作

したまわく、

「諸仏は、各《おのおの》安《やす》らう所に随いたまえ。多宝仏の塔は、還《かえ》って故《もと》の如くしたもうべし」と。

是《こ》の語《みこと》を説きたもう時、十方無量の分身《ふんじん》の諸仏、宝樹下の師子座上に坐したまえる者、及び多宝仏、并びに上《じょう》行《ぎょう》等の無辺阿僧祇《あそうぎ》の菩薩大衆、舎利《しゃり》弗《ほっ》等の声聞《しょうもん》四衆、及び一切世間の天・人・阿修羅等、仏の所説を聞きたてまつりて、皆、大いに歓喜す。

〔訳〕その時に、釈迦牟尼仏は、教えの座から立ち上がって、偉大な神通の力を示現された。そして、右の手ではかりしれないほどの偉大な菩薩たちの頭をなでて、次のようなことばを述べられた。

「私は、はかりしれない百千万億の無数倍の劫という無限に長い年月にわたって、このえがたい無上の正しいさとりという法を習いおさめてきた。今、汝たちに（それを）委嘱しよう。汝らよ、一心にこの教法を流布して、広く世の恵みを増すように」と。

このように三度にわたって偉大な菩薩たちの頭を撫でて、（仏は）次のように言われた。

「私は、はかりしれない百千万億の無数倍の劫という、無限に長い年月にわたって、このえがたい無上の正しいさとりという法を習いおさめてきた。今、汝たちに（それを）委嘱しよう。汝らよ、この教法を受け保ち、読誦して、広く世に説き、あらゆる衆生たちがすべてのこらずそれを聞いて知ることができるようにせよ。なぜならば、如来には大いなる慈悲があって、物惜しみなどはなく、また畏れるものもなくて、衆生に、仏の智慧・如来の智慧・自然に現われた智慧を与えることができるからである。如来はあらゆる衆生たちに対する偉大な施主である。汝らも、（私を）見習って如来の教法を学習せよ。物惜しみの心をおこしてはならない。未来の世にあって、もし善男子・善女人が、如来の智慧を信じようとしたならば、彼らのためにこの法華経を説いて、聞き知ることができるようにせよ。それは、彼らに仏の智慧を得させようとするためである。もし、衆生が信じ受け入れようとしないならば、如来の（法華経以外の）他の奥深い教法を、示し、教え、利益を与えて喜ばしめよ。汝らよ、もしもこのようにすることができたならば、それはとりもなおさず、仏たちの恩に報いたことになるのである」と。

その時、偉大な菩薩たちは、仏が以上のことを説かれたのを聞いて、皆、大きな喜びに満たされ、ますます敬いの心を増して、その身体を曲げ、頭を垂れて、合掌して仏に向かい、一同に声をそろえて申し上げた。

「世尊の仰せのとおりに、遺漏なく実行致します。承知致しました。世尊よ、どうか願わくは、御心配されませんように」と。

多くの偉大な菩薩たちは、このように三度にわたって、同時に声をそろえて申し上げた。

「世尊の仰せのとおりに、遺漏なく実行致します。承知致しました。世尊よ、どうか願わくは、御心配されませんように」と。

その時に釈迦牟尼仏は、十方から集来した（釈迦牟尼仏の）分身の仏たちを、その各々の本土に帰らせようとして、次のように言われた。

「仏たちは、それぞれ安楽になされよ。多宝仏の塔は、再びもとのとおりになされよ」と。

仏がこのことばを言われた時に、十方のはかりしれないほどの多くの分身の仏たちで、宝樹の下の獅子座の上に坐られていた仏たちも、多宝仏も、それに上行などの数限りない菩薩たちの大勢の集まりも、舎利弗などの声聞の比丘・比丘尼・信男・信女、そしてこの世の天の神々、人間たち、阿修羅などのあらゆるものたちも、仏の説かれたことを聞いて、皆、大いに喜んだのである。

《以右手摩無量菩薩摩訶薩頂》右手で無量の菩薩大士たちの頭（頂き）を撫でられた、という意味。『正法華経』や梵本などでは、右手で菩薩たちの右手をとって、という。sarvāṃs tān bodhisattvān piṇḍīkṛtya dakṣiṇena pāṇina ṛddhyabhisaṃskāra-pariniṣpannena dakṣiṇahasteṣv adhyālambya… 〈それらすべての菩薩たちを一まとめにし、神通力を示現した右手で、（彼らの）右手をとって〉(p. 484, *ll.* 2—3)。**《付嘱》**教法を後世に広めるように委嘱すること。「嘱累」ともいう。原語は parindanā (√parind) あるいは nikṣepa (ni-√kṣip) **《慳悋》**「慳」も「悋」も、ものおしみすること。同義の二字を重ねた複合語。**《仏之智慧・如来智慧・自然智慧》**この三種の智慧の内容の区別は明らかではない。中国の注釈家も種々な解釈を与えている。たとえば、天台の『文句』では、仏の智慧を一切智に、如来の智慧を道種智に、自然智慧を一切種智に解しているが（巻十下）、基の『玄賛』では、仏智を一切種智に、如来智を一切智に配し、この二つは師なくして得られるので自然智とすると解す（巻十之本）。梵本では、buddhajñānasya dātā tathāgatajñānasya svayaṃbhūjñānasya dātā/ 〈仏の智慧を与え、如来の智慧、自身で存在する智慧の施与者である〉(p. 485. *l.* 2) とある。経の原意は内容上の区別が問題ではなく、仏の智慧を強調のために言い変えたものか。**《於如来余深法中》**如来の他の奥深い教法の中において、という意味。「余深法」とは、この法華経以外の深遠な教え、という意味で、天台ではこれを別教とする（『文句』巻十下）。**《示教利喜》**化城喩品第七の語注参照（本書上巻、四三五頁）。**《唯然》**応諾の意をあらわす語。「はい」というほどの意。方便品第二の語注参照（本書上巻、一三七頁)。

以上は嘱累品第二十二の全文である。前章では、仏によって本化地涌の菩薩たちに格別な付嘱(別付嘱)がなされたが、本章においては、迹化《しゃっけ》の菩薩たちや一切の会衆に対して付嘱がなされるということで前章と連絡する。本章の内容も、前章と同じく滅後における法華経流布の委嘱がそのテーマとなっているが、委嘱する相手が異なるわけである。本章の分科を示せば、次のようである。

- 明二如来摩頂付嘱一
  - 付嘱
    - 如来付嘱
      - 正付
      - 釈付
      - 誡付
    - 菩薩領受
    - 事畢唱散
  - 時衆歓喜

嘱累

嘱累《ぞくるい》、あるいは付嘱《ふぞく》ともいうのは、委嘱という意味である。誰が何を委嘱するかといえば、仏が滅度の後に、仏の教法を世に広めるという使命を弟子たちに委嘱するのである。前章で、仏は本化《ほんげ》の地《じ》涌《ゆ》の菩薩たちに対してこの法華経の滅後の弘通を委嘱された。そして本章においては、次に迹化《しゃっけ》の菩薩や一会のすべての大衆たちに対して滅後の弘通が託されるのである。迹化の菩薩とは、本化の菩薩に対する語で、迹仏としての釈尊の教化を受けた菩薩たちのことである。これには、この娑婆世界にいるもの、あるいは他方の国土から集まった菩薩たち、の二種類があった。先に従地踊出品第十五においては、他方から来た菩薩たちが仏の入滅後の弘経を申し出たのに対し、仏はこれをおしとどめられて、地涌の菩薩たちがその任に当たるといわれた。その仏のことばに応じて地より出現したのが上《じょう》行《ぎょう》菩薩らを上首とする本化地涌の菩薩たちであった。前章の神力品で釈尊はこれら本化の菩薩たちに対して滅後の弘経を委嘱され、そして本章では先に申し出を拒否された迹化の他方来の菩薩たちにも、そして一会のすべての大衆たちにも、滅後の弘経を委嘱されるのである。それ故、このすべてのものに対する付嘱を前章の別付嘱に対し、総付嘱と呼んでいる。

さて、釈迦牟尼仏は、法座より起たれると偉大な神通力を現わされて、右の手で一会の無量の数の菩薩たちの頂きを摩でられ、「我、無量百千万億阿《あ》僧祇《そうぎ》劫《こう》に於いて、この得難き阿耨多羅《あのくたら》三藐三菩提《さんみゃくさんぼだい》の法を修習せり。今、以て汝等《なんだち》に付嘱《ふぞく》す。汝等よ、応当《まさ》に一心に此の法を流布して、広く増益せしむべし」といわれた。そして三度にわたって菩薩たちの頂きを摩でることを繰り返されて、一会に居並ぶすべてのものたちにこの法華経の滅後弘通を委嘱されたのである。それは、如来には大慈悲があって、ものおしみせずに、仏の智慧をすべての生けるものに与える大施主である、汝たちも仏と同じようにものおしみせずに、未来の世において、人々に法華経を説いて仏の智慧を得させるようにせよ、ということばであった。一会の菩薩たちは、仏のこのことばを聞いて、やはり三度にわたってその領受の旨を仏に申し上げて、滅後の弘経を固く約束したのである。この総付嘱は、仏が多宝塔内の法座から起ってなされたので塔外の付嘱ともいい、また、菩薩たちの頂きを摩でられてなされたので摩頂付嘱とも呼んでいる。天台は、この総付嘱を次の三段に分けて解釈する。それは第一に「正付嘱」で、仏が菩薩たちに直截に付嘱をなされたことをいう。すなわち、最初から「今、以て汝等に付嘱す。汝等よ、当に受持読誦し、広く此の法を宣べて、一切衆生をして普く聞知することを得せしむべし」という仏のことばまでを正付嘱とするのである。そして第二は「釈付嘱」で、これは仏が、さとりの法である法華経を付嘱するその所以を説明した部分をこう呼ぶ。経文の「所以は何ん」から「汝等よ、亦、応に随って如来の法を学すべし。慳悋を生ずること勿れ」までの部分である。第三は「誡付嘱」で、仏が、未来世に人々のためにこの経を説いて人々に仏の智慧を得さしめよ、と菩薩たちに命令する部分である。経文では、第二段の続きから、「則ち為《こ》れ、已《すで》に諸仏の恩を報ずるなり」までに相当する（以上、『文句』巻十下）。仏滅後における法華経の弘通は、この経にとっては法師品以来の大きなテーマで、その使命の委嘱がこの総付嘱によって一応の結末がつけられるわけである。

仏はこの総付嘱が終ると、分身の諸仏をもとのそれぞれの仏国土に帰らしめ、また多宝塔をもとのとおりにその扉を閉めさせ（その扉を開けるには、分身の諸仏たちの集来が条件であった。見宝塔品第十一章を参照）、もとの場所に帰らしめたのである。そして釈迦牟尼仏も空中の多宝塔から降りられて、もとの霊鷲山の上に降り立たれた。これで法華経の会座の一つである虚空会《こくうえ》は終り、以後は再び霊鷲山に会座の場所が戻るのである。

ところで、法華経は本章をもって結末としても何らおかしくはない。大体、一経典の結末は付嘱によって締め括られるのが普通であって、この『妙法華』のように付嘱の後にさらに数章置かれているのが異例といってよい。事実、嘱累品がこの位置にあるのは、同じ法華経のテキストでもこの『妙法華』だけであって、『正法華』にしろ、梵本・チベット訳など、他の諸本すべてはこの嘱累品はみな経の最後に置かれている。『妙法華』の編集には他の諸本とは異なる特別な事情があったもののように思われる。本章以後に続く薬王菩薩本事品から終章の勧発品第二十八までの六章は、それぞれが内容上の相互の連絡は余りない。それで、これらの章は一応の完結をみた法華経に新たに付け加えられたもの、したがって成立史的には最も新しい層とみられてはいるが、しかし法華経の成立史についてはまだ十分な研究がなされておらず、今後の研究に待たざるをえない。

妙法蓮華經藥王菩薩本事品第二十三

爾時宿王華菩薩。白佛言。世尊。藥王菩薩。云何遊於。娑婆世界。世尊。是藥王菩薩。有若干百千萬億。那由他。難行苦行。善哉世尊。願少解說。諸天。龍神。夜叉。乾闥婆。阿修羅。迦樓羅。緊那羅。摩睺羅伽。人非人等。又他國土。諸來菩薩。及此聲聞衆。聞皆歡喜。爾時佛告。宿王華菩薩。乃往過去。無量恒河沙劫。有佛。號日月淨明德如來。應供。正遍知。明行足。善逝。世間解。無上士。調御丈夫。天人師。佛。世尊。其佛有八十億。大菩薩摩訶薩。七十二恒河沙。大聲聞衆。佛壽四萬二千劫。菩薩壽命亦等。彼國無有女人。地獄。餓鬼。畜生。阿修羅等。及以諸難。地平如掌。琉璃所成。寶樹莊嚴。寶帳覆上。垂寶華幡。寶瓶香爐。周遍國界。七寶爲臺。一樹一臺。其樹去臺。盡一箭道。此諸寶樹。皆有菩薩聲聞。而坐其下。諸寶臺上。各有百億諸天。作天伎樂。歌歎於佛。以爲供養。爾時彼佛。爲一切衆生憙見菩薩。及衆菩薩。諸聲聞衆。說法華經。

爾《そ》の時に、宿王華《しゅくおうけ》菩薩、仏に白《もう》して言《もう》さく、

「世尊よ、薬王《やくおう》菩薩は、云何《いかん》がしてか娑婆世界に遊ぶ。世尊よ、是《こ》の薬王菩薩、若干《そこばく》百千万億那由他《なゆた》の難行苦行有らん。善《よ》い哉《かな》、世尊よ、願わくは少しく解説《げせつ》したまえ。諸《もろもろ》の天・龍神・夜叉《やしゃ》・乾闥婆《けんだつば》・阿修羅・迦楼羅《かるら》・緊《きん》那羅《なら》・摩睺羅伽《まごらが》・人《にん》・非人《ひにん》等、又、他の国土より諸《もろもろ》の来れる菩薩、及び此の声聞衆、聞いて皆、歓喜せん」と。

爾《そ》の時に仏、宿王華菩薩に告げたまわく、

「乃往過去《ないおう》、無量恒河沙劫《ごうがしゃこう》に仏有《いま》しき。日月浄明徳《にちがつじょうみょうとく》如来・応供《おうぐ》・正遍知《しょうへんち》・明行足《みょうぎょうそく》・善逝《ぜんぜい》・世間解《せけんげ》・無上士《むじょうじ》・調御丈夫《ちょうごじょうぶ》・天人師《てんにんし》・仏《ぶつ》・世尊《せそん》と号《な》づけたてまつる。其《そ》の仏に八十億の大菩薩摩訶薩《まかさつ》、七十二恒河沙《ごうがしゃ》の大声聞《しょうもん》衆《じゅ》有り。仏の寿は四万二千劫、菩薩の寿命も亦《また》、等《ひと》し。彼《か》の国には、女人・地獄・餓鬼・畜生《ちくしょう》・阿修羅《あしゅら》等、及《およ》び以《び》諸難有ること無し。地の平《たい》らかなること掌《たなごころ》の如くにして、琉璃《るり》の所成《しょじょう》なり。宝樹もて荘厳《しょうごん》し、宝帳《ほうちょう》上に覆《おお》い、宝の華幡《けばん》を垂れ、宝瓶《ほうびょう》、香炉《こうろ》国界に周遍せり。七宝を台《うてな》と為して、一樹に一台あり。其《そ》の樹《き》、台を去ること一《いっ》箭道《せんどう》を尽《つ》くせり。此《こ》の諸《もろもろ》の宝樹に、皆、菩薩・声聞有って、其《そ》の下に坐《ざ》せり。諸《もろもろ》の宝台の上に、各《おのおの》百億の諸天有って、天の伎楽《ぎがく》を作《な》し、仏を歌歎《かたん》して、以《もっ》て供養を為《な》す。爾《そ》の時に、彼《か》の仏、一切衆生憙見《きけん》菩薩、及び衆《もろもろ》の菩薩、諸《もろもろ》の声聞衆の為《ため》に法華経を説きたもう。

〔訳〕その時に、宿王華菩薩は仏に申し上げた。

「世尊よ、薬王菩薩は一体どのようにしてこの娑婆世界におられるのでしょうか。世尊よ、この薬王菩薩には、幾百千万億ナユタという艱難辛苦《かんなんしんく》があるのではないでしょうか。どうでしょう。世尊よ、願わくは少しく解説して下さいますように。天の神々や龍神・夜叉《やしゃ》・乾闥婆《けんだつば》・阿修羅《あしゅら》・迦楼羅《かるら》・緊那《きんな》羅《ら》・摩睺羅伽《まごらが》・人間及び人間でないものたちと、また、他の国土からやってきた菩薩たちと、それにこれら（菩薩たちの）声聞の人々たちは、（それを）聞いたならば、皆、喜ぶことでしょう」と。

その時に、仏は宿王華菩薩に次のように告げられた。

「はるか昔、昔、ガンジス河の砂の数の無量倍という劫の昔に、仏がおられた。その名を、日月浄《にちがつじょう》明徳《みょうとく》如来・供養を受けるにふさわしい人・正しくあまねき智慧をそなえた人・智と実践とが完全にそなわった人・さとりに到達した人・世界のすべてに通じている人・最上の人・人間の調教師・天の神々と人々との師・仏・世尊といった。その仏には八十億の菩薩大士と、ガンジス河の砂の数の七十二倍の数の大声聞たちとがいた。仏の寿命は四万二千劫であり、菩薩の寿命もまたそれと等しかった。その仏国土には、女性や地獄・餓鬼・畜生・阿修羅など（の悪しき境界）は存在せず、またさまざまな災難もなかった。その地の平坦なことは、あたかも掌のようで、瑠璃からできていた。宝樹によって（その国土は）おごそかに飾られ、宝玉づくりの帳《とばり》がその上を覆っていた。宝の華の幡のぼりが垂らされ、宝の瓶や香炉は国中にくまなく充満していた。七宝によって楼閣を造り、一本の（宝）樹の（もと）に一つの楼台があった。その楼閣から矢の届く距離ごとに（宝）樹があった。これら多くの宝樹ごとに菩薩と声聞たちがおり、その（宝樹の）下に坐っていた。多くの宝玉づくりの楼閣の上には、それぞれ百億の天の神々がいて天上の伎楽を奏し、仏を歌で歎えて供養していた。その時、かの仏は一切衆生憙見《いっさいしゅじょうきけん》菩薩と多くの菩薩、多くの声聞たちのために法華経を説かれたのである。

《宿王華菩薩》Nakṣatrarājasaṃkusumitābhijña（星宿王によって開華された神通を有する者）の訳。本経の本章のみに現われる菩薩の名。**《薬王菩薩》**Bhaiṣajyarāja（薬の王者）の訳。本経では、序品、法師品にもこの菩薩が登場する。本経以外では、『無量義経』『華厳経』『普曜経』などにもその名がみえる。**《乃往過去》**はるか昔、昔、の意。化城喩品第七の語注参照（本書上巻、三八五頁）。**《日月浄明徳如来》**Candrasūryavimalaprabhāsaśrī（月と太陽の汚れなき輝きによって吉祥なる者）の訳。**《一箭道》**一矢の道すじ、の意。矢の届く距離を単位としたものか。吉蔵の『義疏』では二里という（巻十一）。《一切衆生憙見菩薩》Sarvasattvapriyadarśana（生けるものすべてが見て喜ぶ者）の訳。

本段から薬王菩薩本事品である。本章では有名な焼身供養が説かれ、薬王菩薩の過去前世における苦行の功徳を説いて修行者の法華経実践を勧奨し、また法華経受持の功徳を広説して、経の流通を促すのである。天台は経を序品から安楽行品までの前半を迹門、従地踊出品から勧発品までの後半十四章を本門とに分け、本迹両門をそれぞれ序分・正宗分・流通分の三段に分けた（二経六段）。本門についていえば、従地踊出品が序分、同じ踊出品の後半から、寿量品、及び分別功徳品の前半までを正宗分、分別功徳品の後半から最後の勧発品までを流通分としたのである。そして、この流通分のうち前々章の如来神力品から終章の勧発品までの八章を付嘱流通としたのである。さらにそのうちの、神力品と嘱累品を嘱累流通と呼んで、付嘱流通の要めとし、また本章の薬王菩薩本事品から妙荘厳王品第二十七までの五章を化他の流通、最後の勧発品を自利の流通としている。それ故、天台の分科によれば本章は、本門流通分の中の付嘱流通、さらにその中の化他の流通ということになる。このうち、本章と次章の妙音菩薩品とは、苦行を通じて衆生教化をなし、この法華経の付嘱を説いて経の流通をはかるというわけである。本章の分科を略出すると、次頁のようになる。

- 勗弘法師苦行乗乗
  - 問
    - 通問二遊戯一
    - 別問二苦行一
    - 請答
  - 答
    - 答二苦行一
      - 明二事本一
        - 時節
        - 有二仏声聞一
        - 国土荘厳
      - 明二本事一
        - 仏説法
        - 修二供養一
          - 現在
            - 修行得レ報
            - 作念報恩
              - 三昧力
              - 正報身力
          - 未来
            - 生二王家一
            - 説二本事一
            - 往二仏所一
            - 如来付嘱
            - 奉レ命任持
              - 起塔
              - 焼臂
              - 利益
        - 結会
          - 結会
          - 勧修
    - 歎経（後出）

是一切衆生憙見菩薩。樂習苦行。於日月淨明德佛法中。精進經行。一心求佛。滿萬二千歲已。得現一切色身三昧。得此三昧已。心大歡喜。卽作念言。我得現一切色身三昧。皆是得聞。法華經力。我今當供養。日月淨明德佛。及法華經。卽時入是三昧。於虛空中。雨曼陀羅華。摩訶曼陀羅華。細末(1)堅黑栴檀。滿虛空中。如雲而下。又雨海此岸。栴檀之香。此香六銖。價直娑婆世界。以供養佛。作是供養已。從三昧起。而自念言。我雖以神力。供養於佛。不如以身供養。卽服諸香。栴檀薰陸。兜樓婆。畢力迦。沈水。膠香。又飲瞻蔔。諸華香油。滿千二百歲已。香油塗身。於日月淨明德佛前。以天寶衣。而自纏身(2)。灌諸香油。以神通力願。而自然身。光明遍照。八十億恒河沙世界。其中諸佛。同時讃言。善哉善哉。善男子。是眞精進。是名眞法。供養如來。若以華香瓔珞。燒香末(3)香塗香。天繒幡蓋。及海此岸栴檀之香。如是等種種。諸物供養。所不能及。假使國城。妻子布施。亦所不及。善男子。是名第一之施。於諸施中。最尊最上。以法供養。諸如來故。作是語已。而各默然。其身火燃。千二百歲。過是已後。其身乃盡。

(1)(3)末＝抹　(2)身＝身已

是《こ》の一切衆生憙見菩薩《いっさいしゅじょうきけんぼさつ》、楽《ねが》って苦行を習い、日月浄明徳仏《にちがつじょうみょうとくぶつ》の法の中に於いて、精進経行《しょうじんきょうぎょう》して、一心に仏を求むること万二千歳を満じ已《おわ》って、現一切色身三昧《げんいっさいしきしんさんまい》を得《う》。此《こ》の三昧を得《え》已《おわ》って、心大《おお》いに歓喜して、即ち念言《ねんごん》を作《な》さく、

『我《われ》、現一切色身三昧を得たるは、皆是《こ》れ法華経を聞くことを得る力なり。我、今、当《まさ》に日月浄明徳仏、及び法華経を供養すべし』と。

即時《そくじ》に是《こ》の三昧に入って、虚空の中に於いて、曼陀羅華《まんだらけ》・摩訶曼陀羅華《まかまんだらけ》・細末堅黒《さいまつけんこく》の栴檀《せんだん》を雨《ふら》し、虚空の中に

満《み》てて、雲の如くにして下《くだ》し、又、海此岸栴檀《かいしがんせんだん》の香を雨《ふら》す。此《こ》の香の六銖《ろくしゅ》は、価直《あたい》娑婆《しゃば》世界なり。以《もっ》て仏に供養す。是《こ》の供養を作《な》し已《おわ》って、三昧より起《た》って自《みずか》ら念言《ねんごん》すらく、

『我《われ》、神力《じんりき》を以《もっ》て、仏を供養すと雖《いえど》も、身《み》を以《も》て供養せんには如《し》かじ』と。

即ち、諸《もろもろ》の香《こう》・栴檀《せんだん》・薫陸《くんろく》・兜楼婆《とるば》・畢力迦《ひつりきが》・沈水《じんすい》・膠香《きょうこう》を服《ふく》し、又、瞻蔔《せんぼく》、諸《もろもろ》の華香油《けこうゆ》を飲むこと、千二百歳を満《みた》し已《おわ》って、香油を身に塗《ぬ》り、日月浄明徳仏の前《みまえ》に於いて、天の宝衣《ほうえ》を以《もっ》て自《みずか》ら身に纒《まと》い、諸《もろもろ》の香油を灌《そそ》ぎ、神通力の願を以《もっ》て、自《みずか》ら身を然《もや》して、光明遍《あまね》く八十億恒河《ごうが》沙《しゃ》の世界を照らす。其《そ》の中の諸仏、同時に讃《ほ》めて言《のたま》わく、

『善《よ》い哉《かな》、善《よ》い哉《かな》。善男子よ、是《こ》れ真《しん》の精進なり。是《こ》れを真《しん》の法をもって如来を供養すと名づく。若《も》し華《け》・香《こう》・瓔珞《ようらく》・焼香・末香《まっこう》・塗香《ずこう》・天繒《てんぞう》・幡蓋《ばんがい》、及び海此岸栴檀《かいしがんせんだん》の香《こう》、是《かく》の如き等《ら》の種種の諸物《しょもつ》を以《もっ》て供養すとも、及ぶこと能《あた》わざる所なり。仮使《たとい》、国城《こくじょう》・妻子をもって布施《ふせ》すとも、亦《また》及ばざる所なり。善男子よ、是《こ》れを第一の施《せ》と名づく。諸《もろもろ》の施《せ》の中に於いて、最尊最上なり。法の供養を以てすればなり』と。

諸《もろもろ》の如来、故《ことさ》らに是《こ》の語《みこと》を作《な》し已《おわ》りて、各《おのおの》黙然《もくねん》したもう。其《そ》の身《み》の火、燃《も》ゆること千二百歳、是《こ》れを過ぎて已後《いご》、其《そ》の身乃《すなわ》ち尽《つ》きぬ。

〔訳〕この一切衆生憙見菩薩《いっさいしゅじょうきけんぼさつ》は、求めて苦行を修習し、日月浄明徳仏の教えのもとに、精進し、歩き廻り、一心に仏を求め続けて、一万二千年が経過した。そして現一切色身三昧《げんいっさいしきしんさんまい》（あらゆる身体を示現するという名の三昧）を獲得した。この三昧を得るや、（彼は）大いに喜んで、次のように考えた。

『私が現一切色身三昧を獲得できたのは、すべて法華経を聞くことができたおかげである。私は、今、日月浄明徳仏と法華経とに供養をなそう』と。

そこで（彼は）ただちにこの三昧に入って、空中から曼陀羅《まんだら》と摩訶曼陀羅《まかまんだら》の花々と、細かい粉末にした堅黒梅檀《けんこくせんだん》とを雨降らせて空中を充たし、それらを雲のように地上に下し、また海此岸梅檀《かいしがんせんだん》の香を雨降らした。これらの香の六銖《しゅ》（約十グラム）の価値は娑婆世界（全体）にも相当するものであり、それによって仏に供養したのである。彼は供養をなしおえて三昧から立ち上がると、このように考えた。『私は、神通力によって仏に供養をなしたけれども、それも（私自身の）身体を供養するには及ばないであろう』と。

そこで、彼はさまざまな香の、梅檀・薫陸《くんろく》・兜楼婆《とるば》・畢力迦《ひつりきが》・沈水《じんすい》・膠香《きょうこう》などを食べ、瞻蔔《せんぼく》などのさまざまな香油を飲み続けて、千二百年が経った。そしてその後、香油を身体に塗って、日月浄明徳仏の面前において、天上の宝衣を身に著け、さまざまな香油を身にそそいで、神通力の願によって、自身に火をつけた。（その火の）光明は、ガンジス河の砂の数の八十億倍の世界をくまなく照らした。その中におられた多くの仏たちは、同時に次のように讃められた。

『すばらしい、すばらしいことだ。善男子よ、これこそ真実の精進である。これこそ真実の法によって如来を供養すると名づけるものだ。たとい、花・香・装身具・焼香・粉末の香・塗り香・天上の絹の旗・天蓋・海此岸梅檀香、などのさまざまな供物によって供養したとしても、及ぶものではない。たとい王国や妻子を布施したとしても、また及ぶところではない。善男子よ、これこそ第一の布施と名づけるものである。多くの布施の中で、最も尊く、最もすぐれたものである。それは、教法に対する供養をなしたからである』と。

仏たちは以上のことばをわざわざ語りおえられると、それぞれじっと沈黙を守られていた。彼の身体の燃える火は千二百年の間、燃え続けて、そしてそれを過ぎて後、その身は燃え尽きたのである。

《経行》あちこちを静かに歩きまわること。修行中の身心を整えるための運動をいう。原語は caṅkrama. 梵本では、caṅkramābhirūḍho 'bhūn（経行の場に住した）〈p. 405. *l.* 13〉という。**《現一切色身三昧》**普現色身三昧ともいう。あらゆる身体（色身）を示現するという名の三昧。sarvarūpasaṃdarśanasamādhi の訳。**《即時》**ただちに、の意の副詞。六朝訳経期に多くみられる口語表現の複合語。**《細末堅黒栴檀》**細かく粉末にした堅黒栴檀（栴檀の一種）のこと。原語は kālānusāri-candana といい、随時栴檀とも訳される。kālānusārin は安息香樹から採れる安息香のことをいうが、これに類似した栴檀の一種のことか。**《海此岸栴檀》**海辺に生える栴檀の意で、栴檀の一種。原語は uragasāracandana. uraga は蛇、sāra は心髄の意味であることから蛇心栴檀と訳される。そして、この訳語が正しく、海此岸栴檀は誤訳だとする説があるが（渡辺照宏『法華経物語』二四九頁）、ura はサンスクリットと関係の深いドラビダ語では「海辺」の意があるとして、誤訳説に対する反論もある（金森天章『現代訓読法華経』四六二―三頁）。**《六銖》**「銖」は秤量の単位で、きわめて軽量な目方をあらわす。時代によって変遷があるが、一例を挙げると唐代では黍《きび》一〇〇粒の重さを一銖とした。唐の武徳四年（六二一）に鋳造された開元通宝は一枚が二・四銖で、この貨幣が基準となり、のち重量の単位とされた。この貨幣十枚が一両（二四銖）で、一両は十匁で三七・五グラムとされるから、逆算すると一銖は一・五六グラムほどか。六銖はこの六倍の重さとなる。サンスクリットでは ekaḥ karṣa（一カルシャ）といい（p. 406. *ll.* 9―10）、これが価値的に娑婆世界全体に相当するという。karṣa は重さの単位で、約十八グラムという。**《薫陸》**kunduruka の音写。インドニュウコウの木から採れる芳香のある樹脂を薫陸、あるいは乳香（オリバナム）という。インドニュウコウは、ビハール州やデカン高原に多く生える樹高十数米のカンラン科の喬木。《兜楼婆》turuṣka の音写。香草をまぜあわせたもの。白茅香とも訳す。一説に白茅香は、安息香・栴檀・龍脳などを混ぜ合わせてできる香りのよい香をいうとする。《畢力迦》pṛkkā の音写。触香とも訳す。諸説あって、丁子の木（丁香が採れる）とも、モクセイ科のヨルソケイの木ともいう。いずれも香料が採れる樹木である。《沈水》沈香のこと。第十九章法師功徳品の語注「沈水香」を参照（九二〇頁）。《膠香》ねばりけのある樹脂のような香か。詳細不明。《瞻蔔》第十七章分別功徳品の語注参照（八六七頁）。《以法供養、諸如来故》従来、この句は「法を以て諸の如来を供養するが故に」と訓んでいるが、これでは意味が通らない。諸仏が一切衆生憙見菩薩を讃歎したのは、彼が自身の身を焼いて法華経という法に供養をなしたからであり、諸仏はそれを最尊最上の施と称讃しているのであるから、「以法供養」は「法の供養を以てすればなり」とでも訓んで、最尊最上の施である理由を示す文と解釈するのが妥当である。したがって、この「供養」の語は「諸如来」にかかる動詞ではなく、「法」と結合した名詞と解釈する。次段の冒頭にある「一切衆生憙見菩薩、作如是法供養已」の文では、「是の如き法の供養を作し已って」と解釈され、右のことを裏づける。そうなると、「諸如来」は動詞「供養」の目的語ではなく、次に続く文の主語となることになる。そして、「諸如来」の次の「故」の語は、理由を示す接続詞ではなく、「ことさらに」の意味をあらわす副詞と解釈する。前掲の金森『現代訓読法華経』では、右の解釈とほぼ同じ理解を示す（三九四頁）。

本段は、一切衆生憙見菩薩が、日月浄明徳仏のもとで一心に精進努力し、その結果、現一切色身三昧を獲得することができて大いに歓喜した、それは日月浄明徳と法華経のおかげであるとして、その供養のためにみずからの身体を燃やして供養することを述べた段である。これは焼身供養といわれて後世に伝えられている。本段は、科段でいうと（九九九頁）、本章を「問」と「答」に二分するうちの「答」の中の、「答苦行」中の「明事本」で、さらにその中を三分するうちの「時節」に相当する。

一切衆生憙見菩薩。作如是法供養已。命終之後。復生日月淨明德佛國中。於淨德王家。結加(1)趺坐。忽然化生。卽爲其父。而說偈言

大王今當知　我經行彼處　卽時得一切　現諸身三昧
懃(2)行大精進　捨所愛之身　(3)供養於世尊　爲求無上慧(3)

說是偈已。而白父言。日月淨明德佛。今故現在。我先供養佛已。得解一切衆生。語言陀羅尼。復聞是法華經。八百千萬億那由他。甄迦羅。頻婆羅。阿閦婆等偈。大王。我今當還。供養此佛。白已。卽坐七寶之臺。上昇虛空。高七多羅樹。往到佛所。頭面禮足。合十指爪。以偈讚佛

容顏甚奇妙　光明照十方　我適曾供養　今復還親覲(4)

爾時一切衆生憙見菩薩。說是偈已。而白佛言。世尊。世尊猶故在世。爾時日月淨明德佛。告一切衆生憙見菩薩。善男子。我涅槃時到。滅盡時至。汝可安施床座。我於今夜。當般涅槃。又勅一切衆生憙見菩薩。善男子。我以佛法。囑累於汝。及諸菩薩大弟子。幷阿耨多羅三藐三菩提法。亦以三千大千七寶世界。諸寶樹寶臺。及給侍諸天。悉付於汝。我滅度後。所有舍利。亦付囑汝。當令流布。廣設供養。應起若干千塔。如是日月淨明德

佛。勅一切衆生憙見菩薩已。於夜後分。入於涅槃。爾時一切衆生憙見菩薩。見佛滅度。悲感懊惱。戀慕於佛。卽以海此岸栴檀爲積。供養佛身。而以燒之。火滅已後。收取舍利。作八萬四千寶瓶。以起八萬四千塔。高三世界。表刹莊嚴。垂諸幡蓋。懸衆寶鈴。

(1)加＝跏　(2)懃＝勤　(3)……　……(3)＝春日本に、この二句十字なし。(4)覲＝近

一切衆生憙見菩薩《いっきいしゅじょうきけんぼさつ》、是《かく》の如き法の供養を作《な》し已《おわ》って、命終《みょうじゅう》の後《のち》に、復、日月浄明徳仏《にちがつじょうみょうとくぶつ》の国の中に生《しょう》じて、浄徳王の家に於いて、結加趺坐《けっかふざ》して忽然《こつねん》に化生《けしょう》し、即ち其《そ》の父の為《ため》に、而《しか》も偈《げ》を説いて言《もう》さく、

『大王よ、今、当《まさ》に知るべし　我《われ》、彼《か》の処《ところ》に経行《きょうぎょう》して　即時《そくじ》に一切《いっさい》　現諸身三昧《げんしょしんさんまい》を得《う》　大精進を懃《ごん》
行《ぎょう》して　所愛《しょあい》の身《み》を捨てにき　世尊を供養して　無上慧《むじょうえ》を求めんが為《ため》なり』と。

是の偈《げ》を説き已《おわ》りて、父に白《もう》して言《もう》さく、

『日月浄明徳仏は、今、故現《なおげん》に在《いま》す。我《われ》、先に仏を供養し已《おわ》って、解《げ》一切衆生語言陀羅尼《いっさいしゅじょうごごんだらに》を得《え》、復《また》、是《こ》の法華経の八百千万億那由他《なゆた》・甄迦羅《けんがら》・頻婆羅《びんばら》・阿閦婆《あしゅくば》等《とう》の偈《げ》を聞けり。大王よ、我　今、当《まさ》に還《かえ》って此《こ》の仏を供養すべし』と。

白《もう》し已《おわ》って、即ち七宝の台《うてな》に坐し、虚空に上昇《のぼ》ること高さ七多羅樹《しったらじゅ》にして、仏所《ぶっしょ》に往到《おうとう》し、頭面《ずめん》に足《みあし》を礼《らい》し、十の指爪《しそう》を合わせて、偈《げ》を以《もっ》て仏を讃《ほ》めたてまつる。

『容顔甚《ゆうげんはなは》だ奇妙にして　光明《こうみょう》十方を照らしたもう　我《われ》、適曾《むかし》供養し　今、復還《またかえ》って親覲《しんきん》したてまつる』

と。

爾《そ》の時に一切衆生憙見菩薩《いっきいしゅじょうきけんぼさつ》、是《こ》の偈《げ》を説き已《おわ》って、仏に白《もう》して言《もう》さく、

『世尊よ、世尊は猶故《なお》世に在《ましま》すや』と。

爾《そ》の時に日月浄明徳仏、一切衆生憙見菩薩に告《つ》げたまわく、

『善男子よ、我、涅槃《ねはん》の時到り、滅尽《めつじん》の時至りぬ。汝よ、床座《しょうざ》を安施《あんせ》すべし。我、今夜に於いて、当《まさ》に般涅槃《はつねはん》すべし。』

又、一切衆生憙見菩薩に勅《みことのり》したまわく、

『善男子よ、我、仏法を以《もっ》て汝に嘱累《ぞくるい》す。及び諸《もろもろ》の菩薩・大弟子《だいでし》、并びに阿耨多羅三藐三菩提《あのくたらさんみゃくさんぼだい》の法、亦《また》三千大千の七宝の世界、諸《もろもろ》の宝樹《ほうじゅ》・宝台、及び給侍《きゅうじ》の諸天《しょてん》を以《もっ》て、悉く汝に付《ふ》す。我が滅度《めつど》の後の所有《しょう》の舎利《しゃり》、亦《また》、汝に付嘱《ふぞく》す。当《まさ》に流布せしめ、広く供養を設《もう》くべし。応《まさ》に若干千《そこばくせん》の塔を起《た》つべし』と。

是《か》くの如く日月浄明徳仏、一切衆生憙見菩薩に敕《みことのり》し已《おわ》って、夜の後分《ごぶん》に於いて涅槃に入りたまいぬ。

爾《そ》の時に、一切衆生憙見菩薩は、仏の滅度《めつど》を見て悲感懊悩《ひかんおうのう》して、仏を恋慕《れんぼ》したてまつり、即ち海此岸栴檀《かいしがんせんだん》を以《もっ》て積《つみき》と為《な》して、仏身を供養して、以《もっ》て之《これ》を焼きたてまつる。火滅《き》えて已後《いご》、舎利《しゃり》を収取《しゅうしゅ》し、八万四千の宝瓶《ほうびょう》を作って、以《もっ》て八万四千の塔を起《た》つること、三世界より高く、表刹《ひょうせつ》もて荘厳《しょうごん》して、諸《もろもろ》の幡蓋《ばんがい》を垂《た》れ、衆《もろもろ》の宝鈴《ほうりょう》を懸《か》けたり。

〔訳〕一切衆生憙見菩薩は、このような教法に対する供養をなしおわって、その命を終えた後に、再び日月浄明徳仏《にちがつじょうみょうとくぶつ》のおわす国に生まれた。浄徳王の家に、結跏趺坐したまま突然に何の原因にもよらずに生まれたのである。そこで彼は、父に詩頌によって次のように語った。

『大王よ、知って下さい。私はあの場所を歩き廻って　ただちに　一切現諸身という三昧を獲得しました。　大いに精進努力し　いとしいこの身体を捨てたのです。　世尊に供養し　無上の智慧を求めたからなのです』と。(1)

以上の詩頌を語りおえると、彼は父に向かって、次のように言った。

『日月浄明徳仏は、今もなおこの世におられます。私は前生で仏に供養をなし、あらゆる生きものたちの言葉を理解するダーラニーを獲得し、また法華経の八百千万億のナユタ倍・カンカラ倍・ヴィヴァラ倍・アクショービヤ倍という多数の詩頌を聞きました。大王よ、私は、今、また再びこの仏に供養いたします』と。

このように言ったのち、彼は七宝づくりの楼閣の上に坐った。空中にターラ樹の七倍の高さにまで上昇して、仏のところに到り、仏のおみあしを頭面につけて礼拝し、十本の指の爪を合わせて、詩頌によって仏を次のように讃歎した。

『御尊顔は世にもまれなほど美しく　光明は十方に輝いております。私はその昔に供養をいたしました。そして、今、再び、おめみえいたします』と。(2)

その時、一切衆生憙見菩薩は、この詩頌を語りおえて、仏に申し上げた。

『世尊よ、世尊はまだこの世にとどまられておられますでしょうか』と。

その時、日月浄明徳仏は、一切衆生憙見菩薩に告げられた。

『善男子よ、私は（いまや）入滅の時期が近づき、尽き果てる時がやってきた。汝よ、臥床をととのえよ。私は、今夜、入滅するであろう』と。

また、一切衆生憙見菩薩に次のように仰せになった。

『善男子よ、私は仏の教法を汝に委嘱しよう。また、多くの菩薩たち、大弟子たち、それに無上の正しいさとりの法をもである。また、七宝よりなる全宇宙世界、多くの宝樹、宝づくりの楼閣、それにそばに仕える天子たちも、ことごとく汝に委嘱しよう。私が入滅した後に、（私の）すべての遺骨も、また汝に委嘱しよう。（その遺骨を）世に弘めて、広く供養を設けよ。何千もの塔を建立せよ』と。日月浄明徳仏は、以上のように一切衆生憙見菩薩に命じ終えられて、その夜の明け方に涅槃に入られたのである。

その時、一切衆生憙見菩薩は、仏の入滅を見て、嘆き悲しんで懊悩し、仏を慕って、海此岸栴檀を積んで仏の身体に供養し、そしてそれを荼毘に付した。その火が消えた後に、遺骨を集めて拾い、八万四千の宝づくりの瓶を作って、（それを納める）八万四千の塔廟を建てた。その塔廟は、梵天界よりも高く、塔上に竿をつけて飾り、それに旗や天蓋をつけて垂らし、それには多くの宝の鈴がついていた。

《浄徳王家》「浄徳」はVimaladattaの訳。王の名。第二十七章妙荘厳王品では、王妃の名として出る。**《化生》**何の原因にもよらず、忽然として生ずる生まれ方で、四生の一つ。原語はaupapādika. **《一切現諸身三昧》**あらゆる身体を示現することのできる三昧のこと。**《供養於世尊　為求無上慧》**この二句は春日本にないばかりでなく、梵本・『正法華』にもない。**《解一切衆生語言陀羅尼》**あらゆる生けるものの言語を理解する陀羅尼。sarvarutakauśalya dhāraṇī の訳。**《八百千万億那由他・甄迦羅・頻婆羅・阿閦婆等偈》**『倶舎論』では「億」はkoṭiの訳語で一千万、「那由他」はnayutaの音写で一千億に相当する。「甄迦羅」はkaṅkaraの音写で、第十六桁の数の名、「頻婆羅」はvivara（又はbiṃbara）の音写で、第十八桁の数の名、「阿閦婆」はakṣobhyaの音写で、第二十桁の数の名をいうとする。以上のことから、八百×千×万×

一千万×一千億×10^{15}×10^{17}×10^{19}という巨大な数になる。法華経の偈の数は、第二十章の常不軽菩薩品でも二十千万億と表わされていた。**《高七多羅樹》** ターラ樹の七倍の高さ。「多羅」は Tāla の音写で、樹木の名。ヤシの木の一種で、和名オオギヤシ。樹高三十メートルほどの大木となり、葉や花・実などの利用価値が高い。高さの尺度にしばしば用いられるが、厳密な数値をあらわすものではないようである。この葉を古代では紙の代用として用い、貝多羅葉と呼ばれる。**《八万四千》** この数字は仏典中で多くの数を表わすのに用いられる。ここの場合のように宝瓶や、塔、のほか、相好・煩悩・法門などの形容句として使用される。**《三世界》** 欲界・色界・無色界の三界、あるいは色界の初禅天・二禅天・三禅天などとする解釈があって、三世界がいずれの世界を意味するかは判然としない。梵本と『正法華経』では、梵天界（Brahma-loka）とする。**《表刹》** 第十七章分別功徳品の語注参照（八六六頁）。

以上は、みずからの身体を燃やして日月浄明徳仏に供養した一切衆生憙見菩薩が、再び仏のもとに生まれかわり、仏の涅槃入滅をみとって、仏の遺骨を八万四千の宝瓶に入れ、それを八万四千の塔廟に納めたところまでである。科段でいえば、「明本事」の第二「修供養」に現在と未来とがあるうちの、未来の「奉命任持」の第一「起塔」までに相当する（九九九頁参照）。

爾時一切衆生憙見菩薩。復自念言。我雖作是供養。心猶未足。我今当更。供養舎利。便語諸菩薩大弟子。及天。龍。夜叉等。一切大衆。汝等当一心念。我今供養。日月浄明徳佛舎利。作是語已。即於八萬四千塔前。然百福莊嚴臂。七萬二千歳。而以供養。令無數求聲聞衆。無量阿僧祇人。發阿耨多羅三藐三菩提心。皆使得住。現一切色身三昧。爾時諸菩薩。天人阿修羅等。見其無臂。憂惱悲哀。而作是言。此一切衆生憙見菩薩。是我等師。教化我者。而今燒臂。身不具足。于時一切衆生憙見菩薩。於大衆中。立此誓言。我捨兩臂。必當得佛。金色之身。若實不虛。令我兩臂。還復如故。作是誓已。自然還復。由斯菩薩。福德智慧。淳厚所致。當爾之時。三千大千世界。六種震動。天雨寶華。一切人天(1)。得未曾有。佛告宿王華菩薩。於汝意云何。一切衆生憙見菩薩。豈異人乎。今藥王菩薩是也。其所捨身布施。如是無量。百千萬億。那由他數。宿王華。若有發心。欲得阿耨多羅三藐三菩提者。能燃手指。乃至足一指。供養佛塔。勝以國城妻子。及三千大千國土。山林河池。諸珍寶物。而供養者。

(1)人天＝天人

爾《そ》の時に一切衆生憙見菩薩《いっさいしゅじょうきけんぼさつ》、復《また》、自《みずか》ら念言《ねんごん》すらく、

『我《われ》、是《こ》の供養を作《な》すと雖《いえど》も、心猶未《こころなおいま》だ足《た》らず。我、今、当《まさ》に更舎利《またしゃり》を供養すべし』と。

便《すなわ》ち諸《もろもろ》の菩薩・大弟子《だいでし》、及び天・龍・夜叉《やしゃ》等の一切の大衆《だいしゅ》に語《かた》らく、

『汝等《なんだち》よ、当《まさ》に一心に念ずべし。我、今、日月浄明徳仏《にちがつじょうみょうとくぶつ》の舎利《しゃり》を供養せん』と。

是《こ》の語《ことば》を作《な》し已《おわ》って、即ち八万四千の塔の前に於いて、百福荘厳《ひゃくふくしょうごん》の臂《ひじ》を然《もや》すこと七万二千歳にして、以《もっ》て供養す。無数《むしゅ》の声聞《しょうもん》を求むる衆《しゅ》、無量阿僧祇《あそうぎ》の人をして、阿耨多羅三藐三菩提《あのくたらさんみゃくさんぼだい》の心を発《おこ》さしめ、皆、現一切色身《げんいっさいしきしん》三昧《さんまい》に住することを得《え》せしむ。

爾《そ》の時に、諸《もろもろ》の菩薩・天・人・阿修羅《あしゅら》等、其《そ》の臂《ひじ》無きを見て、憂悩悲哀《うのうひあい》して是《こ》の言《ことば》を作《な》さく、

『此《こ》の一切衆生憙見菩薩は、是《こ》れ我等が師、我を教化《きょうけ》したもう者なり。而《しか》るに今、臂《ひじ》を焼いて身具足《みぐそく》したまわ

ず』と。

時に一切衆生憙見菩薩、大衆《だいしゅ》の中に於いて、此《こ》の誓言《せいごん》を立つ、

『我、両《ふたつ》の臂《ひじ》を捨てて、必ず当《まさ》に仏の金色《こんじき》の身を得《う》べし。若《も》し実《じつ》にして虚《むな》しからずんば、我《わ》が両《ふたつ》の臂《ひじ》をして還《げん》復《ぷく》すること、故《もと》の如くならしめん』と。

是《こ》の誓《ちかい》を作《な》し已《おわ》って、自然《じねん》に還復《げんぷく》しぬ。斯《こ》の菩薩の、福徳・智慧の淳厚《じゅんこう》なるに由《よ》って致《いた》す所なり。爾《そ》の時に当《あ》たって、三千大千世界六種に震動し、天より宝華《ほうけ》を雨《ふら》して、一切の人、天、未曽有《みぞうう》なることを得《う》」と。

仏、宿王華《しゅくおうけ》菩薩に告《つ》げたまわく、

「汝が意《こころ》に於いて云何《いかん》。一切衆生憙見菩薩《いっさいしゅじょうきけんぼさつ》は、豈《あに》、異人《ことひと》ならんや。今の薬王菩薩《やくおうぼさつ》是《こ》れなり。其《そ》の身を捨てて布施する所、是《かく》の如く無量百千万億那由他数《なゆたしゅ》なり。宿王華よ、若《も》し発心《ほっしん》して、阿耨多羅三藐三菩提《あのくたらさんみゃくさんぼだい》を得《え》んと欲《ほっ》することと有《あ》らん者は、能《よ》く手の指、乃至足の一指《いっし》を燃《もや》して仏塔に供養せよ。国城《こくじょう》・妻子、及び三千大千国土の山《せん》・林《りん》・河《が》・池《ち》、諸《もろもろ》の珍宝物《ちんぼうもつ》を以《もっ》て供養せん者に勝《まさ》らん。


〔訳〕その時に一切衆生憙見菩薩は、またこのように心に思った。

『私は、以上のような供養をしたけれども、まだ供養したりない。私は、今、またあらためて仏の遺骨の供養をしよう』と。

そこで、菩薩たちや大弟子、それに天の神々・龍神・夜叉などのすべての集まりに対して語った。

『汝たちよ、一心に念ずるがよい。私は、今、日月浄明徳仏の遺骨を供養しよう』と。

このように語りおえると、彼は八万四千の塔廟の前で、百の福徳によって飾られた自分の腕を燃やし、七万二千年の間燃やし続けて供養した。そして、無数の声聞になろうとする人々、無量・無数の

人々に無上の正しいさとりに向かう心をおこさせて、現一切色身三昧に安住させたのである。

その時に、菩薩たちや天の神々・人々・阿修羅たちは、彼の腕がないのを見て、憂い嘆き、悲しんで、次のようにいった。

『この一切衆生憙見菩薩は、私たちの師であって、私たちを教化されてきた。それなのに、今、腕を燃やして、不具になってしまわれた』と。

その時、一切衆生憙見菩薩は、大勢の集まりの中で、次のような誓言を立てた。

『私は両腕を捨て、（それによって）必ずや仏の金色の身体を得るであろう。そして（そのことが）真実であっていつわりないものであるならば、私の両腕がまたもとどおりになりますように』と。

このような誓いを立ておわるや、（その両腕は）ひとりでにもとどおりになった。これは、ひとえにこの菩薩の福徳と智慧が厚かったことによるのである。その時には、全世界が六とおりに震動し、天からは宝の花が降りそそぎ、天の神々や人々は、これまでにない思いをしたのであった。」

仏は宿王華菩薩に告げられた。

「汝はどのように思うか。一切衆生憙見菩薩は別人なぞではない。（誰あろう）今の薬王菩薩そのものなのだ。このように無量百千万億那由他の劫数にわたって、自身の身を捨てて布施をしてきたのである。宿王華よ、もし発心して無上の正しいさとりを得ようとするものは、手の指から、あるいは足の親指までも燃やして仏塔に供養せよ。それは、王国や妻子、それに全世界の山や林や、河や池、さまざまな珍しい宝物によって供養することよりもすぐれているであろう。

《百福荘厳臂》百種の福徳でかざられた腕の意。《立此誓言》以下の誓いを立てた、の意。インドでは古くから誓いを立てて、その誓いの言葉が真実であるならば、望むとおりの奇蹟がおこると信じられていた。ここでは、一切衆生憙見菩薩は真実の誓いのことば（satyādhiṣṭhāna）によって、両腕がもとどおりに復元したという。

本段は、一切衆生憙見菩薩が日月浄明徳仏の舎利供養をなしおえた後、さらに再び自らの両腕を燃やして燈火として仏の舎利に供養する段である。釈迦牟尼仏は、宿王華菩薩にこのような一切衆生憙見菩薩の本事を明かして、それが今の薬王菩薩にほかならないと過去と現在の連絡をつけ、自らの手の指や足の親指を燃やして仏塔に供養することのその供養の偉大さを説く。以上の部分は科段でいえば、「明二本事一」の「結会」までに相当する（九九九頁参照）。

一　焼身供養

本章の薬王菩薩本事品は、その章名の示すとおり、薬王菩薩の本事（pūrva-yoga 前世におけるつながり、由来）を明かすことが中心の主題となっている。そして、その薬王菩薩の過去世の物語をとおして、法華経の功徳、経典受持の功徳の大きさを説き、経の広宣流布を勧めるという筋立てである。本章が流通分のうちの一章とされるゆえんである。

さて、それでは薬王菩薩の本事とはどのようなものであろうか。本章の冒頭で、宿王華菩薩は釈尊に薬王菩薩の過去世の由来を問うた。この宿王華菩薩の問いに対して、仏は以下のように答えられた。

はるか遠い昔に、日月浄明徳如来という仏がおられた。その仏には多くの菩薩や声聞の弟子たちがいたが、その中に一切衆生憙見菩薩という名の菩薩がいた。仏はそれら多くのものたちに法華経を説かれたが、一切衆生憙見菩薩は、その仏の教えのもとで苦行を積み、精進を重ねること一万二千年に及んで、そこで現一切色身三昧という、あらゆる身体を示現することのできる三昧を獲得することができた。そこで一切衆生憙見菩薩は、この三昧を得ることができたのは法華経のおかげであるから、その法華経と日月浄明徳仏とに供養しようと考え、神通力によって曼陀羅華や摩訶曼陀羅華という天上の花々や、堅黒栴檀やはかりしれないほど高価な海此岸栴檀を雨ふらして仏と法華経とに供養を捧げた。しかし、それでもまだ満足することができなかった。そこで、神通力による供養よりも、このうえはわが身を捧げて供養しようと思い立ったのである。一切衆生憙見菩薩は、千二百年の間(梵本及び『正法華経』では十二年という)、さまざまな香を食べ、さまざまな香油を飲み続けた後、体に香油を塗り、灌いでから自身の体に火をともした。するとその火は千二百年にわたって燃え続け、八十億恒河沙の世界を照らし出したのである。その世界の仏たちはこぞって一切衆生憙見菩薩のその焼身の供養を最尊最上の供養であると讃歎した。その火は千二百年の後に菩薩の身体とともに燃え尽きた。

さて、一切衆生憙見菩薩は燃え尽きてその命を終えた後、再び同じ日月浄明徳仏の国土の中の、浄徳王の家に忽然と生まれかわった。その時、日月浄明徳仏はまだ在世されており、一切衆生憙見菩薩は再び仏にお会いすることができたのである。しかし、その仏の入滅は間近く、仏は一切衆生憙見菩薩に入滅後の法華経と仏の遺骨の流布を託された後、入滅された。

一切衆生憙見菩薩は悲しみに満たされながらも、仏を荼毘に付し、遺骨を収取して八万四千の宝瓶を作ってその中に納め、八万四千の塔を建ててその中に安置して供養した。この舎利供養をなし終った後も、菩薩はまだなお満足できなかった。そこで、菩薩や声聞の弟子たち、天の神々、龍や夜叉などのすべてのものたちの前で、菩薩は両腕に火をつけて燃やし、舎利に供養した。その火は七万二千年にわたって燃え続けたが、一切衆生憙見菩薩はその間にすべての会衆のものたちを教化し、それによって多くの菩薩たちは、みな現一切色身三昧を得ることができた。教化された弟子たちは、師である菩薩の両腕がないのを見て一様に憂い嘆いた。そこで菩薩は、「我、両の臂《ひと》を捨てて、必ず当《まさ》に仏の金色の身を得べし。若《も》し実にして虚しからずんば、我が両の臂をして還復すること、故《もと》の如くならしめん」という誓言を立てた。この真実の誓いの言葉を述べるや、菩薩の両腕はもとどおりとなったのである。

さて、右の一切衆生憙見菩薩とは誰あろう、今の薬王菩薩がその人である。もし、発心して無上の正しいさとりを求めようとするならば、手あるいは足の一指をもやして仏塔に供養せよ。その供養はほかのどの供養にもまさるであろう、と。

以上が、仏が明かされた薬王菩薩の過去世の物語と現在の薬王菩薩とのつながりである。ここで説かれているのは、わが身を燃やして法華経と仏とに供養する焼身供養である。凄絶で息をのむような供養であるが、この焼身供養は本経で説かれて以来、実際に行なわれた例がある。中国の高僧伝の中にその記録があるし、わが国でもなされたという記録がある。信仰の強さを実証するものであるが、このような自己の生命をもかえりみない実践というのは、ひとり法華経に限ることではない。およそすべての宗教において、自己の身命よりもその教えが重く尊いものであると自覚された時に、人は自己の生命をも投げ出すのである。「身軽法重」ということばがこれにあたる。イエス・キリストは、弟子たちに己れの十字架（磔台）を背負いて我に従え、と言った。これは生命を捨てよ、ということである。宗教の信仰は純粋化するにつれてより力強いものになってゆくが、しかし、それには正しい導きと智慧とがともなわれなくてはならない。方向を誤った強さは単なる狂信にしかすぎなくなってしまう。法華経の信仰は、その教えのもとにすべての人が無上の正しいさとりを得て仏になるという一乗の精神に裏打ちされているものである。

法華経は三つの大きな側面をもっている。それは第一に、一乗皆成思想と久遠の本仏の開顕ということに代表される教理思想の面、第二に分別功徳品から法師功徳品、それに第二十五章観世音菩薩普門品などで説かれる現世利益の面、最後に本章や法師品、勧持品などで説かれる不惜身命の法華経の弘通と実践の面とである。この三つの側面は一見それぞれが異質なような感があるが、しかしそのいずれもが「信」ということに貫かれて一経を構成しているものである。ややもすれば、法華経の教理思想面のみを重んじて、他の二面を軽視するという見方に陥りやすいが、しかし法華経は、三つの側面のどれか一つでも欠けていたならば、今日にいたるまでこれほど重視される経典にはなりえなかったであろうと思われるのである。

若復有人。以七寶滿。三千大千世界。供養於佛。及大菩薩。辟支佛。阿羅漢。是人所得功德。不如受持。此法華經。乃至一四句偈。其福最多。宿王華。譬如一切。川流江河。諸水之中。海爲第一。此法華經。亦復如是。於諸如來。所說經中。最爲深大。又如土山黒山。小鐵圍山。大鐵圍山。及十寶山。衆山之中。須彌山爲第一。此法華經。亦復如是。於諸經中。最爲其上。又如衆星之中。月天子最爲第一。此法華經。亦復如是。於千萬億種。諸經法中。最爲照明。又如日天子。能除諸闇。此經亦復如是。能破一切。不善之闇。又如諸小王中。轉輪聖王。最爲第一。此經亦復如是。於衆經中。最爲其尊。又如帝釋。於三十三天中王。此經亦復如是。諸經中王。又如大梵天王。一切衆生之父。此經亦復如是。一切賢聖。學無學。及發菩薩心者之父。又如一切。凡夫人中。須陀洹。斯陀含。阿那含。阿羅漢。辟支佛爲第一。此經亦復如是。一切如來所說。若菩薩所說。若聲聞所說。諸經法中。最爲第一。有能受持。是經典者。亦復如是。於一切衆生中。亦爲第一。一切聲聞。辟支佛中。菩薩爲第一。此經亦復如是。於一切諸經法中。最爲第一。如佛爲諸法王。此經亦復如是。諸經中王。宿王華。此經能救。一切衆生者。此經能令。一切衆生。離諸苦惱。此經能大饒益。一切衆生。充滿其願。如清涼池。能滿一切。諸渴乏者。如寒者得火。如裸者得衣。如商人得主。如子得母。如渡得船。如病得醫。如暗得燈。如貧得寶。如民得王。如賈客得海。如炬除暗。此法華經亦復如是。能令衆生。離一切苦。一切病痛。能解一切。生死之縛。

若《も》し復《また》、人《ひと》有《あ》って、七宝を以《もっ》て三千大千世界を満《み》てて、仏、及び大菩薩・辟支仏《びゃくしぶつ》・阿羅漢に供養せん。是《こ》の人の所得の功徳も、此《こ》の法華経の、乃至、一四句偈《いっしくげ》を受持する、其《そ》の福の最も多きには如《し》かじ。

宿王華《しゅくおうけ》よ、譬《たと》えば一切《いっさい》の川流《せんる》・江河《こうが》の諸水の中に、海《うみ》為《こ》れ第一なるが如く、此《こ》の法華経も亦復《またまた》是《かく》の如し。諸《もろもろ》の如来の、所説の経の中に於いて、最も為《こ》れ深大《じんだい》なり。又、土山《どせん》・黒山《こくせん》・小鉄囲山《しょうてっちせん》・大鉄囲山《だいてっちせん》、及び十宝山《じっぽうせん》の衆《しゅ》山《せん》の中に、須弥山《しゅみせん》為《こ》れ第一なるが如く、此の法華経も亦復是《またまたかく》の如し。諸経の中に於いて、最も為《こ》れ其《そ》の上《うえ》なり。又、衆星《しゅせい》の中に、月天子《がってんじ》最も為《こ》れ第一なるが如く、此の法華経も亦復是《またまたかく》の如し。千万億種の諸《もろもろ》の経法《きょうぼう》の中に於いて、最も為《こ》れ照明《しょうみょう》なり。又、日天子《にってんじ》の、能《よ》く諸《もろもろ》の闇《やみ》を除くが如く、此の経も亦復是《またまたかく》の如く、能《よ》く一切の不善の闇《やみ》を破《は》す。又、諸《もろもろ》の小王の中に、転輪聖王《てんりんじょうおう》最も為《こ》れ第一なるが如く、此の経も亦復是《またまたかく》の如し。衆経《しゅきょう》の中に於いて、最も為《こ》れ其《そ》の尊《そん》なり。又、帝釈《たいしゃく》の、三十三天の中に於いて王なるが如く、此の経も亦復是《またまたかく》の如し。諸経の中の王なり。又、大梵天王《だいぼんてんのう》の、一切衆生の父《ちち》なるが如く、此の経も亦復是《またまたかく》の如し。一切の賢《けん》・聖《じょう》・学・無学、及び菩薩の心を発《おこ》す者の父なり。又、一切の凡夫人《ぼんぶにん》の中に、須陀洹《しゅだおん》・斯陀含《しだごん》・阿那含《あなごん》・阿羅漢・辟支仏《びゃくしぶつ》、為《こ》れ第一なるが如く、此の経も亦復是《またまたかく》の如し。一切の如来の所説、若《も》しは菩薩の所説、若しは声聞《しょうもん》の所説、諸《もろもろ》の経法《きょうぼう》の中に最も為《こ》れ第一なり。能《よ》く是《こ》の経典を受持すること有《あ》らん者も、亦復是《またまたかく》の如し。一切衆生の中に於いて、亦為《またこ》れ第一なり。一切の声聞・辟支仏の中に、菩薩為《こ》れ第一なり、此の経も亦復是《またまたかく》の如し。一切の諸《もろもろ》の経法の中に於いて、最も為《こ》れ第一なり。仏は為《こ》れ諸法の王なるが如く此の経も亦復是《またまたかく》の如し。諸経の中の王なり。宿王華《しゅくおうけ》よ、此《こ》の経は能《よ》く一切衆生を救う者なり。此《こ》の経は能《よ》く一切衆生をして諸《もろもろ》の、苦悩を離れしむ。此《こ》の経は能《よ》く、大いに一切衆生を饒益《にょうやく》して、其《そ》の願を充満せしむること、清涼《しょうりょう》の池の、能《よ》く一切の諸《もろもろ》の渇乏《かつぼう》の者に満《み》つるが如く、寒き者の火を得たるが如く、裸なる者の衣《ころも》を得たるが如く、商人の主《しゅ》を得たるが如く、子の母を得たるが如く、渡《わたり》に船を得たるが如く、病《やまい》に医《くすし》を得たるが如く、暗《やみ》に燈《ともしび》を得たるが如く、貧しきに宝を得たるが如く、民《たみ》の王を得たるが如く、賈客《こきゃく》の海を得たるが如く、炬《ともしび》の暗《やみ》を除くが如く、此《こ》の法華経も亦復是《またまたかく》の如し。能《よ》く衆生をして、一切の苦、一切の病痛《びょうつう》を離れ、能《よ》く一切の生死《しょうじ》の縛《ばく》を解《と》かしむるなり。

〔訳〕また、もしも人が全世界を七宝で満たして、仏・偉大な菩薩・独覚・阿羅漢に供養したとしても、その人の得る功徳は、この法華経の四句よりなる一つの詩頌を受持する（ことによって得る）福の多さには及ばないのだ。

宿王華よ、たとえば、あらゆる河川・大河の流れのうちで、大海が第一のものであるように、そのようにこの法華経も、多くの如来たちの説かれた経の中で、最もすぐれているものである。また、土山・黒山・小鉄囲《てっち》山・大鉄囲山、それに十の宝山の数ある山々のうち、須弥山《しゅみせん》が第一のものであるように、そのようにこの法華経も、多くの経典のうちで最上のものである。また星々の中で、月天子が第一のものであるように、そのようにこの法華経も、千万億種という多くの経法のうちで、最も光り輝くものである。また、日天子が、さまざまな闇黒を除き去るように、そのようにこの（法華）経も、あらゆる不善の闇を破るものである。また、多くの王たちの中で、転輪聖王が第一であるように、そのようにこの（法華）経も、多くの経典の中で、最も尊いものである。また、帝釈天が三十三天の神々のうちで王であるように、そのようにこの（法華）経も、多くの経典の中の王である。また、大梵天王が、いきとしいけるものの父であるように、そのようにこの（法華）経も、すべての修行中の凡夫や聖者、学修中の、あるいは学修の完了した人々、それに菩薩を志す心をおこしたものたちにとっての父である。また、あらゆる凡夫の中にあって、須陀洹《しゅだおん》・斯陀含《しだごん》・阿那含《あなごん》・阿羅漢・独覚は第一（に勝れた人々）であるように、そのようにこの（法華）経も、あらゆる如来によって説かれたもの、菩薩によって説かれたもの、声聞によって説かれたものなどの、多くの経法のうちで第一なるものである。この経典を受け保つことができるものについても、また同様である。あらゆる衆生たちの中で、第一なるものである。すべての声聞・独覚たちの中にあって、菩薩が第一であるように、この（法華）経もまたそのように、あらゆる経法の中で、第一なるものである。仏は多くの教えの王であるように、この（法華）経もそれと同じく、多くの経の中の王である。宿王華よ、この経は、あらゆる衆生を救済することができるものである。この経は、あらゆる衆生を、その苦悩から離れさすことができる。この経は、あらゆる衆生に利益を与えて、彼らの願望を成就させることができる。それは、ちょうど、清らかに澄んだ池が、のどの渇いた人を満足させるかのように、寒い人が火を得たかのように、裸の人が衣服を得たかのように、商人がその主人を得たかのように、子が母を得たかのように、（岸を）渡ろうとして舟を得たかのように、病める人が医者を得たかのように、暗闇で燈火を得たかのように、貧しい人が宝を得たかのように、人民が王をいただいたかのように、（海上）商人が海を得たかのように、燈火が暗闇を除くかのように、この法華経も、またそれと同じである。衆生たちからあらゆる苦を、あらゆる病痛を離れさせることができ、すべての生死の束縛から解放させることができるのである。

《土山・黒山・小鉄囲山・大鉄囲山》「土山」とは、土よりなる山、「黒山」とは、kāla-parvata（黒い山）の訳。『マハーバーラタ』中にも出るというが、現実の山かどうかは不明。「鉄囲山」については、第十一章見宝塔品の語注参照（五九〇頁）。**《十宝山》**『華厳経』（巻二十七）十地品によれば、十宝山として以下の山々を挙げる。(1)雪山（himavat）、(2)香山（gandhamādana）、(3)軻梨羅山（khadiraka）、(4)仙聖山（ṛṣgiri）、(5)由乾陀羅山（yugaṃdhara）、(6)馬耳山（aśvakarṇagiri）、(7)尼民陀羅山（nimiṃdhara）、(8)研迦羅山（ca kravāḍa)、(9)宿慧山 (ketuma)、(10)須弥山 (sumeru)。いずれも想像上の山々であるが、最後の須弥山が十大山王の最高のものとされている。須弥山については、第七章化城喩品の注（上巻、三三六、四〇一―二頁）参照。《**月天子**》月 (candra) の神格化された呼称。星宿王ともいう。仏教では日天子とともに十二天の一つに数えられている。第一章の序品では、名月天子という名で会座の中に加えられている（上巻、五一頁参照）。《**日天子**》太陽の神格化されたもの。原語は Sūryadevaputra. ただし梵本では sūrya-maṇḍala（日輪）という(p. 416. *l.* 7)。《**転輪聖王**》第十九章法師功徳品の語注参照（九二七頁）。《**大梵天王**》色界の初禅天に住む梵天王の中の最高天をいう。第一章序品の語注参照（上巻、五二頁）。《**賢・聖・学・無学**》仏道修行者のうち、まだ凡夫の位にある者を賢、凡夫位から進んで真理の一分を悟って聖者の位に入った者を聖という。大乗では、十信・十住・十行・十回向・十地・等覚・妙覚の五十二位でいえば、十住・十行・十回向を三賢、十地の初地から第十地までを十聖とする。「学・無学」については、第一章の語注を参照（上巻、四六―七頁）。《**一切凡夫人中**》この句の後に出される須陀洹から辟支仏の人々は凡夫ではなくて、聖者であるから、経が、すべての凡夫たちの中でこれらの人々が第一であるというのは理にあわない。天台はこれを、法華経は方便を混えずにただちに仏に至るものであるから凡夫と須陀洹から阿羅漢までの四果とを区別しないと会通している（『文句』巻十下）。梵本では、sarvabālapṛthagjanān atikrāntaḥ srotāpannaḥ...pratyekabuddhaś ca evam eva....（須陀洹や……独覚たちが、すべての凡夫たちを超えているように）〈p. 416. *ll.* 15—16〉とあり、『正法華経』も同意である。《**如賈客得海**》「賈客」は商人のこと。海上交易に携わる商人にとって、海は必要不可欠のものという意味か。ただし、梵本では samudra iva saritām（河川にとっての大海）〈p. 417. *l.* 11〉とあって、意味が異なる。『正法華経』にはこの句はない。

本段は、前段の捨身供養の讃歎から転じて、法華経の功徳を讃える段である。経は十種の喩えを挙げてこの経があらゆる経々の中で最第一であることを説き（これを十種の称揚という）、次にこの経の功能のはたらきを説き明かす。それは、衆生の苦を抜き、楽を与えるというはたらきで、経は衆生のあらゆる生死の束縛を離れしむると説くのである。

なお、先に挙げた科段の続きを図示すれば左のようになる。

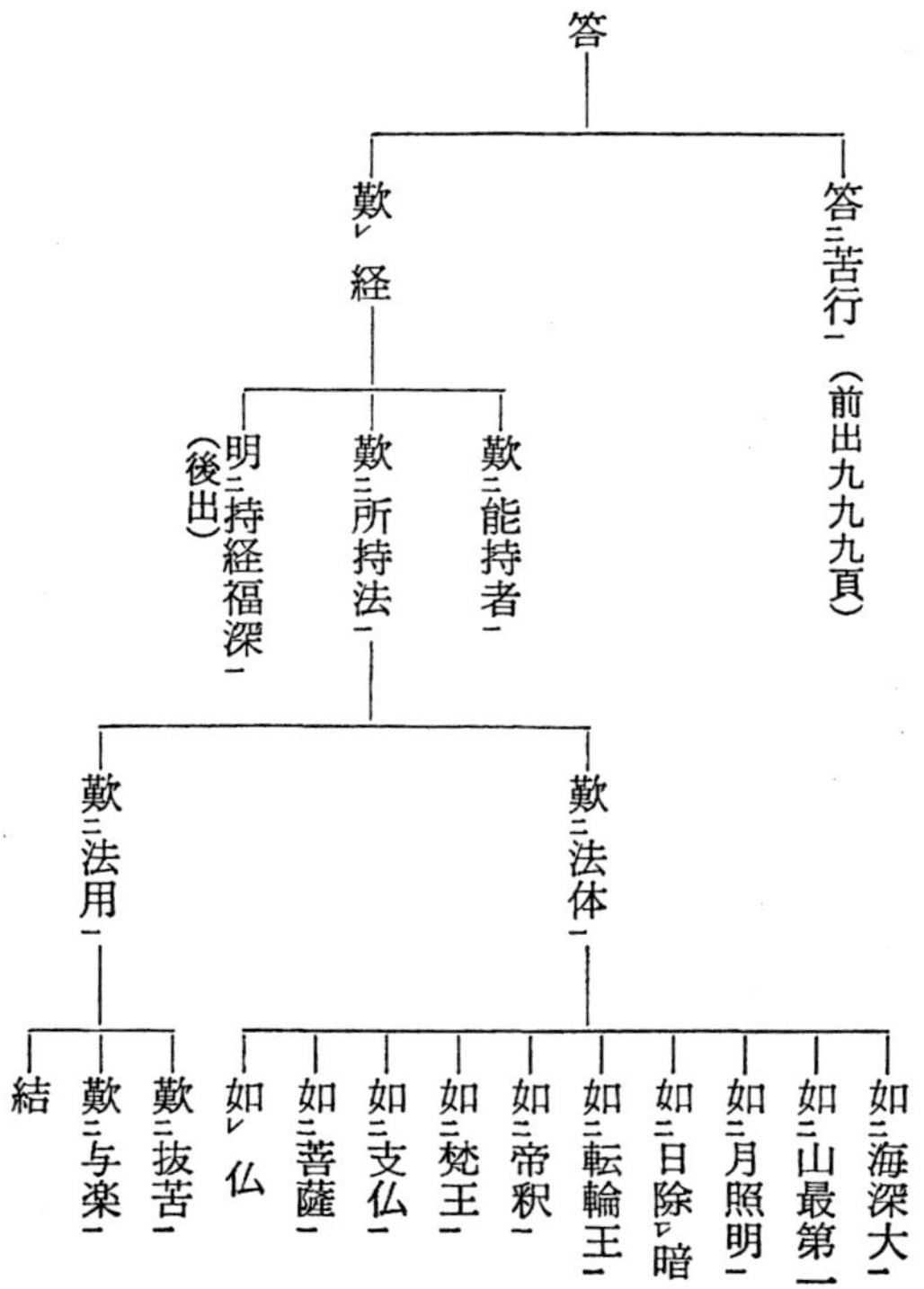

本段は「歎レ経」の中の「歎二能持者一」から「歎二所持法一」の終りまでに相当する。

二　十種の称揚、抜苦与楽

さて、釈尊は薬王菩薩の本事を語り終え、現在との連絡をつけられた後に、法華経の功徳がいかに大きく、他の如来所説のいかなる経典よりも勝れていることを十種の喩えを挙げて説かれた。これを十種の称揚という。

十種の喩えとは以下のとおりである。

㈠すべての河川・大河の流れのなかで、大海が第一のものであるように、この法華経も如来が説かれた経のうちで最もすぐれている。

㈡土山・黒山・小鉄囲山・大鉄囲山、及び十宝山のうちで須弥山が第一のものであるように、この法華経も多くの経典のうちで最上のものである。

㈢星々の中で月が第一であるように、この法華経も千万億種という多くの経法のうちで最も輝かしいものである。

㈣太陽が闇黒を除き去るように、この法華経も、一切の不善の闇を破る。

㈤多くの王の中で、転輪聖王が第一であるように、この法華経も、多くの経典のうちで最も尊いものである。

㈥三十三天の神々の中で、帝釈天がその王であるように、この法華経も多くの経典の中の王である。

㈦大梵天王がいきとしいけるものの父であるように、この法華経もすべての仏道修行者の父である。

㈧凡夫に比べて、須陀洹・斯陀含・阿那含・阿羅漢・辟支仏の聖者たちは第一に勝れた人々であるように、この法華経も、如来や菩薩や声聞などの説いた経法のうちで第一なるものである。

㈨すべての声聞・辟支仏と比べて菩薩が第一であるように、この法華経もあらゆる経法の中で第一なるものである。

㈩仏は教えの王者であるように、この法華経も、あらゆる経典の王たるものである。

以上の十種の喩えによって、仏はこの法華経が他のいかなる経典よりも抜きんでて最尊最上のものであると説かれる。そして続いて、次にはその法華経の功能《くのう》を十二の喩えによって説き、経の受持を勧奨されるのである。それは、まずこの法華経は、一切の衆生を救済し、多くの苦悩から離脱させるものであるといい（「抜苦」）、次に十二の喩えで「与楽」の功能を説く。その十二とは、㈠渇いた者には清涼の池であるかのように、㈡寒さにふるえる者にとっては火を得たかのように、㈢裸の者にとっては衣服を得たかのように、㈣商人にとっては商隊長を得たかのように、㈤子供にとっては母を得たかのように、㈥渡ろうとする者にとっては船を得たかのように、㈦病人にとっては医者を得たかのように、㈧暗闇に燈火を得たかのように、㈨貧しい者にとっては宝を得たかのように、㈩人民にとっては王を得たかのように、(十一)海上商人にとっては海を得たかのように、(十二)燈火が暗闇を除くように、この法華経は、すべての苦、すべての病痛、を離れさせ、あらゆる生死の束縛から解放するものであると説かれるのである。

以上の十種の称揚と十二の喩えによる抜苦与楽の説法は、法華経経典がいかに他の経典より勝れ、また類いまれな作用を有しているかということを力説したものである。経が経自身をことばをきわめて讃えるというのも、これも法華経の大きな特色の一つである。その意図は経の流布と受持の勧奨とにある。それで経は次に受持の功徳と宿王華への経の委嘱を説いて、本章の目的とするのである。

若人得聞。此法華經。若自書。若使(1)人書。所得功德。以佛智慧。籌量多少。不得其邊。若書是經卷。華香瓔珞。燒香末(2)香塗香。幡蓋衣服。種種之燈。酥(3)燈油燈。諸香油燈。瞻蔔油燈。須曼那油燈。波羅羅油燈。婆利師迦油燈。那婆摩利油燈供養。所得功德。亦復無量。宿王華。若有人。聞是藥王菩薩本事品者。亦得無量無邊功德。若有女人。聞是藥王菩薩本事品。能受持者。盡是女身。後不復受。若如來滅後。後五百歲中。若有女人。聞是經典。如說修行。於此命終。卽往安樂世界。阿彌陀佛。大菩薩衆。圍繞住處。生蓮華中。寶座之上。不復爲。貪欲所惱。亦復不爲。瞋恚愚癡所惱。亦復不爲。憍慢嫉妬。諸垢所惱。得菩薩神通。無生法忍。得是忍已。眼根清淨。以是清淨眼根。見七百萬二千億。那由他。恒河沙等。諸佛如來。是時諸佛。遙共讚言。善哉善哉。善男子。汝能於釋迦牟尼佛法中。受持讀誦。思惟是經。爲他人說。所得福德。無量無邊。火不能燒。水不能漂。汝之功德。千佛共說。不能令盡。汝今已能。破諸魔賊。壞生死軍。諸餘怨敵。皆悉摧滅。善男子。百千諸佛。以神通力。共守護汝。於一切世間。天人之中。無如汝者。唯除如來。其諸聲聞。辟支佛。乃至菩薩。智慧禪定。無有與汝等者。宿王華。此菩薩。成就如是。功徳智慧之力。若有人。聞是藥王菩薩本事品。能隨喜讚善者。是人現世口中。常出青蓮華香。身毛孔中。常出牛頭栴檀之香。所得功徳。如上所說。

(1)使＝教　(2)末＝抹　(3)酥＝蘇

若《も》し人、此《こ》の法華経を聞くことを得て、若《も》しは自《みずか》らも書き、若《も》しは人をして書かしめん。所得の功徳、仏の智慧を以《もっ》て多少を籌量《ちゅうりょう》すとも、其《そ》の辺《ほとり》を得じ。若《も》し是《こ》の経巻を書いて、華《け》・香《こう》・瓔珞《ようらく》・焼香・末香《まっこう》・塗香《ずこう》・幡蓋《ばんがい》・衣服《えぞく》・種種の燈《ともしび》・酥燈《そとう》・油燈《ゆとう》・諸《もろもろ》の香油燈《こうゆとう》・瞻蔔油燈《せんぼくゆとう》・須曼那油燈《しゅまなゆとう》・波羅羅油燈《はららゆとう》・婆利師迦油燈《ばりしかゆとう》・那婆摩利《なばまり》油燈《ゆとう》をもって供養せん。所得の功徳亦復《またまた》無量ならん。宿王華《しゅくおうけ》よ、若《も》し人有《あ》って、是《こ》の薬王菩薩本事品《やくおうぼさつほんじほん》を聞かん者は、亦《また》、無量無辺の功徳を得ん。若《も》し女人《にょにん》有《あ》って、是《こ》の薬王菩薩本事品を聞いて、能《よ》く受持せん者は、是の女身《にょしん》を尽《つ》くして、後に復《また》受けじ。若《も》し如来の滅後《めつご》、後《のち》の五百歳の中に、若《も》し女人有って、是《こ》の経典を聞いて、説の如く修行せば、此《ここ》に於いて命終《みょうじゅう》して、即ち安楽世界の、阿弥陀仏の大菩薩衆の囲繞《いにょう》せる住処に往《ゆ》いて、蓮華の中の宝座の上に生《しょう》ぜん。復《また》、貪欲《とんよく》に悩されじ。亦復《またまた》、瞋恚《しんに》・愚癡《ぐち》に悩されじ。亦復《またまた》、憍慢《きょうまん》・嫉妬《しっと》・諸垢《しょく》に悩されじ。菩薩の神通・無生法忍《むしょうぼうにん》を得ん。是《こ》の忍を得已《えおわ》って、眼根清浄《げんこんしょうじょう》ならん。是《こ》の清浄の眼根を以《もっ》て、七百万二千億那由他恒河沙《なゆたごうがしゃ》等の諸仏如来を見たてまつらん。是《こ》の時に諸仏、遙かに共に讃《ほ》めて言《のたま》わく、『善《よ》い哉《かな》、善《よ》い哉《かな》。善男子よ、汝は能《よ》く釈迦牟尼仏の法の中に於いて、是《こ》の経を受持し、読誦し、思惟《しゆい》し、他人の為《ため》に説けり。所得の福徳無量無辺なり。火も焼くこと能《あた》わず、水も漂《ただよわ》すこと能《あた》わじ。汝が功徳は、千仏《せんぶつ》共に説きたもうとも尽《つ》くさしむること能《あた》わじ。汝、今已《すで》に能《よ》く諸《もろもろ》の魔賊《まぞく》を破《は》し、生死《しょうじ》の軍《いくさ》を壊《え》し、諸余《しょよ》の怨敵皆《おんてきみな》悉《ことごと》く摧滅《さいめつ》せり。善男子よ、百千の諸仏、神通力を以《もっ》て、共に汝を守護したもう。一切世間の天・人の中に於いて、汝に如く者無し。唯《ただ》、如来を除いて、其《そ》の諸《もろもろ》の声聞《しょうもん》・辟支仏《びゃくしぶつ》、乃至菩薩の智慧・禅定《ぜんじょう》も、汝と等しき者有ること無けん』と。

宿王華《しゅくおうけ》よ、此《こ》の菩薩は、是《かく》の如き功徳智慧の力を成就せり。若《も》し人有《あ》って、是《こ》の薬王菩薩本事品を聞いて、能《よ》く随喜《ずいき》して善《よ》しと讃《さん》ぜば、是《こ》の人《ひと》現世《げんせ》に、口の中より常に青蓮華《しょうれんげ》の香《か》を出《いだ》し、身《み》の毛孔《もうく》の中より、常に牛頭栴《ごずせん》檀《だん》の香《か》を出《いだ》さん。所得の功徳、上《かみ》に説く所の如し。

〔訳〕もしも人が、この法華経を聴聞することができて、自《みずか》ら書写したり、あるいは人に書写させたりしたならば、そのことによって得られる功徳は、(たとい)仏の智慧でそれがどのくらいかと測ったとしても、その際限には至れないほどである。もしも、この経巻を書写し、花や香・装身具・焼香・粉末の香・塗り香・旗や天蓋・衣服・種々の燈火、すなわち、乳酪入りの油の燈火・油の燈火・さまざまな香油の燈火・チャンパカ香油の燈火・スマナス香油の燈火・パータラ香油の燈火・ヴァールシカ香油の燈火・ジャスミン香油の燈火などによって、それを供養したならば、その得られる功徳は、また無量であろう。

宿王華よ、もしも人が、この薬王菩薩本事品を聞いたならば、またはかりしれない無量の功徳を得るであろう。もしも女の人であって、この薬王菩薩本事品を聞いて、受け保つことができたならば、その人はその女性の身体が滅した後には、再び(女性の身体を)受けることはないであろう。もしも如来が入滅された後の五百年間のうちに、もし女の人がこの経典を聞いて、教えのとおりに修行したならば、この世界で命を終えるや、ただちに、阿弥陀仏が偉大な菩薩たちに囲まれている安楽な世界の住所に往生し、蓮華の中の宝玉づくりの座の上に生まれるであろう。(その人は)また、貪欲の心に悩まされることはなく、また怒りや愚かさにも悩まされず、さらに、おごり高ぶり、嫉妬などのさまざまな（心の）けがれにも悩まされることはなく、菩薩の神通と、すべてのものは不生であると知る智慧とを獲得するであろう。この智慧を得た後は、その視覚が清らかになるであろう。そして、この清らかな視覚によって、七百万二千億那由他のガンジス河の砂の数に等しい仏・如来を見るであろう。この時、仏たちは、（その人を）ともに次のように讃められるであろう。

『よろしい、よろしい。善男子よ、汝は釈迦牟尼仏の教えのもとで、この経を受け保ち、読誦し、思惟して、他の人に説いた。それによって得た福徳は、はかりしれないほど多い。それは火も焼くことはできず、水も流し去ることはできない。汝の功徳は、千人の仏が一緒にそれを述べたとしても述べつくすことができないほどなのだ。汝は今、すでに多くの悪魔（に喩えられる煩悩）の賊を破り、生死の軍勢（という生存にまつわる苦しみ）を壊滅して、他の多くの敵についてもことごとく征服し滅ぼした。善男子よ、百千（十万）の仏たちが、神通力によって汝を守護しているのだ。あらゆる世界の天の神々や人間たちの中で、汝にかなうものはない。ただ如来のみを除いて、その（ほか）の声聞や独覚、それに菩薩たちの智慧や禅定も、汝と等しいものはないであろう』と。

宿王華よ、この菩薩は、以上のような功徳と智慧の力とを完成するのだ。もし人が、この薬王菩薩本事品を聞いて、ありがたいと喜び、賞讃することができるならば、その人は、この世において、口中からつねに青蓮華の香りを放ち、身体の毛孔からはつねに牛頭《ごず》栴檀《せんだん》の香りを放つであろう。（その人の）得られる功徳は以上のとおりである。

《籌量多少》「籌量」は、数量をはかる、という意味。「多少」は、六朝訳経期にみられる、対比的な二字を重ね合わせて造られた疑問副詞。分量について、「どのくらい」という意味を表わす。なお、時間については「長短」、距離については「遠近」などの語が用いられる。**《酥燈》**第十七章分別功徳品の語注参照（八四六頁）。**《瞻蔔油燈》**瞻蔔（チャンパカ）の木から採った香油の燈火。「瞻蔔」については、第十七章の語注参照（八六七頁）。**《須曼那油燈》**須曼那（スマナス）の木から採った香油の燈。「須曼那」については、第十九章法師功徳品の語注「須曼那華香」を参照（九二〇頁）。**《波羅羅油燈》**波羅羅（パータラ）の木から採った香油の燈。「波羅羅」については、第十九章の語注「波羅羅華香」を参照（九二〇頁）。**《婆利師迦油燈》**「婆利師迦」は、vārṣika の音写。ジャスミン科のマツリカの一種。花から芳香のある香油が採れる。この油を燈としたもの。**《那婆摩利油燈》**「那婆摩利」は、navamālikā の音写。マツリカのこと。初夏から秋にかけて咲く白色の芳香ある花からジャスミン油が採れる。これを燈としたもの。**《尽是女身、後不復受》**現在の女性の身体が尽きた後には、再び女性の身体を受けずに男子の肉体を取るという意味。本経では、第十二章提婆達多品に、女性の身体には五障があるとして、その第五に仏身になることはできないと説かれていた。同章は龍女成仏を通して女人成仏が説かれているが、その場合には「変成男子」ということ（男性の身体に変わること）が必要であった。**《後五百歳中》**字義どおりに解せば、如来入滅の後の五百年間のうちに、となる。しかし、中国注釈家は、これを『大集経』月蔵分に説く五種の五百年のうちの最後の五百年と解して、末法の世のことだとする（基『玄賛』巻第十之本、湛然『文句記』巻第一上、第十下）。**《安楽世界》**極楽世界のこと。sukhāvatī の訳。阿弥陀仏の浄土をいう。『大無量寿経』に説かれる阿弥陀如来の四十八願中に、女身を厭悪して再び受けないという本願があるから、阿弥陀浄土には女性は存在しないことになる。**《無生法忍》**anutpattikadharmakṣānti の訳。一切のものは、本来的に生じない（不生）と知る智慧のこと。「忍（kṣānti)」は、みずから確認して知る智慧のはたらきのこと。《牛頭栴檀》栴檀の一種。第十七章の語注を参照（八六六頁）。

本段は、法華経を受持し、特にこの薬王菩薩本事品を聞くことによって得られる功徳を説いた段である。中で、女性はその身が尽きた後には再び女性の身体を受けることなく、また如来滅後の五百年にあっては、命終の時に阿弥陀仏（Amitāyus）の極楽世界に往生すると説かれているのは、阿弥陀仏信仰が当時すでに存在していることを示すもので、第七章化城喩品の記事とともに浄土教の起源を考えるうえで重要である。

本段は分科のうえからいえば、左図の「明㆓持経福深㆒」の中、「挙㆓全聞㆑経福㆒」と「挙㆓聞㆑品福㆒」の「格量」の部分とに相当する。

- 歎㆑経
  - 歎㆓能持者㆒
  - 歎㆓所持法㆒（前出一〇二三頁）
  - 明㆓持経福深㆒
    - 挙㆓全聞㆑経福㆒
    - 挙㆓聞㆑品福㆒
      - 格量
      - 嘱累
    - 明㆑得㆓利益㆒
    - 多宝称㆑善

是故宿王華。以此藥王菩薩本事品。囑累於汝。我滅度後。後五百歳中。廣宣流布。於閻浮提。無令斷絶。惡魔。魔民。諸天。龍。夜叉。鳩槃茶(1)等。得其便也。宿王華。汝當以神通之力。守護是經。所以者何。此經則爲。閻浮提人。病之良藥。若人有病。得聞是經。病卽消滅。不老不死。宿王華。汝若見有。受持是經者。應以青蓮花(2)。盛滿末(3)香。供散其上。散已作是念言。此人不久。必當取草。坐於道場。破諸魔軍。當吹法螺。擊大法鼓。度脱一切衆生。老病死海。是故求佛道者。見有受持是經典人。應當如是。生恭敬心。說是藥王菩薩本事品時。八萬四千菩薩。得解一切衆生。語言陀羅尼。多寶如來。於寶塔中。讚宿王華菩薩言。善哉善哉。宿王華。汝成就。不可思議功德。乃能問。釋迦牟尼佛。如此之事。利益無量。一切衆生。

(4)……妙法蓮華經卷第六……(4)

(1)底本及び高麗藏は「茶」。元・明本、春日本などは「荼」。今、改む。
(2)花=華　(3)末=抹　(4)……　……(4)春日本になし。

是《こ》の故に宿王華《しゅくおうけ》よ、此《こ》の薬王菩薩本事品を以《もっ》て汝に嘱累《ぞくるい》す。我《わ》が滅度の後《のち》、後《のち》の五百歳の中に閻浮提《えんぶだい》に広宣流《こうせんる》布《ふ》して、断絶して、悪魔・魔《ま》民《みん》・諸天・龍・夜《や》叉《しゃ》・鳩槃茶《くはんだ》等《とう》に、其《そ》の便《たより》を得せしむること無かれ。宿王華よ、汝、当《まさ》に神通の力を以《もっ》て、是《こ》の経を守護すべし。所以《ゆえ》は何《いか》ん。此《こ》の経は則ち為《こ》れ閻浮提《えんぶだい》の人の病の良薬《ろうやく》なり。若《も》し人、病《やまい》有らんに、是《こ》の経を聞くことを得《え》ば、病即ち消滅して不老不死ならん。宿王華よ、汝、若《も》し是《こ》の経を受持すること有らん者を見ては、応《まさ》に青蓮花《しょうれんげ》に末香《まっこう》を盛《も》り満《み》てるを以て、其《そ》の上に供散《くさん》すべし。散《さん》じ已《おわ》って是《こ》の念言《ねんごん》を作すべし。

『此《こ》の人久しからずして、必ず当《まさ》に、草《くさ》を取って道場に坐して、諸《もろもろ》の魔軍を破すべし。当《まさ》に法の螺《かい》を吹き、大法の鼓《つづみ》を撃《う》って、一切衆生の老・病・死の海を度脱《どだつ》すべし』と。

是《こ》の故に、仏道を求めん者、是《こ》の経典を受持すること有らん人を見ては、応当《まさ》に、是の如《かく》く恭敬《くぎょう》の心を生ずべし」と。

是《こ》の薬王菩薩本事品を説きたもう時、八万四千の菩薩、解《げ》一切衆生語言《いっさいしゅじょうごごん》陀羅尼《だらに》を得たり。多宝如来、宝塔の中に於いて、宿王華菩薩を讃《ほ》めて言《のたま》わく、

「善《よ》い哉《かな》、善《よ》い哉《かな》。宿王華よ、汝は不可思議の功徳を成就して、乃《すなわ》ち能《よ》く釈迦牟尼仏に、此《かく》の如きの事《じ》を問いたてまつりて、無量の一切衆生を利益せり」と。

妙法蓮華経巻第六

〔訳〕それ故、宿王華よ、この薬王菩薩本事品を汝に委嘱しよう。私の入滅の後、五百年経った後に、この全世界に広く弘め、（この教えが）断絶して、悪魔や悪魔の眷属・神々・龍・夜叉・鬼霊どもにとって好都合にならないようにせよ。宿王華よ、汝は神通力によってこの経を守護せよ。なぜかといえば、この経はこの全世界の人々の病いにとっての良薬だからである。もし人が病んでいても、この経を聞くことができたならば、その病いはたちまちにして消え、不老不死となるであろう。宿王華よ、もし人がこの経を受け保つのを見たならば、青蓮華に粉末の香を盛って満たしたものをその人の上に撒いて供養せよ。撒きおわったならば、このように考えるべきである。すなわち、『この人は、遠か

らずして必ず草を取って（それを敷いて座となして）、さとりの座に坐って多くの魔の軍勢を打ち破るであろう。教えのほら貝を吹き、偉大な教えの鼓を撃って、あらゆる衆生にとっての老・病・死という（苦しみの）海を渡り脱れるであろう』と。

それ故、仏の道を求めようとする人は、この経典を受け保とうとする人を見たならば、このような敬いの心を生じるべきである」と。

この薬王菩薩本事品を（仏が）説かれた時、八万四千の菩薩は、解一切衆生語言陀羅尼を獲得した。多宝如来は、多宝塔の中から宿王華菩薩を讃めて次のようにいわれた。

「よろしい、よろしい。宿王華よ、汝は思いはかることもできない功徳を完成して、釈迦牟尼仏に以上のことをお聞きして、（それによって）はかりしれないすべての衆生たちに利益を与えることができた」と。

《閻浮提》 jambu-dvīpa の音写。人間の住む地上世界全体を指すことば。古代インド人の世界観によれば、円形をした地上世界の上に須弥山を中心にして東西南北の四大陸(四大洲)が海上にあり、その南の大陸を閻浮提といい、ここに人間が住むという。この大陸の形は台形をさかさにした形で、インド大陸に似る。**《鳩槃荼》** kumbhāṇḍa の音写。鬼霊の一種。第三章譬喩品の語注を参照（上巻、二六〇頁）。**《必当取草》** 釈尊がさとりを求めて菩提樹の下に坐した時に、草を取って、座にしいて褥としたという故事に基づく表現。梵本では、grahiṣyaty ayaṃ tṛṇāni prajñapayiṣyaty ayaṃ bodhimaṇḍe tṛṇasaṃstaraṃ/（草を取って、菩提の座に草敷を敷くであろう）とある〈p. 421. *l*. 7〉。

本段は、これまで経とそれを受持する者との功徳を説いてきたその締め括りとして、仏が経を宿王華菩薩に委嘱する段である。その委嘱がおわると最後に多宝仏が登場し、宿王華菩薩を多宝塔の中から讃めたたえる。それは、宿王華菩薩が釈迦牟尼仏に薬王菩薩のことを尋ねたことにより本章が説かれることになったからで、その結果、すべての衆生が利益を得ることができたからである。この多宝仏の宿王華菩薩に対する讃歎をもって本章はおわる。

(1)……妙法蓮華經卷第七……(1)

*後秦龜茲國三藏法師
鳩摩羅什奉　詔譯

*妙音菩薩品第二十四

爾時釋迦牟尼佛。放大人相。肉髻光明。及放眉間。白毫相光。遍照東方。百八萬億那由他。恒河沙等。諸佛世界。過是數已。有世界。名淨光莊嚴。其國有佛。號淨華宿王智如來。應供。正遍知。明行足。善逝。世間解。無上士。調御丈夫。天人師。佛。世尊。爲無量無邊。菩薩大衆。恭敬圍繞。而爲說法。釋迦牟尼佛。白毫光明。遍照其國。爾時一切。淨光莊嚴國中。有一菩薩。名曰妙音。久已殖衆德本。供養親近。無量百千萬億諸佛。而悉成就。甚深智慧。得妙幢相三昧。法華三昧。淨德三昧。宿王戲三昧。無緣三昧。智印三昧。解一切衆生語言三昧。集一切功德三昧。清淨三昧。神通遊戲三昧。慧炬三昧。莊嚴王三昧。淨光明三昧。淨藏三昧。不共三昧。日旋三昧。得如是等。百千萬億。恒河沙等。諸大三昧。釋迦牟尼佛。光照其身。卽白淨華宿王智佛言。世尊。我當往詣。娑婆世界。禮拜親近供養。釋迦牟尼佛。及見文殊師利法王子菩薩。藥王菩薩。勇施菩薩。宿王華菩薩。上行意菩薩。莊嚴王菩薩。藥上菩薩。爾時淨華宿王智佛。告妙音菩薩。汝莫輕彼國。生下劣想。善男子。

彼娑婆世界。高下不平。土石諸山。穢惡充滿。佛身卑小。諸菩薩衆。其形亦小。而汝身。四萬二千由旬。我身。六百八十萬由旬。汝身第一端正。百千萬福。光明殊妙。是故汝往。莫輕彼國。若佛菩薩。及國土。生下劣想。妙音菩薩。白其佛言。世尊。我今詣娑婆世界。皆是如來之力。如來神通遊戯。如來功德。智慧莊嚴。

（1）……　……（1）春日本になし。

爾《そ》の時に、釈迦牟尼仏、大人相《だいにんそう》の肉髻《にっけい》の光明を放ち、及び眉間白毫相《みけんびゃくごうそう》の光を放って、遍《あまね》く、東方百八万億那由他《なゆた》恒河沙等《ごうがしゃとう》の諸仏の世界を照らしたもう。是《こ》の数《かず》を過ぎ已《おわ》って世界有り、浄光荘厳《じょうこうしょうごん》と名《な》づく。其《そ》の国に仏有《いま》す。浄華宿王智《じょうけしゅくおうち》如来・応供《おうぐ》・正遍知《しょうへんち》・明行足《みょうぎょうそく》・善逝《ぜんぜい》・世間解《せけんげ》・無上士《むじょうじ》・調御丈夫《ちょうごじょうぶ》・天人師《てんにんし》・仏・世尊と号《な》づけたてまつる。無量無辺の菩薩大衆《だいしゅ》の恭敬《くぎょう》し囲繞《いにょう》せるを為《も》って、為《ため》に法を説きたもう。釈迦牟尼仏の白毫《びゃくごう》の光明、遍《あまね》く其《そ》の国を照らしたもう。

爾《そ》の時に、一切浄光荘厳国の中に一《ひと》りの菩薩有り、名を妙音と曰《い》う。久しく已《すで》に衆《もろもろ》の徳本《とくほん》を殖《う》えて、無量百千万億の諸仏を供養し親近《しんごん》したてまつりて、悉く甚深《じんじん》の智慧を成就し、妙幢相三昧《みょうどうそうさんまい》・法華《ほっけ》三昧・浄徳《じょうとく》三昧・宿王戯《しゅくおうけ》三昧・無縁《むえん》三昧・智印《ちいん》三昧・解一切衆生語言《げいっさいしゅじょうごごん》三昧・集一切功徳《しゅういっさいくどく》三昧・清浄《しょうじょう》三昧・神通遊戯《じんずうゆげ》三昧・慧炬《えこ》三昧・荘厳王《しょうごんのう》三昧・浄光明《じょうこうみょう》三昧・浄蔵《じょうぞう》三昧・不共《ふぐ》三昧・日旋《にっせん》三昧を得《う》。是《かく》の如き等《ら》の、百千万億恒河沙等《ごうがしゃとう》の諸《もろもろ》の大三昧を得たり。釈迦牟尼仏の光、其《そ》の身《み》を照らしたもう。即ち浄華宿王智仏に白《もう》して言《もう》さく、

「世尊よ、我《われ》、当《まさ》に娑婆《しゃば》世界に往詣《おうけい》して、釈迦牟尼仏を礼拝《らいはい》し、親近《しんごん》し、供養し、及び文殊師利《もんじゅしり》法王子《ほうおうじ》菩薩・薬王《やくおう》菩薩・勇施《ゆぜ》菩薩・宿王華《しゅくおうけ》菩薩・上行意《じょうぎょうい》菩薩・荘厳王《しょうごんのう》菩薩・薬上《やくじょう》菩薩を見るべし」と。

爾《そ》の時に浄華宿王智仏、妙音菩薩に告げたまわく、

「汝よ、彼《か》の国を軽《かろ》しめて下劣《げれつ》の想《おもい》を生ずること莫《なか》れ。善男子よ、彼《か》の娑婆世界は、高下不平《こうげふびょう》にして、土石《どしゃく》、

諸山《しょせん》、穢悪《えあく》充満せり。仏身卑小にして、諸《もろもろ》の菩薩衆も其《そ》の形《かたち》、亦、小なり。而《しか》るに汝が身《み》は四万二千由旬《ゆじゅん》、我《わ》が身《み》は六百八十万由旬なり。汝が身は第一端正《たんじょう》にして、百千万の福あって光明殊妙《しゅみょう》なり。是《こ》の故に汝、往《ゆ》いて彼《か》の国を軽《かろ》しめて、若《も》しは仏・菩薩、及び国土に下劣の想を生ずること莫《なか》れ」と。

妙音菩薩、其《そ》の仏に白《もう》して言《もう》さく、

「世尊よ、我、今、娑婆世界に詣《いた》らんこと、皆是《こ》れ如来の力、如来の神通遊戯《ゆげ》、如来の功徳・智慧の荘厳《しょうごん》ならん」と。

〔訳〕その時に釈迦牟尼仏は、偉大な人物の相（の一つ）である頭の頂の隆起から光明を放ち、それに眉間の白い巻き毛からも光を放って、東方の、ガンジス河の砂の数の百八・万・億・ナユタ倍という多数の仏たちの世界を照らされた。そしてその多数の世界を過ぎたところに浄光荘厳という名の世界があった。その国に、浄華宿王智如来・供養を受けるにふさわしい人・正しくあまねき知を有する人・智慧と実践とが完全にそなわった人・さとりに到達した人・世界のすべてに通じている人・このうえない人・人間の調教師・諸天と人々との師・仏・世尊、という名の仏がおられた。はかりしれないほど多くの菩薩たちの集まりに囲まれて、法を説かれていた。釈迦牟尼仏の眉間の白い巻き毛から放たれた光明が、その国をくまなく照らしだした。

その時、浄光荘厳国の中に妙音という一人の菩薩がいた。長い間にわたって多くの徳のもとを培い、百千万億の無量倍という多くの仏たちを供養してお仕えし、極めて奥深い智慧をすべて達成し、妙幢《みょうどう》相三昧《そうさんまい》・法華三昧・浄徳三昧・宿王戯《しゅくおうけ》三昧・無縁三昧・智印三昧・解一切衆生語言《げいっさいしゅじょうごこん》三昧・集一切功徳三昧・清浄三昧・神通遊戯《ゆけ》三昧・慧炬《えこ》三昧・荘厳王三昧・浄光明三昧・浄蔵三昧・不共《ふぐ》三昧・日旋《にっせん》三昧を得ていた。以上のような、ガンジス河の砂の数の百千万億倍の数に等しい多くの偉大な三昧を獲得していたのである。釈迦牟尼仏の放たれた光が、彼の身体を照らすと、(妙音菩薩は)ただちに浄華宿王智仏に申し上げた。

「世尊よ、私は娑婆世界に行って、釈迦牟尼仏を礼拝して、お仕えし、供養し、そして文殊師利法王子菩薩・薬王菩薩・勇施《ゆぜ》菩薩・宿王華菩薩・上行意《じょうぎょうい》菩薩・荘厳王菩薩・薬上菩薩にお会いしようと思います」と。

その時、浄華宿王智仏は、妙音菩薩に告げられた。

「汝よ、かの国を軽んじて劣っているとの想いを懐いてはならない。善男子よ、かの娑婆世界は、高底があって、土や石、山々(があって)、汚れが充満している。仏の身体は小さく、菩薩たちもその身体が小さい。しかし、汝の身体は四万二千ヨージャナ、私の身体は六百八十万ヨージャナある。汝の身体は最もすぐれて端正であり、百千万の福徳があって、その光明もことのほかすぐれている。それ故、汝が行っても、かの国を軽んじたり、仏や菩薩、その国土に対して劣っているとの想いを懐いてはならない」と。

妙音菩薩は、その仏に申し上げた。

「世尊よ、私が今、娑婆世界に赴くのは、すべて如来の力、如来の自由自在な神通、如来の功徳と智慧のおごそかな飾りとによるものであります」と。

《大人相》偉大な人物の相。すなわち、仏の三十二相のこと。**《肉髻》**「髻」とは、まげ、もとどりのこと。肉のもとどりとは、頭の頂がもり上がってまげのような形となっている状態をいう。仏の三十二相の一つで、尊貴の相をあらわすという。原語は uṣṇīṣa. ただし、梵本にはこの語はない。**《眉間白毫相》**仏の三十二相の一つで、眉間に白い右まきの巻き毛（白毫）がある相のこと。原語は ūrṇā-kośa. **《浄光荘厳》**Vairocana-raśmipratimaṇḍitā（太陽の輝きの光明によって飾られた、という意）**《浄華宿王智如来》**Kamaladalavimalanakṣatrarājasaṃkusumitābhijñā 蓮華の花弁のようにけがれのない星宿王によって開かれた神通を有する、という意。**《妙音》**Gadgadasvara. gadgada は擬声語で、ガラガラ、ゴロゴロなどに相当する。これを雷鳴と解する説（本田義英『仏典の内相と外相』）と、不分明な音声をあらわすとして、菩薩の名を「わけのわからないことをしゃべる人（異邦人）」という意味だとする説（渡辺照宏『法華経物語』）がある。法華経の本章のみに登場する菩薩。**《妙幢相三昧》**以下は、十六の三昧の名称が列挙される。妙幢相三昧とは、吉蔵の『法華義疏』巻十二によれば、諸三昧中で最もすぐれていて、一軍の将が軍の指揮に用いるはたほこを持って威風あたりを払っているさまに譬えられる三昧という。梵本では、dhvajāgra-keyūra-samādhi（幢の先端にある環飾り、という名の三昧）とある（p. 424. *ll.* 1—2）。**《法華三昧》**吉蔵は『法華三昧経』の以下の文、花が咲けばその樹を荘厳するように、この三昧を得れば他の三昧中に功徳の花を咲かせるとともに自らを荘厳する、という経文を引いて釈し、三乗一乗の摂入無礙なることをいうとする（同前）。梵本では、saddharmapuṇḍarīka-samādhi（正法蓮華という三昧）とある。**《浄徳三昧》**「浄徳」は、前章薬王菩薩本事品に出る国王の名として、また後の妙荘厳王品第二十七では国王の妃の名として現われている。原語は Vimaladatta（浄与）。**《宿王戯三昧》**宿王とは、星宿の王、すなわち月のこと。宿王の遊戯と名づける三昧の意。その内容は、吉蔵によれば、諸の三昧に対して自在に観察し尽くすことのできる三昧という（同前）。梵本では、nakṣatrarāja-vikrīḍita-samādhi（星宿の王の遊戯という三昧）という。**《無縁三昧》**吉蔵によれば、滅尽定《めつじんじょう》のことという（同前）。滅尽定は、すべての心のはたらきを滅し尽くした三昧で、心作用がないからしたがってその対象となるものも存在しない。梵本では anilambha-samādhi（よりどころのない三昧）という。**《智印三昧》**吉蔵によれば、実相に入る三昧という（同前）。梵本では jñānamudrā-samādhi（智慧のしるしという三昧）という。**《解一切衆生語言三昧》**あらゆる衆生の言語を理解する三昧、の意。前章薬王菩薩品に解一切衆生語言陀羅尼が出ているが、これと同じもの。梵本では sarvarutakauśalya-samādhi（すべての音声に精通する三昧）という。**《集一切功徳三昧》**あらゆる功徳を集める三昧、の意。梵本では sarvapuṇyasamuccaya-samādhi（すべての福徳のあつまりという三昧）という。**《清浄三昧》**吉蔵は、この三昧は他の諸三昧の垢を浄めるものであるという（同前）。梵本では prasādavati-samādhi（清らかさを有する女性という三昧）とある。**《神通遊戯三昧》**吉蔵の解釈によれば、この三昧に入れば八相成道ができるという（同前）。語の意味は、神通力を自由自在に駆使して、しかもそのことが遊戯でもあるかのようにゆとりと余裕をもってなされるという三昧、の意。梵本では ṛddhivikrīḍita-samādhi（神通の遊戯という三昧）とある。**《慧炬三昧》**智慧のたいまつという名の三昧、の意。原語は jñānolkā-samādhi（智慧のたいまつという名の三昧）。**《荘厳王三昧》**吉蔵の説明によれば、この三昧を得れば、一時に多くの功徳を荘厳することができ、しかもこの荘厳は空と有との二面において自在であるから王というとする（同前）。梵本では vyūharāja-samādhi（荘厳の王という名の三昧）という。**《浄光明三昧》**吉蔵によれば、この三昧に入れば、光明を放って衆生の心を清浄ならしめるはたらきがあるという（同前）。梵本は vimalaprabhāsa-samādhi（汚れなき光明という三昧）という。**《浄蔵三昧》**吉蔵によれば、この三昧に入れば、功徳のあつまりを浄めることができるという（同前）。梵本では vimalagarbha-samādhi（汚れなき胎という三昧）という。**《不共**

三昧》吉蔵によれば、二乗の分際ではない三昧という（同前）。梵本ではこれに相当するものはない。**《日旋三昧》**吉蔵によれば、日天子が日宮殿に乗って周回し、衆生を照らすような三昧という（同前）。梵本では sūryavarta-samādhi（太陽の運行という三昧）という。以上、妙幢相三昧から日旋三昧まで『妙法華』では十六の三昧を挙げるが、梵本では、不共三昧がなく、かわりに月燈三昧（candrapradīpa-samādhi）と水遍三昧（apkṛtsna-samādhi）とが加わって、計十七種の三昧を挙げている。**《薬王菩薩》**前章の語注参照（九九七頁）。**《勇施菩薩》**第一章序品に対告衆の菩薩の一人として挙げられ、第二十六章陀羅尼品にも登場する。原語は Pradānaśūra. **《宿王華菩薩》**前章薬王品の語注参照（九九七頁）。**《上行意菩薩》**原語は Viśiṣṭa-cāritra で、上行菩薩、すなわち第十五章従地踊出品で登場した地涌の菩薩の上首の一人。**《荘厳王菩薩》**本章のみに登場する菩薩。第二十七章妙荘厳王品に出る王の名と類似している。本章では、同名の三昧が挙げられている。原語は Vyūharāja. **《薬上菩薩》**本経では、本章と第二十七章の妙荘厳王品にその名が見える。原語は Bhaiṣajyarāja-samudgata.

本章から第二十四章妙音菩薩品に入る。章題のとおり、妙音菩薩という娑婆世界以外の国の菩薩を登場させ、その過去における仏への供養を明らかにして、現在、普現色身三昧という果報によって衆生教化にあたっていることを説くのである。普現色身三昧は、内容的に同じものがすでに前章においても現諸身三昧として説かれていた。また次章においては観世音菩薩が得た三昧としても説かれている。それ故、分科では本章と次章とは同一の三昧を得た二菩薩が主人公となっているので並列して扱われている。今、これを一部図示すると次のようになる。本段はそのうちの「奉㆑命西来」の中の「発㆓来縁㆒」の「受㆑旨」までに相当する。

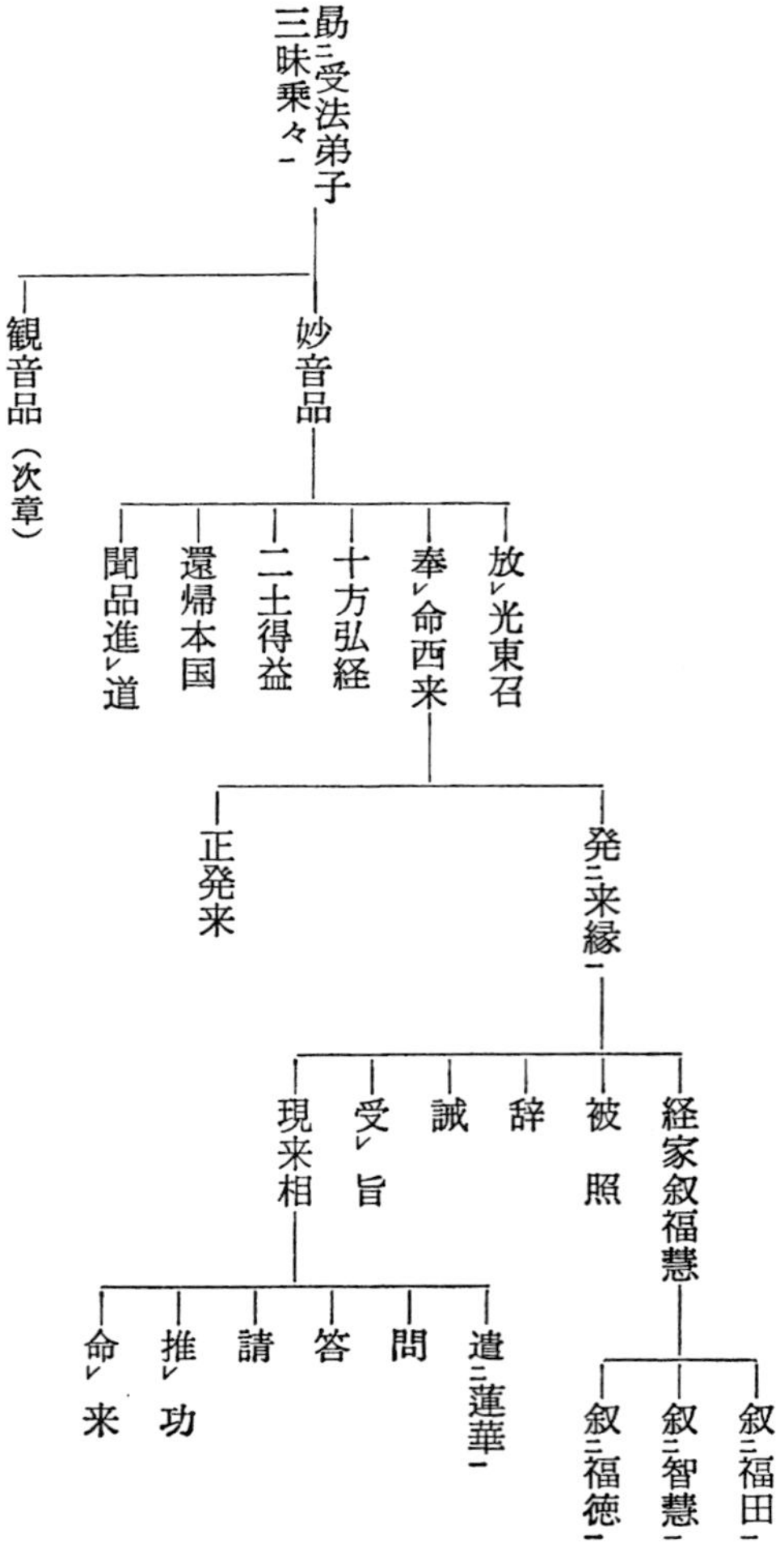

於是妙音菩薩。不起于座。身不動搖。而入三昧。以三昧力。於耆闍崛山。去法座不遠。化作八萬四千。衆寶蓮華。閻浮檀金爲莖。白銀爲葉。金剛爲鬚。甄叔迦寶。以爲其臺。爾時文殊師利法王子。見是蓮華。而白佛言。世尊。是何因緣。先現此瑞。有若干千萬蓮華。閻浮檀金爲莖。白銀爲葉。金剛爲鬚。甄叔迦寶。以爲其臺。爾時釋迦牟尼佛。告文殊師利。

是妙音菩薩摩訶薩。欲從淨華宿王智佛國。與八萬四千。菩薩圍繞。而來至此。娑婆世界。供養親近。禮拜於我。亦欲供養。聽法華經。文殊師利。白佛言。世尊。是菩薩。種何善本。修何功德。而能有是。大神通力。行何三昧。願爲我等。說是三昧名字。我等亦欲。勤修行之。行此三昧。乃能見是菩薩。色相大小。威儀進止。唯願世尊。以神通力。彼菩薩來。令我得見。爾時釋迦牟尼佛。告文殊師利。此久滅度。多寶如來。當爲汝等。而現其相。時多寶佛。告彼菩薩。善男子來。文殊師利法王子。欲見汝身。

是《ここ》に於いて、妙音菩薩、座を起《た》たず、身《み》動揺せずして三昧《さんまい》に入り、三昧力を以《もっ》て、耆闍崛山《ぎしゃくせん》に於いて、法座を去ること遠からずして、八万四千の衆宝の蓮華を化作《けさ》せり。閻浮檀金《えんぶだんこん》を茎《くき》と為《な》し、白銀《びゃくこん》を葉《は》と為《な》し、金剛《こんごう》を鬚《しべ》と為《な》し、甄叔迦宝《けんしゅくかほう》、以《もっ》て其《そ》の台《うてな》と為《な》せり。

爾《そ》の時に文殊師利法王子《もんじゅしりほうおうじ》、是《こ》の蓮華を見て、仏に白《もう》して言《もう》さく、

「世尊よ、是《こ》れ何の因縁《いんねん》あってか先《ま》ず此《こ》の瑞《ずい》を現ぜる。若干《じゃくかん》千万の蓮華有って、閻浮檀金《えんぶだんこん》を茎と為《な》し、白銀《びゃくこん》を葉と為《な》し、金剛《こんごう》を鬚《しべ》と為《な》し、甄叔迦宝《けんしゅくかほう》、以《もっ》て其《そ》の台《うてな》と為《な》せり」と。

爾《そ》の時に釈迦牟尼仏、文殊師利に告げたまわく、

「是《こ》れ妙音菩薩摩訶薩《まかさつ》、浄華宿王智仏の国より、八万四千の菩薩の囲繞《いにょう》せると、而《しか》も此《こ》の娑婆《しゃば》世界に来至《らいし》して、我を供養し、親近《しんごん》し、礼拝《らいはい》せんと欲《ほっ》し、亦《また》、法華経を供養し、聴きたてまつらんと欲《ほっ》せるなり」と。

文殊師利、仏に白《もう》して言《もう》さく、

「世尊よ、是《こ》の菩薩は、何《いか》なる善本《ぜんぼん》を種《う》え、何《いか》なる功徳を修して、能《よ》く是《こ》の大神通力有る。何《いか》なる三昧《さんまい》を行《ぎょう》ずる。願わくは我等が為《ため》に、是《こ》の三昧の名字《みょうじ》を説きたまえ。我等、亦《また》、之《これ》を勤《つと》めて修行せんと欲《ほっ》す。此《こ》の三昧を

行じて、乃《すなわ》ち能《よ》く是《こ》の菩薩の色相《しきそう》の大小、威儀《いぎ》進止《しんし》を見ん。唯《ただ》願わくは世尊よ、神通力を以て、彼《か》の菩薩の来《きた》らんに、我をして見ることを得せしめたまえ」と。

爾《そ》の時に釈迦牟尼仏、文殊師利に告げたまわく、

「此《こ》の久《く》滅度《めつど》の多宝如来、当《まさ》に汝等《なんだち》が為《ため》に、而《しか》も其《そ》の相を現じたもうべし」と。

時に多宝仏、彼《か》の菩薩に告げたまわく、

「善男子よ、来《きた》れ。文殊師利法王子は、汝が身《み》を見んと欲《ほっ》す」と。

〔訳〕さて、妙音菩薩は、座から起つことなく、不動のままで三昧に入り、その三昧の力によって、（娑婆世界の）霊鷲山の説法の座から程遠くないところに八万四千の宝玉造りの蓮華を現出させた。それらは閻浮檀金（という最上の金）の茎、白銀の葉、ダイヤモンドのしべ、キンシュカ（甄叔迦）の花の宝のうてなからなっていた。

その時に、文殊師利法王子は、これらの蓮華を見て、仏に申し上げた。

「世尊よ、一体どういういわれで、この瑞兆が現われたのでしょうか。幾千万の蓮華は、茎は閻浮檀金から、葉は白銀から、しべはダイヤモンドから、そのうてなはキンシュカの花の宝からできております」と。

釈迦牟尼仏は、その時、文殊師利に告げられた。

「これは妙音菩薩大士が、浄華宿王智仏の国土から八万四千の菩薩たちに囲まれて、この娑婆世界にやってきて、私に供養し、仕えて礼拝しようとしているのであり、また法華経を供養し、聴聞しよう

としているのである」と。

文殊師利が仏に申し上げた。

「世尊よ、その菩薩はどのような善根をつみ、どのような功徳をおさめて、このような偉大な神通力を得たのでしょうか。どのような三昧を行なうのでしょうか。願わくば、私たちのために、その三昧の名前をお教え下さい。私たちもまた、それをくりかえし修行したいと思います。その三昧を実践すれば、この菩薩の姿形の大小、態度振舞を見ることができるでしょう。どうか願わくば、世尊よ、（世尊の）神通力によってその菩薩がやってきて、その時に私が見ることができるようになさって下さい」と。

その時釈迦牟尼仏は、文殊師利に次のように告げられた。

「入滅されてから久しくたったこの多宝如来が、汝たちのために、彼の姿を現わされるであろう」と。

そこで多宝仏は、かの菩薩に告げられた。

「善男子よ、やって来なさい。文殊師利法王子が汝の姿を見たいと思っている」と。

《耆闍崛山》 法華経説法の場所、霊鷲山のこと。原語は Gṛdhrakūṭaparvata. 序品の語注参照（本書上巻、四二―三頁）。**《閻浮檀金》** 閻浮那提金ともいう。閻浮那提で採れる最上の金。第六章授記品の語注「閻浮那提金光」を参照（本書上巻、三七二頁）。**《甄叔迦宝》** 甄叔迦は kiṃśuka の音写で樹木の名。赤色の花をつける。宝玉づくりのキンシュカの花、の意か。**《色相大小》**「色」には、顔色あるいは肉体などの意味があるが、ここでは後者の意に解する。「相」は、ありさま・様子、の意。すなわち、姿形の大小という意味。**《威儀**

進止》立居振舞と態度のこと。《多宝仏》本章では、文殊師利菩薩の意を汲んで妙音菩薩を娑婆世界に請来するという役割で登場する以外に本章において重要な役割を演じてはいない。その登場の必然性と唐突さには疑問が残るが、学者は、本章を法華経に組み込んだ際の操作という（渡辺照宏『法華経物語』二六六―七頁。及び横超慧日『法華思想』一五九頁など）。なお、第十一章見宝塔品を参照。

本段は、妙音菩薩が三昧の力によって居ながらにして娑婆世界の霊鷲山の近くに八万四千の蓮華を現出させ、その奇瑞を見た文殊師利菩薩がその訳を仏に問うという、妙音菩薩が娑婆世界に来至する導入部の役割を果たす段である。

分科でいえば、先の図において、「奉命西来」の中の「現来相」の部分に相当する（一〇四四頁）。

于時妙音菩薩。於彼國沒。與八萬四千菩薩。俱共發來。所經諸國。六種震動。皆悉雨於。七寶蓮華。百千天樂。不鼓自鳴。是菩薩。目如廣大。青蓮華葉。正使和合。百千萬月。其面貌端正。復過於此。身眞金色。無量百千。功德莊嚴。威德熾盛。光明照曜。諸相具足。如那羅延。堅固之身。入七寶臺。上昇虛空。去地七多羅樹。諸菩薩衆。恭敬圍繞。而來詣此。娑婆世界。耆闍崛山。到已。下七寶臺。以價直百千瓔珞。持至釋迦牟尼佛所。頭面禮足。奉上瓔珞。而白佛言。世尊。淨華宿王智佛。問訊世尊。少病少惱。起居輕利。安樂行不。四大調和不。世事可忍不。衆生易度不。無多貪欲。瞋恚。愚癡。嫉妬。慳慢不。無不孝父母。不敬沙門。邪見。不善心。不攝五情不。世尊。衆生能降伏。諸魔怨不。久滅度多寶如來。在七寶塔中。來聽法不。又問訊多寶如來。安隱(1)少惱。堪忍久住不。世尊。我今欲見。多寶佛身。唯願世尊。示我令見。爾時釋迦牟尼佛。語多寶佛。是妙音菩薩。欲得相見。時多寶佛。告妙音言。善哉善哉。汝能爲供養。釋迦牟尼佛。及聽法華經。幷見文殊師利等。故來至此。

(1) 隱＝穩

時に妙音菩薩、彼《か》の国に於いて没《もっ》して、八万四千の菩薩と倶共《とも》に発来《はつらい》す。経《ふ》る所の諸国、六種に震動して、皆《みな》悉《ことごと》く七宝の蓮華を雨《ふら》し、百千の天楽、鼓《く》せざるに自《おのずか》ら鳴る。是《こ》の菩薩の目は、広大の青蓮華《しょうれんげ》の葉の如し。正使《たとい》、百千万の月を和合せりとも、其《そ》の面貌端正《めんみょうたんじょう》なること、復此《またこ》れに過ぎんや。身《み》は真金《しんこん》の色《いろ》にして、無量百千の功徳もて荘厳せり。威《い》徳熾盛《とくしじょう》にして、光明照曜《しょうよう》し、諸相具足して、那羅延《ならえん》の堅固《けんご》の身の如し。七宝の台《うてな》に入って、虚空に上昇《のぼり》、地を去ること七多羅樹《しちたらじゅ》、諸《もろもろ》の菩薩衆、恭敬《くぎょう》し囲繞《いにょう》して、此《こ》の娑婆世界の耆闍崛山《ぎしゃくせん》に来詣《らいけい》す。到《いた》り已《お》わって七宝の台《うてな》を下《お》り、価直《あたい》百千の瓔珞《ようらく》を以《もっ》て、持《も》って釈迦牟尼仏の所《みもと》に至り、頭面《ずめん》に足《みあし》を礼《らい》し、瓔珞《ようらく》を奉上《ぶじょう》して仏に白《もう》して言《もう》さく、

「世尊よ、浄華宿王智仏は、世尊を問訊《もんじん》したもう、

『少病少悩、起居軽利《ききょきょうり》にして、安楽に行《ぎょう》じたもうや不《いな》や。四大《しだい》調和なりや不《いな》や。世事《せじ》は忍《しの》びつべしや不《いな》や。衆生は度《ど》し易《やす》しや不《いな》や。貪欲《とんよく》・瞋恚《しんに》・愚癡《ぐち》・嫉妬《しっと》・慳《けん》・慢《まん》多きこと無しや不《いな》や。父母《ぶも》に孝《きょう》せず、沙門《しゃもん》を敬わず、邪見不善の心にして、五情を摂めざること無きや不《いな》や。世尊よ、衆生は能《よ》く諸《もろもろ》の魔怨《まおん》を降伏《ごうぶく》するや不《いな》や。久滅度《くめつど》の多宝如来は、七宝の塔の中に在《ましま》して、来《きた》って法を聴きたもうや不《いな》や』と。

又、多宝如来を問訊《もんじん》したもう、

『安隠《あんのん》少悩にして堪忍《かんにん》し、久住《くじゅう》したもうや不《いな》や』と。

世尊よ、我、今、多宝仏の身《み》を見たてまつらんと欲《ほっ》す。唯《ただ》願わくは世尊よ、我に示して見せしめたまえ」と。

爾《そ》の時に釈迦牟尼仏、多宝仏に語りたまわく、

「是《こ》の妙音菩薩は、相見《あいみ》たてまつることを得《え》んと欲《ほっ》す」と。

時に、多宝仏、妙音に告げて言《のたま》わく、

「善《よ》い哉《かな》、善《よ》い哉《かな》。汝は能《よ》く釈迦牟尼仏を供養し、及び法華経を聴き、并びに文殊師利等を見んが為の故に、此《ここ》に来至《らいし》せり」と。


〔訳〕そこで、妙音菩薩は、その（自分のいた）国土から姿を消して、八万四千人の菩薩たちと一緒に（娑婆世界に）やってきた。その通り過ぎてきた国々は、六とおりに震動し、七宝でできた蓮華が降りしきり、百千もの天上の楽器は、かなでないのにひとりでに鳴った。この菩薩の目は、幅広くて大きい青蓮華の葉のようであった。その顔かたちの端正でうるわしいことは、たとい百千万もの月をあわせても、これに及ぶべくもなかった。身体は金色に輝き、百千の無量倍もの功徳によって飾られていた。おごそかな徳に溢れ、光明に照り輝いて、種々の（特別な）相がそなわっており、ナーラーヤナのような強い身体であった。七宝づくりの楼閣の中に入って、空中七ターラ樹の高さのところに上昇し、多くの菩薩たちに敬まわれ囲まれながら、この娑婆世界の霊鷲山にやってきた。到着すると、七宝づくりの楼閣から降り、百千（金）もの値打のある首飾りを持って釈迦牟尼仏のところに近づき、頭に仏のみ足をいただいて礼拝し、首飾りをたてまつって仏に申し上げた。

「世尊よ、浄華宿王智仏は、世尊にこのように御機嫌伺いをされております。

『無病息災で、立居振舞も軽やかに、安楽にお過しでしょうか、どうでしょうか。（身体を構成する地・水・火・風の）四種の要素は調和がとれているでしょうか、どうでしょうか。世事には耐え忍ぶことができますか、どうでしょうか。衆生たちは救済しやすいでしょうか。むさぼり・怒り・おろかさ・嫉妬・ものおしみ・慢心などが多いことはないでしょうか。父母に孝行せず、修行者の沙門を敬うことなく、よこしまな見解と不善の心を懐き、五官の欲望にしまりがないというようなことがないでしょうか。世尊よ、衆生はさまざまな魔という敵を打ち破ることができるでしょうか、どうでしょうか。滅度して久しく経っている多宝如来は、七宝づくりの塔の中におわしまして、ここにやって来られていて教えを聴かれているでしょうか、どうでしょうか』と。

また、（浄華宿王智仏は）多宝如来に安否をたずねておられます。『安穏息災で、よく耐えておられますでしょうか。（この娑婆世界に）長く止住されるのでしょうか、どうでしょうか』と。

世尊よ、私は今、多宝仏のお体を拝したいと思います。どうか、世尊よ、願わくば、私にお示しになってお見せ下さいますように」と。

その時、釈迦牟尼仏は、多宝仏に言われた。

「この妙音菩薩が、あなたにお会いしたいと思っております」と。

そこで多宝仏は、妙音菩薩に告げられた。

「よろしい、結構なことである。汝は、釈迦牟尼仏を供養し、法華経を聴聞し、それに文殊師利たちに会うためにに、よくぞここへやってきた」と。

《**諸相具足**》「相」とは、ここではすぐれた身体的特徴のことをいう。妙音菩薩がさまざまなすぐれた身体的特徴をそなえていた、という意味。妙音菩薩は娑婆世界の菩薩ではなく、浄光荘厳国土の菩薩であって、身体の大きさも異なっていることが前段で述べられていた。《**那羅延堅固之身**》「那羅延」は、Nārāyaṇa の音写。ヒンドゥー教における宇宙建造と保持の神である Viṣṇu 神の別名。大力を有しており力強い身体をしていて、仏典では天界の力士とされ、堅固力士、金剛力士などとも呼ばれる。しばしば、力強く堅牢な身体を喩えるのに用いられる。《**問訊**》「問」も「訊」も、問う、たずねる、の意味であるが、熟語として、伺候する、安否を問う、御機嫌伺いをする、という意味に用いられる。《**起居軽利**》「起居」は、立ったり坐ったりの立居振舞の意味。「軽利」は、かろやかできびきびしている、という意。《**四大調和**》「四大」とは、すべての物質を構成する地・水・火・風の四種の元素のこと。肉体もこの四元素より成っているので、この四元素が調和しているということは、体調がよいという意味。逆に病気の時は四大不調という。《**五情**》眼・耳・鼻・舌・身の五種の官感の情欲のこと。《**魔怨**》魔という敵、の意。「怨」は、かたき、敵対者の意味。

- 奉命西来
  - 発二来縁一（前出）
  - 正発来
    - 与二眷属一経歴
    - 叙二相登レ台
    - 問訊伝レ旨
    - 請レ見二多宝一
    - 世尊為通
    - 塔中称善

本段は、前段の多宝仏の命を受けて妙音菩薩がこの娑婆世界にやってきて、釈迦牟尼仏と多宝仏とに伺候する段である。分科からいえば、「奉命西来」中の「正発来」の部分に相当する。先にはこれを略したので、今、図示すると、前頁のようになる。

爾時華德菩薩。白佛言。世尊。是妙音菩薩。種何善根。修何功德。有是神力。佛告華德菩薩。過去有佛。名雲雷音王。多陀阿伽度。阿羅訶。三藐三佛陀。國名現一切世間。劫名憙見。妙音菩薩。於萬二千歳。以十萬種伎樂。供養雲雷音王佛。幷奉上。八萬四千七寶鉢。以是因緣果報。今生淨華宿王智佛國。有是神力。華德。於汝意云何。爾時雲雷音王佛所。妙音菩薩。伎樂供養。奉上寶器者。豈異人乎。今此妙音菩薩摩訶薩是。華德。是妙音菩薩。已曾供養親近。無量諸佛。久殖德本。又値恒河沙等。百千萬億那由他佛。華德。汝但見妙音菩薩。其身在此。而是菩薩。現種種身。處處爲諸衆生。說是經典。或現梵王身。或現帝釋身。或現自在天身。或現大自在天身。或現天大將軍身。或現毘(1)沙門天王身。或現轉輪聖王身。或現諸小王身。或現長者身。或現居士身。或現宰官身。或現婆羅門身。或現比丘。比丘尼。優婆塞。優婆夷身。或現長者。居士。婦女身。或現宰官婦女身。或現婆羅門婦女身。或現童男童女身。或現天龍。夜叉。乾闥婆。阿修羅。迦樓羅。緊那羅。摩睺羅伽。人非人等身。而說是經。諸有地獄。餓鬼。畜生。及衆難處。皆能救濟。乃至於王後宮。變爲女身。而說是經。華德。是妙音菩薩。能救護娑婆世界。諸衆生者。是妙音菩薩。如是種種。變化現身。在此娑婆國土。爲諸衆生。說是經典。於神通變化智慧。無所損減。是菩薩。以若干智慧。明照娑婆世界。令一切衆生。各得所知。於十方恒河沙世界中。亦復如是。若應以聲聞形。得度者。現聲聞形。而爲說法。應以辟支佛形。得度者。現辟支佛形。而爲說法。應以菩薩形。得度者。現菩薩形。而爲說法。應以佛形。得度者。卽現佛形。而爲說法。如是種種。隨所應度。(2)而爲現形。乃至應以滅度。而得度者。示現滅度。華德。妙音菩薩摩訶薩。成就大神通。智慧之力。其事如是。

爾時華德菩薩。白佛言。世尊。是妙音菩薩。深種善根。世尊。是菩薩。住何三昧。而能如是。在所變現。度脫衆生。佛告華德菩薩。善男子。其三昧。名現一切色身。妙音菩薩。住是三昧中。能如是饒益。無量衆生。

(1)毘＝毗　(2)度＝度者

爾《そ》の時に華徳菩薩《けとくぼさつ》、仏に白《もう》して言《もう》さく、

「世尊よ、是《こ》の妙音菩薩は、何《いか》なる善根を種《う》え、何《いか》なる功徳を修してか是《こ》の神力有る」と。

仏、華徳菩薩に告げたまわく、

「過去に仏有《いま》しき。雲雷音王多陀阿伽度《うんらいおんのうただあかど》・阿羅訶《あらか》・三藐三仏陀《さんみゃくさんぶつだ》と名づけたてまつる。国を現一切世間と名づけ、劫《こう》を憙見《きけん》と名づく。妙音菩薩は万二千歳に於いて、十万種の伎楽《ぎがく》を以《もっ》て、雲雷音王仏に供養し、并びに八万四千の七宝の鉢を奉上《ぶじょう》す。是《こ》の因縁果報《いんねんかほう》を以《もっ》て、今、浄華宿王智仏の国に生じて、是《こ》の神力有り。華徳よ、汝が意《こころ》に於いて、云何《いかん》。爾《そ》の時に、雲雷音王仏の所《みもと》に妙音菩薩として、伎楽をもって供養し、宝器を奉上《ぶじょう》せし者、豈《あに》、異人《ことひと》ならんや。今、此《こ》の妙音菩薩摩訶薩是《こ》れなり。華徳よ、是《こ》の妙音菩薩は、已《すで》に曾《かつ》て無量の諸仏に供養し、親近《しんごん》して、久しく徳本《とくほん》を殖《う》え、又、恒河沙等《ごうがしゃとう》の百千万億那由他《なゆた》の仏に値《あ》いたてまつる。華徳よ、汝、但《ただ》妙音菩薩は其《そ》の身《み》此《ここ》に在りとのみ見る。而《しか》も是《こ》の菩薩は、種種の身《み》を現じ、処処に諸《もろもろ》の衆生の為《ため》に是《こ》の経典を説く。或《あるい》は梵王《ぼんのう》の身《み》を現じ、或《あるい》は帝釈《たいしゃく》の身を現じ、或《あるい》は自在天の身を現じ、或《あるい》は大自在天の身を現じ、或《あるい》は天の大将軍の身を現じ、或《あるい》は毘沙門天王《びしゃもんてんのう》の身を現じ、或《あるい》は転輪聖王《じょうおう》の身を現じ、或《あるい》は諸《もろもろ》の小王の身を現じ、或《あるい》は長者の身を現じ、或《あるい》は居士《こじ》の身を現じ、或《あるい》は宰官《さいかん》の身を現じ、或《あるい》は婆羅門《ばらもん》の身を現じ、或《あるい》は比丘《びく》・比丘尼《びくに》・優婆《うば》塞《そく》・優婆夷《うばい》の身を現じ、或《あるい》は長者・居士《こじ》の婦女《ぶにょ》の身を現じ、或《あるい》は宰官の婦女の身を現じ、或《あるい》は婆羅門の婦女の身を現じ、或《あるい》は童男《どうなん》・童女《どうにょ》の身を現じ、或《あるい》は天・龍・夜叉《やしゃ》・乾闥婆《けんだつば》・阿修羅《あしゅら》・迦楼羅《かるら》・緊那羅《きんなら》・摩睺羅伽《まごらが》・人《にん》・非人《ひにん》等《とう》の身を現じて、而《しか》も是《こ》の経を説く。諸有《しょう》の地獄・餓鬼・畜生及び衆《もろもろ》の難処《なんじょ》、皆《みな》能《よ》く救済《くざい》す。乃至《ないし》、王の後宮《ごぐ》に於いては、変じて女身《にょしん》と為《な》って是《こ》の経を説く。華徳よ、是《こ》の妙音菩薩は、能《よ》く娑婆世界の諸《もろもろ》の衆生を救護《くご》する者なり。是《こ》の妙音菩薩、是《かく》の如く種種に変化《へんげ》し、身を現じて此《こ》の娑婆国土に在って、諸《もろもろ》の衆生の為《ため》に是《こ》の経典を説く。神通・変化・智慧に於いて、損減《そんげん》する所無し。是《こ》の菩薩は、若干《そこばく》の智慧を以《もっ》て、明らかに娑婆世界を照らして、一切衆生をして各《おのおの》所知《しょち》を得せしめ、十方恒河沙《ごうがしゃ》の世界の中に於いても、亦復《またまた》、是《かく》の如し。若《も》し応《まさ》に声聞《しょうもん》の形《かたち》を以《もっ》て得度《とくど》すべき者には、声聞の形を現じて為《ため》に法を説き、応《まさ》に辟支仏《びゃくしぶつ》の形を以《もっ》て得度すべき者には、辟支仏の形を現じて為《ため》に法を説き、応《まさ》に菩薩の形を以《もっ》て得度すべき者には、菩薩の形を現じて為《ため》に法を説き、応《まさ》に仏の形を以《もっ》て得度すべき者には、即ち仏の形を現じて為《ため》に法を説く。是《かく》の如く種種に、応《まさ》に度《ど》すべき所に随って、為《ため》に形を現ず。乃至、応《まさ》に、滅度を以《もっ》て得度すべき者には、滅度を示現す。華徳よ、妙音菩薩摩訶薩、大神通・智慧の力を成就せること、其《そ》の事是《かく》の如し」と。

爾《そ》の時に華徳菩薩、仏に白《もう》して言《もう》さく、

「世尊よ、是《こ》の妙音菩薩は、深く善根《ぜんごん》を種《う》えたり。世尊よ、是《こ》の菩薩、何《いか》なる三昧《さんまい》に住して、能《よ》く是《かく》の如く在《ざい》所《しょ》に変現して衆生を度脱する」と。

仏、華徳菩薩に告げたまわく、

「善男子よ、其《そ》の三昧を、現一切色身《げんいっさいしきしん》と名づく。妙音菩薩、是《こ》の三昧の中に住して、能《よ》く是《かく》の如く無量の衆生を饒益《にょうやく》す」と。

〔訳〕その時、華徳菩薩が仏に申し上げた。

「世尊よ、この妙音菩薩はどのような善根を植え、どのような功徳を積んで、この神通力を得たのでしょうか」と。

仏は華徳菩薩に告げられた。

「過去世に、雲雷王如来・聖者・正しく覚った人という名の仏がおられた。その国土を現一切世間といい、その時代を憙見といった。妙音菩薩は一万二千年の間にわたって、十万種もの伎楽によって雲雷音王仏に供養し、また八万四千の七宝づくりの鉢を奉った。このいわれの果報によって、今、浄華宿王智仏の国土に生まれて、この神通力があるのだ。華徳よ、汝はどのように考えるか。その時に雲雷音王仏のみもとで妙音菩薩として、伎楽によって供養し、宝玉づくりの器を奉った人は、どうして別人であろうか。今のこの妙音菩薩大士その人なのだ。華徳よ、この妙音菩薩は、これまでに無量の仏たちに供養し、お仕えして、長い間徳の根本を植え、またガンジス河の砂の数に等しい百千万億ナユタという多数の仏にお会いしたのである。華徳よ、汝は、妙音菩薩の身体はただここにあるとのみ見ているが、しかし、この菩薩は、種々の身体を示現して、いたるところに多くの衆生のためにこの経典を説いているのだ。ある場合には梵天王の身体を現わし、ある場合には帝釈天の身体を現わし、ある場合には（他化）自在天の身体を現わし、ある場合には大自在天の身体を現わし、ある場合には天界の大将軍の身体を現わし、ある場合には毘沙門天王の身体を現わし、ある場合には転輪聖王の身体を現わし、ある場合には多くの王侯の身体を現わし、ある場合には富豪の身体を現わし、ある場合には資産家の身体を現わし、ある場合には宰相・官吏の身体を現わし、ある場合にはバラモンの身体を現わし、ある場合には比丘・比丘尼・信男・信女の身体を現わし、ある場合には、富豪や資産家の妻の身体を現わし、ある場合には宰相・官吏の妻の身体を現わし、ある場合にはバラモンの妻の身体を現わし、ある場合には男の子・女の子の身体を現わし、ある場合には天の神・龍・夜叉《やしゃ》・乾闥婆《けんだつば》・阿修羅《あしゅら》・迦楼羅《かるら》・緊那羅《きんなら》・摩睺羅伽《まごらが》・人間・人間以外のものたちの身体を現わして、この経を説くのだ。あらゆる地獄・餓鬼・畜生（の境界にあるものたち）を、そして多くの、仏の教にふれるのに困難な境遇（にあるものたち）をすべて救済することができるのである。そして王の後宮にあってまで、女性の身体に身を変えてこの経を説くのだ。

　華徳よ、この妙音菩薩は、娑婆世界の多くの衆生たちを救い護ることができる者なのだ。このように種々に身を変えて身体を現わし、この娑婆国土において多くの衆生たちのためにこの経典を説くのである。しかも、神通力や身を変えることや智慧が（それによって）減少することはないのだ。この菩薩は、数々の智慧によって、娑婆世界を明察し、すべての衆生たちにそれぞれの知るべきことを知らしめるのであって、十方のガンジス河の砂の数ほど多くの世界にあっても、またそのようにするのである。もし声聞の姿によって救済できる者に対しては、声聞の姿を現わして教えを説き、辟支仏の姿によって救済することができる者に対しては、辟支仏の姿を現わして教えを説き、菩薩の姿によって救済できる者に対しては、菩薩の姿を現わして教えを説き、仏の姿によって救済できる者に対しては、仏の姿を現わして教えを説くのだ。このように種々さまざまに、救済の対象に応じてその姿を現わすのである。そればかりか、入滅ということによって救済できる者に対しては、入滅すらも示してみせるのだ。華徳よ、妙音菩薩大士が偉大な神通と智慧との力を完成するのは、以上のようなことによるのである」と。

その時、華徳菩薩は仏に次のように申し上げた。

「世尊よ、この妙音菩薩は深く善根を植えられております。世尊よ、この菩薩はどんな三昧に身をおいて、そのようにあらゆる所へ現われて衆生を救済することができるのでしょうか。」

仏は華徳菩薩に、このように語られた。

「善男子よ、その三昧は現一切色身というのだ。妙音菩薩は、この三昧の中にあって、そのようにはかりしれない数の衆生たちに利益を与えることができるのだ」と。

《華徳菩薩》 原語は Padmaśrī（蓮華の吉祥を有する、の意）。後の第二十七章において、この菩薩の本事が語られ、過去において妙荘厳王であったことが明かされる。妙荘厳王本事品第二十七を参照。**《雲雷音王》** 原語は Meghadundubhisvararāja（雲の太鼓の音の王、の意）。**《多陀阿伽度》** tathāgata の音写で、如来の意。**《阿羅訶》** 原語 arhat（パーリ語は arahā, arahat）の音訳語。阿羅漢に同じ。修行を完成した聖者。**《三藐三仏陀》** samyaksaṃbuddha の音写語。正しく悟った人、の意で、正遍知、等正覚などと訳す。前項の「多陀阿伽度」「阿羅訶」とともに、如来の十号の一つ。**《現一切世間》** 原語は Sarvarūpasaṃdarśanā（すべての身体を現出する、の意）。**《憙見》** 原語は Priyadarśana（見て快い、の意）。後の第二十七章妙荘厳王品に説かれる雲雷音宿王華智仏の劫の名と同一である。**《自在天身》**自在天の身体のこと。自在天（Īśvara）は、欲界の最高所の他化自在天に住む第六天の魔王のこと。**《大自在天身》**「大自在天（Maheśvara）」は、元来ヒンドゥー教におけるシバ神（Śiva）のことで、破壊と創造の神。摩醯首羅と音写する。仏教に採り入れられて、仏法守護神の一つとなり、色界の最高所の天界に住し、三千世界の主とされる。**《天大将軍身》**天界の大将軍の身体、の意。天界の大将軍とは、梵天王の臣下で、色界の初禅に三つの天界があるうちの第二天、梵輔天界に住む梵輔神のこと。**《毘沙門天王身》**毘沙門天（Vaiśravaṇa）は、四天王の一つで、帝釈天の臣下。須弥山の中腹に住し、北方の守護神。**《居士》**gṛha-pati の訳。家の主の意。在家の男性をいうが、具体的には古代インドにおける資産者階級の人々を総称することば。**《難処》**仏道修行が不可能で、仏法を見ることも聞くこともできない境界と場所をいう。普通、八難処という。上巻、第三章譬喩品の語注参照（二七八頁）。

本段は、娑婆世界にやって来た妙音菩薩について、華徳菩薩が仏にその神通力の由来をたずね、仏がそれを明かす段である。現在の妙音菩薩が有しているその神通力は、過去世において雲雷音王仏のもとで長時にわたる供養をなしたその果報として得られたものであり、妙音菩薩はその果報としての現一切色身三昧によって、あらゆる場所であらゆる身体を示現して衆生に教えを説いていることが明かされる。経ではその例として具体的に三十四身を列挙している。

分科でいえば、本段は「十方弘経」の部分に相当する。先ではこの部分の分科を略したので、今、図示すると次のようになる。

- 妙音品
  - 放レ光東召
  - 奉レ命西来
  - 十方弘経
    - 問二答善根神力一
      - 問
        - 問レ種二何善根一
        - 問レ有二是神力一
      - 答
        - 答二善根一
        - 答二神力一
    - 問三答今住二何定一
      - 問
      - 答
  - 二士得益
  - 還二帰本国一
  - 聞レ品進レ道

現一切色身三昧

妙音の来至

本章の名の由来は、登場する東方の仏国土に住する妙音菩薩という名に由っている。妙音菩薩は、法華経全体の中で本章のみに登場する娑婆世界以外の他方国土に住する菩薩で、他の経典にもその名は見えない。その原語は Gadgadasvara で、gadgada は「どもる声」、svara は「音声」の意であるが、gadgada の語義解釈については異説もあり、* またそれが「妙音」と訳されるに至った事情も判然としない。ともあれ、本章の内容を見てみよう。

釈迦牟尼仏が、頭上と眉間の白い巻毛（白毫）から光明を放たれると、その光は東方の無数の仏国土を照らし出し、浄光荘厳という名の仏国土にまで届いた。その仏国土は浄華宿王智如来という名の仏の国土で、そのもとに妙音という名の菩薩がいた。その菩薩はこれまでに多くの徳を積み、無量の数の仏たちに供養してきたことによって、奥深い智慧と、法華三昧以下の十六種の三昧をはじめとして、無数の三昧を獲得していた。三昧とは samādhi の訳で、禅定のこと。精神を集中し、統一することである。

さて、釈迦牟尼仏の放たれた光明が、妙音菩薩の身を照らし出すと、妙音菩薩は浄華宿王智仏に向かって、これから娑婆世界に往って釈迦牟尼仏に礼拝供養し、文殊・薬王・薬上などの菩薩たちにお会いしたい旨を告げた。浄華宿王智仏はこれを許し、妙音菩薩に次のような注意を与えた。すなわち、娑婆国土はこの国土に比して美しくなく、穢れと悪が充満しており、また仏の身体も菩薩の身体も卑小である。しかし、だからといって汝は決して軽んじてはならない、と。

妙音菩薩はこの言を受けて、座に坐ったままで三昧に入り、その三昧の力によって娑婆国土の霊鷲山の近くに八万四千の宝玉づくりの蓮華を現出させた。文殊師利菩薩はこの蓮華を見ると、釈迦牟尼仏にこの奇瑞のわけを尋ねた。すると、釈迦牟尼仏は、これは妙音菩薩が浄華宿王智仏の国土から、八万四千の菩薩たちをひき連れてここへやってきて、私を礼拝し、供養し、また法華経を聴聞しようとしているのだ、と答えられた。それを聞いた文殊師利は、さらに釈迦牟尼仏に、その妙音菩薩という人は、どのような善根功徳を積み、どのような三昧を修行したのでしょうか、お教え下さい、そして仏の神通力によって私にその姿をお見せ下さい、とお願いしたのである。これを受けた釈迦牟尼仏は、文殊師利に、多宝仏がこの菩薩をここへ召されるであろうといわれた。その言に応えて、多宝仏は妙音菩薩に〝善男子よ、来たれ〟と呼びかけた。すると、妙音菩薩は、七宝づくりの楼閣の中に身をおき、八万四千の菩薩たちがそのまわりをとり囲んで、空中を七ターラ樹の高さに飛翔してこの娑婆世界にやってきたのである。途中経過してきた国々を六種に震動させ、空中に七宝の蓮華を雨ふらしながら、また天上の百千もの楽器は自ずと奏でられて、ここ霊鷲山にやって来たのである。妙音菩薩のその容貌の端正なことは百千の月よりもすぐれ、その目の大きさは広大な青蓮華の葉のごとくであった。身体は金色に照り輝き、あらゆる功徳がそなわっていた。菩薩は霊鷲山に至ると、楼閣から下り、価の知られないような高価な首かざりを手にして釈迦牟尼仏のところへやってきて、その首かざりを捧げながら釈迦牟尼仏に、そして次に多宝仏に御気嫌伺いをなしたのである。以上が妙音菩薩の娑婆世界に至るまでのあらましである。

＊たとえば、本田義英博士は「雷鳴」としている（『仏典の内相と外相』一九三四年、弘文堂書房）。

三十四身の示現

さて、ここで、会中の華徳菩薩が、釈迦牟尼仏に妙音菩薩について質問する。妙音菩薩はこれまでにどのような善根を積み、どのような修行をされてきたのかと。この質問に対する答えとして、妙音菩薩がいかなる者で、どのような修行をなしてきたかという本事が明かされるのである。釈迦牟尼仏の答えはこうであった。妙音菩薩は、過去世において雲雷音王仏という仏のもとで、一万二千年の間にわたって十万種もの伎楽を仏に供養し、八万四千の七宝づくりの鉢を奉った。その果報によって今の浄華宿王智仏の国に生まれ、大神力を獲得したのだ。しかも、この菩薩は、種々の身体を示現して、あらゆる場所において、この法華経を説き続けているのである。その種々の身体とは、

(一)梵王の身　(二)帝釈の身
(三)自在天の身　(四)大自在天の身
(五)天の大将軍の身　(六)毘沙門天王の身
(七)転輪聖王《てんりんじょうおう》の身　(八)諸の小王の身
(九)長者の身　(一〇)居士の身
(一一)宰官の身　(一二)婆羅門の身
(一三)比丘の身　(一四)比丘尼の身
(一五)優婆塞《うばそく》の身　(一六)優婆夷《うばい》の身
(一七)長者の婦女の身　(一八)居士の婦女の身
(一九)宰官の婦女の身　(二〇)婆羅門の婦女の身
(二一)童男の身　(二二)童女の身
(二三)天上の神の身　(二四)龍の身
(二五)夜叉《やしゃ》の身　(二六)乾闥婆《けんだつば》の身
(二七)阿修羅の身　(二八)迦楼羅《かるら》の身
(二九)緊那羅《きんなら》の身　(三〇)摩睺羅伽《まごらが》、人・非人等の身
(三一)あらゆる地獄　(三二)餓鬼

㊂畜生

㊃王の後宮における女身

以上の三十四身である。妙音菩薩は、このように種々の身体を現わし出して、この娑婆国土においてさまざまな衆生を教化し、この法華経を説いている。またその教化する相手に応じて、声聞の姿、縁覚の姿、菩薩の姿、あるいは仏の姿を現わし出して教化し、入滅の姿さえも現わして衆生をさとりに向かわしめているのだ、と。

右に記したのが古来三十四身として数えられる妙音菩薩の身体示現である。この種々なる身体を現わし出す力をもたらすものが現一切色身三昧といわれる三昧である。この三昧は、前章薬王菩薩品においては薬王菩薩の前身である一切衆生憙見菩薩が獲得していた三昧であったし、法華経の結経とされる『観普賢経』に説かれる普現色身三昧という三昧と同じものである。教化の対象に応じていかなる姿でも示現することのできる能力、力をもたらすもの、それが現一切色身三昧といわれる三昧である。三昧とは精神統一のことであるが、深い禅定体験に至ると種々の不思議な能力が得られるとされる。その得られる三昧のはたらき、能力が種々に分けられてそれぞれ名を得たものが種々の三昧の名となっているのである。たとえば、解一切衆生語言三昧というのは、この三昧の境地に至ると、あらゆる衆生のことばを理解することのできる能力をもたらすとされる。三昧は、大乗仏教においては菩薩の修行の一つとして特に重視されるようになり、実に多くの三昧の名が立てられるようになった。

ところで、本章において現一切色身三昧という三昧が説かれるのはなぜだろうか。それは、衆生教化のため、すなわち、法華経を説いて衆生を教化し、さとりに向かわしめるためである。それはまた、法華経の流通弘法でもある。だから三昧は教化の手段（方便）としての意味があり、決して自己の精神の鍛練の手段としてのみあるわけではない。これが大乗の菩薩にとって三昧修行が重要視される一因でもある。法華経は、方便品に代表されるように、「方便」の思想という大きな一本の柱によって貫かれている。いまの現一切色身三昧というのも、その方便の一つのあり方である。この方便というのは、素質能力においてさまざまに異なる衆生に、それぞれに適した教化の手段を用いて教化し、おしなべて仏のさとりに向かわせようとする大きな慈悲から発したものにほかならないのである。

さて、釈迦牟尼仏によって説かれた妙音菩薩についての説法が終った時、妙音菩薩とともにやってきた八万四千人の菩薩たちも現一切色身三昧を獲得し、四万二千の天子たちはさとりの確信を得、会中の華徳菩薩は法華三昧を得たという。妙音菩薩は釈迦牟尼仏と多宝仏とに挨拶をなし、再び浄華宿王智仏の国土へと帰っていった。以上が現一切色身三昧をテーマにして説かれた本章の内容である。

說是妙音菩薩品時。與妙音菩薩俱來者。八萬四千人。皆得現一切色身三昧。此娑婆世界。無量菩薩。亦得是三昧。及陀羅尼。爾時妙音菩薩摩訶薩。供養釋迦牟尼佛。及多寶佛塔已。還歸本土。所經諸國。六種震動。雨寶蓮華。作百千萬億。種種伎樂。既到本國。與八萬四千菩薩圍繞。至淨華宿王智佛所。白佛言。世尊。我到娑婆世界。饒益衆生。見釋迦牟尼佛。及見多寶佛塔。禮拜供養。又見文殊師利法王子菩薩。及見藥王菩薩。得勤精進力菩薩。勇施菩薩等。亦令是八萬四千菩薩。得現一切色身三昧。說是妙音菩薩。來往品時。四萬二千天子。得無生法忍。華德菩薩。得法華三昧。

(1)…… ……(1)　(1)…… ……(1) 春日本に「妙法蓮華經卷第七」

是《こ》の妙音菩薩品を説きたもう時、妙音菩薩と倶《とも》に来《きた》れる者八万四千人、皆《みな》、現一切色身三昧《げんいっさいしきしんさんまい》を得《え》、此《こ》の娑婆世界の無量の菩薩、亦《また》、是《こ》の三昧、及び陀羅尼《だらに》を得たり。

爾《そ》の時に妙音菩薩摩訶薩は、釈迦牟尼仏、及び多宝仏塔を供養し已《おわ》って本土に還帰《げんき》す。所経《しょきょう》の諸国、六種に震動して、宝蓮華《ほうれんげ》を雨《ふら》し、百千万億の種々の伎楽《ぎがく》を作《な》す。既に本国に到って、八万四千の菩薩の囲繞《いにょう》せると、浄華宿王智仏の所に至って、仏に白《もう》して言《もう》さく、

「世尊よ、我、娑婆世界に到って衆生を饒益《にょうやく》し、釈迦牟尼仏を見たてまつり、及び多宝仏塔を見たてまつりて礼拝供養し、又、文殊師利《もんじゅしり》法王子《ほうおうじ》菩薩を見、及び薬王菩薩、得勤精進力《とくごんしょうじんりき》菩薩、勇施《ゆぜ》菩薩等を見る。亦《また》、是《こ》の八万四千の菩薩をして、現一切色身三昧を得せしむ」と。

是《こ》の妙音菩薩来往品《らいおうほん》を説きたもう時、四万二千の天子は無生法忍《むしょうぼうにん》を得《え》、華徳菩薩は法華三昧を得たり。

〔訳〕以上の妙音菩薩品を（仏が）説かれた時、妙音菩薩とともにやって来た八万四千の人々は、すべて現一切色身三昧を獲得し、また、この娑婆世界の無量の数の菩薩たちも、この三昧とダーラニーとを獲得したのである。

さて、そこで妙音菩薩大士は、釈迦牟尼仏と多宝仏の塔とに供養をなした後、もとの国土に帰って行った。その通り過ぎた国々は六とおりに震動し、宝づくりの蓮華が降りしきり、百千万億という種々さまざまな伎楽が奏でられた。（妙音菩薩は）もとの国土に帰り着くと、八万四千人の菩薩たちに囲まれながら浄華宿王智仏のところに至り、仏に次のように申し上げた。

「世尊よ、私は娑婆世界に行って衆生たちに利益を与え、釈迦牟尼仏にお会いし、また多宝仏の塔に

お会いして礼拝して供養致しました。また、文殊師利法王子菩薩に会い、薬王菩薩・得勤精進力菩薩《とくごんしょうじんりきぼさつ》・勇施菩薩《ゆぜぼさつ》たちにも会いました。また、これら八万四千人の菩薩たちにも現一切色身三昧を獲得させました」と。

以上の、妙音菩薩が（娑婆世界を）往来する章を（仏が）説かれた時、四万二千人の天子たちは、すべてのものは本来不生不滅であると確知する智慧を獲得し、華徳菩薩は法華三昧を獲得したのである。

《得勤精進力菩薩》『妙法華』では、一人の菩薩の名となっているが、梵本では「得勤精進力」に相当する句、vīryabalavegaprāptaḥ sa〈かの、精進の力と勢いとを獲得した〉(p. 436. *l*. 10) は、薬王菩薩の修飾語となっている。**《無生法忍》** anutpattikadharmakṣānti の訳。すべてのものは本来は生成消滅を離れており、不生不滅であるという真理を納得し、確認する智のこと。

本段は、本章のエピローグに相当する。それは、本段の始まりに経が、「是の妙音菩薩品を説きたもう時」といい、前段までが本章の主要部分であることを示していることからも知られる。しかし、本段では、妙音菩薩が娑婆国土を辞してもとの仏国土に帰り、浄華宿王智仏に帰国の報告をするという形で結末がつけられてはいるが、さらに以上の結末部分までを含めたものを妙音菩薩来往品と呼んで、本章の最終結末としているのである。以上で本章をおわる。

妙法蓮華經觀世音菩薩普門品第二十五[1]

爾時無盡意菩薩。即從座起。偏袒右肩。合掌向佛。而作是言。世尊。觀世音菩薩。以何因緣。名觀世音。佛告無盡意菩薩。善男子。若有無量。百千萬億衆生。受諸苦惱。聞是觀世音菩薩。一心稱名。觀世音菩薩。即時觀其音聲。皆得解脫。若有持是。觀世音菩薩名者。設入大火。火不能燒。由是菩薩。威神力故。若爲大水所漂。稱其名號。即得淺處。若有百千萬億衆生。爲求金。銀。琉璃。車[2]渠。馬[3]瑙。珊瑚。虎[4]珀。眞珠等寶。入於大海。假使黑風。吹其船舫。飄墮羅刹鬼國。其中若有。乃至一人。稱觀世音菩薩名者。是諸人等。皆得解脫。羅刹之難。以是因緣。名觀世音。若復有人。臨當被害。稱觀世音菩薩名者。彼所執刀杖。尋段段壞。而得解脫。若三千大千國土。滿中夜叉羅刹。欲來惱人。聞其稱觀世音菩薩名者。是諸惡鬼。尙不能以。惡眼視之。況復加害。設復有人。若有罪。若無罪。杻械枷鎖。檢繫其身。稱觀世音菩薩名者。皆悉斷壞。即得解脫。若三千大千國土。滿中怨賊。有一商主。將諸商人。齎持重寶。經過嶮路。其中一人。作是唱言。諸善男子。勿得恐怖。汝等應當。一心稱觀世音菩薩名號。是菩薩。能以無畏。施於衆生。汝等若稱名者。於此怨賊。當得解脫。衆商人聞。俱發聲言。南無觀世音菩薩。稱其名故。即得解脫。無盡意。觀世音菩薩摩訶薩。威神之力。巍巍如是。若有衆生。多於婬欲。常念恭敬。觀世音菩薩。便得離欲。若多瞋恚。常念恭敬。觀世音菩薩。便得離瞋。若多愚癡。常念恭敬。觀世音菩薩。便得離癡。無盡意。觀世音菩薩。有如是等。大威神力。多所饒益。是故衆生。常應心念。若有女人。設欲求男。禮拜供養。觀世音菩薩。便生福德。智慧之男。設欲求女。便生端正。有相之女。宿殖(5)德本。衆人愛敬。無盡意。觀世音菩薩。有如是力。若有衆生。恭敬禮拜。觀世音菩薩。福不唐捐。是故衆生。皆應受持。觀世音菩薩名號。無盡意。若有人受持。六十二億。恒河沙菩薩名字。復盡形供養。飲食衣服。臥具醫藥。於汝意云何。是善男子。善女人。功德多不。無盡意言。甚多世尊。佛言。若復有人。受持觀世音菩薩名號。乃至一時禮拜供養。是二人福正等無異。於百千萬億劫。不可窮盡。無盡意。受持觀世音菩薩名號。得如是。無量無邊。福德之利。

(1)春日本には巻数表示の「八」が入る。(2)車＝硨　(3)馬＝瑪　(4)虎＝琥　(5)殖＝植

爾《そ》の時に無尽意《むじんに》菩薩、即《すなわ》ち座《ざ》より起《た》って偏《ひと》えに右の肩を袒《あらわ》にし、合掌し仏に向かいたてまつりて、是《こ》の言《ことば》を作《な》さく、

「世尊よ、観世音菩薩は何の因縁を以《もっ》てか観世音と名《な》づくる」と。

仏、無尽意菩薩に告《つ》げたまわく、

「善男子よ、若《も》し無量百千万億の衆生有《あ》つて、諸《もろもろ》の苦悩を受けんに、是《こ》の観世音菩薩を聞いて、一心に名《な》を称《しょう》せば、観世音菩薩、即時《そくじ》に其《そ》の音声《おんじょう》を観《かん》じて、皆《みな》解脱《げだつ》することを得せしめん。若《も》し、是《こ》の観世音菩薩の名を持《たも》つこと有らん者は、設《たと》い大火に入るとも、火も焼くこと能わじ。是《こ》の菩薩の威神力に由《よ》るが故に。若《も》し大水に漂《ただよ》わされんに、其《そ》の名号《みょうごう》を称《しょう》せば、即ち浅き処を得ん。若《も》し百千万億の衆生有って、金《こん》・銀《ごん》・琉璃《るり》・車渠《しゃこ》・馬《め》瑙《のう》・珊瑚《さんご》・虎珀《こはく》・真珠等の宝を求むるを為《もっ》て大海に入《い》らんに、仮使《たとい》、黒風《こくふう》、其《そ》の船舫《せんぼう》を吹いて羅刹鬼《らせつき》の国に飄《ひょう》堕《だ》せん。其《そ》の中に若《も》し、乃至《ないし》一人有って、観世音菩薩の名《みな》を称せば、是《こ》の諸人等《しょにんとう》、皆《みな》羅《ら》刹《せつ》の難を解脱《げだつ》すること

を得ん。是《こ》の因縁を以《もっ》て、観世音と名づく。

若《も》し復《また》、人有って、当《まさ》に害せらるべきに臨んで、観世音菩薩の名を称《しょう》せば、彼《か》の執《と》れる所の刀杖《とうじょう》、尋《つ》いで段々に壊《お》れて、解脱《げだつ》することを得ん。若《も》し三千大千国土に、中に満《み》てる夜叉《やしゃ》・羅刹《らせつ》来《きた》って人を悩さんと欲せんに、其《そ》の観世音菩薩の名を称するを聞かば、是《こ》の諸《もろもろ》の悪鬼、尚《なお》、悪眼《あくげん》を以《もっ》て之《これ》を視《み》ること能《あた》わじ。況《いわ》んや復《また》害を加えんをや。

設《たと》い復《また》、人有《あ》って、若《も》しは罪有り、若《も》しは罪無きに、杻械《ちゅうかい》・枷鎖《かさ》其の身を検繋《けんげ》せん。観世音菩薩の名を称せば、皆悉く断壊《だんえ》して、即ち解脱《げだつ》することを得ん。若《も》し三千大千国土に、中に満《み》てる怨賊《おんぞく》あらんに、一《ひと》りの商主《しょうしゅ》有《あ》って、諸《もろもろ》の商人を将《ひき》いて重宝を齎持《さいじ》して、嶮路《けんろ》を経過《きょうか》せん、其《そ》の中に一人、是《こ》の唱言《しょうごん》を作《な》さん。

『諸《もろもろ》の善男子よ、恐怖《くふ》するを得ること勿《なか》れ。汝等《なんだち》応当《まさ》に、一心に観世音菩薩の名号を称すべし。是《こ》の菩薩は、能《よ》く無畏《むい》を以《もっ》て衆生に施したもう。汝等《なんだち》、若《も》し名を称せば、此《こ》の怨賊《おんぞく》に於《お》いて、当《まさ》に解脱《げだつ》することを得べし』

と。

衆《もろもろ》の商人、聞いて倶《とも》に声を発《はっ》して、

『南無観世音菩薩』

と言わん。其の名を称するが故に、即ち解脱することを得ん。無尽意よ、観世音菩薩摩訶薩《まかさつ》は威神の力、巍巍《ぎぎ》たること是《かく》の如し。

若《も》し衆生有《あ》って、婬欲《いんよく》多からんに、常に念じて観世音菩薩を恭敬《くぎょう》せば、便《すなわ》ち欲を離るることを得《え》ん。若《も》し瞋恚《しんに》多からんに、常に念じて観世音菩薩を恭敬《くぎょう》せば、便《すなわ》ち瞋《いかり》を離るることを得《え》ん。若《も》し愚癡《ぐち》多からんに、常に念じて観世音菩薩を恭敬《くぎょう》せば、便《すなわ》ち癡《ち》を離るることを得《え》ん。無尽意よ、観世音菩薩は是《かく》の如き等の大威神力《だいいじんりき》有《あ》って、饒益《にょうやく》する所多し。是《こ》の故に衆生は、常に応《まさ》に心に念ずべし。

若《も》し女人有《あ》って、設《たと》い男を求めんと欲《ほっ》し、観世音菩薩を礼拝し供養せば、便《すなわ》ち福徳・智慧の男を生まん。設《たと》い女を求めんと欲《ほっ》せば、便《すなわ》ち端正有相《たんじょううそう》の女の、宿徳本《むかしとくほん》を殖《う》えて、衆人《しゅにん》に愛敬《あいきょう》せらるるを生まん。無尽意よ、観世音菩薩は、是《かく》の如き力有り。若《も》し衆生有って、観世音菩薩を恭敬《くぎょう》し礼拝せば、福唐捐《とうえん》ならじ。是《こ》の故に衆生は、皆応《まさ》に観世音菩薩の名号を受持すべし。無尽意よ、若《も》し人有って、六十二億恒河沙《ごうがしゃ》の菩薩の名字《みょうじ》を受持し、復《また》、形《かたち》を尽くすまで、飲食《おんじき》・衣服《えぶく》・臥具《がぐ》・医薬を供養せん。汝が意《こころ》に於いて云何《いかん》。是《こ》の善男子、善女人の功徳、多しや不《いな》や」と。

無尽意の言《もう》さく、

「甚だ多し、世尊よ」と。

仏の言《のたま》わく、

「若《も》し復《また》、人有って、観世音菩薩の名号を受持し、乃至一時も礼拝し供養せん。是《こ》の二人の福、正等にして異なること無けん。百千万億劫《こう》に於いても窮尽《ぐうじん》すべからず。無尽意よ、観世音菩薩の名号を受持せば、是《かく》の如き、無量無辺の福徳の利を得ん」と。

〔訳〕その時に、無尽意菩薩は、ただちに座から起って右の肩をはだぬぎし、合掌して、仏に向かって次のように申し上げた。

「世尊よ、観世音菩薩はどのようないわれで観世音という名がついているのですか」と。

仏は無尽意菩薩にいわれた。

「善男子よ、もし百千万億の無量倍という多くの衆生たちがいて、多くの苦しみ悩みを受けている場合でも、この観世音菩薩のことを耳にして、一心にその名を称えたならば、観世音菩薩は、ただちにその声を知って、すべてのものを（苦悩から）のがれさせることができるであろう。もし、この観世音菩薩の名を心にしっかりと保っている者は、たとい大火に入ったとしても、その菩薩の威神の力によって、火も（その人を）焼くことができないであろう。もし、大河に漂流しても、その名号を称えれば、ただちに浅い所に着くであろう。もしも、百千万億という数の衆生たちが、金・銀・瑠璃・おうぎ貝・碼碯・珊瑚・琥珀・真珠などの宝を求めて大海に入り、たとい暴風が彼らの船団に吹いて、羅刹鬼の国に漂着したとしても、彼らの中に一人でも観世音菩薩の名を称えるものがいたならば、彼らは羅刹の難からまぬがれることができるであろう。このいわれから観世音と名づけられるのである。

また、もし人が処刑されようとする時に、観世音菩薩の名を称えたならば、（処刑人の）手にしている刀や杖は、それで何段にも折れてしまい、（その難を）まぬがれることができるであろう。もし、三千大千世界の中に充満するほどの夜叉や羅刹たちがやって来て、人を苦しめようと思っても、人が観世音菩薩の名を称えているのを聞いたならば、これら大勢の悪鬼たちは、悪意のある眼で見ることすらできないであろう。ましてや危害を加えることなどできようもないであろう。

また、たといその人に罪があろうとなかろうと、手かせ・足かせや鎖によって身体をつながれたとしても、観世音菩薩の名を称えれば、それらはすべて壊れて、ぬけ出すことができるであろう。もし、三千大千世界に充満するほどの賊敵がいて、そこへ一人の商隊長が、多くの商人を率きつれ、高価な宝を持ってけわしい路を通過するとしよう。その中の一人が次のように言い出したとしよう。『諸君、おそれてはいけない。諸君らは一心に観世音菩薩の名号を称えなさい。この菩薩は、人々に「おそれなき心」を与えて下さるのだ。諸君らが、もしその名を称えたならば、これらの賊敵から必ずまぬかれることができよう』と。

商人たちがそれを聞いて、声をそろえて『南無観世音菩薩』と言ったとしよう。そうすれば、その名を称えたことによって、ただちに難をのがれることができるであろう。

無尽意菩薩よ、観世音菩薩大士の威神の力がいかにすぐれているかということはこのとおりである。もし、婬欲の強い人がいたとしても、観世音菩薩をつねに念じて恭しく敬うならば、それによって欲から離れることができるであろう。もしも怒りの心が多くても、観世音菩薩をつねに念じて恭しく敬えば、それによって怒りの心から離れることができよう。もしもおろかさが多くても、観世音菩薩をつねに念じて恭しく敬えば、それによっておろかさを離れることができよう。無尽意よ、観世音菩薩にはこのような偉大な威神の力があって、（人々を）利益することが多いのである。それ故に人々は、つねに心に念ずるべきである。

もしも女人が、男の子がほしいと思い、観世音菩薩を礼拝し、供養したならば、福徳と智慧のそなわった男の子を生むであろう。女の子がほしいと思えば、姿形のととのった女の子で、前世に徳を積んだことにより、人々に愛される子を生むであろう。無尽意よ、観世音菩薩にはこのような力があるのだ。もし衆生が、観世音菩薩を敬い礼拝するならば、その福徳はむだにおわることはないであろう。それ故に、衆生たちはみな観世音菩薩の名号を受持すべきである。無尽意よ、もしも人がいて、ガンジス河の砂の数の六十二億倍もの多くの菩薩たちの名前を受持し、その身がおわるまで飲み物や食物・衣服・寝具・医薬を供養したとしよう。汝はどう思うか。この善男子・善女人の功徳は多いか、少ないか」と。

無尽意が申し上げた。

「世尊よ、極めて多いです」と。

仏がいわれた。

「また、もし観世音菩薩の名号を受持し、たといひとときでも礼拝し供養する人がいたとすれば、(前者とこの人との)二人の福徳はちょうど等しくて差異はなく、百千万億の劫という長時においてもきわめ尽くすことはできないであろう。無尽意よ、観世音菩薩の名号を受持するならば、以上のような無量にして無辺の福徳の利益を得るのだ」と。


《無尽意菩薩》本章においてはじめて登場する菩薩。原語は Akṣayamati (尽きることのない意思を有する者、の意)。《偏袒右肩》右の肩を肌ぬぎすること。尊長者に対する礼法の一つ。《観世音菩薩》観自在ともいう。梵本の原名は Avalokiteśvara で、この語は Avalokita と īśvara とに分解される。アヴァローキタは、動詞 ava-√lok の過去受動分詞として「観察された」という意味であるが、観察すること、という能動的な意味もあるという。イーシュヴァラは元来、〜する能力がある、〜することに自在である、の意味を表わす形容詞であるからアヴァローキテーシュヴァラの訳語は「観自在(観察することが自在である者)」となる。しかし、今の「観世音」という名は、世の音声を観察する、という意味であり、アヴァローキテーシュヴァラの原語とは合わない。これについてはこれまでに以下のような説がある。すなわち、中央アジアで発見された古写本には、Avalokitasvara という語が見出され、svara は音声という意味であるから、ここから観音という訳語が出てくるとする。そして、アヴァローキタスヴァラという語は、中央アジアにおいて用いられ、アヴァローキテーシュヴァラという語はインドで用いられたという。ここから今の『妙法華』の拠ったテキストには、アヴァローキタスヴァラの語が用いられており、それを「観（世）音」と訳したものとされる、という説である（本田義英『仏典の内相と外相』、渡辺照宏『法華経物語』、岩本裕『インド仏教と法華経』などを参照）。しかし、この説は最近の研究では支持されない。**《即時》**ただちに、の意。本書上巻第七章の語注参照（四〇一頁）。**《黒風》**暴風のこと。海上で黒い雲をともなって発生する大風。サイクロンのことか。原語は kālikāvāta. **《船舫》**「舫」には二隻をつないだ船という意があるが、ここでは「船」も「舫」も同義。ふねという意。**《羅刹鬼国》**「羅刹」は、夜叉などと同じく悪鬼の類。人を脅かしたり、人を食らうとされた。原語は rākṣasa で、羅刹はその音写。女性形は rākṣasi で、梵本では rākṣasi-dvipa（羅刹女の島）とある（p. 439. l. 5）。当時こうした島が存在すると信じられており、スリーランカーがその一つであると考えられていた。羅刹鬼国についての説話は数多くあるが、その一例を示すと、『大乗荘厳宝王経』巻三は次のような話を載す。昔、仏が菩薩であった時、五百人の商人たちと共に財宝を求めて師子国（セイロン）へ船で渡ろうとした。師子国には五百人の羅刹女たちがいたが、船は突然の暴風に遇い難破して、商人たちは師子国に漂着した。羅刹女たちは童女に変じて五百人の商人たちを救い、衣服食物を与えて厚遇し、商人たちに結婚を申込んだ。生活は快適で、またたくまに一週間が過ぎた。菩薩はラティカリーという名の羅刹女の長と暮していたが、ある時ひょんなことから、彼女からこの国は羅刹女の住む国で、人を襲って食べるということを聞いた。そして、彼女は、南路を行くと出入口が一つもない鉄城があって、その中には無数の商人たちが囚われており、その多くは食べられて骨だけになっているから、決して南路を行かないようにと菩薩を諭した。菩薩はこれを聞くと、彼女がぐっすり寝こんでいる間に、そっと抜け出して南路を行った。するとはたせるかな、彼女のことばどおりの出口のない城があり、中には大勢の商人たちが囚われの身となっていた。チャンパカの木に登って中の生き残りの商人たちに聞くと一日に百人が食べられているという。菩薩はこれを聞くと、ラティカリーの所へとって返し、彼女にこの国から脱け出す方法を尋ねた。すると、彼女は、聖馬王がすべての人々を救ってくれるでしょうと答えた。菩薩はまた、ある夜こっそりと聖馬王の所へゆき、この国から脱出したい旨を伝えて再び羅刹女の所へもどった。すると彼女が目を覚して、なぜ身体がこのように冷えているのかと問うた。菩薩はこれを聞いて、彼女が菩薩を去らせたくないのだと知った。夜が明けると菩薩は、五百人の商人たちを一堂に集め、この国から脱け出す計画を伝えた。何も知らない商人たちは、快適な生活と羅刹女たちに対する愛着とから口々に異を唱えたが、菩薩が真実を伝えると皆は恐れおののいて脱出に同意した。そこで今日から三日後に決行の日を決め、その間に準備を進めることにした。菩薩はこの計画が知れたら、必ず殺されるにちがいないと思い、ラティカリーには、三日の後にこの国の美しい園林や池、美しい花を見に行くと告げて準備をさせた。三日後の日の出に、商人たちはみな集まって聖馬王の所へ急いだ。馬王は草をはみ、土浴をした後に身ぶるいして毛を払った。この時に師子国の大地が震動した。馬王は、向こう岸に渡りたいのは誰かと三度くり返して聞いた。商人たちが自分たちを渡してほしいというと、馬王は、ただ前進あるのみだ、決して師子国をふり返ってはならぬ、といった。菩薩が先に乗り、五百人が後から続いて馬王の背に乗った。聖馬王が空にかけ昇ったその時、羅刹女たちがこれに気がついてかけつけ、悲嘆号泣して呼び叫んだ。馬上の商人たちは、その痛切な呼び声を聞いて思わず後をふり返ると、不覚にもたちまち墜落して海の中へ落ちた。追いすがった羅刹女たちは彼らをとらえ、その場で彼らの身体を喰ってしまったのである。この時助かって無事に南贍部洲に帰り着くことができたのは菩薩ただ一人であった。その時の聖馬王とは、ほかならぬ観自在菩薩、すなわち観音菩薩であった（以上、大正蔵二十巻、五六b―五七c）。《**杻械枷鎖**》「杻」は、手かせ、「械」は、足かせ、「枷」は、くびかせ、「鎖」は、罪人の首にはめる鉄なわ、あるいは身体をつなぐ鎖のこと。《**検繋**》とりしまって縛につけること、の意。《**端正有**

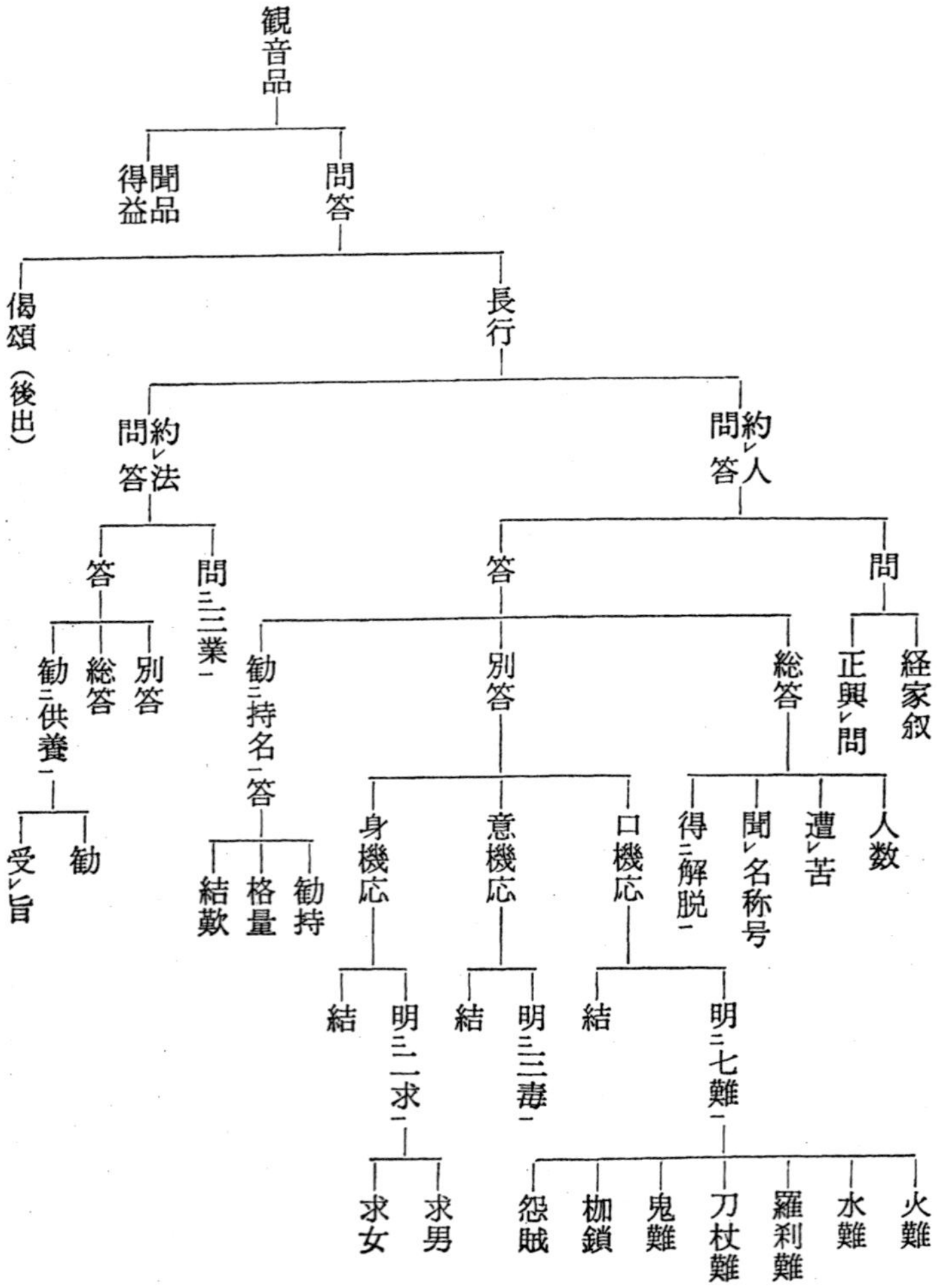
観音品
聞品得益
問答
偈頌（後出）
長行
約法問答
約人問答
答
問三業
勧供養
総答
別答
受旨
勧
答
問
勧持名答
別答
総答
経家叙
正興問
結歎
格量
勧持
身機応
意機応
口機応
得解脱
聞名称号
遭苦
人数
結
明二求
結
明三毒
結
明七難
求女
求男
怨賊
枷鎖
鬼難
刀杖難
羅刹難
水難
火難

相》端正でととのった容貌をそなえている、という意。「相」は、みめかたち、すがたの意味。《唐捐》「唐」は、虚しい、の意。『荘子』天下篇に「荒唐之言」とある。「捐」は、棄てる、の意。すなわち、虚しく棄てる、失われる、という意味。《尽形》「形」は、身体、肉体のこと。この身が尽きるまで、という意味。

本章は、観音経としてひろく人口に膾炙している章で、観音菩薩の功徳をさまざまな具体的な事例を挙げて説くのである。本段は、観世音菩薩のその名の由来を尋ねる無尽意菩薩の問いに仏が答えるという形で、以下のことが説かれる。すなわち、観音の名の由来と、その名を称えれば火難・水難・羅刹難・王難・鬼難・枷鎖難・怨賊難の七難をのがれることを説き、また貪・瞋・癡の三毒を離れ、男子を望めば立派な男子が、女子を望めば端正な女子が得られる、という功徳を説いている。

本章の科段を図示すると、前頁のようになる。

本段は右図で、長行を二分するうちの、最初の「約人問答」の部分に相当する。

無盡意菩薩。白佛言。世尊。觀世音菩薩。云何遊此娑婆世界。云何而爲衆生說法。方便之力。其事云何。佛告無盡意菩薩。善男子。若有國土衆生。應以佛身。得度者。觀世音菩薩。卽現佛身。而爲說法。應以辟支佛身。得度者。卽現辟支佛身。而爲說法。應以聲聞身。得度者。卽現聲聞身。而爲說法。應以梵王身。得度者。卽現梵王身。而爲說法。應以帝釋身。得度者。卽現帝釋身。而爲說法。應以自在天身。得度者。卽現自在天身。而爲說法。應以大自在天身。得度者。即現大自在天身。而爲說法。應以天大將軍身。得度者。即現天大將軍身。而爲說法。應以毘(1)沙門身。得度者。即現毘沙門身。而爲說法。應以小王身。得度者。即現小王身。而爲說法。應以長者身。得度者。即現長者身。而爲說法。應以居士身。得度者。即現居士身。而爲說法。應以宰官身。得度者。即現宰官身。而爲說法。應以婆羅門身。得度者。即現婆羅門身。而爲說法。應以比丘。比丘尼。優婆塞。優婆夷身。得度者。即現比丘。比丘尼。優婆塞。優婆夷身。而爲說法。應以長者。居士。宰官。婆羅門婦女身。得度者。即現婦女身。而爲說法。應以童男童女身。得度者。即現童男童女身。而爲說法。應以天。龍。夜叉。乾闥婆。阿修羅。迦樓羅。緊那羅。摩睺羅伽。人非人等身。得度者。即皆現之。而爲說法。應以執金剛身(2)。得度者。即現執金剛身(3)。而爲說法。無盡意。是觀世音菩薩。成就如是功德。以種種形。遊諸國土。度脫衆生。是故汝等。應當一心。供養觀世音菩薩。是觀世音菩薩摩訶薩。於怖畏急難之中。能施無畏。是故此娑婆世界。皆號之爲。施無畏者。無盡意菩薩。白佛言。世尊。我今當供養。觀世音菩薩。即解頸。衆寶珠瓔珞。價直百千兩金。而以與之。作是言。仁者。受此法施。珍寶瓔珞。時觀世音菩薩。不肯受之。無盡意。復白觀世音菩薩言。仁者。愍我等故。受此瓔珞。

爾時佛告。觀世音菩薩。當愍此無盡意菩薩。及四衆。天。龍。夜叉。乾闥婆。阿修羅。迦樓羅。緊那羅。摩睺羅伽。人非人等故。受是瓔珞。即時觀世音菩薩。愍諸四衆。及於天。龍。人非人等。受其瓔珞。分作二分。一分奉釋迦牟尼佛。一分奉多寶佛塔。無盡意。觀世音菩薩。有如是自在神力。遊於娑婆世界。

(1)毘＝毗　(2)(3)身＝神

無尽意菩薩《むじんにぼさつ》、仏に白《もう》して言《もう》さく、

「世尊よ、観世音菩薩は、云何《いかん》がしてか此《こ》の娑婆世界に遊ぶ。云何《いかん》がしてか衆生の為《ため》に法を説く。方便の力、其《そ》の事《じ》云何《いかん》」と。

仏、無尽意菩薩に告げたまわく、

「善男子よ、若《も》し国土の衆生有って、応《まさ》に仏身を以《もっ》て得度すべき者には、観世音菩薩は即《すなわ》ち仏身を現じて為《ため》に法を説き、応《まさ》に辟支仏《びゃくしぶつ》の身《み》を以《もっ》て得度すべき者には、即《すなわ》ち辟支仏の身を現じて為《ため》に法を説き、応《まさ》に声聞《しょうもん》の身《み》を以《もっ》て得度すべき者には、即《すなわ》ち声聞の身を現じて為《ため》に法を説き、応《まさ》に梵王《ぼんのう》の身を以《もっ》て得度すべき者には、即《すなわ》ち梵王の身を現じて為《ため》に法を説き、応《まさ》に帝釈《たいしゃく》の身を以《もっ》て得度すべき者には、即《すなわ》ち帝釈の身を現じて為《ため》に法を説き、応《まさ》に自在天の身を以《もっ》て得度すべき者には、即《すなわ》ち自在天の身を以《もっ》て為《ため》に法を説き、応《まさ》に大自在天の身を以《もっ》て得度すべき者には、即ち大自在天の身を現じて為《ため》に法を説き、応《まさ》に天大将軍《てんだいしょうぐん》の身を以《もっ》て得度すべき者には、即《すなわ》ち天大将軍の身を現じて為《ため》に法を説き、応《まさ》に毘沙門《びしゃもん》の身を以て得度すべき者には、即ち毘沙門の身を現じて為《ため》に法を説き、応《まさ》に小王《しょうおう》の身を以《もっ》て得度すべき者には、即《すなわ》ち小王の身を現じて為《ため》に法を説き、応《まさ》に長者の身を以て得度すべき者には、即《すなわ》ち長者の身を現じて為《ため》に法を説き、応《まさ》に居士《こじ》の身を以《もっ》て得度すべき者には、即《すなわ》ち居士の身を現じて為《ため》に法を説き、応《まさ》に宰官《さいかん》の身を以《もっ》て得度すべき者には、即ち宰官《さいかん》の身を現じて為に法を説き、応《まさ》に婆羅門《ばらもん》の身を以《もっ》て得度すべき者には、即ち婆羅門の身を現じて為《ため》に法を説き、応《まさ》に比丘《びく》・比丘尼《びくに》・優婆塞《うばそく》・優《う》婆夷《ばい》の身を以《もっ》て得度すべき者には、即《すなわ》ち比丘・比丘尼・優婆塞・優婆夷の身を現じて為《ため》に法を説き、応《まさ》に長者・居士《こじ》・宰官《さいかん》・婆羅門《ばらもん》の婦女《ぶにょ》の身を以《もっ》て得度すべき者には、即《すなわ》ち婦女《ぶにょ》の身を現じて為《ため》に法を説き、応《まさ》に童男《どうなん》・童女《どうにょ》の身を以《もっ》て得度すべき者には、即《すなわ》ち童男・童女の身を現じて為《ため》に法を説き、応《まさ》に天・龍・夜叉《やしゃ》・乾闥婆《けんだつば》・阿修羅《あしゅら》・迦楼羅《かるら》・緊那羅《きんなら》・摩睺羅伽《まごらが》・人非人《にんぴにん》等《とう》の身を以《もっ》て得度すべき者には、即ち皆之《これ》を現じて為に法を説き、応《まさ》に執金剛の身を以《もっ》て得度すべき者には、即《すなわ》ち執金剛の身を現じて為《ため》に法を説く。無尽意よ、是《こ》の観世音菩薩は、是の如《かく》き功徳を成就して、種種の形《かたち》を以《もっ》て諸《もろもろ》の国土に遊んで衆生を度脱《どだつ》す。是《こ》の故に汝等《なんだち》は、応当《まさ》に一心に観世音菩薩を供養すべし。是の観世音菩薩摩訶薩《まかさつ》は、怖畏《ふい》急難《きゅうなん》の中に於《お》いて、能《よ》く無畏《むい》を施《ほどこ》す。是《こ》の故に此《こ》の娑婆世界に、皆、之《これ》を号して施無畏者《せむいしゃ》と為《な》す」と。

無尽意菩薩、仏に白《もう》して言《もう》さく、

「世尊よ、我は今、当《まさ》に観世音菩薩を供養すべし」と。

即ち、頸《くび》の衆《もろもろ》の宝珠《ほうじゅ》の瓔珞《ようらく》の価直《あたい》百千両金《りょうこん》なるを解《と》きて、以《もっ》て之《これ》を与えて是《こ》の言《ことば》を作《な》さく、

「仁者《にんじゃ》よ、此《こ》の法施の珍宝の瓔珞《ようらく》を受けたまえ」と。

時に、観世音菩薩は肯《あ》えて之《これ》を受けず。無尽意、復《また》、観世音菩薩に白《もう》して言《もう》さく、

「仁者《にんじゃ》よ、我等を愍《あわれ》むが故に、此《こ》の瓔珞《ようらく》を受けたまえ」と。

爾《そ》の時に仏、観世音菩薩に告げたまわく、

「当《まさ》に此《こ》の無尽意菩薩、及び四衆・天・龍・夜叉《やしゃ》・乾闥婆《けんだつば》・阿修羅《あしゅら》・迦楼羅《かるら》・緊那羅《きんなら》・摩睺羅伽《まごらが》・人非《にんぴ》人等《にんとう》を愍《あわれ》むが故に、是《こ》の瓔珞《ようらく》を受くべし」と。

即時《そくじ》に観世音菩薩は、諸《もろもろ》の四衆、及於《および》天・龍・人非《にんぴ》人等《にんとう》を愍《あわれ》んで、其《そ》の瓔珞を受けて、分《わか》って二分と作《な》して、一分は釈迦牟尼仏に奉《たてまつ》り、一分は多宝仏塔に奉る。

「無尽意よ、観世音菩薩は、是の如《かく》き自在神力有って、娑婆世界に遊ぶ」と。

〔訳〕無尽意《むじんに》菩薩は仏に申し上げた。

「世尊よ、観世音菩薩はどのようにこの娑婆世界に遊歴するのでしょうか。どのようにして衆生に法

を説くのでしょうか。教化の手だてのことはどのようでありましょうか」と。

仏は無尽意菩薩に告げられた。

「善男子よ、（娑婆世界の）国の衆生で、仏の身体によって救済すべき者には、観世音菩薩はただちに仏の身体を現わしてそれらの者に法を説くのだ。辟支仏《びゃくしぶつ》の身体によって救済すべき者には、ただちに辟支仏の身体を現わして法を説き、声聞《しょうもん》の身体によって救済すべき者には、ただちに声聞の身体を現わして法を説き、梵天王の身体によって救済すべき者には、ただちに梵天王の身体を現わして法を説き、帝釈天の身体によって救済すべき者には、ただちに帝釈天の身体を現わして法を説き、自在天神の身体によって救済すべき者には、ただちに自在天神の身体を現わして法を説き、大自在天神の身体によって救済すべき者には、ただちに大自在天神の身体を現わして法を説き、天界の大将軍の身体によって救済すべき者には、ただちに天界の大将軍の身体を現わして法を説き、毘沙門天《びしゃもんてん》の身体によって救済すべき者には、ただちに毘沙門天の身体を現わして法を説き、王侯の身体によって救済すべき者には、ただちに王侯の身体を現わして法を説き、富豪の身体によって救済すべき者には、ただちに富豪の身体を現わして法を説き、資産家の身体によって救済すべき者には、ただちに資産家の身体を現わして法を説き、宰相・大臣の身体によって救済すべき者には、ただちに宰相・大臣の身体を現わして法を説き、バラモンの身体によって救済すべき者には、ただちにバラモンの身体を現わして法を説き、比丘・比丘尼・信男・信女の身体によって救済すべき者には、ただちに比丘・比丘尼・信男・信女の身体を現わして法を説き、富豪・資産家・宰相・大臣・バラモンたちの夫人の身体によって救済すべき者には、ただちに（それらの）夫人の身体を現わして法を説き、少年・少女の身体によって救済すべき者には、ただちに少年・少女の身体を現わして法を説き、天の神々・龍・夜叉《やしゃ》・乾闥婆《けんだつば》・阿《あ》修羅《しゅら》・迦楼羅《かるら》・緊那羅《きんなら》・摩睺羅伽《まごらが》・人間・人間以外のものたちの身体によって救済すべき者には、ただちにこれら（の身体）を現わして法を説き、執金剛神《しゅうこんごうしん》の身体によって救済すべき者には、ただちに執金剛神の身体を現わして法を説くのだ。無尽意よ、この観世音菩薩は、以上のような功徳を完成して、種々の姿によって多くの国土に遊化して衆生を救済するのである。

それ故、汝たちは心に観世音菩薩に供養をなせ。この観世音菩薩大士は、恐怖と切迫した災難の渦中に（ある者に）対して、畏れなきことを与えることができるのである。それ故に、この娑婆世界では、皆が彼のことを『施無畏者（おそれなきことを与える者）』と呼ぶのである」と。

無尽意菩薩は仏に申し上げた。

「世尊よ、今、私は観世音菩薩を供養いたしましょう」と。

そこで、首にかけたその値打が百・千両の金に値する多くの宝珠からなる首飾りをはずし、それを（観世音菩薩に）与えて、次のように言った。

「あなたよ、この法の施しとしての珍しい宝の首飾りをお受けとり下さい」と。

しかし、観世音菩薩はこれを受けとろうとはしなかった。そこで無尽意は、再び観世音菩薩に次のように申し上げた。

「あなたよ、私たちをあわれむのでしたら、この首飾りをお受け下さい」と。

その時、仏は観世音菩薩に言われた。

「この無尽意菩薩や（比丘・比丘尼・信男・信女の）四衆・天の神々・龍・夜叉・乾闥婆・阿修羅・

迦楼羅・緊那羅・摩睺羅伽・人間・人間以外の者たちをあわれんで、この首飾りを受け取るがよい」と。

観世音菩薩は、ただちに多くの四衆・天の神々から人間・人間以外の者たちまでをあわれんで、その首飾りを受けとり、それを二つに分けて、一つは釈迦牟尼仏に、一つは多宝仏の塔に捧げた。

「無尽意よ、観世音菩薩は、このような自由自在の神通力を有して、娑婆世界を遊歴するのだ」と。

《梵王・自在天・大自在天・天大将軍・毘沙門・居士・宰官》 いずれも第二十四章の妙音菩薩品の語注参照（本書一〇五八頁）。**《執金剛身》** 執金剛神の身体。執金剛神とは、夜叉神の類で、手に金剛杵を持し、諸仏を侍衛する神という。原語は Vajradhara が普通であるが、本経では Vajrapāṇi（金剛杵、あるいは電撃を手にする者、の意）という。金剛力士・金剛手などとも訳される。**《無畏》** 安穏でおそれ、恐怖のないこと。原語は abhaya. **《施無畏者》** 安穏でおそれのないことを与える者、の意。原語は abhayaṃdada. **《法施珍宝瓔珞》** 法施は、教えの施しの意で、教えを人に説いて施すことである。ここで珍宝瓔珞は財施なので、これを法施ということについて古来中国注釈家の間で種々の意見がある。原語は dharmaprābhṛta. **《仁者》** 敬意を含んだ二人称代名詞の丁寧語。自分と同格以上の者に対して用いる。

本段では、観世音菩薩が三十三身を示現して衆生教化にあたり、人々に「無畏」を施すので「施無畏者」という名で呼ばれることを明かす。分科でいえば、長行の中の「約法問答」の部分に相当する。本段が無尽意菩薩の問いと仏の答えによって構成されているからである。本段より以後は、長行部分とほぼ同内容の偈頌が続くが、その内容は観音菩薩の除災の功徳が長行部分に比してより詳細に説かれている。

観音の功徳

本章の章名、観世音菩薩普門品の由来は、経末に「世尊よ、若し衆生有って、是《こ》の観世音菩薩品の自在の業、普《ふ》門《もん》示《じ》現《げん》の神通力を聞かん者は、当《まさ》に知るべし。是《こ》の人の功徳少なからじ」とあることによる。ここで「普門示現」というのは、あらゆる方角に身を示現する、という意味で、前章の妙音菩薩品における普現色身三昧のはたらきと同じものである。本章は、観世音菩薩が三十三身[1]を示現して、衆生を救済することが説かれており、法華経の中では、前章と同じく流通分に属し、化他流通を明かす章である。

本章は、無尽意（尽きることのない意思をもつ）という名の菩薩が仏に観世音菩薩のその名の由来を質問し、以下に仏がそれに答えて観音菩薩の功徳を説き明かすという筋立てになっている。仏は無尽意菩薩の質問にこう答えられた。

善男子よ、若し無量百千万億の衆生有って、諸《もろもろ》の苦悩を受けんに、是《こ》の観世音菩薩を聞いて、一心に名を称せば、観世音菩薩、即時に其の音声を観じて、皆解脱することを得せしめん。

すなわち、さまざまな苦悩を受けている衆生が、観世音菩薩の名を称えれば、ただちに菩薩はその音声を観じて、衆生を苦から抜け出させるといわれたのである。この、衆生の音声を観じる、ということから観（世）音という名で呼ばれるわけである。

仏は続けて、観世音菩薩が衆生のいかなる災難を救うかということを具体的に示された。それが次に挙げる七難である。

㈠火難　観世音菩薩の名号を保持する人は、たとい猛火の中に入ったとしてもその火に焼かれることはない。

㈡水難　大河で漂流しても、観世音菩薩の名号を称えれば、ただちに浅瀬にたどりつくことができる。

㈢風難　大海原で暴風雨に遇い、船団が羅刹鬼の国に漂着しても、大勢の中の一人でも観世音菩薩の名号を称えれば、その羅刹の難からのがれることができる。

㈣刀杖難　処刑の場に臨んで、まさに死刑にされようとする時でも、観世音菩薩の名号を称えたならば、刀杖はバラバラに折れて、その難からのがれることができる。

㈤羅刹難　ありとあらゆる夜叉・羅刹がやってきて害しようとしても、観世音菩薩の名号を称えたならば、悪鬼もその人を害することはできない。

㈥枷鎖難　人が、その罪のあるなしにかかわらず、手かせ・足かせ・首かせ・鎖によってその身を拘束されたとしても、観世音菩薩の名号を称えたならば、それらはみなこなごなに壊れて、その難からのがれることができる。

㈦怨賊難　大勢の賊の中を、商主が商人たちを率いて重宝を持って通り抜けようとする場合に、商人のうちの誰か一人でも観世音菩薩の名号を称えたならば、畏れなき心をその菩薩によって与えられ、それらの賊からのがれることができる。

以上が七種の難で、人々は観世音菩薩の名号を称えることによってこれらの難からまぬがれることができるという。さらにそればかりではない。観世音菩薩を常に心に念じていることによって貪り・怒り・おろかさ、の三毒を離れることができ、また、その菩薩を礼拝し、供養することによって、男の子を生みたいと思えば男の子を、女の子を生みたいと思えば女の子を生むことさえできる、と説かれるのである。

さて、仏は右のような極めて具体的な観音による種々の功徳について説いた後に、それらを総括して、「無尽意よ、観世音菩薩の名号を受持せば、是《かく》の如き無量無辺の福徳の利を得ん」と述べられた。

すると、無尽意菩薩は仏にまた次のような質問をした。

世尊よ、観世音菩薩は、云何《いかん》がしてか此の娑婆世界に遊ぶや。云何《いかん》がしてか衆生の為に法を説くや。方便の力、其の事云何《じいかん》。

と。すなわち、観世音菩薩はこの娑婆世界においてどのようにして救済活動をし、法を説き、その教化の手だての力はどのようなものであるか、ということについて仏に尋ねたのである。それに対し、仏は観世音菩薩の三十三身の普門示現を説いて、菩薩が衆生の素質能力に応じて種々様々の形をとって衆生済度にあたることを示された。その三十三身とは、

㈠仏身
㈡辟支仏身
㈢声聞身

(四)梵王身　梵天王の姿のことである。
(五)帝釈身　帝釈天の姿。
(六)自在天身　イーシュヴァラ神の姿。すなわち、ヒンドゥー教のヴィシュヌ神に相当する。
(七)大自在天身　マヘーシュヴァラ神の姿。ヒンドゥー教のシヴァ神に相当する。
(八)天大将軍身　天の大将軍の姿。梵本では転輪聖王という。
(九)毘沙門身　四天王神のうちの一神である。
(10)小王身　小国の王の姿。
(11)長者身　商主の姿。商人たちの長である。
(12)居士身　富裕な資産者の姿。
(13)宰官身　宰相大臣などの姿。
(14)婆羅門身
(15)比丘身
(16)比丘尼身
(17)優婆塞身　在家の信男の姿。
(18)優婆夷身　在家の信女の姿。
(19)長者婦女身
(20)居士婦女身
(21)宰官婦女身　宰相・大臣の婦女の姿。

㈢婆羅門婦女身
㈢童男
㈣童女
㈤天身　天上の神の姿。以下から㈢までが天龍八部衆である。
㈥龍身　龍神の姿。
㈦夜叉身　鬼神の一種であるヤクシャの姿。
㈧乾闥婆身　天上の楽神の姿。
㈨阿修羅身
㈩迦楼羅身　金翅鳥の姿。
㈢緊那羅身　天上の楽神の姿。
㈢摩睺羅伽身　大蛇神の姿。
㈢執金剛身　手にダイヤモンドの杵を持った神、金剛力士の姿。

以上である。このように観世音菩薩は、仏の姿をはじめとして、人は出家在家の区別なく、童男・童女に至るまで、また鬼神異類の姿となってまで衆生教化に当たって法を説く。それは教化の対象としての人々の境遇や素質能力がそれぞれみな相違しており、それら千差万別の人々にすべて対応するためにこのような実にさまざまな姿をとって法を説くのである。これが観世音菩薩の普門示現であり、そしてこの普門示現は教化のための手だて、すなわち方便にほかならないのである。

さて、仏は以上の観音菩薩の功徳と三十三身普門示現を説かれた後に、会衆の人々に向かって、汝らは一心に観世音菩薩に供養をなすべきである、この観世音菩薩こそ畏れなき心を与えてくれる人(施無畏者)なのだ、と説いて、観音菩薩への供養を勧奨されたのである。

以上が本章の梗概であるが、本章に説かれる観音の功徳を見てみると、現世利益的傾向が強くうかがわれる。処刑の際の刀杖の難をのがれることができたり、罪のあるなしにかかわらず、身体を拘束している手かせ足かせなどからのがれることができると説いているのは、いささか非倫理的ですらある。しかし、このような具体的な現実的利益を説いているからこそ、本章が「観音経」として広く流布したであろうことは否めないところである。ことに普門品偈(この偈は、もともと『正法華』や『妙法華』には存在しなかったが、北周の闍那堀多が六世紀半ばに翻訳したものが『添品法華』中に編入され、それが後に『妙法華』に添加されたものである)は、わが国においても広く人口に膾炙し、落語の「鰍沢《かじかざわ》」の中にも採り入れられているし、現に筆者なども子供のころに雷が鳴ると、蚊帳の中に入って「雲雷鼓掣電……応時得消散」などと唱えさせられたものであった。

本章の成立は、西暦二世紀ころ西北インドで成ったとされ、また観音自体のオリジンは西北インドで当時流行したイランの宗教の女神アナーヒターであるとされているが、[2]その発祥当時から観音は現世利益のほとけとして崇められていたようである。また、この菩薩に対する信仰、観音信仰は西暦五世紀以後、グプタ時代に西北インドから西インドに拡がり、後にパーラ王朝代(八世紀以後)に東インドに伝播したとされている。[3]これが中国を経てわが国にも伝わり、熊野灘の補陀落渡海[4]や三十三身に因む西国三十三ケ所の観音霊場などが生まれている。

このように経の流布にしろ、観音信仰の流行にしろ、それらは現世利益という性格に大きく預っていることは確かであるが、しかし、本章が法華経の中の一章として存在し、位置づけられているということを考える時、単なる現世利益を説くものという認識だけでは意味がないであろう。本章が法華経の中で意味をもち得るのは、普門示現という方便の力と、その方便による法華経の流通という二点である。法華経の根底には方便思想が大きく横たわっているが、前章妙音菩薩品と同様に本章の三十三身普門示現は、その方便思想のあらわれの一形態であり、またその方便を通して経の流通が目論まれているのである。それ故、天台は本章を「当途王経」として流通分中の王と把え、普門示現が法華経の流通のために説かれたものにほかならないという解釈を示しているのである（『法華文句』巻十下）。

①経文では、後に出す三十三身のうちの天龍八部衆の後に、人・非人等身とある。従来の解釈では、「人」は人間、「非人」は人間以外の者という意味にとって、これまでに列挙されてきたものたちを人間と人間以外のものとに分けることばとして、列挙の項目に加えていなかった。それ故、今ここでも三十三という数になっている。しかし、渡辺照宏博士は、「人」の原語のマヌシャには、〝人間〟という一般的意味のほかに、〝人間の死霊、幽霊〟という意味があり、また「非人」の原語アマヌシャは、〝人間以外のもの〟という一般的な意味の他に、〝ラークシャサやピシャーチなどの悪霊〟という意味で用いられることが多いとして、今の場合の「人・非人」は〝死人の幽霊および人間以外の魔物〟という意味であるとされている（渡辺照宏『法華経物語』二九三―五頁）。これは傾聴に値すべき重要な意見で、もしこれに従えば、三十三身でなくてこれに二つを加えて三十五身となる。なお、梵本では十六身、『正法華』では十七身となっており、諸本によって数に異同がみられる。

②岩本裕『インド仏教と法華経』第三文明社、一八四―五頁。

③同前書一七八頁。

④観音菩薩の住む所は Potalaka（補陀落）という南方海上の山であるとされ、『八十華厳』にその場所の記述がある。その様相を絵に描写したのが「補陀落浄土変」である。観音信仰の隆昌に伴い、中国やわが国でも多くの場所が補陀落山に擬せられて、観音霊場として参詣された。

爾時無盡意菩薩。以偈問曰

世尊妙相具　我今重問彼　佛子何因緣　名爲觀世音
具足妙相尊　偈答無盡意　汝聽觀音行　善應諸方所
弘誓深如海　歷劫不思議　侍多千億佛　發大清淨願
我爲汝略說　聞名及見身　心念不空過　能滅諸有苦
假使興害意　推落大火坑　念彼觀音力　火坑變成池
或漂流巨海　龍魚諸鬼難　念彼觀音力　波浪不能沒
或在須彌峯　爲人所推墮　念彼觀音力　如日虚空住
或被惡人逐　墮落金剛山　念彼觀音力　不能損一毛
或値怨賊繞　各執刀加害　念彼觀音力　咸卽起慈心
或遭王難苦　臨刑欲壽終　念彼觀音力　刀尋段[1]段壞
或囚禁枷鎖　手足被杻械　念彼觀音力　釋然得解脫
呪詛諸毒藥　所欲害身者　念彼觀音力　還著於本人
或遇惡羅刹　毒龍諸鬼等　念彼觀音力　時悉不敢害

若惡獸圍遶　利牙爪可怖　念彼觀音力　疾走無邊方
蚖蛇及蝮蠍　氣毒煙火燃　念彼觀音力　尋聲自迴去
雲雷鼓掣電　降雹澍大雨　念彼觀音力　應時得消散
衆生被困厄　無量苦逼身　觀音妙智力　能救世間苦
具足神通力　廣修智方便　十方諸國土　無刹不現身
種種諸惡趣　地獄鬼畜生　生老病死苦　以漸悉令滅
眞觀淸淨觀　廣大智慧觀　悲觀及慈觀　常願常瞻仰
無垢淸淨光　慧日破諸闇　能伏災風火　普明照世間
悲體戒雷震　慈意妙大雲　澍甘露法雨　滅除煩惱焔
諍訟經官處　怖畏軍陣中　念彼觀音力　衆怨悉退散
妙音觀世音　梵音海潮音　勝彼世間音　是故須常念
念念勿生疑　觀世音淨聖　於苦惱死厄　能爲作依怙
具一切功德　慈眼視衆生　福聚海無量　是故應頂禮

爾時持地菩薩。卽從座起。前白佛言。世尊。若有衆生。聞是觀世音菩薩品自在之業。普門示現神通力者。當知。是人功德不少。佛說是普門品時。衆中八萬四千衆生。皆發無等等阿耨多羅三藐三菩提心。

(1)底本及び春日本は「叚叚」。高麗蔵は「段段」。大正蔵の誤り。今、改む。

爾《そ》の時に無尽意菩薩、偈《げ》を以て問うて曰《もう》さく、

「世尊は妙相具《そなわ》りたまえり　我、今、重ねて彼を問いたてまつる　『仏子《ぶつし》は何の因縁あってか　名づけて観世音と為《す》る』と。

妙相を具足したまえる尊《そん》　偈をもって無尽意に答えたまわく、『汝よ、観音の行を聴け。善く諸《もろもろ》の方所《ほうしょ》に応ずるを。

弘誓《ぐぜい》の深きこと海の如し　劫を歴《ふ》とも思議せじ　多千億の仏に侍《つか》えて　大清浄の願を発《おこ》せり　我、汝が為に略して説かん。

名を聞き及び身を見《み》　心に念ぜば空《むな》しく過ぎざらん　能《よ》く諸有《しょう》の苦を滅す。

仮使《たとい》、害の意《こころ》を興して　大いなる火坑《かきょう》に推し落《お》さんに　彼《か》の観音の力を念ぜば　火坑変じて池と成《な》らん。

或は巨海《こかい》に漂流《ひょうる》して　龍・魚・諸鬼の難あらんに　彼《か》の観音の力を念ぜば　波浪《はろう》も没《もっ》すること能《あた》わじ。

或は須弥《しゅみ》の峯《みね》に在《あ》って　人に推し堕《おと》されんに　彼《か》の観音の力を念ぜば　日の如くにして虚空に住せん。

或は悪人に逐《お》われて　金剛山《こんごうせん》より堕落せんに　彼《か》の観音の力を念ぜば　一毛《いちもう》をも損《そん》ずること能わじ。

或は怨賊《おんぞく》の繞《かこ》んで　各《おのおの》刀《つるぎ》を執《と》って害を加うるに値《あ》わんに　彼の観音の力を念ぜば　咸《ことごと》く即《すなわ》ち慈心を起さん。

或は王難の苦に遭《あ》いて　刑《つみ》せらるるに臨んで寿《いのち》終らんと欲せんに　彼《か》の観音の力を念ぜば　刀《つるぎ》尋《つ》いで段段に壊《お》れなん。

或は枷鎖《かさ》に囚禁《しゅうきん》せられて　手足《しゅそく》に杻械《ちゅうかい》を被《こうむ》らんに　彼の観音の力を念ぜば　釈然《しゃくねん》として解脱《げだつ》することを得ん。

呪詛《じゅそ》・諸《もろもろ》の毒薬に　身を害せんと欲《せ》られん者　彼《か》の観音の力を念ぜば　還《かえ》って本人に著《つ》きなん。

或は悪羅刹《あくらせつ》　毒龍・諸鬼等に遇《あ》わんに　彼《か》の観音の力を念ぜば　時に悉く敢《あ》えて害せじ。

若《も》しは悪獣の囲遶《いにょう》して　利《と》き牙爪《げそう》の怖《おそ》るべきに　彼の観音の力を念ぜば　疾《と》く無辺の方《かた》に走りなん。
蚖《がん》・蛇《じゃ》及び蝮《ふく》・蠍《かつ》　気毒《けどく》煙火の燃《も》ゆるごとくあらんに　彼《か》の観音の力を念ぜば　声に尋《つ》いで自《おのずか》ら廻《かえ》り去らん。
雲《くも》りて雷鼓《らいく》・掣電《せいでん》し　雹《あられ》を降らし大いなる雨を澍《そそ》がんに　彼の観音の力を念ぜば　応時《ただちに》消散することを得ん。
衆生、困厄《こんやく》を被《こうむ》って　無量の苦、身《み》を逼《せ》めんに　観音妙智の力　能《よ》く世間の苦を救う。
神通力を具足《ぐそく》し　広く智の方便を修《しゅ》して　十方の諸《もろもろ》の国土に　刹《くに》として身《み》を現ぜざること無し。
種種の諸《もろもろ》の悪趣　地獄・鬼・畜生　生老病死の苦　以て漸《ようや》く悉く滅せしむ。
真観・清浄観　広大智慧観　悲観及び慈観あり　常に願い、常に瞻仰《せんごう》すべし。
無垢清浄の光あって　慧日《えにち》、諸《もろもろ》の闇を破し　能《よ》く災《わざわい》の風火を伏して　普《あまね》く明らかに世間を照らす。
悲体《ひたい》の戒は雷震《らいしん》のごとく　慈意《じい》の妙は大雲《だいうん》のごとく　甘露《かんろ》の法雨を澍《そそ》ぎ　煩悩の焔《ほのお》を滅除す。
諍訟《じょうしょう》して官処《かんじょ》を経《へ》　軍陣の中に怖畏《ふい》せんに　彼《か》の観音の力を念ぜば　衆《もろもろ》の怨《あだ》、悉く退散せん。
妙音・観世音　梵音《ぼんのん》・海潮音《かいちょうおん》　勝彼世間《しょうひせけん》音あり　是《こ》の故に須《すべから》く常に念ずべし。
念じ念じよ。疑いを生ずること勿《なか》れ　観世音浄聖《じょうしょう》は　苦悩・死厄《しやく》に於いて　能《よ》く為《ため》に依怙《えこ》と作れり。
一切の功徳を具《ぐ》して　慈眼《じげん》をもって衆生を視《み》る　福聚《ふくじゅ》の海無量なり　是《こ》の故に応《まさ》に頂礼《ちょうらい》すべし』」と。
爾《そ》の時に持地《じじ》菩薩、即ち座より起《た》って、前《すす》んで仏に白《もう》して言《もう》さく、
「世尊よ、若し衆生有って、是《こ》の観世音菩薩品の自在の業《ごう》、普門示現の神通力を聞かん者は、当《まさ》に知るべし。是《こ》の人の功徳少なからじ」と。
仏、是の普門品を説きたもう時、衆中の八万四千の衆生、皆、無等等《むとうとう》の阿耨多羅三藐三菩提《あのくたらさんみゃくさんぼだい》の心を発《おこ》しき。

〔訳〕その時に、無尽意菩薩は、詩頌によって問い申し上げた。

「世尊は、すぐれた特徴をそなえておられます。今、私は重ねて彼についてお尋ねします。『仏の子（である観世音菩薩は）どのようないわれがあって　観世音と名づけられたのでしょうか』と。(1)

すぐれた特徴をそなえた尊き人は　詩頌によって無尽意に答えられた。

『汝よ、観世音の修行について聴け。それはさまざまな方角場所に応ずるものなのだ。(2)

広大な誓願のその深さは海のように深く　劫という長時を経ても思いはかることもできない。多くの千億もの仏にお仕えして　極めて清浄な願をおこしたのだ。　私は、汝にそれをかいつまんで説こう。(3)

（観世音の）名を聞き、その身体を見て　心に念じたならば、不毛の結果に終ることはない（彼は）さまざまな生存における苦を消滅させることができるのである。(4)

たとい人が危害を加えてやろうと　大きな火の穴につき落としたとしても　その観音の力を心に念じたならば　火の穴は変化して池になるであろう。(5)

あるいは大海に漂流して　龍や魚、さまざまな悪鬼に（襲われる）難に遭ったとしても　かの観音の力を心に念じたならば　波浪も（その人を）沈めることができないであろう。(6)

あるいは須弥山の頂きから　人につき落とされたとしても　かの観音の力を心に念じたならば太陽のように空中にとどまるであろう。(7)

あるいは悪人に追われて　金剛山から墜落したとしても　かの観音の力を心に念じたならば

一毛をも傷つけられることはないであろう。(8)

あるいは賊敵がとり囲んで　それぞれが刀を手にして危害を加えようとするのに出会ったとしても　かの観音の力を心に念じたならば　たちまち（彼らは）みな慈しみの心を起こすであろう。(9)

あるいは王のとがめによる苦に遭遇し　処刑されて命が終ろうとするときでも　かの観音の力を心に念じたならば　刀はにわかにきれぎれに折れるであろう。(10)

あるいは首かせ・鎖に繋がれ、手かせ足かせをはめられても　かの観音の力を心に念じたならば　それらはするりと外れて解き放たれるであろう。(11)

呪《のろ》いやさまざまな毒薬によって　その身が害されようとしている者でも　かの観音の力を心に念じたならば　それらはかえって当の本人にもどってゆくであろう。(12)

あるいは悪しき羅刹《らせつ》や　毒龍や多くの鬼神たちに遭遇しても　かの観音の力を心に念じたならば　その時彼らは一向に危害を加えることはないであろう。(13)

あるいは悪しき猛獣たちがとり囲んで　その鋭い牙や爪がおそるべきものであっても　かの観音の力を心に念ずるならば　それらはたちどころにどこかへ走り去ってしまうであろう。(14)

とかげや蛇、蝮《まむし》や蠍《さそり》たちの　毒気が火煙のように立ちのぼるものであっても　かの観音の力を心に念ずるならば　声を立てて帰り去るであろう。(15)

雲から雷が轟き、稲妻がひらめいて　雹《あられ》を降らし、大雨が降ろうとも　かの観音の力を心に念ずれば　それらはただちに消散してしまうだろう。(16)

衆生が困苦にわずらい　はかりしれないほどの苦が身を逼めようとも　観音のすぐれた智慧によ

って世の人々の苦を救うことができるのだ。(17)

神通の力をそなえ　智慧を発揮する手だてを広く修めて　十方の多くの国々に　国としてその身を現わさないところはない。(18)

さまざまな多くの悪しき境界の　地獄・餓鬼・畜生と　生・老・病・死の苦を順次にのこりなく消滅させてゆくであろう。(19)

真実なる観察・清浄なる観察と　広大な智慧による観察　憐れみの眼といつくしみの眼と（を有する者を）　つねに願いつねに仰ぎ見よ。(20)

けがれのない清らかな光を有する　智慧の太陽は多くの闇を破り　災難の風火を消して　くまなく世間を明るく照らすことができる。(21)

憐れみの本質としての戒は雷のように轟き　いつくしみの心のすぐれたさまは大雲のように不死の妙薬である教えの雨をそそぎ　煩悩の炎を除滅する。(22)

訴訟して役所に謀ったり　戦陣において恐怖を憶えたときに　かの観音の力を心に念ずるならば　多くの怨敵はすべて退散するであろう。(23)

妙なる音声をもつ観世音は　清らかな音声、海の潮の音　かの世間に勝れた音声を有する。それ故につねに心に念じよ。(24)

念じよ、念じよ。疑いを生じてはならない　清らかな聖《ひじり》の観世音は　苦悩と死のわざわいにおいて　拠りどころとなることができるのである。(25)

あらゆる功徳をそなえ　いつくしみの眼をもって衆生を見るのだ。　福徳のあつまりの海ははか

りしれない。それ故におしいただいて礼拝すべきである』」と。(26)

その時に、持地菩薩は座から起って、仏の前に進み出て、次のように申し上げた。

「世尊よ、衆生のうちで、この観世音菩薩品の自在な功能、すなわちあらゆる方面にその姿を示現するという神通力を聞く者がいたならば、この人の功徳は決して少なくはないと知るべきであります」と。

仏がこの普門品を説かれた時、会衆の八万四千の衆生たちは、並ぶもののない無上の正しいさとりに向かう心をおこした。

《**世尊妙相具**》「妙相」は、すぐれた特徴、特質の意味。梵本では citradhvaja（輝ける幢を有する人）という（p. 447. *l*. 2）。《**心念不空過**》この句は従来「心に念じて過ぎざれば」と訓んで、この句も条件文の一部として下の句に続けているが、梵本との対応から考えて、直前の「聞名及見身」と「心念」までを条件句とし、「不空過」を条件の帰結と解する。梵本では、śravano atha darśano pi ca anupūrvaṃ ca tatho anusmṛtiḥ/ bhavatoha amoghaprāṇināṃ sarvaduḥkhabhavaśokanāśakaḥ// 〈p. 448. *ll*. 3—4〉〔順次に、（その名を）聞き、（その姿を）見、（彼を）念ずる時、この世において、人々のすべての苦と生存の憂いとを消滅させ、空しからざる（結果）となろう〕とある。《**能滅諸有苦**》「諸有苦」は、「有」を生存（bhava）の意に解して、さまざまな生存における苦、というように解することができるが、梵本の sarvaduḥka（すべての苦）との対応からここでは「諸有」を「あらゆる」という意に取って、あらゆる、すべての苦と解釈する。《**如日虚空住**》仏教の宇宙観では、この世界の中心に須弥山があり、太陽や月は、その須弥山の中腹の高さの空間にあって、須弥山のまわりを廻っているという。それ故、ここの偈文の意味は、たとい須弥山の頂上から落とされても、太陽のように空中にとどまることができる、という意味。《堕落金剛山》金剛山は鉄囲山(ちょうど円いお盆の縁のようにこの世界を囲っている鉄でできた環状の山脈)の異名であるが、ここで鉄囲山を指しているのかどうかは不明。梵本では、vajrāmayaparvatāsano ghatanārthāya ca mūrdhi osaret 〈p. 449, *l*. 8〉(殺害の目的で、誰かが金剛山を頭に投げたとしても)とあり、追われて金剛山から落ちるという意味とは文意がかなり異なっている。《釈然》ものが解きほぐれる。はずれるさま。「然」は状態をあらわす接尾辞。《応時得消散》すぐさま消し散らすことができるであろう、の意。「応時」は、すぐさま、ただちに、の意を表わす副詞。六朝訳経期以後に多用される。《真観……慈観》「観」は、見ること、観察の意。locana(眼)の訳。《官処》役所のこと。《梵音》ブラフマー神(梵天)のように清らかで美しい音声のこと。brahma-susvara の訳。《海潮音》大海の響きのように大きな音声をいう。jaladharagarjita(大海の轟き)の訳。《勝彼世間音》世間の人々に勝れた音声、の意。ただし梵本では、svaramaṇḍalapāramiṅgataḥ(音声の領域における究極に到達せる)〈p. 453. *l*. 2〉とあって、文意が異なっている。《念念勿生疑》従来は「念念」の語を「念念に」と副詞として訓んでいるが、いまは「念」を動詞とし、くり返しの命令形ととる。梵本では、smarathā smarathā mākāṅkṣathā(念ぜよ、念ぜよ、疑うことなかれ)〈p. 453. *l*. 3〉とあり、漢訳も命令形として強意の意として理解した方が文意が通じやすい。《持地菩薩》原語は Dharaṇiṃdhara(大地を支持する、の意)。『妙法華』では本章ではじめて登場する菩薩。《無等等》asamasama の訳語。等しいものがないほどに勝れた、の意。

以上の偈頌は、本来『妙法華』や竺法護訳『正法華経』にはなかったもので、羅什翻訳当時にも存在しなかった。それが今あるのは、七世紀半ばころ『添品法華』から取り入れられ、以後提婆達多品と同じように『妙法華』の一部分として通用してきたものである（詳しくは、本書上巻の序論「法華経諸本間の異同」を参照）。学者のこれまでの研究によれば、偈頌は長行の後に成立し、最初の段階で二十六詩節が、そしてさらにこれに七詩節が加わって、三十三詩節となったという（渡辺照宏『法華経物語』）。現存のサンスクリットテキストとチベット訳にはすべて三十三詩節あるが、この『妙法華』は二十六詩節で終っている。付加された七詩節の内容は、次のようである。すなわち、阿弥陀如来の前身の法蔵比丘は、世自在王を導師として百劫の修業の後に悟りを得た。観音菩薩は、その無量寿仏の脇士となって侍し、如幻三昧によってあらゆる国土へ赴いて仏たちを供養する。西方の極楽世界には、女人はおらず、仏子たちは蓮華のがくの上に忽然として化生する。無量寿仏も蓮華蔵の師子坐に坐してシャーラ王（沙羅樹王）のように輝いている。この世間の導師（＝釈迦牟尼仏）も三界の中で比すべきものはなく、私も彼を讃えて福徳を積み、すみやかにあなたのような最勝の人になりたい。

右のように、内容は阿弥陀如来が唐突に登場し、観音菩薩はその脇士ということになっていて、本章の主題からは逸脱することになる。『法華経』中には阿弥陀如来は第七章などにも登場するがこれほど詳しい記述はこれまでなかったものであり、『法華経』という経典からすると、この部分を欠いている『妙法華』や『正法華経』などの漢訳テキストの方がすっきりとしている。

偈頌の部分の科段を図示すると次頁のようである。

- 偈頌
  - 双頌二問
    - 歎徳
    - 双問
      - 重問含上二問意
      - 別頌初問
  - 双頌二答
    - 経家叙
    - 正頌仏答
      - 加頌総歎願行
      - 別頌二答
        - 頌初答観音得名
        - 頌次答普門示現
  - 双頌二勧
    - 頌勧受持
      - 明境智深妙以勧念
      - 明感応難測以止疑
    - 勧供養

妙法蓮華經陀羅尼品第二十六

爾時藥王菩薩。即從座起。偏袒右肩。合掌向佛。而白佛言。世尊。若善男子。善女人。有能受持。法華經者。若讀誦通利。若書寫經卷。得幾所福。佛告藥王。若有善男子善女人。供養八百萬億那由他。恒河沙等諸佛。於汝意云何。其所得福。寧爲多不。甚多世尊。佛言。若善男子。善女人。能於是經。乃至受持。一四句偈。讀誦解義。如說修行。功德甚多。

爾時藥王菩薩。白佛言。世尊。我今當與說法者。陀羅尼呪。以守護之。卽說呪曰。

安爾一 曼爾二 摩禰三 摩摩禰四 旨隷五 遮梨第六 賖咩羊鳴音七 賖履冈雉反 多瑋八 羶帝輸千反九 目帝十 目多履十一 娑履十二 阿瑋娑履十三 桑履十四 娑履十五 叉裔十六 阿叉裔十七 阿耆膩十八 羶帝十九 賖履二十 陀羅尼二十一 阿盧伽婆娑蘇奈反 簸蔗毘叉膩二十二 禰毘剃二十三 阿便哆都餓反 邏禰履剃二十四 阿亶哆波隷輸地途賣反二十五 漚究隷二十六 牟究隷二十七 阿羅隷二十八 波羅隷二十九 首迦差初几反三十 阿三磨三履三十一 佛駄毘吉利袠帝三十二 達磨波利差猜離反 帝三十三 僧伽涅瞿沙禰三十四 婆舍婆舍輸地三十五 曼哆邏三十六 曼哆邏叉夜多三十七 郵樓哆三十八(1) 郵樓哆(2)憍舍略來加反三十九 惡叉邏四十 惡叉冶多冶四十一 阿婆盧四十二 阿摩若荏蔗反 那多夜四十三

世尊。是陀羅尼神呪。六十二億。恒河沙等。諸佛所說。若有侵毀。此法師者。則爲侵毀。是諸佛已。時釋迦牟尼佛。讚藥王菩薩言。善哉善哉。藥王。汝愍念擁護。此法師故。說是陀羅尼。於諸衆生。多所饒益。

(1)三十八＝春日本になし。 (2)哆＝哆三十八

爾《そ》の時に薬王《やくおう》菩薩、即ち座より起《た》って、偏《ひと》えに右の肩を袒《あらわ》にし合掌し、仏に向《む》かいたてまつりて、仏に白《もう》して言《もう》さく、

「世尊よ、若《も》し善男子・善女人の、能《よ》く法華経を受持すること有らん者、若《も》しは読誦し、通利《つうり》し、若しは経巻を書写せんに、幾所《いくばく》の福をか得ん」と。

仏、薬王に告げたまわく、

「若《も》し善男子・善女人有って、八百万億那由他《なゆた》恒河《ごうが》沙等《しやとう》の諸仏を供養せんに、汝が意に於いて云何《いかん》。其《そ》の所得の福、寧《むし》ろ多しと為《せ》んや不《いな》や」と。

「甚だ多し、世尊よ」と。

仏の言《のたま》わく、

「若《も》し善男子・善女人、能く是《こ》の経に於いて、乃至一四句偈《いっしくげ》を受持し、読誦し、解義《げぎ》し、説の如く修行せんに、功徳甚だ多し」と。

爾《そ》の時に薬王菩薩、仏に白《もう》して言さく、

「世尊よ、我、今、当《まさ》に説法者に陀羅尼呪《だらにしゆ》を与えて、以《もっ》て之《これ》を守護すべし」と。

即ち呪《しゆ》を説いて曰さく、

「安爾《あに》・曼爾《まに》・摩禰《まね》・摩摩禰《ままね》・旨隷《しれい》・遮梨第《しやりてい》・賖咩《しやみや》・賖履多瑋《しやびたい》・羶帝《せんてい》・目帝《もくてい》・目多履《もくたび》・娑履《しやび》・阿瑋娑履《あいしやび》・桑履《そうび》・娑履《しやび》・叉裔《しやえい》・阿叉裔《あしやえい》・阿耆膩《あぎに》・羶帝《せんてい》・賖履《しやび》・陀羅尼《だらに》・阿盧伽婆娑簸蔗毘叉膩《あろきやばさいはしやびしやに》・禰毘剃《ねびてい》・阿便哆邏禰履剃《あべんたらねびてい》・阿亶哆波隷輸地《あたんだはれいしゆだい》・漚究隷《うくれい》・牟究隷《むくれい》・阿羅隷《あられい》・波羅隷《はられい》・首迦差《しゆぎやし》・阿三磨三履《あさんまさんび》・仏駄毘吉利袠帝《ぼつだびきりじつてい》・達磨波利差帝《だるまはりしてい》・僧伽涅瞿沙禰《そうぎやねくしやね》・婆舎婆舎輸地《ばしやばしやしゆだい》・曼哆邏《まんたら》・曼哆邏叉夜多《まんたらしややた》・郵楼哆郵楼哆《うろたうろた》・憍舎略《きようしやりや》・悪叉邏《あしやら》・悪叉冶多冶《あしややたや》・阿婆盧《あばろ》・阿摩若《あまにや》・那多夜《なたや》」と。

「世尊よ、是《こ》の陀羅尼神呪《だらにじんじゅ》は、六十二億恒河沙等《ごうがしゃとう》の諸仏の所説なり。若《も》し此の法師《ほっし》を侵毀《しんき》すること有らん者は、則ち為《こ》れ、是の諸仏を侵毀《しんき》し已《おわ》れるなり」と。

時に釈迦牟尼仏、薬王菩薩を讃《ほ》めて言《のたま》わく、

「善《よ》い哉《かな》、善《よ》い哉《かな》、薬王よ、汝は此《こ》の法師《ほっし》を愍念擁護《みんねんおうご》するが故に、是《こ》の陀羅尼を説く。諸《もろもろ》の衆生に於いて、饒《にょう》益《やく》する所多からん」と。

〔訳〕その時に、薬王菩薩は即座に座から起ち上がって、右の肩を肌ぬぎして、合掌して仏に向かって、次のように申し上げた。

「世尊よ、もし善男子・善女人で、法華経を受け保って、あるいは読誦したり、精通したり、あるいは経巻を書写したりするような場合に、どのような福徳を得るでしょうか」と。

仏は薬王菩薩に言われた。

「もし善男子・善女人が、ガンジス河の砂の数に等しい数に倍すること八百万億ナユタという多くの仏たちに供養したとしよう。汝はどのように考えるか。その獲得した福徳は多いだろうか、どうであろうか」と。

「非常に多いでしょう。世尊よ」と。

仏が言われた。

「もし善男子・善女人がこの経に対して、たった一つの四句の偈でも受けたもち、読誦し、その意味を解釈し、その説のとおりに修行するならば、(そのことによって得る) 功徳は極めて多い」と。

その時、薬王菩薩は仏に次のように申し上げた。

「世尊よ、私は今、（この経を）説法する者にダーラニー呪を与え、それによって彼を守護致しましょう」と。

そこで彼は次のような呪を説いた。

「安爾《あに》・曼爾《まに》・摩禰《まね》・摩摩禰《ままね》・旨隷《しれい》・遮梨第《しゃりてい》・賒咩《しゃみゃ》・賒履多瑋《しゃびたい》・羶帝《せんてい》・目帝《もくてい》・目多履《もくたひ》・娑履《しゃび》・阿瑋娑《あいしゃ》履《び》・桑履《そうび》・娑履《しゃび》・叉裔《しゃえい》・阿叉裔《あしゃえい》・阿耆膩《あぎに》・羶帝《せんてい》・賒履《しゃび》・陀羅尼《だらに》・阿盧伽婆娑簸蔗毘叉膩《あろきゃばさいはしゃびしゃに》・禰毘剃《ねびてい》・阿《あ》便哆邏禰履剃《べんたらねびてい》・阿亶哆波隷輸地《あたんだはれいしゅだい》・漚究隷《うくれい》・牟究隷《むくれい》・阿羅隷《あられい》・波羅隷《はられい》・首迦差《しゅぎゃし》・阿三磨三履《あさんまさんび》・仏駄毘吉《ぼっだびき》利衰帝《りじってい》・達磨波利差帝《だるまはりしてい》・僧伽涅瞿沙禰《そうぎゃねくしゃね》・婆舎婆舎輸地《ばしゃばしゃしゅだい》・曼哆邏《まんたら》・曼哆邏叉夜多《まんたらしゃやた》・郵楼哆郵楼哆《うろたうろた》・憍舎《きょうしゃ》略《りゃ》・悪叉邏《あしゃら》・悪叉冶多冶《あしゃやたや》・阿婆盧《あばろ》・阿摩若《あまにゃ》・那多夜《なたや》」と。

「世尊よ、以上のダーラニーの神秘的な文句は、六十二億のガンジス河の砂の数に等しい多数の仏たちの説かれたものであります。もしこの法師に危害を加えるものがあれば、それはそれらの多数の仏たちに危害を加えることになりましょう。」

その時、釈迦牟尼仏は、薬王菩薩を讃められて次のように言われた。

「よろしい、よろしい。薬王よ、汝はこの法師をあわれみ、守護せんがために、これらのダーラニーを説いたのだ。多くの衆生たちに利益を与えること大であろう」と。

《薬王菩薩》 本章のほかに、序品・法師品・勧持品・薬王菩薩品・妙音菩薩品などにも登場し、薬王菩薩品ではその本事が明かされている。Bhaiṣajyarāja の訳。序品の語注（上巻、四九頁）及び第二十三章薬王品を参照。《陀羅尼呪》「陀羅尼」は、dhāraṇī の音写で、「持」あるいは「総持」などと訳され、本来の意義は、保持すること、記憶して心にとどめておくこと、を意味した。のちに大乗仏教では、経典を記憶する能力、あるいはその方法を意味するようになり、さらには修行者を守護する能力を有する章句・呪文を指すようになった。「呪」(vidyā)は、呪文、呪法のこと。原語の vidyā は、元来 √vid (知る) という動詞の語根からの派生語で、知識・学問の意味であったが、後に呪法の意も含むようになった。「陀羅尼呪」は、修行者を守護する力のある呪文の意。《安爾……阿摩若那多夜》以上の陀羅尼呪は、『妙法華』が拠っている梵本が存在していないので、原語が確定せず、したがって原意も明らかにすることはできない(ただし、『妙法華』の訳語はカシュガル本に近いという。『正法華』の陀羅尼呪は音写でなく意訳されているが、これは訳者が語形から語源論的推測によって意訳したもので、必ずしも正確とはいえないという。以上については、塚本啓祥『法華経の成立と背景』四四四―五頁を参照)。なお、塚本前掲書ではこの部分も含めて本章に出る陀羅尼呪について、「梵文写本の中からもっとも近い発音を示すものを採用」して『妙法華』と対比させて原語より推定しうる意味を示しているので参照されたい(四四五―四五六頁)。

本章から陀羅尼品に入る。本章の位置づけを大きくいうと、本門の中の流通分、さらにその中の化他流通の一章となる。化他流通とは、衆生を教化する立場から経の流通を勧めるという意味で、これは薬王菩薩品から妙荘厳王品までの五章が相当する。本章は、前章の観世音菩薩品とともに、衆生をさまざまな難から守護するという立場からの経典流通である。前章では観音菩薩の称名とその力を念ずることによって守護したが、本章では陀羅尼呪を説いて法華経の修行者を守護するのである。本段では、まず経法受持の功徳の大いさが説かれ、薬王菩薩が法華経の説法者、法師を陀羅尼呪を説き与えることによって守護することを明かす。
本章の分科を図示すると左図のようになる。

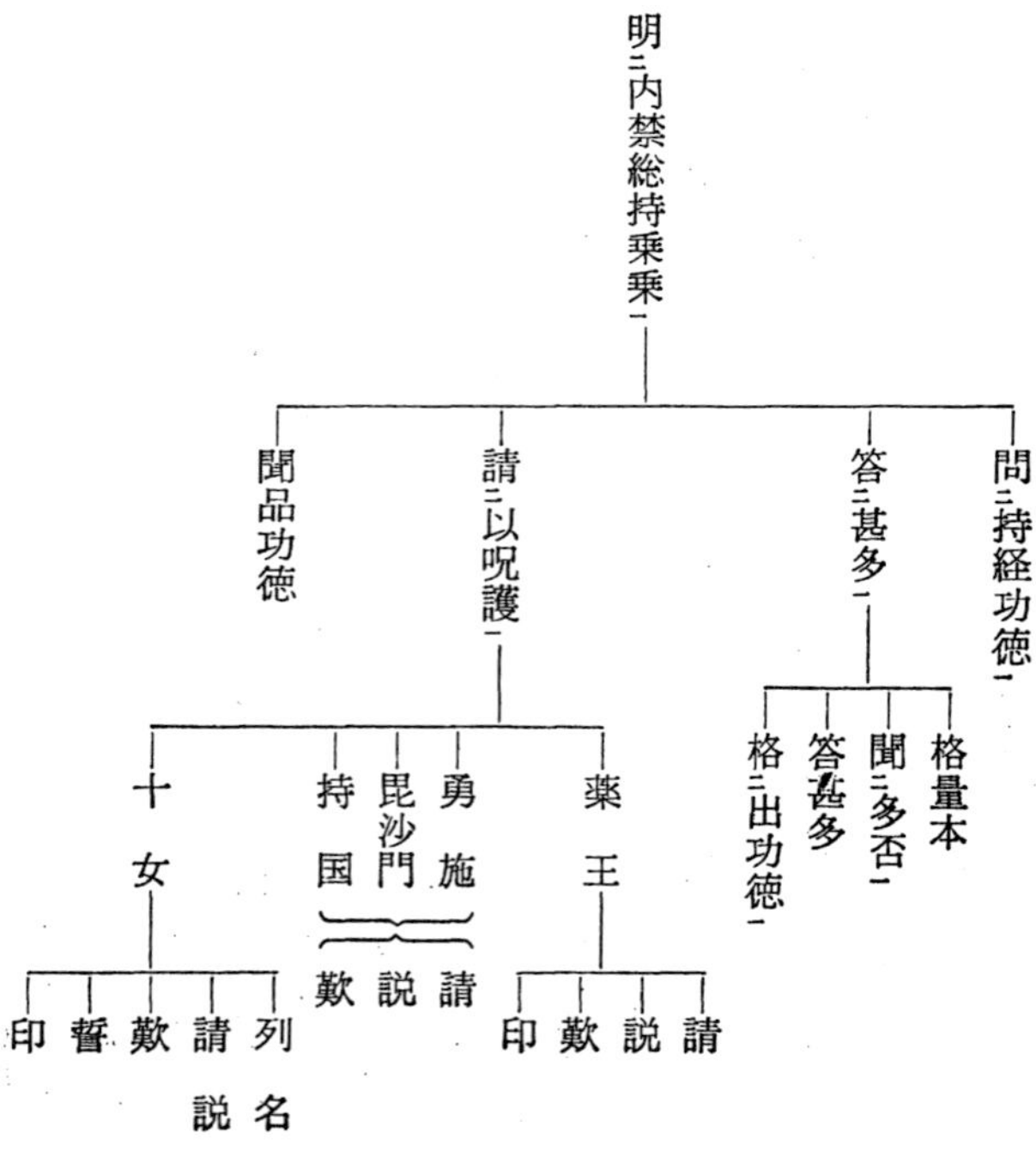

爾時勇施菩薩。白佛言。世尊。我亦爲擁護。讀誦受持。法華經者。説陀羅尼。若此法師。得是陀羅尼。若夜叉。若羅刹。若富單那。若吉(1)遮。若鳩槃荼。若餓鬼等。伺求其短。無能得便。卽於佛前。而説呪曰。

痤誓螺反隷一 摩訶痤隷二 郁枳三 目枳四 阿隷五 阿羅婆第六 涅隷第七 涅隷多婆第八 伊緻猪履反柅女氏反九 韋緻柅十 旨緻柅十一 涅隷墀柅十二 涅(2)犁墀婆底十三

世尊。是陀羅尼神呪。恒河沙等。諸佛所説。亦皆隨喜。若有侵毀。此法師者。則爲侵毀。是諸佛已。

爾時(3)毘沙門天王護世者。白佛言。世尊。我亦爲愍念衆生。擁護此法師故。説是陀羅尼。卽説呪曰。

阿梨一 那梨二 㝹那梨三 阿那盧四 那履五 拘那履六

世尊。以是神呪。擁護法師。我亦自當。擁護持是經者。令百由旬內。無諸衰患。爾時持國天王。在此會中。與千萬億。那由他。乾闥婆衆。恭敬圍繞。前詣佛所。合掌白佛言。世尊。我亦以陀羅尼神呪。擁護持法華經者。卽説呪曰。

阿伽禰一 伽禰二 瞿利三 乾陀利四 栴陀利五 摩蹬耆六 常求利七 浮樓莎柅八 頞底九

世尊。是陀羅尼神呪。四十二億。諸佛所説。若有侵毀。此法師者。則爲侵毀。是諸佛已。

(1)遮＝庶　(2)犁＝犂　(3)毘＝毗

爾《そ》の時に、勇施《ゆぜ》菩薩、仏に白《もう》して言《もう》さく、

「世尊よ、我、亦《また》、法華経を読誦し、受持せん者を擁護《おうご》せんが為《ため》に陀羅尼《だらに》を説かん。若《も》し此《こ》の法師《ほっし》、是《こ》の陀羅尼を得《え》ば、若《も》しは夜叉《やしや》、若《も》しは羅刹《らせつ》、若《も》しは富単那《ふたんな》、若《も》しは吉遮《きつしや》、若《も》しは鳩槃荼《くはんだ》、若《も》しは餓鬼《がき》等、其《そ》の短を伺い求むれども、能く便《べん》を得ること無けん」と。

即ち仏前に於いて、呪《じゆ》を説いて曰《もう》さく、

「痤隷《ざれい》・摩訶痤隷《まかざれい》・郁枳《うき》・目枳《もき》・阿隷《あれい》・阿羅婆第《あらはてい》・涅隷第《ねれいてい》・涅隷多婆第《ねれいたはてい》・伊緻柅《いちに》・韋緻柅《いちに》・旨緻柅《しちに》・涅隷墀柅《ねれいちに》・涅犁墀婆底《ねりちはち》」と。

「世尊よ、是《こ》の陀羅尼神呪《だらにじんじゆ》は、恒河沙等《ごうがしやとう》の諸仏の所説なり。亦《また》、皆《みな》、随喜《ずいき》したもう。若《も》し此の法師《はつし》を侵毀《しんき》すること有《あ》らん者は、則ち為《こ》れ、是《こ》の諸仏を侵毀《しんき》し已《おわ》れるなり」と。

爾《そ》の時に毘沙門天王護世者《びしやもんてんのうごせしや》、仏に白《もう》して言《もう》さく、

「世尊よ、我、亦《また》、衆生を愍念《みんねん》し、此《こ》の法師を擁護《おうご》せんが為《ため》の故に是《こ》の陀羅尼を説かん」と。

即ち呪《しゆ》を説いて曰《もう》さく、

「阿梨《あり》・那梨《なり》・㝹那梨《となり》・阿那盧《あなろ》・那履《なび》・拘那履《くなび》」と。

「世尊よ、是《こ》の神呪《じんじゆ》を以《もつ》て法師を擁護《おうご》せん。我、亦《また》、自《みずか》ら当《まさ》に、是《こ》の経を持《たも》たん者を擁護《おうご》して、百由旬《ゆじゆん》の内《うち》に、諸《もろもろ》の衰患《すいげん》無《な》からしむべし」と。

爾《そ》の時に、持国天王《じこくてんのう》、此《こ》の会中《えちゆう》に在《あ》って、千万億那由他《なゆた》の乾闥婆《けんだつば》衆《しゆ》の恭敬《くぎよう》し囲繞《いにょう》せると、前《すす》んで仏所に詣《もう》でて合掌し、仏に白《もう》して言《もう》さく、

「世尊よ、我、亦《また》、陀羅尼神呪《だらにじんじゆ》を以《もつ》て、法華経を持《たも》たん者を擁護せん」と。

即ち呪を説いて曰さく、

「阿伽禰《あきやね》・伽禰《きやね》・瞿利《くり》・乾陀利《けんだり》・旃陀利《せんだり》・摩蹬耆《まとうぎ》・常求利《じようぐり》・浮楼莎柅《ぶろしやに》・頞底《あつち》」と。

「世尊よ、是《こ》の陀羅尼神呪《だらにじんじゆ》は、四十二億の諸仏の所説なり。若《も》し此《こ》の法師を侵毀《しんき》すること有らん者は、則ち為《こ》

れ是《こ》の諸仏を侵毀《しんき》し已《おわ》れるなり」と。

〔訳〕その時に、勇施《ゆぜ》菩薩が仏に申し上げた。

「世尊よ、私もまた、法華経を読誦し、受けたもつ者を守護するためにダーラニーを説きましょう。もしその法師がこのダーラニーを得たならば、夜叉《やしゃ》にしろ、羅刹《らせつ》にしろ、富単那《ふたんな》（プータナ鬼）にしろ、吉遮《きっしゃ》（クリティヤ鬼）にしろ、鳩槃茶《くはんだ》（クンバーンダ鬼）にしろ、餓鬼にしろ、その人のすきをうかがい求めても、そのすきにつけこむということはできないでありましょう」と。

そこで（勇施菩薩は）仏の前で、呪句を次のように説いた。

「痤隷《ざれい》・摩訶痤隷《まかざれい》・郁枳《うき》・目枳《もき》・阿隷《あれい》・阿羅婆第《あらはてい》・涅隷第《ねれいてい》・涅隷多婆第《ねれいたはてい》・伊緻柅《いちに》・韋緻柅《いちに》・旨緻柅《しちに》・涅隷墀柅《ねれいちに》・涅犁墀婆底《ねりちはち》」と。

「世尊よ、このダーラニーの不思議な呪句は、ガンジス河の砂の数に等しい多くの仏たちの説かれたものであります。また、喜ばれたものであります。もし、この法師に危害を加えようとするものがあれば、それはとりもなおさず、これらの多くの仏たちに危害を加えることになるのです。」

その時、この世の守護者である毘沙門天王が仏に申し上げた。

「世尊よ、私もまた、衆生にあわれみの心をかけて、この法師を守護するためにこのダーラニーを説きましょう」と。

そこで、次のような呪句を説いた。

「阿梨《あり》・那梨《なり》・㝹那梨《となり》・阿那盧《あなろ》・那履《なび》・拘那履《くなび》」と。

「世尊よ、この不思議な呪句によって法師を守護致しましょう。私もまた、自分からすすんでこの経を保持する者を守護して、半径百ヨージャナの内にあっては、衰えと患いとをなくしましょう」と。

その時に、持国天王が、千万億ナユタという多くのガンダルバたちに敬われ囲まれてこの会座にいた。彼は仏の所にやってきて合掌し、仏に次のように申し上げた。

「世尊よ、私もまた、ダーラニーの不思議な呪句によって法華経を保持するものを守護致しましょう」と。

そこで、次のような呪句を説いた。

「阿《あ》伽禰《きやね》・伽禰《きやね》・瞿利《くり》・乾陀利《けんだり》・旃陀利《せんだり》・摩蹬耆《まとうぎ》・常求利《じょうぐり》・浮楼莎柅《ぶろしゃに》・頞底《あっち》」と。

「世尊よ、このダーラニーの不思議な呪句は、四十二億の多くの仏たちの説かれたものであります。もし、この法師に危害を加えようとするならば、それはとりもなおさず、これらの多くの仏たちに危害を加えることになるのです。」

《勇施菩薩》 序品、薬王菩薩品と本章に登場する。Pradānaśūra「施与の勇士」という名の菩薩。**《富単那》** pūtana の音写。悪霊、妖怪の一種。**《吉遮》** kṛtya の音写。人をたぶらかす鬼の一種。**《鳩槃荼》** kumbhāṇḍa の音写。第三章譬喩品の語注参照（上巻、二六〇頁）。**《伺求其短、無能得便》**「短」は、あやまち、欠点、のこと。「便」は、都合のよいこと、利のあること、の意。つけいろうとして、その人の欠点をさがし求めても、その都合をうることができない、すなわち、つけいろうとすきをうかがっても、つけいることができない、という意味。**《毘沙門天王護世者》** 毘沙門天王というこの世の守護者。毘沙門天王は、Vaiśravaṇa

の音訳。四天王の一人。多聞天ともいう。須弥山の中腹に住して、北方を守護する善神。帝釈天の外将として仏法を守護する。《百由旬》「由旬」は yojana の音写。古代インドの距離の単位の一つで、一説によれば約九マイルという。《持国天王》四天王の一人。須弥山の中腹に住して、東方世界を守護する善神。原語は Dhṛtarāṣṭra. なお、梵本の対応箇処では、Virūḍhaka (増長天、南方世界の守護神) がクンバーンダたちに囲まれていたという (p. 399. *ll.* 5—6)。《乾闥婆衆》帝釈に仕える天の楽神。ここでは、持国天王を敬い、とり囲んでいた、とある。第一章序品の語注「四乾闥婆王」を参照 (本書上巻、五三頁)。

本段は、勇施菩薩と毘沙門・持国の二天王とがそれぞれ陀羅尼呪を説いて法華経持経者を守護することを明かす段である。分科でいえば (一一一〇頁)、勇施・毘沙門・持国のそれぞれの、「請」「説」「歎」の部分に相当する。

陀羅尼

本章陀羅尼品は、法華経を受持・読誦・解説・書写する法師を守護するために五種の陀羅尼を説いているので、この章名がある。そして、法華経の実践修行にいそしむ者を擁護することは、経を守護し、流通することでもあるから、本章は化他流通に属する一章とされているのである。本章は、菩薩として薬王菩薩や勇施菩薩が登場するが、しかし、その筋立ての上からいって、他の章との前後のつながりがないので、諸本によってその置かれる位置がまちまちである。たとえば、『正法華』では

第二十四章に、現存のサンスクリット本では第二十一章にという具合である。

ところで、陀羅尼とは、サンスクリット dhāraṇī の音写で、「総持」、あるいは単に「持」と漢訳される。原語 dhāraṇī は、保持する、という意味の動詞語根 $\sqrt{\text{dhṛ}}$ から派生した語で、保つもの、記憶して忘れないもの、という意味が原義である。そこから転じて、記憶力増強の方法、あるいは長い経典の文章を記憶のために短く要点をつづめた文句を意味するようになったという。さらには、そのような短い句が、魔や鬼の悩乱を防ぎ、除災滅罪の不思議な力を有する呪文とされるようになり、真言(mantra)と同義で使用されるようになっていった。本章で説かれる陀羅尼も、この呪文化した陀羅尼のことである。

さて、本章の内容を順をおって見てゆくことにしよう。まず、薬王菩薩が登場し、仏に次のような質問をする。すなわち、法華経を受持する者、読誦してよく理解する者、経典を書写する者、これらの人々の得る福徳はどのようなものでしょうか、と。これに対し、仏は薬王菩薩との問答において、法華経のたった一つの、四句より成る詩頌を受持し、読誦し、その意味を解し、経説のとおりに修行するならば、その功徳の大きさは、ガンジス河の砂の数の八百万億ナユタ倍の数の仏たちを供養して得られる功徳よりも大きいと説く。そこで、薬王菩薩は、

「世尊よ、我、今、当《まさ》に説法者に陀羅尼呪を与えて、以て之《これ》を守護すべし」

と仏に述べて、以下に陀羅尼の文句を説くのである。この陀羅尼の文句は、道安のいう五種不翻の一つで、この『妙法華』では翻訳せずにすべて音写で表わしている。実際に、この文句の原語は理解しにくく、その意味がまだ確定されていないものである。

右のように薬王菩薩が陀羅尼を説いたことに対して、仏は、

「善い哉、善い哉、薬王よ、汝は此の法師を愍念擁護するが故に、是の陀羅尼を説く。諸の衆生に於いて、饒益する所多からん」

と言って、薬王菩薩を賞讃された。これを皮切りに、次に勇施菩薩が仏に次のように申し上げた。すなわち、

世尊よ、我も亦、法華経を読誦し、受持せん者を擁護せんが為に陀羅尼を説かん。若し此の法師、是の陀羅尼を得ば、若しは夜叉、若しは羅刹、若しは富単那《ふたんな》、若しは吉遮《きっしゃ》、若しは鳩槃荼《くはんだ》、若しは餓鬼等、其《そ》の短を伺い求むれども、能く便を得ること無けん。

と。このように勇施菩薩が仏に述べた後に陀羅尼の文句を説くと、次には毘沙門天王神が、また仏に次のように申し上げた。

世尊よ、我も亦、衆生を愍念し、此の法師を擁護せんが為の故に是の陀羅尼を説かん。

と。そして、毘沙門天王神が陀羅尼の文句を説き終ると、次には持国天王が仏に申し上げた。

世尊よ、我も亦、陀羅尼神呪を以て、法華経を持たん者を擁護せん。

と。このように言って、持国天王も陀羅尼の文句を説いた。すると、次に十人の羅刹女が異口同音に、次のように仏に申し上げた。

世尊よ、我等も亦、法華経を読誦し、受持せん者を擁護して、其の衰患《すいげん》を除かんと欲す。若し、法師の短を伺い求むる者有りとも、便を得ざらしめん。

と。こう述べて陀羅尼の文句を説き、さらに法師はどんなことがあろうとも、夜叉や羅刹の類いによ

っても、悪鬼や熱病、男や女、童男や童女の姿によっても、また夢の中にあっても、決して悩乱されることはないと説いた。そして、この陀羅尼の文句の威力にもかかわらず、説法者を悩乱するようなことがあれば、頭は七分に破れ、父母を殺害した者の受ける罪や提婆達多の教団破壊の重罪の報いを受けるであろうと述べ、この陀羅尼が法華経の行者守護に偉大な効験あることを示したのである。

以上のように、薬王菩薩から十羅刹女に至るまで次々と五種の陀羅尼呪を説いたので、これらを総称して五番神呪という。これらの陀羅尼は、本経では行者の守護ということを通して法華経経典の流通を目的とするもので、安易な現世利益の手段を説いたものではない。この点に注意する必要がある。元来、仏教ではその最初期においては、まじないや占い、呪法などを禁じていた。釈尊は、人間の知識や認識では知りえない人知を越えたもの、たとえば宇宙は有限か無限かという問題や、形而上学的問題には沈黙を守り、問われても答えられなかった（捨置記）。また、同様に、占い、まじない、呪法といった神秘的、非合理的なものも迷いの主体的解決にならないと排除したのである。しかし、時代が下るとともに、輪廻の主体の問題やアートマンのような形而上学的実体が仏教内で論議されるようになり、まじない、占い、呪法といったものも、除々に採り入れられるようになっていった。これには、インド土着の民間信仰の発展形態であるヒンドゥー教の影響や、仏教の支持基盤が最初期の都市を中心とする富裕商工業者層から、土着性の強い氏族制農村社会の農民層へと変化していったというような、思想的、社会背景的な理由が指摘されているけれども、詮じつめれば要は仏教者自身の自覚の問題である。釈尊の仏教の正統な継承者を自任する南方仏教にも早くからパリッタといわれる呪句があり、今日の日本における大乗仏教に属する各宗派でも、祈禱や占いを行なわないのは極く少数である。呪法はあくまで衆生教化の方便（手段）であると自覚されているうちはまだよいが、やがてそのことが忘れ去られ、手段が目的化した時には、仏教の本質は失われ、単なる神秘主義的オカルティズムの宗教に堕してしまうであろう。心すべきことである。

爾時有羅刹女等。一名藍婆。二名毘藍婆。三名曲齒。四名華齒。五名黑齒。六名多髮。七名無厭足。八名持瓔珞。九名睪(1)帝。十名奪一切衆生精氣。是十羅刹女。與鬼子母。幷其子。及眷屬。俱詣佛所。同聲白佛言。世尊。我等亦欲擁護。讀誦受持。法華經者。除其衰患。若有伺求。法師短者。令不得便。卽於佛前。而說呪曰。

伊提履一 伊提泯二 伊提履三 阿提履四 伊提履五 泥履六 泥履七 泥履八 泥履九 泥履十 樓醯十一 樓醯十二 樓醯十三 樓醯十四 多醯十五 多醯十六 多醯十七 兜醯十八 㝹醯十九

寧上我頭上。莫惱於法師。若夜叉。若羅刹。若餓鬼。若富單那。若吉遮(2)。若毘(3)陀羅。若犍馱。若烏摩勒伽。若阿跋摩羅。若夜叉吉遮(4)。若人吉遮(5)。若熱病。若一日。若二日。若三日。若四日。乃至七日。若常熱病。若男形。若女形。若童男形。若童女形。乃至夢中。亦復莫惱。卽於佛前。而說偈言

若不順我呪　惱亂說法者　頭破作七分　如阿梨樹枝
如殺父母罪　亦如壓油殃　斗秤欺誑人　調達破僧罪
犯此法師者　當獲如是殃

諸羅刹女。說此偈已。白佛言。世尊。我等亦當。身自擁護。受持讀誦。修行是經者。令得安

(6)隱。離諸衰患。消衆毒藥。佛告諸羅刹女。善哉善哉。汝等但能。擁護受持法華名者。福不可量。何況擁護。具足受持。供養經卷。華香瓔珞。末香塗香燒香。幡蓋伎樂。燃種種燈。(7)酥燈油燈。諸香油燈。蘇摩那華油燈。瞻蔔華油燈。婆師迦華油燈。優鉢羅華油燈。如是等。百千種供養者。(8)睪帝。汝等及眷屬。應當擁護。如是法師。說是陀羅尼品時。六萬八千人。得無生法忍。

(1)(8)睪＝皐　(2)(4)(5)遮＝庶　(3)毘＝毗　(6)隱＝穩　(7)酥＝蘇

爾《そ》の時に羅刹女《らせつにょ》等有り、一を藍婆《らんば》と名づけ、二を毘藍婆《びらんば》と名づけ、三を曲歯《こくし》と名づけ、四を華歯《けし》と名づけ、五を黒歯《こくし》と名づけ、六を多髪《たはつ》と名づけ、七を無厭足《むえんぞく》と名づけ、八を持《じ》瓔珞《ようらく》と名づけ、九を睪帝《こうたい》と名づけ、十を奪《だつ》一切衆生精気《いっさいしゅじょうしょうき》と名づく。是《こ》の十羅刹女《らせつにょ》は、鬼子母《きしも》、并びに其《そ》の子、及び眷属《けんぞく》と倶《とも》に仏所に詣《もう》でて、同声《どうしょう》に仏に白《もう》して言《もう》さく、

「世尊よ、我等、亦《また》、法華経を読誦し受持せん者を擁護《おうご》して、其の衰患《すいげん》を除かんと欲《ほっ》す。若《も》し法師の短を伺い求むる者有りとも、便《べん》を得ざらしめん」と。

即ち仏前に於いて、呪を説いて曰《もう》さく、

「伊提履《いでび》・伊提泯《いでびん》・伊提履《いでび》・阿提履《あでび》・伊提履《いでび》・泥履《でいび》・泥履《でいび》・泥履《でいび》・泥履《でいび》・泥履《でいび》・楼醯《ろけい》・楼醯《ろけい》・楼醯《ろけい》・楼醯《ろけい》・多《た》醯《けい》・多醯《たけい》・多醯《たけい》・兜醯《とけい》・兎醯《とけい》」と。

「寧《むし》ろ我が頭《こうべ》の上に上《のぼ》るとも、法師を悩《なや》ますこと莫《なか》れ。若しは夜叉《やしゃ》、若《も》しは羅刹《らせつ》、若《も》しは餓鬼《がき》、若《も》しは富単那《ふたんな》、若《も》しは吉遮《きっしゃ》、若《も》しは毘陀羅《びだら》、若《も》しは犍駄《けんだ》、若《も》しは烏摩勒伽《うまろきゃ》、若しは阿跋摩羅《あばつまら》、若《も》しは夜叉吉遮《やしゃきっしゃ》、若しは人吉遮《にんきっしゃ》、若《も》しは熱病の、若しは一日、若しは二日《ににち》、若しは三日《さんにち》、若《も》しは四日《しにち》、乃至七日《しちにち》、若しは常に熱病ならん、若しは男形《なんぎょう》、若しは女形《にょぎょう》、若《も》しは童男形《どうなんぎょう》、若《も》しは童女形《どうにょぎょう》、乃至夢中にも亦復《またまた》、悩ますこと莫《なか》れ」と。

即ち仏前に於いて、偈《げ》を説いて言《もう》さく、

「若し我が呪《しゅ》に順ぜずして　説法者を悩乱せば　頭破《こうべわ》れて七分に作《な》ること　阿梨樹《ありじゅ》の枝《えだ》の如くならん。
父母を殺しぬる罪の如く　亦《また》、油を圧《お》す殃《つみ》　斗秤《としょう》もて人を欺誑《ごおう》し　調達《ちょうだつ》が破《は》僧罪《そうざい》の如く　此《こ》の法師を
犯《おか》さん者は　当《まさ》に是《かく》の如き殃《つみ》を獲《う》べし」と。

諸《もろもろ》の羅刹女《らせつにょ》、此《こ》の偈《げ》を説き已《おわ》って、仏に白《もう》して言《もう》さく、

「世尊よ、我等、亦《また》、当《まさ》に身自《みみずか》ら、是《こ》の経を受持し、読誦し、修行せん者を擁護《おうご》して安隠なることを得、諸《もろもろ》の衰患《すいげん》を離れ、衆《もろもろ》の毒薬を消さしむべし」と。

仏、諸《もろもろ》の羅《ら》刹女《せつにょ》に告げたまわく、

「善《よ》い哉《かな》、善い哉《かな》、汝等よ、但能《ただよ》く法華の名《みな》を受持せん者を擁護《おうご》せんすら、福量《はか》るべからず。何《いか》に況《いわん》や、具足《ぐそく》して受持し、経巻に、華《け》・香《こう》・瓔珞《ようらく》・末香《まっこう》・塗香《ずこう》・焼香・幡《ばん》・蓋《がい》・伎楽《ぎがく》を供養し、種種の燈《ともしび》、酥燈《そとう》・油燈・諸《もろもろ》の香油燈・蘇摩那華油燈《そまなけゆとう》・瞻蔔華油燈《せんぼくけゆとう》・婆師迦華油燈《はしかけゆとう》・優鉢羅華油燈《うはつらけゆとう》を燃《とも》し、是《かく》の如き等の百千種をもって供養せん者を擁護せんをや。皐帝《こうたい》よ、汝等《なんだち》及び眷属は、応当《まさ》に是《かく》の如き法師を擁護すべし」と。

是の陀羅尼品を説きたもう時、六万八千人、無生法忍《むしょうぼうにん》を得たり。

〔訳〕その時に、羅刹女たちがおり、一を藍婆《らんば》（ランバー）といい、二を毘藍婆《びらんば》（ビランバー）といい、三を曲歯《こくし》（クータ・ダンティー）といい、四を華歯《けし》（プシュパ・ダンティー）といい、五を黒歯《こくし》（マクタ・ダンティー）といい、六を多髪《たほつ》（ケーシニー）といい、七を無厭足《むえんぞく》（アチャラー）といい、八を持瓔珞《じようらく》（マーラー・ダーリー）といい、九を皐帝《こうたい》（クンティー）といい、十を奪一切衆生精気《だついっさいしゅじょうしょうき》（サルヴァ・サットヴァ・オージョーハーリー）といった。これらの十人の羅刹女たちは、鬼子母（ハー

リーティー）とその子供、それにお伴のものたちと一緒に仏のところに行き、声をそろえて仏に申し上げた。

「世尊よ、私たちもまた、法華経を読誦し、受けたもつ者を守護して、彼らの衰えと患いとを取除きたいと思います。もし法師のすきをうかがい求めているものがいても、そのすきにつけこむことができないようにしましょう」と。

そこで、仏の前で、次のような呪句を説いた。

「伊提履《いでび》・伊提泯《いでびん》・伊提履《いでび》・阿提履《あでび》・伊提履《いでび》・泥履《でいび》・泥履《でいび》・泥履《でいび》・泥履《でいび》・泥履《でいび》・楼醯《ろけい》・楼醯《ろけい》・楼醯《ろけい》・楼醯《ろけい》・多醯《たけい》・多醯《たけい》・多醯《たけい》・兜醯《とけい》・菟醯《とけい》」と。

「むしろ私の頭の上に登るとも、法師を悩ますことなかれ。たとい夜叉《やしゃ》にせよ、あるいは羅刹《らせつ》にせよ、あるいは餓鬼にせよ、あるいは富単那《ふたんな》（プータナ鬼）にせよ、あるいは吉遮《きっしゃ》（クリティヤ鬼）にせよ、あるいは毘陀羅《びだら》（ヴェーターダ鬼）にせよ、あるいは犍駄《けんだ》(スカンダ)にせよ、あるいは烏摩勒伽《うまろぎゃ》（オーマーラカ鬼）にせよ、あるいは阿跋摩羅《あばつまら》（アパスマーラ鬼）にせよ、あるいは夜叉吉遮《やしゃきっしゃ》（ヤクシャのクリティヤ鬼）にせよ、あるいは人吉遮《にんきっしゃ》（人間のクリティヤ鬼）にせよ、あるいは熱病の、もしくは一日、もしくは二日、もしくは三日、もしくは四日、はては七日（と続く）にせよ、もしくは常に熱病なるにせよ、あるいは男子の姿にせよ、あるいは女子の姿にせよ、あるいは男児の姿にせよ、あるいは女児の姿にせよ、はては（それらが）たとい夢の中であっても、また（法師を）悩ますことなかれ。」

そこで、仏の前で次のような詩頌を説いた。

「もし私の呪文に逆らって　説法者を悩ますならば　その頭は七つに裂けるであろう　ちょうどアルジャカ樹の花穂（がバラバラになる）ように。(1)

父母を殺害した罪のように(2)　また、(胡麻を圧搾して）油を取る罪や(3)　枡・秤りで人をあざむく（罪）(4)　提婆達多の教団破壊の罪のように、
この法師を害するものは　以上のような罪を受けるであろう。」

羅刹女たちは、以上の詩頌を説いた後に、仏に申し上げた。

「世尊よ、私たちもまた、この経を受けたもち、読誦し、修行する者を、すすんでこの身から守護して安穏ならしめ、さまざまな衰えや患いを除き、多くの毒薬を消させましょう」と。

仏は羅刹女たちに次のように告げられた。

「よろしい、結構なことだ。汝たちよ、ただ法華経の名を受けたもつ者を守護するということですら、その福徳は量り知れないものである。ましてや（この経を）すっかり受けたもち、経巻に花や香・装身具・粉末の香・ねり香・焼香・旗・天蓋・音楽を供養し、種々の燈火、すなわち、バター油の燈・油の燈・さまざまな香油の燈・スマナスの花から採った油の燈・チャンパカの花から採った油の燈・ヴァールシカの花から採った油の燈・青蓮華の花から採った油の燈などを燃すなどの、以上のようなさまざまな百千種もの仕方で供養する者を守護することは、なおさらのことである。睪帝（クンティー）よ、汝たちと伴のものたちは、以上のような法師を守護せよ」と。

以上の陀羅尼品を（仏が）説かれた時に、六万八千人の人々が、すべては不生不滅であるというさとりを得た。

《羅刹女》女性の羅刹。原語はrākṣasī. 第二十五章観世音菩薩品の語注「羅刹鬼国」を参照（一〇七六―七頁）。《藍婆》Lambā の音写。以下、いずれも羅刹女の名前。《毘藍婆》Vilambā の音写。《曲歯》Kūṭadantī の訳。《華歯》Puṣpadantī の訳。《黒歯》Makuṭadantī の訳。ただし、makuṭa は、冠、宝冠の意。《多髪》Keśinī の訳。《無厭足》Acalā の訳語か。acala は、不動の、という意味の形容詞。acalā はその女性形。《持瓔珞》Mālādhārī の訳。mālā は、華鬘、瓔珞の意味。《睪帝》Kuntī の音写。十羅刹女の上首。《奪一切衆生精気》Sarvasattvojohārī の訳。ojohārī（＜ojohāra）は、人間の精気を吸う、という意味の形容詞。以上が十人の羅刹女の名。十羅刹女は、本来は羅刹で人間に害をなす存在であるが、本章では鬼子母神と同様に法華経の行者の守護神として説かれている。それ故、法華経信仰とともに十羅刹女信仰も行なわれるようになり、わが国では天台密教で、十羅刹女を本尊とする修法の儀軌が定められていた（『阿娑縛抄』第一七一巻）。また、日蓮においては、行者守護というその性格から重要視せられ、後の日蓮門流に継承されている。《鬼子母》Hārītī の訳。訶利帝母と音写する。本章では法華経の行者の守護神として登場するが、本来は夜叉（ヤクシャ）の子で、悪鬼であったとされている。仏典中では『雑宝蔵経』や『仏説鬼子母経』など多くの経典に説かれているが、それらに説かれた伝承内容には相互に異なりがみられる。『有部毘奈耶雑事』巻三十一では、人間の子供を食べた鬼子母が、釈尊に自分の五百人の子供の末子を隠されて改心し、仏に帰依して、それ以後は仏法守護の任に当たるようになったという有名なエピソードを載せる（大正蔵二十四巻三六一C―三六二頁C）。義浄三蔵は『南海寄帰伝』第一、受斎軌則の条で、鬼子母神がインドでは子育の神として祀られていたと報告しているが、わが国では法華信仰の隆盛とともに、子育の神としてだけでなく増益・息災の神としても信仰されるようになった。日蓮は十羅刹女と同様に、鬼子母神を行者守護の神として重視したが、それが後の日蓮門流に継承され、特に祈禱が盛んに行なわれた徳川時代には祈禱本尊として尊崇されるようになった。**《寧上我頭上》**寧ろ我が頭の上に上るとも、と訓む。私(羅刹女)の頭の上に登るという大それたことをしたとしても、法師を悩乱させてはならない、の意か。梵文では、imaṃ śorṣaṃ samāruhya mā kaścid drohi bhavatu dharmabhāṇakānāṃ (この頭に登って、何者も法師たちに逆らってはならない)〈p. 401. *ll*.3—4〉とあるが、「この頭に登って」という表現がどういうことを意味するかは不明。断定の強意を表わす慣用表現と推測する意見もある(渡辺照宏『法華経物語』三三九頁)。**《餓鬼》**preta の訳語。元来は、死んだ人、死者の霊、の意味であるが、仏教では飢えて食物を求める亡者とされるようになった。**《毘陀羅》**vetāḍa の音写。起屍、鬼魅などと訳される。死体にとりつき、死体を動かす悪鬼という。**《犍駄》**skanda あるいは skandha の音写か。黄色鬼とされるが詳細不明。**《烏摩勒伽》**omāraka の音写。悪霊の一種。詳細は不明。**《阿跋摩羅》**apasmāraka の音写。悪霊の一種。apasmāra は、てんかん、憑依の意。**《夜叉吉遮》**yakṣa-kṛtya の音写。ヤクシャ(夜叉)のクリティヤ鬼。**《人吉遮》**manuṣya-kṛtya の訳。人間のクリティヤ鬼の意味か。詳細は不明。前項の夜叉吉遮とともに、合成語の後分 kṛtya をクリティヤという鬼の名前ととらずに √kṛ の未来受動分詞の意味にとって、ヤクシャによってひきおこされる、あるいは、人間によってひきおこされる、という意に解して、「熱病」にかかる形容語とする解釈もある(渡辺照宏『法華経物語』三三九頁)。「毘陀羅」から「人吉遮」まで、中国の注釈家はさまざまな解釈を施しているが、いずれも確定的なものではない。**《阿梨樹枝》**「阿梨樹」は arjaka の木のこと。蘭香と訳す。学名 Ocimum Gratissimum. 梵本では arjakasyeva mañjari (アルジャカの苞のように)〈p402. *l*. 4〉とあって、たくさんの小さな花が集まって花房となっているものが、バラバラの状態になるというのであろう。本テキストでは mañjari でなく「枝」というが、意味がよく通じない。**《如圧油殃》**「圧油」とは、胡麻を圧搾して油を製造するという意味。これが罪となるのは、胡麻についている虫類を一緒につぶして殺生罪を犯すことになるからだ、という

（渡辺照宏『法華経物語』三四一頁参照）。《斗秤欺誑人》「斗」は、枡、「秤」は、量り、のこと。すなわち、枡によって量目をごまかし、はかりによって目方をごまかして、人をあざむくこと。《調達破僧罪》「調達」とは、Devadatta（提婆達多）の訳語。デーヴァダッタは、仏教教団を分裂させた（破僧）極悪人という伝承がある。しかし、本経の第十二章提婆達多品では、そのような悪罪については触れられていなかった。《酥燈》「酥」はバターのこと。すなわち、バターで燃やす燈のことをいう。《蘇摩那華油燈》「蘇摩那」は「須曼那」に同じ。スマナスの木のこと。スマナスの花からとった油の燈。第十七章分別功徳品の語注「須曼」を参照（八六六―七頁）。《瞻蔔華油燈》「瞻蔔」は、チャンパカの木のこと。その花からとった油の燈のこと。第十七章分別功徳品の語注「瞻蔔」を参照（八六七頁）。《婆師迦華油燈》「婆師迦」は、vārṣika の音写。ジャスミンの一種。この花から採った油の燈のこと。《優鉢羅華油燈》「優鉢羅」は、utpala の音写で、青蓮華のこと。青蓮華の花から採った油の燈。

本段は、十羅刹女が登場して法華経の修行者を守護することを仏前で誓う段である。その誓いの後に呪句を説き、さらに修行者を守護する旨の詩頌を述べると、仏はそれに対して認証を与え、最後に以上の陀羅尼品の説法を聞いて六万八千人の人々が無生法忍を得たといって、聞品の功徳を述べて本章を終る。

妙法蓮華經妙莊嚴王本事品第二十七

爾時佛告諸大衆。乃往古世。過無量無邊。不可思議阿僧祇劫。有佛名雲雷音宿王華智。多陀阿伽度。阿羅訶。三藐三佛陀。國名光明莊嚴。劫名憙(1)見。彼佛法中有王。名妙莊嚴。其王夫人。名曰淨德。有二子。一名淨藏。二名淨眼。是二子。有大神力。福德智慧。久修菩薩。所行之道。所謂檀波羅蜜。尸羅波羅蜜。羼提波羅蜜。毘(2)梨耶波羅蜜。禪波羅蜜。般若波羅蜜。方便波羅蜜。慈悲喜捨。乃至三十七品助道法。皆悉明了通達。又得菩薩淨三昧。日星宿三昧。淨光三昧。淨色三昧。淨照明三昧。長莊嚴三昧。大威德藏三昧。於此三昧。亦悉通達。爾時彼佛。欲引導。妙莊嚴王。及愍念衆生故。說是法華經。時淨藏淨眼二子。到其母所。合十指爪掌白言。願母往詣。雲雷音宿王華智佛所。我等亦當。侍從親近。供養禮拜。所以者何。此佛於一切。天人衆中。說法華經。宜應聽受。母告子言。汝父信受外道。深著婆羅門法。汝等應往白父。與共俱去。淨藏淨眼。合十指爪掌白母。我等是法王子。而生此邪見家。母告子言。汝等當憂念汝父。爲現神變。若得見者。心必清淨。或聽我等。往至佛所。於是二子。念其父故。踊在虛空。高七多羅樹。現種種神變。於虛空中。行住坐臥。身上出水。身下出火。身下出水。身上出火。或現大身。滿虛空中。而復現小。小復現大。於空中滅。忽然在地。入地如水。履水如地。現如是等。種種神變。令其父王。心淨信解。

(1)憙=喜　(2)毘=毗

爾《そ》の時に仏、諸《もろもろ》の大衆に告げたまわく、

「乃往古世《ないおうこせ》に、無量無辺不可思議阿僧祇《あそうぎ》劫《こう》を過ぎて、仏有《いま》しき。雲雷音宿王華智《うんらいおんしゅくおうけち》多陀阿伽度《ただあかど》・阿羅訶《あらか》・三藐三《さんみゃくさん》仏陀《ぶつだ》と名《な》づけたてまつる。国を光明荘厳《こうみょうしょうごん》と名づけ、劫《こう》を憙見《きけん》と名づく。彼《か》の仏の法の中に王有り。妙荘厳《みょうしょうごん》と名づく。其《そ》の王の夫人《ぶにん》、名を浄徳《じょうとく》と曰《い》う。二子有り。一を浄蔵《じょうぞう》と名づけ、二を浄眼《じょうげん》と名づく。是《こ》の二子に、大神力・福徳・智慧有って、久しく菩薩所行の道《どう》を修せり。所謂《いわゆる》、檀波羅蜜《だんばらみつ》・尸羅波羅蜜《しらはらみつ》・羼提《せんだい》波羅蜜・毘梨《びり》耶《や》波羅蜜《はらみつ》・禅波羅蜜《ぜんばらみつ》・般若波羅蜜《はんにゃはらみつ》・方便波羅蜜《ほうべんはらみつ》、慈・悲・喜・捨、乃至三十七品の助道《じょどう》の法、皆悉《ことごと》く明了に通達せり。又、菩薩の浄三昧《じょうさんまい》・日星宿三昧《にっしょうしゅくさんまい》・浄光《じょうこう》三昧・浄色三昧《じょうしきさんまい》・浄照明三昧《じょうしょうみょうさんまい》・長荘厳三昧《じょうしょうごんさんまい》・大威徳《だいいとく》蔵三昧《ぞうさんまい》を得《え》、此の三昧に於いて、亦《また》、悉く通達せり。

爾《そ》の時に、彼《か》の仏は妙荘厳王を引導せんと欲《ほっ》し、及び衆生を愍念《みんねん》したもうが故に、是《こ》の法華経を説きたもう。

時に浄蔵・浄眼の二子、其《そ》の母の所に到って、十指爪掌《じっしそうしょう》を合わせて、白《もう》して言《もう》さく、

『願わくは母よ、雲雷音宿王華智仏の所《みもと》に往詣したまえ。我等、亦《また》、当に侍従《じじゅう》して親近《しんごん》し、供養し、礼拝すべし。所以《ゆえ》は何《いか》ん。此《こ》の仏は一切《いっさい》の天《てん》・人衆《にんしゅ》の中に於いて、法華経を説きたもう。宜《よろ》しく応《まさ》に聴受《ちょうじゅ》すべし』と。

母は、子に告げて言わく、

『汝が父、外道を信受して、深く婆羅門《ばらもん》の法に著《じゃく》せり。汝等《なんだち》よ、応《まさ》に往《ゆ》いて父に白《もう》して、与《くみ》して共倶《とも》に去らしむべし』と。

浄蔵と浄眼は、十指爪掌を合わせて母に白《もう》さく、

『我等は、是《これ》法王の子《みこ》なり。而《しか》るに此《こ》の邪見《じゃけん》の家に生《うま》れたり』と。

母は、子に告げて言わく、

『汝等《なんだち》よ、当《まさ》に汝が父を憂念《うねん》して、為《ため》に神変《じんぺん》を現ずべし。若し見ることを得ば、心必ず清浄ならん。或《あるい》は我等

が仏所に往至《おうし》することを聴《ゆる》されん』と。

是《ここ》に於いて、二子は其《そ》の父を念《おも》うが故に、虚空に踊在《ゆざい》すること高さ七多羅樹《しったらじゅ》にして、種種の神変を現ず。虚空の中に於いて行住坐臥《ぎょうじゅうざが》し、身《み》の上より水を出《いだ》し、身の下より火を出《いだ》し、身の下より水を出《いだ》し、身の上より火を出《いだ》し、或《あるい》は大身《だいしん》を現じて虚空《こくう》の中に満《み》ち、而《しか》も復《また》小を現じ、小にして復《また》大を現じ、空中に於いて滅し、忽然《こつねん》として地に在り。地に入ること水の如く、水を履《ふ》むこと地の如し。是《かく》の如き等の種種の神変を現じて、其《そ》の父王をして心浄く信解せしむ。


〔訳〕その時に、仏は大勢の集まりの人々に次のように語られた。

「はるか昔のその昔、無量にして無辺の思いはかることもできない無数の劫のその昔に、仏がおられた。雲雷音宿王華智如来・聖者・無上の正しい悟りに到達した人、という名であった。その（仏）国土を光明荘厳といい、その時代を憙見といった。その仏の教えの（及ぶ）中に、妙荘厳という名の王がいた。その王の夫人を浄徳といった。（二人の間には）二人の子供がいて、一人を浄蔵といい、二人目を浄眼といった。この二人の子供には、大きな神通力と福徳と智慧とがあって、長い間にわたって菩薩がふみ行うべき道を修めていた。すなわち、布施波羅蜜・持戒波羅蜜・忍辱《にんにく》波羅蜜・精進《しょうじん》波羅蜜・禅定《ぜんじょう》波羅蜜・智慧《ちえ》波羅蜜と完全なる教化の手だて、（人に楽を与える）「慈」、（人から苦を除く）「悲」、（人が楽しむのを見て喜ぶ心の）「喜」、（人に対して愛憎のない平等な心の）「捨」から、はては悟りに至るための三十七種の実践法に至るまで、みなすべて明らかに精通していた。また、菩薩の（きわめる）浄三昧《じょうさんまい》・日星宿三昧《にっしょうしゅくさんまい》・浄光三昧《じょうこうさんまい》・浄色三昧《じょうしきさんまい》・浄照明三昧《じょうしょうみょうさんまい》・長荘厳三昧《じょうしょうごんさんまい》・大威徳蔵《だいいとくぞう》三昧を獲得し、これらの三昧をすべてきわめていた。

その時、かの仏は妙荘厳王を教導しようとされ、また衆生に愍みの心をかけられたことから、この法華経を説かれたのである。

その時、浄蔵と浄眼の二人の子は、彼らの母の所へ行って、十本の指を合わせて合掌し、次のように言った。

『どうか母上、雲雷音宿王華智仏のところへお出かけになって下さい。私たちもおともをして、親しくお仕えし、供養し、礼拝致しましょう。なぜなら、この仏が、あらゆる天の神々、人間の集まりの中で、法華経を説かれるからです。それをしっかりと聴聞しましょう』と。

母は子供たちに言った。

『あなたがたの父上は、仏教以外の教えを信奉して、バラモンの教えに深く心を惹かれています。あなたがた、父上の所に行って、二人で一緒に（仏のところへ）行かせなさい』と。

浄蔵と浄眼は、十本の指を合わせて合掌し、母に言った。

『私たちは、法王（である仏）の子です。しかしながら、この邪《よこしま》な見解（を奉ずる）家に生まれました』と。

母は子供たちに言った。

『あなたがたよ、あなたがたの父上を心配に思って、神通力による奇蹟をあらわしなさい。もし（父上が）それを見たならば、その心は必ずや清らかになるでしょう。あるいは私たちが仏の所へ出かけることを許されるでしょう』と。

そこで、二人の子は、父に対する思いの念から、虚空に昇ってターラ樹の七倍の高さに至り、種々の神通力による奇蹟を現わし出した。すなわち、虚空の中を歩いたり、とどまったり、坐ったり、臥したりし、身体の上部から水を出し、身体の下部から火を出し、身体の下部から水を出し、身体の上部から火を出したりし、あるいは身体を大きくして虚空の中に満ちるほどにし、また反対に身体を小さくしてみせたり、小さくしたかと思えば、また大きくしたり、空中で消えたかと思えば、ふと地上にあらわれたりした。地面に水のように滲みこんで入ってゆき、水の上を大地のように歩いた。このような神通力による奇蹟を現わして、彼らの父王がその心が浄らかになり、信じ納得するようにしたのである。

《乃往古世》「乃往」は漢訳仏典特有の表現。「昔、昔」の意味を表わす副詞。「過去」「古昔」などの語と連語で用いられる。**《雲雷音宿王華智》**原語は、Jaladhara-garjita-ghoṣa-susvara-nakṣatra-rāja-saṃkusmitābhijñā（雲から響く雷鳴のようにすばらしい音声を有し、星宿の王によって花開かれた神通をもつ者）。第二十四章妙音菩薩品には、雲雷音王如来（Megha-dundubhi-svararāja）という仏が登場したが、両者の関係は不明。しかし、第二十四章の雲雷音王如来と浄華宿王智如来を合して本章の雲雷音宿王華智如来となったとも推測できる。**《多陀阿伽度》**tathāgata（如来）の音写語。仏の十号の一つ。**《阿羅訶》**原語 arhat の音写語。阿羅漢に同じ。仏の十号の一つ。**《三藐三仏陀》**samyaksaṃbuddha の音写。「正しく悟った人」の意。仏の十号の一つ。**《光明荘厳》**原語は Vairocana-raśmi-pratimaṇḍitā（太陽の光に輝きわたった）。第二十四章妙音菩薩品に出る「浄光荘厳」と同じ原語である。**《憙見》**原語は Priyadarśana（見た眼に快い）。**《妙荘厳》**原語は Śubhavyūha（浄らかに荘厳された）。**《浄徳》**原語は Vimaladattā（浄らかさを賦与された女）。《**浄蔵**》原語は Vimalagarbha（浄らかな胎を有する）。《**浄眼**》原語は Vimalanetra（浄らかな眼を有する）。《**檀波羅蜜**》原語は dāna-pāramitā.「パーラミター」は、究極、完成の意で、「ダーナ」は布施の意。したがって「布施の完成、究極」の意となる。菩薩の修行徳目である六波羅蜜の一つ。以下に残りの五波羅蜜が列挙される。《**尸羅波羅蜜**》「尸羅」は śīla の音写で「戒」のこと。持戒波羅蜜のこと。《**羼提波羅蜜**》「羼提」は、kṣānti（忍耐）の音写。忍辱波羅蜜のこと。《**毘梨耶波羅蜜**》「毘梨耶」は vīrya（精進、努力）の音写。精進波羅蜜のこと。《**禅波羅蜜**》「禅」は dhyāna（静慮）の音写。「瞑想の完成」の意。《**般若波羅蜜**》「般若」は prajñā（智慧）の音写。全体を直観的に認識する智慧のこと。したがって、「智慧の完成」という意。以上、檀波羅蜜から般若波羅蜜までを六波羅蜜（六度）という。《**方便波羅蜜**》「方便」(upāya) は、（教化のための）手段、手だての意。教化の手段の完成をめざす修行のこと。《**慈・悲・喜・捨**》四無量心（四種のはかりしれない利他の心）という。「慈」(maitri) は、いつくしみの心。「悲」(karuṇā) は、他者に対するあわれみの心。「喜」(muditā) は、他者の喜びを喜ぶ心。「捨」(upekṣā) は、とらわれやわけへだてを捨てる心。《**三十七品助道法**》「三十七品」とは、三十七菩提分法のことで、三十七道品ともいい、さとりに至るための三十七種の実践修行をいう。「助道法」とは、「道」を資助する方法の意。「道」とは、この場合、菩提（さとり）の意味。以上のことから、三十七種類の、さとりに至るための方法、の意。《**浄三昧**》vimalasya samādhi（汚れのない三昧）の訳。《**日星宿三昧**》nakṣatrarājādityasya samādhi の訳。星宿王と太陽という三昧、の意。《**浄光三昧**》vimalanirbhāsasya samādhi の訳。無垢の輝きを有する三昧、の意。《**浄色三昧**》浄らかな肉体という三昧、の意。南条・ケルン本には、この三昧の名は見当たらない。《**浄照明三昧**》vimalabhāsasya samādhi の訳。浄らかな光明を有する三昧、の意。《**長荘厳三昧**》alaṃkāraśubhasya samādhi の訳。荘厳によって美麗なる、という三昧。《**大威徳蔵三昧**》mahā-

明二外護誓願乗乗一
- 明二事本一
- 双標二能所一
- 能化方便
  - 事至
  - 論議
  - 現化
- 所化得益
  - 信レ子伏レ師
  - 父王已信
  - 重催二父母一
  - 化功已著
  - 倶詣二仏所一
    - 倶詣二仏所一
    - 聞法
    - 供養
    - 現瑞
    - 歓喜
  - 仏与二授記一
  - 出家修行
  - 称二歎二子一
  - 仏述二行高一
  - 歎レ仏自誓
- 結二会古今一
  - 結二古今一
  - 結二歎二菩薩一
- 聞品悟レ道

tejogarbhasya samādhi の訳。偉大な力を有する胎、という三昧。以上「浄三昧」から列挙されたそれぞれの三昧の詳細は不明。**《合十指爪掌》**十本の指と掌をぴったりと合わせる合掌のこと。**《七多羅樹》**「多羅」は tāla の音写。ターラ樹のこと。ターラ樹の七倍の高さをいう。第十七章分別功徳品の語注参照（八五二頁）。

本章は、妙荘厳王の本事（前生譚）が説かれるので妙荘厳王本事品という名がある。妙荘厳王の二人の王子、浄蔵と浄眼が母妃の浄徳夫人と共に王の善知識となって、外教を信じていた妙荘厳王を化導し、法華経と縁を結ばせるという過去世物語である。浄蔵・浄眼という法華経修行者の事跡を説くことによって法華経を流布させることを目的とするので化多流通の中の一品に位置づけられている。また、昔の浄蔵は今の薬王菩薩であるので、薬王菩薩の本事と誓願とを明かしていることから「誓願乗乗」ともいわれる。本章の科文を挙げれば前頁のようになる。なお、本段は、「明二事本一」から「能化方便」までに相当する。

時父見子。神力如是。心大歡喜。得未曾有。合掌向子言。汝等師爲是誰。誰之弟子。二子白言。大王。彼雲雷音宿王華智佛。今在七寶菩提樹下。法座上坐。於一切世間。天人衆中。廣説法華經。是我等師。我是弟子。父語子言。我今亦欲。見汝等師。可共倶往。於是二子。從空中下。到其母所。合掌白母。父王今已信解。堪任發阿耨多羅三藐三菩提心。我等爲父。已作佛事。願母見聽。於彼佛所。出家修道。爾時二子。欲重宣其意。以偈白母

願母放我等　出家作沙門　諸佛甚難値　我等隨佛學
如優曇鉢(1)羅　値佛復難是　脫諸難亦難　願聽我出家

母卽告言。聽汝出家。所以者何。佛難値故。於是二子。白父母言。善哉父母。願時往詣。雲雷音宿王華智佛所。親近(2)供養。所以者何。佛難得値。如優曇鉢(3)羅華。又如一眼之龜。値浮木孔。而我等宿福深厚。生値佛法。是故父母。當聽我等。令得出家。所以者何。諸佛難値。時亦難遇。彼時妙莊嚴王。後宮八萬四千人。皆悉堪任。受持是法華經。淨眼菩薩。於法華三昧。久已通達。淨藏菩薩。已於無量百千萬億劫。通達離諸惡趣三昧。欲令一切衆生。離諸惡趣故。其王夫人。得諸佛集三昧。能知諸佛。祕密之藏。二子如是。以方便力。善化其父。令心信解。好樂佛法。於是妙莊嚴王。與群臣眷屬俱。淨德夫人。與後宮婇(4)女眷屬俱。其王二子。與四萬二千人俱。一時共詣佛所。到已頭面禮足。繞佛三匝(5)。却住一面。

爾時彼佛。爲王說法。示敎利喜。王大歡悅。爾時妙莊嚴王。及其夫人。解頸眞珠瓔珞。價直百千。以散佛上。於虛空中。化成四柱寶臺。臺中有大寶床(6)。敷百千萬天衣。其上有佛。結加(7)趺坐。放大光明。爾時妙莊嚴王。作是念。佛身希有。端嚴殊特。成就第一微妙之色。時雲雷音宿王華智佛。告四衆言。汝等見是。妙莊嚴王。於我前合掌立不。此王於我法中。作比丘。精勤修習。助佛道法。當得作佛。號娑羅樹王。國名大光。劫名大高王。其娑羅樹王佛。有無量菩薩衆。及無量聲聞。其國平正。功德如是。其王卽時。以國付弟。與(8)夫人。二子并諸眷屬。於佛法中。出家修道。王出家已。於八萬四千歲。常勤精進。修行妙法華經。過是已後。得一切淨功德莊嚴三昧。卽昇虛空。高七多羅樹。而白佛言。世尊。此我二子。已作佛事。以神通變化。轉我邪心。令得安住。於佛法中。得見世尊。此二子者。是我善知識。爲欲發起。宿世善根。饒益我故。來生我家。

（1）（3）鉢＝波　（2）近＝覲　（4）婇＝采　（5）匝＝帀　（6）床＝牀　（7）加＝跏　（8）与＝王与

時に父、子の神力《じんりきかく》是の如くなるを見て、心大いに歓喜し、未曾有《みぞうう》なることを得《え》、合掌して子に向かって言わく、

『汝等《なんだち》が師は、為《さだ》めて是《こ》れ誰ぞ。誰《だれ》が弟子ぞ』と。

二子白《もう》して言《もう》さく、

『大王よ、彼《か》の雲雷音宿王華智仏は、今、七宝菩提樹下《しっぽうぼだいじゅげ》の法座の上に在《ま》して坐《ざ》したまえり。一切世間の天・人衆の中に於いて、広く法華経を説きたもう。是《こ》れ、我等が師なり。我は是《こ》れ弟子なり』と。

父は、子に語って言《い》わく、

『我、今、亦《また》、汝等《なんだち》が師を見たてまつらんと欲《ほっ》す。共《とも》倶に往《ゆ》くべし』と。

是《ここ》に於いて、二子は空中より下《お》りて、其《そ》の母の所に到《いた》って合掌して、母に白《もう》さく、

『父王は、今、已《すで》に信解して、阿耨多羅三藐三菩提《あのくたらさんみゃくさんぼだい》の心を発《おこ》すに堪任《かんにん》せり。我等、父の為《ため》に已《すで》に仏事を作《な》しつ。

願わくは母よ、彼の仏の所《みもと》に於いて出家し修道《しゅどう》することを聴《ゆる》されよ』と。

爾《そ》の時に二子、重ねて其《そ》の意《こころ》を宣《の》べんと欲《ほっ》して、偈《げ》を以《もっ》て母に白《もう》さく、

『願わくは母よ、我等に　出家して沙門《しゃもん》と作《な》らんことを放《ゆる》したまえ。　諸仏には甚《はなは》だ値《あ》いたてまつり難《かた》し
我等、仏に随いたてまつりて学せん。

優曇鉢羅《うどんばつら》の如く　仏に値《あ》いたてまつること復是《またこ》れよりも難《かた》し。　諸難を脱《まぬが》るること亦難《またかた》し　願わくは我が
出家を聴《ゆる》したまえ』と。

母、即ち告げて言わく、

『汝が出家を聴《ゆる》す。所以《ゆえ》は何《いか》ん。仏には値いたてまつること難《かた》きが故に』と。

是《ここ》に於いて二子、父母に白《もう》して言《もう》さく、

『善い哉、父母よ、願わくは、時に雲雷音宿王華智仏の所《みもと》に往詣《おうけい》して、親近《しんごん》し供養したまえ。所以《ゆえ》は何《いか》ん。仏には値《あ》いたてまつることを得難《えがた》し。優曇鉢羅華《うどんばっらけ》の如く、又、一眼《いちげん》の亀の浮木《うきぎ》の孔《あな》に値《あ》えるが如ければなり。而《しか》るに我等、宿福深厚《しゅくふくじんこう》にして、仏法に生まれ値えり。是《こ》の故に父母は、当《まさ》に我等を聴《ゆる》して出家することを得せしめたもうべし。所以《ゆえ》は何《いか》ん。諸仏には値いたてまつり難《がた》し。時にも亦遇《またあ》うこと難し』と。

彼《か》の時に、妙荘厳王《みょうしょうごんのう》の後宮《こうぐう》の八万四千人、皆悉《みな》く是の法華経を受持するに堪任《かんにん》しぬ。浄眼《じょうげん》菩薩は法華三昧《さんまい》に於いて、久しく已に通達せり。浄蔵《じょうぞう》菩薩は、已《すで》に無量百千万億劫《こう》に於いて、離諸悪趣三昧《りしょあくしゅさんまい》を通達せり。一切衆生をして、諸《もろもろ》の悪趣を離れしめんと欲するが故に。其《そ》の王の夫人は、諸仏集三昧《しょぶつじゅうさんまい》を得て、能《よ》く諸仏の秘密の蔵《ぞう》を知れり。二子は是《かく》の如く方便力を以《もっ》て、善く其《そ》の父を化して心に仏法を信解《しんげ》し好楽《こうぎょう》せしむ。

是《ここ》に於いて妙荘厳王は群臣眷属《ぐんしんけんぞく》と倶《とも》に、浄徳夫人は後宮《こうぐう》の婇女眷属《さいにょけんぞく》と倶《とも》に、其《そ》の王の二子は四万二千人と倶《とも》に、一時に共に仏所に詣《もう》ず。到《いた》り已《おわ》って頭面に足《みあし》を礼し、仏を繞《めぐ》ること三匝《さんそう》して、却《さ》って一面に住す。

爾《そ》の時に彼《か》の仏、王の為《ため》に法を説きて示教利喜《じきょうりき》したもう。王、大いに歓悦《かんえつ》す。爾《そ》の時に妙荘厳王及び其《そ》の夫人は、頸《くび》の真珠の瓔珞《ようらく》の、価直《あたい》百千なるを解いて、以て仏の上《みうえ》に散《さん》ず。虚空の中に於いて、化して四柱の宝台と成る。台《だい》の中に大宝《だいほう》の床《ゆか》有って、百千万の天衣《てんね》を敷《し》けり。其《そ》の上に仏有《いま》して、結加趺坐《けっかふざ》して大光明を放ちたもう。

爾《そ》の時に妙荘厳王、是《こ》の念を作《な》さく、

『仏身は希有《けう》にして端厳殊特《たんごんしゅどく》なり。第一微妙《みみょう》の色《しき》を成就したまえり』と。

時に雲雷音宿王華智仏、四衆に告げて言《のたま》わく、

『汝等《なんだち》よ、是《こ》の妙荘厳王の、我《わ》が前に於いて、合掌して立てるを見るや不《いな》や。此の王は、我が法の中に於いて比丘《びく》と作って、助仏道《じょぶつどう》の法を精勤修習《しょうごんしゅじゅう》して、当《まさ》に作仏することを得べし。娑羅樹王《しゃらじゅおう》と号《な》づけん。国を大光《だいこう》と名づけ、劫《こう》を大高王《だいこうおう》と名づけん。其《そ》の娑羅樹王仏《しゃらじゅおうぶつ》に無量の菩薩衆及び無量の声聞有って、其《そ》の国平正《びょうじょう》ならん。功徳是《かく》の如し』と。

其《そ》の王、即時に国を以て弟に付して、夫人・二子并びに諸の眷属と、仏法の中に於いて出家し修道《しゅどう》しき。王、出家し已《おわ》って、八万四千歳に於いて、常に勤《つと》めて精進《しょうじん》して妙法華経を修行す。是《こ》れを過ぎて已後、一切浄功徳荘厳三昧《しょうごんさんまい》を得《え》つ。即ち虚空に昇《のぼ》ること高さ七多羅樹《しったらじゅ》にして、仏に白して言さく、

『世尊よ、此《こ》の我が二子は、已《すで》に仏事を作《な》しつ。神通変化《じんずうへんげ》を以て、我《わ》が邪心を転じて仏法の中に安住することを得、世尊を見たてまつることを得せしむ。此《こ》の二子は、是《こ》れ我《わ》が善知識なり。宿世《しゅくせ》の善根《ぜんこん》を発起《ほっき》して、我を饒益《にょうやく》せんと欲するを為《も》っての故に、我《わ》が家に来生《らいしょう》せり』と。

〔訳〕その時に、父は子供達の神通力がこのようなものであるのを見て、心から大いに喜んで、これまでにない不思議な思いをし、合掌して子供達に向かって尋ねた。

『汝達の師は一体誰であろうか。（汝達は）誰の弟子なのか』と。

二人の子は次のように答えた。

『大王よ、あの雲雷音宿王華智仏が、今、七宝づくりの菩提樹《ぼだいじゅ》の木の下の法座の上に坐られており、世界のすべての天の神々と人々との集まりの中において、広く法華経を説かれておりますが、（そのお方が）私達の師であります。私達は弟子であります』と。

父は子供達にこう言った。

『私も、今、汝達の師にお会いしたいと思う。一緒に行こうではないか』と。

そこで、二人の子は空中から下りて、彼らの母の所へ行き、合掌して母に次のように言った。

『父なる王は、今や心から納得しましたので、無上の正しい悟りへと向かう心をおこすことができるようになりました。私達は父上に対して教化の仕事をなしおえました。母上、お願いですから、どうかあの仏の所で出家し修行することをお許し下さい』と。

そこで、二人の子は重ねてその意を述べようとして、詩頌によって母に次のように語った。


『どうか母上よ、私達に　出家して修行者となることを許したまえ。　仏たちにめぐりあうことは極めて困難であるからです。　仏たちにお会いすることは極めて困難なことなのです。　私たちは仏におつきして学ぼうと思います。(1)

優曇鉢羅《うどんばつら》の花に（めぐりあうに）もまして　仏にお会いすることはむつかしいのです。　さまざまな難を逃れることもまたむつかしいことです。　どうか私達の出家を許したまえ。』(2)

母は即座にこう言った。

『汝達の出家を許しましょう。なぜならば、仏にお会いすることはむつかしいことだからです』と。

そこで、二人の子は父母に次のように言った。

『結構なことです。父上、母上、お願いですから雲雷音宿王華智仏の所へ行って、親しくまみえ、供養なさいますよう。なぜなら、仏にめぐりあえることはなかなかできないからであります。それは、（三千年に一度花開くという）優曇鉢羅《うどんばつら》の花のように、また片目の亀が（大海に浮かぶ）浮木の孔の中にたまたま頭をつっこむという偶然のようにまれなことであります。しかし、私達は前世の福徳がとても厚かったおかげで、生まれて仏の法にめぐりあいました。ですから父上、母上、私達に許可を与えて、出家できるようにして下さい。なぜなら、仏たちにめぐりあうことはむつかしく、(そのようなめぐりあいの)時に遭遇することもむつかしいからであります』と。

その時、妙荘厳王の後宮の八万四千人の人々が、みなこの法華経を受けたもつことができるようになった。浄眼菩薩は、法華三昧に久しい以前から通達していた。浄蔵菩薩は、無量百千万億の劫というはるか昔から離諸悪趣三昧に通達していた。すべての衆生がさまざまな悪しき境界から離れるようにするためである。その王の夫人は諸仏集三昧を獲得して、仏たちの教えの秘奥を知ることができたのである。二人の子はこのようにして、教化の手だてによって巧みに彼らの父を導いて、仏の法をありがたいものだと思わせ、心に願わせるようにしたのである。

さて、そこで妙荘厳王は、臣下や侍従たちと一緒に、浄徳夫人は後宮の女官や従者たちと共に、その二人の子は四万二千人と共に、一緒につれだって仏の所におもむいた。そして仏の所に着くと、頭に仏のみ足をいただいて礼拝し、仏のまわりを三度廻った後、片隅に座を占めた。

その時、かの仏は、王のために法を説いて示し、教え、利益させ、喜ばしたのである。王は大いに喜んで、そこで妙荘厳王とその夫人とは、首にかけていた真珠の首かざりの、その値は百千金にも相当するものをはずして、それを仏の上にまき散らした。すると、それは空中で四本柱の宝づくりの楼閣に変った。楼閣の中にはすばらしい宝づくりの寝台があり、百千万枚もの天の衣が敷かれていた。その上に仏が結跏趺坐して坐られており、すばらしい輝きの光明を放たれた。

その時、妙荘厳王は次のように考えた。

『仏のお体はきわめてめずらしく、このうえなく端正で威厳がある。比類のないすばらしい身体を完成されている』と。

その時、雲雷音宿王華智仏は、（比丘・比丘尼・信男・信女の）四衆の人々に告げられた。

『汝らよ、この妙荘厳王が私の前で合掌して立っているのを見ているか、どうか。この王は、私の教えのもとで比丘《びく》となり、悟りを得るための修行を一所懸命に修め、必ずや仏となることができるであろう。その名を娑羅《しゃら》樹王《じゅおう》といい、その国を大光《だいこう》といい、その時代を大高王《だいこうおう》というであろう。その娑羅樹王仏には、無量の菩薩の集団と無量の声聞の集団とがいて、その国土は平坦であろう。功徳は以上のようなものである』と。

その王は、ただちに国を弟に譲って、夫人、二人の子、及び多くの従者たちと一緒に、仏の教誡のもとで出家し、修行したのである。王は出家の後は、八万四千年もの間、つねに努力精進して法華経を修行した。そして、これを過ぎた後、一切浄功徳荘厳三昧を獲得した。そして、ただちに空中に多羅樹の七倍の高さにまで昇って、仏に次のように申し上げた。

『世尊よ、私のこの二人の子は、教化の仕事をなしおえました。神通力による奇蹟によって、私の誤った心を転向させて、仏の教えの中に安らかにとどまらせ、世尊にお会いすることができるようにしてくれました。この二人の子は、私にとってのよき友人であります。前世の善根を発揮して、私に利益を得させようとして、私の家に生まれてきたのです』と。

《堪任》「堪」も「任」も、たえる、つとめおおせる、の意。同義の字を重ねた複合語。**《已作仏事》**「仏事」とは、仏の衆生救済という仕事をいう。梵本では、kṛtam āvābhyāṃ pituḥ śāstṛ-kṛtaṃ（父に対して、師としての仕事をなした）とある（p. 461. *ll.* 10—11）。**《優曇鉢羅》**優曇婆羅に同じ。方便品の語注「優曇華」（本書上巻、一九〇頁）、及び化城喩品の語注「優曇鉢花」（同、四一三―四頁）を参照。**《如一眼之亀、値浮木孔》**盲亀浮木の喩えのこと。ここでは仏に遇うことが困難なことを喩えている。『雑阿含経』巻十五（大正蔵巻二、一〇八頁下）では、人身を受けることのまれなことを以下の喩え話で説く。すなわち、大海に一つの孔が空いている木片が、風のまにまに漂い流れている。そこに、盲目で寿命無量の亀がいて、百年に一度海上に頭を出すが、その亀がたまたま頭を海上に出した時に、その木片の孔に頭を入れるということは極めてまれなことである。人が輪廻をくりかえして人の身を受けることは、その盲目の亀が浮木の孔に出逢うことよりも困難であると。この喩え話は、本経のほかに『涅槃経』や『大智度論』などの経論に、人身の受けがたいこと、仏に出遇いがたいことの喩えとして好んで引用されている。この『妙法華』では盲目ではなく一眼というが、梵本では盲目の亀という。**《離諸悪趣三昧》**「悪趣」とは、輪廻する衆生の趣く悪しき境界、すなわち地獄・餓鬼・畜生の三悪道をいう。その悪しき境界を離れる、という三昧の意。梵本では、sarva-sattvapāpajahana samādhi（一切衆生の罪悪を除く、という三昧）とある。**《諸仏集三昧》**詳細不明。梵本では、sarvabuddhasaṃgītiṃ sarvabuddhadharmaguhyasthānāni ca saṃjñānite sma.（一切の仏の合奏結集と、一切の仏の教えの秘義を理解した）とあり（p. 464. *ll*, 3—4）、sarvabuddhasaṃgīti が「諸仏集三昧」に相当するが、梵本では三昧の名として述べられてはいない。**《婇女眷属》**宮廷に仕える女官と、おつきの者たちのこと。**《助仏道法》**仏のさとりに到達するための方法。前出の三十七品を指す。**《娑羅樹王》**梵本ではŚālendrarāja（シャーラ樹の主の王）という。**《大光》**梵本では、Vistīrṇavatī（拡がりを有する）とある。《**大高王**》梵本では Abhyudgatarāja（最高の王）とある。《**一切浄功徳荘厳三昧**》梵本では、sarvaguṇālaṃkāravyūha（一切の功徳という飾りによって荘厳された）という名の三昧、とある（p. 465 *l*. 6）。

本段は、二人の王子の現わした奇蹟によって父王の妙荘厳王が心打たれ、二王子の師である雲雷音宿王華智仏にまみえて、仏によって成仏の予言を与えられた後、出家して法華経を修行し、一切浄功徳荘厳三昧という名の三昧を得た。そこで王は、二人の王子をわが善知識と称讃する、という所までである。前出の科文でいうと、「所化得益」のうちの「称歎二子」までに相当する。

二子の功徳

本章は、妙荘厳王を主人公とする本事（前生譚）を説き、王の廻心と法華経入信を明かして、そのきっかけとなった王の二子の善知識としての力を述べるのが主旨である。

仏は過去世の物語として、大衆に以下のように説かれた。

その昔、雲雷音宿王華智仏という仏がおられ、その国を光明荘厳といい、その時代を憙見《きけん》といった。その仏の世に、妙荘厳王という王がおり、その妃を浄徳夫人といった。二人の間には浄蔵、浄眼という二人の王子がいた。妙荘厳王は外教の教えを奉じていたけれども、二王子は仏教の教えを信奉し、菩薩としての修行を実践して、六波羅蜜や三十七菩提分法などの、さとりに向かう修行を修めたばかりでなく、浄三昧を始めとしてさまざまな三昧に通達していた。雲雷音宿王華智仏は、妙荘厳王を教化して導こうと思い法華経を説かれたが、かの王は外道の教えを相変らず奉じていた。その時にあたって、浄蔵と浄眼の二人の王子は、自分たちもその説法を聞き、かつ仏のそばでお仕えしようとして、その許可を得るべく母に法華経聴聞を勧めたのである。母の浄徳夫人は、二王子に、父王を説得して外教を捨てて仏法に入らしむるように勧めた。そこで二人の王子は父王が廻心し、仏の法を信じるようにさせるために、母の助言を容れて、さまざまな奇蹟を父王の前で現じてみせた。父王はこの不思議な神変を見て大いに驚き、汝たちの師は誰であるか、汝たちは誰の弟子であるか、と問うた。二人の王子は、自分たちの師が雲雷音宿王華智仏であることを父王に告げると、父王はその仏に一緒にお会いしにゆくことに同意した。そこで二王子は、あらためて母に出家の許可を求めて許され、父母の妙荘厳王と浄徳夫人、及び宮廷の大勢のおつきの者たちとともに、仏のみもとに向かったのであった。仏前に至ると、仏は王のために法を説いて喜ばせ、そして大衆に向かってこう言われた。

この妙荘厳王は、必ずや出家してさとりに向かう修行をなし、やがて娑羅樹王という名の仏となるであろう、その仏国土を大光というであろう、と。

この成仏の予言を聞いた妙荘厳は、ただちに国位を弟に譲り、夫人と二人の王子、大勢のおつきの者たちとともに出家し、法華経修行に専念したのである。その結果、王は一切浄功徳荘厳三昧という三昧を獲得し、その力によってターラ樹の七倍の高さの空中に昇り、仏にこう申し上げた。

世尊よ、私の子である二人の王子たちは、神通変化によって私の誤った心を転じさせて、仏の教えに向かわせてくれました。この二王子こそ、私にとっての善知識、よき指導者であり、彼らは前世の善根功徳によって、私を廻心させるために私のもとに生まれてきたのです、と。

仏はこれを聞いて、王に次のように言われた。

そのとおりだ。善知識は大因縁である。汝の二子は、はるか遠い昔から多くの仏たちに仕えて供養し、法華経を受持して多くのものたちを正しい道に安住せしめてきたのだ、と。

妙荘厳王は、仏のすぐれた容貌を讃歎した後、自ら心のおもむくまま行動しないこと、誤った見解、おごり高ぶり、怒りやその他の悪心を起こさないことを誓ったのである。

以上が、仏が語られた妙荘厳王にまつわる過去世の物語である。釈迦牟尼仏はここまで語りおえられると、最後に過去と現在の連絡をつけて、次のように説かれた。すなわち、昔の妙荘厳王というのは誰あろう、今の華徳菩薩その人であり、浄徳夫人は光照荘厳相菩薩、そして、浄蔵・浄眼の二王子は、それぞれ薬王と薬上の菩薩たちである、と。

釈迦牟尼仏がこのように説かれた時、八万四千人の多くの人々が煩悩の汚れを払って、真理を見る眼の浄らかさを獲得したという。

以上が本章の梗概である。本章の内容は、妙荘厳王が主人公となっている過去世物語が中心であるが、これまでのあらすじで明らかなように、本章で重要な役割を演ずるのは話の主人公である妙荘厳王よりも、むしろ浄蔵・浄眼の二王子たちである。この二人の王子たちは、遠い遠い昔から、多くの仏たちに仕えて法華経を受持し、菩薩修行を修めて多くの人々を教化してきていた。今、この妙荘厳王の王子として出生してきたのも、過去世の善根功徳によって妙荘厳王を教化せんがためにであるという。経はこの二王子を妙荘厳王の言葉を通して善知識と呼ばしめている。善知識とは、善き友、善き指導者のことである。本経では、すでに第十二章提婆達多品でも、釈迦牟尼仏が提婆達多を善知識と呼んでいた。釈尊が仏としてのさとりを完成し、今日今あるのも提婆達多のおかげであると言っていた。提婆達多は悪逆非道の輩であるという伝承にしたがえば、この場合の善知識の意味は反面教師ということになるが、本章では二王子は外教のバラモンの教えを奉じていた妙荘厳王を廻心させ、法華経を受持し、修行させた文字通りの善知識である。父は子に教えられたわけだが、経は仏のことばとして、善知識についてこのように説いている。

善男子・善女人の若《ごと》きは、善根を種えたるが故に世世に善知識を得《う》。其《そ》の善知識は、能く仏事を作し、示教利喜して阿耨多羅三藐三菩提に入らしむ。大王よ、当《まさ》に知るべし。善知識は、是れ大因縁なり、と。

文の最後に大因縁といっているのは、善知識の出現は、大いなる原因と条件によるという意味である。妙荘厳王は、二王子の過去世からの善根功徳によってこの世において善知識を得ることができたのだが、しかし、今挙げた経文の最初にあるように、結局は、自分が善根を積んできたことによって、そのおかげを蒙って善知識を得ることができるのである。それが大いなる原因と条件ということにほかならないのだ。本章の意図は、善知識という法華経受持の人を通してこの経の流通を説くことにあるが、それも善知識にその役割をすべて委せ切ってしまうのではなく、結局は、経を受持する一人一人の主体的努力によることを説いているのである。

なお、本章の内容の細かい点に注目してみると、本章は先の薬王菩薩品及び妙音菩薩品との内容上の連関が見受けられる。たとえば、雲雷音宿王華智仏の仏国土は「光明荘厳」とされているが、その原語は、ヴァイローチャナ＝ラシュミ＝プラティマンディターで、これは第二十四章妙音菩薩品で説かれる浄華宿王智仏の仏国土「浄光荘厳」の原語と同一である。同じ言葉を訳し分けたものであろう。次に、昔の妙荘厳王は今の華徳菩薩であるが、この華徳菩薩は、やはり妙音菩薩品では、仏との問答において妙音菩薩の修行とその功徳を引き出す役割を荷わされていた菩薩である。また、浄蔵王子の今の姿である薬王菩薩は、薬王菩薩本事品ではその前生が明かされ、妙音菩薩品においても、他土の妙音菩薩が会いたいと願う娑婆世界の菩薩の一人として薬上菩薩とともにその名が挙げられていた。また、浄眼王子の今の姿である薬上菩薩は、薬王菩薩本事品にはその名が見えないが、妙音菩薩品ではその名が挙げられている。また、さらに薬王菩薩本事品・妙音菩薩品・本章妙荘厳王本事品の三章に共通してみられる著しい特徴は、「三昧」の強調である。三昧は、大乗仏教で菩薩の修行徳目の一つとして特に強調され、多くの名の三昧が説かれるに至っているが、今の三章については、他の章に見られないような種々の名の三昧が説かれている。それらの一々の三昧は具体的にどのような内容をもっているかということについては明らかではないが、本経における今の三章に共通の際だった特徴として指摘できる。以上のような点について見ると、本章と薬王菩薩本事品・妙音菩薩品との内容上のつながりは察知されよう。しかし、このことは法華経の成立史という大きな観点から研究されねばならないし、それはまた今後の課題でもある。

爾時雲雷音宿王華智佛。告妙莊嚴王言。如是如是。如汝所言。若善男子。善女人。種善根故。世世得善知識。其善知識。能作佛事。示教利喜。令入阿耨多羅三藐三菩提。大王當知。善知識者。是大因緣。所謂化導。令得見佛。發阿耨多羅三藐三菩提心。大王汝見。此二子不。此二子。已曾供養。六十五百千萬億。那由他。恒河沙諸佛。親近恭敬。於諸佛所。受持法華經。愍念邪見衆生。令住正見。妙莊嚴王。卽從虛空中下。而白佛言。世尊。如來甚希有。以功德智慧故。頂上肉髻。光明顯照。其眼長廣。而紺青色。眉間毫相。白如珂月。齒白齊密。常有光明。脣色赤好。如頻婆菓。爾時妙莊嚴王。讚歎佛如是等。無量百千萬億功德已(1)。於如來前。一心合掌。復白佛言。世尊。未曾有也。如來之法。具足成就。不可思議。微妙功德。教誡(2)所行。安隱(3)快善。我從今日。不復自隨心行。不生邪見。憍慢瞋恚。諸惡之心。說是語已。禮佛而出。佛告大衆。於意云何。妙莊嚴王。豈異人乎。今華德菩薩是。其淨德夫人。今佛前光照莊嚴相菩薩是。哀愍妙莊嚴王。及諸眷屬故。於彼中生。其二子者。今藥王菩薩。藥上菩薩是。是藥王藥上菩薩。成就如此。諸大功德。已於無量。百千萬億諸佛所。殖衆德本。成就不可思議。諸善功德。若有人識。是二菩薩名字者。一切世間。諸天人民。亦應禮拜。佛說是妙莊嚴王。本事品時。八萬四千人。遠塵離垢。於諸法中。得法眼淨。

(1)底本は「己」。高麗蔵・春日本とも「已」。大正蔵の誤り。今、改む。　(2)誡＝戒　(3)隠＝穏

爾《そ》の時に雲雷音宿王華智仏、妙荘厳王に告げて言《のたま》わく、

『是《かく》の如し、是《かく》の如し。汝が所言の如し。善男子・善女人の若《ごと》きは善根を種《う》えたるが故に世世に善知識を得。其《そ》の善知識は能《よ》く仏事を作《な》し、示教利喜《じきょうりき》して阿耨多羅三藐三菩提《あのくたらさんみゃくさんぼだい》に入らしむ。大王よ、当《まさ》に知るべし。善知識は是《こ》れ大因縁なりと。所謂《いわゆる》、化導して仏を見、阿耨多羅三藐三菩提《あのくたらさんみゃくさんぼだい》の心を発《おこ》すことを得せしむ。大王よ、汝は此《こ》の二子を見るや不《いな》や。此《こ》の二子は、已《すで》に曾《かつ》て六十五百千万億那由他恒河沙《なゆたごうがしゃ》の諸仏を供養し、親近して恭敬《くぎょう》し

て、諸仏の所《みもと》に於いて法華経を受持し、邪見《じゃけん》の衆生を愍念して、正見に住せしむ』と。

妙荘厳王、即ち虚空の中より下《お》りて、仏に白して言《もう》さく、

『世尊よ、如来は甚だ希有《けう》なり。功徳・智慧を以ての故に、頂上の肉髻《にっけい》は光明顕照《こうみょうけんしょう》す。其《そ》の眼《め》は長広にして紺青の色なり。眉間《みけん》の毫相《ごうそう》の白きこと珂《か》・月《げつ》の如し。歯白く、斉密《さいみつ》にして常に光明有り。脣の色は赤好《しゃくこう》にして、頻婆菓《びんばか》の如し』と。

爾《そ》の時に妙荘厳王、仏の是《かく》の如き等の無量百千万億の功徳を讃歎《さんだん》し已《おわ》って、如来の前《みまえ》に於いて一心に合掌して、復《また》、仏に白《もう》して言《もう》さく、

『世尊よ、未曾有《みぞうう》なり。如来の法は、不可思議の微妙《みみょう》の功徳を具足し、成就《じょうじゅ》したまえり。教《きょう》・誡《かい》・所行は安隠《あんのん》快善《けぜん》なり。我、今日より、復《また》、自ら心行《しんぎょう》に随わず。邪見・憍慢・瞋恚《しんに》の諸悪の心を生ぜじ』と。

是《こ》の語《ことば》を説き已《おわ》って、仏を礼《らい》して出《い》でにき」と。

仏、大衆《だいしゅ》に告げたまわく、

「意《こころ》に於いて云何《いかん》。妙荘厳王は、豈《あに》、異人《ことひと》ならんや。今の華徳菩薩、是《こ》れなり。其《そ》の浄徳夫人は、今の仏前の光照荘厳相菩薩、是《こ》れなり。妙荘厳王、及び諸《もろもろ》の眷属《けんぞく》を哀愍《あいみん》せんが故に、彼の中に於いて生《しょう》ぜり。其《そ》の二子は、今の薬王菩薩、薬上菩薩、是《こ》れなり。是《こ》の薬王、薬上菩薩は、此《かく》の如き諸《もろもろ》の大功徳を成就し已《おわ》って、無量百千万億の諸仏の所《みもと》に於いて、衆《もろもろ》の徳本を殖えて、不可思議の諸善功徳を成就せり。若《も》し人有って、是《こ》の二菩薩の名字を識らん者は、一切世間の諸天・人民、亦《また》、応に礼拝すべし」と。

仏、是《こ》の妙荘厳王本事品を説きたもう時、八万四千人、遠塵離垢《おんじんりく》して、諸法の中に於いて法眼浄《ほうげんじょう》を得たり。

〔訳〕その時、雲雷音宿王華智仏は、妙荘厳王に告げられた。

『そのとおり、そのとおり。汝のいうとおりである。善男子・善女人は善根を植えることによって幾世にもわたって良き友を得るであろう。その良き友は、教化の仕事をなし、示し、教えて、利益を与え、喜ばせ、そして無上の正しい悟りに入らせてくれるのだ。大王よ、知るがよい。良き友は、偉大な原因であると。すなわち、教化し導いて、仏にお会いさせ、無上の正しい悟りへ向かう心をおこさせてくれるのである。大王よ、汝はこの二人の子を見ているか、どうか。この二人の子は、過去においてガンジス河の砂の数の六十五百千万億ナユタ倍もの多数の仏たちに供養し、親しく仕えて敬い、仏たちのもとで法華経を受けたもち、誤った見解をもった衆生たちに愍みの念をかけて、正しい見解に安住せしめてきたのだ』と。

妙荘厳王は、ただちに空中から降りて、仏に次のように申し上げた。

『世尊よ、如来ははなはだまれなる存在であります。功徳と智慧とによって、うなじの上の肉のもとどりが光明に照り輝いております。その眼は長く広く紺青色をしています。眉間にある渦巻状の毛の白いことは、白めのうや月かのようであります。歯は白く密に整っていて常に光明があります。唇の色は赤々としてビンバ果のようであります』と。

その時に、妙荘厳王は、以上のような仏の無量百千万億の仏の徳性を讃嘆しおわると、仏の前で一心に合掌して、再び仏に申し上げた。

『世尊よ、いまだかつてない不思議なことであります。如来の教法は、思いはかることもできないすぐれた徳性をそなえ、完成しております。教えと戒律と実践とは、安楽で心地よいものであります。私は今日から、自分の心のおもむくままに行動することは致しません。誤った考え、おごりたかぶり、怒り、などのさまざまな悪しき心をおこしません』と。

以上のことばを申し上げると、仏に礼拝してその場を退いたのである」と。

仏は大勢の集まりに告げられた。

「（汝たちは）どのように考えるか。妙荘厳王は別人などではない。現在の華徳菩薩その人なのだ。そして浄徳夫人は、今、仏の前にいる光照荘厳相菩薩その人である。妙荘厳王と多くの従者たちを愍んで、それらの人々の中に生まれたのである。その二人の子は、今の薬王菩薩と薬上菩薩その人である。この薬王、薬上菩薩は、以上のような大いなる功徳をなしおえた後、無量百千万億という多くの仏たちのもとで、多くの徳の根本を培って、思いはかることもできない多くの善の徳性を完成したのだ。もしこの二菩薩の名前を知っているものがいたならば、世の一切の神々や人々は、また（その人を）礼拝すべきである」と。

仏が以上の妙荘厳王本事品を説かれた時、八万四千人の人々が煩悩のけがれから離れ、さまざまな事象において、真実を見る眼が開けたのである。

《眉間毫相》 仏の眉間にある白い渦状の巻毛のこと。ここから光明を放つ。仏の三十二種の常人にない相貌の一つ。眉間白毫相という。**《珂月》**「珂」は、白めのうのこと。白めのうと月のこと。色の白いことの形容。**《頻婆菓》** ビンバの果実のこと。ビンバはウリ科ツルレイシ属の植物。その果実は光沢のある紅色をしているので、理想的な口唇の色の形容に多く使われる。**《光照荘厳相菩薩》** 原語は Vairocana-raśmi-pratimaṇḍita-dhvaja-rāja（くまなく輝く光明に飾られた旗をもつ王）という。**《心行》** 心のおもむくままのこと。《遠塵離垢》塵を遠ざけ、垢を離れること。すなわち、煩悩の塵と垢を離れること。《法眼浄》「法眼(dharma-cakṣus)」とは、法(真理、正義)を見る眼のこと。この法を見る眼が浄らかなことをいう。大乗仏教では、一般に十地の位のうちの初地において無生法忍を得ることをいう。天台では六根清浄位についていう。

本段では、前段までの妙荘厳王の出家修行と二子に対する称歎とに対して、雲雷音宿王華智仏がそれを敷衍して、善知識としての二子を讃め、それに対し妙荘厳王は仏の功徳を讃歎して、自ら悪心を離れるという誓願を立てて、仏前から退出した、と説かれる。ここまでが釈迦牟尼仏が説いた妙荘厳王の本事で、最後に釈迦牟尼仏は、妙荘厳王と二子のそれぞれが、今の華徳菩薩と、薬王・薬上の二菩薩であると明かして現在との連絡をつけ、薬王・薬上の二菩薩を讃歎して本章を閉じるのである。

妙法蓮華經普賢菩薩勸發品第二十八

爾時普賢菩薩。以自在神通力。威德名聞。與大菩薩。無量無邊。不可稱數。從東方來。所經諸國。普皆震動。雨寶蓮華。作無量百千萬億。種種伎樂。又與無數諸天。龍。夜叉。乾闥婆。阿修羅。迦樓羅。緊那羅。摩睺羅伽。人非人等。大衆圍繞。各現威德。神通之力。到娑婆世界。耆闍崛山中。頭面禮釋迦牟尼佛。右繞七(1)匝。白佛言。世尊。我於寶威德上王佛國。遙聞此娑婆世界。說法華經。與無量無邊。百千萬億。諸菩薩衆。共來聽受。唯願世尊。當爲說之。若善男子。善女人。於如來滅後。云何能得。是法華經。佛告普賢菩薩。若善男子。善女人。成就四法。於如來滅後。當得是法華經。一者爲諸佛護念。二者殖(2)衆德本。三者入正定聚。四者發救一切衆生之心。善男子。善女人。如是成就四法。於如來滅後。必得是經。

(1)匝＝帀　(2)衆＝諸

爾《そ》の時に普賢《ふげん》菩薩、自在神通力・威徳・名聞《みょうもん》を以《もっ》て、大菩薩の無量無辺不可称数《ふかしょうしゅ》なると、東方より来《きた》る。所経《しょきょう》の諸国、普《あまね》く皆震動し、宝蓮華《ほうれんげ》を雨《ふら》し、無量百千万億の種種の伎楽《ぎがく》を作《な》す。又、無数《むしゅ》の諸天・龍・夜叉《やしゃ》・乾闥《けんだつ》婆《ば》・阿修羅《あしゅら》・迦楼羅《かるら》・緊那羅《きんなら》・摩睺羅伽《まごらが》・人《にん》・非人《ひにん》等の大衆の囲繞《いにょう》せると、各《おのおの》威徳・神通の力を現じて、娑《しゃ》婆《ば》世界の耆闍崛《ぎしゃくせん》山の中に到って、頭面《ずめん》に釈迦牟尼仏を礼し、右に繞《めぐ》ること七匝《しちそう》して、仏に白《もう》して言《もう》さく、

「世尊よ、我、宝威徳上王仏《ほういとくじょうおうぶつ》の国に於いて、遙《はる》かに此《こ》の娑婆《しゃば》世界に法華経を説きたもうを聞いて、無量無辺百千万億の、諸《もろもろ》の菩薩衆と共に、来って聴受《ちょうじゅ》す。唯《ただ》、願わくは、世尊よ、当《まさ》に為《ため》に之《これ》を説きたもうべし。若《も》し善

男子・善女人にして、如来の滅後に於いて、云何《いか》にしてか能《よ》く是《こ》の法華経を得ん」と。

仏、普賢菩薩に告げたまわく、

「若し善男子・善女人、四法を成就せば、如来の滅後に於いて、当《まさ》に是《こ》の法華経を得《う》べし。一には諸仏に護念せらるることを為《え》、二には衆《もろもろ》の徳本を殖《う》え、三には正定聚《しょうじょうじゅ》に入り、四には一切衆生を救う心を発《おこ》せるなり。善男子・善女人、是《かく》の如く四法を成就せば、如来の滅後に於いて必ず是の経を得ん」と。

〔訳〕その時に、普賢菩薩は自在なる神通力と威徳と名声とを具え、無量無辺の数えることもできない大勢の偉大な菩薩たちとともに、東方からやってきた。通り過ぎる国々はすべて震動し、宝玉づくりの蓮華が雨ふり、はかりしれない百千万億もの音楽が奏でられた。また無数の天の神々・龍神・夜叉《やしゃ》・乾闥婆《けんだつば》・阿修羅《あしゅら》・迦楼羅《かるら》・緊那羅《きんなら》・摩睺羅伽《まごらが》・人間と人間以外のものたちの大勢に囲まれて、威徳と神通力を発揮しながら、娑婆《しゃば》世界の耆闍崛山《ぎしゃくせん》（霊鷲山）にやって来て、釈迦牟尼仏の足を頭に頂いて礼拝をなし、右まわりに七度回って、仏に次のように申し上げた。

「世尊よ、私は宝威徳上王仏の国土にあって、はるかにこの娑婆世界で法華経を説かれるのを聞いて、それを聴聞しようと無量無辺百千万億という多くの菩薩たちと共にやってまいりました。世尊よ、どうかお願いですからそれをお説き下さいますように。善男子・善女人は、如来の入滅の後にあっては、どのようにしてこの法華経を手にすることができるでしょうか」と。

仏は普賢菩薩に告げられた。

「もし善男子・善女人が、四種の特性を完成したならば、如来の入滅の後にあって必ずやこの法華経を得ることができるであろう。それは、一には仏たちに心にかけて護られること、二には多くの徳の根本を植えること、三には必ず悟りに到るということが決定している者の中に入ること、四にはすべての衆生を救おうとする心を起こすこと、である。善男子・善女人は、以上のような四つの特性を完成させたならば、如来の入滅の後にあって、必ずこの経を得るであろう」と。

《普賢菩薩》 Samantabhadra（あまねくすぐれた、の意）の訳。本経では本章に初めて登場する。『華厳経』では文殊の智慧、普賢の行などと並称されているが、本経では東方の宝威徳上王仏の仏国土に住む菩薩とされている。**《不可称数》** 数えることができないほど多くの数の、という意味。「称数」は、はかり数える、の意。**《耆闍崛山》** 霊鷲山のこと。序品の語注参照（本書上巻、四二―三頁）。**《宝威徳上王仏》** Ratnatejobhyudgatarāja の訳。「宝玉の光が輝きわたる王」の意。**《四法》** 本文で以下に説かれる四種の特性のこと。「法（dharma）」は、ここでは特質、性質の意。**《諸仏護念》** 諸仏が心にかけて護る、という意味で、原語は普通 parigraha である。しかし、ここでは梵本は adhiṣṭhita（加持せられた）といい（p. 473, *l*. 12）、仏の威神力によって鼓舞されるという意になっている。**《正定聚》** 衆生を、悟りに到る能力という観点から三種に分けたうちの一つ。必ず悟りに到ると決定されている者をいう。原語は、niyatarāśi. なお、他の二種とは、邪定聚（悟りに到達することのできない者、mithyātvaniyatarāśi）と不定聚（どちらとも決定しておらず、修行いかんによる者、aniyatarāśi）をいう。

本章より普賢菩薩勧発品に入る。この『妙法華』では本章は最終章の位置に置かれているが、梵本・チベット訳・『正法華』などの諸本ではいずれも第二十六章に置かれている。本章の主題は、仏滅

- 約㆓自行㆒勧㆓流通㆒
  - 発来
    - 上供
    - 下化
    - 修敬
  - 勧発
    - 請問勧発
      - 請問
      - 仏答
        - 総
        - 別
        - 結
    - 誓願勧発
      - 護㆑人
        - 攘㆓其外難㆒
          - 総攘㆓其難㆒
          - 別攘㆓其難㆒
        - 教㆓其内法㆒
          - 行五読誦
          - 坐思惟
          - 三七精進
            - 示教利喜
            - 説呪
        - 覆以㆓神力㆒
        - 示㆓勝因㆒
        - 示㆓近果㆒
        - 総結
      - 護㆑法

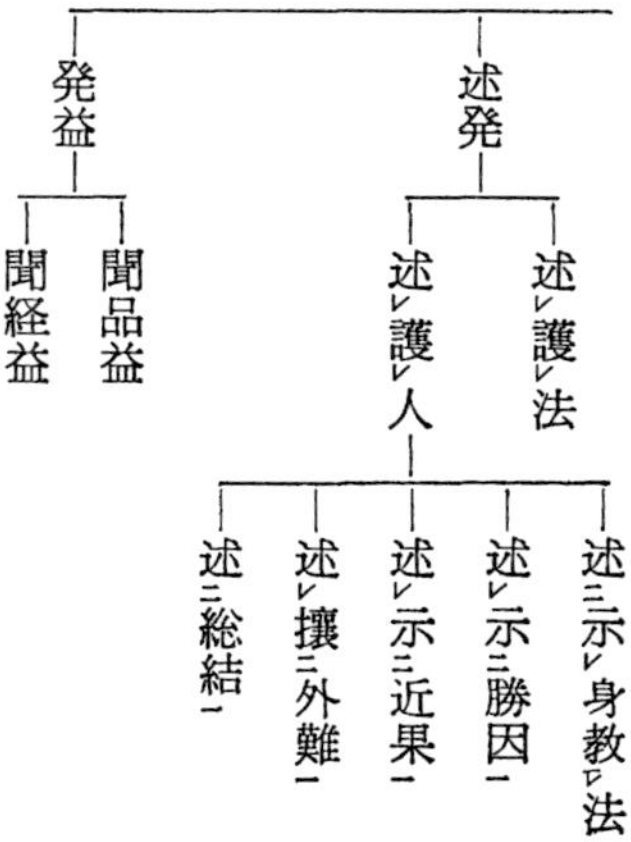

後における法華経の弘布である。その主題を、東方世界よりやってきた普賢菩薩を登場させて、その菩薩の法華経経典の守護と説法者に対する勧発ということによって説くのである。

ここに挙げた一段は、普賢菩薩の娑婆世界への来至と、釈迦牟尼仏に対する法華経説法の懇請、及び仏滅後における経の流布についての請問、それに対する仏の答えという内容の、いわば本章の導入部分である。なお、仏の答の内容の四法は、正宗と流通との要旨を簡潔に示したものとして、天台ではこれを「法華の重演」と称している（『文句』巻十下）。本章の分科を図に示せば、右のようになる。

右図で本段は、「発来」から「勧発」の第一の「請問勧発」までに相当する。

爾時普賢菩薩。白佛言。世尊。於後五百歳。濁惡世中。其有受持。是經典者。我當守護。除其衰患。令得安隱(1)。使無伺求。得其便者。若魔。若魔子。若魔女。若魔民。若爲魔所著者。若夜叉。若羅刹。若鳩槃茶(2)。若毘(3)舍闍。若吉遮(4)。若富單那。若韋陀羅等。諸惱人者。皆不得便。是人若行若立。讀誦此經。我爾時乘。六牙白象王。與大菩薩衆。倶詣其所。而自現身。供養守護。安慰其心。亦爲供養。法華經故。是人若坐。思惟此經。爾時我復。乘白象王。現其人前。其人若於法華經。有所忘失。一句一偈。我當敎之。與共讀誦。還令通利。爾時受持讀誦。法華經者。得見我身。甚大歡喜。轉復精進。以見我故。卽得三昧。及陀羅尼。名爲旋陀羅尼。百千萬億旋陀羅尼。法音方便陀羅尼。得如是等陀羅尼。世尊。若後世。後五百歲。濁惡世中。比丘。比丘尼。優婆塞。優婆夷。求索者。受持者。讀誦者。書寫者。欲修習是法華經。於三七日中。應一心精進。滿三七日已。我當乘六牙白象。與無量菩薩。而自圍繞(5)。以一切衆生。所憙見身。現其人前。而爲說法。示敎利喜。亦復與其。陀羅尼呪。得是陀羅尼故。無有非人。能破壞者。亦不爲女人。之所惑亂。我身亦自。常護是人。唯願世尊。聽我說此陀羅尼呪(6)。卽於佛前。而說呪曰。阿檀地 途賣反 一 檀陀婆地 二 檀陀婆帝 三 檀陀鳩舍(7)隷 四 檀陀修陀隷 五 修陀隷 六 修陀羅婆底 七 佛馱波羶禰 八 薩婆陀羅尼阿婆多尼 九 薩婆婆沙阿婆多尼 十 修阿婆多尼 十一 僧伽婆履叉尼 十二 僧伽涅伽陀尼 十三 阿僧祇 十四 僧伽波伽地 十五 帝隷阿惰僧伽兜略 盧遮反 阿羅帝婆(8)羅帝 十六 薩婆僧伽三摩地伽蘭地 十七 薩婆達磨修波利刹帝 十八 薩婆薩埵樓馱憍舍略阿㝹伽地 十九 辛阿毘(9)吉利地帝 二十

(1)隱＝穩　(2)底本は「茶」であるが、対校記の元本、敦煌本、東京帝室博物館本によって改む。　(3)(9)毘＝毗
(4)遮＝庶　(5)繞＝遶　(6)呪＝春日本になし。　(7)舍＝賒　(8)婆＝波

爾の時に普賢菩薩、仏に白《もう》して言《もう》さく、

「世尊よ、後の五百歳、濁悪世《じょくあくせ》の中に於いて、其《そ》れ、是《こ》の経典を受持すること有らん者は、我、当《まさ》に守護して其《そ》の衰患《すいげん》を除き、安隠《あんのん》なることを得せしめ、伺い求むるに、其《そ》の便《たよ》りを得る者無からしむべし。若《も》しは魔、若しは魔子、若しは魔女、若しは魔民、若しは魔に著《じゃく》せられたる者、若しは夜叉《やしゃ》、若しは羅刹《らせつ》、若しは鳩槃荼《くはんだ》、若しは毘舎闍《びしゃじゃ》、若しは吉遮《きっしゃ》、若しは富単那《ふたんな》、若しは韋陀羅《いだら》等《とう》の、諸《もろもろ》の人を悩ます者、皆便《たよ》りを得ざらん。是《こ》の人、若《も》しは行き、若しは立って此《こ》の経を読誦せば、我、爾《そ》の時に、六牙《ろくげ》の白象王《びゃくぞうおう》に乗って、大菩薩衆と倶《とも》に其《そ》の所に詣《いた》って、自ら身《み》を現じ、供養し守護して、其《そ》の心を安慰せん。亦《また》、法華経を供養せんが為の故なり。是《こ》の人、若《も》しは坐して此の経を思惟《しゆい》せば、爾《そ》の時に我、復《また》、白象王《びゃくぞうおう》に乗って其《そ》の人の前に現《げん》ぜん。其《そ》の人、若《も》し法華経に於いて、一句一偈《いちげ》をも忘失《もうしつ》する所有らば、我、当《まさ》に之《これ》を教えて与共《とも》に読誦し、還《また》、通利せしむべし。爾《そ》の時に法華経を受持し読誦せん者、我が身《み》を見ることを得て、甚だ大いに歓喜して、転《うた》た復《また》、精進せん。我を見るを以ての故に、即《すなわ》ち、三昧《さんまい》及び陀羅尼を得ん。名づけて旋陀羅尼《せんだらに》、百千万億旋陀羅尼、法音方便《ほうおんほうべん》陀羅尼と為す。是《かく》の如き等の陀羅尼を得ん。

世尊よ、若《も》し後《のち》の世の後の五百歳、濁悪世《じょくあくせ》の中に、比丘・比丘尼・優婆塞《うばそく》・優婆夷《うばい》の求索《ぐしゃく》せん者、受持せん者、読誦せん者、書写せん者、是《こ》の法華経を修習《しゅじゅう》せんと欲《ほっ》せば、三七日《さんしちにち》の中に於いて、応《まさ》に一心に精進すべし。三七日を満《まん》じ已《おわ》らば、我、当に六牙《ろくげ》の白象に乗って、無量の菩薩の、而《しか》も自ら囲繞《いにょう》せると、一切衆生の見んと憙《ねが》う所の身《み》を以て、其《そ》の人の前に現じて、為に法を説いて示教利喜《じきょうりき》すべし。亦復《またまた》、其《それ》に陀羅尼呪《だらにしゅ》を与えん。是《こ》の陀羅尼を得るが故に、非人《ひにん》の能《よ》く破壊《はえ》する者有ること無けん。亦《また》、女人に惑乱せられじ。我が身《み》、亦《また》、自ら常に是《こ》の人を護らん。唯《ただ》、願わくは、世尊よ、我が此《こ》の陀羅尼を説くことを聴《ゆる》したまえ」と。

即ち仏前に於いて、呪《しゅ》を説いて曰《もう》さく、

「阿檀地《あたんだい》・檀陀婆地《たんだはだい》・檀陀婆帝《たんだはてい》・檀陀鳩舎隷《たんだくしゃれい》・檀陀修陀隷《たんだしゅだれい》・修陀隷《しゅだれい》・修陀羅婆底《しゅだらはち》・仏駄波羶禰《ぼだはせんね》・薩婆陀羅尼阿《さるばだらにあ》婆多尼《ばたに》・薩婆婆沙阿婆多尼《さるばばしゃあばたに》・修阿婆多尼《しゅあばたに》・僧伽婆履叉尼《そうぎゃばびしゃに》・僧伽涅伽陀尼《そうぎゃねきゃだに》・阿僧祇《あそうぎ》・僧伽波伽地《そうぎゃはきゃだい》・帝隷阿惰僧伽《ていれいあだそうぎゃ》兜略《とりゃ》・阿羅帝《あらてい》・婆羅帝《はらてい》・薩婆僧伽三摩地伽蘭地《さるばそうぎゃさんまじきゃらんだい》・薩婆達磨修波利刹帝《さるばだるましゅうはりせってい》・薩婆薩埵楼駄憍舎略阿㝹伽地《さるばさったろだきょうしゃりゃあときゃだい》・辛阿毘《しんあび》吉利地帝《きりたいてい》」

〔訳〕その時に、普賢菩薩は仏に次のように申し上げた。

「世尊よ、のちの五百年間の濁った悪しき時代において、この経典を受けて記憶する者がいたならば、私は、必ずやその者を守護し、彼の衰えわずらいを除去して安らかにさせましょう。(そのすきを)窺《うかが》い求めても、誰もすきにつけこむことができないようにしましょう。たとい悪魔であれ、悪魔の子であれ、悪魔の娘であれ、悪魔の民であれ、悪魔に憑かれた者であれ、あるいは夜叉《やしゃ》であれ、羅刹《らせつ》であれ、鳩槃荼《くはんだ》(クンバーンダ鬼)であれ、毘舎闍《びしゃじゃ》(ピシャーチャ鬼)であれ、吉遮《きっしゃ》(クリティヤ鬼)であれ、富単那(プータナ鬼)であれ、韋陀羅《いだら》(ヴェーターダ鬼)であれ、それらの人間を悩ますさまざまな者たちは、すべてすきにつけこむことができないでしょう。

その人が、歩きながら、あるいは立ち止ってこの経を読誦するならば、その時に私は六本の牙のある白い象王に乗って、偉大な菩薩たちと共に彼の所に行き、私自身の姿を現わし、供養し守護して、彼の心を安らかにしましょう。それもまた、法華経に供養するためであります。もしも、その人が坐ったままでこの経について思索するならば、私はまた、その時に白い象王に乗ってその人の眼前に現われましょう。その人が、もしも法華経の中のほんの一句でも一詩頌でも忘れることがあったならば、私はそれを教え、一緒に読誦し、再び精通させましょう。その時、法華経を受けて記憶し、読誦する者は、私の姿を見ることができ、非常に喜んで、さらにまた精進するでしょう。私を見るやいなや、三昧と陀羅尼とを獲得するでしょう。すなわち、旋陀羅尼《せんだらに》、百千万億旋陀羅尼、法音方便《ほうおんほうべん》陀羅尼という名の、そのような陀羅尼を獲得するでありましょう。

世尊よ、もしも、のちの世の、のちの五百年間の、濁った悪しき時代において、比丘・比丘尼・信男・信女の人々で、（この法華経を）求める人、受けて記憶する人、読誦する人、書写する人、それらの人々がこの法華経を修行しようと思うならば、三・七日（二十一日）のあいだ、一心に精進すべきであります。三・七日を成満《じょうまん》したならば、必ずや私は六本の牙のある白象に乗り、数限りのない菩薩たちに囲まれて、あらゆる衆生が見たいと願うその身体をその人の前に現わして、彼に法を説いて、示し、教え、利益し、喜ばせましょう。また、彼に陀羅尼の呪文を与えましょう。その陀羅尼を得たことによって、人間以外のものたちも危害を加えることができないでしょうし、また女人たちに惑乱されることもないでしょう。私も自身で、つねにこの人を守護致しましょう。どうかお願いですから、世尊よ、私がこの陀羅尼を説くことをお許し下さい」と。

そこで、ただちに仏の前《みまえ》で、次のような呪文を説いた。

「阿檀地《あたんだい》・檀陀婆地《たんだはだい》・檀陀婆帝《たんだはてい》・檀陀鳩舎隷《たんだくしゃれい》・檀陀修陀隷《たんだしゅだれい》・修陀隷《しゅだれい》・修陀羅婆底《しゅだらはち》・仏駄波羶禰《ぼだはせんね》・薩婆陀羅尼阿婆多尼《さるばだらにあばたに》・薩婆婆沙阿婆多尼《さるばばしゃあばたに》・修阿婆多尼《しゅあばたに》・僧伽婆履叉尼《そうぎゃばびしゃに》・僧伽涅伽陀尼《そうぎゃねきゃだに》・阿僧祇《あそうぎ》・僧伽波伽地《そうぎゃはきゃだい》・帝隷阿惰僧伽兜略《ていれいあだそうぎゃとりゃ》・阿羅帝《あらてい》・婆羅帝《はらてい》・薩婆僧伽三摩地伽蘭地《さるばそうぎゃさんまじきゃらんだい》・薩婆達磨修波利刹帝《さるばだるましゅうはりせってい》・薩婆薩埵楼駄憍舎略阿㝹伽地《さるばさったろだきょうしゃりゃあとぎゃだい》・辛阿毘吉利地帝《しんあびきりたいてい》」と。

《於後五百歳濁悪世》のちの五百年間の濁った悪しき世において、の意味。「後（のちの）」というが、いつの時よりのちのことか判然としないために解釈が分かれる。正像末の三時説によれば、正法五百年、像法一千年とした場合には、像法一千年のうちの前半五百年ということになるが、『大集経』月蔵分によって五種の五百年の第五の五百年とする説もある。後注の「後世後五百歳」を参照。なお、第二十三章の語注「後五百歳中」（一〇三〇頁）をも参照。梵本では、ここの「後五百歳」も、後に出る「後世後五百歳」も同一の句で、paścime kale paścime samaye paścimāyāṃ pañcaśatyāṃ（後の時、後の時代、後の五百年において）とある（p. 474, *l*. 4, p. 476. *l*. 2）。**《羅刹》**第二十五章観世音菩薩普門品の語注「羅刹鬼国」を参照（一〇七六頁）。**《鳩槃荼》**第三章譬喩品の語注参照（上巻、二六〇頁）。**《毘舎闍》**同じく譬喩品の語注「毘舎闍鬼」を参照（上巻、二六〇頁）。**《吉遮》**第二十六章陀羅尼品の語注参照（一一一四頁）。**《富単那》**同前。一一一四頁。**《韋陀羅》**vetāḍa の音写。起尸鬼と訳す。死体に憑いてその死体を起き上がらせる悪鬼。**《旋陀羅尼》**第十七章分別功徳品の語注参照（八二七頁）。**《百千万億旋陀羅尼》**旋陀羅尼を数多くくりかえし、経典の記憶を強化する陀羅尼のことか。原語は koṭīśatasahasrāvartā. **《法音方便陀羅尼》**中国注釈家はさまざまな解釈を示しているが詳細は不明。ただし、梵本では sarvarutakauśalyāvartā（一切の音声に巧みな回転）とあり（p. 475. *l*. 9）、これが第二十三章薬王菩薩本事品中に説かれている「解一切衆生語言陀羅尼」の原語と一致していることから、両者は実は同じもので、漢訳語の「法（dharma）」は、テキストの伝承の際に本来の sarva（一切）が誤って dharma となり、それを訳したもの、また「方便」は、kauśalya（善巧）の語を漢訳の段階で誤訳したもの、という説がある（渡辺照宏『法華経物語』三三二頁）。**《後世後五百歳》**いつの時代よりのちのことなのか判然としないために種々の解釈がある。その一は、正像末三時説の区分法に立っての解釈で、正法五百年、像法千年とし、経のいう後五百年は、像法千年を前後五百年づつに区切ったその後半の五百年だとする説（吉蔵『法華義疏』巻十二）。いま一つは、『大集経』月蔵分の説く五箇五百歳による説である。『大集経』は五百年区切りで、㈠解脱堅固（悟りを得る者が多くいる五百年間）、㈡禅定堅固（禅定をなす者が多くいる五百年間）、㈢多聞堅固（経を読誦、聞いて学ぶ者の多い五百年間）、㈣多造塔寺堅固（造寺造塔をなす者が多い五百年間）、㈤闘諍堅固（自己の解釈をふりまわして諍い、正法が隠没する五百年間）、の五種の五百年を説いた。このうちの最後の闘諍堅固の五百年を「後五百年」というので、これが経でいう後五百年であるとする説がある。さらにまた、この㈢多聞堅固の五百年とする説もある（以上の二説は基『法華玄賛』巻十之末）。しかし、梵本では前出の「後五百歳」との間に区別はなく、同一表現となっている。前注「後五百歳」参照。《**陀羅尼呪**》ダーラニーの呪文。dhāraṇīpada の訳。以下本文で説かれる陀羅尼は除災得幸のための呪文である。《**非人**》語義は、人間以外のものという意味で、具体的には仏教守護の天龍八部衆以外の、人間に害をなす悪鬼魔物の類をいう。梵本では manuṣyā vā amanuṣyā（人・非人）とある（p. 476, *l*. 7）。この具体的内容を渡辺照宏博士は「死人の幽霊および人間以外の魔物」とする（『法華経物語』二九四頁）。

本段は、普賢菩薩が仏の説いた四法を聞いた後に、自ら進んで、のちの五百年の悪世において法華経を受持する修行者を守護する誓願を立て、それを仏に宣べて行者守護の陀羅尼呪を説く段である。分科からいえば、先段に続いて「誓願勧発」の第一の「護人」、さらにそれに六あるうちの第二「教二其内法一」の部分までに相当する。

一　普賢の勧発

本章は、普賢菩薩の登場から始まる。普賢菩薩は、「文殊の智慧、普賢の行」というように文殊菩薩と並称される有名な菩薩である。本経では文殊菩薩はたびたび出てきたが、普賢菩薩はこれまで一度も登場したことはなかった。それが本章に入ると、劈頭に「自在神通力・威徳・名聞を以て、大菩薩の無量無辺不可称数なると、東方より来る」と説かれて、はかりしれない数の大菩薩たちとともに、東方からこの娑婆世界へやって来たのである。その通り過ぎてきた国々は、みな震動し、宝玉の蓮華が降りしきり、無数の音楽が奏でられていた。これらの奇瑞はすべて普賢菩薩の神通力によるものであった。普賢菩薩には大勢の天龍八部衆がつき随い、彼らとともに娑婆世界の釈尊の法華経説法の会座である霊鷲山にやってきたのだった。

普賢のサンスクリット名はサマンタバドラ（Samantabhadra）で、〝あまねくすぐれた〟あるいは、〝完全に吉祥な〟という意味である。それで、「遍吉」とも訳す。この菩薩は、本経以外に、『三曼陀跋陀羅菩薩経』（聶道真訳、二八〇―三一二）、『華厳経』入法界品、同じく普賢行願品などや、『法華経』の結経といわれる『観普賢菩薩行法経』などに説かれている。たとえば『三曼陀跋陀羅菩薩経』では、文殊師利の問いに答える形で普賢の行道を明かしているが、これは後に『大方広仏華厳経』（四十巻本）普賢行願品に十種の行願として詳説されている。また、同経六十巻本の入法界品では、普賢が善財童子に過去になしてきた自らの菩薩行を示して、次のように説いている。すなわち、「我が修行せし所の菩薩の諸行は、仏世界を浄め、衆生を教化し、大悲を長養し、諸仏及び善知識を供養し、正法を護持し、悉く一切内外の諸物を捨し、世間出世間の智を修習し、一切衆生をして生死の苦に背きて一切諸仏の功徳を讃歎せしむ」と。その結果、普賢は、「無上清浄色身を得て、一切の世間を超出し、応に化すべき者に随って覩見せざることなく、一切の刹に遊びて処として至らざるなく、自在力を現じ見る者厭くことなし」というように、あらゆる場所に応現し、衆生たちにその姿を現わすという。また、『観普賢菩薩行法経』によれば、普賢は東方の浄妙国土に生じたと説き、その普賢の色身を観ずる観法を説いている。このように他の経に説かれているところを総合してみると、普賢という菩薩は、無量劫にわたる菩薩行（普賢行）によって、清浄な身体を獲得して、衆生の願いに応じてあらゆる場所に応現するという菩薩である。また諸経には文殊師利菩薩と関わりの深い菩薩として説かれている。

ところが、本章においては、普賢は東方の宝威徳上王仏の仏国土に住むといい、また文殊菩薩との関係についても何ら触れられていない。これは、普賢菩薩の扱いに関し、『法華経』が他経と相違する特異な点である。さて、無量無辺の大菩薩たちをひき連れて、この娑婆世界にやってきた普賢は、釈迦牟尼仏に次のように申し上げた。

世尊よ、我、宝威徳上王仏の国に於いて、遙かに此の娑婆世界に、法華経を説きたもうを聞いて、無量無辺百千万億の諸《もろもろ》の菩薩衆と共に、来って聴受す。唯《ただ》、願わくは世尊よ、当《まさ》に為《ため》に之を説きたもうべし。若し善男子・善女人、如来の滅後に於いて、云何にしてか能く是の法華経を得ん。

と。普賢は釈迦牟尼仏に対して法華経を説かれますようにと願い出たのである。これを普賢の勧発という。本章の名はここに由来する。この普賢の勧発に対して、釈迦牟尼仏は、いかにすれば如来滅後にこの法華経を獲得することができるか、ということを以下に説かれた。この釈尊の本章における説法を、古来天台では再演法華と称している。これは、方便品より前章の妙荘厳王本事品に至るまで釈尊が縷々説かれてきた法華経を、ここで普賢の勧発によって再び説くことになるのでこう呼ぶのである。

釈尊が右の次第によって説かれたものは「四法」といわれる四種の特性であった。それは、

㈠諸仏に護念されること、
㈡諸の徳本を植えること、
㈢正定聚に入ること、
㈣一切衆生を救う心を発すこと、

の四つである。釈尊は、右の四法を成就すれば、如来の滅後にあって、必ずこの法華経を得るであろうと説かれたのである。第一の諸仏に護念されるというのは、本経『妙法華』では仏所護念と同じ意味となるが、ただし梵本では、諸仏によって adhiṣṭhita（加護、加持された）ものとなること、すなわち、如来の威神力を身に受けてそれを発揮すること、という意味になっている（p. 473. *l*. 12）。第二は善根功徳を積むことである。第三は、正しくさとりに向かうことが決定している者ということで、途中で退転したり、ふらふらと定まらなかったりする人でないことである。第四は、広く人々に対して救済の手をさしのべる心をいう。このような四種の特性を完成した人が法華経を得ることができると説かれるのであるが、これは逆にいえば、このようなことを完成することが法華経を得るための条件、あるいは心構えということになろう。

二 普賢の行

右の四法を聞いた普賢菩薩は、如来の滅後における法華経経典の受持者を守護することを仏の前で誓って次のように述べた。

> 世尊よ、後の五百歳濁悪世の中に於いて、其《そ》れ、是の経典を受持すること有らん者は、我、当《まさ》に守護して、其の衰患《すいげん》を除き、安隠なることを得せしめ、伺い求むるに其の便りを得る者なからしむべし。

と。そして続けて、魔や夜叉、羅刹などのさまざまな邪悪な者たちから受持者を守ることを誓ったのであった。また、もしも経典受持者が、行住坐臥、この経を受持・読誦するならば、その時、自分は六本の牙のある白い象王に乗って、大菩薩たちとともにその場に姿を現わして、その経を受持・読誦するものたちを守護するとも誓ったのである。

このように、普賢菩薩は本経においては経典受持者を守護する菩薩として位置づけられており、この点、第二十五章の観世音菩薩と同じ役割を荷わされている。しかし、観世音菩薩の行者守護が単に守護にとどまらず、極めて具体的な現世利益を謳っているのに対し、本章の普賢菩薩は、あくまで経典修行者の修行の際における守護を説いているところに両菩薩の性格の相違が見られる。これは観音信仰、普賢信仰というものに対する法華経の態度の相違の反映であろう。

さて、普賢菩薩は続いて経典の読誦修行の功徳を説いて、この法華経を受持し読誦するものは、普賢の姿を見、それによって経典憶持のための旋陀羅尼・百千万億旋陀羅尼・法音方便陀羅尼などのダーラニーを得るであろうと言った。このダーラニーは、経典を記憶して心に留める力を有するダーラニーであるが、次にまた、法華経修行をなす場合には三七、二十一日間、一心に受持・読誦・書写の行をなす者に対して、二十句の陀羅尼呪を与えると説く。このダーラニーは、「非人の能く破壊する者有ること無けん」というように、除災のダーラニーである。

普賢菩薩が、法華経経典を修習する人々を守護することは右のとおりであるが、その法華経の修習について、次のようにいう。

若《も》し受持し、読誦し、正憶念《しょうおくねん》し、其《そ》の義趣を解《げ》し、説の如く修行すること有らん。当《まさ》に知るべし、是《こ》の人は、普賢の行《ぎょう》を行ずるなり。無量無辺の諸仏の所《みもと》に於いて、深く善根を種《う》えたるなり。諸《もろもろ》の如来の手《みて》をもって、其《そ》の頭《こうべ》を摩《な》でらるるを為《え》ん。

と。法華経の修習とは、具体的には受持・読・誦・解説・書写の五種をいい、これを後世五種法師と名づけている。普賢は、この五種法師の経典修行をなすものは、普賢の行をなすものであるといって、普賢の行とは、法華経修行にほかならないとしている。先述のように、諸経典中に普賢菩薩は無量劫にわたって菩薩修行をなしてきたと説かれ、その結果、普賢は「行」を代表する菩薩という性格が賦与されているが、この『法華経』中では、その普賢の行こそ法華経修行、具体的には五種法師にほかならないとするのである。ここに本経が普賢菩薩を本章に至って初めて登場させた意義があるのである。本章において如来滅後の経の受持をテーマとしてとりあげ、その経典の受持の行が普賢の行であるとして、普賢菩薩の性格を媒介にして法華経の行を全仏教中の菩薩行として位置づけ、その行者を普賢が守護するということを説いて法華経経典の如来滅後の悪世における弘布を勧奨するというのが本経の意図である。

以上の普賢の誓願に対して、釈尊はこれを讃嘆し、さらに法華経修行の功徳の広大さと修行者に敵対するものの罪の大きさとを明かされ、この法華経に対する受持を勧奨してその説法を閉じられたのである。

この『妙法華』は、本章が最終章で、この章をもって本経の幕を閉じる。しかし、『正法華経』や梵本など、本経以外の諸本はすべて本章を第二十六章としており、最終章には『妙法華』の第二十二章嘱累品が置かれている。一般に経典の最後には、この経典を何々に委嘱する、という記述や、委嘱をテーマにした章を置くのが普通のスタイルであるから、この『妙法華』のみ、その構成に特色が見られるわけである。

世尊。若有菩薩。得聞是陀羅尼者。當知普賢。神通之力。若法華經。行閻浮提。有受持者。應作此念。皆是普賢。威神之力。若有受持讀誦。正憶念。解其義趣。如說修行。當知是人。行普賢行。於無量無邊諸佛所。深種善根。爲諸如來。手摩其頭。若但書寫。是人命終。當生忉利天上。是時八萬四千天女。作衆伎樂。而來迎之。其人卽著七寶冠。於婇(1)女中。娛樂快樂。何況受持讀誦。正憶念。解其義趣。如說修行。若有人受持讀誦。解其義趣。是人命終。爲千佛授手。令不恐怖。不墮惡趣。卽往兜率天上。彌勒菩薩所。彌勒菩薩。有三十二相。大菩薩衆。所共圍繞(2)。有百千萬億。天女眷屬。而於中生。有如是等。功德利益。是故智者。應當一心自書。若使人書。受持讀誦。正憶念。如說修行。世尊。我今以神通力故。守護是經。於如來滅後。閻浮提內。廣令流布。使不斷絕。

(1)婇＝采　(2)繞＝遶

「世尊よ、若し菩薩有って、是《こ》の陀羅尼《だらに》を聞くことを得ば、当《まさ》に知るべし、普賢《ふげん》神通の力なりと。若し法華経の、閻浮提《えんぶだい》に行ぜんを受持すること有らば、応《まさ》に此の念を作《な》すべし、『皆是《こ》れ、普賢威神の力なり』と。若し受持し、読誦し、正憶念《しょうおくねん》し、其《そ》の義趣《ぎしゅ》を解《げ》し、説の如く修行すること有《あ》らん、当《まさ》に知るべし、是《こ》の人は普賢の行《ぎょう》を行ずるなり、無量無辺の諸仏の所《みもと》に於いて、深く善根《ぜんごん》を種《う》えたるなり、諸《もろもろ》の如来の手《みて》をもって、其《そ》の頭《こうべ》を摩《な》でらるることを為《え》んと。若《も》し但書写せんは、是《こ》の人命終《みょうじゅう》して、当《まさ》に忉利《とうり》天上に生ずべし。是《こ》の時に八万四千の天女、衆《もろもろ》の伎楽を作《な》して、来って之《これ》を迎えん。其《そ》の人、即ち七宝の冠《かんむり》を著《き》て、婇女《さいにょ》の中に於いて娯楽快楽せん。何《いか》に況《いわん》や、受持し、読誦し、正憶念し、其《そ》の義趣を解《げ》し、説の如く修行せんをや。若《も》し人有って、受持し、読誦し、其の義趣を解せんに、是《こ》の人命終《みょうじゅう》せば、千仏の手《みて》を授け、恐怖《くふ》せず、悪趣に堕《お》ちざらしめたもうことを為《え》、即ち兜率《とそつ》天上の弥勒《みろく》菩薩の所《みもと》に往かん。弥勒菩薩は三十二相有って、大菩薩衆に共に囲繞《いにょう》せらる。百千万億の天女眷属有って、中に於いて生ぜん。是の如き等の功徳利益有らん。是の故に智者は、応当《まさ》に一心に自《みずか》ら書き、若《も》しは人をしても書かしめて、受持し、読誦し、正憶念し、説の如く修行すべし。世尊よ、我、今、神通力を以ての故に、是《こ》の経を守護して如来の滅後に於いて、閻浮提の内に広く流布せしめて、断絶せざらしめん」と。

〔訳〕「世尊よ、もしも菩薩がいて、この陀羅尼を聞くことができたとするならば、それは普賢菩薩の神通の力によるものであると知るべきであります。もし、この世界に流布している法華経を受け保つ者がいたならば、次のように考えるべきであります。すなわち『すべては普賢菩薩の威力ある神通の力によるものである』と。もし、受け保ち、読誦し、正しく心にとどめ、その意趣を理解し、教えのとおりに修行するならば、必ずや次のように知るべきであります。すなわち、その人は普賢菩薩の修行を実践するものであり、はかりしれない数の仏たちのみもとで、深く善の根本を植えるものであり、如来たちの御手によって、その頭をなでられるものとなるということを。

もし、ただ（経を）書写するだけの場合でも、その人は寿命が尽きれば、必ずや三十三天の天界に生まれるでありましょう。その時は、八万四千の数の天女たちが、多くの音楽を奏しながらやってきて、彼を迎えるでありましょう。その人は、七種の宝玉づくりの冠を著《つ》け、女官たちの中で面白く楽しく過すでしょう。ましてや、（経を）受け保ち、読誦し、正しく心にとどめ、その意趣を理解し、教えのとおりに修行した場合は、いうまでもありません。その人が命を終えたならば、千人もの仏たちが御手をさしのべて、恐れがなく、悪しき輪廻の境界に堕ちないようにして下さり、ただちに兜率《とそつ》天の弥勒菩薩の所に赴くでありましょう。弥勒菩薩には三十二種のすぐれた相があって、大菩薩たちの集団にとりかこまれ、百千万億という数多くのおつきの天女たちがいて、その中に生まれるでありましょう。

以上のような功徳と利益とがあるのですから、智慧ある者たちは一心に自ら書写し、あるいは人にも書写させ、受け保ち、読誦し、正しく心にとどめ、教えのとおりに修行すべきであります。

世尊よ、私は、今、神通力によって、この経を守護して、如来の入滅の後に、この世界の中に広く流布させ、絶えることがないように致しましょう」と。

《忉利天》trayastriṃśā devāḥ の音訳。三十三天と訳す。帝釈天を上首とする三十三神の住む天界で、須弥山の頂上にある。《婇女》女官のこと。《正憶念》正しく記憶して忘れないこと。《兜率天》Tuṣita の音写。欲界に六種の天界があるうち、下方から数えて第四番目の天界で、一生補処の菩薩（次の生において必ず仏となることが決定している菩薩）の住む場所とされる。

本段は、普賢菩薩によって法華経修行の功徳が説かれる段である。法華経の書写行によって三十三天界に生まれて勝妙の楽を享受し、また、受け保ち、読誦し、心にとどめ、その意趣を理解して教説のとおりに修行すれば、兜率天に生まれて、弥勒菩薩にまみえることができると説かれている。

本段の分科は、前段に続いて、「勧発」の第二「誓願勧発」の最後までに相当する（一一五六頁参照）。

爾時釋迦牟尼佛讃言。善哉善哉。普賢。汝能護助是經。令多所衆生。安樂利益。汝已成就。不可思議功德。深大慈悲。從久遠來。發阿耨多羅三藐三菩提意。而能作是。神通之願。守護是經。我當以神通力。守護能受持。普賢菩薩名者。普賢。若有受持。讀誦。正憶念。修習書寫。是法華經者。當知是人。則見釋迦牟尼佛。如從佛口。聞此經典。當知是人。供養釋迦牟尼佛。當知是人。佛讃善哉。當知是人。爲釋迦牟尼佛。手摩其頭。當知是人。爲釋迦牟尼佛。衣之所覆。如是之人。不復貪著世樂。不好外道。經書手筆。亦復不喜。親近其人。及諸惡者。若屠兒。若畜猪羊雞狗。若獵師。若衒賣女色。是人心意質直。有正憶念。有福德力。是人不爲。三毒所惱。亦復(1)不爲嫉妬。我慢。邪慢。增上慢。所惱。是人少欲知足。能修普賢之行。普賢。若如來滅後。後五百歲。若有人。見受持讀誦。法華經者。應作是念。此人不久。當詣道場。破諸魔衆。得阿耨多羅三藐三菩提。轉法輪。擊法鼓。吹法螺。雨法雨。當坐天人大衆中。師子法座上。普賢。若於後世。受持讀誦。是經典者。是人不復貪著。衣服臥具。飲食資生之物。所願不虛。亦於現世。得其福報。若有人。輕毀之言。汝狂人耳。空作是行。終無所獲。如是罪報。當世世無眼。若有供養。讚歎之者。當於今世。得現果報。若復見受持。是經(2)者。出其過惡。若實若不實。此人現世。得白癩病。若有輕笑之者。當世世。牙齒踈缺。醜脣平鼻。手脚繚戾。眼目角睞。身體臭穢。惡瘡膿血。水腹短氣。諸惡重病。是故普賢。若見受持。是經典者。當起遠迎。當如敬佛。説是普賢。勸發品時。恒河沙等。無量無邊菩薩。得百千萬億。旋陀羅尼。三千大千世界。微塵等。諸菩薩。具普賢道。佛説是經時。普賢等。諸菩薩。舍利弗等。諸聲聞。及諸天龍。人非人等。一切大會。皆大歡喜。受持佛語。作禮而去。

妙法蓮華經卷第七(3)

(1)復＝春日本になし。 (2)経＝経典 (3)七＝八

爾《そ》の時に釈迦牟尼仏、讃めて言《のたま》わく、

「善《よ》い哉《かな》、善《よ》い哉《かな》、普賢《ふげん》よ。汝能《よ》く是《こ》の経を護助して、多所《そこばく》の衆生をして安楽し利益せしめん。汝已《すで》に不可思

議の功徳、深大《じんだい》の慈悲を成就せり。久遠より来《このかた》、阿耨多羅三藐三菩提の意《こころ》を発《おこ》して、能く是《こ》の神通の願を作《な》して、是《こ》の経を守護す。我、当《まさ》に神通力を以て、能《よ》く普賢菩薩の名を受持せん者を守護すべし。普賢よ、若《も》し是《こ》の法華経を受持し、読誦し、正憶念し、修習《しゅじゅう》し、書写すること有らん者は、当《まさ》に知るべし、是《こ》の人は則ち釈迦牟尼仏を見るなりと。仏口《ぶっく》より此の経典を聞くが如し。当《まさ》に知るべし、是《こ》の人は釈迦牟尼仏を供養するなりと。当《まさ》に知るべし、是の人は、仏、善《よ》い哉《かな》と讃《ほ》むと。当《まさ》に知るべし、是の人は、釈迦牟尼仏、手《て》ずから其《そ》の頭《こうべ》を摩《な》ずらるるを為《え》んと。当《まさ》に知るべし、是《こ》の人は、釈迦牟尼仏の衣に覆わるることを為《え》んと。

是《かく》の如きの人は、復《また》、世楽に貪著《とんじゃく》せじ、外道の経書《きょうしょ》、手筆《しゅひつ》を好まじ。亦復《またまた》、喜《ねが》って其《そ》の人と及び諸《もろもろ》の悪者《あくしゃ》の、若《も》しは屠児《とに》、若しは猪《ちょ》・羊・鶏《けい》・狗《く》を畜《やしな》うもの、若《も》しは猟師《ろうし》、若《も》しは女色《にょしき》を衒売《げんまい》するものに親近《しんごん》せじ。是《こ》の人は、心意質直《しんにしちじき》にして正憶念有り。福徳力有らん。是の人は、三毒に悩まされじ。亦復《またまた》、嫉妬《しっと》・我慢・邪慢《じゃまん》・増《ぞう》上慢《じょうまん》に悩まされじ。是の人は、少欲知足にして、能《よ》く普賢の行《ぎょう》を修せん。

普賢よ、若《も》し如来の滅後、後《のち》の五百歳に若し人有って、法華経を受持し、読誦せん者を見ては、応《まさ》に是《こ》の念を作《な》すべし。『此《こ》の人は久しからずして、当《まさ》に道場に詣《けい》して、諸《もろもろ》の魔衆を破し、阿耨多羅三藐三菩提《あのくたらさんみゃくさんぼだい》を得《え》、法輪を転じ、法の鼓《つづみ》を撃《う》ち、法の螺《かい》を吹き、法の雨を雨《ふら》すべし。当《まさ》に天・人大衆の中の師子の法座の上に坐すべし』と。

普賢よ、若《も》し後の世に於いて、是の経典を受持し、読誦せん者は、是《こ》の人、復《また》、衣服・臥具・飲食・資生《ししょう》の物に貪著《とんじゃく》せじ。所願虚《しょがんむな》しからじ。亦、現世に於いて、其《そ》の福報を得ん。

若《も》し人有って、之《これ》を軽毀《きょうき》して言わん、『汝は狂人《きょうにん》ならくのみ。空《むな》しく是《こ》の行を作《な》して、終《つい》に獲《う》る所無けん』と。是《かく》の如き罪報は、当《まさ》に世世に眼《まなこ》無かるべし。若《も》し之を供養し、讃歎《さんだん》すること有らん者は、当《まさ》に今世に於いて、現《げん》の果報を得べし。若し復《また》、是《こ》の経を受持せん者を見て、其《そ》の過悪を出《いだ》さん。若《も》しは実にもあれ、若《も》しは不実にもあれ、此《こ》の人は現世に白癩《びやくらい》の病を得ん。若《も》し之を軽笑《きようしよう》すること有らん者は、当《まさ》に世世に牙歯疎欠《げしそけつ》、醜脣《しゆうしん》平鼻《びようび》、手脚繚戻《しゆきやくりようらい》し、眼目角睞《げんもくかくらい》に、身体臭穢《しゆうえ》にして、悪瘡膿血《あくそうのうけつ》、水腹短気《すいふくたんけ》、諸《もろもろ》の悪重病あるべし。是《こ》の故に普賢よ、若《も》し是の経典を受持せん者を見ては、当《まさ》に起《た》って遠く迎《むか》うべきこと、当《まさ》に仏を敬うが如くすべし」と。

是《こ》の普賢菩薩勧発品《かんぼつぽん》を説きたもう時、恒河沙《ごうがしや》等の無量無辺の菩薩、百千万億旋陀羅尼《せんだらに》を得、三千大千世界微塵《みじん》等の諸《もろもろ》の菩薩、普賢の道《どう》を具《ぐ》しぬ。

仏、是の経を説きたもう時、普賢等の諸《もろもろ》の菩薩、舎利弗《しやりほつ》等の諸《もろもろ》の声聞《しようもん》、及び諸の天・龍・人・非人《ひにん》等の一切の大会《だいえ》、皆、大いに歓喜し、仏語を受持して礼《らい》を作《な》して去りにき。

妙法蓮華経巻第七

〔訳〕その時、釈迦牟尼仏は（普賢菩薩を）讃えて次のように言われた。

「よろしい、よろしい。普賢よ、汝はよくこの経を護り助け、多くの衆生を安楽にし、利益を得させるとは。汝はすでに思いはかることもできない功徳と、深く広大な慈悲を完成しているのだ。はるか遠い昔から、無上の正しい悟りに向かう心を起こして、この神通力による誓願を立て、この経を守護している。私は神通力によって、普賢菩薩の名を受け保つ者を守護しよう。

普賢よ、もしこの法華経を受け保ち、読誦し、正しく心にとどめ、修行し、書写する者がいたならば、その人は、釈迦牟尼仏にまみえることになり、仏の口よりこの経典を（直接に）聞くかのようであると知るべきである。その人は釈迦牟尼仏に供養することになると知るべきである。その人は、仏にすばらしいことだと讃められることになるのだと知るべきである。その人は、釈迦牟尼仏によって、手ずからその頭を撫でられることになるのだと知るべきである。その人は、釈迦牟尼仏の衣によって包まれることになるのだと知るべきである。このような人々は、また世間の楽しみに執著することはないであろう。外教の経書や書いた物を好まないであろう。また、その(外教の)人や、畜殺業者、あるいは豚や羊、鶏や犬を飼う人々、あるいは猟師、あるいは女衒《ぜげん》などのさまざまな好ましくない人々に近づくことはないであろう。その人は、心が誠実で直く、正しい心のはたらきを有し、福徳の力を有しているであろう。その人は、(貪り・怒り・愚かさの)三毒に悩まされることはないであろう。また、嫉妬・自己をたのむ慢心・高慢・のぼせ上がった慢心に悩まされることはないであろう。その人は少欲で足るを知り、普賢菩薩の修行を実践することができるであろう。

普賢よ、もし如来の入滅の後の、のちの五百年間に、もし人が、法華経を受け保ち、読誦するのを見たならば、次のように考えるべきである。すなわち、『この人は、遠からずして必ず悟りの場に至り、多くの魔の集団を打ち破り、無上の正しい悟りを獲得して、教えの輪を廻し、教えの太鼓を打ち鳴らし、教えの法螺貝を吹き、教えの雨を降らすにちがいない。必ずや天の神々や人々の大勢の中で獅子の座に坐るであろう』と。

普賢よ、もし後の世において、この経典を受け保ち、読誦しようとする人は、衣服や寝具、飲食物などの生活の品々を貪ったりしないであろう。その願うことは達せられるであろう。また、現在の世においてその福徳の報いを得るであろう。もし、人がその人を軽んじそしって、『お前は狂っているのだ。空しくそのような修行をして、結局は何の得るものもなく終るだろう』と言ったならば、そのような罪の報いとして、世々にわたって盲目となるであろう。もしも、（経典を受け保ち、読誦する）その人を供養し、讃めたたえる人は、必ずや今世において、すぐの果報を得るであろう。もし、またこの経典を受け保つ人を見て、その人の過失を挙げつらうならば、それが事実であろうとなかろうと、この人は現在の世において癩病《らいびょう》をわずらうであろう。もし、その人を侮り笑うようなことがあれば、この人は必ず世々にわたって、歯が欠けて疎《す》き、醜い唇、低い鼻となり、手足はねじまがり、眼は斜視となり、身体は穢れて臭く、悪性のできもので膿や血が流れ、腹は鼓脹し、癆痎《ろうがい》となる、などのさまざまな悪しき重い病いになるであろう。それ故、普賢よ、もしこの経典を受け保つ人を見たならば、必ず立ち上がって遠くから迎え、仏を敬うのと同じようにすべきである」と。

以上の普賢菩薩勧発品を説かれた時、ガンジス河の砂の数に等しいはかりしれない多くの菩薩たちが、百千万億旋陀羅尼《せんだらに》を獲得し、宇宙全体を微塵にしたその塵の数に等しい無数に多くの菩薩たちが、普賢菩薩の修行道を体得したのである。

仏がこの経を説かれた時、普賢菩薩などの多くの菩薩たち、舎利弗などの多くの声聞、それに天上の神々・龍神・人と人以外のものたちのすべての大集団は、大いに喜んで、仏のことばを受け保って、礼拝をして去ったのである。

《為釈迦牟尼仏衣之所覆》 釈迦牟尼仏の衣に包まれる、の意。しかし、梵本は逆で、bhagvāṃś ca śākyam-unis taiś civarair avacchādito bhaviṣyati/（釈迦牟尼世尊は、彼らによって衣服で覆われたものとなるであろう）（p. 480. *ll.* 6—7）とあって、衣で包まれるのは釈尊の方となっている。**《外道経書、手筆》** 仏教以外の外教の経典と書かれたもの、の意。梵本では Lokāyata（路伽耶陀、順世外道）と具体的にその名を示している（p. 480. *l*. 8）。このローカーヤタは、第十四章安楽行品において不親近の一つとして挙げられていたものである。**《衒売女色》**「衒売」は、「衒」も「売」も売るという意で、同義反復の熟語。「女色」は、女性の体、の意。**《三毒》**貪（むさぼり）・瞋（いかり）・癡（おろかさ）の三種の煩悩のこと。**《我慢》**おのれを恃んでの思い上がりの心。**《邪慢》**誤った自負心による思い上がりの心。**《増上慢》**慢心のこと。**《白癩》**癩病のことか。**《手脚繚戻》**「繚戻」は、「繚」も「戻」も、もつれる、乱れる、の意。手足がねじまがっているさまか。**《眼目角睞》**「睞《らい》」は、瞳のこと。目の瞳が正常でなく偏っている目をいうか。**《水腹》**腹部が膨満してふくれる病気。**《短気》**癆咳《ろうがい》（肺結核）のことという。

本段は、仏が普賢菩薩の法華経守護と行者守護とを讃嘆し、さらに仏自身が法華経修行の功徳の大きさと、逆に法華経を受持する人々を毀る罪報の大きさとを説く。そして、この仏の言葉を最後として本章の説法は幕を閉じ、結びの言葉がそれに続いて本章を終る。

参考文献

法華経は、中国・日本において古くから広く流布した経典であるから、これまでに長い研究の歴史があり、著わされた注釈書や解説書の類は枚挙に遑がない。それで、ここでは(1)注釈書、(2)研究解説書、(3)翻訳書、(4)テキスト、(5)索引類の順序で、主要なものだけを挙げることにする。

(1) 注釈書

インド仏教所産の注釈書は、現在のところ世親（ヴァスバンドゥ）の著わしたものとされるただ一種しか残っていない。しかも梵文原典は存在せず、次の二種の漢訳のみがある。

元魏勒那摩提《ろくなまだい》と僧朗《そうろう》等の共訳『妙法蓮華経論優波提舎《うばだいしゃ》』一巻
後魏菩提流支《ぼだいるし》と曇林《どんりん》等の共訳『妙法蓮華経憂波提舎』二巻

両者とも六世紀初頭の翻訳で、巻数は異なるが同本別訳である。大正蔵経第二六巻所収。『法華論』『法華経論』と略称する。内容は、序品・方便品は比較的詳しいが、以下は極めて簡潔な略釈で、仏性思想による解釈が示されている。世親の依用したテキストは、羅什の拠ったものと同一ではなく、現存ネパール系写本に近いものとされている。

中国で作られた注釈書で、隋代以前の主要なものに次の二種がある。

宋竺道生《じくどうしょう》撰『法華経疏』二巻（大日本続蔵経二乙・二三・四）

梁法雲《ほううん》撰『法華経義記』八巻（大正蔵経第三三巻）

前者は、現存最古の中国で作られた疏。後者は、聖徳太子撰『法華経義疏』で「本義」と呼んで、種本としているものである。

隋代以後では、天台智顗《ちぎ》・吉蔵・慈恩大師基・天台六祖唐の湛然のものが重要かつ代表的なものである。以下、これを挙げる。

智顗説・灌頂《かんじょう》記『妙法蓮華経玄義』二十巻（大正蔵経第三三巻）、『法華玄義』と略称

智顗説・灌頂記『妙法蓮華経文句《もんぐ》』二十巻（同前）、『法華文句』と略称

これらは天台三大部といわれるものから『摩訶止観』を除いたものであるが、この両者に対する注釈書に、唐湛然述の、

『法華玄義釈籤《しゃくせん》』二十巻（同前）

『法華文句記』三十巻（大正蔵経第三四巻）

がある。なお、『妙法蓮華経玄義』について、本文と湛然の注釈とを明の真覚が会本としたものとして、『法華玄義釈籤会本』二十巻がある。

次に、吉蔵のものとして次のようなものがある。

『法華玄論』十巻（大正蔵経第三四巻）

『法華義疏』十二巻（同前）

『法華遊意』一巻（同前）

『法華論疏』三巻（大正蔵経第四〇巻）

『法華経統略』六巻（大日本続蔵経一・四三・一）
次に唯識法相宗の立場による注釈として、慈恩大師基《き》の注釈がある。
『妙法蓮華経玄賛』二十巻（大正蔵経第三四巻）
宋代から明・清代にかけて右の諸注釈の末註が多く作られているが、重要度において右の諸本を出るものはない。
日本における注釈書では、先述の、
聖徳太子撰『法華経義疏』四巻（大正蔵経第五四巻）
がある。日本最古の現存する疏で、三経義疏の中の一つ。以後、最澄の日本天台宗の開創以後、天台宗の伝統の中で多くの注疏類が作られているが、それらの中で重要なのは、十二世紀末から十三世紀初頭にかけての宝池房証真の天台三大部に対する注釈書である『私記』である。証真は、湛然の三大部に対するそれぞれの注釈『止観輔行伝弘決』『法華玄義釈籤』『法華文句記』を越えるという意気ごみで、三大部それぞれに対して十巻づつの『私記』を著わした。
『止観輔行私記』
『法華玄義私記』
『法華文句私記』
がそれである。近年『法華文句』の内容と吉蔵の疏との関係が問題になっているが、早くも証真によってそのことが指摘されている。法華経に対する直接の注釈書類としては、後二者が該当する。三大部に対する注釈書としては江戸時代の普寂《ふじゃく》（一七〇七—八一）、癡空《ちくう》（一七八〇—一八六二）、守脱《しゅだつ》（一八〇四―八四）のものが重要である。そのうち、『摩訶止観』についてのものを除けば、次のようである。

普寂述『法華玄義復真鈔』六巻（大日本仏教全書二二）

同『法華文句復真鈔』六巻（同前）

癡空述『法華玄義釈籤講義』十巻（仏教大系二三―二七）

同『法華文句記講義』十五巻

守脱述『法華玄義釈籤講述』十巻（仏教大系二三―二七）

以上のほかに、日蓮法華宗の中で著わされたものも多い。代表的なものを一点挙げる。

円明日澄（一四四一―一五一〇）述『法華啓運抄』五五巻。文亀三年（一五〇三）完成

(2) 研究解説書

明治以降から今日に至るまでの法華経に関する研究書もはなはだ多い。昭和三十年代以前のものはなかなか入手困難であるが、なかには復刻されているものもある。主要なものを以下に列挙すれば次のとおりである。

織田得能『法華経講義』八巻、明治三二年、光融館

本多日生『法華経講義』八巻、明治三九年、博文館

境野黄洋『妙法蓮華経講義』（大蔵経講座1）、昭和九年、東方書院。リプリントあり

本田義英『仏典の内相と外相』昭和九年、弘文堂。リプリントあり

同『法華経論』昭和一九年、弘文堂

布施浩岳『法華経成立史』昭和九年、大東出版社
同『法華経精神史成立篇』昭和二九年、平楽寺書店
小林一郎『法華経大講座』昭和一二―三年、平凡社。久保田正文増補によるリプリントあり、日新出版
塩田義遜『法華経の研究』昭和一八年、日蓮宗伝道要具株式会社
同『法華教学史の研究』昭和三五年、地方書院。リプリントあり
兜木正亨『法華版経の研究』昭和二九年、平楽寺書店（『兜木正亨著作集』第一巻へ再録。昭和五七～六〇年、大東出版社）
渡辺楳雄『法華経を中心にしての大乗経典の研究』昭和三一年、青山書院。リプリントあり
紀野一義『法華経の探求』昭和三七年、サーラ叢書 14、平楽寺書店
庭野日敬『新釈法華三部経』昭和三九年、冬樹社
田村芳朗『法華経』（中公新書）昭和四四年、中央公論社
久保田正文『妙法蓮華経』（宝文選書）昭和四四年、宝文館出版
横超慧日編『法華思想』昭和四四年、平楽寺書店
横超慧日『法華思想の研究』昭和四六年、平楽寺書店
渡辺照宏『法華経物語』昭和五〇年、大法輪閣
稲荷日宣『法華経一乗思想の研究』昭和五〇年、山喜房仏書林
丸山孝雄『法華教学研究序説―吉蔵における受容と展開―』昭和四三年、平楽寺書店

苅谷定彦『法華経一仏乗の思想―インド初期大乗仏教研究―』昭和五八年、東方出版
平川彰他編『講座大乗仏教(4)―法華思想―』昭和五八年、春秋社
平井俊榮『法華文句の成立に関する研究』昭和六〇年、春秋社
塚本啓祥『法華経の成立と背景』昭和六一年、佼成出版社
河村孝照『法華経概説』昭和六二年、国書刊行会
平川彰『法華経の世界』(興福寺仏教文化講座2)、平成元年、東方出版

以下の平楽寺書店刊行の「法華経研究」Ⅰ～Ⅹは、広範なテーマにわたる総合研究で極めて有益である。

坂本幸男編『法華経の思想と文化』(法華経研究Ⅰ)昭和四〇年
望月歓厚編『近代日本の法華仏教』(法華経研究Ⅱ)昭和四三年
金倉圓照編『法華経の成立と展開』(法華経研究Ⅲ)昭和四五年
坂本幸男編『法華経の中国的展開』(法華経研究Ⅳ)昭和四七年
影山堯雄編『中世法華仏教の展開』(法華経研究Ⅴ)昭和四九年
野村耀昌編『法華信仰の諸形態』(法華経研究Ⅵ)昭和五一年
宮崎英修編『近世法華仏教の展開』(法華経研究Ⅶ)昭和五三年
中村瑞隆編『法華経の思想と基盤』(法華経研究Ⅷ)昭和五五年
塚本啓祥編『法華経の文化と基盤』(法華経研究Ⅸ)昭和五七年
渡辺宝陽編『法華仏教の仏陀論と衆生論』(法華経研究Ⅹ)昭和六〇年

(3) 翻訳書

法華経の翻訳書には、サンスクリット原典・チベット訳・漢訳の三種類のテキストからの翻訳がある。まず、サンスクリットテキストからの全文訳には次のようなものがある。

南条文雄・泉芳璟共訳『梵漢対照新訳法華経』大正二年、大谷大学尋源会

岡教邃『梵文和訳法華経』大正一二年、大阪屋号書店

坂本幸男・岩本裕訳注『法華経』上・中・下（岩波文庫）昭和三七〜四二年、岩波書店

松濤誠廉・長尾雅人・丹治昭義訳『法華経』(1)(2)（『大乗仏典』(4)(5)）昭和五〇〜五一年、中央公論社

フランス語訳、英訳にそれぞれ次のものがある。

Eugène Burnouf: *Le lotus de la bonne loi, traduit du sanscrit, accompagné d'un commentaire et de vingt et un mémoires relatifs au Buddhisme*, Paris, 1852, Nouv. éd. Paris, 1925 2V. (Bibliothèque orientale. Tom. 9, 10)

Gan Hendrik Kasper Kern: *The Saddharmapuṇḍarīka; or, the lotus of the true law.* (Sacred Books of the East, Vol. 21) Oxford, 1909.

チベット訳からの和訳を載せるものとしては、次のものがある。

河口慧海訳『梵蔵伝訳妙法白蓮華経』（国訳仏教聖典）、大正一三年、世界文庫刊行会

漢訳テキスト（羅什訳『妙法蓮華経』のみ）からの全文和訳は、書下し文を除いてもこれまでに十数種を数えるものが出されている。そのうち、主なものを以下に列挙する。

山川智応『和訳法華経』明治四五年、新潮社
里見達雄『現代意訳・法華三部経』大正一〇年、仏教経典叢書刊行会
江部鴨林『口語全訳・妙法蓮華経』大正八年、一人社
江南文三『日本語の法華経』昭和一九年、大成出版、リプリントあり
三枝充悳『法華経現代語訳』上・中・下（レグルス文庫）、昭和四九年、第三文明社
金森天章『現代訓読 妙法蓮華経』昭和六〇年、東方出版

全訳ではないが、部分訳の主なものに、

紀野一義『法華経』（『仏典』Ⅱ、世界古典文学全集7）昭和四〇年、筑摩書房

がある。

また、韻文スタイルの和訳に、

村木清一郎『詩訳法華経』昭和四二年、新樹社（全訳）
坂輪宣敬『和訳―法華経』平成三年、東京美術（部分訳）

などの労作がある。

(4) テキスト

法華経テキストの概要については、本書上巻の序論、「法華経の原典と訳本」「法華経諸本間の異同」及び「法華経版経について」を参照されたい。ここでは上記の中に洩れたもの一点を挙げるにとどめる。

香川孝雄『梵蔵漢四訳対照・法華経如来寿量品』昭和三七年、仏教大学聖典研究部油印

(5) 索引類

羅什訳の漢訳テキストの索引はこれまでに以下のようなものが出されている。

高羽五郎編『法華経単字索引』昭和一〇年、同心草舎

大島仲太郎『妙法蓮華経索引』昭和一六年、平楽寺書店

高楠順次郎監修『大正新脩大蔵経　索引　法華部』昭和三二年、大蔵出版

島田友啓編『法華経単字漢字仮名索引』昭和三九年、私家版

同『法華経音訓漢字仮名索引』昭和四〇年、私家版

兜木正亨編『法華三部経章句索引—真読—』昭和五二年、佼成出版社

東洋哲学研究所編『法華経一字索引—附開結二経—』昭和五二年、東洋哲学研究所

右のうち、最後のものが最も新しくて入手しやすく、かつ最も便利なものである。

なお、サンスクリットテキストの索引としては、南条・ケルン本に依用して、チベット訳テキスト及び漢訳テキストとも対照した一字索引が現在刊行中である。

江島恵教（代表）編著『梵蔵漢　法華経原典総索引』第Ⅰ～第Ⅸ分冊、昭和六〇年～平成三年、霊友会

あとがき

この種の書物で「あとがき」が付されるのは異例のことと思われるが、与えられたこの場を利用して、本書が成るについてのあらかたの経緯を記しておきたい。

私の恩師の一人である田村芳朗博士から、仏典講座の『法華経』を書くからその仕事を手伝ってほしい、という旨の依頼を受けたのは、私がまだ大学院に籍を置く学生のころであった。博士が東京大学を停年退官される前年のことだったと記憶するから、今からもう十年も前のことになる。私は、日蓮宗の寺の子として生まれ育ち、小さい時分から法華経に親しんできたことでもあり、また何より法華経が自分の宗の所依の経典であることから、その解説のお手伝いができることは望外の喜びと、すぐさま承諾の御返事を申し上げた。すると、その後少し経ってから、大蔵出版の武本武憲編集長が編集部の桑室一之氏を伴って、当時私が主事をしていた財団法人・東京大学仏教青年会の、本郷三丁目にある会館にやって来られ、その場で具体的な打合せがなされた。『妙法華』の全章について、本講座の体裁に従って、原文、訓読、現代語訳、語注、解説を付すという基本方針が決められ、私が本文についての全作業を行なうことになった。

原稿の進捗状況は、私の生来の怠惰と、自分の目の前の仕事を片付けるのとに追われて、はかばかしくなかった。そのうち、博士は立正大学に移られ、私も学籍を離れるようになった。この間とそれ以後と、武本編集長は私に粘り強く催促を続けられ、私もそれに応える意味で、上巻の原稿が四分の一程度進んだ段階で、ほぼ一週あるいは二週おきに編集担当の人とお会いして、直接原稿を手渡しすることにしてもらった。このようにしてようやく上巻の原稿が完成したのが昭和六十二年の冬のことであった。それまでに、原稿は出版社を通して田村博士に何回かに分けて眼を通していただいていたが、博士はその内容については何の注文もつけられなかった。

昭和六十三年三月に上巻が刊行された。引続き下巻にとりかかったが、しかし、同年の九月、田村博士がにわかに病床に臥されることになった。肝臓癌であった。晩秋の一日、博士を入院先の駒込病院に見舞うと、博士は制癌剤投与後の熱に冒されながらも半身を起こされて、僕はもうだめだからすべて君のいいようにやりなさい、と言われた。気弱なことをおっしゃらないで下さいと申し上げたが、病院を後にしての道すがら、博士は御自分の病状についてすべてを諒承され、「死の稽古」をされているのだと私には思われてならなかった。

明くる年の平成元年三月二十日、博士はついに不帰の人となられた。博士の生前中に下巻を完成できなかったことが大きな胸の痛みとして残ったが、この段階ではまだ全体の三分の一に満たず、いかんともしがたかったのである。同年の四月、私の身分に異動があり、勤務地が浜松市へ移った。それでも以前と同じ方法で原稿を出来た分から手渡し続けたものの、博士の一周忌、三回忌にも間にあわすことができなかった。まことに申し訳のないことであった。

平成三年三月、以前から体調を崩し、入退院を繰返されていた博士の奥様が、博士の後を追うように他界された。私が親しく存じ上げていたただ一人の博士の御身内が逝かれてしまったことに私は驚き悲しみ、二重の悲嘆に暮れることになった。今年五月末、ようやくにして下巻の稿が成った。田村博士には、生前中ついに原稿一枚をもおみせすることができなかった。このような事情から、下巻は私の単著扱いとなった。

仏典の解説書は、最初は詳しいが、後の部分にゆくにしたがって簡略になっているものが多い。しかし、本書では、できるだけ均一な密度の叙述を心がけ、また内容の点では、従来とは異なる新しい解釈を示した場合がある。上巻も含めて、本書の内容について、もし幾分なりとも功ありとするならば、それはすべて先学に負うものであり、もし過誤ありとするならば、それはすべて私が責めを負うべきものである。大方の諸賢の御叱正と御教示とを切に請う次第である。

最後に、本書が長い年月がかかりながら、一書としてまとまることができたのも、ひとえに仏祖三宝の加護と、これまで私の信仰を導いてくれた師父藤井教雄師と、私の学問を導いて下さった多くの諸先生諸先輩の方々、何より本書執筆の機会を与えて下さった故田村芳朗博士のおかげであり、加えて、たえず私を励まし続けてくれた大蔵出版の武本編集長、毎回原稿受取りの労と、面倒な校正とに携わって下さった編集部の相田重子氏、桑室一之氏、井上敏光氏らの方々のおかげである。これらの多くの方々に甚深の謝意を申し上げげる。

平成四年七月二十日

藤井教公

索　　引

本索引を利用するに当たって，以下の点に留意されたい。

サンスクリット索引は，検索の便宜のためアルファベット順に配列した。

〔　〕を付した部分は，略称される場合に省略されることを示す。ただし，この場合は，正式名称に従って配列した。

（　）を付した部分は，注釈の際に補足されるか，または，しばしば省略されることを示す。ただし，この場合は，この部分を除いた読みに従って配列した。

（＝　）を付した部分は，同一の事柄に異表記があることを示す。しかし，同一の事柄でも著しく表現を異にする場合は，それぞれ別項目として掲げた。

a

n

o

p

U

V

あ　行

か　行

さ 行

た　行

な　行

は　行

ま 行

や　行

ら　行

著者略歴

藤井教公 ふじい きょうこう

昭和23年11月27日　静岡県湖西市に生まれる。

昭和58年3月　東京大学大学院（印度哲学）博士課程修了。

北海道大学名誉教授。国際仏教学大学院大学教授。

〔著書論文等〕『法華経』上（共著，昭和63年，大蔵出版），「勝鬘経義疏」（大乗仏典・中国日本篇16『聖徳太子・鑑真』平成2年，中央公論社），『聖徳太子事典』（共編著，平成9年，柏書房），「天台智顗における『涅槃経』の受容」（『大倉山論集』第29輯，平成3年），「大乗『涅槃経』におけるアートマン説」（前田専学博士還暦記念論文集『<我>の思想』平成3年，春秋社），「天台智顗における<心>の理解」（『大倉山論集』第30輯，平成3年）等。

一九九二年九月二〇日　初版発行
二〇〇一年四月三〇日　新装初版

《仏典講座7下》
法華経　下

検印廃止

著者　藤井教公
発行者　石原大道
印刷所　富士リプロ株式会社
発行所　大蔵出版株式会社
〒150-0022　東京都渋谷区恵比寿南二-十六-六　サンレミナス二〇二
TEL〇三(六四一九)七〇七三
FAX〇三(五七二四)三五〇三
http://www.daizoshuppan.jp/

ISBN 978-4-8043-5435-4 C3315

仏典講座

遊行経〈上〉〈下〉	中村元
律蔵	佐藤密雄
金剛般若経	梶芳光運
法華経〈上〉〈下〉	田村芳朗 藤井教公
維摩経	紀野一義
金光明経	壬生台舜
梵網経	石田瑞麿
理趣経	宮坂宥勝 福田亮成
楞伽経	高崎直道
倶舎論	桜部建
唯識三十頌	結城令聞
大乗起信論	平川彰
浄土論註	早島鏡正 大谷光真
摩訶止観	新田雅章
法華玄義	多田孝正
三論玄義	三枝充悳
華厳五教章	鎌田茂雄
碧巌集	平田高士
臨済録	柳田聖山
一乗要決	大久保良順
観心本尊抄	浅井円道
八宗綱要〈上〉〈下〉	平川彰
観心覚夢鈔	太田久紀